JING'AN ALMANAC
2021

总第五卷

上海市静安区地方志编纂委员会 编

主　审　王　华
副主审　宋宗德　龙婉丽
主　编　林　捷
副主编　叶供发

上海社会科学院出版社

图书在版编目(CIP)数据

静安年鉴. 2021 / 上海市静安区地方志编纂委员会编. — 上海：上海社会科学院出版社，2021
 ISBN 978-7-5520-3473-8

Ⅰ. ①静… Ⅱ. ①上… Ⅲ. ①静安区—2021—年鉴 Ⅳ. ①Z525.13

中国版本图书馆 CIP 数据核字(2021)第 254916 号

静安年鉴(2021)

上海市静安区地方志编纂委员会　编

责任编辑	李　慧
封面设计	杨钟玮
封面题字	周志高
版面设计	上海丽正文化发展有限公司
出版发行	上海社会科学院出版社
地　　址	上海市顺昌路 622 号(邮编　200025)
印　　刷	上海新艺印刷有限公司
开　　本	720 毫米 × 1000 毫米　1/16
印　　张	41.25
插　　页	4
字　　数	998 千
版　　次	2021 年 12 月第 1 版　2021 年 12 月第 1 次印刷
书　　号	978-7-5520-3473-8/Z·076
定　　价	298.00 元

本书如有质量问题，请与承印厂联系。　电话:021-56683339

上海市静安区地方志编纂委员会

主　　　任　王　华

副 主 任　宋宗德　杨志健　龙婉丽　王　钢

办公室主任　林　捷

办公室副主任　叶供发

《静安年鉴》编辑部

主　　　编　林　捷

副 主 编　叶供发

执行副主编　李佳丽

编　　　辑　顾瑞钧　庞雅琴　竺慧君

编 辑 说 明

一、《静安年鉴》是由上海市静安区人民政府主办、上海市静安区地方志编纂委员会主持编纂、上海市静安区地方志办公室负责编辑的地方性综合年鉴。《静安年鉴（2021）》是系统记述2020年度静安区自然、政治、经济、文化、社会等方面情况的资料性文献。

二、《静安年鉴（2021）》以马列主义、毛泽东思想、邓小平理论、"三个代表"重要思想、科学发展观和习近平新时代中国特色社会主义思想为指导，力求体现时代特征、年度特点、静安特色，记录历史、服务当代、以启未来。

三、《静安年鉴（2021）》记述时限为2020年1月1日至12月31日，部分事件记述有回溯或后延。

四、《静安年鉴（2021）》采用条目体，分类编辑，分栏目、分目、条目3级结构层次。根据内容关联程度，各栏目设置"综述"或"概况"。条目是信息资料的主要载体，条目标题以【】为标识。全书共列36个栏目，189个分目。

五、《静安年鉴（2021）》的内容，由有关单位提供资料或直接撰稿，经各单位领导审阅后定稿，撰稿人、摄影人姓名署于条目、照片之后。

六、《静安年鉴（2021）》的"统计资料"栏目内容由区统计局提供，正文中数据由各部门提供，由于部门间统计时间、口径等不尽一致，个别数据可能存在差异。

七、《静安年鉴（2021）》所涉及区属国家机关、人民团体、区属企业简称统一在书末附设对照表，正文处一般使用简称。

八、《静安年鉴》编辑部地址：上海市大统路480号1207室。邮政编码：200070。电话和传真：021-62472188转。本年鉴在上海市静安区门户网站"静安概览"栏目下的"静安史志"版块公布，网址：www.jingan.gov.cn。

城区鸟瞰

(静安报 供稿)

夜幕下的静安雕塑公园

（曹建明 摄）

美丽城区

苏河湾（局部） （静安报 供稿）

苏州河两岸公共空间贯通提升综合整治工程后的上海总商会旧址附近街景

（静安报 供稿）

美丽城区

4月16日凌晨,随着一台260吨超大型起重机将天目路转盘乌镇路上匝道最后一块80多吨的桥面缓缓放落地面后,北横通道天目路转盘4条匝道完成拆除　　　　　　　　　　（静安报　供稿）

12月21日,随着工程4条改建匝道之一的T3d落地匝道的最后一段钢箱梁"拼装"就位,标志着北横通道难度最大标段之一的天目路高架全线钢结构实现贯通　　　　　　　　　　（静安报　供稿）

美丽城区

闸北公园内精心布置"创城"宣传绿化小景 （静安报 供稿）

10月22日,中扬湖景观栈桥开通启用 （静安报 供稿）

美丽城区

大田路上共享单车停放整齐 (静安报 供稿)

西西弗书店(静安大悦城店) (静安报 供稿)

10月7日,彭一小区租赁房和产权房旧改签约双双突破99%,全市最大旧住房成套改造项目正式生效 (静安报 供稿)

美丽城区

年内,静安国际中心各幢建筑相继投入使用　　　　　　　　　　　　　　　　　　　　　（方志办　供稿）

"月季花墙"点缀彭越浦滨河步道　　　　　　　　　　　　　　　　　　　　　　　　　（静安报　供稿）

美丽城区

位于临汾路1633号的东茭泾公园于2016年建成,占地1.2公顷。近年来,公园又相继完善健身步道和共享运动场的建设,是市民休闲、娱乐的好去处　　　　　　　　　　　　（静安报　供稿）

12月6日,昌平路桥正式通车。图为有"苏河之眼"美称的昌平路桥夜景　　　　（静安报　供稿）

活力经济

大中里街景　　　　　　　　　　　　　　　　　　　　　（城发集团　供稿）

5月30日,安义夜巷焕新升级回归　　　　　　　　　　　（静安报　供稿）

15

10月27日,静安首辆流动早餐车试运营,70余款早餐"随心选" （静安报 供稿）

位于上海展览中心西二馆地下一层的静安白领午餐单位"恒悦简厨"入选上海市早餐工程第二批示范点名单 （静安报 供稿）

12月16日,区委书记于勇与静安市民代表一同畅谈"十四五"发展愿景,聚焦新发展格局
(静安报 供稿)

8月3日上午10时,区委副书记、代区长王华做客上海人民广播电台2020夏令热线区长访谈
(静安报 供稿)

政务风采

7月1日,静安区举行庆祝建党99周年主题活动,高质量推进红色文化三大行动。图为"'党课开讲啦'月月讲"活动上党员代表重温入党誓词　　　　　　　　　　　　　　　（静安报　供稿）

9月8日,全国抗击新冠肺炎疫情表彰大会在京召开。会上,铁路上海站地区管理委员会办公室党组书记、常务副主任黄翔接受"全国抗击新冠肺炎疫情先进个人""全国优秀共产党员"称号（静安报　供稿）

政务风采

每年7月15日是上海城管执法系统公众开放日,静安城管执法队员通过形式多样的宣传方式与市民开展互动　　　　　　　　　　　　　　　　　　　　　　　　　（静安报　供稿）

7月1日,沪苏通城际列车首次通车。标志着上海通往苏北地区的城际列车正式开行,这也是上海站近10年来首次开行的新线路。图为铁路上海站工作人员在列车前欢迎首批旅客　　（静安报　供稿）

政务风采

9月19日,11.4万名静安居民参加防空疏散演练　　　　　　　　　　　　　　（静安报　供稿）

10月24日,由静安区政协联合上海市医院协会共同举办的"洒向人间都是爱——疫情常态防控暨红十字健康服务活动"在静安区文化馆举行　　　　　　（区卫生健康委　供稿）

幸福民生

4月28日，静安区宝山路街道31、149、150、152街坊旧改征收基地举行基地签约生效及居民集体搬迁仪式　　　　　　　　　　　　　　　　　　　　　　　　　　　　（静安报　供稿）

12月，北站"国潮戏曲节"戏曲体验周活动　　　　　　　　　　　　　　　　　　（静安报　供稿）

6月14日,因疫情155天停摆后,上海爱乐乐团在上海交响乐团音乐厅举办2019—2020音乐季音乐会"春之祭",开启首场音乐季演出。乐团邀请抗疫医务工作者和在沪国外友人代表走进剧场观赏乐团的演出　　　　　　　　　　　　　　　　　　　　　　　　　　　　　　　　　　（静安报　供稿）

电影《八佰》热映,上海四行仓库抗战纪念馆参观人数随之增加　　　　　　　　（静安报　供稿）

市民在"宁的书房"体验线装书制作　　　　　　　　　　（静安报　供稿）

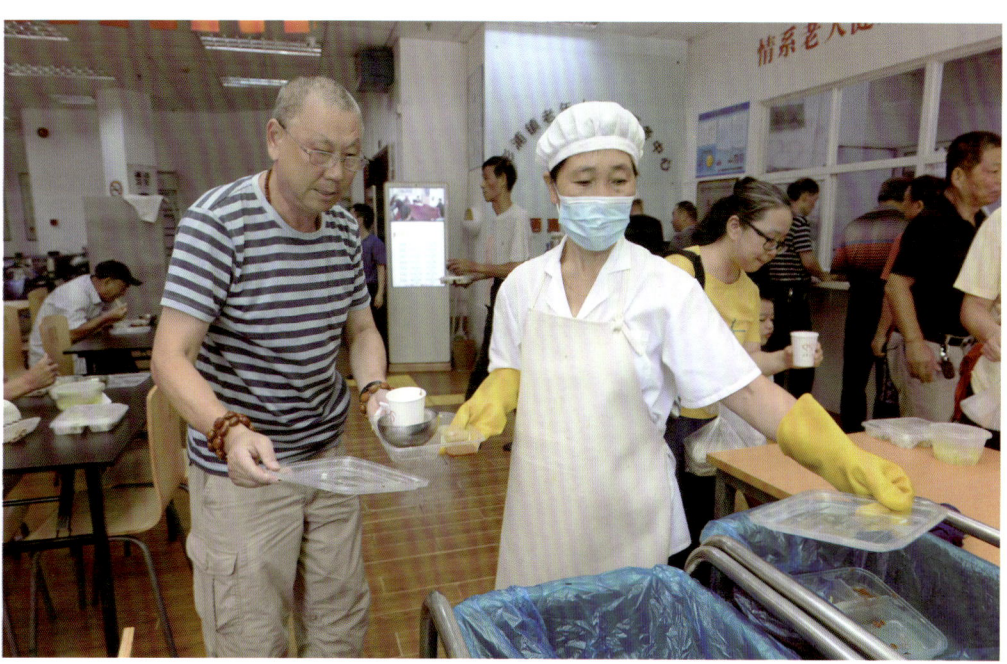

在彭浦镇日间服务中心老年食堂,居民身体力行"光盘行动"　　（静安报　供稿）

9月27日,由静安区民政局主办的2020年静安区养老机构护理技能竞赛举行

(区民政局 供稿)

在上海市民政局年内公布的上海百岁寿星排行榜上,家住静安区江宁路街道的110岁的吴志成阿婆排行上海十大女寿星中第二位

(静安报 供稿)

上海静安援建云南砚山县九叶青花椒项目种植基地 （静安报 供稿）

广南县珠琳镇高峰牛养殖基地一隅 （静安报 供稿）

脱贫攻坚

9月16日,"静安—文山号"扶贫旅游专列首发 （静安报 供稿）

静安邬伯慈善机构援建云南砚山岔路口小学 （静安报 供稿）

脱贫攻坚

上海援疆巴楚分指挥部为参与极限挑战拍摄的护林员和她的孩子送去由6名明星共同签名的签名衫及学习用品 （静安报 供稿）

上海市第六十中学支教教师陈浩在辅导巴楚学生学习 （静安报 供稿）

疫情防控

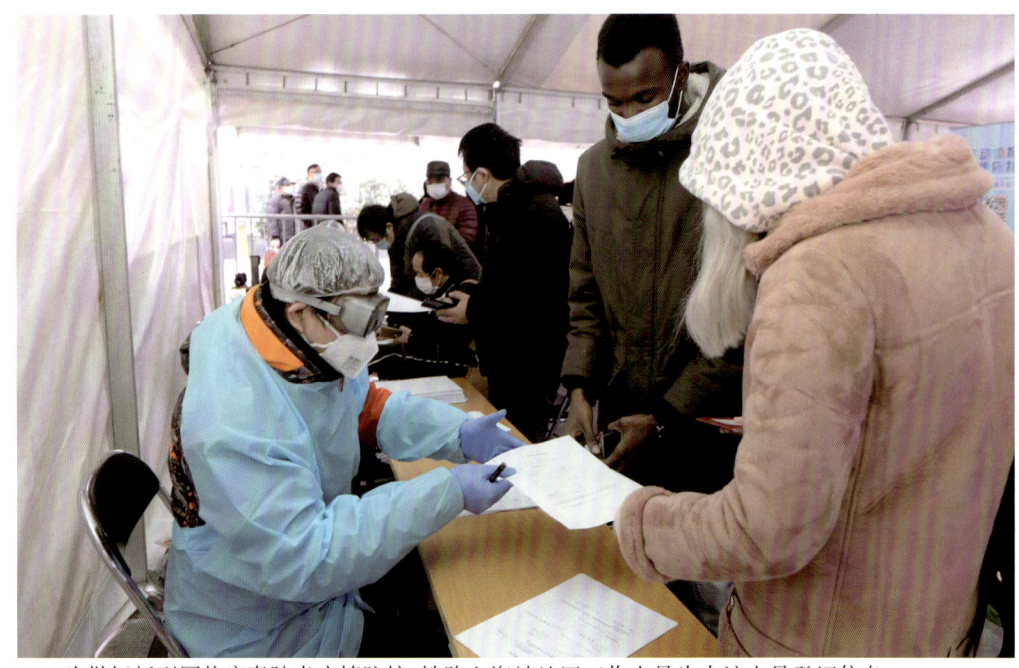

为做好新型冠状病毒肺炎疫情防控,铁路上海站地区工作人员为来沪人员登记信息

(静安报 供稿)

社区志愿者投身疫情防控工作

(静安报 供稿)

疫情防控

全面加强楼宇园区疫情防控,做好复工和抗疫工作　　　　　　　　　　　　（静安报　供稿）

3月2日起,静安区95所中小学全面拉开在线教学活动序幕,区域7.24万名中小学生通过东方有线和IPTV"空中课堂"专区,或主要网络播放平台"上海教育空中课堂"专区在线观看学习学科知识。图为一名学生在家中上网络课程情景　　　　　　　　　　　　　　（静安报　供稿）

疫情防控

静安区援鄂医疗队的6名医护队员于3月底返沪,并通过14天的集中隔离,经过身体检测、符合条件后,回到家中 （静安报 供稿）

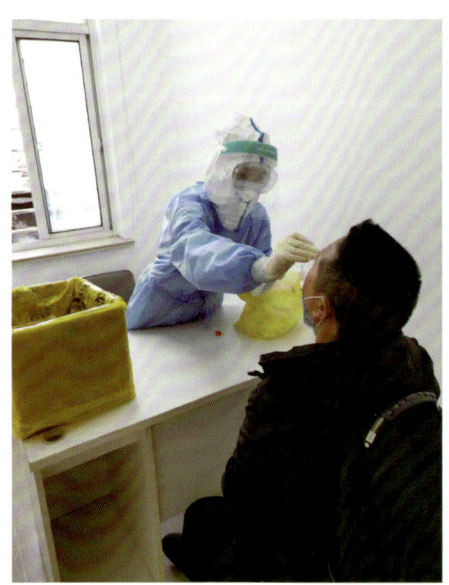

4月23日是静安区唯一的检测点——市北医院检测点向市民开放检测服务的首日 （静安报 供稿）

静安学生周子云在中国画社团老师黄晖的指导下,创作了《战疫必胜》画作,向逆行支援湖北抗疫的医务工作者致敬 （静安报 供稿）

疫情防控

洛平菜市场加强测温消毒等防疫措施 （静安报 供稿）

6月20日，SMG主持人雅静、华山医院神经外科主治医师史之峰等12名来自静安各行各业的青年人才，化身首批"静安青年严选推荐官"，在兴业太古汇举行一场"带货直播"，为消费者推介各款特色产品 （静安报 供稿）

6月27日,上海市中考举行。图为在市一中学考点,考生们戴着口罩有序进入考场

(静安报　供稿）

实事工程

新增3个社区长者食堂和10个老年人助餐服务点。图为南西新成社区长者食堂

(区政府办公室 供稿)

优化调整白领午餐网点单位2家。图为蓝赛白领餐厅

(区政府办公室 供稿)

实事工程

在市北初级中学北校完成 AI 智能实验室建设　　　　　　　　　　　　　　　　　（区政府办公室　供稿）

建成 1 个"120"急救站点、9 个智慧健康小屋。图为智慧健康驿站　　　　　　　（区政府办公室　供稿）

实事工程

完成473户残疾人家庭无障碍改造，为老旧小区改造200条无障碍坡道。图为曲沃路79弄小区1号无障碍坡道改造　　　　　　　　　　　　　　　　　　　　　　　　　　（区政府办公室　供稿）

完成7条道路大修、27条道路中修工程。图为大修后的保德路　　　　　　（区政府办公室　供稿）

实事工程

建成14个社区普惠性托育点。图为曹家渡街道社区普惠性托育点　　　　（区政府办公室　供稿）

推广7条公益"微旅游"线路，完成10场公益"微旅游"活动　　　　（区政府办公室　供稿）

新建1个公共运动场,翻建2个公共运动场;新建1条、翻建4条市民健身步道;新建25处益智健身苑点。图为大宁郁金香公园健身点

（区政府办公室　供稿）

数说静安

静安区生产总值

一般公共预算收入

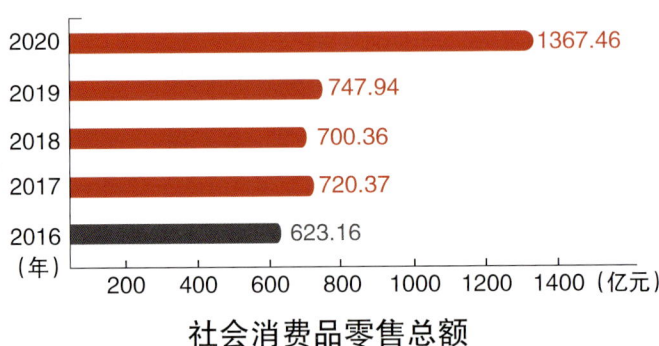

社会消费品零售总额

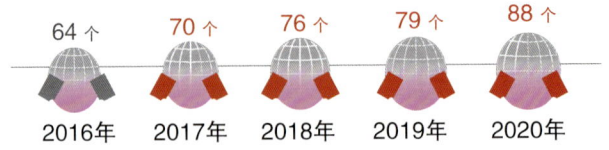

累计跨国公司地区总部企业数

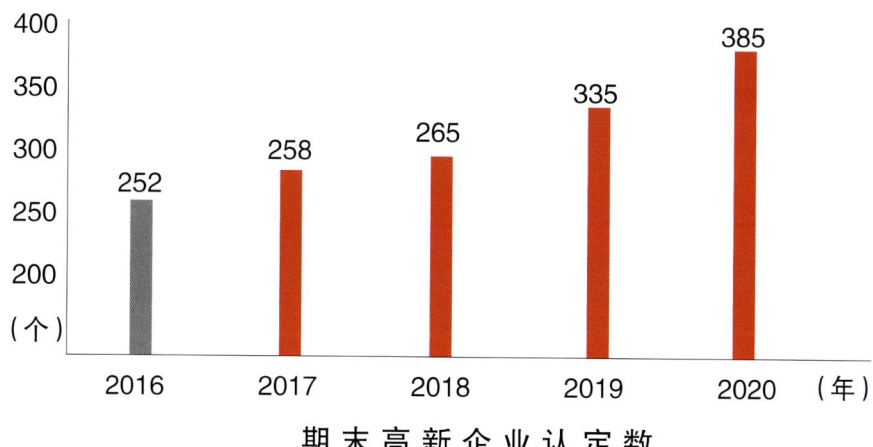

期末高新企业认定数

全年申请专利数

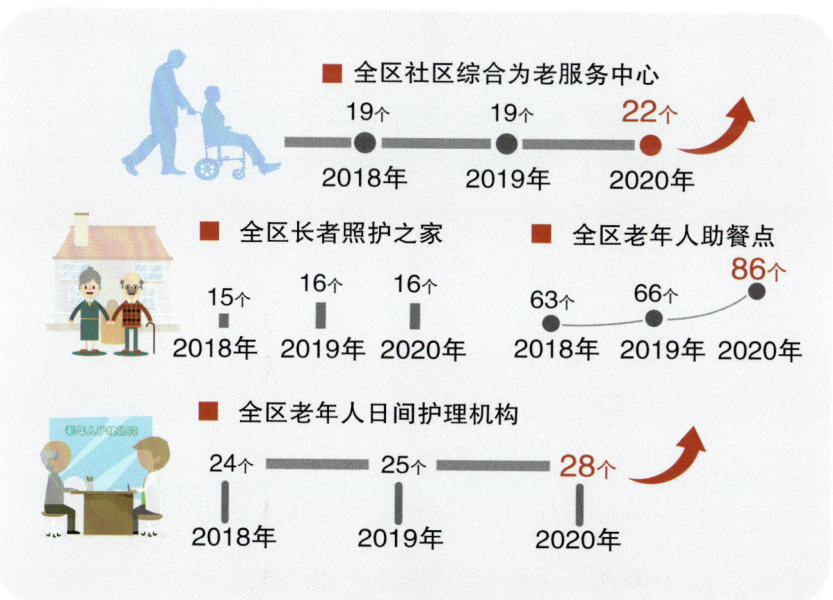

为老服务机构数

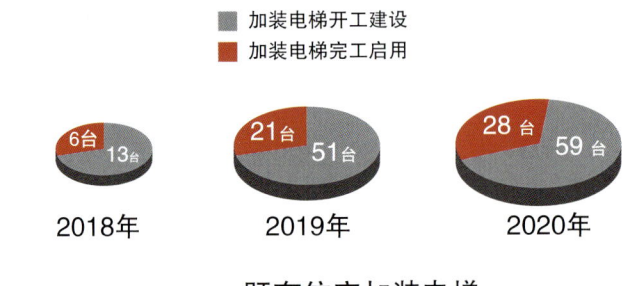

既有住宅加装电梯

环境空气质量优良率

绿化覆盖率

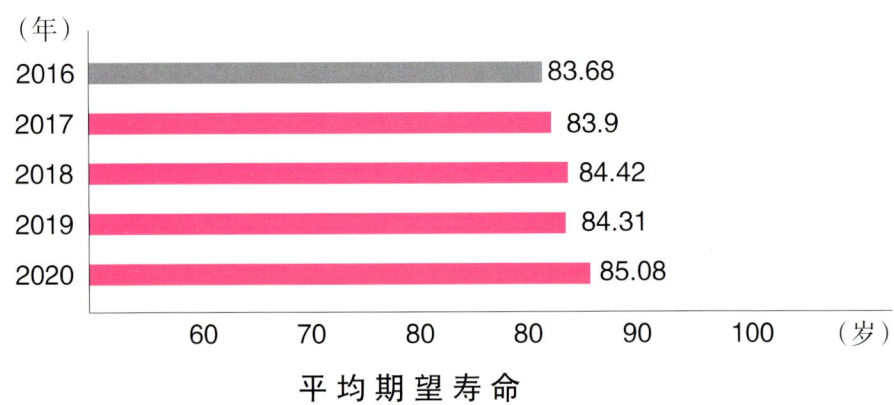

平均期望寿命

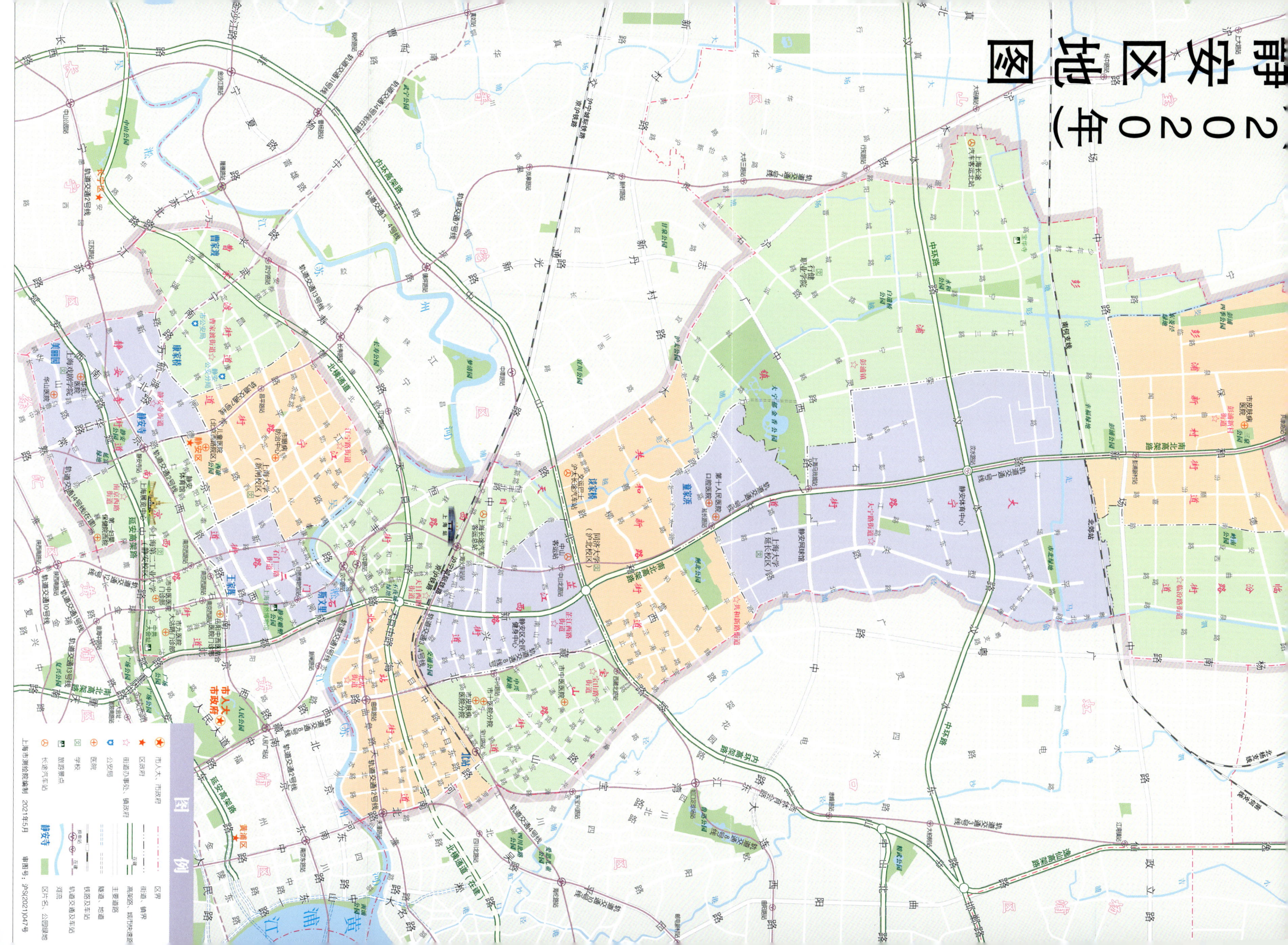

目　　录

特　载

中共上海市静安区委常委会2020年工作
　报告　　01
政府工作报告　　10

领导视察和调研　　22

大事记　　39

专　记

2020年静安区抗击新型冠状病毒肺炎疫情
　工作　　53
静安区"四史"学习教育　　55
静安区第七次全国人口普查主要数据公报　　56

概　貌

（一）地理位置　　58
（二）行政区划　　58
（三）人口结构　　59
（四）区域经济　　59
（五）改革创新　　59
（六）城市建设　　60
（七）社会治理　　60
（八）民生保障　　61
（九）社会事业　　61

一、中共静安区委员会

（一）综述　　62
（二）重要会议和活动　　69
（三）组织工作　　80
（四）宣传工作·精神文明建设　　82
（五）统战工作　　90
（六）政法工作　　96
（七）党校工作　　103
（八）老干部工作　　106
（九）机关党建设工作　　109
（十）档案工作　　113
（十一）党史工作　　116
（十二）中共二大会址纪念馆工作　　119

二、静安区人民代表大会

（一）综述　　124
（二）重要会议和活动　　127
（三）监督工作　　135
（四）代表工作　　141
（五）人事任免　　142

三、静安区人民政府

（一）综述　　146

(二)重要会议和活动	148
(三)实事项目和办理工作	172
(四)外事工作	173
(五)国内合作交流与对口支援	175
(六)信访工作	184
(七)行政审批制度改革	185
(八)民族宗教工作	187
(九)侨务	190
(十)港澳工作	192
(十一)台湾事务	194
(十二)地方志工作	196
(十三)投资促进工作	197
(十四)区级机关后勤工作	199

四、政协静安区委员会

(一)综述	202
(二)重要会议及活动	203
(三)提案工作	209
(四)调研工作	214

五、纪检监察

(一)综述	216
(二)重要会议和活动	216
(三)纪检监察体制改革	218
(四)"四责协同"机制建设	219
(五)监督执纪执法	219
(六)巡视巡察工作	220
(七)净化政治生态	221
(八)开展调研工作	221

六、民主党派·工商联

(一)民革区委	222
(二)民盟区委	225
(三)民建区委	229
(四)民进区委	232
(五)农工党区委	235
(六)致公党区委	238
(七)九三学社区委	241
(八)区工商联	243

七、人民团体·社会组织

(一)区总工会	247
(二)共青团区委	252
(三)区妇联	255
(四)区科协	259
(五)区侨联	261
(六)区残联	264
(七)区红十字会	267
(八)黄埔军校同学会静安区工委会	269

八、法治

(一)公安工作	270
(二)检察	274
(三)法院工作	278
(四)司法行政	283

九、人民武装·民防·退役军人管理·应急管理和安全生产监督管理

(一)人民武装	290

(二)民防	292
(三)退役军人管理	294
(四)应急管理和安全生产监督管理	297

十、综合经济管理

(一)计划投资管理	300
(二)节能减排管理	303
(三)物价管理	304
(四)统计管理	305
(五)财政管理	307
(六)税务管理	309
(七)市场监督管理	313
(八)审计	315
(九)国有资产管理	317

十一、商贸服务业

(一)综述	321
(二)商业活动	323
(三)社区商业	325
(四)商务合作交流	325
(五)涉外经济	326

十二、金融业·专业服务业

(一)金融服务业	328
(二)金融监督管理	329
(三)金融服务	330
(四)专业服务业	331

十三、房地产开发和管理

(一)综述	334
(二)房地产市场	335
(三)住房保障和房屋管理	341

十四、旅游业·会展业

(一)综述	350
(二)旅游活动	351
(三)旅游宣传与市场开发	353
(四)旅游管理	353
(五)会展业	354

十五、国有重点企业

(一)上海市北高新(集团)有限公司	355
(二)上海九百(集团)有限公司	356
(三)上海北方企业(集团)有限公司	360
(四)上海开开(集团)有限公司	362
(五)上海大宁资产经营(集团)有限公司	365
(六)上海静工(集团)有限公司	367
(七)上海苏河湾投资控股有限公司	369
(八)上海新静安(集团)有限公司	373
(九)上海静安城市发展(集团)有限公司	375
(十)上海静安置业(集团)有限公司	376
(十一)上海凯成控股有限公司	378
(十二)上海静安投资(集团)有限公司	379

十六、城区建设

(一)规划和土地管理	382
(二)建设和交通管理	387
(三)旧区改造	392
(四)重大项目推进	392

(五)市政道路建设和配套管理 394
(六)水务管理 396
(七)建筑建材业管理 399

十七、市容环境

(一)绿化和市容管理 403
(二)城市"一网通管" 405
(三)城市管理行政执法 408

十八、环境保护

(一)综述 410
(二)环境管理与监察 411
(三)环境监测 414

十九、现代交通

(一)铁路上海站地区建设与管理 417
(二)铁路运输 420
(三)铁路上海站 423
(四)轨道交通 425
(五)道路运输 426
(六)公共交通 427

二十、科学技术·信息化

(一)综述 428
(二)科技创新 430
(三)信息化建设 431

二十一、教育

(一)综述 432

(二)教育行政 433
(三)基础教育 433
(四)终身教育 436
(五)上海戏剧学院 436
(六)上海大学 441
(七)第二工业大学 443

二十二、文化

(一)综述 448
(二)公共文化建设 449
(三)历史文化保护 450
(四)文化产业 451
(五)文化市场 452

二十三、卫生和健康

(一)综述 453
(二)健康城区建设 457
(三)医疗服务 458
(四)公共卫生 460
(五)社区卫生 461
(六)老龄服务 462
(七)人口监测与家庭发展 462

二十四、体育

(一)综述 465
(二)群众体育 466
(三)学校体育 471
(四)竞技体育 473
(五)体育产业 474

(六)体育场地设施建设与管理　475

二十五、民政

(一)社会救助与社会福利　479
(二)养老服务　480
(三)基层政权建设和社会工作　481
(四)社会组织登记管理　482
(五)婚姻管理　483
(六)慈善事业　483

二十六、人力资源和社会保障·医疗保障

(一)人力资源和社会保障　485
(二)社会保险　488
(三)医疗保障　489

二十七、街道·镇

(一)社区建设与管理　493
(二)静安寺街道　496
(三)曹家渡街道　502
(四)江宁路街道　509
(五)石门二路街道　513
(六)南京西路街道　518
(七)天目西路街道　524
(八)北站街道　530
(九)宝山路街道　534
(十)芷江西路街道　537
(十一)共和新路街道　541
(十二)大宁路街道　545
(十三)彭浦新村街道　549
(十四)临汾路街道　555
(十五)彭浦镇　561

二十八、人物·先进集体

(一)静安区主要领导人简介　567
(二)先进个人名录　568
(三)先进集体名录　569
(四)静安区党政机关、民主党派、人民团体领导名录　569
(五)逝世人物　587

二十九、统计资料　588

附　录　604

索　引　610

中共上海市静安区委常委会 2020 年工作报告

——2020 年 12 月 3 日中国共产党上海市静安区
第一届委员会十三次全体会议通过

2020年是全面建成小康社会的收官之年，是实现第一个百年奋斗目标的决胜之年，是静安全面完成"十三五"目标任务，为开启"十四五"新征程打好基础的关键一年。今年以来，区委常委会坚持以习近平新时代中国特色社会主义思想为指导，全面贯彻党的十九大和十九届二中、三中、四中、五中全会精神，深入学习贯彻习近平总书记考察上海和在浦东开发开放30周年庆祝大会上的重要讲话精神，按照市委在新的时代坐标上对静安提出的使命要求，深入实施"一轴三带"发展战略，统筹推进疫情防控和经济社会发展，全力做好稳增长、提能级、促改革、惠民生、防风险各项工作，坚定不移推进全面从严治党，推动区域经济社会保持平稳健康发展，各项事业发展取得新成绩，"十三五"规划主要目标即将完成。

今年以来，区委常委会紧紧围绕贯彻落实中央和市委决策部署，坚持总揽全局、协调各方，重点抓了以下五件大事。

第一，坚持把学习贯彻习近平总书记考察上海重要讲话精神作为贯穿全年工作的突出主线。把习近平总书记这几年考察上海重要讲话精神作为一脉相承、一以贯之的整体，持续兴起学习宣传贯彻热潮，转化为增强"四个意识"、坚定"四个自信"、坚决做到"两个维护"的思想自觉和行动自觉。抓住党员领导干部关键少数，把重要讲话精神作为各级党委(党组)理论学习中心组学习的核心内容，组织开展深入学习研讨，进一步强化理论武装、夯实思想基础。通过培训班、轮训班和线上学习等多种形式，开展分层次、全覆盖的干部教育培训。结合开展"学用新思想，奋斗新时代"、《习近平谈治国理政》第三卷等主题宣讲，切实把广大干部群众的思想和行动统一到重要讲话精神上来。对标中央对上海、市委对静安的要求，结合静安实际，抓好重点工作部署和各项任务推进，努力把学习成果转化为推动发展的强大动力。紧扣习近平总书记关于上海城市工作的重要指示精神和市委要求,专门召开区委全会研究部署,制定出台《关于践行"人民城市人民建,人民城市为人民"重要理念,着力建设人人向往的美好城区的实施意见》。党的十九届五中全会召开和习近平总书记出席浦东开发开放30周年庆祝大会并发表重要讲话后,及时召开会议专题传达学习,对贯彻落实进行动员部署,广泛开展宣讲交流,着力推动习近平总书记重要指示要求和五中全会精神往心里去、往深里走、往实处落。

第二,全力打好疫情防控的人民战争、总体战、阻击战。坚持人民至上、生命至上,按照坚定信心、同舟共济、科学防治、精准施策的总要求,抓紧抓实抓细各项工作,疫情防控取得积极成效。疫情发生后,第一时间成立区疫情防控领导小组及相关工作组,建立区领导联系指导各街镇疫情防控工作机制,在中心城区中率先发布疫情防控工作通告。开展发热门诊规范化建设,设立社区卫生服务中心发热哨点,落实集中隔离观察点相关要求,确保"早发现、早报告、早隔离、早治疗"。强化联防联控、群防群控,加强社会动员,发动群众参与,迅速构建起覆盖全区的防控网。聚焦铁路上海站、社区、楼宇等重点,推动防控力量和资源下沉,压紧压实防控责任,切实管好人、守好门、负好责。本土疫情传播基本阻断后,严格落实"外防输入、内防反弹"要求,持续紧盯入城口、落脚点、流动中、就业岗、学校门、监测哨等关键点关节点,因时因势因情调整优化策略措施,着力建立健全常态化疫情防控机制。从区属医疗单位选派6名医护人员驰援湖北抗击疫情,抽调机关干部、医务人员、公安干警和社区工作者等到机场协助做好境外输入防控工作,为防控大局作出静安贡献。

第三,扎实有力推进"六稳""六保"工作。面对疫情冲击影响和复杂严峻的外部环境,牢牢把握稳中求进工作总基调,推动"六稳""六保"工作取得积极成果。从疫情形势出发,分类动态施策,全力服务、有序推动复工复产复市,4月初全区生产生活秩序基本恢复。召开不同类型市场主体座谈会,组织各级干部集中走访企业,及时主动了解需求和困难。推动国家、市里各项惠企政策落地,制定出台应对疫情帮扶企业"10条措施细则",加快各类产业扶持政策兑现进度,发挥国企示范效应减免中小微企业房租,推出支持复工复产首期60亿元专项信贷计划,帮助企业渡过难关。咬定全年和"十三五"目标任务不放松,引导全区上下把失去的时间抢回来、把滞后的任务拼回来,最快速度推动经济企稳回升。区级一般公共预算收入降幅自4月起逐月收窄,预计全年累计完成250.1亿元,同比增长1%;预计地区生产总值突破2300亿元。全面强化就业优先政策,坚持减负、稳岗、扩就业并举,制定疫情期间就业补贴特殊操作办法,推出高校毕业生就业服务"三个百分百"等一批稳就业举措,探索人力资源服务产业促进高校毕业生就业新模式,确保全区就业形势总体稳定。加大疫情下主副食品保供稳价力度,加强对集中隔离和居家观察群众的心理安抚和情感慰藉,做好低收入家庭、独居老人、重病重残人员等特殊群体的帮扶工作,确保兜住民生底线。

第四,严肃认真做好配合市委巡视和整改落实工作。充分认识市委巡视"政治体检"的重大意义,从讲政治的高度全力配合市委巡视工作。将抓好巡视整改落实作为深化全面从严治党的重要抓手和推动各项事业发展的重要契机,扎实做好巡视"后半篇文章"。切实承担主体责任,成立由区委主要领导任组长的巡视整改工作领导小组,统筹推进各项整改任务。研究制定巡视整改工作推进落实方案和任务分解表,逐项明确整改责任,严格按照时间节点抓实进度管理,逐条挂账销号。召开区委常委会巡视整改专题民主生活会,对照巡视反馈意见进行深刻剖析,开展批评与自我批评。深入挖掘巡视反馈问题背后的制度性因素,进一步健全完善制度,提升制度执行意识和执行力,确保巡视整改要求不折不扣落到实处。

第五,集全区之力编制"十四五"规划。统筹中华民族伟大复兴战略全局与世界百年未有之大变局,科学把握新发展阶段,坚决贯彻新发展理念,服务构建新发展格局,认真谋划未来发展蓝图。聚焦全局性、前瞻性问题,开展"十四五"发展目标主线、深入实施"一轴三带"发展战略、推进实施全球服务商计划、构建完善与人口结构相适应的公共服务和民生保障体系等四个重点课题调研,形成一批调研成果,为规划编制奠定基础。坚持开门办规划,广泛通过专题访谈、座谈会、大讨论和网上意见建议征集等方式,组织全区上下开展讨论、深化思路,使规划编制的过程成为集中民智、汇聚民意、形成共识的过程,进一步提高规划的科学性、有效性。在全面总结、深入调研的基础上,提出区委关于制定"十四五"规划和二〇三五年远景目标的建议,组织编制规划纲要和区级专项规划。

一年来,在集中精力抓好五件大事的同时,区委常委会全力做好以下六方面主要工作。

一、更加注重质量效益,经济发展获得新突破

改革开放不断向纵深推进。主动服务构建新发展格局,积极对接三项新的重大任务,坚定不移深化改革、扩大开放,市场活力和市场主体动力得到进一步释放。大力实施全球服务商计划,指标体系、项目清单、专项政策、评估机制等四大行动举措有序展开,推动专业服务业联盟实体化运作,常态化全球服务商活动机制初步建立。围绕增强集聚和辐射能力,加快发展高能级总部经济,积极支持本土企业走出去、多元化开拓国际市场。截至目前,跨国公司地区总部达88家,其中大中华区及以上能级26家。全力做好第三届进博会服务保障工作,进博会对投资促进、开放升级等的带动效应进一步显现。坚持以开放促改革,以开展国家服务业综合改革试点为平台,对接自贸区制度创新,聚焦区域重点产业,积极探索体制机制突破,海关静安监管点投入使用,离境退税试点范围不断扩大。落实区域性国资国企综合改革要求,进一步健全以管资本为主的国资监管体系,区管企业中全部落实总会计师制度。着力优化国资布局,探索研究资源整合方案,有序做好低效无效产能清理退出工作。加快推动建立企业市场化经营机制,完善企业法人治理结构、推进混合所有制改革等取得新进展。积极推动民营经济发展,"政会银企"四方合作机制正式建立并投入运行。经济转型升级迈出新步伐。强化"四个论英雄"发展导向,加快推动质量变革、效率变革、动力变革,经济能级、结构和效益实现新提升,高质量发展的基础更加巩固。着力提升现代服务业能级,聚焦商贸服务业、金融服务业、专业服务业等优势产业,加快总部型企业、功能性机构、标志性项目集聚,国际化、高端化、特色化发展特征进一步凸显,服务经济支撑力和竞争力不断增强。着力深化国际消费城市示范区建设,结合上海"五五购物节",密集推出"嗨购静安"系列活动,推动一批中国首店、上海首店和全球首发在静安落地。南京西路商圈高端消费时尚前沿地位进一步巩固,环大宁地区入选全市第二批地标性夜生活集聚区。4月起,社会消费品零售总额在全市率先实现正增长,1-11月同比增长超过18%,居中心城区首位。着力增强发展新动能,推动大数据、人工智能等产业创新融合发展,华为上海区块链生态创新中心、上海科学院区块链技术研究所等一批功能性平台建设有力推进,静安大数据领域核心企业总量和业务收入总值居全市首位。推动电竞、电影产业提质增效。着力深化核心功能区建设,重点区域产业和功能定位进一步明晰,张园保护性开发、中信泰富升级改造、市北国际科创社区等重点项目全面有序推进,城市航站楼改造工作开始启动。围绕提升经济密度,加快推进低效楼宇"腾笼换鸟",探索空转工业用地转让新模式,加快区域内存量用地转型,深化市北走马塘片区转型研究。

投资促进工作和营商环境建设加力显效。统筹谋划和整体推进抓投资、优环境、促发展各项工作,进一步掀起招商引资、投资创业热潮。把招商引资摆在更加突出的位置,建立健全符合静安实际的工作体制机制,强化考核激励力度,构建形成条块联动、各方协同的大招商、大服务工作格局,全区共抓投资促进的合力进一步增强。加大战略招商和精准招商力度,吸引一批高能级市场主体落户静安。截至目前统计,全区新增注册资本金3000万元及以上企业185家,引进税收亿元级项目3个,引进税收千万级项目33个。全面对标上海市优化营商环境3.0版工作方案,高标准推出19项重点工作举措。线上线下深度融合向纵深推进,"一网通办"公共服务事项接入进一步拓展,"随申办"APP区级、街镇旗舰店上线试运行。围绕"一件事"深化流程再造,"两个免于提交"全面落实,证照分离、一企一证等工作继续深化,以"双随机、一公开"监管为基本手段、重点监管为补充、信用监管为基础的新型监管机制不断完善。"楼小二"服务品牌进一步打响。

二、全面加强建设管理,城区品质实现新提升

重大项目和基础设施建设有序推进。着眼长远发展,加快重大载体项目建设,地铁13号线上盖、市北高新园区21-02地块、久隆模范中学扩建等项目实现开工,锦沧文华楼宇改建工程、第十人民医院急诊综合楼、市北高新园区01-06地块等项目实现竣工,预计全年开工和竣工面积均达到105万平方米。深化静安区单元规划编制工作,完成草案公示和修改完善。统筹推进土地储备和出让工作,加强分析研判和项目推介,积极引进有实力的企业参与合作开发,拓展区域发展新空间。多措并举推进市政设施建设,北横通道(静安段)、昌平路桥等市属项目按计划实施,苏州河(静安段)岸线年内实现贯通,场中路、光复路等市政道路工程完工。对接市新基建行动方案,加快推进5G网络建设及场景部署和应用。

城区精细化管理水平进一步提升。坚持高标准引领,在细微处下力气、见实效,以绣花般功夫努力打造城市精细化管理示范区。深化"美丽街区"建设,推进背街小巷提升、景观灯光建设、"城市家具"设计,做好架空线入地及合杆合箱整治等工作,街区景观品质实现新的提升。完善城区管理标准体系,继续保持南京西路"席地而坐"品质,对愚园路、延中绿地、铁路上海站地区等重点区域实施深度保洁。加快推进城市运行"一网统管"建设,全面落实市2.0版各项任务,从静安实际出发,在区级平台探索开发生态环境、建筑工地、违法建筑等10个应用场景。推进"多格合一"联勤联动,"全兵种"力量配置已覆盖所有85个责任网格。完善"12345"市民服务热线反映问题办理流程,建立健全快速响应、质量管控、跟踪督办、考核评价机制。

生态环境保护力度不断加大。完善区生态环境保护工作体制机制,构建形成条块结合、联勤联动的环保治理格局。推动污染防治三大攻坚战取得阶段性成果,全面完成第七轮环保三年行动计划,空气环境质量指数高于全市平均水平,污染物指标达到国家环境空气质量二级标准,提前完成"消除劣于Ⅴ类水体"达标任务。积极落实中央生态环境保护督察整改要求,扎实推动问题整改到位。持续推进生活垃圾分类体系建设,实现各类场所分类收集全覆盖。苏河湾中央绿地、楔形绿地(二期)等各类绿地建设稳步推进。

社会环境更加安全稳定。健全安全生产责任体系,深入开展安全生产专项整治三年行动。全面排查、集中整治全区各行业各领域安全风险隐患,对圣贤居、国际贵都大饭店、新中中学、新梅共和城等地的重大事故隐患实施挂牌督办,对电动自行车违规充电等具体风险点及时整改,深入落实人防技防措施。进一步加强应急管理工作,加快构建统筹有力保障得力的应急管理体系,完善横向到边纵向到底的应急预案体系,建设应用为要管用为王的应急指挥信息系统,不断提高应急救援和防灾减灾能力。积极推进市域社会治理现代化试点,加强平安静安建设,深入开展扫黑除恶专项斗争,加快社会治安防控体系建设,提升重点人群管理服务水平,确保社会面平安稳定。继续做实"案清事明促案结事了",深入开展信访矛盾化解攻坚战,区四套班子领导带头接待来访群众,推进突出矛盾化解缓解。圆满完成全国"两会"、十九届五中全会和第三届进博会等重大节点社会面防控任务。

三、广泛凝聚各方合力,民主政治建设取得新进展

支持人大及其常委会依法行使职权。召开区人大工作会议,研究制定我区《关于加强新时代人大工作充分发挥人大推进城区治理现代化作用的实施意见》,切实加强和改进对人大及其常委会工作的领导。健全人大监督机制,支持人大围绕区委中心工作,开展专题调研和执法检查,加强对"十三五"规划执行和"十四五"规划编制情况等重点工作的监督。构建基层立法民意征询网络体系,加强人大基层立法联系点、信息采集点建设。持续深化"家""站""点"平台建设,为人大代表依法履职、发挥作用提供有力保障。

支持政协发挥专门协商机构作用。加强党对政协工作的全面领导,深入落实区委《关于新时代加强和改进人民政协工作的贯彻落实意见》。支持政协聚焦中心任务,开展重点课题调研,加强提案跟踪督办,依托"啄木鸟行动"开展好监督式协商。支持政协更好发挥人民政协统战组织功能,完善与各党派团体共同性事务和经常性工作的沟通机制。做实街镇"协商议事厅"平台,推进政协协商与基层协商有效衔接。加强政协委员队伍建设,不断增强委员履职意识、提高履职能力。

爱国统一战线不断巩固。健全区委统一战线工作领导协调机制,不断完善大统战工作格局。加强参政党建设,推进政党协商和专项民主监督制度化、规范化、程序化。加强党外代表人士队伍建设和党外知识分子工作。深化"静安新联心"品牌建设,激发新的社会阶层人士活力。加强民营经济统战工作,坚定企业家发展信心,推动民营经济健康发展。强化民族宗教界人士团结引导,在全市率先将民族宗教事务全要素纳入"一网统管"平台,推进民族团结进步与文明和谐寺观教堂创建工作。聚焦青年和专业人士,以多种形式开展港澳台和海外交流交往。深化街镇统战工作,促进基层社会治理实践创新。

依法治区工作有力推进。深入学习贯彻习近平法治思想,开展宪法、民法典等系列学习宣传教育活动,促进法治意识和法治思维深入人心。加强和改进区委对法治工作的领导,修订依法治区评估指标体系,全面压实部门责任,将法治建设指标纳入绩效考核内容。深化法治政

府建设，积极推行行政执法"三项制度"，建立街镇法治建设委员会，夯实基层法治建设基础。优化公共法律服务体系，注重服务质量提升，延伸法律援助覆盖面，保障群众合法权益。举办"云研讨"，扩大"一带一路高端经贸法律人才实践基地""沪港两地法律人才交流研讨"等优质品牌项目的影响力，推动法律服务业健康发展。

四、不断增强城区软实力，文化发展呈现新气象

宣传思想工作有效开展。深化落实意识形态工作责任制，制定《意识形态工作责任制考核重点和考核实施细则》，完善防范化解重大风险意识形态安全工作协调机制，织密意识形态领域防护网。加强各类宣传阵地管理，健全舆情监测评估、突发舆情响应等机制，深化静彩新媒体联盟建设，牢牢把握舆论引导主动权。稳步推进区融媒体中心建设，提升"上海静安"客户端影响力，形成渠道丰富、覆盖广泛、传播有效、可管可控的传播矩阵。持续深化"党的诞生地"发掘宣传工程，有序推进中共中央秘书处机关旧址和中共中央特科机关旧址场馆等建工作，加快建设中共中央军委机关旧址纪念馆项目。加强与中央、市级主流媒体合作交流，加大外宣力度，进一步彰显静安魅力。

文化品牌建设亮点纷呈。大力推动商旅文深度融合，现代戏剧谷、"浓情静安·爵士春天"音乐节、上海国际茶文化旅游节、国际雕塑展等品牌活动的影响力进一步提升。着力打造"建筑可阅读"示范区，形成"智能阅读+文化+旅游+商业+互联网"等文旅融合模式，逐步实现全域旅游功能。加强文物保护利用和文化遗产保护传承，促进历史建筑活化利用，探索文化保护与现代城市功能融合发展新路径。完善四级公共文化服务体系，创新公共文化配送模式，有效提高公共文化服务精准度。开展"一街一品"特色文化工作，培育贴近市民、普惠群众的特色文化形态。创新市场监管机制和方式，文化、旅游、体育市场监管全面加强。

城区文明程度进一步提升。顺利完成2020年市级专项测评和第六届全国文明城区创建复评工作，以直辖市城区第三名成绩获全国通报表扬。以社会主义核心价值观为引领，加强新时代公民道德建设，举办第二届静安区道德模范颁奖典礼暨抗疫志愿先进表彰大会，引导全区广大干部群众见贤思齐，广泛形成向上向善的力量。深化"美在静安"系列行动和"知书达礼"市民修身行动，深入开展传统文化传承工程，着力弘扬时代新风。加快推进新时代文明实践中心建设，建成区、街镇、居村及重点园区、重点楼宇三级新时代文明实践体系。大力弘扬志愿服务精神，进一步夯实三级志愿服务工作架构，成立区志愿服务促进中心，组建区志愿服务总队，完善社区志愿服务中心功能建设，不断提升志愿服务工作能级。静安区关工委被授予"全国关心下一代工作先进集体"称号。

五、着力破解民生难题，人民生活水平再上新台阶

居民居住条件持续改善。启动宝山路街道"四合一"项目征收，顺利完成张园115街坊、永兴路649弄、中央特科旧址等11个旧改地块收尾，全区成片二级以下旧里改造任务全面提前完成。逐步推进零星旧里改造，中华新路1007弄、余姚路331弄等4个地块启动征收。旧住房成套改造进展有序，全市目前规模体量最大、改造难度最高的旧住房成套改造项目彭一小区签约生效，彭三小区（五期）建设平稳推进，彭浦新村地区成套改造实现了全覆盖。"美丽家园"建设持续深化，屋面及相关设施改造和综合整治、直管公房全项目修缮、雨污分流改造等建设项目有序进行，住宅小区综合治理考评蝉联榜首。无卫生设施改造基本完成，基本消灭手拎马桶。积极推动既有多层住宅加装电梯工作，探索形成成片批量加装电梯模式和整体加装电梯经验。保障性住房受益面进一步扩大，持续做好廉租房、共有产权保障房、公租房的供应和管理，做到符合条件应保尽保。

社会保障体系更加完善。着力提升为老服务能级，进一步优化养老机构和社区养老服务设施，实施"乐龄有伴"独居关爱等十大为老服务项目，深化发展认知障碍照护服务，持续做好为老助餐、爬楼机等服务，满足老年人多样化、多层次的养老需求。加强养老服务行业监管，建设静安区养老机构统一管理平台，推动养老机构标准化建设和养老服务专业队伍建设，为老服务品质进一步提高。持续健全社会救助体系，深化最低生活保障工作长效机制，推进各街镇救助所标准化建设，加强社区特殊儿童关爱保护，引导社会力量参与社会救助工作，有效保障困难群众基本生活。扎实做好残疾人工作，大力实施无障碍改造，推行"扶残助残"一件事，救助保障、就业培训、康复服务等工作水平持续提升。

各项社会事业稳步推进。持续深化教育综合改革，开展紧密型学区化集团化创建，覆盖率达65.9%。推动以思政课为重点的学科德育建设，完善区域一体化德育体系。深入推进托幼一体化建设，推动小学活力指标评价改革，全面实施"初中再加强"工程，提升高中特色化多样化发展水平。加快构筑立体化公共卫生体系，强化监测预警，进一步提高公共卫生应急防控能力。加快构建全生命周期健康服务体系，高标准推进国家卫生区复评审。不断深化医药卫生体制改革，积极推进现代医院管理制度试点，着力打造区域性医疗中心，建成全市首家实体社区互联网医院。深入推进长护险试点工作，完成区级信息平台建设，全面加强医保基金管理。持续完善全民健身公共服务体系，提升公共体育场地开放服务能级。加强对口支援和合作交流工作，全力以赴助力对口地区打赢脱贫攻坚战。健全完善国防动员体系，加强国防教育，推动军民融合深度发展，成功创建"全国双拥模范城"。认真组织、有序开展第七次全国人口普查。大力宣传普及科学防疫知识，扎实推进基层科协组织建设。

基层社会治理规范有序。围绕减负、增能、赋权，进一步完善基层管理体制，制定《关于完善街镇管理体制整合街镇管理服务资源的实施方案》，理顺条块职责关系，提升基层社会治理能级。深入推进居委会标准化建设，完善专业委员会组织架构、工作职责和运作机制。深化党建引领下的业委会规范化建设，推动居民区"三驾马车"有效联动，服务效能不断提升。全面开展"基石工程"，实施以"美丽楼组"建设为主题的居民区楼组建设，进一步为基层治理提质增效。持续优化社区政务服务，加强社区事务受理服务中心规范化建设，建立完善"好差评"工作机制。加强社会组织规范管理，优化"区级基地、街镇基地、社会基地"三级社会组织培育孵化网络，激发社会组织内生动力。加强社区工作者队伍建设，继续实施"能力提升"工程，完善社区工作者绩效评价体系，社会工作专业化发展水平进一步提升。充分发挥工青妇等群团组织作用，更好形成政府治理与社会调节的良性互动。

六、深入推进全面从严治党，党的建设取得新成效

"不忘初心、牢记使命"主题教育成果持续巩固。坚持把不忘初心、牢记使命作为加强党的建设的永恒课题，作为全体党员、干部的终身课题常抓常新，总结提炼主题教育的成果经验和有效做法并探索形成长效机制。持续推进"双结对"工作机制，进一步优化完善局级领导干部结对联系制度和党组织结对共建制度，深化党员领导干部联系服务基层机制、调查研究常态化机制、问题整改落实长效机制，增强党组织结对共建的针对性、有效性、创新性。扎实开展"四史"学习教育，成立领导小组并设立办公室，指导和推动全区上下深入开展党史、新中国史、改革开放史、社会主义发展史学习教育。抓好重要历史纪念节点，有针对性地组织专题学习，持续兴起学习教育热潮。充分挖掘我区丰富的红色资源，讲好红色故事、传承红色基因、发扬红色传统，积极打造静安"四史"学习教育品牌。

城市基层党建不断深化。继续在重点楼宇推进"白领驿家"党群服务站点一体化建设，建立党务、政务、社务等一体化服务清单，深化"党建+"模式。高标准推进"新时代上海楼宇党建创新实践基地"和上海市党建研究会"两新"专委会的运作。持续推进社会组织枢纽党建"1+14+X"模式，强化党建引领，提升专业水平。拓展网格化党建工作内涵，设置"一网一策"和"网格微事项"，完善工作机制，激发党员活力。推广"红色物业"经验做法，探索建立党建引领物业管理协调运行机制。深化"共同行动"区域化党建，着力促进区域单位党组织与社区党组织共同开展党建共建项目。加快建设党群阵地体系，发挥区党建服务中心示范引领作用和"新时代学习所"平台作用，推动"5We"项目创新升级。进一步加强基层队伍建设，推行居民区党组织书记区级备案管理制度，做好居民区"两委"班子区级联审工作，分层次抓好基层党组织书记和班子成员集中轮训。

干部人才队伍建设进一步加强。始终坚持新时代好干部标准，按照事业为上、人岗相适、优化结构、面向基层的原则，统筹做好区管领导班子和干部调整配备工作。加大年轻干部发现培养选拔力度，加强基层实践历练，为提升年轻干部综合素质创设平台。精心组织干部学习培训，系统开展理论学习和党性教育。坚持以严的标准要求干部，不断健全从严监督管理干部的工作机制。进一步落实职务职级并行制度，充分发挥制度激励作用。继续做好援外、驻外干部选派保障等相关工作。重视做好老干部工作，用心用情做好服务保障。着眼全区发展大局，聚焦重点产业领域需求，不断激发人才创新创业活力。持续优化人才发展综合环境，切实增强人才获得感和归属感。

党风廉政建设和反腐败斗争深入推进。制定下发《关于落实全面从严治党主体责任的通知》，深化细化"四责协同"机制建设，扭住责任制"牛鼻子"，抓住党委（党组）关键主体，进一步强化守土有责、守土担责、守土尽责的政治担当，推动全面从严治党向基层延伸。做实做细日常监督，强化四个监督协同协作，逐步形成系统集成、协同高效的监督格局。释放派驻监督治理效能，监督触角深入各驻在部门日常管理和重点工作。驰而不息纠治"四风"，严肃查处违反中央八项规定精神问题。强化巡视巡察联动，完善巡察工作机制，推动政治巡察高质量发展。积极运用监督执纪"四种形态"，惩前毖后、治病救人。一体推进不敢腐、不能腐、不想腐，保持高压反腐态势，强化权力规范运行，坚决惩治侵害群众利益的腐败问题、涉黑涉恶腐败和"保护伞"问题，切实发挥全面从严、一严到底的震慑作用。加强教育引导，筑牢干部拒腐防变思想防线。

以上工作的推进和成绩的取得，是中央、市委坚强领导的结果，是全区上下凝心聚力、共同奋斗的结果，离不开各民主党派、人民团体和社会各界的帮助支持，凝聚了各位区委委员、候补委员的智慧和辛劳。借此机会，对大家给予区委常委会工作的支持表示衷心的感谢！

在总结工作的同时，区委常委会也清醒认

识到，与市委在新的时代坐标上提出的使命要求相比，与兄弟城区日新月异的发展速度相比，与全区群众和社会各界的热切期盼相比，我们还有一定差距。主要表现在：一是区域发展总体呈现良好态势，但受疫情影响，经济下行压力增大，如何提升区域经济持续增长能力、保持中心城区领先地位还需下更大功夫。二是城区治理水平稳步提升，但对照城市治理体系和治理能力现代化目标仍有差距，还需更好地把握特大城市中心城区治理规律，着力破解治理难题。三是民生改善和社会建设取得长足进步，但面对群众日益增长的美好生活需要，还需在提升品质上持续发力。四是党的建设扎实推进，但还需在接续创新、擦亮品牌上有更大作为。五是干部队伍结构有待进一步优化，还需在充分调动干部干事创业的积极性上下更大功夫，把更多想干事能干事干成事的干部选出来、用起来。对这些问题，区委常委会将认真研究、切实解决。我们将以习近平新时代中国特色社会主义思想为指导，深入学习宣传贯彻落实党的十九届五中全会精神和习近平总书记考察上海重要讲话精神，在市委坚强领导下，团结带领全区广大党员干部群众开拓创新、接续奋斗，努力推动静安经济社会发展和党的建设各项工作再上新台阶。

以上是区委常委会2020年工作报告，请区委委员、候补委员审议，请与会同志提出意见建议。

政府工作报告

——2021年1月13日在静安区第一届人民代表大会第十一次会议上

静安区区长 王华

各位代表：

现在，我代表静安人民政府，向大会作政府工作报告，请予审议。请各位政协委员和其他列席人员提出意见。

一、2020年工作回顾

2020年是全面建成小康社会的收官之年，是实现第一个百年奋斗目标的决胜之年，是静安全面完成"十三五"规划目标任务，为开启"十四五"新征程打好基础的关键一年。一年来，在市委、市政府和区委的坚强领导下，在区人大、区政协的监督支持下，区政府坚持以习近平新时代中国特色社会主义思想为指导，全面贯彻党的十九大和十九届二中、三中、四中、五中全会精神，深入学习贯彻习近平总书记考察上海重要讲话和在浦东开发开放30周年庆祝大会上的重要讲话精神，按照市委在新时代坐标上对静安提出的使命要求，深入实施"一轴三带"发展战略，统筹推进疫情防控和经济社会发展，扎实做好"六稳"工作，全面落实"六保"任务，完成"十三五"规划主要目标。全年预计实现地区生产总值2300亿元，同比实现正增长；完成税收总收入685.85亿元；完成区级一般公共预算收入250.14亿元，同比增长1.01%；登记失业人数控制在市政府下达目标内；成功创建复评全国文明城区；政府实事项目全部完成。

一年来，我们主要做了以下工作：

（一）坚持人民至上、生命至上，全力抗击新冠肺炎疫情

坚决打赢疫情防控的人民战争、总体战、阻击战。疫情发生后，我们第一时间建立联防联控工作机制，率先发布疫情防控工作通告。开展发热门诊、隔离病房、发热哨点标准化建设，落实新冠肺炎防控方案和诊疗规范。坚持"外防输入、内防反弹"，严格执行集中隔离、居家隔离、社区健康管理等全程闭环要求，建立健全常态化疫情防控机制。加强健康宣传，开展爱国卫生运动，发动27万人次对居民区、市场等各类场所进行环境整治和消杀。有力保障抗疫物资和生活用品，平价菜、平价猪肉供应有序。精心选派骨干医护人员，驰援武汉抗疫一线，动员各方力量参与铁路上海站、机场和进口博览会防控工作，为全国、全市防控大局作出静安贡献。

有序推动复工复产复市复学。认真落实中央及市级援企稳岗系列政策，发布《静安区应对疫情帮扶企业相关措施细则汇总》。国有企业减免中小微企业房租共计2.16亿元，推动银行向区内341家企业提供60.8亿元复工复产信贷资金，有力缓解企业经营压力，为稳增长奠定扎实基础。开展地毯式走访服务，精准回应企业诉求，打通复工复产堵点。积极对接上海市"五五购物节"，推出"嗨购静安"促消费系列活动，重启"安义夜巷"广受关注，充分释放被

疫情抑制的消费潜力。守牢学校疫情防控阵地，保障广大师生健康安全，开学复课工作有条不紊。

(二)经济运行态势向上向好

主要经济指标企稳回升。全区整体经济发展形势在上半年实现触底反弹后，持续回暖、稳定向好。区级一般公共预算收入降幅自5月起逐月收窄，全年实现了1.01%的正增长。社会消费品零售总额自4月起率先实现同比正增长，增幅逐月扩大至20%，始终保持全市领先。全社会固定资产投资额预计达到295亿元，同比增长25%，自4月起连续9个月保持正增长。五大重点产业全年实现税收总收入506.85亿元，其中商贸服务业实现税收215.84亿元，同比增长1.03%；金融服务业实现税收108.09亿元，同比增长6.86%。

重点区域功能不断增强。南京西路两侧高端商务商业集聚带全年实现税收总收入279.42亿元。南京西路商圈销售额增幅保持中心城区市级商圈首位。张园城市更新项目全面完成前期征收。苏州河两岸人文休闲创业集聚带全年实现税收总收入65.69亿元。举办全球财富管理论坛上海苏河湾峰会，吸引持牌金融机构、国际知名资产管理公司、金融科技公司落户。以中国上海人力资源服务产业园区成立十周年为契机，市区联手发布产业新政20条。中环两翼产城融合发展集聚带全年实现税收总收入87.79亿元。其中南翼大宁地区持续推动影视与电竞融合发展，成功举办电竞上海大师赛。北翼市北高新园区加大国际科创社区建设力度，深化数据智能产业协同创新发展，区块链生态谷入选市级重点科创项目。

改革创新红利持续释放。围绕增强集聚和辐射功能，深化"全球服务商计划"，市区联手推动市专业服务业联盟实质性运作。加快发展高能级总部经济，全年新增跨国公司地区总部6家，累计88家，其中大中华区及以上能级总部26家。坚持以开放促改革，深化国家服务业综合改革试点，提升投资贸易便利化水平。落实区域性国资国企综合改革要求，健全以管资本为主的国资监管体系。积极扶持民营经济发展，"政会银企"四方合作机制正式建立并投入运行。战略性新兴产业特色优势持续巩固，大数据重点企业数量达250余家，占全市三分之一。各类创新要素加快集聚，引进科技类企业103家，高新技术企业数达到385家。

招商安商成效显著。优化招商体制机制，构建条块联动、各方协同的大招商大服务工作格局。开展战略招商、精准招商，全年新增注册企业数3885家，同比增长6.91%；引进税收亿元级项目4个、千万级项目33个。完成各街镇企业服务中心设立，夯实街镇属地服务企业责任。拓展"楼小二"服务清单，提升覆盖度和便捷度。贯彻《上海市优化营商环境条例》，深入推进"放管服"改革。"一网通办"进一步从"能办"向"好办"转变，共有538项行政权力事项、662项公共服务事项接入平台。提高审批服务效能，审批办结时限压减88.75%。深化业务流程革命性再造，开展15项"一件事"改革，办件量位列全市第一。加强窗口标准化建设与管理，新增47项事项入驻区行政服务中心，新增34项事项纳入无差别综合窗口受理，各政务服务窗口好评率达99.98%。核发上海首张"跨界便利店"食品经营许可证，部署10家"便利店+早餐"项目，服务商区、社区人群。

(三)城区环境品质优化提升

城市运行管理机制不断完善。加快推进"一网统管"建设，完善区、街镇两级城运中心平台枢纽功能，完成85个城运网格、综治网格与47个公安责任区"三网合一"工作，部署上线45个区和街镇特色应用。在首届"上海城市治理最佳实践案例"评选中，静安入选最佳案例数、优秀案例数均排名中心城区第一。

重大工程项目保质保量完成。严格落实疫情防控要求，积极组织工地复工，全年11个房建项目实现开工，17个房建项目实现竣工，开工面积102.3万平方米，竣工面积100.3万平方米，顺利完成年度目标。市政设施建设稳步推进，北横通道天目路高架全线实现结构贯通，昌平路桥建成通车，成为"撤二建一"以来静安首座连通苏州河两岸的新建桥梁。完成7条道路大修、27条道路中修工程。对接市新基建行动方案，全年新建5G基站471个。

"美丽家园"建设继续深化。完成31万平方米屋面及相关设施改造、12.7万平方米多高层住宅综合整治、1.2万平方米老旧住房安全隐患处置。加快既有多层住宅加装电梯，新开工建设59台，其中完工28台。深化物业管理改革，不断提升物业企业服务水平。做好无违建创建和复检工作，累计拆除违法建筑面积8.71万平方米。进一步扩大保障性住房受益面，超额完成租赁住房筹措任务。

"美丽街区"建设巩固提升。完成苏州河两岸贯通工程。保持南京西路精细化保洁品质，对愚园路、延中绿地、铁路上海站地区等重点区域实施深度保洁。推进楔形绿地（二期）等大型绿地建设，彭浦四季公园实现开园，全年建成各类绿地7.03万平方米，立体绿化1.5万平方米。完成7.69公里道路架空线入地及合杆整治。进一步提升垃圾分类实效，推进各类场所分类收集全覆盖。

生态环境保护力度加大。全面完成第七轮环保三年行动计划，污染防治三大攻坚战取得阶段性成果。认真落实河长制，推动河道水质提升，完成消除劣V类水体任务。环境空气质量指数优良率高于全市平均水平，PM2.5年均浓度同比下降11.4%。加强建设用地修复治理，土壤污染状况不断改善。积极落实中央生态环境保护督察整改要求，扎实推动问题整改到位。

城区运行保持平稳有序。进一步加强应急管理和应急保障，不断提高应急救援和防灾减灾能力。完善安全生产责任体系，全面开展安全隐患大排查、大整治，完成4处区级挂牌督办项目整治。加大电动自行车违规充电等火灾突出风险点整改力度，加强建筑施工、食品药械、特种设备等领域安全监管，切实防范安全风险。纵深推进扫黑除恶专项斗争，强化社会治安立体防控。深化交通大整治，筑牢城区交通安全基本盘。

（四）群众生活水平持续提高

全面完成成片二级以下旧里改造。宝山路街道"四合一"项目高比例签约生效，提前8个月全面完成"十三五"成片二级以下旧里改造目标。洪南山宅等13幅地块实现收尾。有序实施零星旧改地块改造，6幅地块启动征收。全年完成旧改受益居民2803户。持续攻坚旧住房成套改造。彭三小区（五期）、中华新路817弄建设步伐加快。全市户数规模最大的彭一小区项目签约生效，彭浦新村地区实现成套改造全覆盖。谈家桥路121、155弄等项目有序推进。

千方百计稳定就业形势。坚持稳企业、稳就业，累计发放企业职工培训等补贴约8500万元，失业保险稳岗返还补贴2.46亿元，全年新增就业岗位43192个。聚焦高校毕业生就业，成立静安区"人力资源机构助力大学生就业联盟"，区内2388名户籍高校毕业生已实现就业。帮助长期失业青年就业825人，帮扶引领创业901人，其中帮扶35岁以下青年创业645人，均超额完成市下达指标。设立退役军人服务站，完善退役军人就业创业和服务保障体系。

为老服务和救助帮扶工作进一步夯实。完善养老服务体系，基本完成平型关路养老院建设,新增3个社区长者食堂和10个老年人助餐服务点,社区综合为老服务中心、长者照护之家在全市率先实现街镇全覆盖。为3.36万名老人提供社区居家养老服务,"乐龄有伴"独居关爱项目累计服务68.6万人次。推进各街镇救助所标准化建设,引导社会力量参与改善困难群众生活,加强社区特殊儿童关爱保护。全年实施低保救助和临时救助14.24万人次,救助金额共计1.49亿元。做好残疾人服务保障工作,完成473户残疾人家庭无障碍改造,为老旧小区改造200条无障碍坡道。

基层治理体系持续巩固。理顺条块职责关系,优化社区居委会约请制度、部门下沉社区工作事项等实施办法,进一步为基层减负、增能、赋权。强化党建引领,深化居委会、业委会建设,业委会组建率排名全市第一。全面推进"共同家园·基石工程",打造"美丽楼组""幸福小区""和谐街区"。加强社区事务受理服务中心规范化建设,深化上海市"社区云"平台应用。优化社会组织培育孵化网络,打造静安品牌项目。认真组织、有序推进第七次全国人口普查。深入开展信访矛盾化解攻坚,一批历史遗留问题得到有效化解。

各项社会事业均衡发展。深化教育综合改革,开展紧密型学区化集团化创建,办学覆盖率达66.3%。深入推进托幼一体化建设,建成14个社区普惠性托育点。推动小学活力指标评价改革,全面实施"初中再加强"工程,提升高中特色化多样化发展水平。加强区域公共卫生体系建设,优化公共卫生应急处置各类预案流程。彭浦新村街道社区卫生服务中心互联网医院成为全市首家实体社区互联网医院。家庭医生服务60岁以上人群签约率达88.52%。区域医疗中心、区中医医院平型关路院区、老年健康中心等项目顺利开工。完善公共文化服务体系,在全市首创运用"区块链+"技术实施公共文化配送,提高服务精准度。着力打造"建筑可阅读"示范区。静安成为首批国家文化和旅游消费试点城市。优化体育设施布局,新建、翻建34处公共运动场、市民健身步道、共享健身房和益智健身苑点。成功举办上海静安国际女子半程马拉松赛等赛事。全力以赴助力对口地区打赢脱贫攻坚战。成功创建"全国双拥模范城"。有序推进妇女儿童、外事等工作,支持做好青年、民族、宗教、侨务等工作。

(五)政府自身建设全面加强

坚持把政治建设摆在首位。深入学习贯彻习近平总书记考察上海重要讲话精神,把学习成果转化为切实增强"四个意识"、坚定"四个自信"、做到"两个维护"的政治自觉、思想自觉、行动自觉。巩固"不忘初心、牢记使命"主题教育成果,深入开展"四史"学习教育。深化落实"四责协同"机制,贯彻中央八项规定及其实施细则精神,驰而不息纠正"四风"。坚决落实巡视整改责任,形成长效机制,持续改进工作作风。

全力推进法治政府建设。深入贯彻习近平法治思想,认真学习领会宪法、民法典等法律法规。全面推行行政执法公示制度、执法全过程记录制度、重大执法决定法制审核制度,提高行政机关依法行政水平及依法应诉能力。全面实施预算绩效管理,加强财政资金统筹,继续严控和压减一般性支出,集中资金重点保障民生项目。加大审计力度,跟踪监管疫情防控资金及物资管理使用情况。及时向区人大常委会报告,向区政协通报重大事项,高质量完成区人大代表建议和区政协提案办理工作,人大代表建议解决率达到85.3%,政协提案予以解决或采纳的达到93.7%。

各位代表,过去的2020年是极不平凡的一年,静安面临的困难与挑战前所未有。面对疫情防控和经济社会发展的双重压力,在市委、市政府和区委的坚强领导下，在区人大、区政协的监督支持下，全区广大人民群众、各民主党派、人民团体、驻区部队以及社会各界始终紧紧站在一起，大家肩并肩、心连心，共同推动疫情防控取得重大战略成果，共同维护经济发展和社会稳定大局，充分展现了中国共产党领导和我国社会主义制度的显著优势。在此，我谨代表静安区人民政府，向全区人民群众致以崇高的敬意！向所有关心、支持和参与静安建设发展的同志们和朋友们，表示衷心的感谢！

一年来，静安经济社会保持了平稳健康发展态势，同时我们也清醒认识到，对照市委在新时代坐标上提出的新要求，对照人民群众新期盼，静安还存在一定差距。具体表现为：一是区域经济持续增长能力有待增强，新旧动能转换不畅，产业发展能级仍需进一步提升；二是城市治理能力有待提高，在管理手段、管理模式、管理理念上仍需进一步创新，还需更好把握超大城市中心城区治理规律；三是民生保障和社会建设还存在短板，仍需在精准施策上持续发力。对这些问题，我们将高度重视，采取有效措施，认真予以解决。

二、关于《上海市静安区国民经济和社会发展第十四个五年规划和二〇三五年远景目标纲要（草案）》的说明

根据《中共静安区委关于制定静安区国民经济和社会发展第十四个五年规划和二〇三五年远景目标的建议》，区政府制定了《上海市静安区国民经济和社会发展第十四个五年规划和二〇三五年远景目标纲要（草案）》，提请本次大会审议。

谋划静安"十四五"时期发展，首要的是准确把握发展形势。从世界格局看，当今世界正经历百年未有之大变局，新冠肺炎疫情全球大流行使这个大变局加速演变，不稳定性不确定性明显增加。我国发展仍然处于重要战略机遇期，但机遇和挑战都有新的发展变化。从国内大局看，全面建设社会主义现代化国家新征程正式开启，我国已转向高质量发展阶段，制度优势显著，发展韧性强劲，社会大局稳定。从上海全局看，上海明确要加快打造国内大循环的中心节点、国内国际双循环的战略链接，加快建设具有世界影响力的社会主义现代化国际大都市。从静安新局看，"十三五"时期，全区经济社会发展取得显著成绩，但对照中央部署、市委要求、人民期盼，对标国际最高标准、最好水平，还存在一些差距和不足，"十四五"期间必须加以统筹解决。

面对发展形势，我们必须深刻认识静安所处新的历史方位，在危机挑战中把握新的机遇，在外部变局中塑造发展新格局。"十四五"时期，要深入贯彻习近平总书记考察上海重要讲话精神，深入践行"人民城市人民建，人民城市为人民"重要理念，统筹推进"五位一体"总体布局，协调推进"四个全面"战略布局，坚定不移贯彻新发展理念，坚持稳中求进工作总基调，贯彻落实市委、市政府决策部署，牢牢把握"中心城区新标杆、上海发展新亮点"定位要求，主动融入国家战略和全市大局，凝心聚力、改革创新，全面扩大高水平对外开放，着力推动城区数字化转型，着力提升城区能级和核心竞争力，着力建设人人向往的美好城区，着力推进城区治理体系和治理能力现代化，努力实现新作为、开创新局面。

为了更好引领中长期发展，《纲要（草案）》展望了2035年远景目标，明确了2025年经济社会发展目标。《纲要（草案）》提出，到2035年，物质文明、政治文明、精神文明、社会文明、生态文明全面提升，率先实现社会主义现代化，全面建成卓越的现代化国际城区，成为上海具有世界影响力的社会主义现代化国际大都市和新时代人民城市的标志性地区。锚定2035

远景目标,《纲要(草案)》提出到2025年,全面建设服务功能更加完善、综合实力更加雄厚、城区治理更加高效、文化魅力更加彰显、群众生活更加美好的"国际静安、卓越城区",率先实现高能级服务、高质量发展、高效能治理、高品位文化、高品质生活和高水平参与,基本建成卓越的现代化国际城区。

"一轴三带"是区第一次党代会确立的发展战略,强调通过"重点发展三带",以"一轴串联协同",进而"辐射带动全区",体现了"全局谋划、分步实施、重点突破、协调推进"的系统思维,符合静安实际。经过五年的实践,这一发展战略深入人心,引领和推动区域经济社会发展取得了显著成效。对此,《纲要(草案)》提出"十四五"时期要继续坚持"一轴三带"发展战略。同时,"一轴三带"也是区域发展的战略布局,当前静安发展的重点区域仍然是南京西路高端服务集聚带、苏河湾滨水商务集聚带、中环两翼创新创意集聚带以及"三带"上的南京西路、苏河湾、大宁、市北四个核心功能区。要通过核心功能区的集聚发展、率先发展,引领带动全区整体提升、全面发展。

围绕"十四五"发展目标,《纲要(草案)》明确了"十四五"期间经济社会发展主要任务,重点做好以下工作:

第一,全力打造高能级服务,建设全球服务承载区。加快构筑发展战略新优势,抢抓全球产业链、供应链和价值链重构的机遇,融入"五型经济"发展格局,促进"全球服务商计划"向纵深推进,吸引国内国际要素资源在静安高度集聚。全面深化改革开放创新格局,着力推动体制机制创新突破,努力建设更高水平开放型经济新体制。打造国际一流营商环境,坚持市场化、法治化、国际化原则,全面深化"放管服"改革,为各类市场主体投资兴业营造稳定、公平、透明、可预期的发展环境。

第二,加快推动高质量发展,建设创新创业活力区。坚持创新在高质量发展中的核心地位,深入实施创新驱动发展战略,构建更具创新力和竞争力的产业体系,建设上海国际科创中心特色承载区。重点发展六大产业,巩固发展商贸服务业、金融服务业、专业服务业等三大优势产业、支柱产业,培育发展数据智能产业、文化创意产业、生命健康产业等三个新兴产业、潜能产业,形成高端化、国际化的现代服务业体系。积极培育发展新动能,着力推进新一代信息技术与产业体系深度融合,大力发展数字经济,推动城区整体迈向数字时代。激发各类市场主体活力,完善各类市场主体共生共荣的生态系统,不断增强企业内在活力和市场竞争力。

第三,深入推进高效能治理,建设现代治理标杆区。推进两张网建设,以智能化、数字化为突破口,提高城区治理能力和服务效能。对标最高标准最好水平,提升城区品质,努力打造"精细化管理示范区"。建设美丽城区,完善生态文明建设统筹协调机制,努力建设生态健康、环境优美、宜居宜业、绿色低碳的国际大都市生态示范中心城区。筑牢安全底线,全力保障人民群众生命财产安全和城区运行安全,努力打造安全发展示范城区。创新社会治理,不断完善社会治理体系,打造人人有责、人人尽责、人人享有的社会治理共同体。

第四,繁荣发展高品位文化,建设国际文化大都市核心区。全面提升城区文明程度,加强社会主义精神文明建设,促进物质文明、精神文明同频共振。完善公共文化服务体系,深入实施基层文化惠民工程,结合城市更新打造文化新地标,更好满足人民精神文化生活新期待。提升文化创新创造能力,培育文化旅游新业态和新模式,推动静安成为上海建设世界著名旅游城市的核心承载区。

第五,努力创造高品质生活,建设美好生活

实践区。打造高质量社区生活圈,让更多人民群众在家门口感受民生幸福。提高社会服务保障能力,全面建立与区域经济社会发展水平相适应的多层次社会保障体系。持续改善群众居住环境,完成全部二级旧里以下房屋改造任务,成片成规模推进既有多层住宅加装电梯。推进老年友好城区建设,提高老年人社区生活便利性、安全性和舒适性。促进教育优质均衡发展,着力打造现代化、国际化、个性化的教育品牌。着力推进健康静安建设,全面保障人民健康,增强体育发展活力。

实现"十四五"规划和二〇三五年远景目标,要坚持党的全面领导,以高水平参与汇聚建设卓越的现代化国际城区的强大合力。全面确立人才引领发展的战略地位,支持各类人才在静安各尽其用、尽展其才。团结社会各界力量,完善公众参与机制,尊重和保障群众的知情权、参与权、表达权、监督权,充分调动群众的积极性、主动性、创造性,凝心聚力实现美好蓝图。

三、2021年主要任务

2021年是中国共产党成立100周年,也是"十四五"规划开局之年。做好今年的工作,我们必须要以习近平新时代中国特色社会主义思想为指导,深入贯彻党的十九大和十九届二中、三中、四中、五中全会精神,认真落实习近平总书记重要讲话精神,根据十一届市委十次全会和一届区委十三次全会部署,坚持稳中求进工作总基调,在大变局中牢牢把握发展主动权,积极对接上海强化"四大功能",坚定不移深化改革、扩大开放、推进创新,在主动服务和融入新发展格局上展现新作为;坚定不移实施"一轴三带"发展战略,打造高端服务业体系,在持续转换发展动能、实现高质量发展上开创新局面;坚定不移提高城市治理现代化水平,做实办好民心工程,切实增进民生福祉,在新时代人民城市建设上体现新担当,跑出静安"十四五"开局起步的快节奏和加速度,向着"国际静安、卓越城区"奋斗目标砥砺前行。

综合各方面因素,建议今年静安经济社会发展的主要预期目标是:区级一般公共预算收入同比增长5%;实现社会消费品零售总额1300亿元;全社会固定资产投资额同比增长5%以上;完成旧住房综合改造面积16.5万平方米;登记失业人数控制在市政府下达目标内。

今年重点做好以下七方面工作:

(一)高质量推进核心功能区建设,持续优化功能布局

南京西路功能区重在能级提升。集聚高端商务、高端消费、高端服务,推动空间挖潜和能级提升,打造全球顶级商务商业集聚区。坚持保护为先、文化为魂、以人为本,加快实施张园城市更新项目,全力打造历史风貌保护和城市有机更新的标杆。推动中信泰富广场等南京西路沿线楼宇升级,启动航站楼更新项目,助推高能级企业集聚。大力发展后街经济,启动愚园路历史风貌保护街区升级改造,丰富"安义夜巷"等夜间经济业态,增强商业街区引领度和体验性。

苏河湾功能区重在内涵升级。建设高标准载体、营造高品质环境、导入高能级业态,打造世界级滨水中央活动区。全力提高产业能级,积极引进资产管理、金融科技等总部,打造国际财富管理高地。紧密对接科技创新要素流动趋势,吸引科创型总部入驻。承接南京西路产业转移,加强商贸服务业、专业服务业总部集聚。全力推动空间扩容,加快42街坊B、C、D办公项目等建设步伐,苏河湾中心33-02地块实现竣工,打造高等级商务商业楼宇集群。优化提升沿河第一界面形态功能,系统建设沿河路段景观、灯光、交通设施,不断提升苏州河两岸公共空间品质。优化区域配套环境,完善教育、医疗、商业等设施布局,推动苏河湾中心绿地等项目建设。深化历史文化资源保护利用,融入人文历史、工业元素和文化艺术功能,打造文化新地标。

大宁功能区重在产业集聚。坚持文化创意和科技创新双轮驱动,打造新时代文创科创产业示范区。做强环上大国际影视园区和灵石中国电竞中心,引导影视技术创新、电竞研发原创等企业集聚,布局网络视听、内容产业等领域,构建数字文创新生态。培育数字经济等战略性新兴产业,建设综合性开放型科技创新中心。推动大宁久光项目实现运营,加快大宁公园改造和地下空间建设等项目进度,实现产业载体、居住社区、公共活动空间的整体功能提升。

市北功能区重在动能培育。增强产业核心竞争力,提升园区发展动能,打造国际领先的数智产业园区。深入建设国家级大数据产业示范基地、上海市超高清视频产业示范基地等重大平台,集聚国家级、市级功能平台、企业研发中心,做强大数据、人工智能等核心产业。加快市北国际科创社区建设步伐,17-02云中芯项目实现结构封顶,21-02云盟汇项目完成基础结构,22-02商住项目实现开工。推动走马塘区域工业用地转型升级。

(二)提升区域经济规模和效益,构筑经济发展新优势

增强区域服务辐射功能。全力实施"全球服务商计划",在更高的集聚上实现更强的辐射。推进全球服务商专项政策落地,搭建全球服务商理事会平台,全年新增全球服务机构10家。实施亚太运营总部计划,提升总部经济能级,强化全球资源配置功能。集聚培育多功能、复合型、高能级区域性总部、大中华区总部及亚太总部,全年新增跨国公司地区总部及其他类型总部12家。巩固提升国家服务业综合改革试点成果,主动承接复制自贸试验区经验,深化体制机制突破。进一步推进国资国企改革,优化企业法人治理结构,做大做强国企主业。

持续推进产业结构优化升级。完善高端服务业体系,助力上海强化高端产业引领功能。创新发展商贸服务业,积极引进高端贸易型、结算型企业和供应链集成服务商,培育首发经济、品牌经济,增强国际消费城市示范区影响力。积极发展金融服务业,全年引进持牌金融机构12家,构建良好金融产业生态。丰富发展专业服务业,探索建立专业服务业试点区,提升会计审计、法律服务、人力资源、检测认证等产业国际化水平。加速壮大数据智能产业,做强云计算、人工智能、区块链等产业集群,新引进大数据企业50家。支持商贸、金融、专业服务等优势产业数字化转型,大力发展产业互联网、跨境电商、平台经济等业态。提升文化创意产业能级,加强文化与科技、商贸等领域联动发展,扩大创意设计、广告艺术等产业影响力。加快集聚生命健康产业,推动健康管理、生物医药、医疗器械等总部型机构落地,构建大健康产业体系。

全力抓好投资促进和企业服务。实施招商引资倍增计划,强化战略招商、精准招商,实现量质齐升。强化统筹协调,健全功能区与街镇组团、条块协同联动的工作机制。聚焦产业链补链、固链、强链的重点环节,用好进口博览会契机,融入"长三角一体化"发展战略,搭建招商平台、拓宽招商渠道,吸引总部企业、龙头企业、独角兽企业等落户。全年引进税收规模亿元级项目8个,千万级项目66个,亿元楼达到80幢。推动服务效能提升,持续深化"一件事"改革,积极推进业务流程革命性再造,营造国际一流营商环境。完善企业走访机制,升级"楼小二"服务功能,提供全方位、全生命周期的服务,做到"有求必应、无事不扰"。

强化科技创新能力。主动服务上海强化科技创新策源功能,加快新旧动能转换。布局一批重大创新平台和科技项目,加快思爱普全球技术创新中心、华院数据认知智能研究中心、阿斯利康全球研发中国中心等平台建设。引进一批具有自主知识产权的科技企业,高新技术企业总数达400家,新增发明专利授权320件。持续布局新基建,加快5G网络建设,推进重点区域深度覆盖。优化创新创业生态环境,充分发挥科技政策的引导和杠杆效应,鼓励支持各类科技创新优秀成果应用。完善科创板上市企业储备库,加快推进一批优质企业上市。建立"人才+项目"引才机制、"创新+创业"一体化人才配置机制,激发人才创新活力。

扩大投资拉动效应。加快重大工程建设步伐,优化推进机制,提升审批时效。全力推进中粮二期北块商办、13号线地铁上盖等十大产业项目,市北初级中学等十大民生项目建设,全年完成开工面积100万平方米、竣工面积100万平方米。完善市政基础设施,北横通道天目路高架按期完工通车,有序推进安远路桥等项目建设。积极推动土地亩产增长,通过城市更新、产业集聚,推动存量工业用地和低效产业园区转型升级,拓展单位土地经济承载容量。有序做好土地出让,推进地块入市。

(三)提高城区治理现代化水平,推动城区品质提升

加快城市治理数字化转型。推动"一网通办""一网统管"两张网融合发展,强化数字支撑,全面提升服务管理质效。深化"一网通办",实现公共服务事项接入基本覆盖,推进网上办、掌上办、自助办。加强电子证照实际应用,优化升级企业开办"一窗通"系统,推进企业注册登记全程电子化和"证照分离"改革。深化"一网统管",全力打造城运平台3.0版本,整合拓展基础数据和业务系统,完善日常、专项、应急指挥场景,做到实战中管用、基层干部爱用、群众感到受用。继续部署城市治理神经元感知节点,按需扩容升级各类基础设施,推动城市治理向人机交互型、数据分析型、主动发现型转变。优化12345市民服务热线工单处置机制,确保实际解决率和市民满意度保持在80%以上。

加强和创新社会治理。平稳有序完成居村委会换届选举,进一步配强工作队伍。优化社区分析工具线上系统功能,推动社区治理精细化。完善居民自治机制,激发居民参与议事协商、自治互助的积极性。精准培育品牌项目和品牌社会组织,提升社会组织参与社会治理的能力。加强基层民主法治建设,健全矛盾化解机制,保持社会面和谐稳定。做好第七次人口普查数据开发利用,优化人口服务和管理。

全面提升城区品质。加快建设美丽城区,推动南京西路后街、苏河湾、大宁音乐广场等区域整体形象提升。精心打造绿化景观,全年建成各类绿地5万平方米、立体绿化2万平方米、绿道2公里,完成中兴绿地公园化改造。优化精细化保洁模式,巩固创建成果,打造更多高标准保洁区域。完成20条道路大中修、道路积水改善和架空线入地工程。巩固提升生活垃圾分类实效,湿垃圾日均处置量达472吨,可回收物日均回收量达296吨。巩固河道水质改善成果,推进彭越浦(汶水路—江场西路段)两岸陆域贯通环境改造工程。启动实施第八轮环保三年行动计划,全力推进大气污染、水污染、土壤污染防治行动,落实好中央、市生态环境保护督察整改任务。

(四)毫不放松抓好常态化疫情防控,切实守住城市安全底线

坚决防止疫情反弹。严格落实市委、市政府各项部署要求,切实做到人、物同防,慎终如始抓好"外防输入、内防反弹"各项工作。压紧压实医院、学校、养老院等重点机构防疫责任,做实防控措施。从严从细抓好重点场所、重大活动防控，加强对大型会展、各类聚集性活动的管理。深入开展爱国卫生运动，倡导文明健康生活习惯。

织密公共卫生安全防线。持续增强医疗机构传染病发现、诊断、报告、救治能力，完善病媒生物监测网络，提升预警监测能力。坚持平战结合，加强资源储备，做好流行病学调查、实验室检测、医疗救治等队伍准备，强化日常培训演练。安全稳妥有序推进新冠病毒疫苗接种。完善以基层党组织为核心、居委会为主导，业委会、物业公司、社区党员志愿者、居民骨干共同参与的基层社区防控架构，最广泛动员群众共同守护公共卫生安全。

全力保障城区运行安全。落实重大隐患治理分级督办制度，强化重点领域、重点行业专项整治。加强高风险场所火灾防控。推动113个老旧小区、售后公房安置集中充电设施，做好老旧小区、售后公房消防设施改造。加强建筑施工安全整治，加大特种设备和危化品安全管理力度。完善食品安全信息追溯系统，巩固市民满意的食品安全城市建设成果。强化交通组织保障，营造安全有序的道路交通环境。健全社会治安防控体系，加大电信网络诈骗等违法行为打击力度，推进更高层次、更高水平的平安静安建设。全面提升民防工程管理水平。

（五）坚持以人民为中心，更好满足人民美好生活需要

提升群众居住品质。统筹实施旧区改造、旧住房成套改造、旧小区综合改造，尽最大努力改善居住条件。有序推进旧区改造，强化力量配置，全力攻坚结转基地收尾。优化零星地块改造模式，全年启动8幅地块征收。加大旧住房成套改造力度，完成彭三小区（五期）和中华新路817弄项目建设，推进谈家桥、彭一小区等项目。持续开展"美丽家园"建设，实施10万平方米屋面及相关设施改造、多高层住宅综合整治，全年开工建设既有多层住宅加装电梯200台。有序供应公租房、共有产权保障房。

优化为老服务体系。完善养老设施布局，加快久合科技园养老院、华兴新城养护院等项目建设进度，推进实施存量资源改建养老床位400张，完成100张认知障碍照护床位改建。提升社区养老服务水平，做好"乐龄家园"建设，全年新增2个社区长者食堂。优化为老服务品质，开展"老吾老——家庭照护能力提升计划"等项目试点。增设居委会养老顾问点，实施"老伙伴"计划，提高独居老人生活安全系数。

健全多层次社会保障体系。实施积极的就业政策，精准帮扶青年大学生、退役军人等重点群体就业。全年帮助长期失业青年就业620人，帮扶引领创业800人，其中帮扶青年大学生创业480人。开展服务类社会救助试点，进一步完善综合性社会救助体系。做好拥军优抚工作，打造静安双拥亮点。为400户有需求且符合条件的残疾人家庭实施无障碍改造，高质量为老旧小区改造200条无障碍坡道。强化停车资源共享利用，着力解决停车难问题。推进早餐工程建设，优化布局30家早餐网点。新增2家白领午餐网点单位。完成3家菜市场标准化建设。持续开展老字号进社区活动。

（六）协调发展各项社会事业，不断提高公共服务均衡化优质化水平

优先发展教育事业。加强立德树人，做好思政课一体化建设。深入推进教育综合改革，开展集团化办学学校优质均衡发展评估。落实区托育工作三年行动计划，做好小学生校内课后服务工作，推动小学教育"绿色指标"实践，试点开展初高中联动项目，推动高中分类发展，大力发展中高职贯通培养专业，开展好针对各类人群的终身教育课程。推动在线教育服务方式和内容创新，提供精准高效的个性化教育教学服务。加强教师队伍培训，实施新一轮"职初教师菁英培养计划"等项目。启动静安区闸北一中心小学、苏河湾地区完全中学等新建工程，开工建设静安区闸北实验小学（明德）校区扩建项目，完成久隆模范中学扩建、上海棋院实验小学迁建等项目建设。

繁荣发展社会主义文化。聚焦建党百年重要节点，持续推进"红色遗址保护、红色基因传承、红色品牌打造"三大行动。推动公共文化服务数字化建设，完善"智文化服务平台"，提升服务效能。优化文旅设施布局，建设2个旅游服务中心及3个文旅融合服务点，新增6个"乐游移动驿站"。加强文化遗产保护利用，推进陕西北路中国历史文化名街开发。提升"上海·静安现代戏剧谷""浓情静安·爵士春天"音乐节等多元文化旅游活动影响力。

完善发展卫生健康事业。加强医联体建设，整合服务资源，深入推进分级诊疗。健全中医医疗服务网络，建设一批优质中医专病诊疗中心。深化社区卫生服务综合改革，做实做优家庭医生"1+1+1"签约服务。深入推进医养融合发展，鼓励医养联合体建设。优化医疗资源布局，启动彭浦镇社区卫生服务中心等项目，加快区域医疗中心、区中医医院平型关路院区、老年健康中心等工程建设，第三康复医院项目实现竣工。优化医疗救助系统，探索跨部门医保数据共享。

全力推进体育等事业发展。推动公共场馆体育服务数字化转型，构建"静安智慧体育"服务平台，提升场馆开放服务能级。举办好国际剑联花剑世界杯大奖赛、上海静安国际女子半程马拉松赛等国际国内赛事，办好静安区第二届运动会，激发市民参与体育热情。启动全民健身中心综合改造工程，新建2条、翻建1条市民健身步道，翻建1个公共运动场，新建1个社区市民健身中心、20处益智健身苑点。加强国防动员，继续做好妇女儿童、青年、民族、宗教、外事、对台、侨务等各项工作。

（七）加快政府职能转变，增强为民服务效能

旗帜鲜明讲政治。切实增强"四个意识"，坚定"四个自信"，坚决做到"两个维护"，完善"不忘初心、牢记使命"长效机制，筑牢信仰之基、补足精神之钙、把稳思想之舵，不折不扣贯彻落实上级决策部署，始终做到初心如磐、使命在肩。

坚持依法行政。遵守宪法和法律，深入开展法治宣传教育，加快法治政府建设示范创建，依法全面履行职责。坚持科学、民主、依法决策，严格履行重大行政决策程序，持续推进公正文明执法。强化政务公开，推动政府管理服务更加透明规范。抓好重大政策跟踪审计、财政审计、领导干部经济责任审计等项目，探索形成常态化"经济体检"机制。依法接受区人大及其常委会监督，主动接受区政协民主监督，自觉接受法律监察和人民监督。

不断改进工作作风。深入贯彻落实中央八项规定及其实施细则精神，坚决杜绝形式主义、官僚主义。做实调查研究，到基层一线，摸实情、办实事，理清发展思路，创新发展举措。健全激励约束和尽职免责机制，营造想干事、能干事、干成事的良好氛围。加强政府廉政建设，强化权力运行监督制约。牢固树立"过紧日子"思想，实施政府购买服务负面清单管理，优化财政支出结构，部门一般性支出压减15%以上，更加规范高效节约使用财政资金。

持续提升履职能力。强化政府团队能力培养，增强思想的敏锐性、工作的前瞻性、落实的穿透性，始终保持良好的精神状态，锐意进取、真抓实干。加强沟通协作，持续提升政府工作效率。严格执行工作责任制，确保重点任务不折不扣落实到位。

各位代表，"十四五"宏伟蓝图已经绘就，静安面临的任务艰巨繁重，承担的责任重大光荣。让我们更加紧密地团结在以习近平同志为核心的党中央周围，在市委、市政府和区委的坚强领导下，在区人大、区政协的监督支持下，团结奋斗、脚踏实地、开拓进取，以特殊作为、特殊担当育先机、开新局，以优异成绩庆祝建党100周年。

附件一：

2021年区政府要完成的与人民生活密切相关的实事项目

一、推进"美丽家园"建设，完成10万平方米屋面及相关设施改造、多高层住宅综合整治；实施0.5万平方米里弄全项目修缮（含厨卫改造）；开工建设既有多层住宅加装电梯200台。

二、推进"美丽街区"建设，完成20条道路大、中修及道路积水改善和道路架空线入地工程；建成各类绿地5万平方米、立体绿化2万平方米、绿道2公里；完成中兴绿地公园化改造。

三、巩固提升全区生活垃圾分类实效，湿垃圾（含餐厨垃圾）处置量达472吨/日，可回收物回收量达296吨/日，干垃圾处置量控制在750吨以内/日。

四、为113个老旧小区、售后公房安装集中充电设施；为10个老旧小区、售后公房增配或改造消防设施；为10个老旧小区、售后公房埋设消防空管；为32个老旧小区安装133台智能门禁设备，维修更新30台已安装使用设备；为全区老旧小区安装4500个简易防盗装置。

五、着力提升养老服务品质，推进实施存量资源改建养老床位400张；改建认知障碍照护床位100张；新增社区长者食堂2个；实施经济困难的高龄独居老年人应急呼叫项目全覆盖。

六、在社区事务受理服务中心，有条件的社区卫生、社区法律服务窗口提供"在线手语视频服务"；为全区400户有需求且符合条件的残疾人家庭实施无障碍改造；为老旧小区改造无障碍坡道200条。

七、帮助长期失业青年就业620人；帮扶引领创业800人（其中帮扶青年大学生创业480人）；促进技能人才培养，训练500名新型学徒制技能人才。

八、实现静安区闸北实验小学（明德）校区扩建项目开工；实现久隆模范中学扩建项目完工；实现上海棋院实验小学迁建工程项目完工；开设70个小学生"爱心暑托班"。

九、实现第三康复医院竣工；优质医疗资源延伸社区，组织6次社区大型义诊。

十、建设2个旅游服务中心及3个文旅融合服务点；加大公益电影配送力度，为市民提供20万张低价电影票。

十一、新建2条、翻建1条市民健身步道；翻建1个公共运动场；新建1个社区市民健身中心；新建20处益智健身苑点；区属公共体育场馆游泳、羽毛球、乒乓球等项目向市民优惠开放10万人次；开展"体育公益配送"服务10万人次；免费为市民提供体质测试服务1.3万人次。

十二、提升菜市场整体面貌，完成3家菜市场标准化建设；对全区35家标准化菜市场和7家食品大卖场产生的"不可食用猪肉"进行回收处置；发展"X+早餐服务"模式，优化布局早餐网点单位30家；新增白领午餐网点单位2家；开展"老字号服务进社区"活动30场。

领导视察和调研

编辑 叶供发

【李强等领导春节前夕到静安寺街道慰问群众】 1月21日,中共中央政治局委员、市委书记李强,副市长彭沉雷等市领导,在区委书记陆晓栋,区委副书记、区长于勇,区委常委、副区长刘燮等区领导陪同下,到静安寺街道察看帮困送温暖工作推进落实情况,看望困难群众,慰问一线工作人员,送上新春祝福。李强一行来到静安寺街道社区事务受理服务中心,关切询问办理事项,听取居民对长护险等民生政策的意见建议。

(静方)

【李强、应勇到静安区检查疫情防控工作】 1月28日,中共中央政治局委员、市委书记李强,市委副书记、市长应勇到大宁路街道慧芝湖花园居民区,察看社区群防群治、居家隔离等工作开展情况,慰问积极投身疫情防控的广大党员干部和市民群众。李强强调在这场疫情防控阻击战中,各级党组织和广大党员干部要切实把思想和行动统一到党中央决策部署上来,要以对人民高度负责的精神,落实属地责任,主动挺身而出,英勇奋斗、扎实工作、经受考验、担当作为。要广泛动员群众、组织群众、凝聚群众,构筑群防群治的严密防线,科学理性、精准有序抗击疫情。各街镇、各居村要把加强社区疫情防控工作摆在突出位置,既要在社区开展全覆盖的排查排摸,也要支持市民及时反映人员变化情况,引导大家加强自我防护、家庭防护、社区防护,从自己做起,从身边做起,全力营造人心安定、人人尽责、同舟共济的社会氛围。市领导于绍良、陈寅、诸葛宇杰,市相关部门负责人,区领导陆晓栋、于勇等参加检查。

(陈仕栋)

【于绍良到静安区检查疫情防控工作】 1月29日,市委常委、组织部部长于绍良到铁路上海站地区检查疫情防控和春运大客流疏导工作,到大宁路派出所了解基层派出所开展疫情防控工作情况,到大宁路街道慧芝湖花园居民区检查社区疫情防控工作和基层党组织作用发挥情况。于绍良指出上海站地区位置特殊,面临疫情防控和春运返程大客流双重考验,既要防止人流滞留造成安全隐患,更要防范因人流积压带来的疫情传播风险,还要注重个案研究、因案施策。于绍良对公安干警在疫情防控工作中发挥的积极作用表示肯定,叮嘱一线民警要加强自我防护,并强调打好疫情防控攻坚战是一场硬仗,要发挥好基层组织和党员走在前、作表率、敢担当的先锋模范作用,发动居民群众力

量,齐心协力、众志成城,全力打赢疫情防控阻击战。区领导陆晓栋等参加检查。（陈仕栋）

【应勇到静安区检查保供稳价工作】 1月30日,市委副书记、市长应勇到盒马鲜生大宁店、北盛菜市场检查保供稳价工作,向市民对防控疫情各项措施的理解和支持表示感谢。应勇指出在全力以赴做好疫情防控的同时,要高度重视城市主副食品和生活用品供应,千方百计组织货源,多措并举加大供给,确保市场供应充足、价格稳定、秩序良好,全力保障广大市民群众的正常生活。龙头企业要带头主动扛起社会责任,运用模式创新、技术创新,更好实现保供稳价,为打赢防控疫情阻击战贡献更多力量。经营者要让市民每天都能买到新鲜菜、放心菜、平价菜,同时做好公共场所的通风和消毒工作,为市民提供干净、安全的购物环境。市领导许昆林、市有关部门负责人、区领导于勇等参加检查。 （陈仕栋）

【于绍良到静安区检查疫情防控工作】 1月30日,市委常委、组织部部长于绍良到铁路上海站地区实地检查疫情防控工作,听取上海站管委办工作汇报。于绍良强调要继续落实好各项防控措施,确保有效疏导客流,严防疫情蔓延。 （陈仕栋）

【于绍良到静安区检查疫情防控工作】 2月1日,市委常委、组织部部长于绍良实地查看越洋广场、静安嘉里商务中心、恒隆广场商务楼宇疫情防控工作,了解商场店铺经营现状,听取关于商户运营和疫情防控情况介绍。于绍良对楼宇内普遍执行出入人员体温监测、专用通行证发放、中央空调暂停运行等防控措施表示肯定。并指出要高度关注企业复工和人员返沪情况,楼宇要做好充分的准备和预案,确保企业复工后疫情防控工作平稳有序。于绍良还实地走访南京西路街道华业居民区,了解外地返沪人员管理工作以及居民购买口罩预约登记的相关情况,强调要把工作想更细、做到位,努力做好社区疫情防控工作。 （陈仕栋）

【郑钢淼走访静安寺调研疫情防控】 2月1日,市委常委、统战部部长郑钢淼到静安寺走访调研。实地了解疫情防控工作情况,看望慰问宗教界人士。市佛教协会会长、静安寺方丈慧明法师介绍宗教团体和场所响应党和政府号召,配合属地和卫生疾控部门,落实疫情防控措施,强化社会责任等情况。郑钢淼肯定静安寺在疫情防控方面所做的工作,强调疫情防控仍处关键时期,要积极践行"爱国爱教、两个责任",继续发挥好宗教界积极作用,配合属地社区,做好信众引导工作,为打赢疫情防控阻击战作出贡献。疫情期间静安寺通过上海百寺公益基金会共捐款、捐物近900万元。

（陆经纬、陈仕栋）

【于绍良到静安区检查疫情防控工作】 2月2日,市委常委、组织部部长于绍良察看铁路上海站医疗测温点、到沪旅客健康登记、公交站点旅客发送等情况。 （陈仕栋）

【于绍良到静安区检查疫情防控工作】 2月3日,市委常委、组织部部长于绍良到曹家渡街道察看街道办公场所消毒、周边区域疫情防控措施落实和定点药房口罩销售等情况,慰问一线工作人员,要求继续做好各项防控工作。

（陈仕栋）

【彭沉雷到静安区检查疫情防控工作】 2月3日,副市长彭沉雷到静安区调研疫情防控工作,了解全区14个街镇首日口罩预约登记、临汾路街道口罩"线上"预约登记和彭浦新村街道"线下"预约登记情况。并强调口罩预约登记工作要在把好大局的情况下,再完善、再细化,鼓励各区、各街镇采取线上预约登记方式,市民政局要在全市层面积极推广。在口罩阶段性供应量不足情况下,各区、各街镇要逐级做好统筹,提前谋划好第二轮和下阶段预约发放事宜。要在抓好口罩发放同时,研究"民生口罩"保障工作。

(陈仕栋)

【汤志平到静安区检查疫情防控工作】 2月4日,副市长汤志平到铁路上海站地区察看来沪旅客健康信息登记工作实施情况。强调要严格按照"三个覆盖""三个一律"要求,采取有力措施,做好来沪旅客健康信息登记工作。(陈仕栋)

【于绍良到静安区检查疫情防控工作】 2月7日,市委常委、组织部部长于绍良到临汾路街道阳曲路760弄居民区、临汾路380弄居民区、社区事务受理服务中心和"社区大脑"联合指挥中心,了解社区疫情防控和中心人员配备、业务办理、防控部署情况。于绍良强调扎实的组织基础和工作基础是面对重大困难、共克时艰的底气,要拓展服务群众渠道,提高服务群众质量。于绍良还到雷允上药城实地察看防疫物资储备情况,指出物资是疫情防控工作的基础,要全力保障,为打赢疫情防控阻击战奠定基础。

(陈仕栋)

【彭沉雷到静安区检查疫情防控工作】 2月7日,副市长彭沉雷到静安区检查商务楼宇疫情防控工作,实地察看越洋国际广场、静安高和大厦、会德丰广场等商场店铺经营现状、楼宇企业复工准备工作等,听取静安寺街道相关介绍,对楼宇内普遍执行的出入人员体温监测、中央空调暂停运行等防控措施表示肯定。并指出要高度关注企业复工和人员返沪,做好充分准备和预案,确保企业复工后疫情防控工作平稳有序。

(陈仕栋)

【于绍良到静安区检查疫情防控工作】 2月8日,市委常委、组织部部长于绍良到铁路上海站地区察看疫情防控工作,慰问一线工作人员。于绍良强调要着眼于社会治理精细化,仔细研究,制订铁路上海站地区大客流疏导方案,形成长效管理机制。要完善2月10日即将启动的轨道交通1、3、4号线上海火车站站的测温工作方案,兼顾疫情防控和乘客出行。要加强宣传,在上海站南进站口大屏滚动播放疫情防控公益广告,营造良好防控氛围。 (陈仕栋)

【李强赴静安寺街道检查疫情防控落实情况】 2月10日是上海企业有序复工首日,中共中央政治局委员、市委书记李强一行来到静安寺街道检查疫情防控落实情况。李强等领导来到静安高和大厦视察复工防控工作。复工首日,静安高和大厦,正常复工企业6家,错峰复工企业6家,复工企业员工占大厦全体企业员工数20%。李强感谢楼宇党建指导员、街道疫情防控联络员以及志愿者们的辛勤付出,指出严严控这根弦必须始终绷紧。把街道、社区、物业、园区、楼宇、企业等各方力量统筹组织起来,联防联控、群防群控,抓实抓细各项防控工作。

(张唯佳)

【李强到上海站检查指导疫情防控工作】 2月10日,中共中央政治局委员、市委书记李强到上海站检查指导疫情防控工作,到车站指挥中心(防控办)和东南出口,听取集团公司和车站疫情防控工作汇报,现场检查旅客测温筛查、健康信息登记、公共场所预防性消毒、路地联防联控等情况,慰问奋战在疫情防控一线的干部职工、医护人员、公安、武警和志愿者,对车站疫情防控工作表示肯定。强调当前疫情形势依然复杂严峻,现在的严格举措、严格防控都是为了这座城市安全运行、为了市民群众安心生活,越是严格,越能有效阻断疫情的传播,越能让广大市民群众感到安心放心。指出车站处在应对返程客流的最前线,要进一步提振精神、坚守岗位、从严管控,严而又严、实而又实、细而又细地把各项防控措施落地落实,坚决守住严防输入的"铁路大门"。要求各级党组织和广大党员、干部面对疫情挺身而出、英勇奋斗、扎实工作,更好发挥基层党组织战斗堡垒作用和共产党员先锋模范作用,让党旗在防控疫情斗争第一线高高飘扬。市委常委、组织部部长于绍良,市委常委、市委秘书长诸葛宇杰等参加检查。集团公司党委书记、董事长侯文玉,上海铁路公安局党委书记、局长董维明,车站站长白正国、党委书记李屹陪同检查。

(彭潇潇)

【于绍良到静安区检查疫情防控工作】 2月10日,市委常委、组织部部长于绍良到江宁路街道检查疫情防控工作,走访新城大厦、香樟花园小区、光大证券,察看企业复工和楼宇、住宅小区疫情防控措施落实情况。于绍良到新城大厦了解物业公共区域消毒、外来人员登记测温、疫情防控预案等,指出街道、楼宇、企业要共同合作,采取有效措施,做好复工之后楼宇疫情防控工作。在香樟花园小区,于绍良听取居民区门岗值守、疫情防控宣传、居民生活物资供应等方面介绍,对一线工作人员表示慰问。强调要树立精细化理念,严格落实疫情防控要求,各项措施要更严、更细、更到位。于绍良到光大证券股份有限公司询问企业复工情况,对企业在疫情防控方面采取的措施表示肯定。要求企业做好计划和准备,有序开放线下网点,逐步回归正常的商业经营。

(陈仕栋)

【于绍良到静安区检查疫情防控工作】 2月12日,市委常委、组织部部长于绍良到彭浦新村街道和彭浦镇检查疫情防控工作。在彭浦新村街道彭顺菜市场,了解出入口测温、场所消毒等防控措施和疫情期间菜价情况,在三泉路424弄居民区,听取居民区党员带头参与疫情防控工作的相关情况,对居民区的努力付出表示感谢。在彭浦镇龙软万荣园区,了解园区和复工企业疫情防控工作情况。在镇城市运行综合管理中心,听取运用视频监控技术及城运数据分析织密、筑牢防控网的情况汇报。指出要进一步坚定信心决心、夯实基层基础,加强技术支撑,全力打赢疫情防控阻击战。

(陈仕栋)

【于绍良到静安区检查疫情防控工作】 2月14日,市委常委、组织部部长于绍良到天目西路街道和芷江西路街道检查疫情防控工作。在天目西路街道,于绍良到宝矿洲际商务中心了解楼宇企业复工和疫情防控工作情况,到街道城管执法中队察看城市管理和疫情防控工作情况,慰问一线工作人员。于绍良到芷江西路街道北方佳苑小区察看社区外来人员管理情况,慰问一线工作人员,到社区卫生服务中心了解近期发热门诊接诊数量、诊疗流程,察看基层医疗机构发热预检分诊工作开展情况。

(陈仕栋)

【许昆林到静安区检查疫情防控工作】 2月14日,副市长许昆林到静安区检查疫情防控工作,实地了解企业复工和市场保供情况。许昆林到新镇宁菜市场察看菜市场防控防疫、保供稳价、食品安全等情况,要求积极组织市场供应,扩大供应量,进一步丰富市民餐桌。在兴业太古汇,许昆林察看楼宇疫情防控措施和商场内商户复工开业情况,了解生活精品超市供应情况,对兴业太古汇开展的疫情防控工作举措给予肯定。并要求各商业企业要严格落实各项防控措施,在确保安全情况下,逐步恢复餐饮供应。　　　　　　　　　(陈仕栋)

【方惠萍到静安区慰问医务工作者】　2月14日,市政协副主席方惠萍率领部分政协委员到临汾路街道社区卫生服务中心慰问医务工作者。区政协主席丁宝定,区政协副主席、区卫建委主任叶强等陪同。　　　　(尤正憨)

【于绍良到静安区检查疫情防控工作】　2月17日,市委常委、组织部部长于绍良到北站街道、宝山路街道察看疫情防控工作。在北站街道,于绍良到光明地产大厦了解企业复工和内部管控情况,到宝格丽酒店了解酒店入住和相关防疫措施落实情况。在宝山路街道,于绍良到新宝通居民区了解党组织发动社区党员、志愿者做好防疫宣传、口罩发放、小区进出管理等工作情况,慰问一线工作人员,到市场监管所了解"五小"场所排查管理和企业复工有关情况,并对继续做好各项防控工作提出要求。
(陈仕栋)

【肖贵玉到静安区调研市重大工程疫情防控和复工准备工作】　2月17日,市人大常委会副主任肖贵玉率市人大城建环保委一行,到静安区调研市重大工程疫情防控和复工准备工作,察看北横通道天目路高架项目工地,听取上海建工北横通道天目路高架项目部负责人介绍工程概况、现场人员情况、已采取的疫情防控措施、复工准备工作和计划复工时间、复工后疫情防控措施等情况,了解疫情对工程建设进度的影响、疫情防控和复工准备工作面临的困难和意见建议等。区人大常委会主任顾云豪、副主任宋震、副区长李震等领导参加调研。　(姜颖洁)

【于绍良到静安区检查疫情防控工作】　2月18日,市委常委、组织部部长于绍良到共和新路街道察看疫情防控工作,慰问一线工作人员。在谈家桥居民区,于绍良察看社区疫情防控措施落实情况,对居民区党组织积极发挥战斗堡垒作用,党建引领凝聚党员骨干、志愿者力量,因地制宜开展群防群治、看家护院工作等表示赞赏。在V领地青年社区上海总部,于绍良现场询问租客登记入住流程,对V领地青年社区采取疫情防控数字系统、严格返沪租客登记隔离等做法予以肯定。　　(陈仕栋)

【于绍良到静安区检查疫情防控工作】　2月24日,市委常委、组织部部长于绍良到静安区察看疫情防控工作和复工复产情况。到上海国宾医疗中心有限公司听取医院整体发展情况介绍,了解党员医务工作者参与铁路上海站一线防控工作有关情况。指出企业要切实承担起社会责任,在保持正常运作同时,积极参与疫情防控工作。于绍良到沪港国际咨询集团有限公司了解企业复工情况。强调要坚持党建引领,发挥示范作用,实现疫情防控和企业发展两手抓、两不误、两促进。　　　　　(陈仕栋)

【许昆林到静安区走访企业】　3月2日,副市长许昆林走访惠氏营养品(中国)有限公司、兴业太古汇、星巴克烘焙工坊,详细了解企业落实疫情防控措施及复工复产后业务经营情况,并察看丰盛里沿街商铺疫情防控工作情况。许昆林就企业提出的诉求进行回应,表示希望各企业加强安全管理,严格落实防控规范,积极服务抗疫大局,有序推进复工复产。并强调当前疫情防控工作到了最吃劲的关键阶段,任何环节绝不能放松警惕,各相关部门要加强对企业的指导,严格实行条件管理、备案制度,帮助协调解决企业遇到的困难和问题,统筹推进疫情防工、医护人员、公安、武警和志愿者,对车站疫情防控工作表示肯定。强调当前疫情形势依然复杂严峻,现在的严格举措、严格防控都是为了这座城市安全运行、为了市民群众安心生活,越是严格,越能有效阻断疫情的传播,越能让广大市民群众感到安心放心。指出车站处在应对返程客流的最前线,要进一步提振精神、坚守岗位、从严管控,严而又严、实而又实、细而又细地把各项防控措施落到落实,坚决守住严防输入的"铁路大门"。要求各级党组织和广大党员、干部面对疫情挺身而出、英勇奋斗、扎实工作,更好发挥基层党组织战斗堡垒作用和共产党员先锋模范作用,让党旗在防控疫情斗争第一线高高飘扬。市委常委、组织部部长于绍良,市委常委、市委秘书长诸葛宇杰等参加检查。集团公司党委书记、董事长侯文玉,上海铁路公安局党委书记、局长董维明,车站站长白正国、党委书记李屹陪同检查。

(彭潇潇)

【于绍良到静安区检查疫情防控工作】 2月10日,市委常委、组织部部长于绍良到江宁路街道检查疫情防控工作,走访新城大厦、香樟花园小区、光大证券,察看企业复工和楼宇、住宅小区疫情防控措施落实情况。于绍良到新城大厦了解物业公共区域消毒、外来人员登记测温、疫情防控预案等,指出街道、楼宇、企业要共同合作,采取有效措施,做好复工之后楼宇疫情防控工作。在香樟花园小区,于绍良听取居民区门岗值守、疫情防控宣传、居民生活物资供应等方面介绍,对一线工作人员表示慰问。强调要树立精细化理念,严格落实疫情防控要求,各项措施要更严、更细、更到位。于绍良到光大证券股份有限公司询问企业复工情况,对企业在疫情防控方面采取的措施表示肯定。要求企业做好计划和准备,有序开放线下网点,逐步回归正常的商业经营。

(陈仕栋)

【于绍良到静安区检查疫情防控工作】 2月12日,市委常委、组织部部长于绍良到彭浦新村街道和彭浦镇检查疫情防控工作。在彭浦新村街道彭顺菜市场,了解出入口测温、场所消毒等防控措施和疫情期间菜价情况,在三泉路424弄居民区,听取居民区党员带头参与疫情防控工作的相关情况,对居民区的努力付出表示感谢。在彭浦镇龙软万荣园区,了解园区和复工企业疫情防控工作情况。在镇城市运行综合管理中心,听取运用视频监控技术及城运数据分析织密、筑牢防控网的情况汇报。指出要进一步坚定信心决心、夯实基层基础,加强技术支撑,全力打赢疫情防控阻击战。

(陈仕栋)

【于绍良到静安区检查疫情防控工作】 2月14日,市委常委、组织部部长于绍良到天目西路街道和芷江西路街道检查疫情防控工作。在天目西路街道,于绍良到宝矿洲际商务中心了解楼宇企业复工和疫情防控工作情况,到街道城管执法中队察看城市管理和疫情防控工作情况,慰问一线工作人员。于绍良到芷江西路街道北方佳苑小区察看社区外来人员管理情况,慰问一线工作人员,到社区卫生服务中心了解近期发热门诊接诊数量、诊疗流程,察看基层医疗机构发热预检分诊工作开展情况。

(陈仕栋)

【许昆林到静安区检查疫情防控工作】 2月14日,副市长许昆林到静安区检查疫情防控工作,实地了解企业复工和市场保供情况。许昆林到新镇宁菜市场察看菜市场防控防疫、保供稳价、食品安全等情况,要求积极组织市场供应,扩大供应量,进一步丰富市民餐桌。在兴业太古汇,许昆林察看楼宇疫情防控措施和商场内商户复工开业情况,了解生活精品超市供应情况，对兴业太古汇开展的疫情防控工作举措给予肯定。并要求各商业企业要严格落实各项防控措施，在确保安全情况下，逐步恢复餐饮供应。　　　　　　　　　（陈仕栋）

【方惠萍到静安区慰问医务工作者】　2月14日，市政协副主席方惠萍率领部分政协委员到临汾路街道社区卫生服务中心慰问医务工作者。区政协主席丁宝定，区政协副主席、区卫建委主任叶强等陪同。　　　　　　　（尤正懋）

【于绍良到静安区检查疫情防控工作】　2月17日，市委常委、组织部部长于绍良到北站街道、宝山路街道察看疫情防控工作。在北站街道，于绍良到光明地产大厦了解企业复工和内部管控情况，到宝格丽酒店了解酒店入住和相关防疫措施落实情况。在宝山路街道，于绍良到新宝通居民区了解党组织发动社区党员、志愿者做好防疫宣传、口罩发放、小区进出管理等工作情况，慰问一线工作人员，到市场监管所了解"五小"场所排查管理和企业复工有关情况，并对继续做好各项防控工作提出要求。
　　　　　　　　　　　　　　（陈仕栋）

【肖贵玉到静安区调研市重大工程疫情防控和复工准备工作】　2月17日，市人大常委会副主任肖贵玉率市人大城建环保委一行，到静安区调研市重大工程疫情防控和复工准备工作，察看北横通道天目路高架项目工地，听取上海建工北横通道天目路高架项目部负责人介绍工程概况、现场人员情况、已采取的疫情防控措施、复工准备工作和计划复工时间、复工后疫情防控措施等情况，了解疫情对工程建设进度的影响、疫情防控和复工准备工作面临的困难和意见建议等。区人大常委会主任顾云豪、副主任宋震、副区长李震等领导参加调研。　（姜颖洁）

【于绍良到静安区检查疫情防控工作】　2月18日，市委常委、组织部部长于绍良到共和新路街道察看疫情防控工作，慰问一线工作人员。在谈家桥居民区，于绍良察看社区疫情防控措施落实情况，对居民区党组织积极发挥战斗堡垒作用，党建引领凝聚党员骨干、志愿者力量，因地制宜开展群防群治、看家护院工作等表示赞赏。在V领地青年社区上海总部，于绍良现场询问租客登记入住流程，对V领地青年社区采取疫情防控数字系统、严格返沪租客登记隔离等做法予以肯定。　　　（陈仕栋）

【于绍良到静安区检查疫情防控工作】　2月24日，市委常委、组织部部长于绍良到静安区察看疫情防控工作和复工复产情况。到上海国宾医疗中心有限公司听取医院整体发展情况介绍，了解党员医务工作者参与铁路上海站一线防控工作有关情况。指出企业要切实承担起社会责任，在保持正常运作同时，积极参与疫情防控工作。于绍良到沪港国际咨询集团有限公司了解企业复工情况。强调要坚持党建引领，发挥示范作用，实现疫情防控和企业发展两手抓、两不误、两促进。　　　　　　　（陈仕栋）

【许昆林到静安区走访企业】　3月2日，副市长许昆林走访惠氏营养品（中国）有限公司、兴业太古汇、星巴克烘焙工坊，详细了解企业落实疫情防控措施及复工复产后业务经营情况，并察看丰盛里沿街商铺疫情防控工作情况。许昆林就企业提出的诉求进行回应，表示希望各企业加强安全管理，严格落实防控规范，积极服务抗疫大局，有序推进复工复产。并强调当前疫情防控工作到了最吃劲的关键阶段，任何环节绝不能放松警惕，各相关部门要加强对企业的指导，严格实行条件管理、备案制度，帮助协调解决企业遇到的困难和问题，统筹推进疫情防

控和经济社会发展工作。市相关部门负责人、区领导于勇等参加走访。　　　　（陈仕栋）

【周慧琳到静安区走访企业】 3月4日，市委常委、宣传部部长周慧琳走访EDG电子竞技俱乐部、腾竞体育文化发展（上海）有限公司，了解企业落实疫情防控主体责任和复工复产情况，听取企业相关介绍和意见建议。周慧琳对企业面对疫情积极寻求突破给予肯定。指出党委政府要及时了解企业发展遇到的困难问题，推动惠企政策落地，帮助企业实现更大发展，不断提升上海电竞品牌价值，凸显上海文化和城市精神。　　　　（陈仕栋）

【陈群到静安区走访企业】 3月5日，副市长陈群走访东丽（中国）投资有限公司，重点了解疫情对企业生产经营带来的影响和企业复工复产面临的困难和问题，对企业提出的畅通物流渠道、优化涉外防疫政策等方面问题作出回应，并向东丽集团长期以来对上海国际马拉松赛的支持表示感谢。陈群表示，企业要在落实防控措施和确保员工安全前提下，引导员工分批有序到岗，加快恢复生产经营。各相关部门要在做好疫情防控基础上，加强统筹指导、健全服务机制、科学精准施策、及时协调解决企业实际困难和问题。　　　　（陈仕栋）

【于绍良到静安区走访企业】 3月9日，市委常委、组织部部长于绍良到静安区走访部分外资企业，了解企业落实疫情防控主体责任和复工复产情况，倾听企业意见建议。在罗兰贝格管理咨询（上海）有限公司，于绍良指出要注重对接"十四五"规划编制，精准布局，推动企业持续发展。在欧莱雅（中国）有限公司，于绍良指出要发挥党建优势，引领企业更好发展，并表示市、区两级将加大研判力度，为企业解决实际困难。　　　　（陈仕栋）

【陈寅到静安区察看疫情防控工作和复工复产复市情况】 3月12日，市委常委、常务副市长陈寅察看越洋广场、芮欧百货美食广场疫情防控工作和复工复产复市情况，并召开座谈会，详细了解越洋房地产、芮欧百货、欧莱雅、无印良品等企业疫情防控、复工复产、生产经营、供应链保障情况，听取企业意见建议。希望企业在抓好疫情防控同时，全面推进复工复产复市。陈寅要求要精准对接企业需求，抓好市、区两级惠企政策落地，及时帮助协调解决企业遇到的困难和问题，为企业发展营造更好环境、提供更好服务，切实增强企业发展信心。区领导于勇参加座谈。　　　　（陈仕栋）

【蒋卓庆到静安区察看复工复产情况】 3月12日，市人大常委会主任蒋卓庆到轨道交通14号线静安寺站施工现场察看项目复工复产和工程整体推进情况，听取项目部负责人相关情况介绍。蒋卓庆要求要强化企业主体责任，积极应对疫情影响，在严格落实疫情防控措施同时，科学安排施工计划，确保重点工程建设项目按时间节点稳步推进，实现疫情防控和经济社会发展两手抓、两不误、两促进。市人大常委会副主任高小玫、肖贵玉，市有关部门负责人，区领导陆晓栋、顾云豪等参加视察。　　　　（陈仕栋）

【蒋卓庆到静安区走访企业】 3月13日，市人大常委会主任蒋卓庆、秘书长赵卫星、财经委主任委员戴柳等一行，到中国铁路上海局集团有限公司、世邦魏理仕投资管理咨询（上海）有限公司走访调研，听取关于落实防疫措施、受疫情影响情况和复工复产情况等介绍，询问企业目前面临的困难及对上海市抗疫惠企政策的意见建议。区人大常委会主任顾云豪参加调研。

（姜颖洁）

【于绍良到静安区走访企业】 3月14日，市委常委、组织部长于绍良走访上海长途汽车总站、中铁十五局集团公司，了解企业落实防控主体责任和复工复产情况，听取企业意见建议。在上海长途汽车总站，当日正值恢复运营第一天，于绍良现场察看车站出入口疫情防控措施，仔细询问班次、客流情况。指出车站作为人流密集场所，要始终绷紧疫情防控这根弦，确保客运安全。在中铁十五局集团公司，于绍良强调在疫情防控过程中，中铁十五局集团公司坚决确保措施到位，体现了企业担当和社会责任，希望能够加快转型，进一步融入上海发展大局。 （陈仕栋）

【徐逸波到静安区视察"一网统管"工作】 3月17日，市政协副主席徐逸波围绕"加强城市运行'一网统管'，提高城市治理现代化水平"专题到静安区开展调研工作。调研组一行到静安寺街道城市运行综合管理中心，实地调研社会治理街镇智能"一张网"建设情况，听取静安寺街道和相关居民区工作汇报。强调下一阶段工作中，要持续优化平台建设，不断提高实战处置能力，突出大数据支撑作用，充分发挥静安区在"一网统管"建设中的先行优势。区政协主席丁宝定、副区长李震陪同调研。 （尤正憨）

【龚正到静安区调研民生保障工作】 3月24日，市委副书记、代市长龚正到静安区调研民生保障工作，察看武定菜市场主副食品价格、可追溯系统、食品安全快速检测中心，详细了解平价摊位运行模式和供应情况。龚正指出，民以食为天、食以安为先，要一手抓疫情防控、一手抓保供稳价，同时要实现源头可溯、全程可控、责任可究，让百姓吃得放心。区领导陆晓栋、于勇参加调研。 （陈仕栋）

【于绍良到静安区察看疫情防控工作和复工复产复市情况】 3月24日，市委常委、组织部部长于绍良到静安区察看疫情防控工作和企业复工复产复市情况。于绍良在"白领驿家"听取帮助企业白领开展疫情防控有关情况介绍，了解党建引领服务凝聚白领相关工作。指出要继续拓展工作载体，提升"白领驿家"影响力。在兴业太古汇，于绍良了解楼宇企业及商户复工复产复市情况。指出要采取有效措施，加快推动复工复产复市，促进企业正常运作。在毕马威公司，于绍良了解企业落实防控主体责任和复工复产情况，听取企业意见建议。强调毕马威公司党建工作作为上海外企党建品牌，在疫情防控期间发挥重要作用，希望继续加强探索，实现党建工作和企业发展双提升。 （陈仕栋）

【李强、龚正到静安区瞻仰部分红色革命遗址】 4月14日，中共中央政治局委员、市委书记李强，市委副书记、代市长龚正前往上海毛泽东旧居陈列馆、彭湃在沪革命活动地点、中国劳动组合书记部旧址陈列馆等部分红色革命遗址瞻仰，实地察看红色资源发掘保护利用情况。李强指出奋力夺取新冠肺炎疫情防控和实现经济社会发展目标双胜利，需要全市广大党员、干部始终保持干事创业的精气神，砥砺初心、担当使命、奋发有为。要深入贯彻落实习近平总书记重要讲话精神，在开展党史、新中国史、改革开放史、社会主义发展史学习教育中，充分发掘保护上海遗址遗迹，把红色资源利用好、把红色基因传承好、把红色传统发扬好，更好感悟信仰之力、理想之光、使命之艰、担当之要，更好汲取开拓前进的强大勇气、智慧和力量。要坚持正确方向，创新方式方法，加强资源整合，精心设计规划，注重功能优化，提升展陈内涵，讲好党的故事、革命的故事。要更好依托丰富红色资源，教育引导广大党员、干部总结历史经验、把握历史规律，坚定理想信念，弄清楚我们从哪里来、往哪里去，担负起党的诞生地和初心始发地的使命担当。要常学常新、入脑入心，真正做到知史爱党、为党之责、强党之志，让初心薪火相传，把使命永担在肩。市领导周慧琳、诸葛宇杰、莫负春，市有关部门负责人，区领导陆晓栋、于勇参加瞻仰活动。（陈仕栋）

【莫负春到静安区调研红色工运资源发掘保护利用工作】 4月20日，市人大常委会副主任、市总工会主席莫负春到静安区调研红色工运资源发掘保护利用工作，察看宝山路上海总工会遗址、宝通路中华全国总工会上海办事处遗址和湖州会馆，并召开座谈会。指出工运遗址是红色革命基因的重要组成部分，2021年是中国共产党成立100周年，要进一步挖掘、保护、利用好工运遗址资源，传承历史荣光。莫负春提出各级工会要切实增强责任感、使命感，做好工运史相关史料收集整理工作。要加强资源整合利用，精心规划设计重要遗迹，建成具备实用价值"活"的博物馆。市、区工会组织要共同努力，建立完善工运遗址建设运行机制，落实支持政策，让初心薪火相传。市有关部门负责人、区领导黄红参加调研。（陈仕栋、陈迪嘉）

【高小玫到静安区调研就业工作】 4月23日，市人大常委会副主任高小玫、市人大社会建设委员会主任委员应雪云、市人大常委会部分组成人员和市人大代表等一行到静安区聚能湾高新技术创新创业园创新平台亚马逊联合创新中心视察并召开座谈会。区人大常委会主任顾云豪就静安区人大常委会发挥市、区联动监督优势加强促进就业专项监督工作的情况作介绍。区委常委、副区长刘燮就静安区创业带动就业和青年就业创业见习工作情况作汇报。创业园区代表与就业见习基地代表作交流发言。部分市人大代表与参会人员进行交流。（姜颖洁）

【廖国勋到静安区检查安全工作】 4月30日，市委副书记廖国勋到铁路上海站地区检查安全工作，慰问一线值守的武警、特警、民警，察看铁路上海站进站口及候车大厅、轨道交通3号线和4号线站厅、长途客运总站，了解疫情防控、实名制售票、车辆运行安全等情况。市有关部门负责人、区领导陆晓栋参加检查。（陈仕栋）

【陈群到静安区检查学生返校工作】 5月6日，副市长陈群在市北初级中学、市北中学检查疫情防控和学生返校工作，了解学校开学安排、人员配备、物资准备等情况，并走进教室与学生交谈。陈群对两所学校的工作给予肯定，并希望学校不松懈、不松劲，继续将各项防疫措施落实到位，为师生提供安全舒适的学习环境，保障师生身心健康。市有关部门负责人参加检查。（陈仕栋）

【陈寅到静安区调研"十四五"规划编制工作】 5月25日，市委常委、常务副市长陈寅到静安区调研"十四五"规划编制工作，对静安区"十四五"重点工作发展思路表示肯定。指出静安区坚持"中心城区新标杆、上海发展新亮点"，努力"实现新作为、开创新局面"，关键要聚焦"卓越"发展定位，体现"国际"发展特质。要提升城区能级和核心竞争力。把专业服务业作为重点发展方向，提升区域影响力和话语权。坚持发展高端商贸业，形成上海商业消费高地。调整优化市北地区科技型产业，提升产业能级。精准定位，打造苏州河沿岸城市景观。要做好城市更新这篇大文章。探索社会资本引入，多渠道推进张园地区历史风貌保护。探索土地利用"双赢模式",为产业发展创造良好基础。要高度关注民生发展。统筹平衡推进零星地块旧区改造,提升居家养老服务便捷度。要在城市治理体系和治理能力现代化方面持续推进。对标更好标准、更好水平,让"一网通办""一网统管"更好面向需求、面向社会、面向群众,有效助推社会治理。市有关部门负责人、区领导于勇参加调研。

(陈仕栋)

【诸葛宇杰到静安区调研红色资源保护利用工作】 5月27日,市委常委、市委秘书长诸葛宇杰到静安区调研红色资源保护利用工作,察看中共中央秘书处机关(青海路)遗址、中共中央组织部遗址、中共临时中央政治局机关旧址、中共中央秘书处机关(西康路)遗址、中共中央文库遗址、中共中央秘书处机关旧址等6处旧址(遗址)。指出近年来上海实施党的诞生地发掘宣传工程,加大红色资源发掘保护力度,加快推进一批重要革命遗址保护修缮和展陈更新。静安作为中国共产党早期活动的核心区域,区域内共有99处重要革命遗址,要结合"四史"学习教育,充分发掘保护革命遗址遗迹,把红色资源利用好、把红色基因传承好、把红色传统发扬好,更好感悟信仰之力、理想之光、使命之艰、担当之要,更好汲取开拓前进的强大勇气、智慧和力量。市有关部门负责人、区领导于勇参加调研。

(陈仕栋)

【徐泽洲到静安区开展代表集中联系社区活动】 5月27日,市人大常委会副主任徐泽洲到江宁路街道开展代表集中联系社区活动。在街道社区卫生服务中心,徐泽洲了解社区公共卫生运作情况和中医药工作开展情况,并与医务人员进行交流。在街道社区文化活动中心,重点了解社区文化工作开展情况,并听取市人大常委会江宁路街道基层立法联系点有关工作情况介绍。在随后召开的座谈会上,徐泽洲听取市"十四五"规划编制民生领域关于公共卫生、公共文化、中医药和急救医疗服务等的意见建议。指出公共卫生、公共文化是2020年市人大常委会重点立法课题,江宁路街道社区卫生服务中心和社区文化活动中心建设水平高、服务保障好,为市人大立法吸收基层经验做法提供了参考。市有关部门负责人、区领导顾云豪参加活动。

(陈仕栋)

【廖国勋到静安区调研红色革命遗址保护开发工作】 6月5日,市委副书记廖国勋到静安区调研红色革命遗址保护开发工作,察看中共中央特科机关旧址,听取旧址保护利用情况汇报。市有关部门负责人、区领导于勇参加调研。

(陈仕栋)

【凌希到静安区调研人民武装工作】 6月11日,市委常委、上海警备区政治委员凌希到静安区调研党管武装工作和基层人民武装工作规范化建设,实地察看静安寺街道人武部"三室一库"建设,并听取区人武部有关工作汇报。凌希对近年来静安党管武装工作表示肯定,并就加强党管武装工作、深化基层武装工作规范化建设等提出要求。上海警备区有关部门负责人、区领导于勇参加调研。

(陈仕栋)

【陈群到静安区调研考务准备工作】 6月26日,副市长陈群到静安区调研2020年上海初中毕业统一学业考试和初中学业水平考试考务准备工作。在上海市第一中学,陈群察看主考室、监控室、留观室、普通考场、发烧考生专用考场,了解消毒防疫专用设备、空调使用等情况,听取应急处理预案,并就做好各项考务准备工作提出具体要求。市有关部门负责人参加调研。

(陈仕栋)

【于绍良到静安区调研红色资源发掘保护利用工作】 6月29日，市委常委、组织部部长于绍良到静安区调研红色资源发掘保护利用工作，实地察看上海毛泽东旧居陈列馆、中共中央军委机关旧址、中国劳动组合书记部旧址陈列馆，了解红色遗址历史沿革，并对保护利用工作提出具体要求。区领导于勇参加调研。（陈仕栋）

【蒋卓庆到静安区调研"两张网"建设工作】 7月1日，市人大常委会主任蒋卓庆到静安区调研"两张网"建设工作。在临汾路街道社区事务受理服务中心，蒋卓庆实地察看"一网通办"情况，了解综合受理窗口、业务办理事项、自助服务终端等，对所有窗口均能办理187项个人政务服务事项，实现"全岗通"表示肯定。在街道城市运行综合管理中心，蒋卓庆听取"一网统管"运行和运用智能化手段开展疫情防控工作情况。指出要认真总结经验，探索5G技术在常态化疫情防控等方面的应用，提升社区治理工作信息化水平。市人大常委会副主任沙海林、高小玫，市有关部门负责人，区领导顾云豪参加调研。（钟水花）

【李强到静安区调研检查生活垃圾分类工作推进情况】 7月2日，中共中央政治局委员、市委书记李强到静安区调研检查生活垃圾分类工作推进情况。在嘉里不夜城企业中心，李强逐一察看餐厨垃圾控温暂存室、可回收物两网融合中转站和餐厨垃圾生化处理机等运行情况，听取静安、天目西路街道和企业中心等协同做好垃圾分类工作汇报，详细了解干、湿垃圾处置能力和两网融合推进情况。市委常委、市委秘书长诸葛宇杰，市有关部门负责人，区领导于勇参加调研。（沈羚）

【刘学新在静安区调研纪检监察工作】 7月9日，市委常委、市纪委书记刘学新到静安区调研纪检监察工作，考察张园地区保护性综合开发工作、市北高新技术服务业园区等。市有关部门负责人、区领导于勇等参加调研。（田如安）

【于绍良到静安区开展接访下访活动】 7月13日，市委常委、组织部部长于绍良到静安区开展接访下访活动，并看望慰问一线信访干部。于绍良在临汾路街道实地察看社区党群服务中心，了解中心凝聚党员群众和服务社会等有关情况。到芷江西路街道实地察看凯成苑小区，了解轨道交通3、4号线噪声扰民情况，并在芷江西路街道综治中心接待信访群众，听取群众诉求，耐心细致答复，要求区、有关部门抓紧研究、精准施策、精细服务，拿出切实可行的化解方案。于绍良指出信访工作是送上门的群众工作，要强化宗旨意识，千方百计解决群众的揪心事、操心事、烦心事，让老百姓有更好的获得感、幸福感、安全感。要探索符合上海城市治理新特征、适应市民群众新需要的信访工作新模式，把更多的工作资源投入一线，赋能基层，增强街镇、村居化解矛盾纠纷的能力和水平，激发信访工作整体活力，让上海一天比一天更美好。市有关部门负责人参加活动。（陈仕栋）

【诸葛宇杰到静安区走访居民区】 7月13日，市委常委、市委秘书长诸葛宇杰走访静安寺街道景华居民区，指导推进"四史"学习教育。诸葛宇杰听取相关工作情况汇报，对静安区委、静安寺街道和景华居委会基层党建工作表示肯定。并强调要坚决贯彻"人民城市人民建，人民城市为人民"重要理念，紧紧围绕市委全会提出的"五个人人"努力方向，把握中心城区特点，结合实际积极探索，提升工作实效。要坚持基层党员干部作表率，以开展"四史"学习教育为契机，边学边做，提升群众工作能力和水平。

市有关部门负责人、区领导于勇参加调研。

（陈仕栋）

【金兴明到静安区参观部分红色革命遗址】

7月15日,市政协副主席金兴明和市政协经济委分党组一行到上海地下组织斗争史陈列馆暨刘长胜故居参观考察,开展"四史"学习教育和主题党日活动。区政协主席丁宝定陪同。（尤正憨）

【董云虎到静安区指导推进"四史"学习教育】

7月29日,市政协主席董云虎到"四史"学习教育党支部工作联系点静安区"白领驿家"两新组织促进中心党总支调研,指导推进"四史"学习教育,察看静安中企大厦"静安寺街道党群服务站"和"白领驿家"党总支。要求坚持把"四史"学习教育与持续深入学习贯彻习近平新时代中国特色社会主义思想结合起来,与学习贯彻习近平总书记考察上海重要讲话精神结合起来,加强思想政治引领,用好用足红色资源,拓展学习广度深度,引导"两新"组织党员不忘历史、不忘初心、知史爱党、知史爱国。要加强组织引领,以基层党组织为主轴,有效联结各类新经济组织、新社会组织,团结引导"两新"组织自觉践行"人民城市人民建,人民城市为人民"重要理念,发挥"两新"组织市场优势、人才优势,投身人民城市建设伟大实践。要加强创新引领,推动互联网、大数据与基层党建工作深度融合,在经济最活跃的经络、城市最有活力的人群中植入党建基因,助力超大城市基层党建创新探索。市有关部门负责人,区领导于勇、丁宝定等参加调研。（陈仕栋、尤正憨）

【龚正到静安区走访企业】

8月6日,市委副书记、市长龚正走访路威酩轩集团、毕马威公司和恒隆集团,倾听企业负责人意见建议,了解企业生产经营情况和纾困惠企措施对接落地情况。指出外资企业是上海经济社会发展中的重要力量,并表示希望外资企业扎根上海、深耕中国,在中国实现更高水平对外开放、加快推进国内国际双循环中发挥作用,为上海高质量发展作出更大贡献。上海也将持续优化营商环境,提供个性化、精准化服务,帮助各类企业在沪放心投资、安心经营、做大做强。市政府秘书长、市政府办公厅主任陈靖,市有关部门负责人,区领导于勇、王华等参加走访。（陈仕栋）

【于绍良到静安区走访企业】

8月10日,市委常委、组织部部长于绍良走访国泰君安证券股份有限公司、光大证券股份有限公司,倾听企业负责人意见建议,了解企业生产经营情况和纾困惠企措施对接落地情况。指出要深入学习贯彻习近平总书记在企业家座谈会上的重要讲话精神,聚焦国家战略和城市发展重点,坚持党建引领,构建"不忘初心、牢记使命"长效机制,加强干部人才队伍建设,为推动上海"五个中心"建设、实现高质量发展发挥更大作用。市有关部门负责人参加走访。（陈仕栋）

【沙海林到静安区调研对外交流工作】

8月10日,市人大常委会副主任、市人民对外友好协会会长沙海林到静安区调研对外交流工作,察看石门二路街道党群服务中心、新时代文明实践分中心,了解基层对外交流工作开展情况,并听取相关工作汇报。指出只有中国共产党执政理念、中国特色社会主义民主政治在基层党建中得到体现,对外交往才能愈加打动人心。沙海林表示上海市友协将与静安区加强合作,共同推动中外民间交往。市有关部门负责人、区领导于勇等参加调研。（陈仕栋）

【彭沉雷到静安区走访企业】

8月12日,副市长彭沉雷走访上海必博人力资源服务有限司,倾听企业负责人意见建议,了解企业生产经营情况和纾困惠企措施对接落地情况。指出上海正推进"五个中心"建设,企业要积极发挥"全球服务商"作用,提供人力资源支撑。要求静安区深化中国上海人力资源服务产业园区建设,加大企业支持力度,及时回应企业发展需求,帮助企业做大做强,促进人力资源服务产业高质量发展。市有关部门负责人、区领导王华等参加走访。 （陈仕栋）

【董云虎到静安区走访企业】 8月13日,市政协主席董云虎走访华东建筑集团股份有限公司、宝格丽商业（上海）有限公司,倾听企业负责人意见建议,了解企业生产经营情况和纾困惠企措施对接落地情况。指出市场主体是经济发展的力量载体,营商环境是城市核心竞争力的重要体现。要深入学习贯彻习近平总书记在企业家座谈会上的重要讲话精神,认真践行"人民城市人民建,人民城市为人民"重要理念,创新体制机制,强化制度供给,解决企业经营痛点、堵点,更加细致做好企业服务工作。市有关部门负责人、区领导于勇、丁宝定等参加走访。 （陈仕栋）

【刘学新到静安区走访企业】 8月中旬,市委常委、市纪委书记刘学新到静安区调研欧莱雅（中国）有限公司等企业。刘学新强调要进一步优化上海营商环境,监督确保各项安商稳商招商的政策落实落地。 （田如安）

【周慧琳到静安区调研蔡元培故居等红色资源保护利用工作】 8月24日,市委常委、宣传部部长周慧琳到静安区调研红色资源保护利用工作,察看上海蔡元培故居陈列馆,了解场馆建筑设施、展陈布置和讲解服务等情况,听取相关工作汇报并提出具体要求。市有关部门负责人、

区领导于勇等参加调研。 （陈仕栋）

【郑钢淼到静安区检查疫情防控工作】 8月25日,市委常委、统战部部长郑钢淼到静安寺调研,检查宗教活动场所重新开放后常态化疫情防控工作,了解宗教界"爱国爱教、两个责任"落实、爱国卫生运动开展、制止餐饮浪费等活动情况并提出具体要求。市有关部门负责人参加调研。 （陈仕栋）

【方惠萍到静安区走访企业】 8月25日、8月27日,市政协副主席方惠萍先后走访平安养老保险股份有限公司上海分公司、群邑集团、娇韵诗化妆品（上海）有限公司和克丽丝汀迪奥商业（上海）有限公司,实地调研企业发展情况,了解疫情期间积极践行企业社会责任的做法。指出中国最主要的商业地区在上海,希望企业在扶贫帮困、慈善捐助等社会公益活动中进一步发挥好作用,充分发挥跨国公司的优势,连接国内外市场,融合地域文化,为国内国际双循环相互促进作出应有贡献。相关部门要继续营造良好的营商环境,进一步打造国内国际双循环的新发展格局。 （尤正憨）

【曲青山调研静安区红色资源保护利用工作】 8月26日,中央党史和文献研究院院长曲青山一行在上海调研红色资源保护工作,实地察看重要革命遗址保护和利用情况。上海市委党史研究室主任严爱云、副主任谢黎萍,区委常委、组织部部长顾春源等陪同调研。在中共中央军委机关旧址参观"中共中央军委在上海（1925—1933）史料陈列展"时,曲青山指出,中共中央军委在上海成立、发展的历史过程在党的历史上具有重要意义,对于这段历史的研究填补了党早期建军思想的研究空白,要准确把握历史发展主要脉络,继续深入挖掘彭湃等烈

士事迹,总结提炼其背后蕴藏的精神实质,早日推出一批有分量的研究成果。　　　　　(范建英)

【周慧琳到静安区调研2处革命旧址红色资源保护利用工作】　9月1日,市委常委、宣传部部长周慧琳到静安区调研红色资源保护利用工作,察看中共上海地下组织斗争史陈列馆暨刘长胜故居、中共三大后中央局机关历史纪念馆,了解旧址建筑及展陈情况,听取场馆工作汇报并提出具体要求。区委常委、宣传部部长姜鸣等陪同调研。　　　　　　　　(陈仕栋)

【方惠萍到静安区走访企业】　9月1日,市政协副主席方惠萍走访铠侠电子(中国)有限公司和威富服饰(上海)有限公司,实地调研企业运行情况,了解企业需求。区委书记于勇、区政协主席丁宝定等陪同。　　　(尤正憨)

【蒋卓庆到静安区走访慰问抗战老兵】　9月3日,市人大常委会主任蒋卓庆到静安区看望慰问抗战老兵董和泉,倾听老人讲述抗战经历,向抗战英雄致敬,并祝老人生活舒心、健康长寿。蒋卓庆嘱咐所在社区和家属要关心照顾好老人生活起居。市有关部门负责人、区领导于勇、顾云豪等参加走访。　　　　　(陈仕栋)

【徐泽洲调研企业"四史"学习教育开展情况】　9月10—11日,市人大常委会副主任、党组副书记徐泽洲到静安区走访企业,调研基层"四史"学习教育开展情况。在卡斯柯信号有限公司、花王(中国)投资有限公司、罗技(中国)科技有限公司,徐泽洲听取企业负责人的意见建议,了解企业生产经营情况和纾困惠企措施对接落地情况。在江宁路街道,徐泽洲察看中共中央秘书处机关旧址、"乐宁坊"党群服务站,并与江宁路街道机关第一党支部党员座谈,指出要做好红色革命旧址的抢救、保护、利用工作,把"四史"学习教育和推进工作、服务群众结合起来,相互促进、相得益彰。市有关部门负责人、区领导顾云豪等参加调研。　　　　　(姜颖洁)

【方惠萍到静安区走访企业】　9月14日,市政协副主席方惠萍走访博柏利(上海)贸易有限公司和蔻驰贸易(上海)有限公司,实地调研企业运营发展情况,并进行座谈交流。区政协主席丁宝定等陪同。　　　(尤正憨)

【肖贵玉到静安区调研"四史"学习教育开展情况】　9月15日,市人大常委会副主任肖贵玉到静安区调研"四史"学习教育开展情况,察看"白领驿家·星阵地"党建服务站,了解市北高新技术服务产业园区企业支部党建和"四史"学习教育等情况,听取相关工作汇报并提出具体要求。市有关部门负责人、区领导顾云豪等参加调研。　　　　　　　　(姜颖洁)

【方惠萍到静安区调研历史文化故居保护建设情况】　9月16日,市政协副主席方惠萍实地走访吴昌硕故居,听取市文化旅游局、静安区政府提案办理情况介绍和委员建言。指出应结合历史风貌保护,以更好地传播海派艺术,传承中国文化为宗旨。区委副书记、区长王华,区政协主席丁宝定等陪同。　　　(尤正憨)

【陈通到静安区调研文化旅游产业发展情况】　9月17日,副市长陈通到静安区调研文化旅游产业发展情况,察看荣宅、张园等优秀历史建筑保护性修缮和开发情况,听取相关工作汇报。要求静安区要发挥红色文化资源丰富、影视产业集聚等优势,深挖特色亮点,发展特色旅游,推动文旅产业高质量发展。市有关部门负责人、区领导于勇、王华等参加调研。　(陈仕栋)

【凌希到静安区出席全民国防教育日系列宣传】 9月19日,市委常委、上海警备区政治委员凌希到静安区出席第20个全民国防教育日系列宣传活动。提出要强化全民国防观念,营造关心国防、参与国防、建设国防的良好社会氛围。
（陈仕栋）

【董云虎到静安区走访企业】 9月24日,市政协主席董云虎走访上海风语筑文化科技股份有限公司,听取企业负责人意见建议,了解企业生产经营情况和纾困惠企措施对接落地情况。市有关部门负责人、区领导于勇等参加走访。
（陈仕栋）

【于绍良到静安区调研做好"六稳"工作、落实"六保"任务情况】 9月27日,市委常委、组织部部长于绍良到静安区调研做好"六稳"（稳就业、稳金融、稳外贸、稳外资、稳投资、稳预期）工作、落实"六保"（保居民就业、保基本民生、保市场主体、保粮食能源安全、保产业链供应稳定、保基层运作）任务情况,走访上海任仕达人才服务有限公司,听取企业负责人意见建议,了解企业生产经营情况和纾困惠企措施对接落地情况。察看静安高和大厦党群服务站暨企业服务中心运行情况,听取相关工作汇报。专题听取区委关于做好"六稳"工作、落实"六保"任务工作汇报并提出要求。区领导于勇等参加调研。
（陈仕栋）

【陈通到静安区检查节日市场供应和食品安全工作】 10月6日,副市长陈通到静安区检查节日市场供应和食品安全工作,察看武定菜市场,了解食品安全信息追溯及冷链食品溯源管理情况,听取节日期间市场经营管理情况汇报。要求经营单位要切实履行食品安全主体责任,政府部门要抓好监管和服务,共同保障好群众"舌尖上的安全"。市有关部门负责人、区领导王华等参加调研。
（陈仕栋）

【沙海林到静安区调研"珍惜粮食、反对浪费"专项工作落实情况】 10月9日,市人大常委会副主任、党组副书记沙海林到静安区调研"珍惜粮食、反对浪费"专项工作落实情况,察看大润发超市分拨中心、上海风华初级中学、绍兴饭店,了解粮食在生产、收储、运输、加工、销售等环节损失浪费情况以及学校公共食堂、餐饮企业粮食、食品浪费情况和制止餐饮浪费行为有关做法,听取相关工作汇报并提出具体要求。市有关部门负责人、区领导顾云豪等参加调研。
（陈仕栋）

【莫负春到静安区调研公共卫生应急管理工作】 10月13日,市人大常委会副主任莫负春到江宁路街道基层立法联系点出席《上海市公共卫生应急条例（草案）》立法意见征询调研座谈会,听取与会代表关于加强公共卫生事件预防、疾控机构能力建设、医防协同机制建设、应急处置措施等方面的意见建议。市有关部门负责人、区领导于勇、顾云豪等参加调研。
（陈仕栋）

【张本才到静安区出席区检察院主要领导调整宣布会】 10月15日,市检察院检察长张本才出席区检察院主要领导调整宣布会。要求区检察院全体干警贯彻落实全国基层检察院建设工作会议精神,推动静安区检察工作高质量发展。区领导于勇出席会议并讲话。
（陈仕栋）

【杨小波到静安区调研民族宗教事务"一网统管"平台建设情况】 10月18日,全国政协民族和宗教委员会分党组副书记、驻会副主任杨小波率"贯彻十九届四中全会精神推进宗教治理现代化"专题调研组到静安区调研民族宗教事务"一网统管"平台建设情况,了解静安区"一网统管"总体建设进度,民族宗教事务"一网统管"平台开发建设、管理运行、功能特色等情况,听取相关工作汇报并提出具体要求。全国政协有关部门负责人、市有关部门负责人、区领导丁宝定等参加调研。　　（陈仕栋）

【刘晓云到静安区调研区法院工作】　10月19日,市高级人民法院院长刘晓云到区法院调研,听取区法院工作汇报。指出要牢牢把握人民法院政治站位、功能站位、工作站位,坚持为大局服务、为人民群众服务,助推国家治理体系和治理能力现代化。要深化司法改革,落实落细各项改革措施,发挥改革集成效应。要完善考核体系,关注案件质量,兼顾效率指标。要落实全面从严治党"四责协同"机制,毫不松懈抓好队伍建设。　　（陈仕栋）

【莫负春到静安区调研养老服务工作】　10月20日,市人大常委会副主任莫负春在静安区调研养老服务工作,察看石门二路街道社区综合为老服务中心、老年人日间照护中心、新福康里乐龄家园助老服务站,听取基层对《上海市养老服务条例(草案)》的意见建议。市有关部门负责人参加调研。　　（陈仕栋）

【徐泽洲到静安区走访企业】　10月23日,市人大常委会副主任、党组副书记徐泽洲走访百佑佳食品贸易(上海)有限公司,听取企业负责人意见建议,了解企业生产经营情况和纾困惠企措施对接落地情况。市有关部门负责人参加走访。　　（陈仕栋）

【董云虎到静安区走访企业】　10月28日,市政协主席董云虎走访国泰君安证券股份有限公司、上海国际信托有限公司,倾听企业负责人意见建议,了解企业生产经营情况和纾困惠企措施对接落地情况。市有关部门负责人,区领导于勇、丁宝定等参加走访。　　（陈仕栋）

【蒋卓庆到静安区调研既有多层住宅加装电梯工作】　10月29日,市人大常委会主任蒋卓庆到静安区调研既有多层住宅加装电梯工作,察看临汾路街道临汾小区加装电梯现场和街道加装电梯工作室,听取相关工作汇报。指出静安区创新举措、凝聚合力,在既有多层住宅加装电梯方面成效显著,希望再接再厉,持续改善居民生活品质,提升基层治理水平。市有关部门负责人,区领导于勇、顾云豪等参加调研。　　（陈仕栋）

【蔡威到静安开展上海市中医药条例立法调研】　10月30日,市人大常委会副主任蔡威带队到江宁路街道基层立法联系点召开《上海市中医药条例(草案)》征求意见座谈会,来自华山医院、市中医医院、上海医工院、区卫生健康委、区医保局、静安区中心医院、江宁路街道社区卫生服务中心以及部分制药企业的代表,结合工作实际和法规草案,围绕加强综合性医院中医科建设、中药来源、审核机制、人才队伍建设、中西医结合等问题,提出意见建议。市人大教科文卫委主任委员苏明,副主任委员张辰、周景泰,区人大常委会主任顾云豪,副主任宋震、曾晓颖参加调研。　　（姜颖洁）

【徐泽州到静安区开展常态化走访】　11月4日,市人大常委会副主任徐泽洲到蒂芙尼(上海)商业有限公司进行常态化走访。区人大常委会副主任冯璐参加走访活动。　　（姜颖洁）

【宗明到静安区出席第三届中国国际进口博览会静安参展企业品牌揭幕仪式】　11月6日,

晖致企业品牌揭幕活动和阿斯利康全球研发中国中心落户静安区揭牌活动在国家会展中心举行,副市长宗明出席活动。市有关部门负责人、区领导于勇、王华等参加活动。 （陈仕栋）

【金兴明到静安区调研宗教工作】 11月30日,市政协副主席金兴明到静安区调研年末佛教活动开展和疫情防控情况,察看圆明讲堂,了解佛教场所疫情防控措施和日常管理制度。指出要做细做实常态化疫情防控工作,弘扬"爱国爱教"优良传统,在新时代更好地坚持佛教中国化方向,提高佛教与社会主义社会适应度。市有关部门负责人、区领导丁宝定等参加调研。
（陈仕栋）

【郑钢淼到静安区走访联系社区】 12月1日,市委常委、统战部部长郑钢淼到芷江西路街道参加市、区人大代表集中联系社区活动,察看社区自治共治开展情况,听取选民意见建议。指出城市治理在基层,基层关键在社区,社区治理工作应始终坚持人民城市重要理念,提升居民群众获得感和满意度。市有关部门负责人、区领导于勇、顾云豪等参加走访。 （陈仕栋）

【李逸平到静安区调研基层协商议事工作】 12月1日,市政协副主席李逸平到静安区调研基层协商议事和委员读书工作开展情况,察看大宁路街道"宁的书房"基层协商议事厅。指出地方政协要全面深入开展委员读书活动,同履职实际相结合、向履职聚焦,推动政协委员参与社会治理,提升政治协商、民主监督和参政议政水平。市有关部门负责人、区领导丁宝定等参加调研。 （陈仕栋）

【陈群到静安区出席电竞上海大师赛开幕式】 12月2日,2020电竞上海大师赛在静安体育中心举行,副市长陈群出席并宣布开幕。赛事赛程共5天,超过130名选手争夺5个比赛项目的冠军。市有关部门负责人、区领导王华等参加开幕式。 （陈仕栋）

【宗明到静安区走访企业】 12月2日,副市长宗明走访古驰（中国）贸易有限公司、爱茉莉太平洋贸易有限公司、中船重工物贸集团上海贸易有限公司等企业,并察看市北高新AI体验馆。指出市、区相关部门要聚焦企业所需,全力做好各项服务工作。市有关部门负责人、区领导王华等参加走访。 （陈仕栋）

【于绍良到静安区调研社区党群公共服务综合体建设试点工作】 12月10日,市委副书记、政法委书记于绍良到静安区调研社区党群公共服务综合体建设试点工作,察看江宁路街道党群服务综合体一门式受理服务窗口、社区党校、社区学校、议事厅共享空间等,听取相关工作汇报。指出要贯彻落实习近平总书记考察上海重要讲话精神,积极践行人民城市重要理念,以社区党群公共服务综合体建设为契机,强化党建引领,深化社会治理创新,增强人民群众获得感、幸福感、安全感。要坚持系统谋划布局,围绕"五个人人"目标,结合"十四五"规划,明确功能定位,完善服务体系,下沉工作力量,让基层真正有职、有责、有权、有利。要坚持共建、共治、共享,把党员群众的积极性、主动性、创造性调动起来,把各类服务资源、工作平台、社会力量整合起来。要坚持因地制宜、因势利导,加大试点探索力度,总结提炼、深化完善,为全市面上推开提供经验示范。市有关部门负责人、区领导于勇等参加调研。 （陈仕栋）

【舒庆到静安区调研基层公安工作】 12月12日,市政府党组成员、市公安局党委书记舒庆到静安区调研,察看静安寺派出所综合窗口、综合指挥室,了解案件防控、应急处置、联防联动等工作情况,听取公安静安分局治安案件办理、人员密集场所管理等工作汇报。（陈仕栋）

【赵勇到静安区调研民族工作】 12月19日,国家民族宗教事务委员会副主任、党组成员赵勇到静安区调研民族工作,察看"白领驿家"志愿者服务站、区"一网统管"民族宗教事务管理平台,听取相关工作汇报。指出要加强党对民族工作领导,坚持大统战格局,强化基层民族工作力量。要搭建各民族交往、交流、交融平台,培育各民族共有精神家园,加强民族工作法治保障,强化中华民族共同体意识。市有关部门负责人、区领导于勇等参加调研。（陆经纬）

【周汉民到静安区走访企业】 12月21日,民建中央副主席、市政协副主席周汉民走访调研中兴财光华会计师事务所上海分所,希望事务所保持良好精神状态,为参政议政工作多谋略、多分析,发挥咨政建言作用。市有关部门负责人参加走访。（陈仕栋）

【舒庆到静安区督导检查节庆夜间安保工作】 12月24日,市政府党组成员、市公安局党委书记舒庆到静安区督导检查节庆夜间安保工作,察看安义夜巷圣诞集市人群聚集安全管理情况,听取相关工作汇报。要求一如既往、慎终如始做好岁末年初安保维稳工作。市有关部门负责人、区领导于勇等参加检查。（陈仕栋）

大事记

编辑 叶供发

1月

1月1日 上海静安元旦迎新跑在静安公园鸣笛起跑。上海市体育局党组书记、局长徐彬为赛事鸣笛发令，静安区委书记陆晓栋宣布开赛，静安区委副书记、区长于勇致辞。区领导顾云豪、丁宝定、黄红、姜鸣、叶坚华、鲍英菁等出席仪式并参与健身跑。女子长跑奥运冠军王军霞和女子竞走奥运冠军刘虹领跑，4800名跑者从静安公园出发，最终分别抵达5千米终点白玉兰广场及10千米终点大宁郁金香公园。

同日 坐落于西康路99号的"跑百巷"空间揭幕。上海市体育局党组书记、局长徐彬，静安区领导陆晓栋、于勇致辞，顾云豪、丁宝定、黄红、姜鸣、叶坚华、鲍英菁等出席揭幕仪式。

1月2日 由静安区闸北中心医院和上海雷允上药业西区有限公司携手建立的"静安区中医药健康服务文化基地"在该医院的中医科成立。区委书记陆晓栋、区政协副主席、区卫生健康委主任叶强出席活动。陆晓栋为"静安区中医药健康服务文化基地"揭牌，同时揭牌的还有"海派中医流派石氏伤科静安分基地"。

1月7—10日 中国人民政治协商会议上海市静安区第一届委员会第六次会议在大宁剧院召开。

1月8—10日 静安区第一届人民代表大会第九次会议在大宁剧院召开。

1月13日 静安区召开"全球服务商计划"推进大会。市发展改革委副主任裘文进、区委书记陆晓栋出席会议并讲话。区委副书记、区长于勇主持会议。区委常委、副区长周海鹰解读静安区"全球服务商计划"实施方案以及四大行动举措。副区长张军部署投资促进工作。区委常委、副区长刘燮，区人大常委会副主任杨志健，副区长李震，区政协副主席沃伟东出席会议。首批48家"全球服务商"企业在大会上亮相，11位咨询机构、会计师和律师事务所、行业协会的负责人受聘担任首批"招商大使"。

2月

2月2日 上海全面启动"居村委会预约登记+指定药店购买"的口罩供应方式。

同日　宝山路街道宝华居委会富邑华庭小区居民王凝沁辗转从常熟购买140只口罩、72瓶洗手液、12盒消毒棉球，捐赠给居委会。随后分别被送到小区老人、保安保洁和社区抗疫一线工作人员手中，有效缓解居民区防疫用品短缺的压力。

2月3日　截至是日，静安区共有33家外资企业为抗击新型冠状病毒感染肺炎疫情捐款捐物，总价值共计超过1.2亿元。路威酩轩集团(LVMH)、开云集团、勃林格殷格翰、欧莱雅集团、百时美施贵宝、飞利浦中国等企业积极捐款捐物。

2月5日　区领导陆晓栋、于勇、黄红、顾春源、姜鸣、潘子罕、李震再次前往铁路上海站，检查指导各项防控工作落地落实。根据上海市政府要求，上海火车站实施入沪旅客健康登记。出站时，工作人员将对旅客登记填报情况进行核查，通过后方可离开车站。

同日　区委副书记、区长于勇前往曹家渡街道汇智创意园区和达安花园居民区，了解街道整体面上以及楼宇、园区、居住小区等防控工作。

2月6日　区委书记陆晓栋先后到恒隆、中信泰富、梅龙镇等商务楼宇察看疫情防控工作，了解楼宇复工准备情况，督促楼宇管理方认真履行主体责任，严格按照疫情防控工作要求，落实出入口管控、体温测量、登记管理等有效措施，切实守好自己的门、管好进出的人。同日下午，陆晓栋到北站街道察看疫情防控工作，听取街道、派出所、社区卫生服务中心关于疫情防控工作的情况汇报，实地察看北市场小区入口管控情况。

2月7日　区政协主席丁宝定到常德路"800秀"园区和银发大厦，了解江宁路街道辖区的园区和商务楼宇复工准备和疫情防控工作情况。丁宝定到铁路上海站东南出口，看望捐赠防控用品和补给物资的政协委员；慰问夜以继日奋战在防控一线的志愿者。他还前往市北医院听取和了解医院疫情防控和日常门诊医疗工作情况。

2月8—9日　区人大常委会主任顾云豪与区人大机关党员先后来到支部结对的江宁路街道三星坊居委会、通安里居委会和芷江西路街道光华坊居委会，宣传《上海市人大常委会关于全力做好当前新型冠状病毒感染肺炎疫情防控工作的决定》。

2月10日　是春节后首个工作日，静安区各园区、楼宇和企业以"史上最严"的疫情防控措施，迎接节后企业复工大潮。首批具有疫情应急处置预案、疫情防控物资配备齐全、防疫措施严格到位的园区企业复工。

2月15日　区委书记陆晓栋主持召开区委专题会议，研究经济社会发展和重点项目推进工作。区领导于勇、李震、张军等参加会议。会议明确，抓防控、抗疫情是硬任务，抓生产、抓发展是硬道理。

2月18日　市北高新股份有限公司以21亿元在土地竞拍市场摘得市北高新技术服务业园区N070501单元22-02地块，市北高新技术服务业园区倾力打造的"静安市北国际科创社区"项目，完成最后一块"拼图"，项目计划于2024年全部建设完成。

2月19日　截至是日，全区194幢重点楼宇内近7成，7400余家企业，12.23万员工复工。

2月中旬　武汉金银潭医院首次启用来上海市静安区的一家机器人公司Yogo Robot提供的机器人来消毒。近2000平方米的大厅，机器人消毒大约需要3分钟，每天七八小时的循环消毒，基本可以满足大厅的消毒需求。

2月23日　上海市健康促进委员会、上海市精神文明建设委员会办公室、上海市卫生康委员会、上海市健康促进中心四个部门联合发布"关于使用公筷公勺的倡议书"。静安区首批143家餐饮单位积极响应，承诺全面提供一菜一公筷或公勺。

2月28日　静安区召开静安区外资总部企业座谈会，专题了解疫情期间企业面临的困难及诉求，更精准、更有效地做好企业服务工作，帮助企业尽快复工复产。区领导陆晓栋、于勇、张军出席。

2月　为减轻企业因新冠肺炎疫情影响造成的停工损失，帮助企业和员工尽早恢复经营和工作，区内多数楼宇园区对租赁企业采取减免优惠措施。

3月

3月2日　是日上午起，按照教育部"停课不停教、不停学"的要求，静安区95所中小学全面拉开在线教学活动序幕，区域72400余名中小学生开始通过东方有线和IPTV"空中课堂"专区，或有关网络播放平台"上海教育空中课堂"专区在线观看学习学科知识。

3月6日　静安区召开驻区金融机构座谈会，专题了解金融机构在复工复产过程中面临的困难及下阶段运行发展情况。市金融工作局局长解冬、区委书记陆晓栋出席座谈会，区委副书记、区长于勇通报静安区疫情防控和当前经济发展情况。副区长张军主持座谈会。国泰君安证券、光大证券、平安资管、兴业银行上海分行、上海国际集团、上汽财务、光明财务、海富投资、路博迈投资管理、国金租赁等10家金融机构主要负责人出席。

3月中旬起　静安区公园绿化、体育场馆、纪念馆等陆续有序开放，游客须出示手机"随申码"和测温进入。

3月18日　截至是日，全区194幢重点楼宇内企业基本实现全面复工。在形成"1+7+4+14"企业服务工作格局的基础上，全区组建35个工作组，对全区复工企业进行"地毯式"大走访。切实帮助企业缓解压力，确保相关政策落实、落地，同时进一步梳理和汇总企业扶持的相关政策，初步形成了加强金融信贷支持缓解资金压力、加大财税政策支持、加强园区稳商等举措。

3月20日　静安区召开专业服务业企业座谈会，专题了解专业服务业企业在复工复产过程中面临的困难，共同分析和探讨专业服务业下阶段发展趋势，推动静安专业服务业产业发展再上新台阶。区委书记陆晓栋、区委副书记、区长于勇、区委常委、副区长刘燮出席会议，副区长张军主持。

同日　位于中心城区的一级消防站——静安区消防救援支队中兴消防站揭牌进驻。上海市消防救援总队队长李伟民，静安区委副书记、区长于勇，副区长、区公安分局局长潘子罕出席揭牌仪式。该站拥有消防车库6个，配备了包括78米消防云梯车等设备。

3月25日　是日起，上海长途客运总站客票预售期恢复正常，市民可以提前十天购买长途客票。上海市的长途客运从3月中旬全面恢复运营省际客运班线以来，仅能预售3天的客票。

3月27日　静安区全面推进复工复产复市工作会议召开。区委书记陆晓栋强调，要深入学习贯彻习近平总书记重要讲话和指示批示精神，按照中央、市委关于当前形势判断和部署要求，全面推进复工复产复市工作，力促经济发展重点工作快马加鞭，推动全面完成今年和"十三五"各项目标任务，奋力夺取疫情防控和实现全年经济社会发展目标双胜利。区委副书记、区长于勇部署相关工作。区人大常委会主任顾云豪、区政协主席丁宝定、区委副书记黄红等区四套班子领导出席会议。会上，区发展改革委、区商务委、区市场监管局、区投资办、区建设管理委就推进复工复产复市工作进行交流发言。截至是日，静安区重点楼宇企业复工比例接近100%，产业园区复工比例超过90%，大型商场商户复工比例超过85%，建设项目全面复工复产。

3月31日　2020年上海市重大产业项目集中签约暨特色产业园区推介活动举行，总投资约4418亿元的152个重大产业项目进行集中签约。其中涉及静安区的项目、企业共有7个，总投资达135亿元。区委副书记、区长于勇与人保上海科创基金项目、莱茵技术（上海）有限公司总部项目等2家项目进行现场签约。宏盟媒体集团中国区总部项目、上海东浩兰生国际贸易总部项目、CM资本公司QFLP基金项目、市北高新创业投资合伙企业项目、宝尊电子商务有限公司全球品牌服务中心项目等5家企业项目代表与静安网上签约。

同日　区人大常委会召开"十四五"规划专题调研启动会，全面启动"十四五"规划专题调研工作。区人大常委会主任顾云豪，副主任宋震、冯璐、吴丽萍、杨志健、江天熙、严俊瑛、曾晓颖，区政府党组成员王叶庆出席会议，区人大各专委、常委会各部门负责人、各街道人大工委副主任、彭浦镇人大副主席、区政府相关部门负责人，以及部分区人大代表参加会议。

3月　市北高新技术服务业园区企业像航（上海）科技有限公司利用无介质浮空投影技术研发的无接触防疫智能电梯控制（厅外+轿内）系统，首先于3月在云立方商务楼宇的电梯使用，4月2日，该公司首台"无接触自助挂号机"，赠送给就医量较大的武汉同济医院使用。

4月

4月7日　区金融办与中国银行股份有限公司上海市静安支行、中国农业银行股份有限公司上海闸北支行等区内20家银行签署静安区《支持复工复产专项信贷计划》，首期信贷额度60亿元，为静安区疫情防控企业、复工复产企业提供专项信贷支持，以及相应的便利化金融服务举措。副区长张军出席签约仪式。

4月14日　中共中央政治局委员、市委书记李强，市委副书记、代市长龚正前往静安部分红色革命遗址上海毛泽东旧居、彭湃在沪革命活动地点、中国劳动组合书记部旧址瞻仰，实地察看上海红色资源发掘保护利用情况。李强指出，奋力夺取新冠肺炎疫情防控和实现经济社会发展目标双胜利，需要全市广大党员、干部始终保持干事创业的精气神，砥砺初心，担当使命，奋发有为。要深入贯彻落实习近平总书记重要讲话精神，在开展党史、新中国史、改革开放史、社会主义发展史学习教育中，充分发掘保护上海革命遗址遗迹，把红色资源利用好、把红色基因传承好、把红色传统发扬好，更好感悟信仰之力、理想之光、使命之艰、担当之要，更好汲取开拓前进的强大勇气、智慧和力量。市领导周慧琳、诸葛宇杰、莫负春参加有关活动。

4月22日　区委副书记黄红，副区长潘子罕、龙婉丽等先后前往市北初级中学和风华高级中学，检查学校高三年级、初三年级复学相关准备工作。区领导一行还察看静教院附校在建工地，听取工程进展情况。

4月23日　为支持企事业单位和学校复工复产复学，满足社会需求，静安区当时唯一的新冠病毒核酸检测检测点——岭南路628号市北医院检测点向市民开放检测服务。

4月28日　宝山路街道31、149、150、152街坊旧改征收基地举行基地签约生效及居民集体搬迁仪式，该基地"二次征询"正式签约首日签约99.61%，标志着静安区成片二级以下旧里成为历史，静安提前8个月完成"十三五"旧改目标。区领导陆晓栋、于勇、顾云豪、丁宝定、李震等来到征收基地，对项目高比例生效表示祝贺，并为居民送行。

4月30日　静安区召开"四史"学习教育部署会暨区委中心组学习(扩大)会，推动全区党史、新中国史、改革开放史、社会主义发展史(以下简称"四史")学习教育高质量推进，高标准开展。区四套班子领导陆晓栋、于勇、顾云豪、丁宝定、黄红等出席会议。

5月

5月8日　位于静安区的上海数据交易中心举行融资暨产品发布会，宣布由该中心发起的2020年国内数据交易领域的首轮融资取得成功，并发布该中心在数据交易、数据开放、数据服务上的系列新产品，以及在大数据流通与交易技术方面的研究成果。

同日　由市科协"在线支援团"、市北高新技术服务业园区和宝欧自动化有限公司联合组建的以科技服务为主的实验室"智能设备云服务实验室"，在静安区签约成立。市科协党组成员、一级巡视员李虹鸣，副区长张军出席签约仪式。

5月15日　静安区召开全区领导干部会议，市委常委、组织部部长于绍良出席会议并讲话，市委组织部常务副部长郑健麟主持会议。会议宣布市委决定：于勇同志任静安区委书记；免去陆晓栋同志的静安区委书记、常委、委员职务。

5月19日　中共静安区委"四史"学习教育领导小组召开第一次会议，听取全区"四史"学习教育工作推进情况以及下阶段工作安排。同日，区委中心组举行"四史"专题学习(扩大)会，邀请国务院新闻办原主任、上海浦东新区首任书记、管委会首任主任赵启正作"浦东开发的思想历程"专题辅导报告。区委书记、区长于勇主持学习会，区领导顾云豪、丁宝定、黄红、顾春源、何以琴、赵汝青、姜鸣、刘燮、蔡啸峰等参加。

5月20日　是每年结婚登记高峰日，"2020520"更是因谐音"爱你爱你我爱你"，受到很多准新人的追捧。当天共有118对新人通过预约选择在静安进行婚姻登记。

5月28日　静安以电视电话会议的形式召开贯彻落实市精神文明建设大会精神推进创建复评全国文明城区工作会议，对创建复评工作进行部署和动员，努力确保在测评中取得优异成绩。于勇、顾云豪、丁宝定、顾春源、何以琴、凌惠康、姜鸣、刘燮、蔡啸峰等区四套班子领导在主会场出席会议。

5月30日　"安义夜巷"焕新升级，重新回归大众视野，为上海的夜经济再添一抹亮色。

6月

6月3日　上海大学、上海市第六十中学"红色联盟"共建签约仪式举行。区委书记、区长于勇，区委副书记王华，副区长龙婉丽，上海大学党委书记成旦红，党委副书记龚思怡、欧阳华等出席。

6月9日　区政府第174次常务会议召开。来自基层一线的三位公众代表列席会议，听取区政府办公室关于静安区第一届人民代表大会第九次会议代表意见办理情况的汇报，现场提出意见和建议。区委书记、区长于勇，区委常委、副区长刘燮，副区长潘子罕、龙婉丽、李震、张军与相关部门负责人仔细聆听，认真记录，并在现场进行及时回应。

6月10日 "上海市浙江商会进静安"座谈会举行，静安区人民政府与上海市浙江商会签署战略合作框架协议。区委书记、区长于勇出席并致辞，区委副书记王华主持座谈会，副区长张军从静安区产业体系、产业布局、政务服务和发展环境等角度详细介绍静安的区情区况。上海市浙江商会会长王均金，名誉会长郭广昌、郑永刚、周成建，党委书记陈爱莲，轮值会长严健军等参加座谈会。

6月13日 沪上首个以区块链为主要业态的生态谷——上海市北区块链生态谷，在市北高新技术服务业园区开园并举行揭牌仪式。区委书记、区长于勇，市科技工作党委书记刘岩，上海科学院党委书记、院长秦文波，区委副书记王华，市科创办专职副主任侯劲，市经信委副主任张英，上海科学院副院长谭瑞琮，副区长张军出席开园仪式，并为相关机构和项目的成立揭牌。仪式上，区政府和上海科学院签订"促进区块链产业生态发展战略合作协议"，双方将围绕区块链共性技术研发、重大项目研发、标杆示范应用建设等开展深入合作。

6月19日 区委书记、区长于勇出席静安寺街道迎七一"企业服务日"区委书记面对面活动，为"静安寺街道党群服务站&企业服务中心"揭幕，并与企业家代表进行面对面座谈。

6月20日 在兴业太古汇举行的一场"带货直播"吸引不少市民的目光。SMG主持人雅静、华山医院神经外科主治医师史之峰等12位来自静安各行各业的青年人才，化身首批"静安青年严选推荐官"，以直播带货的方式，为消费者推介各款特色产品。

6月29日 中国共产党上海市静安区第一届委员会第十二次全体会议在海上文化中心举行。审议通过《中共静安区委关于践行"人民城市人民建，人民城市为人民"重要理念，着力建设人人向往的美好城区的实施意见》。全会由区委常委会主持。区委书记、区长于勇就《意见（讨论稿）》作说明，并就贯彻落实全会精神和做好下半年工作作讲话。区委副书记王华，区委常委顾春源、何以琴、赵汝青、凌惠康、姜鸣、刘燮、蔡啸峰出席会议。

7月

7月1日 是庆祝中国共产党成立99周年纪念日，静安区实施"红色遗址保护、红色基因传承、红色品牌打造"三大行动系列活动。

7月2日 静安区与泰州市深化友好市区合作签约仪式在北上海大酒店举行。静安区领导于勇、顾云豪、丁宝定、王华、刘燮、张军，泰州市领导史立军、朱立凡、卢佩民、张迅、常胜梅、张余松、张小兵、杨杰、张育林、吴跃等出席。

7月8日 静安区人力资源服务产业重大项目推进暨招商推介活动举行，区委书记、区长于勇，区委副书记王华，区委常委、副区长刘燮，副区长张军出席活动，共同见证国际人才合作和服务中心、人力资源服务沪港合作中心、人力资源产业基金合作等重大项目签约落地。2020年上半年静安区引进人力资源服务机构12家，其中新设注册资本亿元级企业1家。全区集聚包括任仕达、万宝盛华等一批国际国内知名企业各类的人力资源服务机构330余家。

7月9—11日 上海大数据应用创新中心、上海数据交易中心有限公司、大数据流通与交易技术国家工程实验室联合举办2020世界人工智能大会云端峰会数据智能主题论坛,市北高新技术服务业园区等单位承办 2020 SODA 大赛,市北高新技术服务业园区企业华院数据技术(上海)有限公司主办 2020 世界人工智能大会云端峰会"认知智能,改变世界"主题论坛。

7月10日 中国财富管理行业重磅智库——植信投资研究院乔迁落户位于静安区嘉地中心,并发布《2020年下半年资产配置策略报告》。上海市人大常委会法制委主任委员陆晓栋、上海市金融业联合会常务副理事长季文冠、静安区副区长张军出席研究院落户仪式。

7月12日 位于静安区苏河湾核心区域的安康苑永庆里5幢历史建筑整体平移工程全面启动,该工程开创上海历史上建筑群平移总量和平移距离之最。此次平移的永庆里5幢历史建筑,在安康苑24号地块内,建于20世纪30年代,建筑面积1950平方米,建筑结构均为两层砖木结构,主屋面为双坡平瓦屋面,建筑风格为石库门里弄住宅,是历史保护保留建筑。

7月19日 静安区召开区政府主要领导调整宣布会。市委组织部常务副部长郑健麟宣读市委决定:王华同志为静安区区长候选人,先任静安区副区长、代理区长;免去于勇同志的静安区区长职务。

7月25日 第23届上海国际电影节公益露天放映开幕启动活动在大宁音乐广场举行。市委宣传部副部长、上海市电影局局长高韵斐,静安区委副书记、代理区长王华,副区长张军,导演、演员徐峥,导演、演员大鹏等出席启动活动。

7月31日 区委中心组与驻区部队开展"四史"专题联组学习,专题学习和了解党领导下的人民军队建设历史,共同纪念中国人民解放军建军93周年。区委书记于勇主持学习研讨会并讲话。

8月

8月1日 由上海交大教育集团研发推出的电竞产业领袖EMBA研修班首期课程在上海风语筑设计大楼开课。这也是国内首个电竞类EMBA课程项目。在首日的课程中,研修班邀请汪海军为学员们讲解《公司治理与股权激励》。

8月3日 上午10时,区委副书记、代区长王华做客上海人民广播电台"2020夏令热线·区长访谈"节目。

8月7日 国际数据管理协会(DAMA)中国分会在国内首个分支机构——上海市静安区国际数据管理协会,在市北高新技术服务业园区揭牌成立。

8月11日 曹家渡街道在市、区市场监管部门的指导下,牵头组织、协调协作,将单一区域的商圈自治联盟升级为跨区域的商圈自治联盟——环曹家渡商圈食品安全自治联盟正式成立,商圈内76家超市商户和餐饮商户携手完善跨区域食品安全社会自治共治体系。

8月12日 2020上海书展暨"书香中国"上海周开幕。

同日 区委召开红色场馆建设提升专题会议。区委书记于勇,区委常委、宣传部部长姜鸣,副区长李震出席会议。于勇在讲话中指出,各相关部门要高度重视"党的诞生地发掘宣传工程",提高政治站位,按照各自职责抓好中共中央秘书处机关旧址纪念馆筹建和上海毛泽东旧居陈列馆、中共二大会址纪念馆提升完善的各项工作,以切实的工作和扎实的举措献礼建党百年。会上,区委党史研究室汇报中共中央秘书处机关旧址纪念馆筹建推进情况,区文化旅游局、中共二大会址纪念馆分别就上海毛泽东旧居陈列馆、中共二大会址纪念馆提升完善方案作汇报。

同日　2020年全国首届线上柔术套路表演赛颁奖仪式暨柔术运动发展公益论坛在石门二路党群服务中心举行。

8月13日　全球性电子竞技俱乐部Gen.G中国区总部正式落户静安区宏慧视界BOX文创与电竞产业园区。Gen.G中国区总部也是继2018年在韩国首尔和2019在美国洛杉矶设立总部之后的第三个大区总部。

同日　凯悦酒店集团与首旅如家酒店集团携手打造的全新中高端酒店品牌"逸扉酒店"全球首店——上海静安逸扉酒店，宣布正式落户武定西路，于10月开业迎客。

8月16日　诗人、散文家赵丽宏携首部童诗集《天空》在静安区图书馆新闸路馆与读者见面。这也是2020上海书展暨"书香中国"上海周官方合作项目"悦读静安"静安读书周的系列活动之一。

8月25日　由区政府主办，区科协和上海自然博物馆联合承办的"2020年静安区科技节启动仪式暨'鲸的寻游'自然博物馆之夜"活动举行，市科委总工程师陆敏、市科协副主席梁兆正、副区长张军、上海科技馆馆长王小明共同点亮区科技节启动按键。

8月26日　静安区召开第三届进口博览会城市服务保障工作动员会。区委书记于勇强调，要深入贯彻习近平总书记"越办越好"的重要指示精神，按照市委、市政府部署要求，进一步统一思想，明确任务，压实责任，全力做好本区城市服务保障各项工作，为举办一届高水平、高质量的进口博览会作出静安贡献。区委副书记、代区长王华主持会议。区委常委、政法委书记赵汝青，区委常委、副区长梅广清，副区长龙婉丽出席会议。副区长张军就做好静安区城市服务保障工作作部署。

同日　中共中央委员、中央党史和文献研究院院长曲青山赴静安区，考察中共中央军委机关旧址，并参观"中共中央军委在上海（1925—1933）史料陈列展"。中共上海市委党史研究室主任严爱云、副主任谢黎萍，中共静安区委常委、组织部部长顾春源等陪同。

8月29日　由上海电视台纪实频道与老字号王家沙联袂打造的中国首部财经美食纪录片《寻味·王家沙》在南京西路王家沙总店二楼举办新闻发布会，副区长张军出席。该片于8月31日在上海电视台纪实频道上映。

8月　电影《八佰》热映，不少市民在观影后，特地赶到这一真实历史事件的发生地——上海四行仓库抗战纪念馆，追寻历史，感受银幕外的真实场景。

9月

9月2日　静安区投资促进大会召开。区四套班子领导于勇、王华、顾云豪、丁宝定等出席。

9月7—8日　静安区第一届人民代表大会第十次会议在海上文化中心举行。会议以无记名投票方式，补选王华为静安区人民政府区长。

9月8日　全国抗击新冠肺炎疫情表彰大会在人民大会堂召开。会上，铁路上海站地区管理委员会办公室党组书记、常务副主任黄翔，被授予"全国抗击新冠肺炎疫情先进个人""全国优秀共产党员"称号。

9月13日　"建筑可阅读"文创市集在静安嘉里商务中心南广场开幕，向市民游客展示全市"建筑可阅读"工作成果。市政府副秘书长顾洪辉，上海市文化和旅游局党组书记、局长于秀芬，静安区委副书记、区长王华，上海世纪出版集团党委书记、董事长黄强，上海世纪出集团党委副书记、总裁阚宁辉等出席开幕式,并参观文创市集。

9月15日 静安区中心医院成功晋级为上海市三级乙等综合医院,同时跻身上海市第一批区域性医疗中心行列。静安区委书记于勇,区委副书记、区长王华,复旦大学附属华山医院党委书记邹和建、院长毛颖,复旦大学上海医学院副院长汪志明,静安区副区长龙婉丽等共同见证祝贺。

9月16日 2020年第二十七届上海国际茶文化旅游节开幕式暨"静安—文山号"扶贫旅游专列首发仪式在国际贵都大饭店举行。市政协副主席方惠萍,市文化和旅游局党组书记、局长于秀芬等市有关部门负责人,静安区委书记于勇,区委副书记、区长王华,区人大常委会主任顾云豪,区政协主席丁宝定,区委常委、宣传部长姜鸣,副区长龙婉丽等出席开幕式。

9月25日 区人大常委会召开区"十四五"规划工作人大代表座谈会,听取人大代表的意见建议,助推科学编制区"十四五"规划。10余名市、区人大代表围绕人民群众关心的热点问题,从深化"一轴三带"发展战略、培育经济发展新动能、优化法治营商环境、提升社区治理现代化水平、加强交通规划和建设、健全公共卫生体系、推进教育资源均等化等方面提出意见建议。区委副书记、区长王华,市人大财经委主任委员戴柳,区人大常委会主任顾云豪,副主任宋震、冯璐、吴丽萍、杨志健、江天熙、严俊瑛、曾晓颖出席会议。

同日 全球财富管理论坛上海峰会·苏河湾在位于静安区的上海市总商会旧址举行。全球财富管理论坛理事长、全国政协外事委员会主任楼继伟,上海市委常委、副市长吴清,静安区委书记于勇,区委副书记、区长王华出席峰会并致辞。静安区人大常委会主任顾云豪,区政协主席丁宝定,区委常委、副区长梅广清,副区长张军等出席峰会。国内外知名资产管理机构等金融机构与政府部门代表,以及金融业专家、学者齐聚一堂,围绕全球经济复苏与金融业合作的主题,共同探讨资产管理、财富管理行业的发展与未来趋势。于勇在致辞中表示静安区要努力建设上海全球资产管理中心重要承载区,打造国际财富管理高地。

同日 "人民艺术为人民,红色传承秉初心"静安区庆祝中华人民共和国成立71周年文艺主题汇演暨"双十佳"颁奖活动在大宁剧院举行。这也是中国上海国际艺术节精心策划的"四史"系列文艺党课第一课。汇演开始前,区委书记于勇为2020年静安区群众最喜爱的"十佳"红色文化宣传员、"十佳"红色文化宣传项目颁奖。区委常委、组织部长顾春源为2020年静安区群众最喜爱的"十佳"红色文化宣传员提名个人、"十佳"红色文化宣传项目提名项目颁奖。

9月29日 上海市抗击新冠肺炎疫情表彰大会举行。会上公布上海市抗击新冠肺炎疫情表彰名单。静安区共有24名先进个人、9个先进集体受到表彰。其中3名先进个人和3个先进集体还获优秀共产党员和先进基层党组织称号。

同日 彭浦四季公园对外开放。该公园位于临汾路1568号,在共康三村、四村和临汾路1564弄居住区内,南北长约1.1千米,东西宽约80米,占地面积9.1公顷,这是彭浦新村地区唯一的一座大型综合性公园,也是静安区唯一位于居民区内的公园。

10月

10月1日 彭浦新村街道彭一小区旧住

房成套改造项目正式启动签约。10月7日,正式签约第七天,彭一小区租赁房居民签约率达到99.08%,产权房居民签约率达到99.17%,项目正式生效。彭一旧改项目是静安区最大改造体量、最多改造户数、最难改造项目,创造最高生效比例、最快生效速度等全市多项非成套旧住房拆除重建工作纪录。这里计划建造17幢带电梯的高层住宅以及社区市民健身中心、社区文化活动中心、社区生活服务中心等优质高端公建配套设施。

10月10—13日 2020第十四届中华老字号博览会在上海展览中心举行,光明、百联、新世界、开开、上海九百等全国220多家知名老字号品牌参展。

10月11日 由上海市欧美同学会、上海市华侨事务中心主办,上海市欧美同学会青委会静安分会承办的2020"海归职通车"人才招聘会在静安区举行。招聘会特邀上海高端智造、生物医药、法律金融、地产建筑、网红经济、专业服务、教育科研与大型实业集团等40多家优质企业提供数百个热门就业职位。

10月12日 上海市静安区和新疆喀什巴楚县对口支援工作联席会议在巴楚县委大楼举行。静安区委副书记、区长王华,喀什巴楚县委书记药宁,县长木合塔尔·芒苏尔等出席会议。

同日 静安区人民检察院举行2020年"检察文化月"开幕式暨"学四史,守初心,担使命"诵读会。区委书记于勇,市检察官文联主席郑鲁宁,区委常委、区委政法委书记赵汝青,区人大常委会副主任宋震,区人民检察院检察长杨恒进等出席活动。

10月16日 位于静安区长乐路536号的上海市第一妇婴保健院西院住院楼正式启用。

10月17日 由市文化旅游局主办的2020第六届上海街艺节在静安区大宁音乐广场拉开大幕。本届街艺节以"品味艺术之美,体验城市之魅"为主题,并新增街艺流动剧场演出,是日起至10月25日,街艺节在全市20多个表演点上演街艺流动剧场。

10月18日 静安区中医医院平型关路院区新院建设项目正式开工建设。该项目是静安区政府实事工程之一,也是区域民生重点工程。副区长龙婉丽,市卫生健康委副主任、市中医药管理局副局长胡鸿毅,区政协副主席、区卫生健康委主任叶苏强等出席活动。

10月22日 由市经济和信息化委员会、静安区政府、市大数据中心指导,市北高新集团主办,以"新基建新要素新未来"为主题的2020上海静安国际大数据论坛在市北高新商务中心举行。黄奇帆等专家、学者围绕大数据如何助推新基建、数智产业和区块链产业发展等话题发表主旨演讲,还举行15个大数据、人工智能和区块链重大项目签约仪式。区委书记于勇、工信部信息技术发展司副司长杨宇燕(视频)分别致辞,区委副书记、区长、市北高新技术服务业园区管委会主任王华作《上海国家大数据综合试验区全球推介》主题报告。区领导刘燮、张军参加分论坛活动。

同日 由静安区委组织部、宣传部联合主办的"四史"学习教育"红色印记"——中共中央早期机关在静安(1921—1933)彭浦镇巡展启动仪式在彭浦镇新时代文明实践分中心举行。区委党史研究室将静安25处中共中央早期机关,包括遗址、遗迹和正在建设中的红色场馆串联起来制作宣传展板,在静安区14个街镇依次进行巡展。

10月22—25日 第十七届上海国际茶业博览会在上海展览中心举办。该届茶博会以助力决胜脱贫攻坚之年为主线,促进产销对接为重点,首次设立扶贫展区,重点支持上海市对口帮扶地区云南勐海、贵州余庆等茶区参展,全产业链介入帮扶。

10月23日 "榜样的力量"第二届静安区道德模范颁奖典礼暨抗疫志愿先进表彰大会在大宁剧院举行。8名入选上海市新冠肺炎疫情防控志愿服务先进典型的静安代表、10名静安区新冠肺炎疫情防控优秀志愿者及志愿服务先进集体代表、12名第二届静安区道德模范和19名道德模范提名者分别受到表彰。颁奖典礼前,区领导于勇、丁宝定、何以琴、赵汝青、凌惠康、姜鸣、蔡啸峰,市文明办副主任唐洪涛会见第二届静安区道德模范和提名奖获得者,以及入选上海市新冠肺炎疫情志愿服务先进典型的优秀志愿者和先进集体代表。

10月24日 由上海市商务发展研究中心和美团主办,上海市静安区商务委协办,上海市酒吧行业协会和静安嘉里中心支持的"迎进博,促消费"2020上海夜间经济论坛在静安嘉里中心召开。论坛上,美团研究院、上海市商务发展研究中心、《解放日报》上观新闻联合发布《2020上海夜间经济发展报告》,静安国际美食嘉年华活动宣布启动。

10月27日 京东健康与卫材中国共同宣布在静安区成立合资公司——京颐卫享(上海)健康产业发展有限公司,致力打造满足老年用户生活健康一站式服务平台。同时,静安区人民政府也与京东健康、卫材中国共同签署三方战略合作协议书。静安区委书记于勇,副区长张军,区政协副主席、卫生健康委主任叶强,卫材全球高级副总裁、卫材中国总裁冯艳辉,京东集团副总裁、京东健康首席执行官辛利军等出席"京颐卫享"成立发布会,并见证三方战略合作签约。

10月28日 全球技术转移大会区块链数字科技论坛暨长三角国际创新挑战赛数字经济区块链专场赛决赛在上海展览中心举行。论坛集中展示以静安为代表的上海数字经济领域区块链技术和产业发展成效,并展示全国部分区块链企业的成功案例。由上海市科委主办,国家技术转移东部中心上海数字经济创新实践基地、上海新华文化科技园和上海轶信科技发展有限公司承办。

10月28日—11月1日 由"800秀"、伽作、中企万博联合举办的"2020静安国际设计节"开幕式在"800秀"园区举行。市文创办副主任强荧,区委常委、宣传部部长姜鸣出席活动并启动开幕仪式。本次活动汇聚国内外设计师、设计行业高管、原创内容创作方、中华老字号企业以及全球设计艺术爱好者约500余人。

10月30日 沪上首个由工会系统主办的大数据行业劳动竞赛——2020上海市大数据主题专项劳动竞赛在市北高新商务中心举行总决赛,6家知识和技能出众的优秀参赛团队分别荣膺等级奖。上海市总工会副主席周奇,静安区委常委、副区长梅广清等,分别为获奖的上海工会系统首批优秀"大数据工匠"颁奖。

同日 区教育局在风华初级中学教育集团东校区召开"创新机制,提升品质"——静安区大中小学思政课一体化建设推进会,宣布在全区大中小学实施思政课改革创新,将其建设成学生真心喜爱、终身受益的精品课程和落实立德树人根本任务的关键课程。为此,会上专门成立"静安区大中小学思政课一体化建设研究中心",并举行揭牌仪式。

10月30日—11月7日 2020"首发经济引领性本土品牌"新品集中发布周举行。上海市副市长宗明,市政府副秘书长尚玉英,市商务委主任华源,静安区委副书记、区长王华出席启动仪式在兴业太古汇举行的开幕式。共青团上海市委副书记丁波,市商务委副主任刘敏,静安区副区长张军,市商业联合会会长蔡洪生出席活动。

10月 上海市民政局公布的上海百岁寿星排行榜,静安区江宁路街道的吴志成阿婆以110岁的高龄排行上海十大女寿星中第二位。

11月

11月1日 第七次全国人口普查正式开始。当天,静安区全区共有5908名普查员深入到各个社区开展正式上门登记工作。

11月5日 是第三届中国国际进口博览会首日。当天下午,区委副书记、区长王华参观第三届中国国际进口博览会。副区长张军陪同参观。静安区共有48家企业报名参加第三届中国国际进口博览会,较上一届增加了26%。

同日 泰州市姜堰区行政审批局通过静安长三角地区政务服务"一网通办"专窗,核准首次营业执照"跨省"变更登记,实现三省一市营业执照"跨省通办""一次不用跑"。

11月6日 在第三届中国国际进口博览会上,晖致(Viatris)中国区总部、阿斯利康全球研发中国中心正式揭牌,并落户静安区。由迈蓝和辉瑞普强合并而成的全球医疗健康公司——晖致中国区总部揭幕,这是晖致在中国市场的首次亮相。副市长宗明,市商务委主任华源,区委书记于勇,区委副书记、区长王华,晖致大中华区主席苗天祥,副区长张军参加揭幕活动。

11月17日 国内首部武术题材影偶剧《偶萌来习武》试映礼暨项目启动仪式在静安区文化馆举行。

11月18日 "新时代上海楼宇党建创新实践基地"在静安区正式启用。上海市委组织部副部长孙甘霖、静安区委书记于勇为基地启用揭幕。区委常委、组织部部长顾春源主持活动。

11月20日 是"1120中国心梗救治日"。中国胸痛中心执行委员会和胸痛中心总部公布:静安区市北医院和静安区闸北中心医院顺利通过中国基层胸痛中心认证。

同日 "指上匠心"非遗技艺展在上海行健职业学院开幕,行健职业学院与上海龙凤中式服装有限公司签订《交流合作协议书》,校企双方决定在学院设立大师工作室,由龙凤旗袍非遗技艺传承人定期向师生传授、展示龙凤旗袍等中式服装制作技艺。至此,行健职业学院非遗大师工作室达到4个,分别为国家级非遗技艺"龙凤旗袍制作技艺"第三代传承人徐永良工作室、国家级非物质文化遗产鲁庵印泥制作技艺和海派传拓制作双料代表性传承人符贤工作室、知名古陶瓷修复技艺大师宋自海工作室和发丝细刻技艺吉尼斯纪录创造者周誉坤工作室。

11月22日 2020大宁资产杯上海静安女子半程马拉松暨女王跑上海站起跑,4800名跑友参加。市体育局一级巡视员赵光圣,区委常委、宣传部部长姜鸣,副区长龙婉丽等出席起跑仪式。吴宣霞、高云霞、李小丽分别获本届女子半程马拉松赛的前3名。

11月24日 全国劳动模范和先进工作者表彰大会在北京人民大会堂隆重举行。上海北方企业(集团)有限公司党委书记、董事长朱贤麟,国家税务总局上海市静安区税务局第一税务所毛琦敏在北京人民大会堂接受党中央、国务院授予的崇高荣誉——"全国劳动模范"和"全国先进工作者"。

11月27日 由上海市商务委员会和静安区人民政府指导,上海现代服务业联合会、福布斯中国、静安区商业联合会和九百(集团)有限公司共同主办的第十四届"福布斯·静安南京西路论坛"举行,论坛以"后疫情时代全球商圈创新发展"为主题,静安区委副书记、区长王华承诺,静安区政府将以最优的服务体系、最优的政策体系、最优的生态环境,全方位、全覆盖、全心全意地当好金牌"店小二"。上海市副市长宗明,上海现代服务业联合会会长郑惠强,静安区委书记于勇,上海市商务委主任华源,福布斯环球媒体控股有限公司执行董事、福布斯中国首席执行官李思卫等出席论坛。

同日 由上海市学习型社会建设服务指导中心办公室搭建的"上海社区教育课程联合教研室"(又称"上海'生命教育'联合教研室")在静安区社区学院成立,并举行揭牌仪式。

11月 市文化旅游局、市经信委拟定的第一批上海市传统工艺振兴目录拟入选项目名单面向社会公示。拟入选项目14类,共63项。静安区共有亨生奉帮裁缝技艺、绿杨村川扬菜点制作工艺、王家沙本帮点心制作技艺、干肉制品加工技艺、凯司令蛋糕制作技艺和雷允上膏方制作技艺等6项工艺拟入选。

12月

12月2—6日 "2020电竞上海大师赛"举行。为期5天的赛程依次进行"王者荣耀""第五人格""荒野乱斗""守望先锋"和"魔兽争霸Ⅲ"等5个比赛项目,涉及腾讯、网易游戏、暴雪等不同厂商,超过130名职业电竞选手参赛。开幕式上,上海市副市长陈群宣布2020电竞上海大师赛开幕。市政府副秘书长虞丽娟,市体育局党组书记、局长、市体育总会主席徐彬,静安区委副书记、区长王华,市委宣传部副部长王亚元,市体育局副局长罗文桦,市文化和旅游局副局长金雷,副区长龙婉丽等出席。

12月2日 "2020七彩云南上海物产节"在久光百货开幕。是日起至12月15日,来自云南当地的80余家企业携预包装食品、生鲜水果、酒类、咖啡冲饮、文创作品等多个品类的400余款云南特色物产进行现场销售。

12月3日 中国共产党上海市静安区第一届委员会第十三次全体会议在海上文化中心召开。全会审议通过《中共静安区委关于制定静安区国民经济和社会发展第十四个五年规划和二〇三五年远景目标的建议》。全会由区委常委会主持。区委书记于勇代表区委常委会作工作报告,就《中共静安区委关于制定静安区国民经济和社会发展第十四个五年规划和二〇三五年远景目标的建议(讨论稿)》起草情况作说明并讲话。区领导王华、顾春源、何以琴、赵汝青、凌惠康、姜鸣、刘燮、蔡啸峰、梅广清出席会议。

12月4日 中国人力资源服务产业园峰会暨中国上海人力资源服务产业园区十周年系列活动在上海静安国际会议中心举行,上海市人民政府副秘书长赵祝平,人力资源社会保障部人力资源流动管理司司长孙建立,上海市人力资源社会保障局局长赵永峰,静安区委书记于勇,区委副书记、区长王华,区委常委、副区长刘燮等出席峰会。峰会现场,首批获"伯乐"奖的12家人力资源服务机构受到表彰。峰会发布《中国上海人力资源服务产业园区推进人力资源服务业高质量发展的若干举措》。

12月6日 有着"苏河之眼"美称的昌平路桥正式通车。工程西起昌平路江宁路路口,沿昌平路规划走向,向东跨苏州河,接恒通路,止于恒丰路,工程范围内道路总长约853米。按照城市次干路标准拓宽改建为双向6快2慢的道路。

12月10日 上海市精神文明建设工作座谈会在上海展览中心友谊会堂召开。静安区高分通过复评,确认保留"全国文明城区"荣誉称号,同时还有11家单位榜上有名。其中上海静安置业(集团)有限公司、上海静安投资有限公司、上海市静安区就业促进中心、上海市第十人民医院、上海市第一妇婴保健院、上海建筑设计研究院有限公司、中国铁路上海局集团有限公司上海机务段、上海铁路监督管理局、上海市地质调查研究院、上海市干部培训中心等10家单位获"第六届全国文明单位"称号;上海市静安区教育学院附属学校获"第二届全国文明校园"称号。

12月12日 "美在静安,文暖花开"2020年度静安区公共文旅成果展在静安区文化馆举行。活动现场,2020年静安区"十大公共文化旅游事件"和"十大公共文化旅游人物"正式揭晓。疫情常态化下戏剧培育的新尝试新突破、"建筑可阅读"文创市集2.0版本等10个事件成为本年度静安区公共文化旅游事件;骆新、肖英、王萌萌、张安朴、秦志华、姚伟国、徐哲、朱惜珍、崔云姗、胡英霞等10人获评本年度静安区公共文化旅游人物。

12月21日 随着工程4条改建匝道之一的T3d落地匝道的最后一段钢箱梁"拼装"就位,标志着北横通道难度最大标段之一的天目路高架全线钢结构实现贯通。由上海城投公路投资(集团)有限公司建设,上海建工集团总承包施工的北横通道新建二期Ⅰ标段——天目路高架工程,包括1条主线(长安路—乌镇路)、2条辅道、2条下匝道、3条上匝道及4条改建匝道。

12月26日 由中共上海市委党史研究室、中共上海市静安区委主办,静安区文化和旅游局承办的"初心足迹:毛泽东在上海"红色研学线路首发仪式,在1920年毛泽东旧居(安义路63号)前举行。静安区委书记于勇,上海市委党校常务副校长徐建刚,上海市委党史研究室主任严爱云,静安区委常委、宣传部长姜鸣等出席首发仪式。

同日 随着最后一块钢梁吊装就位和对接,苏州河静安段贯通提升工程的唯一断点——长寿路桥以北至远景路段,实现结构贯通。静安段苏州河两岸贯通工程全线6.3千米,工程北岸西起远景路,东至河南北路,长4.7千米;南岸西起安远路,东至成都北路,长1.6千米。

12月29—30日 中共静安区委召开2020年学习讨论会暨学习贯彻中共十九届五中全会精神和习近平总书记在浦东开发开放30周年庆祝大会上重要讲话精神专题研讨班。区委书记于勇主持会议并强调,新时代赋予新使命,新发展呼唤新作为,新征程强调新担当,全区上下要牢牢把握"战略任务化、任务目标化、目标项目化、项目责任化",以强烈的责任感和使命感,只争朝夕、克难奋进、真抓实干,努力建设卓越的现代化国际城区,确保"十四五"开好局,以优异成绩向中国共产党成立100周年献礼。

12月30日 区政协首场"静·界"读书会在上海爱乐乐团举行。市政协主席董云虎、区委书记于勇出席活动并讲话。

专记

编辑 李佳丽

2020年静安区抗击新型冠状病毒肺炎疫情工作

静安区新型冠状病毒感染的肺炎疫情防控工作领导小组办公室

1月24日下午,根据国家关于新型冠状病毒感染的肺炎(简称"新冠肺炎")"乙类传染病采取甲类管理"的要求,上海市宣布启动重大突发公共卫生事件一级响应机制。静安区迅速建立疫情防控机制。疫情发生一周内,区卫生健康委制订疑似病例排查、密接管理、集中隔离点收治转运、中医药支持治疗、妊娠合并新冠肺炎感染管理、采样结果反馈、商务楼宇发热病人处置等12个防控流程图,有序指导医院及社区开展防控。编写各种防控突发情况的处理问答,便于社区、医院、隔离点操作。快速组建15支心理重建工作小组,全面开展疫情受影响人群的心理重建工作,组织8支心理重建工作小组分别与各隔离点对接,为隔离人员开展情绪安抚和心理疏导300余人次。开通心理援助热线,在工作日的工作时间段提供线上心理咨询服务。建立区妇幼所与隔离点对接机制,为孕妇婴幼儿隔离对象提供产前、妇保、儿保关怀服务。

静安区防控办分为8个小组,每个组由区委书记、区长或分管区长牵头强力推进各方防控。从集中留验点组建的第一天起,区机关党工委负责不间断抽调机关公务员派驻机场、留验点。发现确诊病例,公安静安分局通过调阅监控,迅速确定确诊病例行动轨迹。密接隔离点曾一度外籍人士爆满,区外办派人驻点处置外事工作。快捷通道建立后,由区外办牵头,区商务委、投资办、区卫生健康委参与,共接待7批26人走快捷通道。开始集会活动审批后,区防控办联合区商务委、文化旅游局、体育局建立分级审批机制。

春节期间在"健康静安"微信公众号上上线"新冠肺炎自我筛查",提高各医疗机构进院就医的流调效率,随后上线"视频在线诊疗服务",依托AI技术,在不增加医务人员负担前提下满足海量健康宣教需求,减少患者不必要的医院往返、逗留与交叉感染可能,为居民提供优质、全面、权威的疫情相关的知识问答。国家卫生健康委发布《关于在疫情防控中做好互联网诊疗咨询服务工作的通知》文件后1周内,静安区快速开通上线"互联网+医院"模块,以满足疫情防控期间静安区签约居民的互联网诊疗需求,为其提供线上视频问诊服务,减少其不必要的出行和与人接触。该功能在区各社区卫生服务中心应用。7月,率先实现医疗付费"一件事",26家区属医疗机构全部实现诊间支付、移动支付、医保脱卡支付。11月11日,建成"静安区医疗电子票据统一服务平台",这是上海市第一个区域医疗电子票据服务平台。彭浦新村街道和南京西路街道社区卫生服务中心率先接入,居民诊疗结束之后,可通过"健康静安"微信公众号查询到当天就诊票据。

静安区隔离管理对象复杂。其中外籍人员约占50%,由系统内医务人员组成的翻译志愿者队伍曾经12小时一班奋战在抗疫一线。隔离点接待的最小的隔离对象仅40天,年龄最大的89岁。管理年龄最小的孕妇17岁,在隔离期间转运至对口医院顺产一女婴。隔离对象进行阑尾切除术一例,多起喉镜下鱼骨卡喉治疗,肠梗阻、胆囊炎保守治疗数例。静安区大型集会多,常态化防控形势下,区卫生健康委指导区疾控中心和社区卫生服务中心全面参与上海书展、珠宝展、家具展、马拉松、英雄联盟、电竞大师赛、全国象棋比赛等大型活动的防控督导;联合区商务委、文化旅游局、体育局对涉及商业营销、公司年会、楼市开盘等各类集会活动进行防控指导。

从4月起,针对复工复产复商复市工作要求,区卫生健康委、教育局、人力资源社会保障局、文化旅游局、体育局、商务委、建设管理委、民宗办、外事办等部门开展对全区近200所学校、300多家培训机构、近1000家企业、工地、"五五购物节"、安义夜巷等大型商务活动、大型体育赛事、上海书展、茶博会、家具展、珠宝展、化妆品展及多家外国领事馆、11个宗教场所开展防疫工作现场督查和指导。针对中考、高考、公务员考试,各类资格考试、职称考试等重要考试,一一落实防控措施。至年底,出动164名医务人员,做好16场次考试保障。

组织落实市、区人代会、双城论坛、进口博览会、区委全会等近7000人核酸检测工作。6月13日起,按照市防控办"天天有采样,周周有重点,月月全覆盖"要求,指导区疾控中心持续对辖区所有农贸市场、大型超市、电商仓库共62家单位开展重点食品和加工环境的全覆盖新冠肺炎病毒监测工作。11月起,区卫生健康委承担集会活动审批工作,为优化审批流程,提高审批效率,协调区商务委、文化旅游局、体育局等制订大型集会活动分级审批工作方案,确保大型集会活动正常开展。至年底,完成96个集会活动审批。

至年底,静安区区域内累计发现新型冠状病毒肺炎确诊病例86例,累计排除329例。密切接触者在管30人,密接管理已解除1871人,累计管理1901人;一般接触者累计管理2979人;密切接触者的密切接触者在管1人,累计管理14人。

至年底,全区已居家隔离累计人数10011人,其中境外人员5857。在管人数65人,结束隔离人数9946人,其中境外人员5809人。7家集中隔离点新增境外人员52人。累计转入人数23547人,其中境外人员23397人。在管情况平稳人数1022人。累计申请"7+7"1793人,实际落实转居家隔离1317人,转入其他区居家隔离8人。

至年底,核酸检测累计检测各类人员47345人,其中医疗机构工作人员8897人、企事业单位3782人、个人9646人,集中隔离人员19622人、居家隔离人员3713人,密切接触者1685人,其中集中隔离人员4人为阳性,密切接触者3人为阳性。

(陈平华)

静安区"四史"学习教育

区委组织部

2020年,静安区在"四史"(党史、新中国史、改革开放史、社会主义发展史)学习教育中紧紧围绕学习贯彻习近平新时代中国特色社会主义思想主线,按照"铸魂、活学、做实"总要求,坚持传承红色基因,注重方式方法创新,着力丰富内容载体,引导全区党员切实把"四史"这门必修课,修成坚决落实市委和区委部署要求的实际行动,修成不负门楣走在前列的火热实践,修成深入践行党的宗旨让人民满意的优异答卷。

立足抓好理论武装,部署推进扎实有序。区委常委会示范带头,坚持"一史一史学",通过中心组集中学习交流,掀起全区开展学习教育的热潮。各级党组织把学习贯彻习近平新时代中国特色社会主义思想作为"四史"学习的首课、主课、必修课。同时把"四史"作为基层党组织"三会一课"和主题党日等重要内容,融入基层党组织书记集中培训和党员日常教育培训,推动广大党员干部以党的创新理论为指引,为筑牢坚定理想信念、对党绝对忠诚,为激励以昂扬向上的精神状态迈入新发展阶段、迎接建党100周年,作了扎实的思想准备。一年来,全区各级党组织累计开展"党课开讲啦"活动6626次,党组织书记带头讲党课5265次。

围绕传承红色基因,内容形式充实多样。充分挖掘静安红色资源优势,为基层党组织和广大党员提供丰富学习教材和学习形式。开发7堂情景党课,设计3条红色主题教学路线,开展"红色印记"街镇巡展,组织"鉴往知来,静听苏河"红色经典配音大赛,贯穿历史与当下,串联静安红色遗址、讲好静安红色故事、传播静安红色文化。把生动活泼的学习实践作为党组织与党员心与心的交流平台,注重从基层实践中选材,找到党员受众的"共鸣点",说到参与学员的心坎上。强化典型引领,让融入时代元素的各类学习宣讲始终弘扬"主旋律"、传递"正能量",推动学习教育真正入心入脑、发挥作用。

贯彻人民至上理念,践行宗旨用心用情。坚持把"人民城市"重要理念,融入学习教育与工作实践的全过程和各方面,更好满足人民美好生活新需要新期待。持续推进主题教育问题整改,聚焦"老小旧远"民生难题,打造放心、优质的"民心工程",早餐工程暖胃暖心,夜间经济持续做强,消费不断提质扩容。无论是街道社区,还是楼宇园区,党旗始终在基层一线高高飘扬,党建在疫情防控、旧区改造、加装电梯、城市微更新等工作中的引领作用愈加彰显,生动典型不断涌现。党员干部矢志守初心担使命,以平凡书写不平凡,把"五个人人"的愿景落在群众心里,让人民群众的获得感成色更足、幸福感更可持续。

聚焦服务中心大局,学做结合成效显著。全区各级党组织紧密结合年度中心工作和重大任务,把推动事业发展作为重要标尺,着力把学习教育成效转化为攻坚克难、干事创业的强大动力。突出实字导向,结合静安实际,聚焦重点领域、针对群众关切,形成了科学编制"十四五"规划、擦亮楼宇党建品牌、物业党建联建和推进"党的诞生地发掘宣传工程"等一批"四史"学习教育期间重点落实的工作项目,坚持做好"六稳"工作、落实"六保"任务,主动对接服务"三大新的重大任务"和"五个中心"建设，以当好"新标杆、新亮点"的姿态和展现"新作为、新局面"的担当，努力提升城区能级和核心竞争力，为上海改革发展大局贡献静安智慧、静安样本。

着眼常抓常新，教育成果巩固深化。围绕探索建立长效机制，持续把党的政治建设、思想建设不断引向深入。推进《关于巩固深化"不忘初心、牢记使命"主题教育成果的意见》落地落实，深化"党课开讲啦——We讲堂"品牌，建立党委、党组月月讲轮值制度，充实党内常态化学习教育体系，切实增强理想信念和党性教育的针对性、有效性。认真落实党支部联系点和"双结对"工作要求，局级班子成员建立支部联系点94个，处级单位党委(党组)班子成员建立党支部联系点837个，以面对面座谈、参加组织生活、讲专题党课等形式深入调研指导，将党员领导干部联系服务基层机制、调查研究常态化机制、问题整改落实长效机制等落到实处，把"身入基层、心贴群众"作为制度安排，使"转作风、做实事"成为工作常态。

静安区第七次全国人口普查主要数据公报[1]

静安区统计局
静安区第七次全国人口普查领导小组办公室
2021年6月1日

根据国务院的决定，我国以2020年11月1日零时为标准时点进行了第七次全国人口普查。在市政府、区委区政府的统一领导和全区市民的配合下，通过全区5000多名普查工作人员的艰苦努力，圆满完成普查现场登记和复查任务。现将普查主要数据公布如下：

一、全区常住人口

全区常住人口[2]为975707人，同第六次全国人口普查的1077284人相比，10年共减少101577人，降低9.4%。平均每年减少10158人，年平均增长率为-1%。

全区常住人口中，外省市来沪常住人口为256445人，占比26.3%，同第六次全国人口普查的257214相比，10年共减少769人，降低0.3%。

二、户别人口

全区常住人口中，共有家庭户[3]376054户，集体户29821户，家庭户人口为879524人，集体户人口为96183人。平均每个家庭户的人口为2.34人，比2010年第六次全国人口普查的2.55人减少0.21人。

三、性别构成

全区常住人口中，男性人口为475832人，占48.8%；女性人口为499875人，占51.2%。常住人口性别比(以女性为100，男性对女性的比例)由2010年第六次全国人口普查的99.77降至95.19。

四、年龄构成

全区常住人口中，0—14岁人口为90850人，占9.3%；15—59岁人口为576866人，占

59.1%；60岁及以上人口为307991人，占31.6%，其中65岁及以上人口为214376人，占22.0%。

与2010年第六次全国人口普查相比，0—14岁人口的比重提高2.3个百分点，15—59岁人口的比重下降14.1个百分点，60岁及以上人口的比重提高11.8个百分点，65岁及以上人口的比重提高8.4个百分点。

五、各种受教育程度人口

全区常住人口中，拥有大学（指大专及以上）文化程度的人口为395559人，拥有高中（含中专）文化程度的人口为234150人，拥有初中文化程度的人口为223193人，拥有小学文化程度的人口为76815人（以上各种受教育程度的人包括各类学校的毕业生、肄业生和在校生）。

与2010年第六次全国人口普查相比，每10万人中拥有大学文化程度的由28289人上升至40541人，拥有高中文化程度的由28208人下降至23998人，拥有初中文化程度的由29880人下降至22875人，拥有小学文化程度的由8791人下降至7873人。

与2010年第六次全国人口普查相比，全区常住人口中，15岁及以上人口的平均受教育年限[4]由11.7年升至12.7年。

全区常住人口中，文盲人口（15岁及以上不识字的人）为7883人，与2010年第六次全国人口普查相比，文盲人口减少7919人，文盲率[5]由1.47%降至0.81%，下降0.66个百分点。

注释：

[1]本公报数据均为初步汇总数据。

[2]常住人口包括：居住在本乡镇街道且户口在本乡镇街道或户口待定的人；居住在本乡镇街道且离开户口登记地所在的乡镇街道半年以上的人；户口在本乡镇街道且外出不满半年或在境外工作学习的人。

[3]家庭户是指以家庭成员关系为主、居住一处共同生活的人组成的户。

[4]平均受教育年限是将各种受教育程度折算成受教育年限计算平均数得出的，具体的折算标准是：小学＝6年，初中＝9年，高中＝12年，大专及以上＝16年。

[5]文盲率是指常住人口中15岁及以上不识字人口所占比重。

概　貌

编辑　叶供发

（一）地理位置

静安区位于上海市中心，东与黄浦区、虹口区、宝山区为邻；西与长宁区、普陀区、宝山区交界；南与徐汇区衔接；北与宝山区接壤。全区总面积36.77平方千米，常住人口97.57万人，下辖13个街道、1个镇，有268个居（村）委会。

（二）行政区划

静安区因境内古刹静安寺而得名。区境吴淞江（故道）以北，南宋嘉定十年（1217年）前隶属昆山县，后隶属嘉定县、宝山县。吴淞江（故道）以南，元至元二十八年（1291年）隶属华亭县，之后及明、清二代隶属上海县。清同治二年（1863年），境域中南部被辟为美租界，后并为公共租界。清光绪二十五年（1899年），境域南部大部分划入公共租界西区。为抵制租界扩张，清光绪二十六年，闸北绅商建立闸北工程总局，自辟商埠。1914年，法租界扩张，将境内长浜路（今延安中路）、徐家汇路（今华山路）以南地区全部划为法租界。境域南部为法租界、公共租界和华界，北部主要为华界。1927年7月，上海特别市政府接收17个市乡，次年7月将旧市乡一律改称为区，闸北市改称闸北区。20世纪30年代，日军发动两次淞沪战争，闸北区几成废墟，成为上海市出名的棚户区。1937年上海沦陷后，日伪在闸北区境先后设"闸北政务署""沪北区公署"。1945年抗日战争胜利后，境地分属第十区、十一区、十二区、十四区、十五区及二十二区、二十四区部分区域。

1947年，第十区称静安区、第十一区称新成区、第十二区称江宁区、第十四区称闸北区、第十五区称北站区。1949年5月30日，市军管会接管静安区时，一度将区名改为静安寺区，1950年6月28日，复改称静安区。上海解放初期，境域分属静安区、新成区、江宁区、闸北区、北站区。1956年，上海市区划调整，静安区建制撤销，以富民路、常德路为界，东境划归新成区，西境并入长宁区，闸北、北站两区合并为闸北区。1960年1月，区划再次调整，撤销新成区、江宁区，将新成区成都北路以西部分、江宁区全部、长宁区镇宁路以东部分合并重建静安区。2015年11月4日，中共上海市委、市政府宣布《国务院关于同意上海市调整部分行政区划的批复》，撤销闸北区、静安区，合并设立新的静安区。区人民政府驻常德路370号。

（三）人口结构

2020年，静安区户籍总户数约33.41万户，户籍总人口约90.53万人。其中男性44.18万人，占48.80%；女性46.35万人，占51.20%。

（四）区域经济

2020年，静安区克服新型冠状病毒肺炎疫情的挑战，国有企业减免中小微企业房租2.16亿元，推动银行向区内341家企业提供60.8亿元复工复产信贷资金。全年完成税收总收入716.05亿元；区级一般公共预算收入250.14亿元，比上年增长1.01%；完成全社会固定资产投资额（含市直管项目）308.06亿元；外商直接投资合同金额15.95亿美元。

全年社会消费品零售总额比上年增长6.8%；实现商品销售总额9417.01亿元。五大重点产业实现税收总收入506.85亿元，占全区税收收入的70.74%。全年引进税收亿元级项目4个，其中税收规模千万级以上项目33个。新引进跨国公司地区总部6家，累计引进总部达88家，其中大中华区及以上能级总部26家。税收超亿元的楼宇70幢，其中"月亿楼"9幢。

三大集聚带功能显现。南京西路两侧高端商务商业集聚带全年实现税收总收入279.42亿元；苏州河两岸人文休闲创业集聚带全年实现税收总收入65.69亿元；中环两翼产城融合发展集聚带全年实现税收总收入87.79亿元。

五大重点产业全年实现税收总收入506.85亿元，其中商贸服务业实现税收215.84亿元，比上年增长1.03%；金融服务业实现税收108.09亿元，比上年增长6.86%。巩固战略性新兴产业优势，引进科技类企业103家，高新技术企业总数达385家，大数据重点企业达250余家，占全市三分之一。

（五）改革创新

围绕增强集聚和辐射功能，深化"全球服务商计划"，市区联手推动市专业服务业联盟实质性运作。加快发展高能级总部经济，深化国家服务业综合改革试点，提升投资贸易便利化水平。落实区域性国资国企综合改革要求，健全以管资本为主的国资监管体系。积极扶持民营经济发展，"政会银企"四方合作机制正式建立并投入运行。

优化招商体制机制，构建条块联动、各方协同的大招商大服务工作格局。完成各街镇企业服务中心设立，夯实街镇属地服务企业责任。拓展"楼小二"服务清单，提升覆盖度和便捷度。贯彻《上海市优化营商环境条例》，深入推进"放管服"改革。"一网通办"进一步从"能办"向"好办"转变，共有538项行政权力事项、662项公共服务事项接入平台。提高审批服务效能，审批办结时限压减88.75%。深化业务流程革命性再造，开展15项"一件事"改革，办件量位列全市第一。加强窗口标准化建设与管理，新增47项事项入驻区行政服务中心，新增34项事项纳入无差别综合窗口受理，各政务服务窗口好评率达99.98%。核发上海首张"跨界便利店"食品经营许可证,部署10家"便利店+早餐"项目,服务商区、社区人群。

(六)城市建设

全年11个房建项目实现开工,17个房建项目实现竣工,开工面积102.3万平方米、竣工面积100.3万平方米,顺利完成年度目标。市政设施建设稳步推进,北横通道天目路高架全线实现结构贯通,昌平路桥建成通车,成为"撤二建一"以来静安首座连通苏州河两岸的新建桥梁。完成7条道路大修、27条道路中修工程。对接市新基建行动方案,全年新建5G基站471个。

"美丽家园"建设继续深化。完成31万平方米屋面及相关设施改造、12.7万平方米多高层住宅综合整治、1.2万平方米老旧住房安全隐患处置。加快既有多层住宅加装电梯,新开工建设59台,其中完工28台。深化物业管理改革,不断提升物业企业服务水平。做好无违建创建和复检工作,累计拆除违法建筑面积8.71万平方米。进一步扩大保障性住房受益面,超额完成租赁住房筹措任务。

"美丽街区"建设巩固提升。完成苏州河两岸贯通工程。保持南京西路精细化保洁品质,对愚园路、延中绿地、铁路上海站地区等重点区域实施深度保洁。推进楔形绿地(二期)等大型绿地建设,彭浦四季公园实现开园,全年建成各类绿地7.03万平方米,立体绿化1.5万平方米。完成7.69千米道路架空线入地及合杆整治。进一步提升垃圾分类实效,推进各类场所分类收集全覆盖。

生态环境保护力度加大。全面完成第七轮环保三年行动计划,污染防治三大攻坚战取得阶段性成果。认真落实河长制,推动河道水质提升,完成消除劣Ⅴ类水体任务。环境空气质量指数优良率高于全市平均水平,PM2.5年均浓度同比下降11.4%。加强建设用地修复治理,土壤污染状况不断改善。积极落实中央生态环境保护督察整改要求,扎实推动问题整改到位。

(七)社会治理

加快推进"一网统管"建设,完善区、街镇两级城运中心平台枢纽功能,完成85个城运网格、综治网格与47个公安责任区"三网合一"工作,部署上线45个区和街镇特色应用。在首届"上海城市治理最佳实践案例"评选中,静安入选最佳案例数、优秀案例数均排名中心城区第一。

进一步加强应急管理和应急保障,不断提高应急救援和防灾减灾能力。完善安全生产责任体系,全面开展安全隐患大排查、大整治,完成4处区级挂牌督办项目整治。加大电动自行车违规充电等火灾突出风险点整改力度,加强建筑施工、食品药械、特种设备等领域安全监管,切实防范安全风险。纵深推进"扫黑除恶"专项斗争,强化社会治安立体防控。深化交通大整治,筑牢城区交通安全基本盘。基层治理体系持续巩固。理顺条块职责关系,优化社区居委会约请制度、部门下沉社区工作事项等实施办法,进一步为基层减负、增能、赋权。强化党建引领,深化居委会、业委会建设,业委会组建率排名全市第一。全面推进"共同家园·基石工程",打造"美丽楼组""幸福小区""和谐街区"。加强社区事务受理服务中心规范化建设,深化上海市"社区云"平台应用。优化社会组织培育孵化网络,打造静安品牌项目。认真组织、有序推进第七次全国人口普查。深入开展信访矛盾化解攻坚,一批历史遗留问题得到有效化解。

(八)民生保障

全面完成成片二级以下旧里改造。宝山路街道"四合一"项目高比例签约生效,提前8个月全面完成"十三五"成片二级以下旧里改造目标。洪南山宅等13幅地块实现收尾,6幅零星旧改地块启动征收。全年完成旧改受益居民2803户。持续攻坚旧住房成套改造。彭三小区(五期)、中华新路817弄建设步伐加快。全市户数规模最大的彭一小区项目签约生效,彭浦新村地区实现成套改造全覆盖。谈家桥路121、155弄等项目有序推进。千方百计稳定就业形势。全年累计发放企业职工培训等补贴约8500万元,失业保险稳岗返还补贴2.46亿元,全年新增就业岗位43192个。聚焦高校毕业生就业,成立静安区"人力资源机构助力大学生就业联盟",区内2388名户籍高校毕业生实现就业。帮助长期失业青年就业825人,帮扶引领创业901人,其中帮扶35岁以下青年创业645人,均超额完成市下达指标。设立退役军人服务站,完善退役军人就业创业和服务保障体系。完善养老服务体系,基本完成平型关路养老院建设,新增3个社区长者食堂和10个老年人助餐服务点,社区综合为老服务中心、长者照护之家在全市率先实现街镇全覆盖。为3.36万名老人提供社区居家养老服务,"乐龄有伴"

独居关爱项目累计服务68.6万人次。推进各街镇救助所标准化建设。

引导社会力量参与改善困难群众生活,加强社区特殊儿童关爱保护。全年实施低保救助和临时救助14.24万人次,救助金额共计1.49亿元。做好残疾人服务保障工作,完成473户残疾人家庭无障碍改造,为老旧小区改造200条无障碍坡道。

(九)社会事业

开展紧密型学区化集团化创建,办学覆盖率达66.3%。推进托幼一体化建设,建成14个社区普惠性托育点。推动小学活力指标评价改革,全面实施"初中再加强"工程,提升高中特色化多样化发展水平。加强区域公共卫生体系建设,优化公共卫生应急处置各类预案流程。彭浦新村街道社区卫生服务中心互联网医院成为全市首家实体社区互联网医院。家庭医生服务60岁以上人群签约率8.52%。区域医疗中心、区中医医院平型关路院区、老年健康中心等项目顺利开工。完善公共文化服务体系,在全市首创运用"区块链+"技术实施公共文化配送,着力打造"建筑可阅读"示范区。静安成为首批国家文化和旅游消费试点城市。优化体育设施布局,新建、翻建34处公共运动场、市民健身步道、共享健身房和益智健身苑点。成功举办上海静安国际女子半程马拉松赛等赛事。全力以赴助力对口地区打赢脱贫攻坚战。成功创建"全国双拥模范城"。有序推进妇女儿童、外事等工作,支持做好青年、民族、宗教、侨务等工作。

一、中共静安区委员会

编辑　李佳丽

(一) 综述

2020年,中共静安区委常委会坚持以习近平新时代中国特色社会主义思想为指导,全面贯彻中共十九大和十九届二中、三中、四中、五中全会精神,深入学习贯彻习近平总书记考察上海和在浦东开发开放30周年庆祝大会上重要讲话精神,按照市委在新的时代坐标上对静安区提出的使命要求,深入实施"一轴三带"发展战略,统筹推进疫情防控和经济社会发展,全力做好稳增长、提能级、促改革、惠民生、防风险各项工作,坚定不移推进全面从严治党,推动区域经济社会保持平稳健康发展,各项事业发展取得新成绩。

坚持把学习贯彻习近平总书记考察上海重要讲话精神作为贯穿全年工作的突出主线。持续兴起学习宣传贯彻热潮,抓住党员领导干部关键少数,把重要讲话精神作为各级党委(党组)理论学习中心组学习核心内容,组织开展深入学习研讨,开展分层次、全覆盖的干部教育培训,进一步强化理论武装、夯实思想基础,增强"四个意识",坚定"四个自信",坚决做到"两个维护"。结合开展"学用新思想,奋斗新时代"、《习近平谈治国理政》第三卷等主题宣讲,切实把广大干部群众思想和行动统一到重要讲话精神上来。对标中央对上海、市委对静安要求,结合静安区实际,抓好重点工作部署和各项任务推进,努力把学习成果转化为推动发展的强大动力。紧扣习近平总书记关于上海城市工作的重要指示精神和市委要求,专门召开区委全会研究部署,制订《关于践行"人民城市人民建,人民城市为人民"重要理念,着力建设人民向往的美好城区的实施意见》。专题传达学习中共十九届五中全会精神和习近平总书记在浦东开发开放30周年庆祝大会上重要讲话精神,对贯彻落实进行动员部署,广泛开展宣讲交流,着力推动习近平总书记重要指示要求和五中全会精神往心里去、往深里走、往实处落。

全力打好疫情防控的人民战争、总体战、阻击战。坚持人民至上、生命至上,按照"坚定信心、同舟共济、科学防治、精准施策"总要求,抓紧、抓实、抓细各项工作,疫情防控取得积极成效。疫情发生后,第一时间成立区疫情防控领导小组及相关工作组,建立区领导联系指导各街镇疫情防控工作机制,在中心城区中率先发布疫情防控工作通告。开展发热门诊规范化建设,设立社区卫生服务中心发热哨点,落实集中隔离观察点相关要求,确保"早发现、早报告、早隔离、早治疗"。强化联防联控、群防群控,加强社会动员,发动群众参与,迅速构建起覆盖全区的防控网。聚焦铁路上海站、社区、楼宇等重点,推动防控力量和资源下沉,压紧、压实防控责任,切实管好人、守好门、负好责。本土疫情传播基本阻断后,严格落实"外防输入、内防反弹"要求,持续紧盯入城口、落脚点、流动中、就业岗、学校门、监测哨等关键点、关节点,因时因势因情调整优化策略措施,着力建立健全常态化疫情防控机制。从区属医疗单位选派6名医护人员驰援湖北抗击疫情,抽调机关干部、医务人员、公安干警和社区工作者等到机场协助做好境外输入防控工作,为防控大局作出贡献。

推进"六稳""六保"工作。面对疫情冲击影响和复杂严峻的外部环境,把握稳中求进工作总基调。从疫情形势出发,分类动态施策,全力服务并有序推动复工复产复市,4月初全区生产生活秩序基本恢复。召开不同类型市场主体座谈会,组织各级干部集中走访企业,及时主动了解需求和困难。推动各项惠企政策落地,制订应对疫情帮扶企业"10条措施细则",加快各类产业扶持政策兑现进度,发挥国企减免中小微企业房租示范效应,推出支持复工复产专项信贷计划,帮助企业渡过难关。咬定全年和"十三五"目标任务不放松,引导全区上下把失去的时间抢回来、把滞后的任务拼回来,最快速度推动经济企稳回升。全面强化就业优先政策,坚持减负、稳岗、扩就业并举,制订疫情期间就业补贴特殊操作办法,推出高校毕业生就业服务"三个百分百"等一批稳就业举措,探索人力资源服务产业促进高校毕业生就业新模式,确保全区就业形势总体稳定。加大疫情下主副食品保供稳价力度,加强对集中隔离和居家观察群众的心理安抚和情感慰藉,做好低收入家庭、独居老人、重病重残人员等特殊群体的帮扶工作,确保兜住民生底线。

严肃认真做好配合市委巡视和整改落实工作。充分认识市委巡视"政治体检"重大意义,从讲政治高度配合市委巡视工作。将抓好巡视整改落实作为深化全面从严治党的重要抓手和推动各项事业发展的重要契机,扎实做好巡视"后半篇文章"。切实承担主体责任,成立由区委主要领导任组长的巡视整改工作领导小组,统筹推进各项整改任务。研究制订巡视整改工作推进落实方案和任务分解表,逐项明确整改责任,严格按照时间节点抓实进度管理,逐条挂账销号。召开区委常委会巡视整改专题民主生活会,对照巡视反馈意见进行深刻剖析,开展批评与自我批评。深入挖掘巡视反馈问题背后的制度性因素,进一步健全完善制度,提升制度执行意识和执行力,确保巡视整改要求不折不扣落到实处。

集全区之力编制"十四五"规划。开展"十四五"发展目标主线、深入实施"一轴三带"发展战略、推进实施全球服务商计划、构建完善与人口结构相适应的公共服务和民生保障体系等4个重点课题调研,形成一批调研成果,为规划编制奠定基础。坚持开门办规划,通过专题访谈、座谈会、大讨论和网上意见建议征集等方式,组织全区上下开展讨论、深化思路,使规划编制过程成为集中民智、汇聚民意、形成共识的过程,进一步提高规划科学性、有效性。在全面总结、深入调研基础上,提出区委关于制订"十四五"规划和二〇三五年远景目标的建议。

年内,区委常委会全力做好六方面主要工作。

一、更加注重质量效益,经济发展获得新突破。改革开放不断向纵深推进。主动服务构建新发展格局,对接三项新的重大任务,坚定不移深化改革、扩大开放,市场活力和市场主体动力得到进一步释放。实施全球服务商计划，指标体系、项目清单、专项政策、评估机制等四大行动举措有序展开，推动专业服务业联盟实体化运作，常态化全球服务商活动机制初步建立。围绕增强集聚和辐射能力，加快发展高能级总部经济，支持本土企业走出去、多元化开拓国际市场。全力做好第三届中国国际进口博览会服务保障工作，进口博览会对投资促进、开放升级等带动效应进一步显现。坚持以开放促改革，以开展国家服务业综合改革试点为平台，对接自贸区制度创新，聚焦区域重点产业，积极探索体制机制突破，海关静安监管点投入使用，离境退税试点范围不断扩大。落实区域性国资国企综合改革要求，进一步健全以管资本为主的国资监管体系，区管企业全部落实总会计师制度。优化国资布局，探索研究资源整合方案，做好低效无效产能清理退出工作。加快推动建立企业市场化经营机制，完善企业法人治理结构、推进混合所有制改革等取得新进展。积极推动民营经济发展，"政会银企"四方合作机制正式建立并投入运行。经济转型升级迈出新步伐。强化"四个论英雄"（即以亩产论英雄、以效益论英雄、以能耗论英雄、以环境论英雄）发展导向，加快推动质量变革、效率变革、动力变革，经济能级、结构和效益实现新提升，高质量发展基础更加巩固。提升现代服务业能级，聚焦商贸服务业、金融服务业、专业服务业等优势产业，加快总部型企业、功能性机构、标志性项目集聚，国际化、高端化、特色化发展特征进一步凸显，服务经济支撑力和竞争力不断增强。深化国际消费城市示范区建设，结合上海"五五购物节"，密集推出"嗨购静安"系列活动，推动一批中国首店、上海首店和全球首发在静安区落地。南京西路商圈高端消费时尚前沿地位进一步巩固，环大宁地区入选全市第二批地标性夜生活集聚区。4月起，社会消费品零售总额在全市率先实现正增长。增强发展新动能，推动大数据、人工智能等产业创新融合发展，华为上海区块链生态创新中心、上海科学院区块链技术研究所等一批功能性平台建设有力推进，静安大数据领域核心企业总量和业务收入总值居全市首位。推动电竞、电影产业提质增效。深化核心功能区建设，重点区域产业和功能定位进一步明晰，张园保护性开发、中信泰富升级改造、市北国际科创社区等重点项目有序推进，城市航站楼改造工作启动。围绕提升经济密度，加快推进低效楼宇"腾笼换鸟"，探索空转工业用地转让新模式，加快区域内存量用地转型，深化市北走马塘片区转型研究。投资促进工作和营商环境建设加力显效。统筹谋划和整体推进抓投资、优环境、促发展各项工作，进一步掀起招商引资、投资创业热潮。把招商引资摆在更加突出的位置，建立健全符合静安区实际的工作体制机制，强化考核激励力度，构建形成条块联动、各方协同的大招商、大服务工作格局，全区共抓投资促进的合力进一步增强。加大战略招商和精准招商力度，吸引一批高能级市场主体落户静安区。全面对标上海市优化营商环境3.0版工作方案，高标准推出19项重点工作举措。"一网通办"线上、线下深度融合向纵深推进，公共服务事项接入进一步拓展，"随申办"手机应用软件（APP）区级、街镇旗舰店上线试运行。围绕"一件事"深化流程再造，"两个免于提交"全面落实，"证照分离""一企一证"等工作继续深化，以"双随机、一公开"监管为基本手段、重点监管为补充、信用监管为基础的新型监管机制不断完善。"楼小二"服务品牌进一步打响。

二、全面加强建设管理，城区品质实现新提升。重大项目和基础设施建设有序推进。着眼长远发展，加快重大载体项目建设，轨道交通13号线上盖、市北高新技术服务业园区21-02

地块、久隆模范中学扩建等项目开工，锦沧文华楼宇改建工程、第十人民医院急诊综合楼、市北高新技术服务业园区01-06地块等项目竣工。深化静安区单元规划编制工作，完成草案公示和修改完善。统筹推进土地储备和出让工作，加强分析研判和项目推介，引进有实力的企业参与合作开发，拓展区域发展新空间。多措并举推进市政设施建设，北横通道（静安段）、昌平路桥等市属项目按计划实施，苏州河（静安段）岸线实现贯通，场中路、光复路等市政道路工程完工。对接市新基建行动方案，加快推进5G网络建设及场景部署和应用。城区精细化管理水平进一步提升。坚持高标准引领，在细微处下力气、见实效，以绣花般功夫努力打造城市精细化管理示范区。深化"美丽街区"建设，推进背街小巷提升、景观灯光建设、"城市家具"设计，做好架空线入地及合杆合箱整治等工作，街区景观品质实现新提升。完善城区管理标准体系，继续保持南京西路"席地而坐"品质，对愚园路、广场公园（静安段）、铁路上海站地区等重点区域实施深度保洁。加快推进城市运行"一网统管"建设，全面落实市2.0版各项任务，从静安区实际出发，在区级平台探索开发生态环境、建筑工地、违法建筑等10个应用场景。推进"多格合一"联勤联动，"全兵种"力量配置覆盖所有85个责任网格。完善"12345"市民服务热线反映问题办理流程，建立健全快速响应、质量管控、跟踪督办、考核评价机制。生态环境保护力度不断加大。完善区生态环境保护工作体制机制，构建形成条块结合、联勤联动的环保治理格局。推动污染防治三大攻坚战取得阶段性成果，全面完成第七轮环保三年行动计划，空气环境质量指数高于全市平均水平，污染物指标达到国家环境空气质量二级标准，提前完成"消除劣于Ⅴ类水体"达标任务。落实中央生态环境保护督察整改要求，扎实推进问题整改到位。持续推进生活垃圾分类体系建设，实现各类场所分类收集全覆盖。苏河湾中央绿地、楔形绿地（二期）等各类绿地建设稳步推进。社会环境更加安全稳定。健全安全生产责任体系，深入开展安全生产专项整治三年行动。全面排查、集中整治全区各行业、各领域安全风险隐患，对圣贤居、国际贵都大饭店、新中中学、新梅共和城等地的重大事故隐患实施挂牌督办，对电动自行车违规充电等具体风险点及时整改，深入落实人防、技防措施。进一步加强应急管理工作，加快构建统筹有力、保障得力的应急管理体系，完善横向到边、纵向到底的应急预案体系，建设"应用为要、管用为王"的应急指挥信息系统，不断提高应急救援和防灾减灾能力。推进市域社会治理现代化试点，加强平安静安建设，深入开展"扫黑除恶"专项斗争，加快社会治安防控体系建设，提升重点人群管理服务水平，确保社会面平安稳定。继续做实"案清事明促案结事了"，深入开展信访矛盾化解攻坚战，区四套班子领导带头接待来访群众，推进突出矛盾化解、缓解。完成全国"两会"、十九届五中全会和第三届中国国际进口博览会等重大节点社会面防控任务。

三、广泛凝聚各方合力，民主政治建设取得新进展。支持人大及其常委会依法行使职权。召开区人大工作会议，研究制订区《关于加强新时代人大工作充分发挥人大推进城区治理现代化作用的实施意见》，切实加强和改进对人大及其常委会工作的领导。健全人大监督机制，支持人大围绕区委中心工作，开展专题调研和执法检查，加强对"十三五"规划执行和"十四五"规划编制情况等重点工作的监督。构建基层立法民意征询网络体系，加强人大基层立法联系点、信息采集点建设。持续深化"家""站""点"平台建设，为人大代表依法履职、发挥作用提供有力保障。支持政协发挥专门协商机构作用。加强党对政协工作的全面领导,深入落实区委《关于新时代加强和改进人民政协工作的贯彻落实意见》。支持政协聚焦中心任务,开展重点课题调研,加强提案跟踪督办,依托"啄木鸟行动"开展好监督式协商。支持政协更好发挥人民政协统战组织功能,完善与各党派团体共同性事务和经常性工作的沟通机制。做实街镇"协商议事厅"平台,推进政协协商与基层协商有效衔接。加强政协委员队伍建设,不断增强委员履职意识、提高履职能力。爱国统一战线不断巩固。健全区委统一战线工作领导协调机制,不断完善大统战工作格局。加强参政党建设,推进政党协商和专项民主监督制度化、规范化、程序化。加强党外代表人士队伍建设和党外知识分子工作。深化"静安新联心"品牌建设,激发新的社会阶层人士活力。加强民营经济统战工作,坚定企业家发展信心,推动民营经济健康发展。强化民族宗教界人士团结引导,在全市率先将民族宗教事务全要素纳入"一网统管"平台,推进民族团结进步与文明和谐寺观教堂创建工作。聚焦青年和专业人士,以多种形式开展港澳台和海外交流交往。深化街镇统战工作,促进基层社会治理实践创新。依法治区工作有力推进。深入学习贯彻习近平法治思想,开展《宪法》《民法典》等系列学习宣传教育活动,促进法治意识和法治思维深入人心。加强和改进区委对法治工作的领导,修订依法治区评估指标体系,全面压实部门责任,将法治建设指标纳入绩效考核内容。深化法治政府建设,积极推行行政执法"三项制度",建立街镇法治建设委员会,夯实基层法治建设基础。优化公共法律服务体系,注重服务质量提升,延伸法律援助覆盖面,保障群众合法权益。举办"云研讨",扩大"一带一路高端经贸法律人才实践基地""沪港两地法律人才交流研讨"等优质品牌项目的影响力,推动法律服务业健康发展。

四、不断增强城区软实力,文化发展呈现新气象。宣传思想工作有效开展。深化落实意识形态工作责任制,制订《意识形态工作责任制考核重点和考核实施细则》,完善防范化解重大风险意识形态安全工作协调机制,织密意识形态领域防护网。加强各类宣传阵地管理,健全舆情监测评估、突发舆情响应等机制,深化静彩新媒体联盟建设,把握舆论引导主动权。推进区融媒体中心建设,提升"上海静安"客户端影响力,形成渠道丰富、覆盖广泛、传播有效、可管可控的传播矩阵。持续深化"党的诞生地"发掘宣传工程,有序推进中共中央秘书处机关旧址和中共中央特科机关旧址场馆筹建工作,加快建设中共中央军委机关旧址纪念馆项目。加强与中央、市级主流媒体合作交流,加大外宣力度,进一步彰显静安魅力。文化品牌建设亮点纷呈。推动商旅文深度融合,现代戏剧谷、"浓情静安·爵士春天"音乐节、上海国际茶文化旅游节、国际雕塑展等品牌活动影响力进一步提升。打造"建筑可阅读"示范区,形成"智能阅读+文化+旅游+商业+互联网"等文旅融合模式,逐步实现全域旅游功能。加强文物保护利用和文化遗产保护传承,促进历史建筑活化利用,探索文化保护与现代城市功能融合发展新路径。完善四级公共文化服务体系,创新公共文化配送模式,有效提高公共文化服务精准度。开展"一街一品"特色文化工作,培育贴近市民、普惠群众的特色文化形态。创新市场监管机制和方式,文化、旅游、体育市场监管全面加强。城区文明程度进一步提升。完成2020年市级专项测评和第六届全国文明城区创建复评工作,以直辖市城区第三名成绩获全国通报表扬。以社会主义核心价值观为引领,加强新时代公民道德建设,举办第二届静安区道德模范颁奖典礼暨抗疫志愿先进表彰大会,引导全区广大干部群众见贤思齐,广泛形成向上向善的力量。深化"美在静安"系列行动和"知书达礼"市民修身行动,深入开展传统文化传承工程,弘扬时代新风。加快推进新时代文明实践中心建设,建成区、街镇、居村及重点园区、重点楼宇三级新时代文明实践体系。弘扬志愿服务精神,进一步夯实三级志愿服务工作架构,成立区志愿服务促进中心,组建区志愿服务总队,完善社区志愿服务中心功能建设,不断提升志愿服务工作能级。静安区关工委被授予"全国关心下一代工作先进集体"称号。

五、着力破解民生难题,人民生活水平再上新台阶。居民居住条件持续改善。启动宝山路街道"四合一"项目征收,完成张园115街坊、永兴路649弄、中央特科旧址等旧区改造地块收尾,全区成片二级以下旧里改造任务全面提前完成。逐步推进零星旧里改造,中华新路1007弄、余姚路331弄等地块启动征收。旧住房成套改造进展有序,全市规模体量最大、改造难度最高的旧住房成套改造项目彭一小区签约生效,彭三小区(五期)建设平稳推进,彭浦新村地区成套改造实现全覆盖。"美丽家园"建设持续深化,屋面及相关设施改造和综合整治、直管公房全项目修缮、雨污分流改造等建设项目有序进行,住宅小区综合治理考评蝉联榜首。无卫生设施改造基本完成,基本消灭手拎马桶。积极推动既有多层住宅加装电梯工作,探索形成成片批量加装电梯模式和整体加装电梯经验。保障性住房受益面进一步扩大,持续做好廉租房、共有产权保障房、公租房的供应和管理,做到符合条件应保尽保。社会保障体系更加完善。提升为老服务能级,进一步优化养老机构和社区养老服务设施,实施"乐龄有伴"独居关爱等十大为老服务项目,深化发展认知障碍照护服务,持续做好为老助餐、爬楼机等服务,满足老年人多样化、多层次的养老需求。加强养老服务行业监管,建设静安区养老机构统一管理平台,推动养老机构标准化建设和养老服务专业队伍建设,为老服务品质进一步提高。持续健全社会救助体系,深化最低生活保障工作长效机制,推进各街镇救助所标准化建设,加强社区特殊儿童关爱保护,引导社会力量参与社会救助工作,有效保障困难群众基本生活。扎实做好残疾人工作,实施无障碍改造,推行"扶残助残"一件事,救助保障、就业培训、康复服务等工作水平持续提升。各项社会事业稳步推进。持续深化教育综合改革,开展紧密型学区化集团化创建。推动以思政课为重点的学科德育建设,完善区域一体化德育体系。深入推进托幼一体化建设,推动小学活力指标评价改革,全面实施"初中再加强"工程,提升高中特色化、多样化发展水平。加快构筑立体化公共卫生体系,强化监测预警,进一步提高公共卫生应急防控能力。加快构建全生命周期健康服务体系,高标准推进国家卫生区复评审。不断深化医药卫生体制改革,积极推进现代医院管理制度试点,打造区域性医疗中心,建成全市首家实体社区互联网医院。深入推进长护险试点工作,完成区级信息平台建设,全面加强医保基金管理。持续完善全民健身公共服务体系,提升公共体育场地开放服务能级。加强对口支援和合作交流工作,全力以赴助力对口地区打赢脱贫攻坚战。健全完善国防动员体系,加强国防教育,推动军民融合深度发展,成功创建"全国双拥模范城"。认真组织、有序开展第七次全国人口普查。宣传普及科学防疫知识,推进基层科协组织建设。基层社会治理规范有序。围绕减负、增能、赋权,进一步完善基层管理体制,制订《关于完善街镇管理体制整合街镇管理服务资源的实施方案》,理顺条块职责关系,提升基层社会治理能级。深入推进居委会标准化建设,完善专业委员会组织架构、工作职责和运作机制。深化党建引领下的业委会规范化建设,推动居民区"三驾马车"有效联动,服务效能不断提升。开展"基石工程",实施以"美丽楼组"建设为主题的居民区楼组建设,进一步为基层治理提质增效。持续优化社区政务服务,加强社区事务受理服务中心规范化建设,建立完善"好差评"工作机制。加强社会组织规范管理,优化"区级基地、街镇基地、社会基地"三级社会组织培育孵化网络,激发社会组织内生动力。加强社区工作者队伍建设,继续实施"能力提升"工程,完善社区工作者绩效评价体系,社会工作专业化发展水平进一步提升。发挥工青妇等群团组织作用,更好形成政府治理与社会调节的良性互动。

六、深入推进全面从严治党,党的建设取得新成效。"不忘初心、牢记使命"主题教育成果持续巩固。坚持把不忘初心、牢记使命作为加强党的建设的永恒课题,作为全体党员、干部的终身课题常抓常新,总结提炼主题教育成果经验和有效做法并探索形成长效机制。持续推进"双结对"工作机制,进一步优化完善局级领导干部结对联系制度和党组织结对共建制度,深化党员领导干部联系服务基层机制、调查研究常态化机制、问题整改落实长效机制,增强党组织结对共建的针对性、有效性、创新性。扎实开展"四史"学习教育,成立领导小组并设立办公室,指导和推动全区上下深入开展"党史、新中国史、改革开放史、社会主义发展史"学习教育。抓好重要历史纪念节点,有针对性地组织专题学习,持续兴起学习教育热潮。挖掘区内丰富红色资源,讲好红色故事,传承红色基因、发扬红色传统,打造静安"四史"学习教育品牌。城市基层党建不断深化。继续在重点楼宇推进"白领驿家"党群服务站点一体化建设,建立党务、政务、社务等一体化服务清单,深化"党建+"模式。高标准推进"新时代上海楼宇党建创新实践基地"和上海市党建研究会"两新"专委会运作。持续推进社会组织枢纽党建"1+14+X"模式,强化党建引领,提升专业水平。拓展网格化党建工作内涵,设置"一网一策"和"网格微事项",完善工作机制,激发党员活力。推广"红色物业"经验做法,探索建立党建引领物业管理协调运行机制。深化"共同行动"区域化党建,促进区域单位党组织与社区党组织共同开展党建共建项目。加快建设党群阵地体系,发挥区党建服务中心示范引领作用和"新时代学习所"平台作用,推动"5We"项目创新升级。进一步加强基层队伍建设,推行居民区党组织书记区级备案管理制度,做好居民区"两委"班子区级联审工作,分层次抓好基层党组织书记和班子成员集中轮训。干部人才队伍建设进一步加强。始终坚持新时代好干部标准,按照"事业为上、人岗相适、优化结构、面向基层"的原则,统筹做好区管领导班子和干部调整配备工作。加大年轻干部发现培养选拔力度,加强基层实践历练,为提升年轻干部综合素质创设平台。精心组织干部学习培训,系统开展理论学习和党性教育。坚持以严的标准要求干部,不断健全从严监督管理干部的工作机制。进一步落实职务职级并行制度,发挥制度激励作用。继续做好援外、驻外干部选派保障等相关工作。重视做好老干部工作,做好服务保障。着眼全区发展大局,聚焦重点产业领域需求,不断激发人才创新创业活力。持续优化人才发展综合环境,切实增强人才获得感和归属感。党风廉政建设和反腐败斗争深入推进。制订《关于落实全面从严治党主体责任的通知》,深化细化"四责协同"机制建设,扭住责任制"牛鼻子",抓住党委(党组)关键主体,进一步强化政治担当,推动全面从严治党向基层延伸。做实、做细日常监督,强化四个监督协同协作,逐步形成系统集成、协同高效的监督格局。释放派驻监督治理效能,监督触角深入各驻在部门日常管理和重点工作。驰而不息纠治"四风",严肃查处违反中央八项规定精神问题。强化巡视、巡察联动,完善巡察工作机制,推动政治巡察高质量发展。积极运用监督执纪"四种形态",惩前毖后、治病救人。一体推进不敢腐、不能腐、不想腐,保持高压反腐态势,强化权力规范运行,坚决惩治侵害群众利益的腐败问题、涉黑涉恶腐败和"保护伞"问题,切实发挥全面从严、一严到底的震慑作用。加强教育引导,筑牢干部拒腐防变思想防线。 （陈仕栋）

（二）重要会议和活动

【"不忘初心、牢记使命"主题教育总结大会】 于1月10日在区机关大楼4楼会议室召开。区委书记陆晓栋就守初心、担使命,找差距、抓落实提出5点要求。 （陈仕栋）

【全球服务商计划推进大会】 于1月13日在上海展览中心召开。区委书记陆晓栋就全力推进全球服务商计划提出3点要求。 （陈仕栋）

【党（工）委（组）书记抓基层党建工作述职评议会】 于1月20日在区机关大楼4楼会议室召开。区委书记陆晓栋就加强政治建设、更好服务大局,推动基层党建提质增效提出3点要求。 （陈仕栋）

【建设新时代文明实践中心试点工作推进会】 于1月22日在区青少年活动中心召开。区委书记陆晓栋就聚焦重点任务,积极打造新时代文明实践中心静安样本提出3点要求。 （陈仕栋）

【新冠肺炎疫情防控工作街镇视频会议】 于2月14日在区机关大楼705会议室召开。区委书记陆晓栋就依法科学、有序防控,以更坚定的信心、更顽强的意志、更果断的措施坚决打赢疫情防控阻击战提出3点要求。 （陈仕栋）

【传达学习习近平总书记关于疫情防控的重要批示精神和市疫情防控工作电视电话会议精神专题会议】 于2月17日在区机关大楼705会议室召开。区委书记陆晓栋就有序推动复工复产,恢复经济社会运行秩序,奋力夺取疫情防控和实现经济社会发展目标双胜利提出3点要求。 （陈仕栋）

【区委统筹推进新冠肺炎疫情防控和经济社会发展工作电视电话会议】 于2月26日在区机关大楼705会议室召开。区委书记陆晓栋就奋力夺取疫情防控和经济社会发展双胜利提出2点要求。 （陈仕栋）

【区委统一战线工作领导小组第四次全体会议】 于3月17日在区机关大楼709会议室召开。区委书记陆晓栋就广泛荟萃人才智力、发挥民主协商优势提出3点要求。 （陈仕栋）

【党外人士座谈会】 于3月17日在区机关大楼709会议室召开。区委书记陆晓栋就积极建言献策,统筹推进疫情防控和经济社会发展工作提出要求。 （陈仕栋）

【区委国家安全委员会会议】 于3月26日在区机关大楼709会议室召开。区委书记陆晓栋就维护国家安全和大局稳定提出3点要求。 （陈仕栋）

【全面推进复工复产复市工作会议】 于3月27日在区机关大楼4楼会议室召开。区委书记陆晓栋就坚决贯彻"两手抓、两手硬、两手

赢"要求,全力以赴完成全年目标任务提出3点要求。　　　　　　　　　　　（陈仕栋）

【发展规划工作领导小组第三次会议】 于4月2日在区机关大楼4楼会议室召开。区委书记陆晓栋就"十四五"规划编制工作提出3点要求。　　　　　　　　　　　（陈仕栋）

【2019年度重大工程实事立功竞赛表彰大会暨2020年重大工程建设动员大会】 于4月8日在区机关大楼4楼会议室召开。区委书记陆晓栋就加快推进重大工程建设奋力夺取双胜利提出2点要求。　　　　　　　　　（陈仕栋）

【区委全面依法治区委员会第二次会议】 于4月8日在区机关大楼709会议室召开。区委书记陆晓栋就推进全面依法治区工作,更好发挥法治"固根本、稳预期、利长远"保障作用提出4点要求。　　　　　　　　　　　（陈仕栋）

【政法工作会议】 于4月16日在区机关大楼4楼会议室召开。区委书记陆晓栋就加强政法队伍建设提出4点要求。　　　（陈仕栋）

【区委全面深化改革委员会第二次会议】 于4月28日在区机关大楼4楼会议室召开。区委书记陆晓栋就坚定不移全面深化改革提出3点要求。　　　　　　　　　　　（陈仕栋）

【区委中心组学习(扩大)会暨区"四史"学习教育部署会】 于4月30日在区机关大楼4楼会议室召开。区委书记陆晓栋就深入开展"四史"学习教育提出3点要求。　　（陈仕栋）

【全区领导干部会议】 于5月15日在区机关大楼4楼会议室召开。宣布市委关于静安区主要领导调整决定。市委常委、组织部部长于绍良出席会议,并代表市委讲话。市委组织部副部长郑健麟宣读市委任免决定:于勇同志任中共静安区委书记,免去陆晓栋同志中共静安区委书记、常委、委员职务。于勇、陆晓栋、顾云豪、丁宝定、黄红在会上发言。　（陈仕栋）

【市委第二巡视组巡视静安区工作动员会】 于5月21日在区机关大楼4楼会议室召开。区委书记、区长于勇就主动配合巡视工作,认真诚恳接受监督检查提出具体要求。　（陈仕栋）

【安全生产委员会第二次全体会议】 于5月25日在区机关大楼4楼会议室召开。区委书记、区长于勇就做好安全生产工作提出3点要求。　　　　　　　　　　　（陈仕栋）

【区级机关党的建设工作会议】 于5月27日在区机关大楼4楼会议室召开。区委书记、区长于勇就开创机关党建工作新局面提出4点要求。　　　　　　　　　　　（陈仕栋）

【推进创建复评全国文明城区工作会议】 于5月28日在区机关大楼4楼会议室召开。区委书记、区长于勇就扎实推进创建复评全国文明城区工作提出3点要求。　　　　　　（陈仕栋）

【区委机构编制委员会第一次会议】 于5月28日在区机关大楼709会议室召开。区委书记、区长于勇就以更高政治站位、更强责任担当、更实工作举措推进机构编制工作提出3点要求。　　　　　　　　　　　（陈仕栋）

【区委网信委第二次会议】 于5月28日在区机关大楼709会议室召开。区委书记、区长于勇就以高质量网信工作服务保障全区经济社会

发展大局提出3点要求。　　（陈仕栋）

【区委对台工作领导小组(扩大)会议】　于5月28日在区机关大楼709会议室召开。区委书记、区长于勇就加强对台工作提出3点要求。
　　　　　　　　　　　　　　　（陈仕栋）

【东西部扶贫协作和对口支援工作推进会】于5月29日在区机关大楼4楼会议室召开。区委书记、区长于勇就持续推进东西部扶贫协作和对口支援工作提出3点要求。（陈仕栋）

【街镇书记座谈会】　于6月11日在区机关大楼4楼会议室召开。区委书记、区长于勇就始终把发展作为第一要务,在高质量发展上"实现新作为、开创新局面"提出3点要求。
　　　　　　　　　　　　　　　（陈仕栋）

【河长制工作会议】　于6月11日在区机关大楼4楼会议室召开。区委书记、区长于勇就扎实深入推进河长制,坚决打赢碧水保卫战提出3点要求。　　　　　　　　（陈仕栋）

【周汉民在静安区作"全国两会精神解读"专题辅导报告】　6月18日,全国政协常委、民建中央副主席、上海市政协副主席、民建上海市委主委周汉民出席区委中心组学习(扩大)会,作"全国两会精神解读"专题辅导报告。周汉民表示该次全国"两会"是在特殊时期召开的一次重要会议,国际国内高度关注,代表委员热切期盼,社会各界殷切期望,意义重大、影响深远。周汉民对国际形势、《民法典》、港区国安立法等"两会"热点进行深入解读,并就打好三大攻坚战、统筹做好疫情防控和经济社会发展、落实"六保""六稳"任务等进行阐述。区领导于勇、顾云豪、丁宝定、王华等参加会议。（陈仕栋）

【全面从严治党"四责协同"机制建设推进会】于6月18日在区机关大楼4楼会议室召开。区委书记、区长于勇就纵深推进全面从严治党"四责协同"机制提出3点要求。　　（陈仕栋）

【公共卫生大会】　于6月24日在区机关大楼4楼会议室召开。区委书记、区长于勇就切实筑牢公共卫生安全防护网提出3点要求。
　　　　　　　　　　　　　　　（陈仕栋）

【一届区委十一次全会】　于6月29日在海上文化中心召开。全会由区委常委会主持。审议通过《中共静安区委关于践行"人民城市人民建,人民城市为人民"重要理念,着力建设人人向往的美好城区的实施意见》。区委书记、区长于勇就《实施意见(讨论稿)》作说明并讲话。
　　　　　　　　　　　　　　　（陈仕栋）

【信访工作会议】　于7月7日在区机关大楼4楼会议室召开。区委书记、区长于勇就坚持以人民为中心,带着对群众的深厚感情做好新时代信访工作提出3点要求。　（陈仕栋）

【区委重大项目推进工作例会】　于7月9日在区机关大楼4楼会议室召开。区委书记、区长于勇就克服困难、积极作为,扎实推进各类重大项目建设提出3点要求。　　（陈仕栋）

【区委季度工作会议】　于7月10日在区机关大楼4楼会议室召开。区委书记、区长于勇就奋力夺取疫情防控和经济社会发展双胜利提出3点要求。　　　　　　　　（陈仕栋）

【机关部门绩效考核和公务员考核委员会会议】　于7月22日在区机关大楼612会议室召开。区委书记于勇就树立考核权威性,激励干

部勇于担当作为提出3点要求。 （陈仕栋）

【城市精细化管理推进会】 于7月27日在区机关大楼4楼会议室召开。区委书记于勇就高水平推进城市精细化管理提出3点要求。

（陈仕栋）

【区委经济运行分析工作例会】 于7月30日在区机关大楼4楼会议室召开。区委书记于勇就推动区域经济高质量发展提出4点要求。

（陈仕栋）

【"十四五"产业发展专题研讨会】 于8月7日在区机关大楼709会议室召开。区委书记于勇就积极打造"十四五"产业发展新亮点提出3点要求。 （陈仕栋）

【安全工作紧急会议】 于8月8日在区机关大楼4楼会议室召开。区委书记于勇就切实守牢城区安全底线提出3点要求。 （陈仕栋）

【第六届全国文明城区复评迎检工作动员部署会】 于8月21日在区机关大楼4楼会议室召开。区委书记于勇就高标准落实全国文明城区创建复评任务提出3点要求。 （陈仕栋）

【社区工作会议】 于8月26日在区机关大楼4楼会议室召开。区委书记于勇就完善党建引领下的共建共治共享社区治理格局提出4点要求。 （陈仕栋）

【第三届中国国际进口博览会城市服务保障工作动员会】 于8月26日在区机关大楼4楼会议室召开。区委书记于勇就做好第三届中国国际进口博览会城市服务保障工作提出3点要求。 （陈仕栋）

【武装工作会议】 于8月28日在区机关大楼4楼会议室召开。区委书记于勇就做好党管武装工作提出3点要求。 （陈仕栋）

【区委工作例会平安静安专题会议】 于8月28日在区机关大楼4楼会议室召开。区委书记于勇就扎实推进平安静安建设提出3点要求。

（陈仕栋）

【投资促进大会】 于9月2日在区机关大楼4楼会议室召开。区委书记于勇就积极构建人人有责、人人尽责的全区大招商、大服务格局提出3点要求。 （陈仕栋）

【党规党纪教育大会】 于9月3日在海上文化中心召开。区委书记于勇就始终严守纪律底线,强化纪律规矩意识提出3点要求。 （陈仕栋）

【市委第二巡视组向静安区反馈巡视情况会议】 于9月10日在区机关大楼4楼会议室召开。区委书记于勇就以更强的韧劲、更严的举措强化整改落实,以巡视整改新成效推动静安各项事业新发展提出具体要求。 （陈仕栋）

【巡视整改工作动员部署会】 于9月21日在区机关大楼4楼会议室召开。区委书记于勇就落实全面从严治党要求,全力以赴抓好巡视整改工作提出3点要求。 （陈仕栋）

【静安区—文山州对口支援工作联席会议】 于9月24日在区机关大楼701会议室召开。区委书记于勇就扎实推进对口支援工作,携手打赢脱贫攻坚战提出3点要求。 （陈仕栋）

【人大工作会议】 于9月24日在区机关大楼4楼会议室召开。区委书记于勇就不断丰富人

民代表大会制度在静安区的生动实践提出3点要求。　　　　　　　　　　（陈仕栋）

【全球财富管理论坛上海苏河湾峰会】　于9月26日在上海市总商会旧址召开。全球财富管理论坛理事长、全国政协外事委员会主任楼继伟,市委常委、副市长吴清,区委书记于勇出席峰会并致辞。吴清表示站在"基本建成与我国经济实力和人民币国际地位相适应的国际金融中心"这一国家战略目标的重要节点上,上海将继续优化营商环境、强化全球资源配置、科技创新策源、高端产业引领、开放枢纽门户四大功能,支持各类金融机构发展,支持全球经济复苏,支持全球金融合作,努力打造全球财富管理中心和资产管理中心,开启新一轮国际金融中心建设。　　　　　　　　　　（陈仕栋）

【区委常委会巡视整改专题民主生活会】　于10月16日在区机关大楼709会议室召开。区委书记于勇就全力做好巡视整改"后半篇文章"提出3点要求。　　　（陈仕栋）

【区委季度工作会议】　于10月21日在区机关大楼4楼会议室召开。区委书记于勇就做好四季度冲刺收官和"十四五"谋篇开局工作提出3点要求。　　　　　　　　　　（陈仕栋）

【"十四五"规划编制征求老干部意见座谈会】　于10月27日在区委老干部局召开。区委书记于勇就科学谋划和编制"十四五"规划提出具体要求。　　　　　　　　　（陈仕栋）

【区委常委会专题民主生活会情况通报会】　于10月28日在区机关大楼4楼会议室召开。区委书记于勇就扎实做好巡视"后半篇文章",推动全面从严治党向纵深发展提出3点要求。　　　　　　　　　（陈仕栋）

【专项民主监督专题协商座谈会】　于10月29日在区机关大楼709会议室召开。区委书记于勇就切实履行民主监督职能,着力提升民主监督实效提出3点要求。　　　（陈仕栋）

【党员负责干部会议】　于11月2日在区机关大楼4楼会议室召开。区委书记于勇就传达学习中共十九届五中全会精神和全市党员负责干部会议精神提出6点要求。　　　（陈仕栋）

【区委党建和创新社会治理加强基层建设工作例会暨区委党的建设工作领导小组会议】　于11月4日在区机关大楼4楼会议室召开。区委书记于勇就持续深化党建引领基层社会治理创新,加快形成共建、共治、共享社区治理格局提出具体要求。　　　　　（陈仕栋）

【区新冠肺炎疫情防控工作领导小组会议】　于11月5日在区机关大楼705会议室召开。区委书记于勇就抓紧抓实秋冬季疫情防控工作,守住城区安全稳定底线提出具体要求。　（陈仕栋）

【党外人士座谈会】　于11月23日在区机关大楼709会议室召开。区委书记于勇就建言献策、凝心聚力,高质量编制"十四五"规划提出具体要求。　　　　　　　　（陈仕栋）

【民营企业家座谈会】　于12月2日在区机关大楼4楼会议室召开。区委书记于勇就全力支持民营经济、民营企业发展提出4点要求。（陈仕栋）

【一届区委十三次全会】　于12月3日在海上文化中心召开。全会由区常委会主持。审议通过《中共静安区委关于制定静安区国民经济和社会发展第十四个五年规划和二〇三五年远景目标的建议》。区委书记于勇代表区委常委会作工作报告并讲话。　　　　　（陈仕栋）

【区委重大项目推进工作例会】　于12月10日在区机关大楼4楼会议室召开。区委书记于勇就全力推进重大项目建设，确保"十三五"圆满收官、"十四五"完美开局提出3点要求。

（陈仕栋）

【张园工作推进会】　于12月15日在张园召开。区委书记于勇就积极有序推进张园保护性开发提出3点要求。　　　　　（陈仕栋）

【区委经济运行分析工作例会暨区委财经工作委员会（扩大）会议】　于12月17日在区机关大楼4楼会议室召开。区委书记于勇就全力推动区域经济实现更高质量发展提出3点要求。

（陈仕栋）

【中青年干部座谈会】　于12月18日在区机关大楼709会议室召开。区委书记于勇就以朝气蓬勃的精神、昂扬向上的状态和求真务实的作风服务卓越的现代化国际城区建设提出5点要求。　　　　　（陈仕栋）

【区新冠肺炎疫情防控工作领导小组会议】　于12月25日在区机关大楼4楼会议室召开。区委书记于勇就警惕冬季疫情输入扩散风险提出3点要求。　　　　　（陈仕栋）

【市域社会治理现代化试点工作推进会】　于12月29日在区机关大楼4楼会议室召开。区委书记于勇就完善社会治理体系、提高社会治理能力提出3点要求。　　　　　（陈仕栋）

【生态环境保护和建设工作会议暨中央生态环境保护督察整改工作部署会】　于12月29日在区机关大楼4楼会议室召开。区委书记于勇就推动区域生态保护和建设工作再加力、再深化、再提升提出3点要求。　　　　　（陈仕栋）

【街镇党（工）委（组）书记抓基层党建述职评议会】　于12月31日在区机关大楼4楼会议室召开。区委书记于勇就持续提升基层党组织创造力、凝聚力、战斗力提出3点要求。

（陈仕栋）

2020年1—5月区委书记陆晓栋调研视察情况表

时间	调研视察内容
1.2	到区行政服务中心调研，察看24小时自助服务区、"静安政务大脑"建设情况，就做好优化营商环境工作提出具体要求
1.27	到大宁路街道调研，察看慧芝湖花园小区出入口管理措施落实情况，就做好疫情防控工作提出具体要求
1.29	到彭浦镇调研，察看和源祥邸小区联防联控工作情况，就做好疫情防控工作提出3点要求

(续表)

时间	调研视察内容
1.30	到彭浦新村街道调研,实地走访察看曲沃路430弄小区联防联控工作情况,就做好疫情防控工作提出3点要求
1.31	到雷允上药城调研,察看新型冠肺炎疫情防护物资保障情况,并提出具体要求
2.1	到区疾控中心调研,就做好疫情防控和检测工作提出具体要求
2.3	到铁路上海站地区调研,察看南北广场各出口处入沪旅客体温监测和健康登记情况,并提出3点要求
2.4	到南京西路街道调研,察看华业居民区口罩预约登记情况,就做好疫情防控工作提出3点要求
2.4	到市北高新技术服务业园区调研,察看重点区域防控措施落实情况,就做好疫情防控工作和企业复工复产提出3点要求
2.5	到铁路上海站地区调研,就做好疫情防控工作提出3点要求
2.6	到北站街道调研,察看北市场小区入口管控情况,就做好疫情防控工作提出3点要求
2.8	到彭浦新村街道调研,就做好疫情防控工作提出3点要求
2.8	到区闸北中心医院调研,就做好疫情防控工作提出具体要求
2.12	到芷江西路街道三兴居民区调研,就做好疫情防控工作提出具体要求
2.13	到静安寺街道华怡园小区、共和新路街道平型关路500弄小区调研,分别就做好疫情防控工作提出4点要求
2.14	到宝山路街道调研,察看零星二级旧里、开放式小区疫情防控工作,并提出具体要求。到曹家渡街道延康小区、胶武小区调研,就做好疫情防控工作提出具体要求
2.19	到临汾路街道调研,就做好疫情防控工作提出3点要求。到江宁路街道调研,察看贤de天下小区门岗值守和陕西北路沿线流动门岗等有关情况,就做好疫情防控工作提出3点要求

(续表)

时间	调研视察内容
2.20	到石门二路街道调研,察看恒丰居民区门岗值守、人员轮休、夜间保障等情况,就做好疫情防控工作提出3点要求。到天目西路街道调研,察看蕃瓜弄居民区看家护院和社区防控措施落实情况,就做好疫情防控工作提出3点要求
2.25	到区城管执法局调研,就做好疫情防控工作提出3点要求
2.25	到区公安分局调研,就疫情防控工作和智慧公安建设提出具体要求
2.26	到区市场监管局调研,察看天鹰智能远程监管系统,就做好疫情防控工作提出3点要求
2.28	到区人大常委会调研,就2020年人大工作提出3点要求
2.29	到铁路上海站地区调研,察看疫情防控工作,并提出具体要求
3.3	到区卫生健康委调研,就做好疫情防控工作提出3点要求
3.5	到区妇联调研,就疫情防控工作和妇女儿童工作提出4点要求
3.5	到区政协调研,就2020年政协工作提出3点要求
3.7	到北站街道调研,就做好商业市场疫情防控工作提出3点要求
3.10	到区纪委监委调研,就做好纪检监察工作提出具体要求
3.10	到区发展改革委调研,就"十四五"规划编制工作提出具体要求
3.11	到彭浦新村街道调研,就做好疫情防控工作、民生保障、城区精细化管理等提出具体要求
3.12	到开开集团、九百集团调研,察看疫情防控主体责任落实和复工复产情况,并提出具体要求
3.17	到区委统战部调研,就2020年统战工作提出4点要求
3.25	到区委政法委调研,就政法工作提出4点要求
3.25	到彭浦镇调研,就做好疫情防控工作和街镇工作提出具体要求

(续表)

时间	调研视察内容
4.9	到区委组织部调研,就组织工作提出5点要求
4.15	到区委宣传部调研,就宣传思想文化工作提出4点要求
4.21	到区人武部调研,就人民武装工作提出5点要求
4.22	到"白领驿家"两新组织促进中心调研,察看"白领驿家"运行情况,就"白领驿家"工作提出具体要求
4.22	到区社会组织联合会调研,就枢纽型社会组织发展提出具体要求
4.23	到区税务局调研,就财税工作提出3点要求
4.24	到市西高级中学、市西初级中学调研高三、初三学生返校开学准备工作,察看入校分流区、临时留观区、食堂、教室等防疫重点区域布点和设施设备配置情况,并提出具体要求
4.28	到区总工会调研,就工会工作提出4点要求
4.29	到团区委调研,就群团工作提出6点要求
5.1	到久光百货、芮欧百货、静安嘉里商务中心等调研促进消费工作,察看"五五购物节"筹备预热情况,并就促进消费工作和安全保障工作提出具体要求
5.9	专题调研区工人文化宫建设与中华全国总工会办事处旧址保护工作,实地察看宝丰苑268-4旧区改造地块,并提出具体要求
5.11	到区委党校调研,就围绕中心、服务大局,讲好党课,提升干部队伍素质提出具体要求
5.11	到彭浦新村街道调研民生项目,察看社区第二卫生中心建设、旧住房成套改造工作推进情况,就社区第二卫生中心建设和旧住房成套改造工作提出具体要求

(陈仕栋)

2020年5—12月区委书记于勇调研视察情况表

时间	调研视察内容
7.15	到静安寺街道百乐居民区调研,指导推进"四史"学习教育,察看"民情日志"数据应用中心、"社区云"及自治共治项目开展情况,并提出具体要求

(续表)

时间	调研视察内容
7.29	到北站街道开展接访下访活动,就信访工作提出具体要求
8.18-8.20	到云南省文山壮族苗族自治州调研东西部扶贫协作和对口支援工作,考察扶贫项目实施情况,走访慰问部分建档立卡贫困户,并提出3点要求
8.27	到区纪委监委调研,就巡视整改、作风建设和监督工作提出3点要求
8.31	到区委组织部调研,就组织工作提出5点要求
9.1	到区发展改革委调研,就发展改革工作提出4点要求
9.3	到区委宣传部调研,察看区融媒体中心,宣布"上海静安"融媒号开通,就宣传思想文化工作提出具体要求
9.4	到区委统战部调研,就统战工作提出3点要求
9.14	到区委政法委调研,就政法工作提出5点要求
9.15	到区行政服务中心调研,就"一网通办"工作提出3点要求
9.16	到区人大常委会党组调研,就人大工作提出3点要求
9.17	到区政协党组调研,就政协工作提出3点要求
9.18	到区城运中心调研,就"一网统管"工作提出3点要求
9.27	到临汾路街道调研,察看闻喜路251弄小区加装电梯工作情况和街道"民情日志"数据应用中心,并提出3点要求
10.13	到彭浦新村街道调研,察看彭一小区非成套旧住房改造项目、彭浦四季公园景观建设、街道退役军人服务站运行情况,并提出3点要求
10.15	到区人武部调研,察看武器装备管理、民兵应急连一分队训练情况,并提出4点要求
11.4	到彭浦镇调研,察看绿园居民区人口普查、多层住宅加装电梯工作和社区党群服务中心党群阵地建设、为民服务设施运行情况,并提出4点要求
11.9	到区法院调研,察看执行事务中心、行政立案窗口、圆桌法庭等,就法院工作提出具体要求
11.10	到区国资委调研,就国资国企改革发展提出具体要求

(续表)

时间	调研视察内容
11.11	到大宁功能区调研,就做好招商服务工作提出3点要求
11.16	到区检察院调研,察看12309检察服务中心、"智慧静检"综合管理平台和司法办案区,就检察院工作提出具体要求
11.18	到市北功能区调研,就功能区发展提出3点要求
11.18	到区文化旅游局调研,察看一百〇八上苑园区运营情况,就文化旅游工作提出具体要求
11.30	到大宁路街道调研,察看街道社区事务受理中心和城市运行综合管理中心,并提出5点要求
11.30	到宝山路街道调研,就旧区改造、企业服务、社会治理、城区安全提出4点要求
12.1	到北站街道调研,就疫情防控、优化营商环境、城区管理、党建工作提出4点要求
12.1	到天目西路街道调研,就疫情防控、企业服务、社会治理提出3点要求
12.11	到区税务局调研,就围绕中心、服务大局,税收情况分析、税收征管、营商服务提出4点要求
12.14	到共和新路街道调研,就疫情防控、企业服务、民生保障、城区精细化管理、基层党建提出5点要求
12.16	到区信访办调研,就信访工作提出具体要求
12.17	到芷江西路街道调研,就疫情防控、企业服务、民生保障提出3点要求
12.17	到石门二路街道调研,就疫情防控、企业服务、"一网统管"、基层社会治理、民生保障、基层党建、城区安全提出具体要求
12.25	到区建设管理委调研,就重点项目建设、民心工程、旧区改造、队伍建设提出具体要求
12.28	到江宁路街道调研,就疫情防控、企业服务、城区管理、基层党建、民生保障、社区安全提出具体要求
12.28	到南京西路街道调研,就疫情防控、企业服务、城区管理、基层党建、民生保障、社会治理、城区安全提出具体要求

(陈仕栋)

（三）组织工作

【概况】 2020年，区委组织工作贯彻落实新时代党的建设总要求和新时代党的组织路线，认真落实全国、全市组织部长会议要求，按照年度目标任务，坚持组织路线服务政治路线，推动区委对组织工作的重大决策部署，建设忠诚干净担当的领导班子和干部队伍。不断加强党的组织体系建设，广泛集聚爱国奉献优秀人才，为静安"实现新作为、开创新局面"提供坚强组织保障。组织领导干部参加学习贯彻中共十九届四中全会和习近平总书记考察上海重要讲话精神在线专题班。坚持"好干部"标准，坚持"事业为上、择优选拔、人岗相适、优化结构"的用人导向。加大标志性楼宇党建工作推进力度，发挥"共同行动"区域化党建平台作用。注重人才政治引领和政治凝聚，关注重点产业领域，主动服务上海市用人单位复工复产复市及引才需求。组织开展新录用公务员区情教育和科级领导职务公务员任职培训班，组织开展双休日专题讲座。编制《静安区机构编制管理实务手册》，规范工作规则和流程。至年底，全区有党基层党委（党工委）97个、党组53个、党总支401个、党支部3529个。党员总数为93554人，其中预备党员713人。女党员40518人，占党员总数43.31%；35岁以下党员16355人，占党员总数17.48%；36—45岁党员13041人，占党员总数13.94%；45—55岁党员7461人，占党员总数7.98%；55岁以上党员56697人，占党员总数60.6%。全年新发展党员535人。 （陈达、庞洪、叶顺）

【干部选拔工作】 年内，对照"好干部"标准，坚持事业为上、择优选拔、人岗相适、优化结构的用人导向，结合干部队伍实际情况，做好区管领导班子和干部调整配备工作，全区共提拔区管干部42人，其中正处（或相当层次）9人，副处（或相当层次）33人，交流使用干部共29人。坚持"全区一盘棋"统筹考虑，充分发挥职务职级并行制度的激励作用，共晋升一级调研员10人，二级调研员11人，三级调研员32人，四级调研员（四级高级主办）70人。 （李向）

【年轻干部队伍培养】 年内，重视优秀年轻干部培养选拔，为提升年轻干部综合素质能力创设平台，积极选派年轻干部到急难险重岗位历练，优化年轻干部经历结构，安排一批后备干部到彭浦新村旧区改造基地接受实践锻炼，将一批年轻干部放到防控岗位锻炼。坚持近距离观察，了解年轻干部思想动态，召开座谈会听取干部思想和工作汇报并进行深入交流，鼓励年轻干部扎实历练、积累经验、增长才干。 （李向）

【干部教育工作】 年内，组织全区433名处级以上领导干部参加学习贯彻中共十九届四中全会和习近平总书记考察上海重要讲话精神在线专题班。举办处级干部轮训班，共120名党政机关、国有企业（相当于）处级干部参加为期30天的脱产培训，进一步完善领导干部知识结构。加强中青年干部党性锻炼，举办第4期中青年干部培训班，共29名科级干部参加为期60天的脱产培训。加强干部教育培训案例开发和教学，开发完成现场教学点19个、教学点相关课程25节、教学案例6个，与中国浦东干部学院合作开发案例1个，两个案例入选上海市"夺取疫情防控和经济社会发展双胜利"干部教育培训案例集。 （裘洁）

【干部监督工作】 年内，认真落实从严管理监督干部工作要求，开展766名区管干部《个人有关事项报告》填报工作,在此基础上进行数据分析,形成《静安区领导干部个人有关事项报告材料汇总综合报告》。按照10%比例,做好年度集中抽查工作。畅通信访举报渠道,规范信访登记、核查、处理、反馈等操作程序,认真做好"12380"热线受理工作。结合区委巡察,对14家单位选人用人工作开展专项检查,加强成果运用,提升各部门选拔任用工作规范性。

(郑超)

【楼宇党建工作】 年内,扎实推进区委关于"两新"组织党建高质量创新发展的工作方案,细化37个项目,推进落地见效。高质量完成市委组织部交办任务,启用"新时代上海楼宇党建创新实践基地",牵头组建运作市党建研究会"两新"组织党建研究专委会,完善展览展示、精品课程、参观考察三个体系,发挥其交流展示、培训实践、研究创新的平台作用。加大标志性楼宇党建工作推进力度,结合营商环境打造等,进一步丰富高和、恒隆等标志性楼宇党建工作内涵,实现提质增能。深入梳理总结楼宇党建工作,提炼具有静安特色、行之有效的工作机制和模式,"白领驿家"工作做法被中组部推广。

(蒋燕)

【党建引领社会治理】 年内,推动资源管理服务下沉基层、做实基层。继续拓展网格化党建工作内涵,设置"一网一策"和"网格微事项",提升问题处置能力。制订《关于强化党建引领推动社区物业管理党建联建的实施意见》,以党建引领破解社会治理难题。发挥"共同行动"区域化党建平台作用,持续加强区域单位党组织与社区党组织共同开展党建搭平台参与社会治理的力度,全年共确定需求清单476项、资源清单696项、项目清单443项。加强基层队伍建设,推行居民区党组织书记区级备案管理制度,有序推进书记"进编享编"和职级晋升;优化社区工作者职业体系,完善党群社工培养链。

(蒋燕)

【基层党建工作】 年内,压实党建工作责任,建立责任制"四张清单",强化考核结果运用,督促问题整改落实。落实《中国共产党支部工作条例(试行)》,持续推进党支部规范化建设,落实软弱涣散党组织集中排查和专项整治长效机制。落实《中国共产党党员教育管理工作条例》,探索"区级规定+条线(街镇)指定+支部自定"教育培训模式,分层次抓好基层党组织书记和班子成员集中轮训。严把党员发展政治关,促进培训工作品质化、发展过程智慧化。全力建设"1+14+X"党群阵地体系,发挥区党建服务中心的示范引领作用,深化"新时代学习所"平台作用,推动"5We"项目(即We党课、We引领、We治理、We品味、We行动品牌项目)创新升级。

(蒋燕)

【人才工作】 年内,注重人才政治引领和政治凝聚,加强对青年人才群体中入党积极分子的跟踪培养。关注重点产业领域,主动服务上海市用人单位复工复产复市及引才需求,与市级有关部门共同开展海聚英才——2020"春归浦江"云选会系列活动,鼓励企事业单位进一步整合内部资源、释放岗位需求,做好高校毕业生就业政策指导和对接服务保障等工作,全区300余家单位提供近2800个招聘岗位。紧扣人才实际需求,进一步优化人才安居保障体系,争取购房政策支持,惠及17名高层次人才。关注企业面临实际问题,会同浦东国际人才港开展企业HR联盟"人力成本管理与灵活用工"线上专题活动。做好优秀人才子女教育、健康服务等保障工作,切实增强人才获得感和归属感。

(裘洁)

【公务员工作】 年内，开展公务员招录工作，共招录公务员和选调生87人，其中选调生10人。组织开展新录用公务员区情教育培训班、科级领导职务公务员任职培训班。组织开展双休日专题讲座，全区共4763人（次）参训。筹建机关青年公寓166套，有21人办理入住。注重发挥职务职级晋升对干部的关心和激励作用，至年底，全区科级及以下公务员中，综合管理类共有298人晋升，行政执法类共有177人晋升，法院系统晋升法官助理、书记员和执法勤务警员60人，检察院系统晋升检察官助理、书记员和执法勤务警员30人，39人转任交流。 （殷铭蔚）

【机构编制工作】 年内，提升机构编制科学化管理水平，加强《中国共产党机构编制工作条例》的宣传贯彻，编制《静安区机构编制管理实务手册》，扎实推进机构编制监督检查工作。严控机构编制总量，核定公务员（参公）编制使用计划55名、事业编制使用计划1721名、社区工作者额度使用计划228名。深入做好机构改革"后半篇"文章，调整优化部分区级机关职能配置，有序推进静安区完善街镇管理体制整合街镇管理服务资源改革工作。研究制订《静安区统筹优化事业编制资源配置工作方案》。全面梳理事业单位职能，试点事业单位"三定"，推进6家"小散弱"事业单位改革；完成14家从事生产经营活动事业单位改革。规范事业单位登记管理，完成41家事业单位变更登记、11家事业单位注销工作。 （李迪 陈刚）

（四）宣传工作·精神文明建设

【概况】 2020年，区委宣传工作围绕中央、市委、区委要求，以习近平新时代中国特色社会主义思想为指导，紧扣决胜全面建成小康社会，按照市委对静安"新标杆、新亮点"定位要求和"新作为、新局面"重要使命，为静安建设成为人人向往的美好城区提供思想保证和精神动力。深入学习贯彻习近平总书记关于疫情防控工作重要讲话和指示批示精神，落实加强宣传教育和舆论引导责任，为全区疫情防控工作营造积极正向的宣传环境和坚强有力的舆论支持。筹备召开静安区处级党委（党组）中心组学习交流会，编制中心组学习优秀案例集。深化区委"明灯"讲师团建设，组建区委"四史"宣讲团。探索"学习强国"学习平台推广运用工作机制，日人均学习积分和日人均活跃度持续攀升。落实市委巡视整改要求，制订实施《区委宣传部落实巡视整改事项工作推进方案》。制订《意识形态工作责任制考核重点和考核实施细则》。加强网络阵地管理，建立舆情通报反馈机制，壮大配强全区核心网评队伍，深化静彩新媒体联盟建设，制订印发《静安区网络安全事件应急预案》。推进网络安全宣传"七进"活动，线下活动覆盖2.6万余人，线上主题宣传总阅读量585万余次。深入报道"全球服务商计划"，做好"两会政府实事项目""静安提前完成十三五旧改"等宣传，以及"夏令热线·区长访谈"、市政府系列新闻发布会静安专场，持续推介国际静安城区形象，聚焦打响上海"四大品牌"。区融媒体中心完成市级检查验收，微信粉丝量34万，微博粉丝量48万，抖音粉丝量10.3万，区门户网站新闻中心发布2510条新闻，完成在线访谈12期。"上海静安"客户端全年总发布数15288篇，推出网络直播34次，下载量51.9万次。深入实施静安深化红色文化资源发掘保护"三大行动"，复核静安红色革命旧址（遗址）104处，对其中27处旧址（遗址）开展树碑挂牌工作。新增区级爱国主义教育基地1家。精神文明建设以培育践行社会主义核心价值观为主线,推进文明创建、志愿服务、新时代文明实践、未成年人思想道德建设等工作。持续做好全国文明城区创建复评工作,启动第六届全国文明创建项目评选活动。加强志愿服务队伍培训,深化志愿服务基地建设,结合3·5学雷锋和12·5国际志愿者日两个重要节点贯穿全年开展志愿服务活动。深化新时代文明实践中心建设,积极探索体现区域特色的多样化新时代文明实践中心工作。加强先进典型挖掘选树,落实道德模范礼遇机制。在春节、清明、端午、中秋等传统节日期间组织"我们的节日"主题活动。举办窗口服务行业技能竞赛,组建志愿服务队,服务保障第三届中国国际进口博览会。开展"文明家庭"建设、"文明餐厅"评选、"光盘行动"宣传等系列活动。

(周倍立 孙萱 林森 徐欢)

【区委中心组理论学习】 年内,区委中心组紧扣学习贯彻习近平新时代中国特色社会主义思想和"四史"主题,开展学习活动680余次。围绕"四史"学习教育,制订全区实施方案。组织区委中心组集体瞻仰上海毛泽东旧居陈列馆等红色场馆,邀请专家学者作专题辅导,结合读书自学、集体研讨等方式,推动理论学习入脑入心。筹备召开静安区处级党委(党组)中心组学习交流会,编制中心组学习优秀案例集。

(周倍立)

【基层理论宣讲】 年内,组织开展"学用新思想,奋斗新时代"等主题宣讲。深化区委"明灯"讲师团建设,讲师队伍扩增至28人。组建区委"四史"宣讲团,新发布宣讲课程56项。持续加强宣讲人才选树,推荐1人参与中宣部基层理论宣讲先进评比。4个项目获评2019—2020年上海市基层理论宣讲先进。结合新时代文明实践中心试点推进,各大口党委、街镇均成立十人以上宣讲队伍,共开展宣讲550余场,覆盖3.5万余人。试点开展网络微宣讲。在全面建成小康社会"百城千县万村"调研活动中,"临汾路街道加装电梯"项目被《人民日报》报道,并在中央电视台"新闻联播"做专栏开篇报道。

(周倍立)

【提升"学习强国"平台运用成效】 年内,探索"学习强国"学习平台推广运用工作机制,每月定期通报各单位学习情况、供稿情况,并纳入意识形态工作责任制考核内容,日人均学习积分从去年底12.54分提升至28.16分,日人均活跃度由37.78%提升至67.85%。在区宣传思想文化工作会议上表彰2019年全区学习标兵100名、优秀学习单位和供稿单位各14家。

(周倍立)

【抗疫防控宣传】 年内,认真贯彻落实上级决策部署和工作要求,落实宣传教育和舆论引导责任。统筹网上网下、内宣外宣资源,全面报道静安区落实疫情防控、"六稳""六保"各项举措,精心策划"五五购物节"等主题宣传,助力生产生活秩序全面恢复。强化舆情管控,制订区疫情防控舆情研判工作协调机制,启动突发舆情应急响应机制。传扬志愿服务时代风尚,以新时代文明实践为抓手,发动医护、翻译、站点防控、社区值守、心理疏导等2万余名志愿者参与疫情防控服务保障。支持文旅行业企业复工复产,协调落实扶持资金和惠企政策。

(周倍立)

【意识形态工作】 年内,进一步落细落实市委巡视整改要求。围绕中央、市委关于意识形态工作巡视检查,全面梳理总结上一轮巡视,特别是"撤二建一"以来全区意识形态工作总体情况。强化各类意识形态阵地管理,落实意识形态工作安全协调机制,分析研判安全形势,防范化解重大风险。加强与外事部门联动,明确各类涉外活动事前报备、事中引导、事后报告工作原则。加强与文化执法部门联动,及时掌握扫黄打非工作进展情况。完善防范化解重大风险意识形态安全工作协调机制。 （周倍立）

【舆情监测和保障】 年内,推动各级党委(党组)不断强化网络意识形态工作和网络安全工作"两个责任制"主体责任意识。落实7×24小时全网舆情动态监测。做好每个工作日《舆情快报》和每季度舆情分析,加强舆情风险预判。建立舆情案例素材库,对涉区热点舆情事件复盘总结。对全区146个主要政务新媒体进行监测,督促整改22个问题账号。举办政务新媒体专题培训班。深化静彩新媒体联盟建设,推出一批网络正能量作品,总阅读量突破1000万次。调研《外滩画报》等7家属地自媒体及区重点互联网企业,深化交流机制。 （周倍立）

【推进"党的诞生地发掘宣传工程"】 年内,深入实施静安深化红色文化资源发掘保护"三大行动"。完成中共二大会址纪念馆、上海毛泽东旧居陈列馆的完善和提升。按进度落实中共中央秘书处机关旧址、中共中央特科机关旧址场馆前期工作。中共中央、国务院批复同意建设中共中央军委机关旧址纪念馆。到湖南省开展红色史料(文物)征集工作。协调区委组织部、区委党研室等单位,开设"历史印迹·红色静安"情景党课巡讲活动。在上海新闻广播频道推出"公益报时"宣传广告,对静安区"四史"教育、红色文化等作集中宣传。深入推进红色旧址(遗址)挂牌树碑工作。 （周倍立）

【区融媒体中心成立后首批获市级新闻奖】 年内,静安记者站获2019年"新闻坊"先进集体铜奖,并在年度好新闻作品评选中,连续三年实现一、二、三等奖全覆盖。4人获2019年SMG融媒体中心"新闻坊"十佳站长、十佳编辑、十佳记者、十佳摄像称号。1人获新媒体优秀作品一等奖、融合创新优秀作品奖。《是亲生的?上海一爸爸凌晨把孩子丢到火车站,走前还发个碗让他讨饭》《"彭三"食堂今起用完善配套更惠民》两篇作品分别获2019年上海广播电视奖媒体融合二等奖和电视新闻三等奖,为区融媒体中心成立后获得的首批市级新闻奖。《上海陆上北大门的"守护"》获第七届上海"好记者讲好故事"演讲比赛鼓励奖。 （林森、徐欢）

【推出"上海静安"客户端2.0版并上线"融媒号"】 年内,"上海静安"客户端完成2.0版本升级,对版块功能和页面设计进行全面更新,重点打造直播、福利社、商城、融媒号等特色板块,新增推荐、订阅、用户拉新等实用功能,大幅提升客户端交互力,进一步改善用户体验。启动"融媒号"建设工作,完成14个街镇和7个委办局入驻客户端,建立"融媒号工作群",快速整合汇聚全区的优质新闻信息和报道资源,扩大宣传声势。 （林森、徐欢）

【区融媒体中心打造直播品牌】 年内,积极探索移动直播作为新闻报道传播新形式,以五五购物节、"七一"、上海书展等"会、节、展"为抓手,积极配合区委组织部、团区委、区新闻办、区商务委等单位,以及克勒门、腾讯、千彩书坊等企业品牌,开展"直播+主题活动""直播+逛街带货""直播+在线课堂""直播+脱贫攻坚"等多种类型线上直播活动34次,覆盖多类人群,收获人气值超320万。 （林森）

【区融媒体中心获批互联网新闻信息服务许可证和信息网络传播视听节目许可证】 年内,区融媒体中心获批"互联网新闻信息服务许可证"和上海市各区融媒体中心001号"信息网络传播视听节目许可证",取得互联网新闻信息采编发布资质,及独立制作视频内容并进行相关业务的许可,成为全市第一家拥有"双证"的区级融媒体中心。

(林森)

【"两会"报道凸显融媒特色】 年内,区融媒体中心挂牌成立后的首次报道区"两会",基于移动优先策略,重点在客户端上发力,定制专题页面,创新推出"'声动两会'——金句短视频"和"'图说两会'——2020年静安两会定制海报"两大特色融媒产品。稿件优先刊发客户端、"两微一抖"(微信、微博、抖音),以短小精悍、画面感强、互动性强为特色,并根据不同媒介形态在报纸、电视上呈现深度报道、大屏报道。首次在抖音平台尝试"两会"宣传,通过快速剪辑政府工作报告图解,展现静安2019年工作成果,播放量54000次,点赞量1226个。 (林森)

【建设新时代文明实践中心试点工作推进会议】 于1月22日在静安区青少年活动中心召开。区委书记陆晓栋为新时代文明实践中心、分中心揭牌。区委副书记、区长于勇为新时代文明实践志愿服务分队授旗。区委副书记黄红主持会议。作为第二批全国新时代文明实践中心建设试点区,静安区围绕"谁来做、做什么、怎样做",在全区构建起新时代文明实践中心、分中心、站三级组织体系,不断激发文明实践的生命力。 (孙萱)

【疫情防控问题征集平台获评优秀案例】 2月16日,区融媒体中心协同东方网、区城运中心于全市各区首创推出客户端"新冠肺炎疫情防控工作问题建议征集"平台,面向群众征集疫情防控工作的问题建议。平台共征集93条疫情相关意见建议并全部结案,入选由人民日报全国党媒信息公共平台等发起的"县级融媒,齐心抗疫"创新案例征集分享活动的行业优秀案例。 (林森)

【"并肩战'疫'志愿同行"——3·5学雷锋日活动】 3·5学雷锋日,正值新冠肺炎疫情防控关键期,无数志愿者奔赴一线,在抗疫防疫工作中发挥重要作用。区文明办、区志愿者协会举办以"并肩战'疫'志愿同行"为主题的2020静安3·5学雷锋日新时代文明实践光影·志愿活动,记录志愿光影,展现各行各业志愿者的爱心、热心、耐心,用实际行动书写新时代抗疫雷锋故事。活动当日线上参与人数25296人,浏览量380049人(次),上传照片1739张,点赞62928个。 (孙萱)

【市文明办领导调研区新时代文明实践中心】 3月23日,市委宣传部副部长、市文明办主任潘敏,市文明办副主任蔡伟民等一行到静安调研新时代文明实践中心建设和运行情况,区委常委、宣传部部长姜鸣等陪同调研。潘敏一行前往静安区新时代文明实践中心、彭浦镇新时代文明实践分中心、龙软万荣信息科技产业园新时代文明实践站等地,实地察看各阵地建设、项目功能及推进情况并召开座谈会。潘敏肯定静安区作为全国新时代文明实践中心建设试点区的建设成效,提出在做好疫情防控工作同时,要渐入常态,逐步推进全年工作,尽快推动各级文明实践中心工作和信息系统建设,实现全区一盘棋目标。 (孙萱)

【2020年静安区精神文明建设委员会全体会议】 于4月9日在区机关4楼会议室召开。区领导黄红、赵汝青、姜鸣、蔡啸峰、陈静薇等出席会议。区委常委、宣传部部长姜鸣回顾总结2019年全区精神文明建设工作,对2020年静

安区精神文明建设工作做重点部署。区委副书记黄红就做好区精神文明建设工作提出意见。

（孙萱）

【"五五购物节"宣传】 在全市"五五购物节"活动期间，围绕区推出的促消费系列活动"嗨购静安"，多措并举强化新闻宣传报道工作。聚焦重点活动，提前沟通策划，媒体报道数量较平时翻番。巧用新兴形式，精准推介信息，做大唱响静安品牌。用好区自媒体联盟沟通机制，发挥流量效应，促进粉丝优势转化为覆盖面和知晓度。五一劳动节期间，抽样的静安区22家零售餐饮商贸企业实现销售额1.54亿元，比上年增长1.4%。南京西路商圈成为全市客流最高的4个商圈之一。

（周倍立）

【区委网信委第二次会议】 于5月28日在区机关7楼会议室召开。区委书记、区长、区委网信委主任于勇主持会议并讲话。区领导赵汝青、姜鸣、潘子罕、张军出席会议。会议传达中央网信委第三次会议精神、市委网信委第二次会议精神，总结回顾2019年全区网信工作，审议通过《中共静安区委网络安全和信息化委员会2020年工作要点》。

（周倍立）

【贯彻落实市精神文明建设大会精神推进创建复评全国文明城区工作会议】 于5月28日以电视电话会议形式召开，对全国文明城区创建复评工作进行部署和动员。于勇、顾云豪、丁宝定、顾春源、何以琴、凌惠康、姜鸣、刘燮、蔡啸峰等区四套班子领导在主会场出席会议。区委常委、宣传部部长姜鸣部署创建复评第六届全国文明城区工作。区委书记、区长于勇就做好创建复评全国文明城区工作提出三点要求：在思想认识上不断深化，勇于担当创建复评全国文明城区的新使命；在工作方法上不断优化，努力开创新时代文明创建的新局面；在保障措施上不断强化，奋力夺取创建复评工作的新胜利。

（孙萱）

【推出《Hi,静安！遇见美好生活》静安形象短视频】 7月起，聚焦静安打造上海"四大品

10月17日，区新闻办举行静安城区形象片线下推广活动　　（区委宣传部　供稿）

牌",制作并推出《Hi,静安!遇见美好生活》服务篇、制造篇、购物篇和文化篇4个形象短视频。短视频在市级主流媒体、区融媒体中心各发布平台和铁路上海站、大悦城、丰盛里等户外大屏以及街镇社区文化活动中心、新时代文明实践分中心等各宣传阵地滚动播出,在沪港亲子黄金周、长三角文博会等活动现场展示。在"安义夜巷"开展线下推广活动,通过设置趣味性和互动性强的体验环节,吸引逾万名市民为静安应援。

(周倍立 徐欢)

【庆祝中国共产党成立99周年主题活动直播】年内,区新闻办策划落实静安红色文化主题宣传,邀请《人民日报》《光明日报》、新华社、《解放日报》、《文汇报》等数十家央级和市级媒体发稿近60篇,多篇媒体报道稿件被"学习强国"平台录用。7月1日,举办庆祝中国共产党成立99周年主题活动,区融媒体中心联合区委组织部、区党建服务中心、中共二大会址纪念馆,完成主题活动直播工作。浏览量超56万人(次),共收到2.3万余条互动留言。

(周倍立)

【"红色印记——中共中央早期机关在静安(1921—1933)"展览】 7月1日,"红色印记——中共中央早期机关在静安(1921—1933)"临展在中共二大会址纪念馆开幕。区四套班子领导,区法院、区检察院主要负责人和相关市管干部出席开幕仪式,并参观展览。该次展览是静安区开展"四史"学习教育、推进红色文化三大行动的重点项目之一,在新时代文明实践中心、分中心、实践站、实践点等各类阵地巡回展出,实现全区14个街镇全覆盖。7月16日,"红色印记——中共中央早期机关在静安(1921—1933)"巡展暨新时代文明实践活动首站启动仪式在宝山路街道举行,首批新时代文明实践中心红色文化宣讲志愿者服务队亮相,新时代文明实践中心智慧云平台上线启动,宝山路街道情景微课《天亮了》进行首演。

(徐欢)

【"全面建成小康社会"系列市政府新闻发布会静安场举行】 7月22日,市政府举行新闻发布会,区委书记于勇,区委副书记、代区长王华以及区相关部门主要负责人介绍静安区高质量发展、高品质生活,建设小康社会相关情况。为保障发布会顺利召开,区新闻办积极筹备、及时互通、细致服务。会后,安排与会记者集中采访中国上海人力资源服务产业园区发展以及"稳就业"工作与大数据产业发展及应用情况。新华社、《解放日报》等央级和市级媒体共刊发报道近50篇。

(周倍立)

【区融媒体中心通过市委宣传部工作组验收】年内,按照中央精神和上海市委总体部署,区融媒体中心在区委宣传部指导下,结合区现有资源部署架构和融媒体建设目标,推进融媒体中心建设项目实施方案,完成本地新系统搭建工作,于7月30日通过由市委宣传部、市委网信办、市广电局、市记协等负责人组成的专家组验收。

(林森)

【"2020夏令热线·区长访谈"连线直播】8月3日,"2020夏令热线·区长访谈"静安专场在静安区城运中心连线直播。应节目邀请,区长王华到直播间接听市民热线,聚焦民生难题进行回应。为帮助各部门接线人员更好地适应连线需求,区新闻办于7月28日组织召开"2020夏令热线·区长访谈"专题会议,详细介绍接线流程并部署相关工作。直播当日,区城管执法局、区建设管理委、区绿化市容局等十余个部门围绕小区违法搭建、垃圾箱房管理、沿街商铺油烟、噪声扰民等7个民生话题接听市民投

诉、倾听市民建议,为市民排忧解难。 （徐欢）

【区志愿者参与上海书展志愿服务工作】 8月12—18日,上海书展暨"书香中国"上海周在静安区主会场——上海展览中心展出。静安区30余名青年团员大学生志愿者参加志愿服务工作。其间,上海市文明办志愿服务工作处处长、市志愿者协会秘书长俞伟,市委宣传部印刷发行处副处长王延水,区委常委、宣传部部长姜鸣,区委宣传部副部长、区文明办主任马嘉槟等领导先后前往上海书展对"书香静安"新时代文明实践志愿服务站点的"小甜橙"志愿者们进行慰问。 （孙萱）

【区3个先进典型获2019年学雷锋志愿服务"四个100"先进典型暨疫情防控最美志愿者表彰】 8月26日,中宣部、中央文明办召开推进学雷锋志愿服务工作电视电话会议。会议表彰2019年学雷锋志愿服务"四个100"先进典型暨疫情防控最美志愿者,其中上海市静安区"爱在临别时分"安宁疗护志愿服务项目获评"最佳志愿服务项目"称号、静安寺街道获评"最美志愿服务社区"称号、上海市音速青年志愿服务中心理事长严洪获评"疫情防控最美志愿者"称号。 （孙萱）

【静彩新媒体联盟主题活动】 9月7日,区委网信办组织静彩新媒体联盟单位开展主题活动,就互联网广告宣传、信息发布领域政策法规和典型案例作专题培训。现场对年内新加入联盟的"上海圈子"和"微上海"两家单位进行授牌,并启动"Hi,静安!遇见美好生活"网上主题宣传活动。 （周倍立）

【2020年度政务新媒体运营管理专题培训班】 于9月11日在区委党校会场举办。全区各部、委、办、局,各街镇、人民团体、区管重点企事业单位政务新媒体工作分管领导和负责人参加培训。区委网信办每月对全区各部门开设认证的主要政务新媒体账号进行监测,压实各单位主体责任,管好筑牢网络意识形态阵地。 （周倍立）

【网络安全宣传周活动】 9月14—20日,区委网信办联合公安静安分局、区融媒体中心,策划推出一系列互动性、体验性、趣味性强的主题宣传活动。宣传周期间,"上海静安"政务新媒体平台上推出的网上主题宣传总阅读量约585万,全区各政务新媒体矩阵单位发布相关活动信息、宣传视频、网络安全科普知识近140条,举办基层宣讲、专题培训、知识竞赛、短视频征集展示等各类活动276场次,线下活动覆盖人数2.6万余人,共配送宣传册、宣传页、宣传海报等各类宣传品42.3万余份。 （周倍立）

【红色文化"双十佳"颁奖活动暨中国上海国际艺术节首场"四史"系列文艺党课】 9月25日,静安区群众最喜爱的"十佳"红色文化宣传项目、"十佳"红色文化宣传员颁奖活动举行。活动征集评选期间,通过在"上海静安"融媒体客户端及相关部门、各街镇微信公众号上广泛发动,收获群众参与互动近4.4万人(次),投票数25万余张,静安红色文化影响力扩大。该项活动也是中国上海国际艺术节策划的首场"四史"系列文艺党课第一站,演出以"人民文艺为人民、红色传承秉初心"为题,重点围绕静安红色文化资源展开,丁建华、印海蓉、龚天鹏等上海文艺界人士下基层到社区,以"演""讲"结合形式分享初心与使命。 （周倍立）

【"制止餐饮浪费行为,培养节约习惯"专项行动宣传】 9月29日,静安区召开"制止餐饮浪费行为,培养节约习惯"联席会议第一次会议。

会议传达市专项工作推进会精神。区纪委监委、区商务委、区教育局、区市场监管局、各街镇等单位部门负责人约40人参加会议，并做交流汇报。区文明办、区商务委、区绿化市容局、区市场监管局等单位负责人以及人大代表、政协委员组成专项工作督导组，进行"制止餐饮浪费行为，培养节约习惯"节前专项督导。（孙萱）

【"榜样的力量"第二届静安区道德模范颁奖典礼暨抗疫志愿先进表彰大会】 于10月23日在大宁剧院举行。区领导于勇、丁宝定、何以琴、赵汝青、凌惠康、姜鸣、蔡啸峰，市文明办副主任唐洪涛会见第二届静安区道德模范和提名奖获得者，以及入选上海市新冠肺炎疫情志愿服务先进典型的优秀志愿者和先进集体。区委书记于勇代表区四套班子、区文明委向各项荣誉获得者表示祝贺。会上区领导为获奖者颁奖。（孙萱）

【静安区通过第六届全国文明城区创建复评】 11月10日，中央文明办公布第六届全国文明城市入选城市名单和复查确认保留荣誉称号的前五届全国文明城市名单。静安区以直辖市文明城区复查测评全国第三名成绩通过第六届全国文明城区复评，继续保留全国文明城区荣誉称号，并被中央文明办通报表扬。区内10家单位新获评第六届全国文明单位，其中包括由区直推的上海静安置业(集团)有限公司、上海静安投资有限公司、上海市静安就业促进中心。上海市静安区教育学院附属学校获评第二届全国文明校园。（孙萱）

【中共中央特科机关旧址保护利用工作专题会】 11月30日，市委宣传部副部长、市文明办主任潘敏主持召开工作会议，专题研究中共中央特科机关旧址保护利用工作。会上，市公安局汇报展陈大纲撰写情况，市国安局汇报史料征集情况，区委党研室汇报旧址修缮情况，上海美术设计有限公司汇报展陈设计方案。市委党史研究室、市档案局、市公安局、市国安局、市

12月4日，"文明实践与志愿服务"2020年静安区新时代文明实践中心全国试点工作交流展示会在胶州路300号召开　　　　　　　　（区委宣传部　供稿）

文物局、静安区委宣传部、区委党研室、区公安分局、区文化旅游局、中共二大会址纪念馆、上海美术设计有限公司等单位参加会议。

(周倍立)

【新时代文明实践中心全国试点工作交流展示会召开】 12·5国际志愿者日前夕,静安区召开"文明实践与志愿服务——2020年静安区新时代文明实践中心全国试点工作交流展示会"。会上颁发静安新时代文明实践大使聘书并启动静安区新时代文明实践中心建设优秀项目评选活动。临汾路街道、区文化旅游局、区委明灯讲师团、八八九广场新时代文明实践站、河滨融景居民区实践站代表分享各自打通新时代文明实践"最后一公里"的主要做法,展示静安新时代文明实践志愿服务新风采与新发展。(孙萱)

（五）统战工作

【概况】 2020年,静安区统战工作坚决贯彻落实中央、市委、区委关于统一战线的决策部署,把握静安"中心城区新标杆、上海发展新亮点"定位,全面落实市委在新时代坐标上对静安提出的"新作为、新局面"要求,坚持"一线两面三结合"(即要紧扣贯彻落实十九届四中全会精神,学习实践习近平总书记关于疫情防控工作的重要讲话、关于加强和改进统一战线工作的重要思想这条主线,立足中央关于统一战线工作决策部署和上海"奋力创造新时代新奇迹"目标任务两个面,坚持把学习习近平总书记关于加强和改进统一战线工作的重要思想与全面推动工作相结合,坚持把履行"凝聚共识、汇聚力量"的基本职责与服务中心大局相结合,坚持把落实中央部署和市委要求与解决实际工作中的重点难点问题相结合。)基本思路,助力夺取疫情防控和经济社会发展双胜利,践行人民城市重要理念,为静安建设人人向往的美好城区凝聚人心、汇集力量。全年区委常委会专题研究讨论8次,区委主要领导批示统战工作24次,出席统战活动31次。完善"不忘初心、牢记使命"主题教育常态化、长效化建设,开展"四史"学习教育12次。发挥区社会主义学院主阵地作用,举办培训班8期、培训学员700余人(次),"社院讲坛"4期、400余人(次)参与,引导全区统战干部和广大统一战线成员在思想上对标对齐、在行动上紧跟紧随、在执行上坚定坚决,进一步统一思想、汇聚力量。根据中央统战部办公厅要求,围绕城市社区统战工作开展专题调研,召开11场座谈会,个别访谈街道(镇)党(工)委书记、统战干部、统战对象70余人,形成调研报告,市委统战部以静安区为例向中央统战部作专题调研报告。召开街镇统战工作推进会,下发街道(镇)党(工)委统战工作责任清单,各街镇贯彻人民城市理念,围绕"统战工作促进基层社会治理"主题开展实践创新,梳理形成社区统战实践创新成果10余项。第一时间成立疫情防控工作领导小组,召开会议6次,及时传达中央、市委、区委相关精神,研究部署统战系统的疫情防控工作。通过微信公众号在全市各区率先发布《致静安区统一战线各界人士的倡议书》,以及首发《告来沪(返沪)少数民族同胞书》,在全市统战系统引起较大反响。发布全区统战各界疫情防控相关信息80余篇,阅读超过3.5万人(次)。发动广大统战成员围绕疫情防控、复工复产等主题建言献策。区知联会翻译制作7国外语疫情防控指南海报张贴到居民区、楼宇,获新华社等媒体报道。组织全区新阶层人士开展"疫情下的中国与世界"在线直播,发起"开学在即,防疫工作怎么做"主题微建言。区律师新联会组建由30多名律师组成的公益法律服务团,为复工复产民营企业无偿提供法律咨询服务。静安统战各界人士整合各方资源力量,共捐款6000万余元,捐赠物资价值超过2亿元,另有50余万件口罩、防护服等物资运往防控一线。区委统战部选派2名干部到浦东机场开展疫情防控工作,6名干部到石门二路街道支援。在上海统一战线助力脱贫攻坚"随手拍"活动中获优秀组织奖及9个单项奖。区新的社会阶层人士联盟依托汉未央、众谷公益、"白领驿家"等社会组织通过捐赠物资、带教共建等形式助力脱贫攻坚工作,投入资金2659万余元,服务人数超过15万人。社会组织梦想加油站设立"同心云课堂"项目,为新疆维吾尔自治区、云南省、贵州省等地33所学校提供精准教育帮扶,课程累积辐射近3.2万名学生、2000多名教师。落实中共静安区委2020年政党协商计划,召开党外人士座谈会6次。进一步完善知情明政、考察调研、工作联系、协商反馈四项机制。其中将协商反馈机制作为协商结果落到实处的重要保障,截至年底,完成4轮协商反馈,共形成24项意见,区委批转至相关委办局研办后办理结果均为"解决或采纳",达到区委提出的"真协商,真建言"目标,达到提升党派团体履职能力、增强职能部门统战意识的成效。制订静安区《关于贯彻落实〈中共中央关于加强中国特色社会主义参政党建设的意见〉及上海市"行动计划"分工方案》,共40条。着眼2021年党派团体换届,加大与市委统战部、党派市委以及代表人士的调研走访与沟通联系,制订2021年党派区委换届方案,召开换届动员会,开展民主党派届中调整工作,为2021年换届工作做好准备。搭建学习交流、轮岗锻炼等平台,加大党外中青年干部的培养力度,为民主党派长期发展奠定坚实的干部基础和组织基础,为区域经济社会发展提供坚实的人才支撑。进一步做好党外干部的实职安排,全区共3名党外干部担任政府部门正职。严格落实中央和市委关于党外代表人士政治安排的有关政策,做好区政协委员调整增补、党外人大代表推荐等工作,区人大中党外代表和党外常委分别占比约35%和31%;区政协中党外委员和党外常委分别占比约65%和69%,均达到政策规定比例要求。支持和指导区知联会将政治理论学习作为各类培训和活动重要内容,组织无党派人士开展学习交流,召开专题座谈会,区知联会班子成员交流"四史"学习体会。组织无党派人士参加"四史"学习教育舞台剧。重视基础工作,组织无党派人士参与市级、区级有关培训,不断加强无党派人士队伍建设,对无党派人士开展新一轮认定,完成认定20人。区委组织部、区委统战部联合印发《关于进一步推进我区无党派代表人士队伍建设的贯彻落实意见》。召开静安区中青年知识分子联谊会理事会,学习传达中央、市、区相关会议精神。协助无党派人士拓展发展途径,探索老会员推荐新会员工作机制,做好党外知识分子教育培养管理工作,为知联会的长期发展奠定人才基础和组织保障。依托公众号平台全面提升新阶层统战工作的品牌度和影响力,推出"深访谈"特色栏目2期,展现新联会会长人物风采,获《联合时报》等市级媒体转载。发起微建言活动2期,激发广大新的社会阶层人士责任感与使命感。将新的社会阶层人士的培养使用纳入全区人才队伍建设规划,加大培养力度。举办静安区新的社会阶层代表人士培训班,80人参训。至年底,先后推荐8名新阶层代表人士参加市委统战部新阶层代表人士培训班,4名新阶层代表人士参加市委统战部组织的到奉贤区挂职锻炼。

(王豪斐)

【静安区第二期党外中青年干部培训班结业】
1月13日,由区委组织部、区委统战部、区委党校、区社会主义学院共同举办的静安区第二期党外中青年干部培训班结业,在区委党校举行培训成果汇报会暨结业典礼。区委常委、统战部部长、区社会主义学院院长凌惠康,区委统战部、区委党校等相关领导出席并向学员颁发证书。各民主党派区委领导、学员所在单位领导,以及第二期党外中青年干部培训班全体学员等近50人参加成果汇报会暨结业典礼。

(王豪斐)

【"不忘初心、牢记使命"主题教育总结会】 于1月17日在胶州路58号3楼会议室召开。区委常委、统战部部长凌惠康主持会议并讲话,要求全体机关干部要总结运用好主题教育的宝贵经验,将主题教育成效转化为推动统战各项工作的强大动力。区委统战部、区社院全体机关干部参加会议。

(王豪斐)

【组织区知联会翻译、设计、制作疫情防控指南】 2月9日,在区委常委、统战部部长凌惠康带队下,区委统战部、区知联会相关负责人将自行翻译、设计、制作的中文和7种外语的疫情防控指南海报送至凯迪克大厦和静安高和大厦等商务楼宇以及世纪时空酒店公寓,为在沪外籍人士送上防疫指导。

(王豪斐)

【凌惠康走访新阶层代表人士】 3月,区委常委、统战部部长凌惠康走访市新联会副会长、区新媒体联盟成员、麦克网络科技有限公司创始人盛学君,调研了解公司疫情防控和复工复产情况,并了解新阶层代表人士相关诉求。

(王豪斐)

【召开党外人士座谈会6次】 3月19日,区委书记陆晓栋在区政府会议室主持召开党外人士座谈会,就统筹推进疫情防控和经济社会发展工作情况听取党外人士意见建议。区委常委、统战部部长凌惠康,各民主党派区委、区工商联主要负责人,无党派代表人士参加会议。5月12日,中共静安区委召开党外人士座谈会,通报推动区域经济高质量发展有关情况。区委常委、统战部部长凌惠康主持会议。副区长张军分析区域经济形势。听取通报后,各民主党派区委、区工商联负责人,无党派人士代表发言,围绕优化体制机制、推动招商引资工作提出20条意见建议。7月3日,中共静安区委召开党外人士座谈会,通报区"十四五"规划编制情况,并听取意见建议。区委常委、统战部部长凌惠康主持会议。区政府党组成员、二级巡视员王叶庆向党外人士介绍区"十四五"规划编制情况。各民主党派区委、区工商联负责人,无党派人士代表发言,区委统战部、区发展改革委相关领导参加座谈。9月7日,中共静安区委召开党外人士座谈会,就党风廉政建设和反腐败工作听取意见建议。区委常委、区纪委书记、区监察委主任何以琴通报区党风廉政建设和反腐败工作有关情况。区委常委、统战部部长凌惠康主持会议。各民主党派区委、区工商联负责人,无党派人士代表发言。10月16日,中共静安区委召开党外人士座谈会,通报区民生保障工作,并听取意见建议。区委常委、统战部部长凌惠康主持会议。会上,区委常委、副区长刘燮就静安党派团体在2019年民生保障工作党外人士座谈会上所提出的意见建议进行回应,并对2020年区民生保障工作进行通报。各民主党派区委、区工商联负责人,无党派代表人士发言。区委统战部、区民政局、区人力资源社会保障局、区医保局和区残联等部门相关负责人参加会议。11月23日,中共静安区委召开党外人士座谈会,就科学谋划好静安"十四五"规划听取各民主党派区委、区工商联、无党派人士意见建议。区委书记于勇主持会议并讲话,区常委、统战部部长凌惠康出席会议。各民主党派区委、区工商联负责人，无党派代表人士发言。区委办公室、区委研究室、区发展改革委主要负责人参加会议。

（王豪斐）

【区委统一战线工作领导小组第四次全体会议】 于3月17日在区政府会议室召开。区委书记、领导小组组长陆晓栋主持会议并讲话。区委常委、统战部部长、领导小组常务副组长凌惠康总结2019年静安区统战工作相关情况，部署2020年全区统战工作重点。区委常委、副区长、领导小组副组长刘燮就领导小组相关文件修订和工作机制调整作说明。区委统战工作领导小组成员单位主要负责人参加会议。

（王豪斐）

【中共静安区委统战工作会议】 于3月30日在区政府4楼会议室召开，传达学习全国统战部长会议、上海统一战线工作领导小组全体成员会议、全市统战部长会议和区委统一战线工作领导小组第四次全体会议精神，回顾总结2019年工作，部署2020年工作。区委常委、统战部部长凌惠康出席会议并讲话。全区各相关委、办、局、人民团体，各街道（镇）党（工）委分管领导，各民主党派区委主委、专职副主委，区工商联、区侨联负责人，区统战团体负责人，区委统战部、区社院机关干部等参加会议。

（王豪斐）

【支持民主党派开展专项民主监督】 4月16日，中共静安区委委托各民主党派开展专项民主监督工作启动。区委常委、统战部部长凌惠康出席会议并讲话。10月29日，中共静安区委召开2020年专项民主监督专题协商座谈会。区委书记于勇主持会议并讲话，区委常委、统战部部长凌惠康出席会议。各民主党派区委、区工商联主要负责人，无党派代表人士就专项民主监督工作开展情况进行交流。区委办、区委统战部、区发展改革委、各街道（镇）、区行政服务中心、区城市运行综合管理中心有关负责人参加会议。各民主党派区委、区工商联、无党派人士围绕加强"两张网"建设，推进民营经济高质量发展等内容开展专项民主监督，深入各自对口联系对象开展实地调研，形成9篇调研报告、34条意见建议，区委书记专题听取成果汇报。

（王豪斐）

【视频"云直播"启动静安社院2020年培训第一班】 4月21日，静安区社会主义学院采用"云直播"方式在市社院的网络直播教室启动春季新学期第一场培训——第五期各民主党派新成员培训班。借助市社院资源，创设全区200余名民主党派新成员学员实时在线学习的"云课堂"。区委常委、统战部部长、区社会主义学院院长凌惠康出席并作动员讲话。该培训采用网络直播教学、"移动社院"线上学习、指定教材自学等相结合的方式进行。

（王豪斐）

【"不忘合作初心，继续携手前进"主题教育活动总结会】 于4月27日召开。各民主党派区委、无党派人士对主题教育活动进行回顾和总结，并对巩固和拓展主题教育活动成效进行再动员和再部署。区委常委、统战部部长凌惠康出席会议并讲话。各民主党派区委负责人，无党派代表人士参加会议并作交流发言。

（王豪斐）

【2020年街镇统战工作推进会】 于7月8日，在区会议中心召开。区委常委、统战部部长凌惠康出席会议并讲话。区委统战部副部长，各街道（镇）党（工）委分管领导、统战干部，区委统战部相关科室负责人等参加。会议下发

《2020年度静安区街道（镇）党（工）委统战工作责任清单》，进一步明确街镇开展统战工作的责任和重点。区委统战部各副部长结合"清单"，就各自分管工作对下半年重点工作进行部署。区民宗办、石门二路街道、彭浦新村街道分别以《"一屏观全域，一网管全城"，静安区率先探索民族宗教事务纳入"一网统管"》《发挥统战优势，同心同向助力社区疫情防控》《深挖商会组织积极作用，促进大统战格局在基层发光》为题作交流发言。

（王豪斐）

【九三学社市委主委钱锋到静安区开展专项民主监督】 6月2日，九三学社上海市委主委钱锋率领社市委工作组近30人到静安区，就"抓好政务服务'一网通办'、城市运行'一网统管'，提升超大城市治理的现代化水平"贯彻落实情况召开专项民主监督工作会议。中共静安区委书记、区长于勇代表静安区委、区政府对社市委工作组表示欢迎。中共静安区委常委、统战部部长凌惠康主持会议。静安区副区长李震通报静安区"一网通办""一网统管"工作推进情况，存在短板和问题，以及下一步工作打算。钱锋肯定静安区的示范标杆作用。九三学社市委副主委周锋、吴健生，秘书长朱红，区人大常委会副主任、九三学社区委主委严俊瑛，区委办公室、区政府办公室、区委统战部、区行政服务中心及区城运中心负责人出席会议。

（王豪斐）

【市委统战部李霞一行调研静安统战宣传工作】 6月10日，市委统战部二级巡视员、市欧美同学会党组书记李霞一行到静安区调研统战宣传工作。区委常委、统战部部长凌惠康参加。市委统战部宣传处负责人、区委统战部相关负责人陪同。李霞对静安统战宣传工作给予肯定。凌惠康汇报静安统战宣传工作情况。座谈前，李霞一行分别实地走访VSPN量子体育、珠江创意中心及其入驻企业超竞集团、EDG俱乐部、NICE电竞馆，听取中心和企业相关负责人介绍。

（王豪斐）

9月5日，中共静安区委统战部举办支持各民主党派区委、无党派人士开展"四史"学习教育"以乐寻史，以歌追梦"主题音乐会

（区委统战部 供稿）

【静安区各民主党派区委2021年换届工作协商会】 于8月17日在胶州路58号会议室召开。区委常委、统战部部长凌惠康出席，并表示民主党派换届工作是加强民主党派组织建设的重要内容，对于巩固和发展中国共产党领导的多党合作和政治协商制度具有重大而深远的意义，要切实增强做好换届工作的责任感和使命感。区委统战部相关负责人主持并部署相关工作。各民主党派区委主委、专职副主委和秘书长参加。

（王豪斐）

【"以乐寻史，以歌追梦"支持各民主党派区委、无党派人士开展"四史"学习教育主题音乐会】 于9月5日在静安雕塑公园举办。各民主党派区委主委、无党派人士代表、区知联会会长以及区委统战部机关干部参加。中共区委常委、统战部部长凌惠康为主题音乐会致辞。主题音乐会以"四史"引领4个篇章、8首曲目，或演奏或吟唱，用音乐传承"四史"。

（王豪斐）

【静安区新阶层人士自导自演话剧献礼国庆】 9月28日，一出"特殊"的话剧——《共和国不会忘记》在静安区文化馆静剧场上演。市委统战部二级巡视员、市欧美同学会党组书记李霞，区委常委、统战部部长凌惠康，市委统战部相关处室领导、部分新阶层代表人士、区知联会成员和区委统战部、各民主党派区委机关、区社院机关干部、亲友团成员等150余人到场观看。该次活动由静安寺商圈新联会发起，静安区新联会主办，静安区知联会协办。

（王豪斐）

【静安区各民主党派区委主委到江苏省扬州市学习考察】 10月20—22日，中共静安区委统战部组织各民主党派区委主委到江苏省扬州市学习考察。区政协主席、党组书记丁宝定，区委常委、统战部部长凌惠康，各民主党派区委主委及中共区委统战部相关负责人参加学习考察，实地感悟扬州的城市特质和创新发展之路，并就相关特色品牌工作与扬州市政协、市委统战部及各民主党派市委进行交流。

（王豪斐）

【各党派团体参政议政调研课题成果交流会】 11月25日，静安区召开各民主党派、工商联、无党派人士参政议政调研课题成果交流会暨政协一届七次会议参政议政沟通座谈会，交流参政议政调研成果，协商动员政协全会集体提案和大会发言相关工作。区政协党组书记、主席丁宝定出席会议并讲话。区委常委、统战部部长、区政协党组副书记凌惠康主持会议。各民主党派区委、区工商联、无党派人士汇报交流参政议政调研成果及政协全会准备情况。区政协办、区委统战部有关工作人员参加会议。（王豪斐）

【静安区社区统战工作入选"2020年上海街道乡镇统战工作'十佳案例'"】 12月10日，市委统战部通过视频会议形式召开2020年上海街道乡镇统战工作会议。静安区委统战部《"一网统管"大平台、民宗事务有效管》案例入选。大会为获得"2020年上海街道乡镇统战工作'十佳案例'"的单位颁发证书。 （王豪斐）

【区委常委、统战部部长凌惠康与无党派人士集体谈心】 12月18日，区委统战部在环上大影视园区召开集体谈心会，区委常委、统战部部长凌惠康主持会议并与2020年认定的20名无党派人士集体谈心，希望无党派人士要贯彻新发展理念、融入新发展格局、坚定信念、发挥作用，为上海和静安的经济社会发展大局作出贡献。

（王豪斐）

【市委统战部常务副部长黄红调研静安区统战工作】 12月31日，市委统战部常务副部长黄红一行到静安区调研统战工作。区委常委、统战部部长凌惠康陪同。黄红一行到静安区工商联（总商会）副会长企业——沪港国际咨询集团和区城市运行综合管理中心调研。在座谈交流中，黄红表示静安统战工作覆盖全面、主业扎实、思路超前，工作开展富有成效。凌惠康从加强党的领导、服务中心大局、深耕统战主业、创新工作思路等四方面汇报静安区统战工作总体情况。区委统战部、区工商联负责人，市委统战部相关处室和区城运中心有关负责人参加调研。　　　　　　（王豪斐）

【统战信息工作】　年内，依托中央统战信息直报点平台，及时反映统战工作动态，总结经验、挖掘亮点，动态类信息获中央统战部采用4条，市委统战部采用24条。引导党外人才发挥智力密集、联系广泛的独特优势积极建言献策，建言类信息获中央及市级部门采用共40篇，其中中央统战部1篇、市委办公厅28篇、市委统战部11篇，获中共中央政治局委员、市委书记李强批示5篇，相关市领导批示8篇次。　（王豪斐）

【统战调研工作】　年内，在全区下发《关于开展2020年静安区统战调研工作的通知》并作全面部署。经发动，全区统战系统申报课题29项。发挥统战调研专家咨询组智囊作用，对各课题进行开题指导、中期推动等，全年29项课题全部结题并提交成果。其中5项重点课题提交至市委统战部参加2020年统战理论政策研究创新成果评选。大调研工作结合疫情防控和复工复产工作及统战工作实际，深入一线广泛开展调研、解决实际问题，推进调研工作取得实效，提交调研课题12篇。　　　（王豪斐）

【统战宣传工作】　年内，运用"静安统战"微信公众号平台，实时发布静安统战工作动态。至年底，共发布原创内容420余篇，阅读量突破29万人（次），取得良好反响。其中"画说统战"品牌栏目获评2020年静安区群众最喜爱的"十佳"红色文化宣传项目。至年底，区统战各领域特色工作获新华社、中国新闻网、国务院政府网、《人民政协报》等中央和市级媒体以及港澳台相关媒体报道约130篇（次）。（王豪斐）

【统战网络宣传品牌"开学第一课"栏目原创首发的香港国安法解读视频突破百万阅读量】9月1日，"静安统战"微信公众号原创首发《"开学第一课（上）"香港国安法落地，但这远远还不够》视频，邀请香港特区政府行政长官办公室前新闻统筹专员冯炜光，围绕香港国安法的制定背景及其积极意义进行解读。视频一经发布即获得广泛关注，微信公众号阅读量4小时内突破10万人（次），经观察者网、微博、头条号、哔哩哔哩、抖音等多家网络平台转发后，总推送量达600万次，有效阅读量173万次，根据IP地址大数据分析，境外阅读量占15%，其中香港占5%，取得积极广泛的社会影响，并获中央统战部、市委统战部肯定。　　　　　　（王豪斐）

（六）政法工作

【概况】　2020年，静安区政法工作全面贯彻落实中央、市委和区委决策部署，紧紧围绕全区中心工作，聚焦新冠肺炎疫情防控各阶段工作要求，坚持把维护国家政治安全放在第一位，认真贯彻《中国共产党政法工作条例》和《中共上海市委贯彻〈中国共产党政法工作条例〉的实施意见》，较好完成各项工作任务，为扎实做好"六稳"工作、落实"六保"任务，全面夺取疫情防控和实现经济社会发展目标"双胜利"营造安全稳定政治社会环境。坚持服务大局,保障新冠肺炎疫情防控各阶段工作任务推进。建立区新冠肺炎疫情防控社会稳定工作协调机制,全面强化疫情防控期间维护社会稳定各项举措。发挥政法部门职能作用,开展疫情期间重点人员排查、口岸查控、内部防疫等工作。协调区政法各部门抽调精干力量,分批次增援铁路上海站和机场防疫工作,协助做好入境人员分类转运全流程闭环管理。协调做好区8处集中隔离点秩序维护工作,确保"安全不出事"。组建静安区复工复产复市纠纷化解法律服务志愿者团队,参与涉疫经济矛盾、劳动争议纠纷调解。严格依法办理涉疫案事件,积极妥善处置涉疫突发事件,严厉打击涉疫违法犯罪行为。深入贯彻落实总体国家安全观,切实增强政治警觉性和政治鉴别力,始终把维护政治安全和国家安全放在第一位,压实维护国家安全工作责任。健全完善区委国安办工作机制和专项工作机制。聚焦重大现实斗争任务,严厉打击境外敌对势力情报窃密和渗透、滋扰、破坏活动。加强涉恐要素管控,提升反恐防范能级。依托区委平安建设工作例会机制和区信访稳定工作例会机制,深入推进信访矛盾化解攻坚战,推动各类矛盾化解缓解。坚持以"人民城市人民建,人民城市为人民"重要理念为指引,深入推进平安静安建设。在区级层面设立平安静安建设协调小组,将平安建设纳入区委工作例会机制,及时研究解决平安建设工作中的重大问题。紧扣三年为期总目标,深入推进"扫黑除恶"专项斗争。加大"打财断血""行业清源"工作推进力度,推动成员单位承担主体责任,着力铲除黑恶问题滋生土壤。加快社会治安防控体系建设,增强社会治安防控整体性、协同性、精准性。大力推进社会面智能安防建设,提高公共安全保障精细化水平。深入发动平安志愿者参与社会面防控、安全管控工作,公众参与平安建设的渠道进一步丰富,群防群治队伍不断壮大。深入推进毒品犯罪预防工作,加大涉毒违法犯罪打击力度。深入组织开展全民禁毒宣传月系列主题活动,探索与网络直播平台合作的宣传新模式,在"今日头条""周到上海"、《上海法治报》和"中国禁毒"等报刊、网页专版专栏集中刊登禁毒宣传相关内容。有序推进政法领域改革任务,积极配合推进城市运行"一网统管"、政务服务"一网通办",推进平安建设与智慧城区建设深度融合。深化司法责任制综合配套改革,有序推进民事诉讼程序繁简分流改革试点。根据疫情防控工作需要,制发《中共静安区委全面依法治区委员会关于加强新冠肺炎疫情防控工作法治保障的实施意见》《关于为统筹推进疫情防控和复工复产复市工作提供法治保障的意见》,为依法开展疫情防控,依法化解涉疫矛盾纠纷提供有力支撑。协调区政法各部门协商制订易贬损财物先行处置办法,督促退赃退赔,最大限度维护投资受损群体合法权益。积极拓展政法宣传阵地,加强"平安静安"政法宣传新媒体建设,协调各级媒体积极宣传报道静安政法亮点工作。深入研究社会公众普遍关注的涉疫法律问题,组织法律服务专业力量,为群众提供专业的涉疫法律咨询服务。加强党对政法工作绝对领导,加强政法干部队伍建设。坚决贯彻落实政法部门"首学制度",旗帜鲜明加强政法队伍政治建设,引导广大政法干警树牢"四个意识"、坚定"四个自信",做到"两个维护",矢志不渝做中国特色社会主义事业的建设者、捍卫者。加强执法司法规范化建设,不断提升政法部门履职能力和水平,组织开展立案登记制改革相关情况"回头看"督导和检察环节退出案件办理专项监督工作,组织开展执法司法监督工作专项调研和涉法涉诉信访工作专项调研,坚持在疫情防控、对敌斗争、维稳处突和平安建设的第一线锤炼政法干部过硬本领。全面深化政法部门"四责协同"机制,定期召开区政法部门政治部主任例会,实时掌握全区政法队伍动态,深入分析研判政法队伍纪律作风建设状况,及时研究推进政法部门党风廉政和反腐败工作。结合"扫黑除恶"专项斗争,加大政法干警违法违纪行为查纠力度,加强反面案例警示教育,营造风清气正的政法生态。（沈灿）

【李余涛到区委政法委调研督导】 1月16日,市委政法委副书记李余涛到区委政法委调研督导政法工作和社会面防控工作。区委常委、政法委书记赵汝青就静安区政法工作情况和工作中的问题以及对策和措施作重点汇报。李余涛强调要积极探索推进市域社会治理现代化试点工作,进一步完善平安建设各项工作机制,提升基层社会治理的能力和水平;要积极推动"扫黑除恶"专项斗争不断向纵深发展,聚焦重点案件、重点领域、关键环节持续发力,不断健全和完善常态长效工作机制,彻底铲除黑恶势力滋生土壤;要高度关注城市运行安全和生产安全,紧紧围绕旧区改造、重大市政工程建设、重点人员服务管理等领域风险隐患,坚持关口前移、主动作为,进一步提升风险防控的水平和能力;要突出政法干部队伍建设。要以《中国共产党政法工作条例》和上海市《实施意见》的贯彻落实为抓手,进一步推进和完善政治督察、重大事项请示报告、党委政法委协管政法干部、政法委委员述职等制度和工作机制,切实加强党对政法工作的绝对领导,努力打造过硬政法干部队伍,为区域经济社会发展提供更加坚强有力的保障。市委政法委办公室、综治督导处、基层社会治理处主要领导及区委政法委主要领导参加调研督导。（沈灿）

【召开专题会议研究推进突出矛盾化解】 1月19日,区委常委、政法委书记赵汝青主持召开专题会议研究推进突出矛盾化解。会议在区委政法委会议室召开。赵汝青强调要进一步统一思想、提升认识,以更高的政治站位和更实的工作举措推进重大矛盾化解缓解,确保市委、区委的各项工作要求能够落到实处、取得实效;要树牢群众观点、站稳群众立场,始终坚持从居民百姓的实际感受出发,急民之所急,想民之所想,以更加扎实细致的工作取信于民,为市、区重大市政工程建设推进创造有利条件;要将防风险、保安全工作放在更重要位置,要进一步加强重点领域、重点矛盾安全稳定风险研判,提升防范处置的能力和水平。区委政法委、区信访办主要领导和区公安分局、区法院、区商务委、区建设管理委、区规划资源局、区房管局、区生态环境局、区城管执法局、天目西路街道、北站街道、大宁路街道、苏河湾公司、市北高新集团分管领导参加会议。（沈灿）

【市委政法委组织机关干部支援曹家渡街道疫情防控工作】 2月11日,市委政法委副书记章华、副书记陆民,市委政法委政治部主任陈奇忠带领市委政法委机关干部到曹家渡街道支援疫情防控工作。市委政法委机关干部深入社区疫情防控一线,与居委会干部、平安志愿者一同开展岗点执勤、信息登记和商务楼宇、沿街商铺巡查等工作。（沈灿）

【市信访办组织机关干部支援芷江西路街道疫情防控工作】 2月19日,市信访办支援静安区芷江西路街道一线疫情防控工作的党员干部在市信访办主任王剑华带领下,分别到对口支援的6个居民区报到,协助开展社区联防联控和居民服务工作。王剑华指出机关党员干部要主动投入到疫情防控工作最前线去,同基层干部并肩作战,为一线同志分忧解难,在一线工作中增强本领、锤炼党性。市信访办副主任薛秋芳,区委常委、政法委书记赵汝青,区委常委、副

区长刘燮等参加动员。　　　　（沈灿）

【静安区疫情防控社会稳定工作协调机制第一次会议】 于3月3日在区机关4楼会场召开。区委常委、政法委书记赵汝青强调要切实将思想和行动统一到习近平总书记关于疫情防控的重要批示指示精神上来，坚定不移贯彻落实中央、市委重大决策和区委部署要求；要准确预判疫情防控形势，高度重视疫情防控期间各类社会矛盾问题，共同把维护社会稳定工作做细做好，为经济社会持续健康发展提供可靠保障；要充分发挥区协调机制作用，进一步整合资源，提升科学防控的能力和水平。副区长、区公安分局局长潘子罕主持会议并作工作部署。区疫情防控社会稳定工作协调机制组成单位负责人参加会议。　　　　　　　　　（沈灿）

【中共静安区委政法委员会2020年第一次全体会议】 于3月23日在区委政法委会议室召开。会议传达学习习近平总书记重要批示精神和中央、上海市政法工作会议精神，审议静安区政法工作报告，研究部署2020年全区政法工作。区委常委、政法委书记赵汝青强调要深入贯彻落实中央、上海市政法工作会议精神，奋力进取、积极作为，努力开创新时代静安政法工作新局面；要紧紧围绕疫情防控这一当前最重要任务，依托区新冠肺炎疫情防控社会稳定协调机制，充分发挥政法机关促稳定、保平安的职能作用；要紧密结合静安特点和政法工作发展新形势、新要求，研究谋划好年度政法领域各项重点工作，为推动静安在新的起点上实现新作为、开创新局面提供更加坚实可靠的政法保障。区委政法委员会副书记、委员参加会议。（沈灿）

【静安区反恐怖工作领导小组全体成员会议】 于4月22日在区政府机关会场召开。区委常委、政法委书记赵汝青强调要重点做好五方面工作；加强区域内关注人员基础摸排，提升涉恐重点人员动态管控能力；加强主动防御，做好处突准备，提升反恐怖综合防控能力；加快"智慧反恐"建设步伐，提升预测预警预防能力；强化反恐应急力量建设，进一步完善反恐预案和处置机制；进一步健全工作体系，强化责任落实，真正做到反恐怖工作上下联动、步调一致。副区长、区公安分局局长潘子罕主持会议。区反恐怖工作领导小组全体成员参加会议。

（沈灿）

【静安区"扫黑除恶"专项斗争领导小组2020年第一次会议】 于4月23日在区公安分局会场召开。会议就2020年静安区"扫黑除恶"专项斗争工作作专题部署，区委常委、政法委书记赵汝青强调要充分认识专项斗争两年多来取得的成效，切实增强必胜信心和决心；要准确把握"扫黑除恶"专项斗争的阶段性特点，进一步明确当前工作重点；要立足静安区域经济社会发展大局，巩固发展平安建设长效工作机制，要分工负责、完善严打严管工作机制，要凝聚合力、完善部门协作工作机制，要固本强基、提升基层基础工作水平。副区长、区公安分局局长潘子罕主持会议。区"扫黑除恶"专项斗争领导小组全体成员参加会议。　　（沈灿）

【静安区防范处置义务教育阶段涉稳风险专题会议】 于4月26日在区委政法委会议室召开。区委常委、政法委书记赵汝青强调确保在社会面平稳有序状态下完成义务招生阶段各项工作任务；要围绕节点、热点、重点，周密部署、扎实推进、确保有序。要针对各阶段不同特点，扎实有序做好矛盾风险的研判应对处置工作；要牢固树立一盘棋思想，进一步增强工作合力。副区长龙婉丽出席会议要求要思想上高度重视,确保措施到位,结合疫情防控工作要求,做好义务教育阶段招生工作。区委宣传部、区委政法委、区公安分局、区教育局、区市场监管局和各街道(镇)负责人参加会议。　　　(沈灿)

【静安区新冠肺炎疫情防控社会稳定工作协调机制会议】　于5月20日在北京西路1510号2楼会议室召开。区委常委、政法委书记赵汝青强调要进一步增强忧患意识,深刻认识到做好全国"两会"期间信访稳定和社会面安全稳定工作面临的严峻形势;要坚持问题导向,突出重点,把工作做得更深入、更细致、更扎实,全力守住城区安全运行和社会稳定和谐底线;要加强组织领导,牢固树立"一盘棋"思想,进一步细化工作措施,推动责任落实,切实担负起保一方平安、护一方稳定的重大政治责任。区协调机制成员单位分管领导参加会议。　　(沈灿)

【区委全面依法治区委员会办公室第二次(扩大)会议】　于6月4日在区政府机关会场召开。区委常委、政法委书记赵汝青强调要统一思想认识,切实提高全面依法治区工作的政治站位;要聚焦重点工作,着力提升全面依法治区工作的能力和水平;要增强工作合力,统筹保障全面依法治区各项工作措施落到实处。区法院院长孙培江、区检察院检察长杨恒进、区委全面依法治区办公室组成人员、各协调小组副组长和各街道(镇)分管领导参加会议。　(沈灿)

【静安区培训市场涉稳风险防范处置工作专题会议】　于6月5日在区政府机关会场召开。区委常委、政法委书记赵汝青强调要坚持底线思维,提升政治站位,从防范化解重大风险的高度来充分认识做好教育领域涉稳风险防范处置工作的极端重要性;要明确职责分工、加强协同联动,全力做好静安区教育培训市场涉稳风险防范处置工作;要着眼常态长效、推进治理创新,不断提升教育培训行业治理能力和治理水平。副区长龙婉丽出席会议,区相关职能部门和各街道(镇)分管领导参加会议。　(沈灿)

【市"扫黑除恶"专项斗争督导组到静安区开展"扫黑除恶"专项斗争重点工作督导】　7月23日,市高级人民法院副院长、市扫黑办副主任林立带领市"扫黑除恶"专项斗争第四督导组到静安区开展"扫黑除恶"专项斗争重点工作督导。林立专题听取静安区"扫黑除恶"专项斗争"六清"行动、督办案件办理、重点行业整治和长效机制建设等方面工作情况,强调要坚持更高站位,确保"六清"行动有质有量;要坚持更严标准,确保行业整治落地见效;要坚持更实举措,确保专项斗争长治长效。市高院刑庭庭长薛振和市扫黑办相关部门负责人参加督导。区委常委、政法委书记赵汝青作工作汇报,区纪委监委、区法院、区检察院、区公安分局、区市场监管局等部门领导作补充汇报。　(沈灿)

【陶建平到静安区研商推进信访积案矛盾化解工作】　8月11日,市检察院副检察长陶建平到静安区研商推进涉法涉诉信访积案矛盾化解工作。陶建平强调要在前期开展大量工作基础上,抓住当前信访人诉求趋稳的有利契机,深入细致做好教育引导和关心关怀工作,充分调动条块资源,不失时机地推进信访积案矛盾化解缓解。区委常委、政法委书记赵汝青,区检察院检察长杨恒进参加会议。　(沈灿)

【静安区"扫黑除恶"专项斗争领导小组2020年第二次(扩大)会议】　于8月20日在区政府机关会场召开。区委常委、政法委书记赵汝青强调要聚焦短板问题,持续发力攻坚,坚决确保"六清"行动总目标完成;要突出源头治理,着眼常态长效,全面推进重点行业领域专项整治;要坚持对标对表,压实工作责任,全力夺取"扫黑除恶"专项斗争压倒性胜利。副区长、区公安分局局长潘子苹主持会议。区"扫黑除恶"专项斗争领导小组成员单位和相关部门负责人参加会议。 （沈灿）

【陈奇忠到静安区督导调研"扫黑除恶"专项斗争推进工作】 9月17日,市委政法委政治部主任、市扫黑办副主任陈奇忠到静安区督导调研"扫黑除恶"专项斗争工作。陈奇忠强调要围绕涉黑涉恶案件财产刑执行、"三书一函"（监察建议书、司法建议书、检察建议书和公安机关提示函）制发、长效机制完善等方面工作,补短板、强弱项,不断巩固和扩大专项斗争成果,提升城区治理水平和治理成效。区委常委、政法委书记赵汝青和区委政法委副书记胡长春参加调研。 （沈灿）

【市检察院第二巡视组一行到静安区委政法委走访调研】 10月14日,市检察院第二巡视组组长邵志才一行到静安区委政法委走访调研,听取区委政法委对区检察院工作的意见和建议。区委常委、政法委书记赵汝青就相关工作情况作介绍交流。 （沈灿）

【市法学会一行到静安区委政法委走访调研】 10月14日,市法学会副会长施伟东一行到区委政法委走访调研,研究推进静安区法学会建设相关工作。区委常委、政法委书记赵汝青就静安区法学会建设推进情况作介绍。 （沈灿）

【李余涛到静安区督导社会面防控工作】 10月28日,市委政法委副书记李余涛带队到静安区督导十九届五中全会和第三届中国国际进口博览会期间社会面安全防控工作。在听取静安区相关工作情况汇报后,李余涛强调要紧紧围绕十九届五中全会和第三届中国国际进口博览会工作要求,扎实推进社会面管控工作。要紧盯政治安全和涉众、涉恐领域不稳定因素及突出动向,进一步加强情报信息研判,严密管控措施,提升工作成效,坚决守牢安全稳定底线。区委常委、政法委书记赵汝青作工作汇报。 （沈灿）

【静安区党政主要负责人履行法治建设第一责任人职责暨法治政府建设督查整改落实推进会】 于11月10日在区政府机关会场召开。区委常委、政法委书记赵汝青主持会议,并强调要提高政治站位,压实工作责任,充分认识法治督察工作对全面依法治区工作的重要意义,以更有力的举措推进整改工作取得良好效果;要坚持问题导向,高效精准整改,针对工作中存在的问题,提升整改举措针对性,确保问题整改到位;要巩固整改效果,实现动能转化,推动形成常态长效机制。区相关职能部门和各街道（镇）分管领导参加会议。 （沈灿）

【召开专题会议部署四行仓库安防能级提升工作】 11月11日,区委常委、政法委书记赵汝青主持召开专题会议,研究部署"四行仓库"抗战纪念地安防能级提升工作。会议在区委政法委会议室召开。赵汝青强调要进一步提升思想认识,从维护政治安全的高度充分认识做好"四行仓库"抗战纪念地及周边地区安全防范工作的重要性,通过扎实有力的工作,将"四行仓库"这一文化地标保护好、发展好;要加强反恐安全防范,结合反恐防范工作需求和纪念地整体建筑风格,加快落实防冲撞硬隔离设施建设;要综合考虑、统筹优化纪念地及周边交通组织,更好地维护区域公共安全和交通安全;要加强日常管理,针对管理中发现的问题隐患,进一步加强人防、技防、物防建设,确保责任落实、措施落地,切实提升"四行仓库"抗战纪念地及周边地区管理水平。区委政法委、北站街道主要领导,区公安分局、区城管执法局、区绿化市容局、区文化旅游局分管领导和四行仓库抗战纪念馆负责人参加会议。 （沈灿）

【召开专题会议部署重点公园专项整治工作】
11月19日,区委常委、政法委书记赵汝青主持召开重点公园专项整治工作会议。会议在区委政法委会议室召开。赵汝青强调要强化思想认识,充分认识专项整治对净化社会环境,维护社会稳定的重要意义,积极推动专项整治工作取得实效;要坚持依法打击,加强巡查整治,全力压缩非法活动滋生空间;要综合施策,综合运用教育、帮扶等多种手段开展工作,确保工作效果;要充分调动社会力量,发动平安志愿者等群防群治力量加强重点公园巡查。区相关职能部门和部分街道分管领导参加会议。 （沈灿）

【平安静安建设协调小组第一次全体会议】于11月20日在区政府机关会场召开。区委常委、政法委书记赵汝青主持会议,并强调要提高认识,切实增强做好平安建设工作的责任感和紧迫感;要着眼长远,着力提升静安社会治理工作水平;要强化措施,有力维护岁末年初社会和谐稳定。平安静安建设协调小组成员单位负责人参加会议。 （沈灿）

【静安区法学会成立大会】于12月23日在区政府机关会场召开。市法学会党组副书记、专职副会长施伟东到会指导,并强调要精准把握法学会属性,始终坚定正确的政治方向;要以全面依法治国重大决策为指引,加强法学会自身建设;要找准职能定位,提升法学会工作能力和水平。区委常委、政法委书记赵汝青强调要始终坚持把党的领导放在首位,突出法学会的政治属性;要聚焦服务保障经济社会发展、人民城市建设和法治静安建设,为建设"国际静安、卓越城区"凝聚法治力量;要推进人才培养、思想交流、理论探索"三个平台"建

11月20日,平安静安建设协调小组第一次全体会议在区政府机关会场召开

（区委政法委 供稿）

设,更好地繁荣法学研究、服务法治实践。副区长、区公安分局局长潘子罕主持会议。区法院院长孙培江、区检察院代检察长董学华出席会议,静安区法学法律界100名会员代表参加会议。 （沈灿）

【静安区市域社会治理现代化试点工作推进会】 于12月29日在区政府机关会场召开。区委书记于勇强调要提高认识,正确把握市域社会治理现代化的内涵和要义,努力推动静安区试点工作走在前列,打造超大城市中心城区社会治理样板;要聚焦重点,全力推进试点任务开展,进一步完善体制机制,创新方式方法;要压实责任,确保试点工作任务落地落实。区委副书记、区长王华主持会议。区委常委、政法委书记赵汝青作工作部署。区委常委、组织部部长顾春源,区委常委、副区长刘燮,区委常委、副区长梅广清,副区长龙婉丽、李震、张军,区市域社会治理现代化试点工作领导小组成员参加会议。 （沈灿）

2020年静安区获区见义勇为先进个人称号情况表

姓名	单位	职务	事迹
袁锡东	无	无	2020年9月22日6时40分许,在万航渡路455号及时处置一起火灾,并从现场救出一名90多岁的独居老人

（七）党校工作

【概况】 2020年,区委党校（区行政学院）以习近平新时代中国特色社会主义思想为指导,贯彻落实习近平总书记关于党校办学治校系列重要指示精神和《中国共产党党校（行政学院）工作条例》,聚焦主业主课,开展干部教育培训工作,全年完成9个班次653人（次）的培训任务,7600多人（次）服务保障。依托"名师工作室"平台,助力教师教学科研咨政工作。加强干部队伍建设,提任副科级领导干部2人,专业技术人员岗位晋升1人,招聘专职教师1人。组织教职工开展中共十九届五中全会精神专题学习、《习近平谈治国理政》第三卷宣讲辅导、党风廉政教育月活动、6·5世界环境日主题活动。开展国家级节能型公共机构示范单位创建。落实校园疫情防控措施,组织18名党员群众参与彭浦新村街道、宝山路街道、浦东机场疫情防控志愿服务。与5家党支部开展结对共建工作。推进与武警上海总队执勤第五中队第六支队的"双拥"工作。区委书记陆晓栋、区委副书记黄红、市委党校常务副校长徐建刚分别调研校（院）工作。4月29日至6月30日,区委第四巡察组对校（院）开展巡察。 （洪雪怡）

【"四史"学习教育】 年内,区委党校通过中心组学习、教师集体研讨、参观红色场馆、邀请专家授课等方式,开展"四史"学习教育。与区纪委监委机关第七党支部联合开展"学思践悟守初心,砥砺前行担使命"主题党日活动。开展"悦读经典"线上主题学习活动。"80后"青年党员成立理论学习小组。组织学员、党员聆听区委书记于勇的专题党课。在主体班教学内容中增设"四史"专题单元,"四史"教学内容不低于20%。创新"四史"学习教育教学模式,组织教师编写"四史"教学案例。举办"四史"学习教育微党课首发活动。组织教师拍摄10堂微党课,在"静安党校"微信公众号、"上海静安"融媒号和"学习强国"学习平台上发布。落实党支部联系点制度,为5家结对党支部送去"四史"微党课和相关学习材料。　　（洪雪怡）

【干部教育培训】 年内,区委党校坚持以学习习近平新时代中国特色社会主义思想为教学中心内容和首要任务。突出党的理论教育和党性教育的主业主课地位。党的理论教育和党性教育课程比重不低于总课时的70%。创新教学方式方法,推行研究式教学,开设翻转课堂、案例教学、体验式教学等课程。线上和线下课程相结合,引入中央党校精品网课。实现学员在线理论学习和测试,主体班入学理论闭卷测试做到全覆盖。探索完善中青班党性教育考核方式,强化跟踪考核和过程考核。加强对社区校的业务指导,协助基层和社区党校线上党课开发和师资联络。　　（洪雪怡）

2020年静安区委党校培训班情况表

时间	班名	班次(期)	人数(人)
8.19—9.4、9.17	2020年静安区新录用公务员区情教育培训班	1	81
8.27、9.4、9.10	静安区机关党工委机关党支部书记培训班	1	60
9.15—10.19	静安区第十一期处级干部进修班	1	44
9.23—9.25	静安区2020年居民区党组织书记集中培训班	1	258
9.27—12.1	静安区第四期中青年干部培训班	1	29
10.12—10.30	2020年第一期静安区科级领导职务公务员任职培训班	1	70
10.18—10.23	浙江省丽水县科级领导干部素养提升班	1	50
10.20—11.17	静安区第十二期处级干部进修班	1	34

（续表）

时间	班名	班次(期)	人数(人)
11.18—12.16	静安区第十三期处级干部进修班	1	27
合计		9	653

（洪雪怡）

【教学科研工作】 年内，区委党校依托以中共二大会址纪念馆等为代表的红色教育基地，探索"教学导入—教学强化—教学延伸"三段式现场教学模式，打造现场教学品牌。落实上海市党建研究会"两新"组织党建专委会工作，以静安区"新时代上海楼宇党建创新实践基地"为平台，开发静安楼宇党建专题课程，列入上海市委党校主体班次教学内容。教师编写抗疫案例6个，其中1个入选中央组织部优秀案例，2个入选市委组织部优秀案例。全英文网络培训课程《织密网、筑防线：上海市静安区防控疫情的行动》入选中共中央对外联络部"网络交流资料库"。联合上海市委党校哲学部举办现场教学研讨会。与上海发展研究院合作举办"南京西路商圈"发展研究论坛。教师申报国家、市级、校级教学研究课题12项，公开发表文章10篇，提交各级各类征文7篇。

（洪雪怡）

【上海市北部片区党校（行政学院）协作体工作】 年内，区委党校作为上海市北部片区党校（行政学院）协作体2020年轮值单位，牵头做好协作体内6家成员单位交流合作各项工

11月6日，上海市北部片区党校（行政学院）协作体现场教学专题研讨会在静安区委党校召开

（区委党校 供稿）

作。筹办上海市北部片区协作体"四史"学习教育工作研讨会,开展片区"四史"学习教育特色成果、"红色文化教育品牌"项目征集,梳理汇总现场教学基地、教学案例和特色课程,编印《不忘初心,砥砺前行——上海市北部片区党校(行政学院)"四史"学习教育特色成果汇编》。举办上海市北部片区党校(行政学院)协作体现场教学专题研讨会,形成现场教学成果汇编。

(洪雪怡)

(八)老干部工作

【概况】 至12月31日,静安区有离休干部382人,其中区属离休干部345人(女离休干部143人),易地安置离休干部37人;正局级2人,副局级5人,享局级10人;抗日战争时期参加革命工作81人,解放战争时期参加革命工作301人。离休干部平均年龄为92.13岁。年内,47名离休干部去世。有社区离休干部916人。全区有319个关心下一代组织。区委老干部局加强政治引领,发挥老同志的政治优势、经验优势和威望优势,组建区离退休干部"四史"宣讲团,打造"静老四史"学习教育品牌,开展"静老讲四史""静老说四史""静老画四史""静老看四史""静老寻四史"主题系列活动。举办2场局级离退休干部区情通报会,召开2场意见征求会,区委政府主要领导亲自传达和听取意见。强化党建工作,举办离退休干部党支部书记培训班,2个离退休干部党支部被命名为市级"示范党支部",推进"社区离退休干部之家"挂牌264家,配套形成"功能设置+服务清单"14个,创新开展离退休干部网上组织生活,举办16场在线形势报告会,点击收看累计超过7万人(次)。组织离退休干部以捐款捐物、参与社区防控、发文倡议、文艺创作等形式,助力疫情防控阻击战。发挥先进模范示范引领作用,宣传区21个获全国及上海市离退休干部先进集体和先进个人优秀事迹。成立静安区"静老"离退休干部志愿服务大队和15支离退休干部志愿服务队。承办全市"从石库门再出发"主题活动启动仪式。区关工委被评为全国关心下一代工作先进集体,2名离休干部被评为全国关心下一代工作先进工作者。聚焦精准服务,走访慰问离退休干部近2600人(次),解决离休干部特殊医疗问题99人(次),开展"静老易出行"方便叫车服务达900余次,为社区606户离休干部家庭免费清洗空调1126台,为社区孤老、独居和90岁以上离休干部共290户开展水电煤等安全检查,免费为离休干部上门应急维修72次。创新活动载体,围绕"喜迎小康"主题,举办书画摄影展和文艺会演,持续做好老干部大学课程标准化建设,一门课程被评为2020年上海市老干部大学系统精品课程,探索线上+线下学习教育新模式,疫情期间,老干部大学10个班级通过"云课堂"视频直播方式开展网上教学。加强静安区离退休干部信息管理系统维护和建设,形成"互联网+服务+管理"工作新模式。抓好队伍建设,通过辅导讲座、情景党课、交流分享会等多种形式,切实提升"四史"学习教育实效。落实大调研工作,深入基层完成6项调研课题。

(杨纬杰)

【原局级离退休干部迎春团拜会】 于1月13日在区老干部活动中心举行。区委书记陆晓栋,区委副书记、区长于勇,区人大常委会主任顾云豪,区政协主席丁宝定,区委副书记黄红,区委常委、组织部部长顾春源等区领导出席活动。陆晓栋向老同志拜年,并通报静安区2019年经济社会发展情况及2020年工作打算。

(杨纬杰)

【市委老干部局领导调研静安老干部工作】3月24日,市委组织部副部长、老干部局局长杨佳瑛一行到静安区调研离退休干部在线学习、活动、发挥作用和老干部工作制度建设情况。区委副书记黄红出席座谈会。9月3日,市委老干部局副局长包龙根,市老干部活动中心主任、二级巡视员王欢平等一行到静安区老干部活动中心就活动中心工作开展情况进行专题调研。9月9日,市老干部大学副校长查正和一行到区委老干部局,对区老干部大学志愿者服务团队建设情况开展调研指导。查正和就志愿者服务点工作要求予以说明,并对进一步做好静安区老干部大学志愿服务团队建设工作提出意见和建议。

(杨纬杰)

【离退休干部"迎春纳福,艺术惠民"系列活动】1月上旬,区老干部大学组织书法班学员代表到江宁路街道恒德里居民区、宝山路街道王家宅居民区、彭浦镇沪太路1051弄居民区,与社区居民共同开展"迎春纳福"——静安区老干部大学进社区写春联活动,为社区居民写"福"字、送春联。1月16日,区老干部活动室携手上海铁路集团老干部活动室在铁路上海站开展"喜迎新春,送万福,进万家"写春联送"福"字活动,向助力上海城市建设的返乡客们传递节日的祝福。1月17日,区老干部大学携手上海铁路集团老干部书画协会共同开展"翰墨静韵"——静安区域离退休干部迎春书画笔会活动,两家单位的10余名书法家及师生代表在静安老干部活动中心进行现场创作,展现健康向上的精神面貌。

(杨纬杰)

【城市社区离退休干部党建试点工作】4月21日、4月22日、5月7日,区委老干部局到临汾路街道、静安寺街道和彭浦新村街道等3个城市社区离退休干部党建工作试点街道开展调研,总结试点经验,交流存在问题,明确要深化认识、整合资源、培育品牌,开发离退休干部人

1月17日,静安区老干部大学携手上海铁路集团老干部书画协会共同开展"翰墨静韵"——2020年静安区域离退休干部迎春书画笔会活动。图为两家单位的书法家及师生代表进行现场创作

(区委老干部局 供稿)

才资源,加大典型选树力度,壮大"两新"组织党建指导员、社区党建指导员队伍,共同推动离退休干部党建工作高质量发展。 (杨纬杰)

【静安区域老干部活动中心(室)联合体年度工作会议】 于6月12日在上海仪电集团老干部活动中心召开。会议总结2019年工作,探讨2020年度工作计划,明确要继续强化老干部政治思想引领工作,持续发挥老同志作用,坚持资源优势共享,有效汇聚工作力量;坚持活动内容共享,有效丰富老同志的精神文化生活;坚持活动经验共享,互相启发,有效发挥区域联合体优势,为开展好老同志活动贡献力量。 (杨纬杰)

【静安区离退休干部区情通报会】 于6月30日在区老干部活动中心举行。区委书记于勇为老同志作区情通报,传达一届区委十二次全会精神。区委常委、组织部部长顾春源出席。 (杨纬杰)

【承办"从石库门再出发"主题活动启动仪式】 7月5日,百余名青少年代表、老同志代表以及相关单位人员,齐聚爱国主义教育基地四行仓库抗战纪念馆,拉开上海市2020年度"从石库门再出发——学习党史国史、传承红色基因、争做时代新人"主题活动序幕。市委组织部副部长、市委老干部局局长、市关工委常务副主任杨佳瑛出席活动并讲话,区委书记、区长于勇,区委常委、组织部部长顾春源等出席。 (杨纬杰)

【举办3场学"四史"专题讲座】 年内,在区老干部活动中心举办3场面向全区离退休干部的学"四史"专题讲座。7月9日,首场讲座邀请上海市委党校马克思主义学院卜新兵教授作题为《在学习"四史"中筑牢理想信念,坚定"四个自信"》的报告,全区各部门机关退休党支部书记代表50余人参加。7月31日,第二讲邀请静安区离退休干部"四史"宣讲团陈新光作题为《新中国、新气象、新发展》的主题报告,全区离退休干部党支部书记、老干部工作者、离退休干部党建工作联络员通过网络直播观看报告会。8月21日,第三讲邀请市委巡视组组长、市纪委常委、监委委员王永伟结合"四史"学习教育作《习近平谈治国理政第三卷》专题辅导报告,全区各部门机关退休党支部书记代表、老干部工作者代表参加学习。 (杨纬杰)

【区老干部大学开展离退休干部"云课堂"教学】 于8月11日在区老干部活动中心首讲。邀请上海中医药大学陈少丽博士围绕"科学养生,安然度夏"主题为老同志介绍夏日健康生活的方式,2800余人(次)通过网络直播方式参加讲座。11月17日,"云课堂"第二讲在区老干部活动中心举行,邀请复旦大学附属华东医院健康管理部副主任洪维作"老年人体检中常见问题释疑"在线讲座,9000余人(次)老同志观看讲座视频。 (杨纬杰)

【"同心共圆小康梦,共庆舞动新时代"静安区离退休干部喜迎小康暨庆重阳文艺演出】 于10月22日在静安区老干部活动中心举行,市委老干部局副局长包龙根,区委常委、组织部长顾春源等出席活动。市合作交流办、国网上海电力公司、区老干部大学、区总工会民乐团及部分街道的13家老干部文艺团体共百余名演员先后登台,表演合唱、朗诵、戏曲、乐器、舞蹈等节目。活动中,包龙根、顾春源共同为"笔歌墨舞"静安区离退休干部喜迎小康书画摄影展揭幕,176幅书画、篆刻、摄影作品在区老干部活动中心进行为期1个月的展出。 (杨纬杰)

【召开2次老干部座谈会】 10月27日,区"十四五"规划编制征求老干部意见座谈会在区老干部活动中心召开，区委书记于勇就制订静安区国民经济和社会发展第十四个五年规划听取部分离退休老同志的意见和建议，区委常委、副区长梅广清出席会议。12月24日，区《政府工作报告》征求老干部意见座谈会在区老干部活动中心召开，区委副书记、区长王华就区政府2020年《政府工作报告（征求意见稿）》听取部分离退休干部的意见和建议。　　（杨纬杰）

【街镇老干部工作会议】 于11月13日在区老干活动中心召开。会议部署离退休干部党建、服务保障及文化养老等方面工作，并要求增强新形势下老干部工作责任感、使命感，继续发挥老同志政治优势、经验优势、威望优势，加强统筹协调，扎实推进各项重点工作。全区14个街镇的老干部工作者和党建联络员出席会议。

（杨纬杰）

【离退休干部党支部书记培训班】 11月19、20日，静安区离退休干部党支部书记培训班在区老干部活动中心举办，全区近百名离退休干部党支部书记、副书记参加培训。培训班围绕基层党建工作概述、基层党支部工作条例解读、示范党支部工作经验交流、"四史"学习教育宣讲、"上海老干部"手机应用软件（APP）等相关内容开展专题辅导。　　（杨纬杰）

（九）机关党建设工作

【概况】 2020年，静安区区级机关党建工作按照中央、市委和区委关于加强和改进机关党的建设的要求，认真推进全面从严治党，机关党建基础进一步夯实，机关文化建设持续深入，机关凝聚力和战斗力不断增强。认真贯彻区委防疫工作要求，通过发布"倡议信""慰问信""感谢信"及召开"凝聚党员力量、筑牢战斗堡垒、奋斗'战疫'一线"交流座谈会等形式，加强宣传引导。开展"想见你、谢谢你"特辑活动，让奋战在各条防疫战线的机关党员代表用自己的声音记录、讲述"战疫"中的感人故事，鼓舞干部士气。组织发动近千名机关党员干部充实到一线防疫队伍，支援社区、火车站等疫情防控工作，其中45个部门的300余名处级和科级以下机关干部，作为机关志愿者走上机场抗疫防控战线。组织4492名机关党员捐款支持疫情防控工作，共募集捐款74万余元上缴区委组织部。加强机关党的建设，制订"四史"学习教育工作方案、《静安区区级机关党员干部学习菜单》，引导党员干部自主选择学习主题和学习内容，组织7家部门开展3场机关"四史"教育联组学习，与黄浦区、青浦区区级机关党工委签订"四史"教育合作共建意向。组织召开2场"政治生日"集体谈心会，引导机关党组织运用好"政治生日"等仪式教育活动。为入党30年的机关党员开展"人民城市人民建，人民城市为人民"行走党课。落实市委、区委关于加强机关党建的工作部署，起草《关于加强和改进区级机关党的建设的实施办法》。配合区委督查室对56家机关党组织开展机关党建责任制专项督查。修订和完善《静安区区级机关党组织党建工作绩效考核和述职评议实施方案》，进一步强化党建责任制考核体系，推进机关党工委处级领导对口联系基层党组织工作机制，实施党建分类督导，12月，组织56家机关党组织书记开展述职评议考核。制订机关党组织调整组建方案和机关离退休党支部换届选举方案，部署机关离退休党支部延期换届选举工作。全年完成6家党委改党组后的党员组织关系转接工作，40家机关和事业单位党组织完成换届选举，16家机关和事业单位党组织增补书记、副书记和委员。全年共完成48名新党员发展和49名预备党员按期转正。组织2019年入党的49名新党员开展"做一天信访干部"活动。指导推进区级机关党组织开展推进"一个支部一个品牌"建设,开展《做好"抓基层、打基础、重基本"工作,让党支部全面进步、全面过硬》的党建课题调研。制订《静安区区级机关党员教育培训工作方案》,建立"区级规定课程+党工委指定课程+党组织自定课程"的党员培训课程模式,举办2020年党组织书记培训班,15家单位参加"十九届五中全会精神"联组学习,并提供4场送学上门活动,累计近千名机关党员干部参加集中教育。深化"不忘初心、牢记使命"主题教育活动,指导4000余名机关在职和离退休党员开展专题组织生活和民主评议活动。推荐优秀课题论文10篇参加市级机关工作党委组织的机关党建和思想政治研究论文征集活动,获二等奖1篇、三等奖2篇。组织对困难党员、因公牺牲党员和老党员慰问,累计慰问805名党员,金额48万余元。全年举办形势教育讲座3场。积极组织"学习强国"学习平台推广使用,实现机关党员干部全员参与。多途径开展机关党建宣传,组织开展机关走廊文化创建活动,共有33家单位参加评比,区纪委监委机关、区国资委等18家单位获奖。全年布展专栏板报5期,运用"静安机关党建"微信公众号推送党建信息234篇,区级机关党建信息被"学习强国"全国平台录用5篇,上海平台录用40余篇。开展专题警示教育和"明礼仪、传家风"教育,进一步提升党员干部的廉洁自律意识,指导机关党组织实施党纪处分报批和备案制。持续做好文明城区复评迎检工作,组织区纪委监委等5家单位参评市级文明单位创建,区委统战部等4家单位参评区级文明单位创建。动员组织机关党员干部,结合"双结对"共建活动,全覆盖260余个社区开展上门宣传、社区清洁、马路值勤等"助力创全"文明实践志愿服务活动。落实中央"制止餐饮浪费行为,培养节约习惯"要求,发出倡议书,开展"厉行节约,助力创全"网上承诺活动,会同区机管局推动机关单位结合部门工作实际开展专项活动。开展军地双拥共建。持续推动机关志愿者队伍建设,组织机关党员干部参加3·5学雷锋志愿者服务活动和12·5国际志愿者日活动。推动机关工会组织规范化建设,加强工会经审工作,召开"机关后勤保障"座谈会。持续实施《关于激励静安区级机关基层工会开展特色品牌工作的实施办法》,5个基层工会成功申报特色品牌工作。推动职工文化建设,建设星级职工书屋5家。完善机关友爱互助基金和大病帮扶机制,推进互助保障及大病职工慰问关心工作,开展高温期间慰问一线职工活动,累计慰问机关会员600余人(次),发放慰问金和实物29万余元。组织机关"爱心一日捐"活动,募集捐款54万余元。开展机关团组织建设,机关党工委联合区总工会、团区委、区文明办等部门,共同印发《关于开展2020年静安区青年(职工)学"四史"、学理论、学经典系列活动的通知》,并在全区机关范围内组建近50个青年理论学习小组。开展"青年阅读马拉松""书香·朗读季"等活动,组建青年微党课宣讲团、汇编"四史"学习教育感悟《青年学史说》。组织3场机关青年干部座谈会,调研思想动态;持续推进机关青年"移动书屋"建设。树立典型,开展区"五四红旗团组织"和优秀共青团员、优秀共青团干部、青年岗位建功先进集体和青年岗位能手申报评选工作,区政府办公室综合科等4个单位的部门获评2019—2020年静安区"青年文明号"。至12月31日,区级机关党工委下属3个党委、11个党总支、161个在职党支部、12个离休党支部、57个退休党支部,共有党员4891人,其中离退休党员1906人。区机关工会下属53个区级机关工会组织,有工会会员2973名。区机关团工委下属29个区级机关团组织,有团员198名。

（侯巍青）

【机关慈善"一日捐"】 1月2日,"蓝天下的至爱——2020年静安区区级机关慈善'一日捐'"捐款仪式在常德路370号4楼会议室举行。区四套班子领导、区人民法院、区人民检察院主要负责人,以及区级机关各级党组织所在部门主要领导近90人参加活动。在区区级机关党工委、区机关工会号召下,55家机关党组织所在单位的3000余名区级机关党员、干部,捐款54万余元,并悉数移交慈善基金会静安分会,用于结对帮困、助学、突发事件或自然灾害等救助。

（侯巍青）

【机关党员干部抗疫故事电台特辑】 3月13日起,静安区区级机关党工委在上海人民广播电台FM101.7频道,推出为期10天的"想见你,谢谢你"静安区区级机关党员干部抗疫故事电台特辑。每日四个时段滚动播放冲锋在抗疫工作第一线的部分静安区区级机关党员干部代表小故事。

（侯巍青）

【"书香·朗读季"线上系列活动】 4月起,静安区区级机关党工委、机关团工委开展"书香·朗读季"线上系列活动,聘请专业主持人为10名机关青年干部传授播讲技巧。借助"静安机关党建微平台"的"经典·遇见"栏目,把各类红色经典、理论原著、名家名篇的优秀文化精髓介绍给机关党员干部,营造"书香机关"文化氛围。

（侯巍青）

【静安区区级机关党的建设工作会议】 于5月27日在区机关大楼4楼多功能厅举行。区委书记、区长于勇,区委副书记黄红,区委常委、组织部部长顾春源,区委常委、区纪委书记何以琴,区委常委、宣传部部长姜鸣出席会议。会上,静安区区级机关党工委、区建设管理党工委、临汾路街道党工委分别进行交流发言。会议下发《中共上海市静安区委印发〈关于加强

5月27日,中共静安区委在区机关大楼召开静安区区级机关党的建设工作会议

（区机关党工委 供稿）

和改进区级机关党的建设的实施办法〉的通知》，要求相关部门结合文件，找弱项、补不足，全面推动机关党的建设在政治建设、思想建设、组织建设、作风建设、纪律建设以及制度建设方面实现新作为，展示新成效，切实肩负起管党治党的政治责任。 （侯巍青）

【区级机关"四史"学习教育】 年内，静安区区级机关党工委认真落实区委要求，坚持把"四史"学习教育作为不忘初心、牢记使命长效机制抓实抓好，制订《静安区区级机关党工委关于开展党史、新中国史、改革开放史、社会主义发展史学习教育的工作方案》，定期发布工作提示，结合党员教育培训工作计划，引导机关党组织在重要节点开展有针对性的党员"四史"学习教育。通过整合市委宣传部、市级机关党委、市总工会等上级单位提供的书单，制作《静安区区级机关党员干部学习菜单》，为机关各级党组织搭建形式多样的学习平台。全年共组织开展3场机关"四史"教育联组学习会，开展4场机关联组学习活动。静安区区级机关党工委还与黄浦区和青浦区区级机关党工委签署"四史"教育合作共建意向，引导机关党组织开展横向学习交流。 （侯巍青）

【"以史为鉴守初心、砥砺奋进新征程"静安区区级机关青年(职工)学"四史"、学理论、学经典系列活动】 6月10日，静安区区级机关党工委召开"以史为鉴守初心、砥砺奋进新征程"——区级机关"四史"教育暨青年(职工)学"四史"、学理论、学经典小组集中学习会。区委组织部、区级机关党工委、区文明办、区总工会、团区委领导出席会议，区级机关党支部委员和青年(职工)理论"三学"小组组长100余人参加。会上介绍青年(职工)理论"三学"小组组建情况，宣读"四史"学习教育推荐书目，宣布"书香·朗读季"活动中"最美朗读者"获奖名单。部分青年(职工)"三学"小组代表参加活动赠书仪式，现场邀请3名"最美朗读者"诵读经典篇目。学习会上还举办《红色印记——静安区重要革命遗址简介》"四史"学习教育讲座。年内，围绕引领机关青年学"四史"、学理论、学经典目标，区级机关党工委开展一系列学习成果交流展示活动。在机关青年中进行征集和发动，成立微党课宣讲团。拍摄"四史"学习教育党员微党课，在静安机关党建微平台和"学习强国"学习平台进行线上宣传。收集各青年理论学习小组"四史"学习心得体会，汇编成文集并制作"四史"学习教育感悟汇编《青年学史说》。组织青年理论学习小组参加书香静安·新时代文明实践学习教育活动暨壹字读书会三周年分享会。 （侯巍青）

【庆祝中国共产党成立99周年交流座谈会】 7月3日，静安区区级机关党工委在区党建服务中心举行庆祝中国共产党成立99周年暨"凝聚党员力量、筑牢战斗堡垒、奋斗'战疫'一线"交流座谈会。区级机关党组织书记和机关预备党员100余人参加会议。区委组织部副部长、区社会工作党委书记孙明丽出席活动。会上回顾新冠肺炎疫情以来区级机关各级党组织和广大党员积极响应区委号召，主动挺身而出，到社区、火车站、机场等守护一方平安的各项举措和感人事迹，播放区级机关党员干部"战疫"宣传片。区委党校、区城管执法局、区民防办、铁路上海站管委办、区人力资源保障局、区商务委代表发言。 （侯巍青）

【"助力创全"工作】 8月27日，区级机关党工委在区委党校召开"制止餐饮浪费行为，培养节约习惯"——暨区级机关开展"助力创全"工作部署会，区级机关56个党组织主要负责人参加会议。会议印发《关于在区级机关党员干部中贯彻落实习近平总书记重要指示精神,坚决制止餐饮浪费行为的工作方案》和《关于在区级机关开展"助力创全"文明实践活动的通知》。区级机关党员干部在区级机关党工委组织发动下,纷纷通过"主题党日""双结对"等形式,深入"双结对"社区开展上门宣传、社区清洁、楼道整治、马路值勤等"助力创全"文明实践活动,参与"助力创全"垃圾捡拾、秩序引导等工作,以实际行动参与全国文明城区创建复评活动。

(侯巍青)

【2020年静安区区级机关党支部书记培训班】于8月27日在区委党校举办,区委组织部副部长、区社会工作党委书记孙明丽作开班动员。培训班总学时3天,分3周完成,100余名机关各级党组织书记和委员参加培训。其间,邀请市委组织部、浦东干部学院、市委党校和中共四大纪念馆的专家教授,就组织工作条例解读、宏观经济研究、国内外形势分析和党史学习教育等内容开展培训。

(侯巍青)

【学习宣传贯彻中共十九届五中全会精神】11月24日,静安区区级机关党工委在区党建服务中心召开区级机关第一场学习贯彻中共十九届五中全会精神联组学习会,并邀请市宣讲团成员为机关党员干部授课。区审计局等8个部门约120名党员干部参加学习。在为期两个月的学习宣讲活动中,静安区区级机关党工委以板报宣传、新媒体推送、送学上门形式,积极引导机关各级党组织和党员干部深入学习贯彻十九届五中全会精神,并组织7场近800名机关党员干部集体参与的机关联组学习活动。 (侯巍青)

【"国际志愿者日"活动】12月4日,静安区区级机关党工委组织区人力资源社会保障局、区民政局、区司法局、区卫生健康委、区医保局和区总工会等部门的15名机关志愿者,在铁路上海站南广场开展便民服务活动,提供法律咨询、就业政策、劳动仲裁、医疗保障、人才引进、计生政策、婚姻收养和救助政策等数十项咨询服务,用行动诠释志愿者精神。

(侯巍青)

【党组织书记述职评议会】 12月11日,静安区区级机关党工委举行2020年区级机关党组织书记述职评议会,区委组织部副部长、区社会工作党委书记孙明丽出席会议。会上,区商务委党总支、区卫生健康委机关支部、区法院机关党委等7家机关党组织书记作年度机关党建工作口头述职,49家机关党组织书记作书面述职,并进行互评打分。

(侯巍青)

(十)档案工作

【概况】 2020年,区档案工作坚持疫情防控和档案工作"两手抓、两手硬",不断提升档案治理和服务能级,推动档案工作再上新台阶。发挥档案编研资政育人作用,整理编纂《2003年防治"非典"工作档案资料摘编》,为区疫情防控工作提供参考;精选疫情防控照片200余张制作宣传展板,在静安区三所学校进行巡展。开展依法治档,印发《关于做好静安区新冠肺炎疫情防控档案工作的实施意见》《静安区关于本区行政区域内国有企业退休人员人事档案分类移交操作办法的通知》,制订《静安区行政执法档案管理办法》,推进8号令审批和"两美"建档,开展"11·15"档案工作指导;开展档案人员业务知识培训、档案初级职称继续教育培训;对全区12家单位进行档案执法检查。加强"老字号"企业档案指导服务,围绕"老字号"

企业档案规范管理等工作开展专项调研，完成调研报告；培育彭浦镇、上海雷允上药业西区有限公司创成上海市"样板档案室"。持续推进静安区档案馆新馆建设，智慧档案馆课题通过验收，新馆土建部分完成结构封顶，智能档案库房项目进入施工阶段。丰富馆藏资源，征集疫情档案资料，完成28家单位，共52101卷、160623件档案进馆，包括静安、闸北两区"撤二建一"进馆档案、涉及机构改革单位、重点档案以及区属国有企业死亡退休职工人事档案等。强化档案文化宣传，以"国际档案日"宣传月为契机，编写对口支援、疫情防控、"老字号"企业档案管理等方面微信文章11篇，在《静安报》刊印"档案日专版"，反映静安区助力脱贫奔小康工作成效；做好《静安档案》季刊编辑发行，结合疫情防控工作、全面建成小康社会和抗美援朝出战70周年等主题刊登相关文章。提高档案民生服务质量，完成馆藏档案满30年开放鉴定，新增开放档案2376卷。全年接待档案查档利用者3344人（次），提供查阅档案4251卷，受理全市跨馆申请324件（次），长三角地区跨馆申请7件次，出具档案证明12264件。全年受理政府信息依申请公开380件（次）、接待咨询608人（次），为各部门提供行政复议、诉讼等材料40余份。收集各单位提供的2019—2020年主动公开文件2649份。　　（冯晓瑜）

【开展防控新冠肺炎疫情档案征集】　2月28日，在"上海静安"手机应用软件（APP）、静安门户网站、微信公众号以及《静安报》等区级媒体上发布《关于征集"防控新冠肺炎疫情"档案资料的公告》，向社会公开征集反映防控新冠肺炎疫情档案资料。全年共收到108幅（件）作品，其中抗疫诗书画23幅、照片54幅、抗疫日记17件、实物14件，主要有赵丽宏、汤兆基、罗希贤等名人捐赠的抗疫书画、篆刻等作品，以及疫情防控工作照片、机场志愿者防疫日记等。
　　（冯晓瑜）

【编纂《2003年防治"非典"工作档案资料摘编》】　2月，对静安、闸北两区2003年"非典"防控时期形成的专题档案开展整理编研，印制

4月17日，上海市档案局（馆）领导到静安区调研"老字号"企业档案工作　（区档案局　供稿）

《2003年防治"非典"工作档案资料摘编》，内容包括闸北区、静安区2003年抗击"非典"疫情的重要工作情况，包括区"非典"防治工作领导小组及各部门相关会议记录、会议纪要、大事记、工作计划总结、宣传资料；区各部门防治"非典"工作机构、协调机制；组织医药用品、组织相关物资保障、生产生活保障等，为区新冠肺炎疫情防控工作领导小组工作提供参考。

（冯晓瑜）

【新冠肺炎疫情防控档案指导】 2—3月，区档案局印发《静安区档案局关于做好新冠肺炎疫情防控档案工作的提示》两期，加强对疫情档案收集工作提醒。6月5日，区档案局联合区新冠肺炎疫情防控工作领导小组办公室印发《关于做好静安区新冠肺炎疫情防控档案工作的实施意见》，加强疫情防控档案管理。

（冯晓瑜）

【推进国企退休人员人事档案移交工作】 3月起，区档案局与区国资委、区人力资源社会保障局共同推进国企退休人员人事档案移交工作。8月27日，区档案局与区人力资源社会保障局联合印发《静安区关于本区行政区域内国有企业退休人员人事档案分类移交操作办法的通知》。

（冯晓瑜）

【市档案局（馆）领导调研静安区"老字号"企业档案等工作】 4月17日，上海市档案局（馆）局（馆）长徐未晚，副局（馆）长、一级巡视员蔡纪万及相关处室负责人到静安区专题调研"老字号"企业档案等工作。区委常委、组织部部长顾春源陪同调研。区档案局（馆）长林捷汇报工作。5月19日，上海市档案局一级巡视员肖林率局馆相关处室负责人一行，到静安区专题调研"老字号"企业档案保护抢救工作。实地参观雷允上药城，听取静安区档案局（馆）对"老字号"企业档案管理现状，以及上海雷允上药业西区有限公司在传统文化传承、文物史料征集保护、争创市级样板档案室情况，围绕调研主题开展座谈。

（冯晓瑜）

【《智慧档案馆建设方案研究——以静安区档案馆新馆信息化建设为例》专家验收会】 于4月27日在区档案局召开。该课题是由区档案局承担的市级科研课题。市档案局副局长王晓岗，科教处处长、二级巡视员朱建中及5名专家出席会议。验收组专家认为课题研究成果具有前瞻性、可行性、示范性及理论价值，对于开展智慧档案馆建设有指导和借鉴意义，一致通过课题验收。

（冯晓瑜）

【静安区档案局（档案馆、党史研究室、地方志办公室）与景宁畲族自治县档案馆（党史和地方志研究室）签订交流合作书】 8月3日，为深入贯彻习近平总书记关于实施长三角一体化发展国家战略重要指示精神，加快融入长三角一体化步伐，继静安区与景宁县结成友好合作关系后，静安区档案局（档案馆、党史研究室、地方志办公室）与景宁畲族自治县档案馆（党史和地方志研究室）通过云视频方式，签订交流合作书，为两地档案史志资源共享、工作沟通、人才培养等方面构建合作平台。

（冯晓瑜）

【上海市档案局对区档案馆业务建设工作开展现场检查评价】 8月11日，上海市档案局业务建设评价组在组长、市档案局业务指导处处长杨红带领下，对区档案馆业务建设工作进行现场检查评价。区档案局（馆）长林捷汇报静安区档案馆迎检准备工作的情况。评价工作组对照《上海市区级综合档案馆业务建设评价标准》逐项核查佐证材料,实地查看档案库房、业务技术用房、对外服务用房等档案馆库,现场了解安全防护设施设备和信息化设备运行情况,随机抽查档案资源建设、保管与利用、编研、社会服务功能与具体工作落实情况,全面考评建筑与设备、经费与人员、档案基础业务、开发利用服务四方面工作。

(冯晓瑜)

【疫情专题档案巡回展览】 12月7日起,区档案局(馆)在静安区第四中心小学、六十中学、育才初级中学举行为期一个月的"弘扬抗疫精神、传递榜样力量"图文巡回展览。

(冯晓瑜)

【档案新馆建设】 档案新馆建设项目土建部分于第四季度完成结构封顶,其中区档案局承担建设的"智能档案库房"项目在前期调研基础上,邀请多名专家对项目实施方案进行反复论证,于11月完成新馆档案臭氧消毒系统项目、库房智能密集架项目、特藏档案定位及电子标签项目建设、智能库房实时管理系统4个建设项目的采购流程,项目进入施工阶段。12月11日,区档案局会同区机管局等有关部门召开档案新馆建设专题会议。区机管局、区档案局(馆)、大宁路街道、设计单位、工程监理、土建、暖通、消防及新馆专项建设中标单位等十多个部门、企业有关负责人参加会议。

(冯晓瑜)

【新修订《中华人民共和国档案法》宣传活动】 12月底,在新修订《中华人民共和国档案法》正式实施之际,区档案局制作宣传展板进行普法宣传,并与区融媒体中心开设"静宝讲法"在"岁月静安""上海静安"微信公众号及《静安报》等平台,开展线上、线下系列宣传。

(冯晓瑜)

(十一) 党史工作

【概况】 2020年,区委党史研究室认真学习贯彻习近平新时代中国特色社会主义思想,积极推进上海市"党的诞生地"发掘宣传工作,结合区"四史"教育部署,聚焦迎建党百年、聚焦决胜小康,围绕静安红色文化"五地"定位,根据"红色遗址保护、红色基因传承、红色品牌打造"三大行动计划要求,重点推进三馆四展建设、相关书籍编纂、系列微视频制作等工作,完成党史"征、研、编、宣、展"等方面工作。完成《中共中央秘书处机关旧址展陈大纲》《中共中央早期机关在上海(1921—1933)展陈大纲》《中共中央特科史料陈列展大纲》《中共中央军委机关旧址纪念馆大纲》撰写及送审。继续推进中共中央军委机关旧址纪念馆、中共中央秘书处机关旧址纪念馆、中共中央特科机关旧址陈列馆筹建工作。完成"红色印记——中共中央早期机关在静安(1921—1933)"展史料征集、大纲撰写、展览制作等工作。完成红色革命旧址(遗址)复核工作。配合史料征集活动,口述采访夏顺奎、沈忆琴等上海党史与文博系统前辈,并到湖南省、四川省、重庆市、北京市、浙江省等地开展征集工作。推进党史研究、编纂出版工作,完成《静安的责任》口述采访任务,其中5篇口述文章收录于12月出版的《上海的责任》一书。推进《中共中央在上海大事记(1921—1933)》专题研究,组织《画说中共中央军委在上海(1925—1933)》连环画初稿创作,并送新闻出版署审定。完成《特科地标:静安老弄堂》(暂名)初稿撰写。完成《静安红色故事汇》(暂名)部分文稿撰写。推进党史宣传教育活动,以《红色印记——中共中央早期机关在静安》为主题,在区委中心组及区域内机关企事业单位志愿宣讲。配合宣讲制作微视频,在区庆祝中国共产党成立99周年主题活动暨"党课开讲啦"月月讲活动中首播。完成《红色印记》系列微视频专辑拍摄。相关党史成果在2020上海书展暨"书香中国"上海周进行展陈。年内,中共中央政治局委员、市委书记李强,代市长龚正,中央党史和文献研究院院长曲青山,市委副书记、政法委书记廖国勋,市委常委、宣传部部长周慧琳,市委常委、市委秘书长诸葛宇杰等调研静安区红色资源保护利用工作。市委党史研究室领导多次实地指导静安区红色资源保护利用工作。市政协、市人大相关领导分别到静安区开展"四史"学习专题调研。 (范建英)

【推进中共中央秘书处机关旧址纪念馆建设】年内,依托代建公司和区相关职能部门,加强监测评估,确保安全,规范程序、科学论证,精心施工、修旧如旧,按照时间节点推进修缮工程。持续推进展陈大纲审核修订及布展方案设计。通过专家论证会,吸纳合理意见,形成权威大纲。2月12日,通过视频会议,与中央及市委党史研究室专家学者三地连线研讨交流。5月底,大纲送审稿上报原中央党史研究室一部主任霍海丹审阅。7月31日,召开展陈大纲和概念设计方案专题汇报会。8月,大纲与概念方案进入逐级申报流程并据此推进布展设计工作。开展史料征集工作为提升场馆建设和丰富展陈内容奠定基础。年底,展陈中标单位上海美术设计公司完成中央秘书处机关旧址纪念馆展陈设计。 (范建英)

【筹建中共中央特科机关旧址纪念馆】中共中央特科机关旧址位于武定路930弄14号(原武定路修德坊6号),其保护利用工作列入上海市"党的诞生地"发掘宣传工程重点项目("一馆五址")之一。根据市委要求,由市公安局、市国家安全局、静安区联合推进特科机关旧址保护利用工作。1月,召开专题工作会议明确筹建工作职责分工和时间节点,形成工作推进机制。静安区委确定在房屋征收、修缮保护、布

年内,开展中共中央秘书处旧址修缮工作。图为9月8日,区委常委、宣传部部长姜鸣(右一)实地察看中共中央秘书处旧址修缮情况 (区委党史研究室 供稿)

展设计等方面主动担当，大纲撰写、史料征集、布展审核、立项申报等方面全力配合的工作思路。4月，召开专家论证会，以线上、线下结合方式，邀请京津沪等地15名党史、军史、公安、国安和文博专家对展陈大纲结构、内容、表述方式等方面进行研讨，形成《红色堡垒——中共中央特科机关旧址陈列馆展陈大纲》，并呈送上级部院审核定稿。年内，完成旧址房屋征收工作及修缮工程审批流程。11月18日，施工单位进驻旧址现场，房屋修缮工程正式启动。年内，同步开展史料征集工作，发掘和征集到一批特科史料、实物。至年底，基本具备陈列馆立项条件。

（范建英）

【中共中央同意上海建设"中共中央军委机关旧址纪念馆"】 年初，区委党史研究室完成中共中央军委机关旧址修缮布展工程收尾工作，并根据区委安排，中共中央军委机关旧址委托中共二大会址纪念馆运营管理。筹建中共中央军委机关纪念馆被区委列为"开天辟地——党的诞生地发掘宣传工程"的重点项目之一。年内，区委党史研究室启动并完成中共中央军委机关旧址纪念馆展陈大纲提升工作。根据相关部门要求，按工作流程完成大纲逐级送审，完成纪念馆立项申报。8月，收到中共中央关于同意上海建设"中共中央军委机关旧址纪念馆"的批复。

（范建英）

【"红色印记——中共中央早期机关在静安（1921—1933）"固定展和临展】 在庆祝中国共产党成立99周年之际，区委党史研究室通过史料征集、史实论证、大纲撰写、布展设计等，推出纪念展"红色印记——中共中央早期机关在静安（1921—1933）"，展览分为"中共中央领导机关、中共中央工作机关、中共中央领导的工作组织"三部分，以图文、视频形式展示静安区25处中共中央早期机关。展览包括专题展、临展和巡展。7月1日，专题展和临展分别在中共二大会址纪念馆、静安区党建服务中心布设。7月16日，巡展在宝山路街道首展。巡展通过"六进"方式，在新时代文明实践中心、分中心、实践站、实践点等各类阵地进行，实现全区14个街镇全覆盖，各街镇巡展展出期为2周。

（范建英）

【红色革命旧址（遗址）复核工作】 5月，结合推进"党的诞生地"发掘宣传工程，进一步保护利用好红色资源，传承红色基因，发扬红色传统，市委宣传部、市委党史研究室、市文物局在全市开展红色革命旧址（遗址）复核工作。复核范围根据市委党史研究室2011年3月编制的《上海革命遗址总目录》和《上海市其他遗址总目录》确定，要求各区党史、文物部门具体落实。在复核工作中，区委党史研究室根据旧址、遗址、纪念设施三个类别所形成的时间、事件及内容进行全面梳理，复核内容包括名称、地址、保护等级、纪念设施建设等情况。根据复核统计，静安区共有革命旧址28处，革命遗址65处，纪念设施10处。

（范建英）

【《静安的责任》编写出版】 年内，经中共上海市委同意，市委党史研究室组织全市各区党史部门编写"上海助力打赢脱贫攻坚战口述系列丛书"。《静安的责任》为系列丛书之一，由静安区委党史研究室负责编写。自20世纪90年代以来，静安区（含闸北区、原静安区）承担西藏自治区、云南省、新疆维吾尔自治区、湖北省等地区对口帮扶工作。区委党史研究室在区委组织部、区合作交流办支持下组织力量，对原区委领导、主管部门负责人、援建干部及家属、受援地干部群众共30人进行采访。年内完成全部采访对象口述采访并由学林出版社出版，忠

实记录静安区对口支援工作。（范建英）

【《静安红色日课》出版发行】 12月，由区文化和旅游局与区委党史研究室联合编纂的《静安红色日课》由上海辞书出版社出版发行。《静安红色日课》参考区委党史研究室编纂的《红色印记——上海市静安区重要革命遗址通览》内容以及上海市红色革命旧址（遗址）复核最新研究成果，按照一日一课体例和图文并茂的形式，介绍静安区域内重要革命旧址、遗址，讲述新民主主义时期共产党人在静安工作、生活、战斗的历史。日课集思想性、故事性、艺术性于一体，辅以红色主题书法作品等内容，增添阅读趣味性。既是革命传统教育的红色读本，也具有日历、记事等实用性，是红色读物宣传的探索和尝试。
（范建英）

【拍摄《红色印记》系列微视频】 《红色印记》系列微视频制作以静安重要革命遗址为线索，通过影像视频再现早期共产党人在静安红色印记和奋斗历程。该系列微视频是区委党史研究室结合全区"四史"学习教育工作，围绕静安区重要革命遗址拍摄制作的宣传作品共90部，至2021年共完成60部，并在全区范围和相关媒体平台宣传。年内，完成前期准备工作并拍摄多部微视频。其中《红色热土"五地"静安》《中共中央军委机关旧址》《中共中央联络点遗址》等微视频在区融媒体中心"上海静安"客户端"四史"学习教育专题页发布。《红色热土"五地"静安》微视频先后进机关、进党校、进社区进行宣传播放。在全市开展的红色教育微党课选送工作中，该微视频由市委组织部选送中组部。
（范建英）

【助力全区"四史"学习教育】 年内，区委党史研究室作为区"四史"教育讲师团成员单位，向区域内11家机关、企事业单位提供《红色印记——上海市静安区重要革命遗址通览》《静安相册：70年70个瞬间》《口述静安改革开放1978—2018》和《红色印记》系列微视频等学习资源。开发制作题为"红色印记——中共中央早期机关在静安"的专题党课，并配合宣讲制作微视频，在区庆祝中国共产党成立99周年主题活动暨"党课开讲啦"月月讲活动中首播。为区机关企事业党委和结对共建单位配送党课、在区"四史"学习教育部署会暨区委中心组学习（扩大）会及区域内相关机关企事业单位志愿宣讲10余场次。《砥砺初心担使命，整合资源重实效——静安档案史志助力全区推进"四史"学习教育工作》在《上海档案》2020年第10期刊载。在"岁月静安"微信公众号上连载7期"四史"学习教育相关内容，推出红色微视频、红色微展览等党史研究成果。
（范建英）

（十二）中共二大会址纪念馆工作

【概况】 2020年，中共二大会址纪念馆以红色宣传教育为工作主线，巩固"不忘初心、牢记使命"主题教育成果，结合深化"四史"学习教育要求，完成年度各项工作。全年接待参观人数226628人，团队2258批。纪念馆获"党的诞生地"上海百万青少年红色大寻访活动"初心100"红色共建单位、"上海市共青团干部'四史'学习教育基地"等称号，纪念馆宣教陈列保管部获"上海市劳动模范集体"称号，"明灯"策展青年团队获"上海市青年五四奖章"集体称号。全年共开展"聆听时空对话——中共二大会址纪念馆云诵读""传承红色基因，缅怀革命先烈"2020年中共二大会址纪念馆暑期夏令营、辅德里金秋诵读会暨纪念李达诞辰130周年主题活动等宣教活动15次。年内，举办"红色印记——中共中央早期机关在静安（1921—1933）"专题展览。配合区委宣传部推出"红色印记——中共中央早期机关在静安（1921—1933）"新时代文明实践巡展，送进静安区14个街镇，培养近200名志愿者，吸引近10万名观众参观；承办"初心之地，红色之城"——上海党的诞生地巡展，在上海、广州、井冈山、南京四地举办。全年共推出"初心讲堂"云党课3场，完成馆内外授课40余次。贯彻落实上级部门关于新冠肺炎疫情防控会议和相关文件精神，纪念馆制订一系列防疫制度，积极组建志愿服务队，派出10名党员支援街道、机场，其中1名党员长期驻守在防疫一线提供支援服务。

（宋丽君）

2020年副部级以上领导参观中共二大会址纪念馆情况表

时间	事项
1.9	中国共产党历史展览馆馆长、党委书记吴向东一行5人参观中共二大会址纪念馆，上海市委宣传部副部长、市文明办主任潘敏陪同参观
4.12	市委副书记、市长龚正一行6人调研中共二大会址纪念馆
4.14	中共中央政治局委员、市委书记李强，市委副书记、市长龚正一行20人调研"中共中央军委在上海史料陈列展"，区委书记陆晓栋陪同调研
5.6	市人大常委会主任蒋卓庆一行60人参观"中共中央军委在上海史料陈列展"，区委书记陆晓栋陪同
6.5	市委常委、上海警备区政委凌希参观"中共中央军委在上海史料陈列展"，区委副书记、区长于勇，区委常委、区人武部政治委员蔡啸峰陪同参观
6.29	市委常委、组织部部长于绍良一行6人参观"中共中央军委在上海史料陈列展"，区委书记、区长于勇陪同参观
7.2	武警上海总队司令员马德容一行2人参观中共二大会址纪念馆
7.25	中央党史和文献研究院副院长吴德刚一行8人参观中共二大会址纪念馆，市委党史研究室主任严爱云陪同参观
8.26	中央党史和文献研究院院长曲青山、市委党史研究室主任严爱云一行10人参观"中共中央军委在上海史料陈列展"，区委常委、组织部部长顾春源，区委党史研究室主任林捷陪同参观

(续表)

时间	事项
11.4	中国石油天然气股份有限公司董事长戴厚良一行10人参观中共二大会址纪念馆
11.13	中央巡视组一行20人参观中共二大会址纪念馆,上海市委常委、市纪委书记刘学新陪同参观
11.9	退役军人事务部副部长朱天舒一行100人调研中共二大会址纪念馆,上海市副市长彭沉雷陪同调研

(宋丽君)

【"石库门里过大年,红色圣地迎新春"暨中共二大会址纪念馆上海中医药大学"岐黄育人实践基地"主题活动】 于1月22日在中共二大会址纪念馆举行。上海中医药大学党委副书记、副校长朱惠蓉,团市委学校工作部部长徐豪,上海中医药大学附属市中医医院党委书记徐建,上海中医药大学学生工作部、研究生工作部部长陶思亮,共青团静安区委书记吴佳妮等领导以及上海中医药大学40余名师生代表参加活动。徐建与纪念馆党支部书记、副馆长尤玮代表双方单位签署党建共建协约,徐豪、吴佳妮为实践基地揭牌,中共二大会址纪念馆"岐黄育人实践基地"正式成立。上海中医药大学党委组织部统战部副部长严月华与陶思亮为纪念馆代表颁发指导老师聘书。揭牌仪式结束后,参与活动的师生们沿着由"渔阳里""甲秀里""辅德里"串联起的"石库门"行走线路开展一段红色"寻宝游"。

(宋丽君)

【"聆听时空对话——中共二大会址纪念馆云诵读"第一季】 于5月18日通过团市委在哗哩哗哩直播平台的账号"青春上海"向公众直播。活动联合中共一大会址纪念馆、中共四大纪念馆、上海孙中山故居纪念馆、上海宋庆龄故居纪念馆、上海鲁迅纪念馆等8处红色场馆开展,邀请资深讲解员以时空对话方式,为观众云上诵读峥嵘岁月里的家国故事。

(宋丽君)

【"初心之地,红色之城"——上海·党的诞生地巡展】 于6月28日在上海中心开幕。巡展由市委宣传部指导,市级机关工作委员会和市委党史研究室主办,中共一大会址纪念馆、中共二大会址纪念馆和中共四大纪念馆共同承办。巡展撷取中共一大、中共二大会址纪念馆与中共四大纪念馆的馆藏精华,挑选300多张照片,分"伟大开端""崭新局面""力量之源"三大部分。9月10日,该巡展在井冈山站开幕,活动由中共二大会址纪念馆承办。

(宋丽君)

【红色印记——中共中央早期机关在静安(1921—1933)展览】 于7月1日在中共二大会址纪念馆专题展厅开展。展览首次完整串联静安的25处中共中央早期机关,包括已不复存在的遗址遗迹,通过图文、视频等表现手法带领观众感知静安丰富深厚的红色文化底蕴和与城区人文魅力。

(宋丽君)

【红色印记——中共中央早期机关在静安（1921—1933）暨新时代文明实践巡展活动首站启动仪式】 于7月16日在宝山路街道举行。区委常委、组织部部长顾春源，区委常委、宣传部部长姜鸣，相关部门、各街镇领导及宝山路街道优秀党团员代表、行业代表等近百人出席活动。启动仪式上，随着红色宝山微剧场品牌发布，首批新时代文明实践中心红色文化宣讲志愿者服务队亮相，新时代文明实践中心智慧云平台上线启动。巡展活动于2020年7月16日至2021年2月5日在全区14个街镇的新时代文明实践中心、分中心、实践站、实践点等各类阵地展出，每个街镇巡展2周。 （宋丽君）

【"讲好军史故事，唱响英雄赞歌"主题活动】 于7月31日在彭湃烈士在沪革命活动地点举办。上海警备区政治工作局副主任吴晓峰，区委常委、宣传部部长姜鸣，区委常委、区人民武装部政治委员蔡啸峰等领导以及30余名武警官兵共同参加活动。仪式上，一支由部队战士担任宣讲员的志愿服务队正式成立，吴晓峰、蔡啸峰为部队志愿服务队代表授旗并向志愿者代表颁发志愿者证书。 （宋丽君）

【"传承红色基因，缅怀革命先烈"——暑期夏令营活动】 于8月26日在中共二大会址纪念馆举行。参加活动的小营员来自兴家残疾人子女义务辅导学校。小营员们参观中共二大会址纪念馆后，集体前往龙华烈士陵园参加祭扫仪式和参观学习。该次夏令营活动是纪念馆和兴家残疾人子女义务辅导学校校长"房妈妈"一起接力助残、与爱同行的第七年。 （宋丽君）

【《巾帼的黎明——中共首所平民女校始末》红色起点新书诵读专场演出】 于9月16日在中共二大会址纪念馆举行。该演出基于作家杨绣丽创作的《巾帼的黎明》节选文本，邀请多位艺术家进行二度创作演绎，梁波罗、丁建华等艺术家，主持人刘剑，主播尹红，上海大学上海电影学院表演系教师吴笑、程蕾、郭小雨、谢文韬等

10月1日，"祖国万岁——2020年静安区迎进博文明实践"国庆主题活动在中共二大会址纪念馆举行 　　　　　　　　　　（中共二大会址纪念馆 供稿）

中青年艺术家与中共二大会址纪念馆优秀讲解员接力诵读。演出通过"文汇"手机应用软件（APP）平台、澎湃新闻同步线上直播。

（宋丽君）

【静安区"向英雄致敬"烈士纪念日敬献花篮仪式】 于9月30日在中共中央军委机关旧址所在地举行，由区委宣传部主办，石门二路街道、中共二大会址纪念馆共同承办。活动围绕全国第七个烈士纪念日，通过向烈士纪念像敬献花篮，共同缅怀以"军委四烈士"为代表的革命先烈。

（宋丽君）

【"祖国万岁——2020年静安区迎进博文明实践"国庆主题活动】 于10月1日在中共二大会址纪念馆举行。活动由区委宣传部主办，区融媒体中心、中共二大会址纪念馆承办。区委宣传部部长姜鸣，上海市文明办副主任蔡伟民，区委宣传部副部长、区文明办主任马嘉槟，区商务委党委书记、主任林晓珏，共青团静安区委书记吴佳妮，区融媒体中心主任杨嫣，区机关党工委副书记陈畅等出席活动。静安区中国国际进口博览会志愿者代表、党员代表、居民代表、白领代表、青少年代表等200余人参加活动。仪式上，"全国抗击新冠肺炎疫情先进个人""全国优秀共产党员"黄翔向全区党员干部、群众发出"以我文明风尚，拥抱美好进博"的倡议。仪式结束后，上海红色文化研究院执行院长、中共一大会址纪念馆原馆长张黎明讲授《从石库门到天安门——回眸党的艰苦创建和新中国的辉煌成就》"四史"学习教育党课。

（宋丽君）

【辅德里金秋诵读会暨纪念李达诞辰130周年主题活动】 于10月24日在中共二大会址纪念馆举行。影视表演艺术家、中国播音主持金话筒奖得主、优秀广播主持人以及中共二大会址纪念馆讲解员通过诵读经典，探寻中国共产党人最早的初心源头。活动还以中共二大会址纪念馆所在的老建筑为背景，上演一场灯光秀。活动全程通过话匣子FM、上海人民广播电台抖音号以及上海静安客户端直播。

（宋丽君）

二、静安区人民代表大会

编辑 庞雅琴

（一）综述

2020年，区人大共召开区人民代表大会2次，常委会会议14次，人大常委会主任会议20次。听取和审议"一府两院"22项专项工作报告，听取"一府两院"有关工作情况汇报5项。依法选举、通过和任免国家机关工作人员370人（次），终止区人大代表资格18人，补选区人大代表12人、市人大代表3人。

区人大常委会始终把政治建设摆在首位，把握政治机关定位，坚持把党的领导贯穿于依法履职的各方面和全过程，确保区委的决策部署和工作要求在人大工作中得到全面贯彻和执行。人大工作中的重大问题、重要事项和重要情况，及时向区委请示报告。贯彻落实市、区人大工作会议精神，组织专题学习，制定任务清单，压实工作责任，确保会议精神和《中共上海市静安区委关于加强新时代人大工作充分发挥人大推进城区治理现代化作用的实施意见》落实落地。

新冠肺炎疫情发生后，区人大常委会以实际行动助力统筹疫情防控和经济社会发展，体现地方国家权力机关的责任担当。常委会听取区政府贯彻落实《上海市人民代表大会常务委员会关于全力做好当前新型冠状病毒感染肺炎疫情防控工作的决定》（简称《决定》）有关情况报告，常委会班子成员深入企业社区开展疫情防控调研，宣传市人大《决定》，了解基层联防联控实际问题，促进企业复工复产。针对疫情发生后就业环境面临的新情况，着眼全力做好"六稳"工作，落实"六保"任务，常委会听取和审议区政府关于办理区一届人大九次会议代表提出的《关于促进静安区更充分更高质量就业的议案》审议结果报告的情况报告，促进青年大学生、就业困难人员等人群的就业，推动将更充分和更高质量就业纳入"十四五"长远民生发展目标，不断优化创新创业和就业环境，构建"大就业"工作格局，保持就业形势总体稳定。全区人大代表主动作为，在不同领域、不同行业、不同岗位带头发挥表率作用，开展社区排查、宣传引导、医疗救治，踊跃捐赠钱款以及口罩、消毒液、测温仪等各类防疫物资设备，彰显人大代表的为民情怀和使命担当。

区人大常委会紧紧围绕全区重大决策部署、改革发展重点和人民群众关心的"旧老小难"民生问题等方面，找准履职着力点和切入点,在服务构建新发展格局、落实人民城市理念、推进城区治理现代化中积极发挥职能作用。把"十四五"规划专项监督列为年度工作重点,常委会领导开展集体调研和专项调研,各专工委分别开展专题调研,并通过召开"十四五"规划编制工作情况通报会和人大代表座谈会等形式,广泛听取意见建议。常委会听取和审议区政府关于"十四五"规划编制情况报告,为人代会高质量审查和批准"十四五"规划纲要做好准备。根据区委开展重大课题调研的安排,牵头组织"关于构建完善与人口结构相适应的公共服务与民生保障体系"课题调研,为科学编制规划提供参考。积极配合市人大开展的《上海市优化营商环境条例》执法检查,主任会议听取《上海市优化营商环境条例》落实情况专项汇报,推动打造更加市场化、法治化、国际化的一流营商环境。开展"全球服务商计划"推进情况专题调研,围绕产业集聚和结构升级等方面提出建议,助推各项政策措施落实落地。加强预算监督和国有资产监督,常委会首次听取和审议区政府关于国有资产管理专项报告,持续加强对审计整改工作的跟踪监督,进一步提高财政资金使用绩效。常委会首次以书面形式听取区政府关于法治政府建设情况的报告,推动全面深化法治政府建设,提高依法行政水平。开展依法管理宗教事务情况监督,推动宗教法律法规贯彻落实。加强司法工作监督,按照司法综合配套改革要求,开展对区人民法院行政案件集中管辖和家事审判方式改革专项监督调研,让人民群众在每一个司法案件中感受到公平正义。开展多元化化解纠纷、检察机关提起公益诉讼工作情况专项监督和跟踪调研。积极支持和保障市人大常委会江宁路街道基层立法联系点建设,进一步加强区人大常委会基层立法信息采集点建设,按照"扩点提质"要求,推动基层立法联系点积极有效开展工作,积极探索全过程民主的实践路径,创新建立11个基层立法信息采集点,在全市率先制定工作意见,指导北站街道开通立法民意征询网络,着力探索构建基层立法民意征询网络体系。以社会治理法

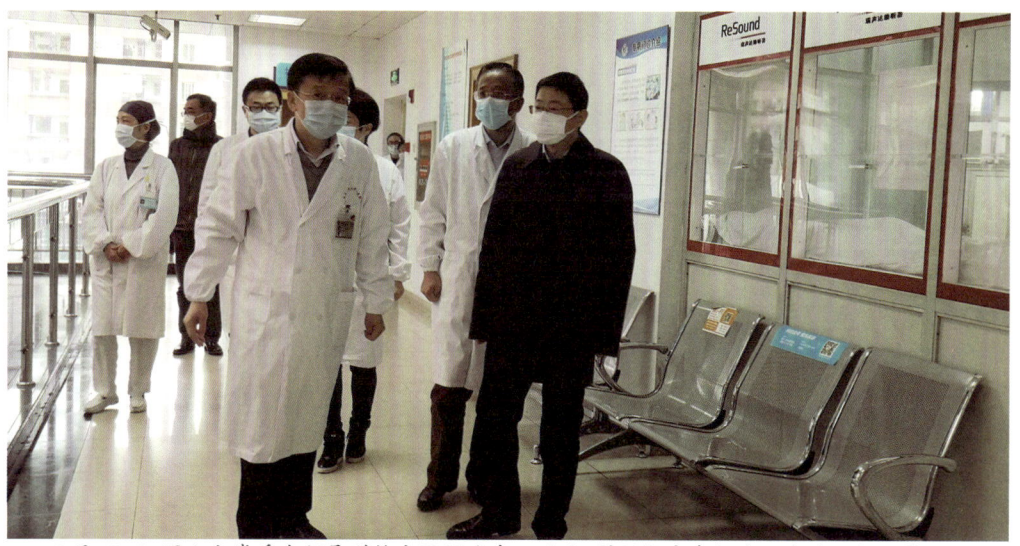

2月10日,区人大常委会领导到静安区闸北中心医院,慰问坚守在抗疫一线的医护人员

(区人大办 供稿)

治化建设为重点,组织开展"国际静安、法治先行"主题活动。开展《上海市生活垃圾管理条例》执法检查,首次就《上海市生活垃圾管理条例》实施情况开展专题询问。推动教育和文化事业发展,开展"初中再加强工程"实施情况监督调研,常委会听取和审议区政府专项工作报告。主任会议听取区政府关于打造静安文化旅游品牌工作情况汇报,推动文化旅游事业发展,打造具有静安特色和竞争力的文化旅游品牌。开展旧区改造和旧住房综合改造专项监督,主任会议连续4年听取区政府专项工作情况汇报,提出在提前完成全区成片二级以下旧里改造的基础上,继续推进城市更新,更好满足人民群众对美好生活的期盼。在区一届人大九次会议期间对政府工作报告开展专题审议,聚焦营商环境、城区管理、社区治理,300余名代表积极参加,40余名代表踊跃发言,提出近100条建议。

常委会还分别听取和审议区政府关于2019年环境状况和环境保护目标完成情况、2020年城区规划制定和实施情况、提升养老服务品质和城区运行"一网统管"体系建设情况等重大事项报告。积极配合市人大执法检查,开展《上海市街道办事处条例》专题监督调研和《上海市居民委员会工作条例》执法检查情况跟踪调研。

区人大常委会始终高度重视代表工作,着力发挥代表主体作用,推进全过程民主。制订《关于加强和改进区人大代表工作的若干意见》,进一步提升代表工作水平。组织开展市、区人大代表集中联系社区活动,645人(次)市、区人大代表深入基层,接待群众4958人,召开座谈会314场,收集居民群众反馈意见建议251件。深化代表履职平台建设,实现居民区人大代表联系点全覆盖,推动人大代表联络站进企业、进楼宇、进园区、进商场、进医院和进学校。全年新增人大代表联系点47个、人大代表联络站8个。推动线上线下代表履职平台一体化运行,探索平台赋能增效的有效形式和方法。完善代表建议交办机制,加强与政府部门定期会商和协调沟通,全面跟踪了解代表建议办理情况,加强梳理分析,增强督办力度。推动专工委和街工委协同配合、联合督办。区一届人大九次会议和闭会期间,共收到代表建议154件,均已办复。提高街镇人大工作规范化水平,指导街工委谋划好年度工作,落实好常委会对街工委监督工作的授权。坚持街镇人大代表工作月度例会制度,举办街镇代表联络机构专题培训班。开展街镇代表组专题调研。深化街工委工作评估。开展履职学习培训,针对疫情防控新情况,在"静安人大"微信公众号开辟在线学习专栏,推送《民法典》讲座等培训资料。围绕"秉初心、学四史、看静安"主题,组织代表"开放日"活动。做好市、区人大代表参与常委会审议议题的意向征询,首次就区一届人大十一次会议的专题审议议题和2021年度人大监督、讨论决定重大事项工作议题,广泛征求代表建议。聚焦"十三五"期间取得的重要成果和"十四五"规划编制工作,组织代表200余人(次)开展集中视察。认真做好市代表履职服务保障工作。组织市人大静安区代表组开展专题调研。组织市人大代表向区人大常委会报告履职情况,66名市代表完成履职报告。

区人大常委会持续抓好自身建设,不断完善工作机制,切实改进工作作风,为依法行使各项职权打好基础。成立常委会党组及机关"四史"学习教育领导小组,制定和落实实施方案,扎实开展"四史"学习教育。举办贯彻落实十九届五中全会精神报告会和《民法典》《上海市优化营商环境条例》学习培训。设立人大机关党组,加强机关党的建设。进一步加强机关政治建设和思想作风建设,着力打造政治坚定、作风优良、业务过硬的人大干部队伍。 (姜颖洁)

（二）重要会议和活动

【区一届人大九次会议】 于1月8—10日在海上文化中心举行。319名区人大代表参加。会议听取、审议和批准区长于勇作的政府工作报告，审查和批准关于静安区2019年国民经济和社会发展计划执行情况和2020年国民经济和社会发展计划；审查和批准关于区2019年预算执行情况和2020年预算的决议。听取、审议和批准区人大常委会主任顾云豪作的区人大常委会工作报告、区法院院长孙培江作的区人民法院工作报告、区检察院检察长杨恒进作的区人民检察院工作报告。会议补选朱健、刘新宇、邹振辉为静安区第一届人民代表大会常务委员会委员。大会收到1名代表领衔、14名代表附议提交的议案1件，收到代表建议、批评和意见151件。28名市民旁听大会。　　（姜颖洁）

【区人大常委会和区政府领导班子工作沟通会】 于2月13日召开。区委副书记、区长于勇，区人大常委会主任顾云豪，副主任宋震、冯璐、吴丽萍、杨志健、江天熙、严俊瑛、曾晓颖，副区长潘子罕、龙婉丽、李震、张军，区副巡视员王叶庆出席会议，区人大常委会办公室、研究室和区政府办公室、研究室负责人参加会议。会议重点围绕2020年工作安排进行沟通交流。　　（姜颖洁）

【赵卫星到静安区开展专题调研】 4月1日，市人大常委会秘书长赵卫星率队到区，就2015年市人大工作会议贯彻落实情况、加强和改进市人大工作的意见建议，静安区人大专门委员会建设和街道人大工委运作等情况开展专题调研。区人大常委会主任顾云豪，区人大部分专工委、常委会办事机构和部分街道人大工委负责人参加座谈。调研组一行听取关于静安区人大常委会贯彻落实2015年市人大工作会议精神的有关情况汇报，与会人员就人大常委会组成人员结构、加强街道人大工委建设和提高人大工作整体实效等方面提出意见建议。（姜颖洁）

【上海市区人大常委会主任例会在静安区举行】 4月14日，上海市区人大常委会主任例会在静安区举行，市人大常委会预算工委对预算联网监督系统进行介绍和演示。市人大常委会主任、党组书记蒋卓庆出席并讲话，市人大常委会副主任、党组副书记徐泽洲、沙海林，秘书长赵卫星，市人大有关委员会、办公厅、研究室和相关处室负责人，各区人大常委会主任和办公室负责人参加会议。市人大法制委主任委员、中共静安区委书记陆晓栋，静安区人大常委会副主任宋震、冯璐、吴丽萍、江天熙、严俊瑛、曾晓颖及区人大机关正处级以上干部应邀到会。静安区人大常委会主任顾云豪主持会议。会议以"进一步加强市、区人大工作联动，增强人大立法、监督、自身建设等领域重点工作实效，形成人大工作整体合力"为主题，静安区、浦东新区、长宁区、嘉定区、金山区和崇明区人大常委会主任进行交流发言。顾云豪围绕树立"一盘棋"意识、增强监督整体性，注重全过程民主、构建全链条监督闭环，推动"接地气"履职、提升监督实效三方面，交流静安人大开展市、区联动监督工作的做法和思考。（姜颖洁）

【《上海市生活垃圾管理条例》执法检查】 5—9月，区人大常委会成立执法检查组，制订执法检查工作方案，确定6项执法检查主要内容，并于5月12日召开启动会正式启动执法检查。执法检查期间共开展4次集中实地执法检查，召开专题座谈会4次，97人（次）执法检查组成员和人大代表参与。同时，执法检查组委托各街工委和镇人大充分运用"家、站、点"平台开展辖区内生活垃圾分类工作监督检查,市、区、镇三级人大代表共341人、493人(次)参加,监督检查居民小区334个、各类单位280家。针对执法检查发现的问题和疫情防控常态化带来的新问题、新情况,区一届人大第五十三次会议经听取和审议执法检查报告后建议进一步健全目标责任制,严格落实各类主体责任,形成各司其职、协调有力、运行顺畅的工作机制,不断提升生活垃圾管理工作的常态化、规范化水平;加强精细化管理,充分利用城市运行"一网统管"平台实行全过程信息化管理,坚持问题导向,不断完善和优化分类投放各个环节,切实提高分类投放的便利度,提高分类工作质量;通过多种方式普及生活垃圾分类知识,加强动员、宣传和指导,不断巩固生活垃圾分类投放的良好行为习惯,提升群众参与度和获得感。 (姜颖洁)

【《上海市优化营商环境条例》培训】 于5月26日在常德路370号4楼多功能厅举办。区人大常委会邀请市政府发展研究中心副主任严军作主题为"以法治保障持续优化上海营商环境"讲座,解读《上海市优化营商环境条例》出台背景、主要内容、实施意义等。区人大常委会主任顾云豪,副主任冯璐、杨志健、江天熙、严俊瑛、曾晓颖及其他常委会组成人员、部分区人大代表、人大机关全体干部等70余人参加学习培训。 (姜颖洁)

【市、区人大代表联系社区】 分别于5月、11—12月举行。市、区人大代表重点就市、区"十四五"规划编制中关于养老服务、教育、医疗卫生、居住环境和交通出行,以及经济发展等领域工作听取群众意见建议。其间,市人大代表87人(次)、区人大代表560人(次)到居民区、企业、商务楼宇等,通过召开座谈会、走访慰问、实地察看等形式,接待群众4958人(次),召开座谈会314场,收集居民群众反馈意见建议251件,梳理反馈市人大53件。市人大代表郑钢淼、徐泽洲、陆晓栋、曹扶生、于勇、顾云豪、严俊瑛等参加。 (姜颖洁)

【建设11家基层立法信息采集点】 为更好体现市人大常委会基层立法联系点(江宁路街道)的立法属性、基层属性、联通属性,提高立法质量,完善社会治理,6月19日,区人大常委会召开基层立法信息采集点工作推进会,会上宣布11家区人大常委会基层立法信息采集点名单,与会领导向基层立法采集点负责人授牌并颁发证书。为保障和支持基层立法信息采集点建设,区人大常委会制订《关于推进静安区人大常委会基层立法信息采集点建设的指导意见(试行)》。市人大法制委员会主任委员、常委会法工委主任丁伟应邀到会,区人大常委会主任顾云豪,副主任宋震、曾晓颖参加会议。 (姜颖洁)

【蒋卓庆带队到静安开展《上海市街道办事处条例》执法检查】 7月1日,市人大常委会到静安开展《上海市街道办事处条例》执法检查。市人大常委会主任蒋卓庆出席并讲话。市人大常委会副主任沙海林、高小玫,市人大常委会下设机构负责人,全国人大代表和市人大代表参加执法检查活动。区人大常委会主任顾云豪,区委常委、副区长刘燮,区人大常委会副主任冯璐参加。执法检查组视察静安区临汾路街道社区事务受理中心和城市运行中心,并在海上文化中心召开执法检查专题座谈会,刘燮向执法检查组汇报静安区《上海市街道办事处条例》贯彻实施情况,静安寺街道、大宁路街道、临汾路街道党工委书记,静安区社会组织联合会、静安区天目西路街道社会组织服务中心负责人交流发言。 (姜颖洁)

【市人大城建环保委到区开展执法检查和调研】 7月2日,市人大城建环保委副主任委员阎祖强带队到区开展生活垃圾管理、土壤污染防治等法律法规的执法检查和老旧多层住宅加装电梯、旧区改造和旧住房综合改造情况调研,实地视察绿园小区批量化加装电梯和旧住房综合改造情况、静安洲际酒店垃圾分类实效、天目西路街道"两网融合"中转站建设和再生资源E站"一网统管"等情况,听取有关静安区贯彻实施《上海市生活垃圾管理条例》《中华人民共和国土壤污染防治法》情况和老旧多层住宅批量化加装电梯工作情况、旧区改造和旧住房综合改造工作情况等汇报。区人大常委会主任顾云豪、副主任宋震,副区长李震参加调研。 (姜颖洁)

【区一届人大十次会议】 于9月7—8日在海上文化中心举行,320名区人大代表参加会议。会议补选王华为区人民政府区长。
(姜颖洁)

【市人大常委会研究室到静安调研】 11月6日,市人大常委会研究室副主任尼银良带队到静安就人大红色资源情况开展专题调研,听取关于静安红色资源发掘保护利用情况、革命文物保护工作情况以及人大红色资源相关史料、史迹等情况介绍。区人大常委会主任顾云豪参加调研座谈。 (姜颖洁)

【《民法典》辅导讲座】 于11月11日在常德路370号4楼多功能厅举办,市人大法制委副主任委员、常委会法工委主任、市委法律顾问、市立法研究所所长、华东政法大学教授、博士生导师丁伟为主讲人,解读《民法典》的编纂历程、基本结构和主要内容,并结合大量案例对重点法条进行阐释。区人大常委会组成人员、区人大各专工委和街工委组成人员,彭浦镇代表组召集人,彭浦镇人大负责人,部分市、区人大代表和区人大机关干部听取讲座。 (姜颖洁)

【区人大代表2020年度集中视察活动】 于11月11—25日开展。230余名人大代表围绕经济发展、城市建设和城区精细化管理、法治建设、社会治理、民生改善、宗教文化等主题,分七条路线视察上海数据交易中心、天目西路街道中华新路社区长者食堂、临汾小区加装电梯项目、彭浦四季公园、大宁公园健身广场、恒悦简厨白领餐厅、宝华寺、小德肋撒天主堂、静安雕塑公园、大宁久光项目建设工地、源创创意园、静安新业坊,并旁听一起刑事案件公开庭审。区人大常委会主任顾云豪,副主任宋震、冯璐、吴丽萍、杨志健、江天熙、严俊瑛、曾晓颖分别带队视察。区委常委、副区长刘燮,副区长李震、张军以及区有关部门负责人陪同视察。 (姜颖洁)

【区人大常委会领导集体调研"十四五"规划编制工作】 12月10日,区人大常委会主任顾云豪,副主任宋震、冯璐、杨志健、江天熙、严俊瑛到区发展改革委调研区"十四五"规划编制工作情况,听取关于区"十四五"规划编制过程和未来5年区域经济社会发展的指导思想、发展目标、重点任务以及2035年远景目标等情况汇报。 (姜颖洁)

【"国际静安、法治先行——推进基层治理法治化"专题座谈会】 于12月4日在北站街道召开。围绕"推进基础治理法治化"主题,区司法局、北站街道先后作主题发言。区城管执法局、江宁路街道基层立法联系点、临汾路街道阳曲路760弄居民区、南京西路街道社区社会组织联合会、北京盈科(上海)律师事务所等分别交流发言。区人大常委会副主任宋震、曾晓颖出席会议。 (姜颖洁)

2020年区人大常委会会议情况表

会议名称	时间	主要内容
区第一届人大常委会第四十三次会议	1.10	审议通过区政府有关人事免职事项,免去鲍英菁的静安区人民政府副区长职务
区第一届人大常委会第四十四次会议	1.31	审议通过区人大常委会、区政府有关人事任免事项,任命龙婉丽为静安区人民政府副区长,免去周海鹰的静安区人民政府副区长职务
区第一届人大常委会第四十五次会议	2.26	审议通过《静安区人大常委会2020年工作要点》;决定接受许美芳辞去静安区第一届人民代表大会代表职务的请求;审议通过区人大常委会有关人事任免事项
区第一届人大常委会第四十六次会议	3.25	听取区政府《关于贯彻落实〈上海市人民代表大会常务委员会关于全力做好当前新型冠状病毒感染肺炎疫情防控工作的决定〉有关情况的报告》;书面审议区政府关于静安区法治政府建设工作情况的报告;决定接受汤烨勃辞去静安区第一届人民代表大会代表职务的请求;审议通过区人大常委会、区人民检察院有关人事任免事项
区第一届人大常委会第四十七次会议	4.29	听取和审议《关于区一届人大九次会议主席团交付审议的代表议案审议结果的报告》,决定交区政府办理;听取和审议区政府关于区2019年环境状况和环境保护目标完成情况的报告;审议通过区人大常委会有关人事任免事项
区第一届人大常委会第四十八次会议	6.15	听取和审议《关于提请补选张文宏同志为上海市第十五届人大代表的议案》,经无记名投票等额选举,补选张文宏为上海市第十五届人大代表;听取和审议区政府关于代表建议、批评和意见办理情况的报告;听取和审议区人民法院关于行政案件集中管辖和家事审判方式改革工作情况的报告;决定接受包晓朵辞去代表职务的请求
区第一届人大常委会第四十九次会议	7.20	审议通过区政府有关人事任免事项,任命王华、梅广清为静安区人民政府副区长;决定接受于勇辞去静安区人民政府区长职务的请求,报静安区人民代表大会备案;审议《关于提请审议决定静安区人民政府代理区长的议案》,决定王华为静安区人民政府代理区长

（续表）

会议名称	时间	主要内容
区第一届人大常委会第五十次会议	7.29	听取区政府关于2020年上半年国民经济和社会发展计划执行情况的报告、关于2019年财政决算和2020年上半年预算执行情况的报告、区2019年预算执行和其他财政收支的审计工作报告，决定批准2019年财政决算；决定接受冯亦才辞去代表职务的请求；审议通过区人大常委会代表资格审查委员会关于补选代表资格的审查报告，确认王奇等5人为静安区第一届人民代表大会代表；听取关于召开区一届人大十次会议有关事项的报告，表决通过《关于召开静安区第一届人民代表大会第十次会议的决定》；讨论通过区一届人大十次会议有关文件草案；审议通过区人民法院有关人事任免事项
区第一届人大常委会第五十一次会议	8.12	听取和审议《关于提请补选王华等同志为上海市第十五届人大代表的议案》，经无记名投票等额选举，补选王华、曹扶生为上海市第十五届人大代表
区第一届人大常委会第五十二次（扩大）会议	9.8—9.9	听取和评议区政府上半年工作情况和下半年工作安排的报告
区第一届人大常委会第五十三次会议	10.14	听取和审议区政府关于办理区一届人大九次会议代表议案审议结果报告的情况报告；听取和审议区政府关于贯彻实施《上海市生活垃圾管理条例》情况的报告，区人大常委会执法检查组关于检查区贯彻实施《上海市生活垃圾管理条例》情况的报告，开展专题询问；会议听取和审议区政府关于调整2020年国民经济和社会发展计划的报告，决定批准区政府调整2020年国民经济和社会发展计划；听取和审议区政府关于调整2020年财政预算的报告，决定批准区政府调整2020年财政预算；听取和审议区政府关于2019年度行政事业性国有资产管理情况的专项报告，书面审议区政府关于2019年度国有资产管理情况的综合报告；听取区政府关于提升养老服务品质工作情况的报告；听取区人大财经委关于区"十四五"规划专题调研工作情况的报告；听取厉蕾、田培庆等2名市人大代表的履职情况报告，于勇等28名市人大代表提交书面履职情况报告；审议通过区人大常委会、区人民政府、区人民法院有关人事任免事项。决定接受马建超、朱晓俊、许鸣伟等3人辞去代表职务的请求

(续表)

会议名称	时间	主要内容
区第一届人大常委会第五十四次会议	11.11	审议通过区人大常委会、区政府、区人民检察院有关人事任免事项。决定任命董学华为区人民检察院副检察长、检察委员会委员、检察员；决定接受杨恒进辞去区人民检察院检察长职务的请求；审议通过《关于提请审议决定静安区人民检察院代理检察长的议案》，决定董学华为区人民检察院代理检察长；听取和审议区政府关于调整2020年财政预算的报告，决定批准区政府调整2020年财政预算；决定接受徐宝安辞去代表职务的请求
区第一届人大常委会第五十五次会议	12.9	听取和审议区政府关于"初中再加强"工程实施情况的报告；听取和审议区政府关于区2020年城区规划制定和实施情况的报告；听取区政府关于城区运行"一网统管"体系建设情况的报告；听取陈宏、莫蓓红2名市人大代表的履职情况报告，王光荣等22名市人大代表提交书面履职情况报告；听取关于召开区一届人大十一次会议有关事项的报告，表决通过《关于召开静安区第一届人民代表大会第十一次会议的决定》；审议通过区人大常委会、区人民政府有关人事任免事项；决定接受吴丽萍辞去代表职务的请求
区第一届人大常委会第五十六次会议	12.25	听取和审议区政府关于"十四五"规划编制工作情况的报告；听取和审议区政府关于2019年审计查出问题整改落实情况的报告；初步审查区政府关于2020年国民经济和社会发展计划执行情况与2021年国民经济和社会发展计划草案的报告、关于2020年预算执行情况和2021年预算草案的报告；书面审议《关于规范性文件备案审查情况的报告》《街道人大工委工作评估情况的报告》；讨论《静安区人民代表大会常务委员会工作报告（讨论稿）》；审议通过区人大常委会代表资格审查委员会关于部分代表资格的审查报告，确认陈煜涛等7人为静安区第一届人民代表大会代表；决定增加静安区第一届人民代表大会第十一次会议建议议程内容；审议通过区人民法院、区人民检察院有关人事任免事项；决定接受叶坚华辞去静安区第一届人民代表大会常务委员会副主任职务的请求；讨论通过区一届人大十一次会议的有关文件草案

（姜颖洁）

2020年区人大常委会主任顾云豪调研视察情况表

时间	调研视察内容
1.6	走访静安区首届杰出人才徐家华、区道德模范胡爱华、困难群众叶亚冠以及芷江西路街道社会救助事务管理所
1.19	走访东部战区某部、上海武警总队。副区长潘子罕参加
1.31	到芷江西路街道检查基层社区和公共场所疫情联防联控工作落实情况和药房、市场物资供应情况,慰问工作人员和志愿者
2.5	到芷江西路街道检查永兴路、中兴路等小区疫情防控、口罩预约登记以及商务楼宇复工前的防范准备等工作
2.8	到江宁路街道三星坊居委会、通安里居委会和芷江西路街道光华坊居委会,开展抗击疫情志愿活动,宣传《上海市人大常委会关于全力做好当前新型冠状病毒感染肺炎疫情防控工作的决定》
2.9	到芷江西路街道光华坊居委会,开展抗击疫情志愿活动,宣传《上海市人大常委会关于全力做好当前新型冠状病毒感染肺炎疫情防控工作的决定》
2.10	到静安区闸北中心医院和铁路上海站管委办,调研疫情防控工作,看望慰问抗疫一线工作人员
2.13	参加区人大常委会和区政府领导班子沟通交流会。区委副书记、区长于勇,区人大常委会副主任宋震、冯璐、吴丽萍、杨志健、江天熙、严俊瑛、曾晓颖,副区长潘子罕、龙婉丽、李震、张军,区副巡视员王叶庆出席会议
2.19	到区疾控中心调研疫情防控工作,看望慰问一线工作人员。区人大常委会副主任吴丽萍参加
2.25	到凯迪克大厦、长快物流有限公司调研楼宇和企业疫情防控、复工复产以及物资运输保障等情况,慰问区人大代表、中航物业上海分公司总经理张品一和区人大代表、长快物流有限公司董事长丁家阁
2.28	调研芷江西路街道社区防疫工作
3.3	调研上海星海时尚物业经营管理有限公司、越商大厦物业服务中心、阿特拉斯·科普柯(中国)投资有限公司,走访慰问区人大代表李盈、杜佳玲
3.4	调研秦森(集团)有限公司、上海铁路局上海货运中心,走访慰问区人大代表秦同千、佟小平
3.26	参加"关于构建完善与人口结构相适应的公共服务与民生保障体系"调研课题开题会
3.30	调研上海长途汽车客运总站有限公司,走访慰问区人大代表应国旺
3.31	调研上海力德国际人才服务有限公司,走访慰问区人大代表朱德权
4.1	走访慰问区人大代表王爱平

(续表)

时间	调研视察内容
4.2	到区统计局就"关于构建完善与人口结构相适应的公共服务与民生保障体系"课题开展调研,区人大常委会副主任杨志健、江天熙参加调研
4.15	走访慰问区人大代表陈雨人、沈如春
4.17	走访慰问区人大代表张安明、李劲
4.21	到大宁路街道调研街道人大工委工作。区人大常委会副主任冯璐参加调研
5.14	参加"疫情防控常态化背景下灵活就业和新就业形态情况"调研座谈会。区人大常委会副主任冯璐参加调研
5.15	参加部分常委会组成人员座谈会,听取人大工作意见建议。区人大常委会副主任叶坚华参加调研座谈
5.20	参加市人大静安区代表组2020年专题调研开题活动暨代表小组活动,调研区城运中心运用大数据支撑城市精细化管理情况和临汾路街道"民情日志""智慧临小二"智能化系统并开展座谈交流。崔丽萍、阮忠良、彭燕玲、江天熙、严俊瑛等30余名市人大代表和区人大常委会副主任冯璐参加调研活动
5.27上午	到江宁路街道开展代表集中联系社区活动,听取选民代表关于"十四五"规划中涉及民生领域的意见建议
5.27下午	带队开展《上海市生活垃圾管理条例》实地执法检查,检查天目西路街道古北家苑、嘉里企业中心、静安洲际酒店、上海市儿童医院垃圾分类情况,区人大常委会副主任宋震、曾晓颖参加
5.28	到区发展改革委调研"全球服务商计划"推进落实情况,区人大常委会副主任杨志健、江天熙参加调研
6.3	到北站街道调研《上海市街道办事处条例》执行情况。区人大常委会副主任冯璐参加调研
6.19	参加"秉初心,学四史,看静安"2020年度市、区人大代表"开放日"活动
7.3	到区税务局调研区税收情况及全年税收形势。区人大常委会副主任杨志健、江天熙参加调研
8.27	到静教院附校江宁校区、风华初级中学南校调研区义务教育现代化推进情况。区人大常委会副主任吴丽萍、严俊瑛参加调研
9.15	参加促进就业工作调研座谈会。区人大常委会副主任冯璐参加会议
10.9	参加区人大常委会《上海市生活垃圾管理条例》执法检查组专题座谈会。区人大常委会副主任宋震、曾晓颖参加会议
10.26	到芷江西路街道视察社区加装电梯工作推进情况
10.29	到北站街道调研上海静安大悦城购物中心基层立法信息采集点工作

(续表)

时间	调研视察内容
11.20	参加2020年度区人大代表集中视察活动,实地视察静安雕塑公园和大宁久光项目建设工地,听取区重大办关于区重大工程建设推进情况的汇报。区人大常委会副主任宋震、曾晓颖参加视察活动
11.25	参加2020年度区人大代表集中视察活动,实地视察源创创意园、静安新业坊,听取区商务委关于区产业园区建设及创新产业发展情况的介绍。区人大常委会副主任杨志健、江天熙参加视察活动,副区长张军陪同视察
12.1	到芷江西路街道开展市、区人大代表联系社区活动,视察城上城居民区的民主法治社区创建情况、"三驾马车"合署办公情况,召开座谈会听取选民代表关于"十四五"规划编制中涉及就业、养老、教育、医疗、城区环境等民生领域的意见建议
12.7	到盖璞(上海)商业有限公司、芬迪(上海)商业有限公司走访调研
12.10	到区发展改革委调研区"十四五"规划编制工作情况。区人大常委会副主任宋震、冯璐、杨志健、江天熙、严俊瑛参加调研

(姜颖洁)

(三) 监督工作

【促进就业专项监督】 于3—9月开展。区人大常委会成立专项监督调研组,通过听取汇报、座谈交流、个别走访等多种形式监督检查就业相关法律法规和各项积极就业政策的落地情况。5月,区人大相关专委把促进就业专项监督工作和办理一届人大九次会议代表议案监督工作结合起来,根据主任会议和区人大常委会第四十七次会议《关于区一届人大九次会议主席团交付审议的代表议案审议结果的报告》要求,对区政府办理《关于以创业带动就业促进静安区更充分更高质量就业的议案》情况开展监督,对审议结果报告所提意见和建议的落实情况进行深入调研,分专题召开代表议案办理情况座谈会,政府职能部门向议案提议代表汇报议案办理情况。区一届人大常委会第五十三次会议听取和审议区政府关于办理区一届人大九次会议代表议案审议结果报告的情况报告,并提出审议意见。

(姜颖洁)

【"十四五"规划编制工作情况监督】 于4—10月开展。区人大常委会成立"十四五"规划专题调研领导小组,下设工作小组,建立每月例会制度,定期通报专题调研进展情况,协调有关事项。召开专题调研启动会,制订专题调研工作方案,围绕区域经济发展、城市建设与管理、社会事业发展、司法与社会建设等相关领域,确定"全球服务商"计划、深化社会治理、区域交通组织、教育现代化建设4个专项调研课题。专题调研组先后到区发展改革委、区统计局等部门调研,听取规划的总体安排、编制方法和进展情况。召开"十四五"规划工作人大代表座谈会、"十四五"规划编制工作情况通报会,结合人大代表集中联系社区和代表集中视察等工作,动员人大代表参与到"十四五"规划编制过程中。区一届人大五十六次会议听取和审议区政府关于"十四五"规划编制工作情况的报告。提出准确把握好规划编制新要求,把握新发展阶段、新发展理念和新发展格局,着眼静安成为上海国内大循环中心节点的重要平台、国内国际双循环战略链接的重要通道,进一步编制好规划纲要;把静安发展融入到全市发展大局,做好与市规划的衔接和结合;推进规划实施和推动规划目标任务落实落地等审议意见。 (姜颖洁)

【代表议案办理情况监督】 1月,由袁纯领衔的15名区人大代表在静安区第一届人民代表大会第九次会议上提出《关于以创业带动就业促进静安区更充分更高质量就业的议案》。4月,经区人大常委会第四十七次会议审议表决,决定将该议案交由区政府办理。5—10月,区人大社会委组织议案领衔代表及附议代表,通过听取专题汇报、召开座谈会、实地考察等形式对审议结果报告所提意见和建议的落实情况开展调研,对区政府办理议案情况进行专项监督。区一届人大常委会第五十三次会议听取和审议区政府关于办理区一届人大九次会议代表议案审议结果报告的情况报告,针对议案办理情况及存在问题,会议建议区政府及相关部门进一步深刻认识做好促进就业工作对于落实人民城市理念的重大意义和对于构建新发展格局的重要作用,从做好"六稳"工作和落实"六保"任务的高度进一步增强责任感和使命感,努力开创区就业工作新局面;结合"十四五"规划编制,衔接好产业政策与就业政策,推动新业态就业,畅通就业信息发布渠道,为受疫情影响较大的重点群体提供个性化与全流程就业服务;强化综合施策,打好促进就业"组合拳",加强就业制度建设,推动"援企稳岗"各项政策落实落地。

(姜颖洁)

【行政案件集中管辖和家事审判方式改革工作情况监督】 年内,区人大监察和司法委员会组建专项调研组,专题听取区法院相关工作情况汇报。先后组织召开区法院行政审判团队法官、家事审判团队法官座谈会和律师座谈会,并旁听区法院一起继承纠纷案件的庭审。区一届人大常委会第四十八次会议听取和审议区法院关于行政案件集中管辖和家事审判方式改革工作情况的报告。提出充分认识开展司法综合配套两项改革重要意义,积极稳妥推进行政案件集中管辖,持续提升人民群众的支持度和满意率。不断推进完善家事审判方式,最大限度维护和保障家庭和谐稳定;广泛听取意见建议,及时总结经验做法,研究解决困难和问题,不断提高办案质效和司法公信力,进一步完善行政案件集中管辖模式,建立司法和行政良性互动机制,落实行政诉讼便民措施;切实转变和提升家事审判理念,健全家事纠纷多元化解机制,完善社会参与家事审判工作格局,加强司法综合配套两项改革宣传等审议意见。 (姜颖洁)

【旧区改造、旧住房综合改造情况监督】 3—6月,区人大常委会城建环保工委就旧区改造和旧住房综合改造情况开展监督调研,先后到区建设管理委、区旧区改造总办调研旧区改造推进情况,到区房管局调研"美丽家园"、成套改造、拆落地改造、既有多层住宅加装电梯等工作推进情况;多次开展实地视察活动,视察旧改基地、"美丽家园"、拆落地改造、既有多层住宅加装电梯项目成果;多次召开专题座谈会,听取相关职能部门、各街镇旧区改造和旧住房综合改造工作主要做法和难点问题。区一届人大常委会第七十九次主任会议听取区政府关于区旧区改造、旧住房综合改造情况的汇报。建议区政府及相关部门坚持人民至上,着眼谋划"十四五"规划,进一步增强前瞻性。聚焦基地收尾难、零星地块征收难等瓶颈问题,紧扣"美丽家园"建设、旧住房成套改造、多层住宅加装

梯等重点工作,因地制宜,分类施策,更好地满足人民群众对美好生活的需要。（姜颖洁）

【依法管理宗教事务情况监督】 4—6月,区人大常委会侨民宗工委成立专题调研组,通过查阅资料、实地视察、专题走访、座谈交流和个别访谈相结合的方式,就区依法管理宗教活动场所、培养爱国宗教教职人员、规范宗教活动等方面情况开展调研。先后到静安寺就宗教场所建设管理、教职人员、信教群众管理等方面情况开展实地调研,2次到区民宗办专题听取区依法管理宗教事务和相关条例执行情况,以及疫情期间宗教活动场所各项防控措施落实情况的汇报。邀请市民族宗教局专家作专题辅导讲座。区一届人大常委会第七十九次主任会议听取区政府关于区依法管理宗教事务情况的汇报。建议区政府及相关部门进一步加强对党的宗教政策以及宗教法规的学习宣传,增强法制观念和责任意识,提高宗教事务管理工作的法治化水平;善于依法妥善处理和解决好涉及宗教的各种社会关系,最大限度地发挥宗教在改革发展和社会稳定大局中的积极作用,全面提升新形势下宗教工作水平。（姜颖洁）

【《上海市街道办事处条例》专项监督】 根据市人大常委会关于市、区两级人大联动开展《上海市街道办事处条例》(简称《条例》)执法检查工作部署,4—6月,区人大社会委受区人大常委会委托,就区贯彻实施《条例》的情况开展专题监督调研。调研组先后到区地区办、区民政局调研听取区贯彻实施《条例》的基本情况、存在问题和意见建议;先后到北站、石门二路、大宁路等街道开展实地视察检查,多次召开由街道办事处负责人、居民区党组织书记、社会组织负责人参加的专题座谈会,并通过走访社区听取居民意见建议;全区13个街道进行全面自查。区一届人大常委会第七十九次主任会议听取《关于本区贯彻实施〈上海市街道办事处条例〉情况的调研报告》,决定将报告提交市人大常委会。（姜颖洁）

【计划和预算监督】 6—7月,区人大财经委及常委会预算工委组织代表先后到区发展改革委、区财政局、区审计局,对2020年上半年国民经济和社会发展计划执行情况、区2019年财政决算和2020年上半年预算执行情况、区2019年预算执行和其他财政收支的审计情况开展调研,对区财政局《关于静安区2019年财政决算及2020年上半年预算执行情况的报告》进行审查。区一届人大常委会第五十次会议听取区政府关于2020年上半年国民经济和社会发展计划执行情况的报告、关于2019年财政决算和2020年上半年预算执行情况的报告、区2019年预算执行和其他财政收支的审计工作报告,作出《关于批准静安区2019年财政决算的决议》。会议建议区政府及有关部门践行"人民城市人民建,人民城市为人民"重要理念,按照做好"六稳""六保"工作要求,准确把握经济形势,着力抓好"十四五"规划编制,全力以赴补短板、惠民生,加快推进落实各项工作;加强预算绩效管理,确保财政资金用于解决群众关心的民生问题和区域重大项目、重点工作,切实提高财政资金的配置效率和使用效益;以问题为导向,做好审计查出问题的落实整改,强化审计结果运用,增强预算执行规范性和有效性,进一步发挥审计监督对规范财政运行、严肃财经纪律、健全预算管理制度的重要作用。（姜颖洁）

【政府上半年工作情况监督】 9月8—9日,区一届人大常委会第五十二次(扩大)会议听取和评议区政府上半年区域经济社会发展情况、下半年工作总体考虑以及代表关心的若干问题的报告。代表们在评议中对区政府上半年工作表示肯定,并就进一步做好疫情防控工作、深化创新发展持续推动经济高质量发展、加强城区精细化管理进一步提高城区治理现代化水平、增进民生福祉不断满足人民群众美好生活需要、加强政府自身建设着力提升工作作风和能力等方面提出意见建议。

（姜颖洁）

【**区行政事业性国有资产管理情况监督**】 9—10月,区人大财经委、区人大常委会预算工委先后组织专工委委员,到区财政局就2019年度区行政事业性国有资产管理情况和2019年度国有资产管理情况开展调研。区一届人大常委会第五十三次会议听取和审议区政府关于2019年度行政事业性国有资产管理情况的专项报告,书面审议关于2019年度国有资产管理情况的综合报告,提出强化依法管理意识,切实把国有资产管理作为一项重要任务抓好抓实,努力实现保障履职、科学配置、有效使用、规范处置的管理目标;夯实基础工作,进一步加强摸底清查和产权管理,完善配置标准,建立动态调整机制,提升国有资产管理智能化水平;完善体制机制,加快建立国有资产管理与预算决算管理有效衔接、有机结合的管理机制,探索建立资产的调剂使用、共享共用机制,探索建立绩效评价体系等审议意见。

（姜颖洁）

【**《上海市生活垃圾管理条例》专题询问**】 10月14日,区人大常委会在开展《上海市生活垃圾管理条例》(简称《条例》)执法检查的同时,进一步聚焦《条例》贯彻实施和区生活垃圾分类管理中存在的热点、焦点、难点问题,结合区一届人大常委会第五十三次会议听取和审议执法检查报告,对《条例》实施情况进行专题询问。8名区人大常委会委员和代表,围绕生活垃圾收集设施建设改造、落实小区物业管理企业责任、垃圾分类专项资金使用以及医院、学校、菜场、商场区域垃圾分类管理等方面,紧扣法律规定和实际问题进行提问。副区长李震和区绿化市容局等8个部门到会应询,并提出工

10月14日,区一届人大常委会第五十三次会议就区政府贯彻实施《上海市生活垃圾管理条例》情况进行专题询问　　　　　　　　　　　　　　　（区人大办　供稿）

作改进措施和努力方向。　　　　（姜颖洁）

【2020年国民经济和社会发展计划调整监督】区政府于9月提出关于调整2020年国民经济和社会发展计划的报告。区人大财经委及常委会预算工委组织委员专题听取区发展改革委有关情况汇报，对调整方案进行调研和初审，并提出审查结果报告。区一届人大常委会第五十三次会议听取和审议区政府《关于调整2020年国民经济和社会发展计划的报告》，并作出《关于批准区政府调整2020年国民经济和社会发展计划的决议》。　　　　　　　　（姜颖洁）

【2020年财政预算调整监督】　年内，区政府先后于9月、10月两次提出关于调整2020年财政预算的报告。区人大财经委及常委会预算工委组织委员专题听取区财政局关于调整2020年财政预算的汇报，对调整方案进行调研和初审，并提出审查结果报告。区一届人大常委会第五十三次会议、第五十四次会议分别听取和审议区政府《关于调整2020年财政预算的报告》，分别作出《关于批准区政府调整2020年财政预算的决议》。　　　　　　（姜颖洁）

【区贯彻落实《上海市优化营商环境条例》情况监督】　7—11月，区人大财经委牵头成立调研组，通过实地调研、召开座谈会、个别访谈等形式，对区政府相关部门在《上海市优化营商环境条例》落实和优化营商环境方面的工作推进情况、入驻静安区企业的感受和反馈进行调研。区一届人大常委会第八十七次主任会议听取区政府关于贯彻落实《上海市优化营商环境条例》情况的汇报，建议区政府及相关部门进一步落实落细《上海市优化营商环境条例》各项规定，以政府职能转变为核心，以政务服务"一网通办"为抓手，全面深化"放管服"改革，践行"有求必应、无事不扰"的服务理念，推动实现业务流程、办事流程的革命性再造，提高服务的针对性和精准度。结合"十四五"规划编制，构建优化营商环境的常态长效机制，加快形成统筹有力、运行高效的投资促进机制，完善规范有序、有利于激发市场主体活力的事中、事后监管机制，着力打造更加市场化、法治化、国际化的营商环境，充分发挥优化营商环境对实现经济行稳致远、社会安定和谐的重要作用。

（姜颖洁）

【打造静安文化旅游品牌工作情况监督】　7—10月，区人大常委会教科文卫工委成立专题调研组，通过听取汇报、实地视察、召开座谈会、汇编参阅材料等形式，就区文化和旅游品牌融合、丰富城区文化内涵与品质方面的工作推进情况开展调研。调研组先后视察元利当铺、一百零八上苑、中国劳动组合书记部旧址、四行仓库等场馆以及优秀历史建筑查公馆；现场观摩上海国际茶文化节、"锦绣霓裳艺术旗袍展"、老上海弄堂工业历史人文展等活动。区一届人大常委会第八十六次主任会议听取区政府关于打造静安文化旅游品牌工作情况的汇报，建议区政府及相关部门以"十四五"规划编制为契机，突出规划对文化旅游发展的引领作用，立足静安红色文化、海派文化、江南文化等文化资源丰富的优势和开放多元的文化特征，加大对文化资源的研究发掘、保护利用和宣传推介力度，充分激发文化创新创造活力，打造文化旅游新地标、新载体、新模式，促进文化旅游资源的深度融合，延伸文化旅游产业链，推动文化旅游资源向经济优势转化，打造具有静安特色和竞争力的文化旅游品牌，使文化旅游产业更好地服务新发展格局，不断满足人民群众对美好生活的需求。

（姜颖洁）

【预算绩效管理工作情况监督】 年内，区人大常委会预算工委选取部分预算部门、单位及经济社会民生领域的重点资金、重大项目、热点工作，以点带面开展预算绩效管理监督。以项目资金为切入口，从预算编制、执行、决算、审计整改、绩效评价等环节，推进部门预算绩效管理。预算工委与社会委、城建环保工委、教科文卫工委联动，就社区助老服务、垃圾分类、非机动车管理、文化发展等专项资金开展预算审查监督。依托人大预算联网监督系统，加强对财政本级预算、部门预算和项目预算执行的动态监督。区一届人大常委会第八十七次主任会议听取区政府关于预算绩效管理工作情况的汇报。建议区政府及相关部门在面对经济下行压力挑战和新冠肺炎疫情冲击的新形势下，进一步强化"花钱必问效、无效必问责"的预算绩效管理理念，确保预算绩效管理各项改革任务落到实处。进一步完善全方位、全过程、全覆盖预算绩效管理体系，提高财政资源配置效率和使用效益。更加注重结果导向、强调成本效益、硬化责任约束，将评价结果与预算安排相结合、与部门考核相挂钩，发挥预算绩效管理对转变政府职能、建立全面规范透明、标准科学、约束有力的预算制度，提升部门管理效率和服务水平的支撑作用。

（姜颖洁）

【"初中再加强"工程实施情况监督】 8—12月，区人大常委会教科文卫工委成立调研组，对"初中再加强工程"的实施进展开展监督调研。区人大常委会领导先后带队，到静教院附校江宁校区、上海市风华初级中学教育集团南校区、市北初级中学北校、育才初级中学、彭浦四中实地调研，了解初中学段在教育质量、队伍建设、办学特色、社会满意度等方面情况，深入课堂观摩教学，参与学生活动，组织召开专题调研座谈会，听取教育局有关负责人、学校校长、教师代表、学生家长、社区代表的意见建议和评价。区一届人大常委会第五十五次会议听取和审议区政府关于"初中再加强"工程实施情况的报告，提出要始终把教育放在优先发展的战略地位，不断探索与区域发展目标相匹配的初中教育发展举措，进一步提升静安初中教育整体品质；要始终坚持问题导向，不断健全改革配套制度，发挥优质资源辐射带动作用，推动优质资源均衡发展。深化课程和教学改革，不断优化完善课程体系，重视和加强德育教育，引导学生形成正确的世界观、人生观和价值观；加强前瞻规划，优化初中教育资源布局，缓解供需矛盾。完善优秀人才的引进、培养、管理、交流、激励等机制。加大宣传力度营造良好舆论环境等审议意见。 （姜颖洁）

【2019年审计查出问题整改落实情况监督】 11—12月，区人大财经委、常委会预算工委采取召开座谈会、实地调研等方式，对审计查出问题整改落实情况进行调研，专题听取区审计局关于2019年度区本级预算执行和其他财政收支审计查出问题整改情况汇报。区一届人大常委会第五十六次会议听取区政府关于2019年审计查出问题整改落实情况报告。提出要深刻认识审计整改工作重要性，认真扎实开展整改工作；注重源头治理，坚持发现解决问题与促进完善制度并重，把整改具体问题与深化改革相结合，努力做到防患于未然；健全审计查出问题与预算安排和政策完善挂钩机制，严肃财经纪律，规范预算行为，提高财政资金使用效益等审议意见。 （姜颖洁）

【落实重大事项报告制度】 根据区政府向区人大常委会提交的重大事项报告，年内，区人大常委会共听取14项重大事项报告，讨论、决定重大事项4项。其中，区一届人大常委会第四十六次会议听取区政府关于贯彻落实《上海市人民代表大会常务委员会关于全力做好当前新型冠状病毒感染肺炎疫情防控工作的决定》有关情况的报告，书面审议区政府关于静安区法治政府建设工作情况的报告；第四十七次会议听取和审议区政府关于本区2019年环境状况和环境保护目标完成情况的报告；第四十八次会议听取和审议区政府关于代表建议、批评和意见办理情况的报告；第五十次会议听取和审议区政府关于2020年上半年国民经济和社会发展计划执行情况的报告、关于2019年财政决算和2020年上半年预算执行情况的报告、区2019年预算执行和其他财政收支的审计工作报告，作出关于批准区2019年财政决算的决议；第五十三次会议听取和审议区政府关于调整2020年国民经济和社会发展计划的报告、关于调整2020年财政预算的报告，作出批准区政府调整2020年国民经济和社会发展计划的决议、批准区政府调整2020年财政预算的决议，听取区政府关于提升养老服务品质工作情况的报告；第五十四次会议听取和审议区政府关于调整2020年财政预算的报告，作出批准区政府调整2020年财政预算的决议；第五十五次会议听取和审议区政府关于区2020年城区规划制定和实施情况的报告，听取区政府关于城区运行"一网统管"体系建设情况的报告；第五十六次会议听取和审议会议政府关于2019年审计查出问题整改落实情况的报告。

（姜颖洁）

（四）代表工作

【各级人大代表参与防疫抗疫】 年内，新冠肺炎疫情发生后，全区各级人大代表结合本职工作岗位，在不同领域、不同行业、不同岗位带头发挥表率作用，参与社区排查、宣传引导、医疗救治等防疫抗疫工作。踊跃捐赠钱款近400万元，捐赠防护服价值近百万元，募集防护服、口罩、消毒液、测温仪等各类防疫物资设备。通过线上接待和线下走访选民，参与志愿服务和了解社情民意相结合的方式，广泛收集社情民意，听取群众呼声，为打好疫情防控阻击战献计献策，20余名市、区人大代表提交意见建议60余条。

（姜颖洁）

【市、区人大代表开放日活动】 于6月16—19日开展。区人大常委会以"秉初心，学四史，看静安"为主题，以街镇代表组为单位，组织市、区人大代表踏看红色文博场所和不同时期的历史建筑、旧址和遗址，聆听红色历史记忆和历史故事，重温城市进程中独具上海特征、静安特色的党史、新中国史、改革开放史和社会主义发展史。近200名市、区人大代表和人大工作人员参与开放日活动。

（姜颖洁）

【补选市、区人大代表】 年内，补选市十五届人大代表3人。两次组织区人大代表补选，补选区一届人大代表12人。6月15日区第一届人大常委会第四十八次会议补选张文宏为上海市第十五届人大代表，8月12日区第一届人大常委会第五十一次会议补选王华、曹扶生为上海市第十五届人大代表，补选结果报告报送市人大常委会代表资格审查委员会审查，并由市人大常委会确认。7月21日在区4个街镇5个选区补选王奇等5人、12月17日在区6个街镇7个选区补选陈煜涛等7人为静安区第一届人民代表大会代表，区第一届人大常委会第五十次会议、第五十六次会议分别同意代表资格审查委员会的报告，确认其代表资格有效。

（姜颖洁）

【市人大代表专题调研活动】 年内，组织市人大静安组部分代表围绕"以大数据支撑城市管理精细化,提升街道应对突发公共事件能力和水平"主题开展课题调研。调研聚焦重点领域,以及统筹推进新冠肺炎疫情防控和经济社会发展要求,突出问题导向、需求导向、效果导向,发挥好代表的专业优势和整体力量,提出针对性对策建议。 (姜颖洁)

【市、区人大代表报告履职情况】 年内,区人大常委会组织4名市人大代表在区人大常委会会议上作口头报告,50名市人大代表作书面报告。除2020年新补选的3名市人大代表外,上海市十五届人大代表静安组的66名代表全部完成履职报告。组织区人大代表向原选区选民报告履职情况,年内各街镇代表组先后召开代表履职报告会89场,128名代表作履职报告,2000余名选民代表参加报告会。至年底,区第一届人大代表有314名代表向选民报告履职情况,占代表总数的90%以上。 (姜颖洁)

【开展代表组专题调研】 年内,全区14个街镇代表组发挥代表专业优势和资源优势,加强与区人大专工委联动,围绕优化营商环境、创新社会治理、推动人大代表联络站建设等专题开展调查研究。形成的调研成果部分转化为推动辖区工作开展的具体措施,部分酝酿成为代表建议提交区人代会。 (姜颖洁)

【深化代表履职平台建设】 年内,区人大常委会持续深化"人大代表之家""人大代表联络站"和"人大代表联系点"建设,结合社会治理创新、立法信息采集点等基层民主法治建设推动平台赋能增效。年内实现居民区人大代表联系点全覆盖,全区共建有人大代表之家15个,居民区人大代表联系点264个,单位、楼宇人大代表联络站24个。 (姜颖洁)

【开展代表建议督办】 年内,区人大常委会代表工作机构与区政府督查部门加强定期会商和协调沟通,与街镇代表联络机构进行联动督办,与区人大常委会相关工委开展联合督办,全面跟踪推进一届人大九次会议以来代表建议办理情况。区一届人大九次会议和闭会期间,共收到代表建议154件,全部需要办理。其中,需区政府和相关部门承办的150件,需其他组织承办的4件,均办复。其中,办理结果为"已经解决"的131件,占总数85.1%;办理结果为"计划解决"的8件,占总数5.2%;办理结果为"留作参考"的15件,占总数9.7%。 (姜颖洁)

【开展街工委工作评估】 年内,区人大常委会结合街镇人大工作年度绩效考核,开展街工委工作评估,优化评估方式,通过街工委自评和实地检查相结合、听取意见和问卷测评相结合、分片听取汇报和集中向常委会汇报相结合的方式,推动街工委规范化建设,提升工作水平。区一届人大常委会第五十六次会议书面审议《关于2020年度街道人大工委工作评估情况的报告》。 (姜颖洁)

(五)人事任免

【任免总况】 年内,区人大常委会坚持党管干部与人大依法任免有机统一的原则,依法行使人事任免权。严格执行拟任命人员个人情况介绍、任后发言、颁发任命书、宪法宣誓等制度。全年共任免国家机关工作人员366人(次)。其中,任免区人大及其常委会工作人员30人(次),任免区政府组成人员17人(次),"两院"任免319人(次)。终止区人大代表资格18人,补选区一届人大代表12人、市十五届人大代表3人。 (姜颖洁)

2020 年区人大常委会任免国家机关工作人员情况表

日期	会议名称	任免人员及职务
1.10	区第一届人大常委会第四十三次会议	免去鲍英菁的静安区人民政府副区长职务
1.31	区第一届人大常委会第四十四次会议	任命李永波为静安区人大常委会共和新路街道工作委员会主任
		任命盛正良为静安区人大法制委员会副主任委员，免去其静安区人大常委会代表工作室副主任职务
		任命应天元为静安区人大社会建设委员会副主任委员，免去其静安区人大常委会城市建设环境保护工作委员会副主任职务
		任命杨步君为静安区人大常委会城市建设环境保护工作委员会副主任，免去其静安区人大常委会研究室副主任职务
		任命龙婉丽为静安区人民政府副区长
		免去周海鹰的静安区人民政府副区长职务
2.26	区第一届人大常委会第四十五次会议	任命陈磊为静安区人大财政经济委员会副主任委员，免去其静安区人大财政经济委员会委员职务
		任命朱健为静安区人大财政经济委员会委员
		任命许骍为静安区人大常委会代表资格审查委员会委员、人事工作委员会委员
		免去许美芳的静安区人大常委会人事工作委员会委员、华侨民族宗教工作委员会副主任职务
3.26	区第一届人大常委会第四十六次会议	任命吕曦为静安区人大常委会研究室副主任
		任命陶欣为静安区人大常委会代表工作室副主任
		任命徐世栋为静安区人大常委会天目西路街道工作委员会副主任
		免去汤烨勃的静安区人大常委会预算工作委员会委员、江宁路街道工作委员会委员职务
		免去汤剑平的静安区人大常委会共和新路街道工作委员会副主任职务
		任命张忠平为静安区人民检察院检察委员会委员

(续表)

日期	会议名称	任免人员及职务
4.29	区第一届人大常委会第四十七次会议	任命徐晓燕为静安区人大常委会办公室副主任
		任命朱瑾为静安区人大常委会共和新路街道工作委员会副主任
7.20	区第一届人大常委会第四十九次会议	任命王华、梅广清为静安区人民政府副区长,决定王华为静安区人民政府代理区长
7.29	区第一届人大常委会第五十次会议	免去闵金国的上海市静安区人民法院副院长、审判委员会委员、审判员职务
10.14	区第一届人大常委会第五十三次会议	任命可晓林为静安区人大常委会石门二路街道工作委员会主任
		任命胡建文为静安区人大常委会宝山路街道工作委员会主任
		任命董剑为静安区人大常委会彭浦新村街道工作委员会副主任
		免去马颖慧的静安区人大常委会石门二路街道工作委员会主任职务
		免去马建超的静安区人大常委会宝山路街道工作委员会主任职务
		免去薛羽的静安区人大常委会江宁路街道工作委员会副主任职务
		免去朱民铎的静安区人大常委会宝山路街道工作委员会副主任职务
		免去杨文的静安区人大常委会彭浦新村街道工作委员会副主任职务
		免去后军的静安区人大常委会华侨民族宗教工作委员会委员职务
		任命吕忆农为静安区司法局局长
		免去凌淑蓉的静安区司法局局长职务
		任命丁卯君等305人为静安区人民法院人民陪审员

（续表）

日期	会议名称	任免人员及职务
11.11	区第一届人大常委会第五十四次会议	免去徐宝安的静安区人大常委会人事工作委员会委员职务
		任命焦志勇为静安区民政局局长
		任命张瑾为静安区财政局局长，免去其静安区应急管理局局长职务
		任命李卿为静安区应急管理局局长
		任命马士威为静安区住房保障和房屋管理局局长
		免去贾先斌的静安区民政局局长职务
		免去任少南的静安区财政局局长职务
		免去于文的静安区退役军人事务局局长职务
		免去姜伟成的静安区住房保障和房屋管理局局长职务
12.9	区第一届人大常委会第五十五次会议	任命董学华为静安区人民检察院副检察长、检察委员会委员、检察员，决定其为静安区人民检察院代理检察长
		免去李桦的静安区人大常委会南京西路街道工作委员会副主任职务
		任命吕平为静安区退役军人事务局局长
12.25	区第一届人大常委会第五十六次会议	任命邵伟忠、龚雯为静安区人民法院审判委员会委员
		任命宁玲、祁昌玲、李海有、李超、施剑飞、徐涛、彭颖、葛立刚等8人为静安区人民法院审判员
		免去周子简的静安区人民检察院检察委员会委员、检察员职务

（姜颖洁）

三、静安区人民政府

编辑 李佳丽

（一）综述

2020年，区政府统筹推进疫情防控和经济社会发展，扎实做好"六稳"工作，全面落实"六保"任务，完成"十三五"规划主要目标。全年实现地区生产总值2323.08亿元，比上年增长1.1%；完成区级一般公共预算收入250.14亿元，比上年增长1.01%；登记失业人数控制在市政府下达目标内；静安区成功创建复评全国文明城区。

全力抗击新冠肺炎疫情。第一时间建立联防联控工作机制，率先发布疫情防控工作通告。开展发热门诊、隔离病房、发热哨点标准化建设，落实新冠肺炎防控方案和诊疗规范。建立健全常态化疫情防控机制，加强健康宣传，开展爱国卫生运动，有力保障抗疫物资和生活用品。认真落实中央及市级援企稳岗系列政策，发布《静安区应对疫情帮扶企业相关措施细则汇总》，缓解企业经营压力，打通复工复产堵点。对接上海市"五五购物节"，推出"嗨购静安"促消费系列活动，重启"安义夜巷"广受关注。守牢学校疫情防控阵地，开学复课工作有条不紊。

经济运行态势向上向好。区级一般公共预算收入降幅自5月起逐月收窄，全年完成250.14亿元，实现1.01%的正增长。社会消费品零售总额自4月起率先实现同比正增长，增幅逐月扩大，全年完成1367.46亿元，比上年增长21.15%，增幅始终保持全市各区首位。全社会固定资产投资额308.06亿元，比上年增长30.9%，自4月起连续9个月保持正增长。五大重点产业全年实现税收总收入506.85亿元，其中商贸服务业实现税收215.84亿元，比上年增长1.03%；金融服务业实现税收108.09亿元，比上年增长6.86%。全年新增跨国公司地区总部6家，累计88家，其中大中华区及以上能级总部26家。

改革创新进一步深化。围绕增强集聚和辐射功能，深化"全球服务商计划"，市区联手推动市专业服务业联盟实质性运作。坚持以开放促改革，深化国家服务业综合改革试点，提升投资贸易便利化水平。深入推进"放管服"改革，"一网通办"进一步从"能办"向"好办"转变，共538项行政权力事项、662项公共服务事项接入平台。深化业务流程革命性再造，开展15项"一件事"改革，办件量位列全市第一。加强窗口标准化建设与管理，各政务服务窗口好评率达99.98%。落实区域性国资国企综合改革要求,健全以管资本为主的国资监管体系。战略性新兴产业特色优势持续巩固,大数据重点企业数量达250余家,占全市三分之一。各类创新要素加快集聚,引进科技类企业103家,高新技术企业数达到385家。

招商引资力度持续加大。优化招商体制机制,构建条块联动、各方协同的大招商、大服务工作格局。开展战略招商、精准招商,全年新增注册企业数3885家,比上年增长6.91%;引进税收亿元级项目4个、千万级项目33个。完成各街镇企业服务中心设立,夯实街镇属地服务企业责任。拓展"楼小二"服务清单,提升覆盖度和便捷度。核发上海首张"跨界便利店"食品经营许可证,部署10家"便利店+早餐"项目,服务商区、社区人群。

城区环境品质优化提升。完善城市运行管理机制,加快推进"一网统管"建设,完成85个城运网格、综治网格与47个公安责任区"三网合一"工作,部署上线45个区和街镇特色应用。保质保量完成重大工程项目,全年开工面积102.3万平方米,竣工面积100.3万平方米。市政设施建设稳步推进,北横通道天目路高架全线实现结构贯通,昌平路桥建成通车,成为"撤二建一"以来静安区首座连通苏州河两岸的新建桥梁。深化"美丽家园"建设,完成31万平方米屋面及相关设施改造、12.7万平方米多高层住宅综合整治。加快既有多层住宅加装电梯,新开工建设59台,其中完工28台。深化物业管理改革,不断提升物业企业服务水平。推进"美丽街区"建设,完成苏州河两岸贯通工程。全年建成各类绿地7.03万平方米,立体绿化1.5万平方米。完成7.69千米道路架空线入地及合杆整治。进一步提升垃圾分类实效,推进各类场所分类收集全覆盖。全面完成第七轮环保三年行动计划,污染防治三大攻坚战取得阶段性成果。认真落实河长制,推动河道水质提升,完成消除劣Ⅴ类水体任务。完善安全生产责任体系,全面开展安全隐患大排查、大整治。加大电动自行车违规充电等火灾突出风险点整改力度,加强建筑施工、食品药械、特种设备等领域安全监管,切实防范安全风险,城区运行保持平稳有序。

群众生活水平持续提高。加大旧区改造力度,宝山路街道"四合一"项目(宝山路街道31、149、150、152街坊项目)高比例签约生效,提前8个月全面完成"十三五"成片二级以下旧里改造目标,全年完成旧区改造受益居民2803户。持续攻坚旧住房成套改造,全市户数规模最大的彭一小区项目签约生效,彭浦新村地区实现成套改造全覆盖。坚持稳企业、保就业,全年新增就业岗位43192个,成立静安区"人力资源机构助力大学生就业联盟",帮助长期失业青年就业825人,帮扶引领创业901人。完善养老服务体系,基本完成平型关路养老院建设,社区综合为老服务中心、长者照护之家在全市率先实现街镇全覆盖。全年实施低保救助和临时救助14.24万人(次),救助金额共1.49亿元。理顺条块职责关系,深化居委会、业委会建设,全面推进"共同家园·基石工程"。深化教育综合改革,开展紧密型学区化集团化创建,办学覆盖率66.3%。深入推进托幼一体化建设,建成14个社区普惠性托育点。加强区域公共卫生体系建设,优化公共卫生应急处置各类预案流程。家庭医生服务60岁以上人群签约率88.52%。完善公共文化服务体系,在全市首创运用"区块链+"技术实施公共文化配送,提高服务精准度。静安区成为首批国家文化和旅游消费试点城市。优化体育设施布局,新建、翻建34处公共运动场、市民健身步道、共享健身房和益智健身苑点。举办上海静安国际女子半程马拉松赛等赛事。

政府自身建设全面加强。巩固"不忘初心、牢记使命"主题教育成果,深入开展"四史"学习教育。深化落实"四责协同"机制,贯彻中央八项规定及其实施细则精神,驰而不息纠正"四风"。深入贯彻习近平法治思想,全面推行行政执法公示制度、执法全过程记录制度、重大执法决定法制审核制度,提高行政机关依法行政水平及依法应诉能力。全面实施预算绩效管理,加大审计力度。及时向区人大常委会报告、向区政协通报重大事项,高质量完成区人大代表建议和区政协提案办理工作。　　（张迎雪）

（二）重要会议和活动

【区政府第十六次全体（扩大）会议】　于1月21日在区机关大楼会场召开。区政府领导于勇、刘燮、潘子罕、李震、张军出席。会议强调,要明确目标,强化责任抓冲刺、抓收官;要提高站位、自我加压,加强市区合作,抓好招商引资、优化营商环境、城市建设管理、民生保障等重点工作,全力保障城市运行安全;要提振信心,强化作风建设,以更加积极饱满的工作热情、只争朝夕的精神状态投入到静安区经济社会发展各个方面。　　（张迎雪）

【区应对新冠肺炎疫情防控工作专题会议】于1月27日在区机关大楼会场召开。区领导于勇、黄红、顾春源、姜鸣、刘燮、潘子罕、张军出席。会议就医疗救治、疫情监测排查、物资保障、重点人群和重点场所防控等方面进行重点研究。会议强调,要加强领导,把责任压实,把举措落细,各工作组要各司其职、各尽其责、相互配合、形成合力,全面加强防控工作,全力以赴保障人民群众生命健康安全。　　（张迎雪）

【区应对新冠肺炎疫情工作组会议】　于1月28日在区机关大楼会场召开。区领导于勇、黄红、顾春源、姜鸣、潘子罕、龙婉丽、张军出席。会议指出,要把疫情防控作为最重要的任务,各工作组要扎实做好各项工作,进一步形成工作合力,全面落实联防联控措施,严把关口、严格执行、严密防范,全力阻断疫情传播扩散,坚持把人民群众生命安全和身体健康放在第一位。会议强调,面对疫情防控严峻斗争,党员干部要坚决扛起政治责任,充分发挥战斗堡垒作用和先锋模范作用,冲锋在前、勇挑重担、敢打硬仗。
　　（张迎雪）

【区落实市优化社区口罩供应政策专题会议】于2月1日在区机关大楼会场召开。区政府领导于勇、刘燮、张军出席。会议指出,购买口罩是老百姓最关心的事情之一,各部门、各街镇一定要高度重视,坚决把市优化社区口罩供应政策落实好,尽全力保障市民需求。会议要求,要把居村委会公开告知、预约登记及凭证发放等各个环节、各个流程做细、做扎实,加强协同、形成合力,确保秩序平稳。要加强相关场地的通风、消毒,加强工作人员防护,降低交叉感染风险。要切实做好宣传工作,积极宣传好先进典型、优秀事迹。　　（张迎雪）

【区管重点国企座谈会】　于3月3日在区机关大楼会场召开。区领导于勇、王叶庆出席。会议要求,各区管国企要切实做好所属企业疫情防控工作,确保各项防控措施落实到位。要指导所管理园区入驻企业做好疫情防控和复工复产。要坚定发展目标,突出主责、主业,不断做强、做优、做大。要增强做好招商引资工作的责任感和紧迫感,主动融入全区招商引资工作大局,建立招商目标体系,将招商引资作为提升国有企业竞争力、推动企业高质量发展的重要

突破口。要进一步加强风险管控和流程管理，不断完善公司治理体系。（张迎雪）

【区2020年安全生产工作会议暨安委会全体会议】 于3月13日在区机关大楼会场召开。区政府领导于勇、潘子罕、李震出席。会议指出，在疫情防控和复工复产关键时期，要始终绷紧安全这根弦，确保区内各医疗机构、商务楼宇、商场、园区、养老机构、餐饮企业、交通枢纽等人员密集场所疫情防控不留盲点、不留死角。要强化各类安全风险排查整治，拿出有力措施守好安全底线，加快推进安全生产治理体系和治理能力现代化。要坚持"党政同责、一岗双责"，真正做到守土有责、守土担责、守土尽责。（张迎雪）

【区政府第十七次全体（扩大）会议】 于4月15日在区机关大楼会场召开。区领导于勇、刘燮、潘子罕、龙婉丽、李震、张军、王叶庆出席。会议要求，在做好疫情防控的同时，全力推动经济社会步入正轨。要提质效、保增长，在抓招商、抓项目、抓服务、抓消费上下功夫；要补短板、保安全，抓好城市运行"一网统管"，牢牢守住城市安全底线；要践行以人民为中心的发展理念，办好解民忧、纾民困、惠民生、暖民心的实事好事。还要强化效率意识，形成合力，全面提高推进工作的能力和本领，夺取疫情防控和实现经济社会发展目标的双胜利。（张迎雪）

【"2020上海全球新品首发季暨上海国际美妆节"启动仪式】 于5月5日在兴业太古汇举办。副市长许昆林、市政府副秘书长尚玉英、市商务委主任华源、区长于勇共同开启启动仪式，副区长张军出席。仪式现场发布未来妆容趋势秀，并进行"时代新生，领美未来"行业论坛互动。多家国际美妆品牌联袂发布美妆美肤新品，合力推进"首发经济"。（张迎雪）

【区2021年预算编制暨三年政府财力建设储备库项目编制会议】 于7月31日在区机关大楼会场召开。区政府领导王华、梅广清出席。会议要求，要认清形势、提高站位，增强主体责任意识；要加大资金、资产、项目统筹力度，坚持政府过"紧日子"，重点保障稳增长、促发展和兜底线等领域，提高预算编制科学性和准确性；要加强预算刚性约束，持续提升预算绩效管理水平，增强财经法治意识，严肃纪律，确保预算编制依法合规。（张迎雪）

【区投资促进工作专题培训班开班仪式】 于9月10日举行。区政府领导王华、张军出席。会议指出，在保增长压力持续加大情况下，要敢于迎难而上，准确把握招商引资面临机遇，深化对功能区招商体制认识，加强协同配合和面上统筹。要围绕金融、商贸、大数据、专业服务、大健康、文创等重点产业，聚焦总部经济，实行战略招商、精准招商，强化制度创新，以优质政务服务助力企业业务发展。各级干部要善于学习，善于从市场主体角度换位思考，以舍我其谁、敢于争先的拼劲，百折不挠、锲而不舍的韧劲，抓铁有痕、踏石留印的精神把工作做扎实。（张迎雪）

【区政府第十八次全体（扩大）会议】 于10月23日在区机关大楼会场召开。区政府领导王华、梅广清、潘子罕、龙婉丽、李震、张军出席。会议要求，要抓投资、稳增长，全力加强重大项目建设，合力推进战略招商、精准招商、平台招商、载体招商；要全力提升城区治理现代化水平，推进"一网通办"和"一网统管"，做好秋冬季疫情防控工作；要聚焦旧区改造、为老服务、社会救助、社会事业、基层治理等领域，进一步提升民生保障水平，加强隐患排查治理，确保城区安全运行。此外，要高质量编制好"十四五"规划，全力做好第三届中国国际进口博览会服务保障各项工作，坚决抓好巡视整改工作，确保落地见效。　　　　　　　　　（张迎雪）

【2020"首发经济引领性本土品牌"新品集中发布周启动仪式】 于10月30日在兴业太古汇举行。副市长宗明、市政府副秘书长尚玉英、市商务委主任华源、区长王华等出席。活动以"拥抱进博·引领潮流"为主题，聚焦"上海购物"品牌"一老一新"（即老字号和新品牌），通过举办丰富多彩、创新独特的新品集中首发活动，助推形成首发经济发展合力。（张迎雪）

【静安区经济工作推进会议】 于11月24日在区机关大楼会场召开。区政府领导王华、刘燮、梅广清、龙婉丽、李震、张军出席。会议肯定招商引资取得的成绩，分析全区经济发展总体形势，并强调要把"抓落实"贯穿到工作始终，进一步优化体制机制和政策支撑，加强组织统筹，推动空间扩容，提升企业服务水平，做好战略招商、精准招商，打好招商引资攻坚战。　（张迎雪）

【静安区人民政府第一届行政复议委员会成立大会暨第一次全体委员会议】 于11月26日在区机关大楼会场召开。区政府领导王华、刘燮出席。会议审议通过行政复议委员会章程、工作规则、委员守则。会议强调，要提高政治站位，进一步增强行政复议工作的专业性、公信力；要在服务党委政府核心工作、维护群众合法权益同时，进一步增强静安区推进依法行政与法治政府建设的能力。（张迎雪）

【区"十四五"规划专家座谈会】 于12月1日在区机关大楼会场召开。区政府领导王华、梅广清出席。会议指出，"十四五"时期，静安要进一步打响"全球服务商计划"品牌，着力提升总部经济发展能级，努力成为上海强化全球资源配置功能和开放枢纽门户功能的关键一环；要将以人为本理念贯彻到城区发展的各个方面，融入统筹推进经济治理、社会治理、城市治理的每个细节，切实提升人民群众获得感、幸福感、安全感。（张迎雪）

【区2021年元旦春节帮困送温暖活动动员部署会】 于12月28日在区机关大楼会场召开。区政府领导王华、刘燮出席。会议强调，要切实增强做好帮困送温暖工作的使命担当，坚持人民至上，积极落实帮困措施，守住民生保障底线；要周密谋划部署帮困送温暖工作，注重相互配合、协同发力，摸清底数、精准救助，规范使用救助资金；要精心组织实施各项帮困送温暖措施，丰富慰问形式，动员各方参与，营造关爱氛围。　　　　　　　　（张迎雪）

2020年静安区人民政府常务会议情况表

会议名称	日期	主要内容
区政府第156次常务会议	1.6	（一）会议听取并同意区房管局关于武定路930弄14号房屋征收与补偿工作汇报，同意作出征收决定。（二）会议听取区投资办关于进一步加强招商引资工作情况汇报。会议指出，要进一步加大招商引资、服务企业工作力度。会议还研究其他事项

(续表)

会议名称	日期	主要内容
区政府第157次常务会议	1.13	(一)会议听取并同意区政府办公室关于2020年区政府重点工作目标安排编制情况汇报。会议要求,各相关部门和街镇要依据任务要求和时间节点,精心组织、狠抓落实,确保各项目标任务圆满完成。(二)会议听取区投资办关于成立上海市静安区投资促进工作领导小组的情况汇报。会议要求,全区上下要形成合力,着力抓好区投资促进工作
区政府第158次常务会议	1.21	(一)会议听取区卫生健康委关于近期新冠肺炎疫情情况及防控工作汇报。会议要求,提高政治站位,把人民群众生命安全和身体健康放在第一位,完善各项预案,落实有关措施。(二)会议听取区发展改革委关于区军民融合发展工作开展情况汇报。会议要求,加强统筹协调,做好区军民融合发展工作。(三)会议听取区食药安办关于拟调整静安区食品药品安全委员会成员的汇报。会议还研究其他事项
区政府第159次常务会议	2.9	(一)会议听取并同意区新冠肺炎疫情防控工作领导小组办公室关于区新冠肺炎疫情防控工作汇报。会议要求,强化风险意识,树牢底线思维,坚决严防死守,更细更实落实工作举措。(二)会议听取并同意区财政局关于开展支持中小微企业防控新冠肺炎疫情共渡难关工作的汇报。会议要求,加大对中小微企业支持力度,与企业一起渡过难关。会议还研究其他事项
区政府第160次常务会议	2.19	(一)会议听取并同意区政府办公室关于2019年度静安区人民政府备案审查规范性文件情况的汇报。会议要求,严格落实"有件必备,有备必审,有审必严"的工作目标,提升区规范性文件有关工作的综合管理水平。(二)会议听取区教育局关于静安区学前教育三年行动计划(2020—2022年)的汇报。会议要求,统一思想、提高认识,加强统筹、形成合力,不折不扣实施好区学前教育三年行动计划(2020—2022年)。会议还研究其他事项
区政府第162次常务会议	3.10	会议听取并同意区政府办公室关于2020年区"两会"人大代表建议和政协提案有关情况的汇报。会议要求,高度重视,以办理人大代表建议和政协提案为契机,结合实际,举一反三,认真查找日常工作中的短板和不足,不断提升工作水平和管理能级。会议还研究其他事项

(续表)

会议名称	日期	主要内容
区政府第163次常务会议	3.18	(一)会议听取区统计局关于成立静安区第七次全国人口普查领导小组及其组成人员的汇报。会议要求,高度重视,加强舆论宣传,严格依法普查,为制订和完善区人口与发展战略及政策体系,提高城区管理水平和服务质量,加快城市治理体系和治理能力现代化建设提供科学、准确、完整的基础数据。(二)会议听取区应急局关于静安区安全生产工作情况的汇报。会议要求,继续健全完善安全生产责任体系,夯实企业主体责任,加大安全生产监管力度,及时发现问题隐患,确保整改落实到位。(三)会议听取区发展改革委关于静安区"十四五"规划编制近期工作情况的汇报。会议要求,结合区域实际,仔细研究、充分论证,高质量开展课题研究和"十四五"发展大讨论,集思广益,凝心聚力,把"十四五"规划发展蓝图编制好。(四)会议听取区教育局关于2020年静安区义务教育阶段学校招生入学工作实施情况的汇报。会议要求,严格按照中央和市里部署要求,加强政策培训,全面落实好区义务教育阶段学校招生入学的工作安排。会议还研究其他事项
区政府第164次常务会议	3.25	(一)会议听取并同意区房管局关于宝山路街道31、149、150、152街坊旧城区改建项目房屋征收与补偿工作的汇报,同意作出征收决定。(二)会议听取区统计局关于组织开展第七次全国人口普查工作情况的汇报。会议要求,统一思想、高度重视,扎实做好各项准备工作,加强舆论宣传,确保高质量完成人口普查工作。(三)会议听取并同意区政府办公室关于静安区行政规范性文件制定主体清单相关情况的汇报。(四)会议听取并同意区发展改革委关于区制订出台应对疫情帮扶企业政策措施和实施细则工作的汇报。会议要求,按照有关政策措施和实施细则,主动对接、靠前服务,千方百计帮助企业解决复工复产复市中的实际困难和问题,全力支持服务企业平稳健康发展。(五)会议听取并同意区政府办公室关于静安区人民政府2020年度重大行政决策事项目录相关情况的汇报。会议要求,按时将《静安区人民政府2020年度重大行政决策事项目录》向社会公布,并依法做好动态调整相关工作。同时,根据相关规定,切实做好预公开、邀请利益相关方列席区政府会议等工作,进一步助力透明、法治政府建设。(六)会议听取并同意区政府办公室关于拟推荐申报2020年度对外表彰候选人的汇报。(七)会议听取并同意区国资委关于区实施国有企业房屋租金减免有关事项的汇报。会议要求,加强审核把关,确保相关政策精准惠及中小企业

三、静安区人民政府

(续表)

会议名称	日期	主要内容
区政府第165次常务会议	4.1	(一)会议听取区发展改革委关于《2020年静安区国家服务业综合改革试点工作安排及任务清单》的汇报。会议要求,不折不扣落实各项任务举措,确保高质量完成2020年国家服务业综合改革试点工作,推动区营商环境不断优化,着力提升静安区域能级和核心竞争力。(二)会议听取区生态环境局关于拟成立静安区生态环境保护和建设工作领导小组的汇报。(三)会议听取并同意区人力资源社会保障局关于区开展2020年享受政府特殊津贴人员推荐工作的汇报。会议还研究其他事项
区政府第166次常务会议	4.9	(一)会议听取并同意区政府合作交流办关于2020年静安区东西部扶贫协作和对口支援工作情况的汇报。会议要求,着力抓好劳务协作、产业合作、消费扶贫等重点工作,确保完成2020年东西部扶贫协作和对口支援任务。(二)会议听取并原则同意区民政局关于大宁路街道部分居委会行政区划变更的情况汇报。会议还研究其他事项
区政府第167次常务会议	4.15	(一)会议听取并同意区应急局关于传达学习贯彻全国安全生产电视电话会议及上海分会场会议精神的汇报。会议要求,认真贯彻落实习近平总书记关于安全生产的重要指示精神以及李克强总理重要批示要求,按照全国安全生产电视电话会议部署和市里要求,将区安全生产各项工作抓细、抓实、抓到位。第一,要建立健全安全生产责任和管理制度体系,落实党政领导责任和部门监管责任,坚持党政同责、一岗双责、齐抓共管、失职追责,压实企业主体责任;第二,要持续提升安全生产风险防控能力,不断完善安全生产设施设备布局建设,加强从业人员教育培训;第三,要全面开展安全隐患排查治理,加强执法检查,开展重点行业领域专项整治,坚持检查要严、执法要严、整改要严、追究责任和处罚要严。(二)会议听取区卫生健康委关于学习贯彻《关于完善重大疫情防控体制机制健全公共卫生应急管理体系若干意见》的情况汇报。会议要求,按照市里部署要求,落实好《关于完善重大疫情防控体制机制健全公共卫生应急管理体系若干意见》,不断深化区公共卫生体系建设。(三)会议听取并同意区政府办公室关于2019年静安区政务公开工作情况和2020年政务公开工作要点的汇报。会议要求,围绕六个"聚焦",细化分工,明确责任,扎实推进69项年度工作任务。(四)会议听取区创新社会治理加强基层建设工作领导小组办公室关于区创新社会治理加强基层建设工作相关情况的汇报。会议要求,突出重点,抓好落实,持续强化居民区党组织书记队伍建设,加强党建引领、信息化建设、社会组织培育、培训等,进一步减负增能。(五)会议听取区生态环境局关于静安区2019年度环境状况和环境保护目标完成情况的汇报。会议要求,坚持最高标准、最好水平,坚持问题导向、需求导向、效果导向,扎实推进各项工作,逐一落实到位,着力解决群众关心的生态环境问题,提高公众对生态环境的满意度。

(续表)

会议名称	日期	主要内容
区政府第168次常务会议	4.21	(一)会议听取区政府办公室关于区"一网通办""一网统管"工作的汇报。会议要求,进一步提高认识,细化任务、落实责任、加强沟通,全力推进"一网通办""一网统管"两张网建设,积极打造静安特色和亮点,高质量完成市委、市政府工作部署和要求。(二)会议听取区商务委关于静安区开展促消费工作的汇报。会议要求,精心组织好促消费各项活动,打造良好消费环境,营造浓厚消费氛围,推进线上线下联动,有力促进消费回补和潜力释放。会议还研究其他事项
区政府第169次常务会议	4.28	会议听取并同意区节能减排工作领导小组办公室关于2020年节能减排重点工作安排和相关工作情况的汇报。会议要求,继续高度重视节能减排工作,突出重点,着力优化产业结构,推进产业结构调整,全面落实国家和上海市有关节能降碳和应对气候变化的工作部署。会议还研究其他事项
区政府第170次常务会议	5.8	会议听取并同意区地区办关于新增14个3岁以下幼儿托育点(普惠性)推进情况的工作汇报。会议要求,高度重视,落实责任,有序推进该项民生实事工程,把好事办好办实。会议还研究其他事项
区政府第171次常务会议	5.20	会议听取并同意区应急局、区建设管理委关于2020年区防汛工作情况的汇报。会议指出,防汛工作事关城市运行安全和人民群众生命财产安全,责任重大。会议要求,高度重视,优化防汛工作运行机制,加强隐患排查整改,完善应急预案,组织培训演练,确保安全度汛。会议还研究其他事项
区政府第172次常务会议	5.26	(一)会议听取并同意区人力资源社会保障局关于静安区2019年度创新创业促进就业百家优秀企业评选表彰活动的汇报。会议要求,认真周全办好表彰活动,通过活动更好地激发市场主体活力,以创新创业促进高质量就业。(二)会议听取并同意区绿化市容局关于拟成立静安区市政市容管理联席会议的汇报。会议要求,坚持打造高品质市容环境,积极落实好各项日常工作。会议还研究其他事项

(续表)

会议名称	日期	主要内容
区政府第173次常务会议	6.4	(一)会议听取区应急局关于静安区安全生产工作情况的汇报。会议要求,第一,提高思想认识,本着对人民群众生命财产安全高度负责的态度,把安全生产工作抓实抓好;第二,夯实企业主体责任、部门监管责任和属地管理责任,有效排查安全隐患,深化重点领域专项整治,依法严格监管、严厉处罚和严肃责任追究。(二)会议听取区建设管理委关于静安区推进城市管理精细化相关工作的情况汇报。会议要求,第一,进一步提高思想认识,按照"国际化、高品质"的目标定位,推进城市管理精细化各项工作;第二,结合市里"一网通办""一网统管"工作要求,分解细化工作任务,积极打造静安特色亮点,高质量完成市委、市政府工作部署。(三)会议听取区教育局关于静安区教育督导委员会更名及调整成员单位的情况汇报。(四)会议听取区教育局关于拟调整静安区语言文字工作委员会及其组成人员的情况汇报。会议还研究其他事项
区政府第174次常务会议	6.9	(一)会议听取并同意区政府办公室关于静安区第一届人民代表大会第九次会议代表建议办理情况的汇报。会议要求,第一,高度重视人大代表建议,这既是人民群众的关切需求和区域发展的内在要求,也是政府密切联系群众并改进工作的重要渠道;第二,认真办理代表建议,着力解决百姓需求,提升办理质量;第三,注意点面结合、举一反三,改进政府部门工作,提高政府管理和服务水平。(二)会议听取区房管局关于静安区旧住房综合改造工作的汇报。会议要求,突出重点,着力推进旧住房成套改造,加强条块协同,做好群众工作,把好事办好、办实。会议还研究其他事项
区政府第175次常务会议	6.16	(一)会议听取区卫生健康委关于完善重大疫情防控体制机制健全公共卫生应急管理体系的实施方案和静安公共卫生体系建设三年行动计划编制的情况汇报。会议要求,第一,高度重视公共卫生体系建设工作,对标最高标准、最好水平,进一步完善丰富区实施方案和三年行动计划,加强区域公共卫生应急体系建设;第二,细化任务分工,夯实责任落实,实行项目化推进工作机制,加强督查考核,推动区公共卫生治理能力再上新台阶。(二)会议听取并同意区建设管理委关于制订《静安区关于进一步加强建设工程安全监督分类管理的工作方案》的汇报。会议要求,加强沟通协同,提升区建设工程安全监督管理水平。会议还研究其他事项

(续表)

会议名称	日期	主要内容
区政府第176次常务会议	6.22	会议听取区建设管理委关于拟调整静安区防汛指挥部的汇报,要求指挥部认真做好防汛工作。会议还研究其他事项
区政府第177次常务会议	6.28	会议听取区人力资源社会保障局关于区稳就业工作情况的汇报。会议要求,高度重视稳就业工作,把稳就业作为抓好"六稳""六保"的重中之重,将各项措施认真落到实处,确保全区就业局势保持稳定。会议还研究其他事项
区政府第178次常务会议	7.7	(一)会议听取区商务委关于静安区早餐工程建设的情况汇报。会议要求,高度重视早餐工程建设工作,贯彻落实"人民城市人民建,人民城市为人民"理念,完善早餐网点规划布局,遵循"五定六统一"要求,明确责任分工,落实规范管理,条块结合,把好事做好。(二)会议听取区生态环境局关于上半年生态环境保护工作情况的汇报。会议要求,高度重视生态环境保护工作,聚焦大气、水、土壤等方面突出问题,强化环境执法监管,打好污染防治攻坚战。会议还研究其他事项
区政府第179次常务会议	7.15	(一)会议听取并同意区司法局关于修订上海市静安区行政机关负责人行政诉讼出庭应诉和旁听审理规定相关情况的汇报。会议要求,高度重视行政机关负责人行政诉讼出庭应诉和旁听审理工作,进一步提高依法行政的能力和水平。(二)会议听取并同意区卫生健康委关于《静安区落实健康上海行动三年实施方案》编制工作的情况汇报。会议要求,高度重视推进健康上海行动,对标国际水平,落实责任分工,强化考核监督,齐心协力为实现2030年可持续健康发展目标奠定好基础。(三)会议听取区发展改革委关于静安区2020年上半年国民经济和社会发展计划执行情况的报告相关内容的汇报。会议要求,认真抓实、抓好各项工作,以自身发展的确定性有效对冲外部环境的不确定性,确保完成全年各项目标任务。(四)会议听取区司法局关于拟成立静安区人民政府行政复议委员会的汇报。(五)会议听取并同意区审计局关于2019年度静安本级预算执行和其他财政收支审计工作报告的汇报。会议要求,加强制度建设,落实问题整改,确保今后工作依法合规推进。(六)会议听取区退役军人局关于2020年"八一"期间双拥活动安排的汇报,要求认真做好该项工作。(七)会议听取区财政局关于静安区2019年财政决算和2020年上半年财政预算执行情况的汇报。会议还研究其他事项

三、静安区人民政府

(续表)

会议名称	日期	主要内容
区政府第180次常务会议	7.22	会议听取并原则同意环上大国际影视园区管委办关于筹备2020年上海国际电影节系列活动相关事项的汇报。会议要求，第一，进一步完善2020年上海国际电影节系列活动的组织筹备工作，把好事办好，确保活动举办圆满成功；第二，充分发挥环上大国际影视园区的产业集聚功能，继续打响品牌、拓展产业、提升效益。会议还研究其他事项
区政府第181次常务会议	7.28	(一)会议听取区地区办关于区社区工作会议相关情况的汇报。会议要求，第一，深入贯彻"人民城市"重要理念，落实好社区治理的"加、减、乘、除"法，筑牢社区这一重要基石；第二，以制度化抓好赋权增能，进一步总结提升和落实好行之有效的制度，切实提升人民群众满意度；第三，以信息化推动提质减负，用好"一网通办""一网统管"，在为基层减负增能的同时，为政府决策提供有力支撑。(二)会议听取区绿化市容局关于2020年静安区生活垃圾分类工作的汇报。会议要求，第一，高度重视生活垃圾分类工作，持续用力推进此项工作的常态、长效、规范；第二，认真分析薄弱环节，进一步夯实责任、抓好整改；第三，进一步提升垃圾分类的精细化管理水平。充分用好"一网统管"等信息化手段，提高发现问题的精准度和处置问题的效率。同时，要完善"两网融合"体系，提高资源回收利用率。(三)会议听取并同意区文化旅游局关于2020年上海书展暨"书香中国"上海周"悦读静安"相关情况的汇报。会议要求，全力办好相关活动，进一步丰富静安的文化底蕴，打造静安的文化气质。(四)会议听取并同意区教育局关于区未成年人思想道德建设工作的专题汇报。会议要求，把该项工作做得更加扎实、到位，优化工作方法，进一步提升工作实效。(五)会议听取妇儿工委办关于调整静安区妇女儿童工作委员会成员单位及组成人员的汇报。(六)会议听取区退役军人局关于评选10名"静安区最美退役军人"候选人的汇报。(七)会议听取并原则同意区政府办公室关于区人民政府区长、副区长工作分工的汇报。会议还研究其他事项
区政府第182次常务会议	8.10	会议听取区投资办关于进一步加强静安区投资促进工作相关情况的汇报。会议要求，统一思想，主动跨前，条块联动，坚决落实各项工作任务。会议还研究其他事项

(续表)

会议名称	日期	主要内容
区政府第183次常务会议	8.18	(一)会议听取区应急局关于区安全生产工作情况的汇报。会议要求,时刻绷紧安全这根弦,始终把群众安危放在心上,全力以赴抓好安全生产工作。第一,牢固树立安全意识,全面压实工作责任;第二,认真抓好安全工作宣传、检查、整治、督查各环节,查摆问题要立行立改、立知立改;第三,聚焦重点行业重点领域,切实提升安全治理水平。(二)会议听取区商务委关于推进静安区第三届中国国际进口博览会城市服务保障工作的汇报。会议要求,第一,进一步提高政治站位,按照习近平总书记"越办越好"的总要求,在抓好疫情常态化防控的前提下,推进各项筹备工作;第二,优化完善各项工作预案方案,守牢安全底线,加强协同配合,确保万无一失。同时,要在服务保障工作中体现静安水平,把工作做精做细;第三,充分利用好中国国际进口博览会平台,做好投资促进、招商引资工作。(三)会议听取并原则同意区政府办公室关于区行政规范性文件备案审查与区政府重要文件法制审核工作开展情况的汇报。会议要求,提高思想认识,增强责任意识,加强能力建设,提高文件质量和合法性审核工作水平。(四)会议听取并原则同意区国资委关于制订《静安区区管企业任期经营业绩考核方案(2019—2021年度)》的汇报。会议还研究其他事项
区政府第184次常务会议	8.24	(一)会议听取区统计局关于开展国务院统计督察迎检工作的情况汇报。会议要求,认真学习习近平总书记关于统计工作重要讲话指示批示精神和党中央、国务院关于统计改革发展决策部署,落实统计督察各项要求,提高统计数据质量。(二)会议听取区退役军人局关于区退役军人服务保障体系建设情况的汇报。会议指出,推进退役军人服务保障体系建设是一项重要的政治任务,要按照市委要求抓好落实,推动退役军人服务保障网络布局更合理、服务站点功能更强、服务更精准。会议要求,实事求是,结合静安实际,将退役军人服务保障工作与基层社会治理创新紧密结合起来。(三)会议听取并同意区国资委关于区国企实施第三个月租金减免的情况汇报。会议要求,加强审核把关,确保相关政策精准惠及中小企业。会议还研究其他事项

(续表)

会议名称	日期	主要内容
区政府第185次常务会议	9.1	(一)会议听取并同意区文化旅游局关于2020上海旅游节静安金秋都市游活动相关情况的汇报。会议要求,一是以安全为底线,统筹做好疫情防控和活动组织工作;二是提升活动文化品位,展现静安城市形象,进一步提高活动组织质量。(二)会议听取并同意区文化旅游局关于2020年第二十七届上海国际茶文化旅游节活动相关情况的汇报。会议要求,在常态化疫情防控中统筹做好今年茶文化旅游节的各项活动。一是守牢安全底线,确保活动成功;二是以"做出品位、提升品质、打响品牌"为目标,打好活动组织组合拳,彰显静安优势和特色。(三)会议听取区市场监管局关于拟推荐全国开展清理整顿人力资源市场秩序专项行动先进单位事宜的汇报。会议还研究其他事项
区政府第186次常务会议	9.7	(一)会议听取并同意区"两网"专班关于打造"随申办"超级应用相关工作的汇报。会议要求,第一,进一步提升对"随申办"超级应用工作重要性的认识,抓紧时间,狠抓落实,全力完成市里下达的各项工作任务;第二,加强区级、街镇级"旗舰店"与区融媒体中心官方手机应用软件(APP)的协同,不断挖掘创新特色,提供更多惠企利民的服务内容,打响区品牌影响力。(二)会议听取并同意区绿化市容局关于2020中国·上海静安国际雕塑展筹备工作的汇报。会议要求,始终坚持"人民至上、生命至上",高度重视施工安全,细而又细落实各项准备工作,不折不扣做好疫情防控,确保活动安全有序,推动静安城区品质进一步提升。(三)会议听取区司法局关于推荐凌淑蓉同志为2018—2019年上海市司法行政工作先进个人的汇报。会议还研究其他事项
区政府第187次常务会议	9.14	(一)会议听取并原则同意区商务委关于静安区下半年开展促消费工作的汇报。会议要求,第一,持续打造静安消费特色亮点,做新、做精、做深、做细相关工作,深化静安作为全球新品首发地建设,推进集聚全球最新最潮的优质商品和服务;第二,活动组织在疫情防控、客流监控、食品安全等各方面要守牢安全底线;第三,在注重发挥市场主体作用的同时,要坚持顶层设计、系统思考,构建更加公平、高效、优质的营商环境;第四,要把促消费工作与企业服务等相结合,推动企业在静安发光发热。(二)会议听取并同意区金融办关于举办"全球财富管理论坛·上海苏河湾峰会"的汇报。会议要求,第一,全力以赴做好活动组织筹备工作,提高新闻宣传等各项工作水平,使论坛充分体现国际化水准和影响力;第二,活动组织要依法合规,严格遵守八项规定精神

(续表)

会议名称	日期	主要内容
区政府第188次常务会议	9.23	(一)会议听取并同意区绿化市容局关于贯彻落实《上海市生活垃圾管理条例》的汇报。会议要求,第一,高度重视生活垃圾分类工作,进一步抓实抓细抓落地;第二,深入剖析工作中存在的问题,紧盯薄弱环节,充分用好"一网统管"等信息化手段,狠抓落实整改。(二)会议听取区发展改革委关于静安区贯彻落实《上海市全面深化国际一流营商环境建设实施方案》相关情况的汇报。会议要求,将任务项目化、项目时效化,对标国际最高标准、最好水平,坚持打造静安自身的品牌和亮点,扎实推进工作落实。(三)会议听取并原则同意区科委关于举办"2020上海静安国际大数据论坛"活动的汇报。会议要求,第一,通过多种方式进一步提升静安国际大数据论坛的品牌影响力,并与招商引资、产业发展相结合,提升工作实效;第二,严格遵守八项规定精神要求,依法合规做好组织筹备工作。(四)会议听取并同意区人力资源社会保障局关于区一届人大九次会议代表议案办理情况的汇报。会议指出,"稳就业"是抓好"六稳""六保"的重中之重。会议要求,进一步突出重点、精准发力,千方百计稳定和扩大就业。从当前的就业矛盾来看,要进一步"促匹配",要提升就业服务能力,加强就业指导、岗位推荐、职业技能培训等公共就业服务,提高人岗对接的精准性。会议还研究其他事项
区政府第189次常务会议	9.30	(一)会议听取并原则同意区房管局关于光明小区(成都北路1037弄)房屋征收与补偿工作的汇报,同意作出征收决定。会议要求,切实做好群众工作,精心组织、通力协作,依法合规、平稳有序做好房屋征收与补偿工作,确保房屋征收实现高比例生效。(二)会议听取区民政局关于区养老服务工作情况的汇报。会议要求,第一,高度重视养老服务工作,科学、有力规划养老服务设施,筑牢养老工作的基础;第二,不断提升养老服务的能级和水平,探索将优质静安养老服务品牌在全区复制推广,并结合"十四五"规划编制,充分发挥市场活力,填补养老服务供给缺口。(三)会议听取区发展改革委关于调整2020年国民经济和社会发展计划的汇报。(四)会议听取区卫生健康委关于拟调整静安区巩固国家卫生区领导小组的汇报。(五)会议听取区卫生健康委关于拟调整静安区爱国卫生运动委员会(静安区健康促进委员会)成员的汇报。(六)会议听取区财政局关于调整2020年财政预算的汇报

（续表）

会议名称	日期	主要内容
区政府第190次常务会议	10.9	(一)会议听取并原则同意区财政局关于静安区2019年度国有资产管理情况的综合报告的汇报。会议要求,第一,始终坚持党的领导,认真贯彻落实习近平总书记相关重要指示批示精神以及市委、区委关于国有资产的重大决策,进一步健全和完善国有资产制度体系建设,夯实工作基础,压实工作责任;第二,提升国有资产管理的效力和效能。(二)会议听取并同意区文化旅游局关于打造静安文化旅游品牌工作情况的汇报。会议要求,第一,按照国际文化大都市核心区要求,对标国际一流文化高端集聚区,不断提升静安区域文化辨识度。继续做精、做亮静安现有文化旅游品牌;第二,聚焦重点区域,量身打造各具辨识度的区域文化品牌
区政府第191次常务会议	10.15	(一)会议听取区政府办公室关于2020年区政府重点工作进展情况的汇报。会议要求,第一,时刻紧绷疫情防控这根弦,继续紧盯重点场所,切实保障防控物资,毫不放松抓好常态化疫情防控工作;第二,全力以赴稳增长,全面落实党中央国务院确定的"六稳""六保"任务。第三,精心编制好"十四五"规划,结合国家和上海市规划思路与要求,科学谋划明年经济社会发展。(二)会议听取并同意区人力资源社会保障局关于开展全国优秀农民工评选推荐工作的汇报
区政府第192次常务会议	10.21	(一)会议听取区食药安办关于2020年食品安全工作情况的汇报。会议要求,第一,继续守牢食品安全的底线,加大综合整治和执法力度,以"四个最严"要求落实食品安全监管底线;第二,创新监管体系,提升监管效能,依托"互联网+监管",推进食品安全智慧化、精细化监管,用科技手段有效防控和及时处置食品安全风险;第三,持续推动落实食品安全社会共治责任,引导社会各方参与,筑牢食品安全防线。(二)会议听取并同意区发展改革委关于贯彻落实《上海市优化营商环境条例》情况的汇报。会议要求,第一,进一步加强统筹协调,建立高效的数据共享机制,切实打通"信息孤岛",提升"放管服"改革的整体成效;第二,跨前一步、突破创新,运用信息化手段,加强事中事后监管;第三,增强服务意识,创新服务方式,精准服务企业,切实提升市场主体的获得感、满意度。(三)会议听取区科委关于2020年科技创新工作的汇报。会议要求,第一,进一步细化全区科创工作的顶层设计;第二,进一步提升科技产业发展的能级,推动产业集聚;第三,进一步优化区域科技创新发展的环境。会议还研究其他事项

(续表)

会议名称	日期	主要内容
区政府第193次常务会议	10.27	(一)会议听取区卫生健康委关于静安区秋冬季新冠肺炎疫情防控工作情况的汇报。会议要求,第一,树立底线思维,以最高标准全力以赴做好疫情防控工作。科学精准做好疫情常态化防控工作,不折不扣把各项工作落实到位;第二,抓牢抓实第三届中国国际进口博览会疫情防控,进一步压实责任,加强监督,做好排查、演练工作。(二)会议听取区财政局关于调整2020年财政预算的汇报。会议要求,进一步提高预算科学性。(三)会议听取并同意区财政局关于区预算绩效管理工作情况的汇报。会议要求,第一,全面加强预算绩效管理,确保财政资金规范、高效使用;第二,按照国务院廉政工作会议精神,做好2021年预算安排工作。会议还研究其他事项
区政府第194次常务会议	11.3	(一)会议听取区政府办公室关于拟成立静安区推进"一网通办""一网统管"工作领导小组的汇报。(二)会议听取区人力资源社会保障局关于区促进就业工作情况的汇报。会议要求,第一,加大力度做好基层、基础工作,充分发挥就业促进中心等的积极作用;第二,加强精准对接,全力促进就业困难人员稳定就业;第三,借力静安人力资源产业集聚优势,推动区就业促进工作取得更积极成效。会议还研究其他事项
区政府第195次常务会议	11.10	(一)会议听取区教育局关于静安区"初中再加强工程"实施情况的汇报。会议要求,第一,继续做好市百所公办初中强校工程,进一步强化优质品牌辐射带动,深化课程教学改革,提升办学水平;第二,推动初中学区化集团化办学,深化配套制度建设,合理优化资源投入,保障教育集团高质量、可持续发展;第三,进一步提升师资队伍建设水平,推动优秀教师的交流、辐射、引领、示范;第四,结合"十四五"规划编制,进一步优化教育资源布局。(二)会议听取并同意区科委关于拟订发布《静安区推进新型基础设施建设全力打造在线新经济卓越城区发展行动计划(2020—2022年)》的情况汇报。会议要求,抓好规划引领,加强沟通协调,进一步细化工作任务和时间表,抓好项目落实落地。会议还研究其他事项

(续表)

会议名称	日期	主要内容
区政府第196次常务会议	11.16	会议听取并同意区商务委关于2020福布斯·静安南京西路论坛筹备情况的汇报。会议要求,第一,认真做好论坛各项筹备工作,按照疫情防控有关规定,继续压实防控责任,确保防控力度不减、防控工作不松;第二,加强活动宣传,进一步打响论坛品牌。会议还研究其他事项
区政府第197次常务会议	11.23	(一)会议听取并原则同意区城运中心关于推进城市运行"一网统管"工作的汇报。会议要求,第一,根据中央、市委、区委相关决策要求,坚持统筹推进区域经济治理、社会治理、城市治理,优化完善区"一网统管"顶层设计;第二,按照"高效处置一件事"要求,坚持问题导向、需求导向,进一步拓展应用场景,发挥数据价值。(二)会议听取并同意区规划资源局关于区2020年城区规划制定和实施情况的汇报。(三)会议听取区房管局关于拟推荐姜伟成作为市重点工程立功竞赛先进个人的汇报。会议还研究其他事项
区政府第198次常务会议	11.30	(一)会议听取并原则同意区房管局关于静安区中华新路1007弄零星旧城区改建项目房屋征收与补偿工作的汇报,同意作出征收决定。会议要求,坚持依法合规,确保征收过程公开、公正、公平。(二)会议听取区生态环境局关于静安区贯彻落实中央生态环境保护督察反馈意见整改情况的汇报。会议要求,第一,提高政治站位,坚定贯彻习近平生态文明思想,牢固树立新发展理念,统筹推进经济高质量发展与生态环境高水平保护;第二,夯实生态环境保护责任,明确责任分工,以人为本,建立健全工作机制;第三,举一反三,全面做好生态环境保护和绿色发展工作,结合"十四五"规划制定,提升生态环境治理能力和水平。(三)会议听取并同意区人力资源社会保障局关于制定推进人力资源服务业高质量发展若干举措的汇报。会议要求,第一,继续擦亮首个国家级人力资源服务产业园区这张金字招牌,持续扩大影响力;第二,加大力度做好人力资源重大项目引进,进一步提升产业能级;第三,精心组织好中国人力资源服务产业园峰会暨上海人力资源服务产业园区十周年系列活动的筹备工作,抓实疫情防控,严守八项规定,厉行勤俭节约。会议还研究其他事项

(续表)

会议名称	日期	主要内容
区政府第199次常务会议	12.7	(一)会议听取并原则同意区房管局关于静安区余姚路331弄零星旧城区改建项目房屋征收与补偿工作的汇报,同意作出征收决定。(二)会议听取区发展改革委关于静安区2020年国民经济和社会发展计划执行情况与2021年国民经济和社会发展计划草案的报告与静安区2020年国民经济和社会发展计划执行情况与2021年国民经济和社会发展计划草案的汇报。会议要求,进一步修改完善,并按程序提交相关会议审议。(三)会议听取区发展规划工作领导小组办公室关于静安区国民经济和社会发展第十四个五年规划和二〇三五年远景目标纲要的汇报。会议要求,精准把握"十四五"时期经济社会发展各项重点任务,充分吸收各类会议的讨论意见和建议,进一步修改完善,并按程序提交相关会议审议。(四)会议听取并同意区审计局关于2019年度静安区本级预算执行和其他财政收支审计查出问题整改情况的汇报。会议要求,第一,高度重视审计查出问题,狠抓整改落实;第二,坚持举一反三,牢固树立规范有序高效节约使用财政资金的理念,抓紧建立健全相应制度规范,杜绝问题重复发生。(五)会议听取区建设管理委关于2020年静安区河长制工作情况的汇报。会议要求,第一,进一步压实责任,落实长效管理。综合利用现代技术手段,充分依托"一网统管",提高准确发现问题的能力;第二,针对瓶颈难题,攻坚突破,从根本上推动水环境改善巩固。(六)会议听取区建设管理委关于2020年度市、区级重点工程实事立功竞赛先进集体和先进个人评选情况的汇报。(七)会议听取区国资委关于制订《静安区区属国有企业违规经营投资责任追究实施办法(试行)》的情况汇报。会议还研究其他事项
区政府第200次常务会议	12.14	会议听取区财政局关于静安区2020年预算执行情况和2021年预算草案的汇报。会议要求,坚持提高财政资金使用效益,着力推动区域经济高质量发展
区政府第201次常务会议	12.17	会议听取并同意区房管局关于静安区共和新路730弄、安远路125弄零星旧城区改建项目房屋征收与补偿工作的汇报,同意作出征收决定

(续表)

会议名称	日期	主要内容
区政府第202次常务会议	12.21	(一)会议听取区民政局关于2021年元旦春节帮困送温暖活动情况的汇报。会议要求,细致周全安排,把党和政府的温暖送到困难群众的心坎上。(二)会议听取区政府办公室关于2021年区政府实事项目征集和立项工作情况的汇报。会议要求,通力协作,抓深抓透抓细每一个环节,把好事办好。(三)会议听取区政府办公室关于《政府工作报告》起草情况的汇报。会议还研究其他事项
区政府第203次常务会议	12.28	(一)会议听取区食药安办关于静安区进一步加强食品安全工作的实施意见拟定情况的汇报。会议要求,第一,提高站位,把食品安全工作摆在更加突出的位置。坚持问题导向,着力解决人民群众反映强烈的突出问题;第二,互相配合、形成工作合力,加强事中事后监管,不断提高全区食品安全工作水平。(二)会议听取并同意区市场监管局关于重新制发《上海市静安区企业住所登记管理细则》的汇报。会议要求,认真履职,在规范管理前提下,有效发挥企业注册集中登记地效用。会议还研究其他事项

(尹茜)

2020年区政府区长于勇调研考察情况表

日期	调研内容
1.27	到静安寺街道调研疫情防控工作
1.28	到区卫生健康委调研疫情防控工作
1.28	到宝山路街道调研疫情防控工作
2.1	调研区内部分商务楼宇疫情防控工作
2.2	到铁路上海站地区调研疫情防控工作
2.4	到天目西路街道调研疫情防控工作
2.4	到北站街道调研疫情防控工作
2.5	到曹家渡街道调研疫情防控工作

(续表)

日期	调研内容
2.6	到区疾控中心调研疫情防控工作
2.6	到雷允上药城调研疫情防控物资保障工作
2.7	到彭浦新村街道调研疫情防控工作
2.7	到彭浦镇调研疫情防控工作
2.8	到共和新路街道调研疫情防控工作
2.8	到芷江西路街道调研疫情防控工作
2.10	到临汾路街道调研疫情防控工作
2.10	到大宁路街道调研疫情防控工作
2.11	到江宁路街道调研疫情防控工作
2.11	到石门二路街道调研疫情防控工作
2.12	到静安区闸北中心医院调研疫情防控工作
2.17	走访华东医院
2.17	走访华山医院
2.18	到南京西路功能区调研疫情防控和企业复工复产情况
2.22	调研区内部分商业综合体和商业企业疫情防控和复工复产情况
2.26	调研苏州河两岸贯通提升工程推进情况
2.27	到市北功能区调研疫情防控和企业复工复产情况
3.5	到大宁功能区调研疫情防控和企业复工复产情况
3.6	走访嘉吉投资(中国)有限公司
3.6	走访迈克尔高司(商贸)上海有限公司
3.9	到区公安分局调研疫情防控和维稳安保工作
3.10	到苏河湾功能区调研疫情防控和企业复工复产情况
3.10	走访TÜV南德意志大中华集团

(续表)

日期	调研内容
3.12	走访区内部分外资企业和民营企业
3.23	走访区内部分外资企业和民营企业
3.25	到乐宁老年福利院、悦达八八九广场开展安全检查
4.27	到46-02街坊在建工地、浦西万怡酒店开展安全检查

(邹乐天)

2020年区政府区长王华调研考察情况表

日期	调研内容
7.21	到区发展改革委调研,要求协调推进贯彻落实"一轴三带"发展战略、"全球服务商计划"、国家服务业综合改革试点等重点工作
7.21	到区财政局调研,要求全面实施预算绩效评估管理,提高财政资金使用效率
7.21	到区税务局调研,要求凝聚合力关注增量,完善机制体制,做好安商稳商工作
7.22	参加静安区"全面建成小康社会"新闻发布会
7.22	到张园调研,要求一手抓征收收尾工作和项目建设,一手抓提高招商品质
7.23	走访无印良品(上海)商业有限公司、思爱普(中国)有限公司
7.24	到芷江西路街道调研,要求统筹推进疫情防控和经济社会发展,更好地完成安商稳商和企业服务工作,切实提高民生服务品质
7.25	到静工集团调研,要求努力打造影响力强、标识度高的文创园区品牌
7.25	到新静安集团调研,要求全面做好企业服务、招商引资和安商稳商工作,提升干部队伍专业能力,积极推动转型发展
7.28	走访大昌行投资管理(上海)有限公司
7.29	到区规划资源局调研,要求加强前瞻性研究,提升土地资源对区域经济贡献度
7.29	到区建设管理委调研,要求全力以赴提升城区面貌精致化水平
7.30	走访深圳拳头商务咨询有限公司上海分公司、华建集团
8.2	调研苏州河两岸贯通工作

(续表)

日期	调研内容
8.2	到开开集团调研,要求找准大健康产业战略定位和发展方向,推动老字号品牌不断传承、口碑不断提升
8.3	做客"2020夏令热线·区长访谈",倾听百姓呼声,解决民生难题
8.3	走访北京科锐国际人力资源股份有限公司、上海任仕达人才服务有限公司
8.4	到静安区中心医院开展安全生产检查,慰问疫情防控一线医务工作者代表
8.4	看望慰问曹家渡市场监管所、市区电力公司、养护公司、合杆单位等一线职工
8.12	到石门二路街道开展安全生产检查并调研,要求时刻绷紧疫情防控这根弦,不折不扣落实工作要求,加强社会治理创新,不断提高群众获得感满意度
8.5	走访毕马威企业咨询(中国)有限公司、海富产业投资基金管理有限公司、上海恒邦房地产开发有限公司
8.6	走访上海大学、儿童医院、易居企业(中国)集团有限公司
8.10	走访多特瑞(上海)商贸有限公司、辉瑞普强集团
8.12	走访辉瑞投资有限公司
8.13	到共和新路街道开展安全生产检查并调研,要求抓紧抓实安全隐患排查整治,加强城区精细化管理,推进社会治理创新,落实安商稳商和企业服务要求
8.14	走访佳丽宝化妆品(中国)有限公司、上海信谊联合医药药材有限公司
8.17	到宝山路街道开展安全生产检查并调研,要求加强社会治理创新,进一步提升民生服务品质,积极搭建企业服务平台,努力当好金牌"店小二"
8.18	走访上海电气集团财务有限责任公司
8.19	走访飞利浦(中国)投资有限公司、康成投资(中国)有限公司
8.19	到区公安分局调研,要求在更高水平上推进"平安静安"建设,努力营造更加安全的社会环境,为区域经济社会发展保驾护航
8.20	走访欧莱雅(中国)有限公司
8.20	到区商务委调研,要求做好招商引资工作,组织好促消费活动,优化四大功能区商业规划布局,提升区域商业能级

(续表)

日期	调研内容
8.22	到静投公司调研,要求抓紧抓实城市更新项目,着力提高招商引资工作水平和能力,吸引更多龙头型、创新型、总部型企业入驻静安
8.22	到北方集团调研,要求牢牢抓住民生工作不放松,不折不扣完成好成片旧区改造、成套改造和直管公房修缮等工作任务
8.23	到张园调研,要求认真学习、深刻领会市委主要领导调研时的讲话精神,对标国际一流标准和品质,更大力度推进项目开发建设
8.25	到区审计局调研,要求抓好审计结果运用,当好"卫士""谋士",打造一支政治过硬、专业过硬、作风优良的审计"铁军"
9.1	走访德迅(中国)货运代理有限公司、中国铁路上海局集团公司
9.3	走访华山医院
9.4	到区国资委调研,要求认真履行国有企业出资人职责,强化国资监管,确保国资保值增值;着力打造一支高素质区管企业招商专业队伍
9.9	走访上海国际招标有限公司
9.9	到区机管局调研,要求始终把安全工作放在首位,进一步提升机关事务工作服务质量和水平,强化制度执行,筑牢防线、守住底线、不碰红线
9.10	到上海市第一师范附属小学看望慰问教师代表,并通过他们向全区广大教师和教育工作者致以节日祝福和诚挚问候
9.10	到区教育局调研,要求继续加大教育投入,合理布局教育设施,持续提升基础教育水平,全力培养德智体美劳全面发展的社会主义建设者和接班人
9.16	走访爱马仕(上海)商贸有限公司
9.17	走访方达律师事务所
9.21	走访上海戏剧学院
9.23	走访恒天然商贸(上海)有限公司、娇韵诗化妆品(上海)有限公司
9.24	到区信访办信访接待并调研信访矛盾化解攻坚战推进情况
9.26	参加全球财富管理论坛·上海苏河湾峰会

(续表)

日期	调研内容
10.8	到彭浦新村街道彭一小区调研旧住房成套改造项目,慰问一线工作人员
10.12—13	到新疆维吾尔自治区喀什地区巴楚县考察对口支援工作,并出席上海静安和新疆巴楚对口支援工作联席会议
10.15	到静教院附校江宁校区、同济大学附属七一中学分部调研教育工作
10.20	到苏河湾功能区调研,要求最大程度挖掘苏河湾区域的优势,大力发展总部经济,不断提高土地产出效益,着力打造世界级中央滨水商务区
10.21	走访上海汇银(集团)有限公司
10.23	到北站街道南星小区慰问高龄老人,在重阳佳节到来之际为老人们送去党和政府的关怀,并致以节日的问候和祝福
10.25	到第三届中国国际进口博览会快捷通道和入境人员集中隔离点调研,要求各相关部门和属地街道不折不扣做好各项防控工作,切实做到全流程闭环式管理,坚决守住城区防控安全底线
10.27	走访光大证券资产管理有限公司
10.27	到南京西路功能区调研,要求对标国际一流,聚焦空间挖潜和能级提升,打造良性循环、互利共赢的发展生态和区域品牌
10.29	到市北中学调研,要求继续全面加强素质教育,注重课堂教学实践的不断创新,持续提高教书育人的水平,关心学生全面成长
10.29	到吴江路商业街在建工地和梅龙镇广场检查安全生产工作
10.31	到华润苏河湾中心项目调研,实地察看规划建设情况,并检查安全生产工作
11.2	到大宁功能区调研,要求找准"科创"+"文创"产业发展的定位,全面加大招商引资和企业服务的力度,进一步提升区域综合配套环境
11.4	到北站街道调研,察看北横通道北站区域项目进展,检查疫情防控居家隔离工作情况
11.5—7	走访第三届中国国际进口博览会相关企业展区,并出席静安区生物医药产业精准推介会

(续表)

日期	调研内容
11.9	到静安区闸北中心医院调研,要求坚决落实好市、区各项疫情防控要求,有效提升精准医疗服务水平,不断提高居民群众的满意度
11.13	调研城市精细化管理工作,实地察看南京西路精细化管理情况和静安雕塑公园艺术中心,要求系统谋划绿化管理、保洁作业和市政养护,推动城区精细化管理更加优质均衡
11.17	到谈家桥旧住房成套改造项目、共和新路443街坊和281街坊、蕃瓜弄、光明小区等调研旧改工作,要求坚持量力而行、尽力而为,加快推进实施
11.18	到天目西路街道围绕"四史"学习教育为基层党员干部上党课
11.18	到区民政局调研民生工作,要求继续做好疫情防控各项工作,加强民生保障,不断创新工作方式,着力推动养老、社会救助等民生服务更加优质均衡
11.20	走访大金(中国)投资有限公司上海分公司
11.24	走访莱珀妮商贸(上海)有限公司、雅马哈乐器音响(中国)投资有限公司
11.26	到江宁路街道调研零星旧区改造工作
11.27	走访上海文化广播影视集团有限公司、卡骆驰贸易(上海)有限公司
11.28	到彭浦镇调研"十四五"空间扩容,要求加强对全镇产业空间和招商引资工作的统筹,持续优化综合配套环境,全面提升区域营商环境和企业服务水平
12.2	走访赛诺菲(中国)投资有限公司上海分公司
12.4	参加中国人力资源服务产业园峰会暨中国上海人力资源服务产业园区十周年系列活动
12.6	调研苏州河两岸贯通提升工程
12.8	调研文化旅游工作,要求整体谋划文化项目空间布局和功能定位,统筹推进优秀历史建筑活化利用,加强公共文化体系建设
12.8	到曹家渡街道调研零星旧区改造工作
12.9	到宝山路街道调研零星旧区改造工作

(续表)

日期	调研内容
12.11	到车站海关静安监管点调研
12.13	开展"河长制"巡河,实地察看彭越浦、东茭泾、走马塘等河道两岸及水域环境,要求推进各方力量协调联动,不断提升河道精细化管理水平
12.13	到大宁路街道调研零星旧区改造工作
12.14	走访上海英之界教育科技有限公司
12.18	走访富士施乐服务(中国)有限公司、上海市供销合作总社
12.19	到静安寺街道、南京西路街道和石门二路街道调研零星旧区改造工作
12.24	走访上海华谊集团股份有限公司
12.31	到静安寺街道清道班房、静安居委会、久光百货和区公安分局指挥中心,检查节日安全保障和疫情防控等工作,并慰问值班值守的一线工作人员

(倪加成)

(三)实事项目和办理工作

【2020年区政府实事项目】 2020年,区政府确定12个大类实事项目:(1)推进"美丽家园"建设。完成31万平方米屋面及相关设施改造、12.7万平方米多高层住宅综合整治、0.7万平方米里弄全项目修缮、1.2万平方米老旧住房安全隐患处置等项目;既有多层住宅加装电梯开工59台,其中完工28台。(2)推进"美丽街区"建设。开展30条道路沿线立面改造提升项目,完成建设项目的竣工验收;建成各类绿地7.03万平方米、立体绿化1.5万平方米、绿道2千米;完成7条道路大修、27条道路中修工程;完成共和新路江场西路路口、三泉路(场中路—共康路)路段增设可变车道项目;场中路康宁路路口可变车道增设纳入市级有关部门建设,建设主体变更为上海市道路运输局。(3)完成夏长浦河道水质提升改善阶段的水质监测工作,河道水质达标;东茭泾、彭越浦、走马塘等3条(段)河道综合整治工程完工。(4)制订2020年生活垃圾分类工作方案和各街镇垃圾分类专项资金分配方案,全区791个居住区按照市级达标居住区要求进行创建,居住区达标率98%,单位达标率达99%;全区湿垃圾(含餐厨垃圾)处置量每日达481.73吨,再生资源回收量每日达398.50吨。(5)完成为19幢售后公房增配或改造消防设施、为社区微型消防站配备新型高效灭火器材2000个、为老旧小区居民配备消防应急包5000套;为全区老旧小区安装4750个简易防盗装置。(6)新建1个社区综合

为老服务中心；扩建1个社区综合为老服务中心；新增3个社区长者食堂和10个老年人助餐服务点；标准化改造提升养老床位100张，推进城建养老院、静安老年公寓实施改造；完成473户残疾人家庭无障碍改造，为老旧小区改造200条无障碍坡道。(7)帮助长期失业青年就业825人；帮扶引领创业901人（其中帮扶35岁以下青年创业645人）；建成5个人力资源服务线下体验站并试运行；完成企业新型学徒培训937人。(8)建成14个社区普惠性托育点；在4所公办幼儿园各增设1个托班工作，完成招生并正式开学；全面实施"初中再加强"工程，在市北初级中学北校完成AI智能实验室建设。(9)建成1个"120"急救站点，9个智慧健康小屋；扩建静安区牙病防治所彭浦门诊部项目对公众开放；全年累计组织6次社区大型义诊。(10)新设5台电子书籍阅读机；完成115个"建筑可阅读"二维码的制作发布，新增6个"乐游移动驿站"；推广7条公益"微旅游"线路，完成10场公益"微旅游"活动；完成13.119万张公益电影票配送任务。(11)新建1个公共运动场，翻建2个公共运动场；新建1条、翻建4条市民健身步道；新建25处益智健身苑点；区属公共体育场馆游泳、羽毛球、乒乓球项目向市民公益开放18.91万人（次）；制订"体育公益配送"服务计划，完成15.8万人（次）配送服务；免费为市民提供体质测试服务1.53万人（次）。(12)完成康定菜场改建、万荣菜场改造；优化调整白领午餐网点单位2家；开展"老字号服务进社区"活动52场；全区回收处置"不可食用猪肉"63054.1斤。　　（王正平）

【人大代表建议和政协提案办理】　2020年，静安区一届人大九次会议和区政协一届六次会议期间（含闭会后），共收到需由区政府系统承办的区人大代表建议150件、区政协提案208件。各职能部门对代表建议和政协提案全部研究处理完毕，并答复代表、委员。在已经办复的150件代表建议中，办理结果为："已经解决"的有128件，占总数85.3%；"计划解决"的有8件，占总数5.4%；"留作参考"的有14件，占总数9.3%。在已经办复的208件政协提案中，办理结果为："解决或采纳"的有195件，占总数93.7%；"列入计划拟解决"的有1件，占总数0.5%；"留作参考"的有12件，占总数5.8%。代表、委员对各承办单位的办理工作表示满意或理解。

（王正平）

（四）外事工作

【概况】　2020年，区政府外办共完成外宾接待任务5批64人（次）。年内，静安区通过线上、线下方式开展商旅文涉外活动，包括2020上海静安现代戏剧谷"市民剧场"——中外家庭戏剧大赛、全球财富管理论坛峰会·上海苏河湾、2020中国上海静安国际雕塑展等，在涉外活动安全有序进行前提下，体现静安区国际化城区风貌，提升静安区国际影响力。荷兰皇家飞利浦全球执委会委员兼大中华区总裁何国伟获2020年上海市白玉兰荣誉奖；宝格丽商业（上海）有限公司大中华区总裁柯力亚，莱茵技术（上海）有限公司董事总经理陆勋海，匈牙利国家博物馆驻华代表、佰路得信息技术（上海）有限公司首席执行官贝思文，路威酩轩（LVMH）集团大中华区总裁吴越，安道拓有限公司亚太区总裁黄坚获2020年上海市白玉兰纪念奖。

（侯春婉）

【因公出访管理工作】　年初，区委外事工作领导小组专题研究年度因公出访计划，要求从严从

紧抓实因公出访管理工作。受新冠肺炎疫情影响，2020年静安区无因公出访团组。（侯春婉）

【韩国地方政府公务员代表团到静安区访问】11月18日，韩国地方政府公务员代表团一行9人到静安区访问。在市北高新技术服务业园区，代表团参观市北高新企业AI体验馆和上海数据交易中心，体验AI前沿科技和人工智能大数据应用场景，以及大数据在城市管理、金融、商业及文化等领域应用，着重了解大数据在社会治理方面的应用，以及城市运行"一网统管""一网通办"体系。到访期间，代表团还参观静安寺，了解静安寺悠久历史和文化底蕴，交流两国佛教文化。（侯春婉）

【疫情防控】根据市政府外办安排，静安区积极协助做好外交人员来沪转运、隔离等工作。年内，配合接待外交人员来沪转运、隔离148人（次），分别来自英国、法国、芬兰、德国、新加坡、柬埔寨、巴西、智利、保加利亚、挪威、澳大利亚、埃塞俄比亚、以色列、加拿大、新西兰、希腊、马来西亚、瑞典、斯洛文尼亚、意大利、美国、俄罗斯等22个国家。做好与区域内涉外机构、涉外人员沟通协调，稳妥处理有关涉外事件，确保涉外机构顺利复工复产、涉外人员按要求有序隔离。（侯春婉）

【涉外经济服务工作】为推动复工复产，助力区域经济发展，根据市政府外办部署，自4月底起，静安区积极协助企业申请办理来华签证邀请，共有712批（次）企业、1614名外籍人员获批来华签证邀请，获批的外籍人员分别来自新加坡、日本、美国、西班牙、意大利、法国等56个国家。为优化服务提高效率，制订《静安区外籍人员来华邀请和快捷通道工作流程》，明确工作对接分工，形成闭环管理方案，确保全链条管控，安全完成"快捷通道"14天闭环管理任务。（侯春婉）

【何塞·马蒂诞辰纪念仪式在静安区举行】1月22日，为纪念古巴民族英雄何塞·马蒂诞辰167周年，古巴驻上海总领事馆在延富绿地何

11月18日，韩国地方政府公务员代表团到静安区访问　　　　　　　　　　　　　　（区政府外办　供稿）

塞·马蒂雕像前举办何塞·马蒂诞辰纪念仪式。古巴驻上海总领事托雷斯先生（Nestor Enrique Torres Olivera）在延富绿地何塞·马蒂半身塑像前献花并致辞。区委常委、副区长刘燮参加仪式。

（侯春婉）

【古巴驻华大使访问静安区】 8月30日，新任古巴共和国驻华大使卡洛斯·米格尔·佩雷拉·埃尔南德斯（Carlos Miguel Pereira Hemandez）访问静安区，参观坐落于延富绿地的古巴民族英雄何塞·马蒂半身铜像，并敬献鲜花。古巴驻上海总领事内斯托·恩里克·奥利维拉（Nestor Enrique Torres Olivera），区委常委、副区长梅广清参加活动。

（侯春婉）

【阿拉伯国家驻华使节团到静安区访问】 12月7日，阿拉伯国家驻华使节团一行22人到静安区访问。代表团听取有关中国共产党第一次以及第二次全国代表大会介绍，了解中国共产党成立初期历程以及党章的诞生，并参观中共三大后中央局机关历史纪念馆。

（侯春婉）

（五）国内合作交流与对口支援

【概况】 区政府合作交流工作按照上海市对口支援与合作交流工作决策部署，共承担3个地区6个县（区、市）对口支援任务，分别为新疆维吾尔自治区喀什地区巴楚县，湖北省宜昌市夷陵区，云南省文山壮族苗族自治州（简称"文山州"）文山市、砚山县、麻栗坡县和广南县。2020年，围绕贯彻落实决战决胜脱贫攻坚座谈会精神以及上海市、静安区对口帮扶工作要求，围绕产业合作、人才培训、劳务协作和消费扶贫、动员社会力量助力挂牌督战等重点工作，积极推进脱贫攻坚各项工作。计划内财政帮扶资金云南省文山州一市三县年度计划统筹安排资金共21795.2万元，援建项目43个。其中云南省文山市5125万元，项目12个，完工率98%，资金拨付率94%；砚山县4139.9万元，项目10个，完工率100%，资金拨付96.3%；麻栗坡县5061.5万元，项目9个，完工率95%，资金拨付96.98%；广南县7468.8万元，项目12个，完工率100%，资金拨付96.98%。新疆维吾尔自治区巴楚县50069万元，项目16个，完工率100%（除跨年度项目外），资金拨付95%。湖北省夷陵区5082万元，项目22个，完工率95%，资金拨付85%。年内，区投入携手奔小康财政帮扶资金共2820万元。其中云南省文山州1904万元（包括文山市帮扶资金364万元、砚山县帮扶资金355万元、麻栗坡县帮扶资金355万元、广南县帮扶资金800万元、州劳务协作项目资金30万元），新疆维吾尔自治区巴楚县712万元，湖北省夷陵区204万元。动员社会各界捐赠帮扶资金和捐物折款共约3791.41万元。包括云南省文山市社会帮扶资金202.5万元，实物捐赠52.09万元；砚山县社会帮扶资金199.72万元，实物捐赠43.97万元；麻栗坡县社会帮扶资金967.6万元，实物捐赠73.35万元；广南县社会帮扶资金1297.02万元，实物捐赠551.57万元。新疆维吾尔自治区巴楚县社会帮扶资金70万元，实物捐赠153.59万元。湖北省夷陵区实物捐赠180万元。引导到结对县共7个项目。其中云南省文山州项目4个，包括文山市项目1个、砚山县项目1个、麻栗坡县产业扶贫项目1个、广南县1个。新疆维吾尔自治区巴楚县项目3个。文山市云南霆生医疗器械有限公司带动贫困劳动力就业5人，砚山县云南莓隆镇农业科技有限公司6人，麻栗坡冉曲商贸有限公司5人，利益联结带动24人，广南县新纪元教育管理有限公司贫困户就业5人，利益联结带动26人。云南牛旭农牧开发有限公司3人,利益联结带动99人。消费扶贫方面,根据国家七部委消费扶贫行动意见和上海市深化消费扶贫实施方案,研究制订《2020年静安区东西部扶贫协作和对口支援开展消费扶贫推进办法》,发挥静安区消费市场优势,以"百县百品"为引领,携手对口地区持续提升农产品供给能力和品牌建设,打造消费扶贫升级版。拓展消费扶贫枢纽平台的展示、推介和孵化功能,在中心城区大型商圈建设体验店,带动全区各类销售网点精准对接市民消费需求。为对口地区优质特色农产品进沪开通绿色通道,继续坚持开展"双线九进"消费扶贫助力活动。通过多种形式为对口地区减轻在上海销售网点的租金成本。鼓励机关部门及国有企事业单位拿出部分比例福利费用于购买对口支援地区农特产品。积极推进康养休闲旅游扶贫。9月消费扶贫月期间,静安区组织举办"2020年第二十七届上海国际茶文化旅游节开幕式"暨"'静安—文山号'扶贫旅游专列首发仪式",将消费扶贫工作与上海茶文化国际旅游节相结合,携手云南省文山自治州人民政府和中国铁路上海局集团有限公司联合推出"静安—文山号"旅游扶贫专列,为上海文山两地首次开通铁路旅游专列,旅客达200人(次),标志年内跨省旅游政策放开后全国首趟铁路扶贫旅游专列成功开行。在10·17国家扶贫日展销会期间,静安区共组织云南省文山州、新疆维吾尔自治区巴楚县和湖北省夷陵区28家企业参展。静安区继成立静安区对口支援地区农特产品展示体验中心后,还在大悦城商圈设立静安区"百县百品直营店"。静安区积极牵线搭桥浦发银行与上海静扶实业有限公司联手,深入贯彻落实扶贫工作部署和要求,创新扶贫模式,依托"浦惠到家"手机应用软件(APP)开展平台化运营,开展消费扶贫专题营销活动,上线助农频道,长期配置资源,重点推广上海地区对口帮扶地区特色农产品,形成线上电商扶贫与线下对口帮扶共行新模式。组织各类企业事业单位员工到对口地区疗休养约27人。组织静安巴楚旅游包机工作,全年度包机14架(次),1421余人(次)。劳务协作方面,全年帮助云南省文山州对口帮扶一市三县就地就近就业共4725人,完成到沪就业174人。疫情期间,静安区与对口帮扶县市积极联系协调,通过区人力资源社会保障局与当地扶贫部门联手,排摸在沪就业人员就业工作现状,通过线上平台,发布企业和用人单位招聘简章,"零距离"推送就业岗位,并根据疫情防控和企业复工复产情况,按照轻重缓急分类指导原则,引导外出务工人员分期分批到东部和上海就业。广泛动员街镇、企业参与对口地区贫困乡(镇)结对帮扶工作。静安区14个街镇与文山市、砚山县、麻栗坡县、广南县的41个深度贫困乡镇结对,与巴楚县12个乡镇、2个林场结对,与夷陵区14个街镇(园区)结对。结对学校共有9个,分别为上海行健学院与文山市职业中学、上海市北初级中学与文山市第四中学、上海市西中学与文山市一中、上海市一中学与砚山县第一中学(高中)、上海回民中学与砚山县民族中学、上海新中高级中学与麻栗坡县民族高中、上海永兴路二小与麻栗坡县一小、上大市北附中与广南县一中、静安区南西幼儿园与广南县第一幼儿园。与云南省文山州结对医院共19个,其中文山市5个:芷江西路街道、北站街道、宝山路街道、彭浦新村街道社区卫生服务中心分别与文山市德厚镇、新街乡、薄竹镇、东山乡卫生院结对帮扶,静安区市北医院与文山市人民医院结对帮扶;砚山县3个:石门二路街道、南京西路街道、临汾路街道社区卫生服务中心分别与砚山县平远中心卫生院、阿猛中心卫生院、稼依卫生院结对帮扶;麻栗坡县3个:同济大学附属同济医院、曹家渡街道、静安寺街道社区卫生服务中心分别与云南省文山州麻栗坡县人民医院、大坪镇中心卫生院、下金厂卫生院结对帮扶;广南县8个;上海市儿童医院和彭浦镇、曹家渡街道、江宁路街道、南京西路街道、天目西路街道、共和新路街道、临汾路街道社区卫生服务中心,分别与广南县人民医院和珠街镇、莲城镇、董堡乡、黑支果乡、杨柳井乡、坝美乡和底圩乡卫生院进行结对帮扶。区国资委、区商务委、区投资办、区政府合作办、区房管局、区人力资源社会保障局、区工商联、区总工会、团区委、区妇联等10个相关部门,积极动员59家企业与文山州一市三县72个深度贫困村(另12个深度贫困村由12家市属企业结对帮扶)实现结对帮扶。针对未脱贫的广南县挂牌督战的25个贫困村,通过区商务委、区投资办、团区委、区妇联和区社联会等部门各方努力,又增加35家新的企业和社会组织开展社会力量助推挂牌督战结对扶贫行动。在挂牌督战村,共投入社会资金约730.65万元,援助实物折资约484.7万元,帮助贫困劳动力实现就业数25人。积极引导社会组织到对口地区开展帮扶,包括8月19—23日,静安区慈善基金会到云南省文山州考察援建项目进展情况,定向捐赠扶贫项目并慰问静安区援滇干部。10月22—26日,在区社联会爱心资源协调下,由联盟总干事单位上海汉未央传统文化促进中心牵头,组织新的社会阶层人士联盟8家成员单位,结对前往新疆维吾尔自治区巴楚县,通过课程配送、爱心捐赠、汇报演出等形式开展带教共建、交流回访工作。区社联会主动牵头结对帮扶云南省文山州广南县黑支果乡下面7个挂牌督战村,49家社会组织积极响应。在10·17国家扶贫日等时间节点,静安区在各媒体开展各类扶贫宣传,超过132次。全年静安区受理社会组织申请项目资助共8家,共计援助资金779万元。2020年,轮换援疆党政干部14名以及新选派5名医生和6名教师,轮换援三峡(夷陵)干部2名。按照两地协议和年度培训计划,为对口地区举办培训班49场,培训各类人才共6078人(次)。其中云南省文山州举办各类培训共10批,培训1969人(次);湖北省夷陵区共7批,培训392人(次);新疆维吾尔自治区巴楚县31批,培训3717人(次)。文山州举办党政干部培训班5次,其中培训党政干部217人(次),共16天,包括培训乡村基层干部、贫困村党组织带头人等99人(次),干部到沪挂职锻炼5人(次),为期1年。巴楚县举办党政干部培训班17次,其中培训党政干部1699人(次),共291天。夷陵区举办党政干部培训班6次,培训党政干部382人(次),共45天,其中培训基层干部150人(次),到沪挂职锻炼2人(次),共3个月。开展专业人才培训,文山州举办培训班5次,培训各类卫生教育专业人才1752人(次),共92天,其中专业人才到沪挂职进修35人(次)。巴楚县举办培训班14次,培训各类专业人才2018人(次),共319天。夷陵区举办培训班1次,培训基层教育人才10人(次),共30天,其中到沪挂职进修10人(次)。深化区域合作,加强对口交流,静安区与江苏省泰州市签订深化友好市区合作框架协议;辽宁省大连市中山区主要领导率队到静安区学习考察楼宇经济发展和社区建设情况。注重服务协调,营造优质环境,服务各地驻沪办事机构42家(次);依托区各地投资企业协会,深入企业调研,针对企业需求,提供各类政策培训和学习交流服务。规范开展国内公务接待,全年共接待各地代表团来访36批527人(次)。

(仵祯莹)

【深化与辽宁省大连市中山区对口合作】 年内,根据《2020年上海市与大连市对口合作重点工作计划》,为有效推进"上海市静安区与大连市中山区战略合作框架协议书"各项工作内容落实,自4月开始,与大连市中山区就共同编制《2020年中山区与静安区对口合作重点工作计划》进行多次沟通协商,并对加强对口合作交流、强化理念经验学习借鉴、开展对口合作活动、开展干部人才交流培训等工作内容进行细化并明确分工。11月17日,大连市中山区委书记王守宇率队一行5人到静安区考察楼宇经济发展和社区建设情况,区委书记于勇、副区长梅广清与代表团会晤,双方领导就下阶段工作座谈。 （仵祯莹）

【区援外(驻外)干部及家属联谊活动】 1月21日,静安区举行区援外(驻外)干部及家属联谊活动,76名区援外(驻外)干部及家属、28名派出单位负责人参加。区委书记陆晓栋,区长于勇,区委副书记黄红,区委常委、组织部部长顾春源,副区长张军出席。陆晓栋向援外(驻外)干部及家属表达慰问并讲话。 （仵祯莹）

【静安·夷陵对口支援工作联席会议】 于5月29日在区机关大楼4楼多功能厅举行。区委书记、区长于勇,市政府合作交流办二级巡视员陈晓云出席会议并分别讲话,会议由副区长张军主持。 （仵祯莹）

【静安区与江苏省泰州市举行深化友好市区合作签约仪式】 7月2日,静安区与泰州市深化友好市区合作签约仪式在北上海大酒店举行。静安区领导于勇、顾云豪、丁宝定、王华、刘燮、张军,泰州市领导史立军、朱立凡、卢佩民、张迅、常胜梅、张余松、张小兵、杨杰、张育林、吴跃等出席仪式。 （仵祯莹）

【于勇到云南省文山州考察东西部扶贫工作】 8月18—19日,区委书记于勇,区委常委、组织部部长顾春源,区委常委、副区长梅广清,区政协副主席、区卫生健康委主任叶强等组成的静安区党政代表团到云南省文山州考察东西部扶贫协作工作。考察期间,代表团一行到砚山县者腊乡夸溪村云南中康食品有限公司种植基地、麻栗坡县天保镇天保行政村平安坡村小组农业产业园、文山市三七产业园区云南霆生医疗器械有限公司、云南刘源生三七药业有限公司和德厚镇雷猪养殖基地,对农业产业发展、生猪养殖、医疗器械生产及农村基础设施建设等东西部扶贫项目实施情况进行实地考察,并走

8月18—19日,区委书记于勇带队到云南省文山州考察东西部扶贫工作 （区政府合作办 供稿）

访慰问部分建档立卡贫困户。通过考察,代表团一行对3县(市)在脱贫攻坚工作中取得的成效给予肯定,表示将会继续按照"摘帽不摘责任、摘帽不摘政策、摘帽不摘帮扶、摘帽不摘监管"的要求,在产业合作、消费扶贫、就业帮扶等方面进一步加大对口支援力度,推动优势互补,建立长期稳定的产销关系,做到扶志与扶智结合、"造血"与发展同步,帮助文山真正实现高质量脱贫。双方还举行2020年对口帮扶携手奔小康项目签约仪式,并向砚山县援助3780万元的2020年对口帮扶资金。（仵祯莹）

【"静安—文山号"扶贫旅游专列首发仪式举行】 9月16日,"'静安—文山号'扶贫旅游专列首发仪式"在上海国际贵都大饭店举行。上海市政协副主席廖惠萍,区委书记于勇,上海市文化和旅游局党组书记、局长于秀芬,区委副书记、区长王华,区人大常委会主任顾云豪,区政协主席丁宝定,上海市合作交流办副主任黄建平等领导以及文化界人士、部分国家驻沪领事和市民游客代表等百余人参加仪式。（仵祯莹）

【王华到新疆维吾尔自治区喀什地区巴楚县考察对口支援工作】 10月12日,区委副书记、区长王华带队静安区代表团,到对口扶贫的巴楚县实地察看静安区助力脱贫各项工作情况,全力帮助巴楚打赢脱贫攻坚战。代表团一行考察上海援建的阿纳库勒乡14村和巴楚县工业园区,分别察看文旅援疆系列项目、产业支援促进就业情况;走访阿纳库勒乡当地困难群众;实地考察2020年静安区与巴楚县"携手奔小康"内容电商在线新经济项目并慰问乡镇援疆干部。

（仵祯莹）

【静安区与云南省文山州2020年东西部扶贫协作】 于9月24日在区政府大楼701会议室举行。区委书记于勇,区委副书记、区长王华,区人大常委会主任顾云豪,区政协主席丁宝定,区委常委、副区长梅广清,文山州委书记童志云,州委副书记、州长张秀兰,州政协党组书记吴长

10月12日,区委副书记、区长王华到对口支援地区新疆维吾尔自治区喀什地区巴楚县考察

（区政府合作办 供稿）

昆，文山州人大常委会副主任李洁，副州长周家宝等出席。

（仵祯莹）

【顾云豪到新疆维吾尔自治区喀什地区巴楚县考察对口支援工作】 10月20—24日，由区人大常委会主任顾云豪带队的静安区代表团，到静安区对口支援的巴楚县实地察看静安区援建项目推进情况，全力助推巴楚县打赢脱贫攻坚收官战。中共巴楚县委书记药宁，县委副书记、县长木合塔尔·芒苏尔，县人大党组副书记乃比·阿卜杜热西提，县委副书记、上海援疆巴楚分指指挥长李林波，县委常委、常务副县长苏伟光，县委常委杨志江，县委常委、副县长、上海援疆巴楚分指副指挥长田国栋等陪同考察。

（仵祯莹）

【做好静安区第三届中国国际进口博览会内宾接待】 由商务部、上海市人民政府主办的第三届中国国际进口博览会于2020年11月5—10日在上海举办。作为区内宾接待工作组牵头部门，区政府合作办全力做好接待服务工作。自11月3日接待工作正式启动，区内宾接待组累计接待两省省部级领导3人，厅局及厅局级以下领导20人，完成各项接待任务。

（仵祯莹）

2020年静安区国内主要合作交流情况表

日期	主要内容
5.16	江西省南昌市委副书记、市长黄喜志带队一行到区考察商业消费工作，实地参观大悦城和恒隆广场，区委书记于勇，副区长张军，区政府办公室、区商务委、区政府合作交流办人员接待代表团
6.11	天津市河北区副区长刘广生率相关部门代表团到区考察历史文化风貌区保护和利用等工作情况，副区长李震，区房管局、区规划资源局、区文化旅游局、区政府合作交流办人员接待代表团
6.16	广东省广州市白云区区委书记赵军明带队到区考察生活垃圾分类精细化管理方面工作情况，副区长李震，区政府办公室、区绿化市容局、天目西路街道人员接待代表团。代表团到汉中小区考察居住区生活垃圾分类投放及志愿者情况，到嘉里企业中心考察楼宇垃圾就地无害化处置及两网融合中转站运行情况，到静安洲际酒店自助餐厅考察源头分类及街道垃圾分类科普馆及精细化管理平台运行情况
6.28	湖北省宜昌市夷陵区区委副书记赵峰、副区长温欣艳带队一行到区交流对口支援工作，召开静安区·夷陵区对口支援工作联席会议，副区长张军，区政府办公室、区文化旅游局、区政府合作交流办人员参加会议
6.29	江苏省苏州市副市长王飏带队一行到区考察夜间经济工作情况，副区长张军，区政府办公室、区商务委、区文化旅游局、区政府合作交流办、嘉里（中国）项目管理有限公司上海分公司人员与代表团进行座谈交流

(续表)

日期	主要内容
7.2	静安区与泰州市深化友好市区合作签约仪式在北上海大酒店举行。区领导于勇、顾云豪、丁宝定、王华、刘燮、张军，泰州市领导史立军、朱立凡、卢佩民、张迅、常胜梅、张余松、张小兵、杨杰、张育林、吴跃等出席仪式
7.10	浙江省丽水市委副书记、市长吴晓东率市政府代表团到区对接长三角一体化工作，区委书记于勇，副区长张军，区委办、区政府办公室、区发展改革委、区商务委、区建设管理委、区投资办、区政府合作交流办人员参加接待并对对方进行座谈
7.16	区委书记、区长于勇陪同上海市党政代表团到云南省文山州广南县考察访问，其间，参加静安区与文山州广南县东西部扶贫协作联席会议
7.30	云南省昆明市政府秘书长郭希林带队一行到区考察学习行政服务和审批改革等方面工作情况，区行政服务中心、区城运中心、区政府合作交流办人员接待代表团一行
8.17	江苏省南京市副市长邢正军带队一行到彭浦新村街道考察城市更新、住房综合改造等工作情况，副区长李震接待代表团，区政府办公室、区规划资源局、区房管局、区政府合作交流办、彭浦新村街道人员参加接待，代表团实地考察彭三小区一期至四期成套改造项目
8.18	福建省宁德市委副书记曾智勇带队一行到区考察智慧社区建设工作情况，区委常委、政法委书记赵汝青接待代表团，区委政法委、区政府合作交流办、区城运中心、临汾路街道人员参加接待，代表团考察星城花苑小区（为民之家）、临汾社区大脑"一网统管"
8.26—30	区委宣传部副部长姚掌宏带队到对口支援地区云南省文山州砚山县、麻栗坡县调研考察脱贫攻坚宣传工作和爱国主义教育资源
9.9—11	区纪委副书记、监委副主任茅建宏带队到云南省文山州广南县检查沪滇扶贫协作工作。督导组一行在县委常委、副县长张海翔及上海市援滇干部联络组文山静安小组组长姚磊陪同下，实地踏勘广南县人力资源服务园区、莲城镇小广南油茶育苗基地产业项目及珠街镇长冲村人居环境提升项目，并重点围绕沪滇协作政策落地、援建项目建设进度、资金使用及劳务协作等方面情况进行详细了解
9.22	云南省文山州对口一市三县党政代表团到区交流东西部扶贫协作工作并召开联席会议。区委书记于勇，区委副书记、区长王华，区委常委、副区长梅广清，文山州一市三县党政代表团主要领导等出席会议

(续表)

日期	主要内容
10.10—12	静安区政协调研组到对口支援地区云南省文山州广南县调研结对帮扶工作。调研组分组分别到莲城镇中心卫生院会议室举行"上海静安—云南广南结对共建"调研座谈会;到县城区第一幼儿园开展调研,参观和了解县城区第一幼儿园工作开展情况,看望慰问上海援滇教师,并举行绘本捐赠仪式
10.19—24	在区委统战部、区民政局指导及上海援疆巴楚分指挥部邀请下,区社会组织联合会组织自愿自费报名的8家社会组织新的社会阶层人士联盟成员代表到静安区对口援建的新疆维吾尔自治区喀什地区巴楚县,捐款捐物、完善教育资助、提升医疗条件,多方面组合拳出击,发挥社会组织整合社会力量、发挥专业技术、动员社会资源等帮扶优势,指导巴楚社会建设和基层治理
10.20—24	由静安区人大常委会主任顾云豪带队的静安区代表团到对口支援地区新疆维吾尔自治区喀什地区巴楚县,实地察看静安援建项目推进情况,全力助推巴楚县打赢脱贫攻坚收官战。巴楚县、上海援疆巴楚分指挥部相关人员陪同考察
11.17	辽宁省大连市中山区委书记王守宇带队一行到区考察楼宇经济发展、社区建设等方面工作情况,区委书记于勇,区委常委、副区长梅广清会见代表团,区委办、区政府办公室、区发展改革委、区商务委、区投资办、区城运中心、区政府合作交流办人员参加接待,代表团参观考察兴业太古汇办公楼、丰盛里、南京西路商业街城运分中心
12.15—16	湖北省宜昌市夷陵区委副书记赵峰带队一行到区交流对口支援工作,考察创新社会治理、基层党建工作情况。区委常委、组织部部长顾春源与代表团座谈交流。其间,代表团还参观考察四行仓库抗战纪念馆、临汾路街道社区党建服务中心和南京西路街道智慧社区、楼宇党建工作
12.16—19	副区长龙婉丽带队一行到对口支援地区云南省文山州考察调研对口帮扶工作,并向文山市第一中学捐赠一批体育器材和衣物等爱心物资

(仵祯莹)

2020年静安区对口支援地区干部教育培训班次表

时间	培训内容
5.6	云南省文山州5名党政干部到沪挂职1年
7.2—9.2	静安区4名医生到云南省文山州培训指导工作3个月

(续表)

时间	培训内容
7.1—22	到湖北省宜昌市夷陵区为新任70名公务员讲学培训
8.2—7	到云南省文山州为农村实用人才、致富带头人60人讲学培训
8.10—19	云南省文山州卫生管理人员12人到沪培训
8.10—9.9	云南省文山州卫生医疗技术人才12名到沪进修1个月
8.17—21	云南省文山州基层党组织书记50人到沪提升履职能力培训
9.7—11	云南省文山州人才工作专题培训班50人到沪培训
9.8—30	静安区4名医生到云南省文山州支教培训1年
9.14—18	云南省文山州产业发展专题培训班50人到沪培训
9.15—29	湖北省宜昌市夷陵区公共安全应急管理能力提升研讨班50人到沪培训
10.12—11.22	云南省文山州教育行政部门和相关学校23人到沪培训进修1个月
2020.10.14—2021.1.12	湖北省宜昌市夷陵区2名行政管理干部到沪进修3个月
10.19—23	到云南省文山州为卫生系统人员讲学培训
10.27—31	到云南省文山州为教育教师相关人员讲学培训
10.27—11.10	湖北省宜昌市夷陵区全域旅游发展专题研讨班50人到沪培训
11.28—12.28	湖北省宜昌市夷陵区教育、卫生系统10名干部到沪进修
11.28—12.12	湖北省宜昌市夷陵区党务党建专题研讨班50人到沪培训
11.30—12.4	到湖北省宜昌市夷陵区为科级领导干部、公务、事业单位讲学培训

(仵祯莹)

（六）信访工作

【概况】 2020年，静安区信访工作在做好新冠肺炎疫情防控同时，以确保全区面上信访稳定为重点，进一步畅通信访渠道，健全信访工作机制，推动信访法治建设，落实信访工作责任，提升信访工作效能，集中精力做好信访矛盾化解工作。克服信访总量高位运行、动迁矛盾突出多发、集访矛盾频繁激烈等困难，确保全国"两会"、十九届五中全会、第三届中国国际进口博览会等重大活动期间面上信访稳定。做好信访基础业务，通过《静安信访月报》，每月通报基础业务数据情况，并结合目标责任考核要求，明确各类信访事项的操作口径和处置流程，进一步规范信访事项办理的全过程。引入一致心理服务社、心灵导航心理咨询服务中心、捷华律师事务所等调处类社会组织和律师团队参与信访工作。加强学习交流，提高信访工作效能。开展专题辅导讲座、信访工作心得体会交流以及青年干部座谈。年内，全区信访总量12697件，其中来信5800件，占比45.7%；网信4827件，占比38%；来访2070件，占比16.3%。集访共235批、3361人（次），其中市集访共34批、756人（次），区集访共201批、2605人（次）。

（蔡文）

【信访稳定例会】 年内，坚持区委、区政府主要领导双月稳定例会制度和区联席会议召集人、分管区领导每周牵头召开信访稳定工作会机制，研究分析面上信访稳定形势，推进突出矛盾明责化解。全年共召开信访稳定工作例会19次，研商矛盾45件，共化解矛盾38件，缓解7件。

（蔡文）

【创建人民建议征集工作平台】 12月16日，在北站剧场举行人民建议征集工作平台启动仪式。市信访办和区领导分别为上海市静安区人民建议征集办公室和静安区北站街道人民建议

12月16日，人民建议征集工作平台启动仪式在北站剧场举行，图为区委书记于勇在仪式上致辞

（区信访办 供稿）

工作站以及静安区北站街道新泰居委会人民建议征集工作联系点揭牌。　　　　　（蔡文）

【区领导接待来访群众】　年内,区四套班子主要领导带头,23名局级干部轮流到区信访办接待群众,带动面上政策完善、工作改进和作风转变。区四套班子领导共到区信访办接待信访群众26场次,接待、专题研究各类信访事项49件,化解24件,后续推进25件。（蔡文）

【"案清事明"促"案结事了"专项工作】　年内,将"案清事明"工作理念融入信访事项办理全过程,对初次信访矛盾厘清诉求事实、明确责任归属、制订化解步骤、加强工作规范,提高一次性解决率,提升信访工作整体效能。（蔡文）

【信访复查】　全年共作出信访复查136件,撤销41件答复主体不符合规范、分类错误等信访答复意见书。引入律师事务所参与45件重大疑难信访矛盾的复查并出具复查法律意见书。
　　　　　　　　　　　　　　　（蔡文）

【治理重复信访、化解信访积案专项工作】　根据中央联席办、市联席办工作部署,9月起,启动集中治理重复信访、化解信访积案专项工作。排查梳理,摸清底数,确定信访事项和涉及的责任部门,逐一明确包案领导、责任单位和工作要求。　　　　　　　　（蔡文）

（七）行政审批制度改革

【概况】　2020年,区审改办按照区委、区政府全面深化改革总体部署,紧紧围绕"放管服"改革要求,加快转变政府职能,深化行政审批制度改革,不断助力"一网通办"工作,全力打造法治化、国际化、便利化营商环境。推进"一件事"改革业务流程优化再造工作。根据《关于做好2020年度业务流程革命性再造工作的通知》（沪审改办发〔2020〕3号）要求,立足从"能办"向"好办"转变,加大环节精简和流程优化再造力度,强化跨部门协同和前台综合、后台整合,在更高效、更便捷、更精准上下功夫做好"一件事"改革工作。形成区级"一件事"清单。制订《静安区落实〈关于做好2020年度业务流程革命性再造工作的通知〉的工作方案》,明确区改革工作目标、任务要求和进度安排。组织各部门对涉及跨部门、跨层级的事项进行梳理,选取办件量大、涉及面广、办理难度大的事项,形成区"既有多层住宅加装电梯2.0版""婚姻证件补办""夜间施工"等15项"一件事"清单,制订区级"一件事"改革方案。按照区"一件事"清单,区审改办分事项召开"一件事"工作部署会议,明确区级"一件事"各阶段性工作完成时间节点,明确牵头部门和配合部门工作任务分工,指导牵头部门按照"六个再造"要求,形成各区级"一件事"改革工作方案。分事项召开"一件事"工作专题会议,分别听取牵头部门对"一件事"工作推进情况,要求各牵头部门以"服务不减、工作标准不减、工作质量不减"为目标,进一步做实做细流程优化再造工作,简化材料环节,完成"一件事"办事指南编制、部门间业务流程再造融合、线下窗口调整设置和窗口工作人员业务培训等工作。（周琳）

【"两个免于提交"改革】　年内,根据《关于在政务服务中全面实行本市政府部门核发材料免于提交工作的通知》（沪审改办发〔2020〕7号）要求,以"按照通过调用电子证照、数据共享核验、告知承诺和行政协助等方式,到2020年年底前实现'凡是本市政府部门核发的材料,原则上一律免于提交'"为工作目标,制订区实施方案,并做好免交材料落地确认工作。召开业务培训会议,组织指导区各部门对市级业务主管部门确认的免于提交材料,在系统内予以落地确认。做好免交工作对外宣传和办事窗口公示工作。组织指导各窗口单位在办事大厅显著位置对"两个免交"工作进行宣传,同步做到各办事窗口提供的纸质办事指南和其他服务资料与线上保持一致,并显示申请材料可以免于提交的情况。对窗口材料免交落实情况进行测评。委托第三方对区"两个免交"工作宣传和落地情况进行暗访,杜绝线上承诺免于提交而线下实际收取材料的情况发生。 （周琳）

【拓展和优化"一网通办"公共服务事项】 年内,贯彻落实《关于进一步拓展和优化本市"一网通办"公共服务事项工作的通知》（沪审改办发〔2020〕9号）工作要求和进度安排,围绕为企业群众办事提供各类便利,保障基本公共服务以及特色服务等方面,全面梳理各类公共服务事项。制订《静安区关于进一步拓展和优化"一网通办"公共服务事项的工作方案》,明确公共服务事项梳理范围、区有关部门工作职责、工作时间节点。对静安区拓展和优化"一网通办"公共服务事项工作进行动员部署和业务培训。组织部门认领和新增公共服务事项,按照"认领不遗漏、新增不缺失"原则和"凡外区梳理新增公共服务事项,也应作为本区新增公共服务事项"要求,先后3次指导督促区各部门对照外区新增情况,深度挖掘公共服务事项,至年底,共新增区级公共服务事项355项。组织指导区各部门在标准化管理平台完成新增公共服务事项办事指南填报。 （周琳）

【"无人干预自动办理"试点工作】 年内,根据《关于开展"无人干预自动办理"试点工作的通知》（沪审改办发〔2020〕5号）要求,依托互联网、大数据和自助服务机等技术手段,进一步提升行政审批服务效能。根据市审改办反馈意见,对事项进行甄别筛选,形成区4项"无人干预自动办理"试点分事项方案。其中临汾路街道在沪上首家成功试点社区智能自助服务终端,实现"居住证卡面信息刷新"无人干预自动办理,该试点在上海电视台等多家媒体宣传报道。 （周琳）

【集中修订办事指南】 年内,根据市审改办《关于开展办事指南集中修订工作的通知》文件精神和做好2020年度省级政府和重点城市网上政务服务能力第三方评估准备工作的要求,召开培训会议,对"一网通办"行政权力和公共服务事项办事指南修改工作进行部署,要求各部门对照《办事指南信息要素填写说明》内容予以修订完善,提高办事指南精准度。督促部门按照系统质检情况和第三方查找问题,对办事指南进行第二轮修改,通过集中召开培训会、分部门单独辅导等形式进一步提高办事指南准确度。至年底,共完成2025项依申请政务服务事项办事指南修改。 （周琳）

【"证照分离"改革全覆盖试点举措复制推广工作】 年内,为进一步落实《关于在全市范围内推广实施"证照分离"改革全覆盖试点举措的通知》（沪审改办发〔2020〕19号）,全面落地实施全覆盖试点推广各项改革举措,加快推进落实各项改革试点任务,及时总结评估全覆盖试点工作情况。下发工作通知,要求各相关部门积极对接市级业务主管部门,结合248项在全市推广实施"证照分离"改革全覆盖试点举措的涉企经营许可事项清单,认领国家和市级改革试点事项,对于要求复制推广的事项做到"应认必认",并及时落实相关改革举措。根据市级统一部署,至年底共17个部门认领61项改革事项,其中1项直接取消审批、3项审批改为备案、26项实行告知承诺、31项优化审批服务。年内,制发督办工作通知,督促部门根据市级统一部署确保相关改革举措落地实施。

(周琳)

【落实重大项目建设的若干措施】 年内,根据《关于做好〈关于进一步深化行政审批制度改革加快推进重大项目建设的若干措施〉贯彻实施工作的通知》(沪审改办发〔2020〕16号)要求,召开3次落实通知工作布置和督办会议,要求区有关部门严格对照通知责任分工方案,按照"放得下、接得住"原则,积极主动对接市级业务部门,做好相关事权下放承接工作。至年底,区生态环境局确认环评审批事权基本实现下放至区级。区卫生健康委、区规划资源局确认全部承接浦东新区复制推广至各区的事权。区建设管理委承接架空线审批和临时封堵、重要排水设施范围内的施工许可事权。

(周琳)

【"互联网+监管"两张清单认领添加工作】 年内,根据国办电子政务办《关于开展省级政府"互联网+监管"能力第三方评估的通知》(国办电致函〔2020〕54号)要求,结合《上海市"互联网+监管"迎接评估工作实施方案》,依托"互联网+监管"系统,做好区两张清单认领添加工作,确保监管事项认领到位,无缝对接。至年底,区各部门认领监管事项子项791项,添加检查实施清单749项,对应率为95%,较2019年底,新增认领监管事项子项273项,新增添加检查实施清单431项,对应率提高34%。 (周琳)

【窗口规范建设】 年内,在2019年规范政务服务窗口建设工作和取消行政审批"科室代窗口"工作基础上,进一步将规范进驻窗口工作范围扩大至所有政务服务事项。要求各部门以"应进则进、进则规范、目录管理"的总体要求,取消政务服务事项"科室代窗口"和形成进驻政务服务窗口事项目录。下达进驻事项目录,督促各部门和区行政服务中心按要求在规定时间节点内完成窗口进驻工作。共梳理区级政务服务事项1132项,其中750项进驻区行政服务中心、113项进驻部门专窗、54项下沉街镇办理、181项保留科室办理(依职权、涉密、内部、敏感事项)、34项其他情况(网办、电话办理等),于6月底前按规定完成规范进驻要求。

(周琳)

【窗口服务质量检查】 立足优化营商环境,重点围绕2020年度"一网通办"考评指标、2019年度考评中存在的薄弱环节,对区"一网通办"建设情况和政务服务窗口工作质量加强测评。委托第三方测评公司,通过指南纠错、暗访检查、陪同真实办理等手段,对各部门、各街镇政务服务窗口办事指南准确度、"好差评"三对应、电子证照调用、统一物流使用和双休日(节假日)事项办理等方面工作进行问题查找。结合第三方在暗访中发现的问题进行分析研究,按照平均2天一期的频率形成《暗访专报》,报区委、区政府主要领导,并将测评发现问题及时反馈至相关部门和街镇进行整改。至年底,共制发13期《暗访专报》,为部门提升政务服务能力提供参考和整改依据。 (周琳)

(八) 民族宗教工作

【概况】 2020年,静安区共有少数民族21865人,有51个民族成分,其中沪籍少数民族为

12773人。铁路上海站外来少数民族人员日流量2000余人(次),高峰时近万人(次)。回民中学、共康中学坐落于辖区内,以及上海市新中高级中学西藏班、上海市育才中学新疆班,四所学校共有少数民族学生1328人。区民族宗教工作明确铸牢中华民族共同体意识这一新时代民族工作的主线,进一步学习领会好、宣传阐释好、贯彻落实好习近平总书记关于民族工作的重要论述,做深、做细、做实铸牢中华民族共同体意识各项工作,不断巩固和发展"中华民族一家亲、同心共筑中国梦"的良好局面。进一步团结宗教界人士和信教群众增强"四个意识"、坚定"四个自信"、做到"两个维护",为做好"十四五"时期各项工作创造良好社会环境、贡献更大力量。坚持以社会主义核心价值观为引领,推动宗教中国化不断深入。动员广大信教群众投身现代化建设,引导信教群众树立正确的国家观、历史观、民族观、文化观、宗教观,引领民族宗教界爱国人士积极投入到建设和谐社会中去,维护民族宗教界和睦,确保民族宗教界领域安全稳定。2020年民族宗教法制宣传学习月活动,开展"八个一"系列活动(开展一次全国两会精神宣讲、举办一次民族团结少数民族艺术展、成立一个民族宗教界中青年骨干学习小组、开展一次宗教团体联席学习会、举办一次"讲好静安民族宗教故事"征文活动、开展一次人大代表学习宗教法规活动、设计一套民族宗教定制宣传品、启动一个民族宗教事务管理平台),发动街镇和宗教活动场所进行政策法规宣传,全区各街镇、各单位共5100人(次)参加宣传服务活动,分发宣传资料31000余份,制作展示宣传板报580块、宣传电子屏60块,发布微信公众号宣传信息49条,上门开展政策法规宣传140次,组织各类民族宗教法制讲座、集中学习活动19次,宣传服务70000人(次)。

(陆经纬)

【**王霄汉到静安区检查宗教活动场所"双暂停、一延迟"情况**】 1月24日,市委统战部副部长、市民宗局党组书记王霄汉在区委常委、统战部部长凌惠康陪同下,走访静安寺等宗教活动场所,检查宗教场所响应市委、市政府防控工作部署,落实春节期间"暂停开放宗教活动场所、暂停集体宗教活动、宗教院校延迟开学"情况,并慰问节日期间坚持值守的教职人员、志愿者。

(陆经纬)

【**区民族联合会在全市率先发布告来沪(返沪)少数民族同胞书**】 2月8日,静安区少数民族联合会发布告来沪(返沪)少数民族同胞书,号召在沪少数民族同胞积极做好拟来沪(返沪)亲朋好友及务工人员的引导、劝解工作。来沪(返沪)少数民族同胞,须严格按照上海市卫生健康委发布的《来沪(返沪)人员健康管理告知书》要求做好防护、隔离工作。

(陆经纬)

【**上海市回民中学获评"全国民族团结进步教育基地"**】 4月16日,第六批"全国民族团结进步教育基地"授牌仪式在上海市回民中学举行,市民宗局副局长杜宇平为上海市回民中学授牌。上海市回民中学建立于1945年,是上海市唯一一所寄宿制民族完全中学。

(陆经纬)

【**"多彩呈祥——贵州少数民族摄影精品展"开幕**】 6月10日,作为2020年静安区民族宗教法制宣传学习月系列活动之一,中国少数民族艺术系列展览第七展"多彩呈祥——贵州少数民族摄影精品展"在梅尔尼科夫美术馆开幕。摄影展以"脱贫攻坚"和"民族风情"为主题,是在贵州省民族博物馆专题艺术摄影展基础上遴选出的优秀摄影精品,生动展现党的十八大以来贵州少数民族地区在精准扶贫政策推动下脱贫致富的人文风貌,以光影艺术手法展示出"民

6月30日，静安区民族宗教事务管理平台正式上线区"一网统管"指挥平台

（区民宗办　供稿）

族团结一家亲，同心共筑中国梦"的和谐氛围。

（陆经纬）

【静安区民族宗教事务管理平台正式上线区"一网统管"指挥平台】　6月30日，为推进民族宗教事务治理体系和治理能力现代化，探索新形势下城市民族宗教工作数字化管理新路径，区委统战部牵头，区民宗办、区城运中心依托区"一网统管"指挥系统联合开发"静安区民族宗教事务管理平台"正式上线，市民宗局局长花蕾，区委常委、统战部部长凌惠康出席上线仪式并启动管理平台。

（陆经纬）

【全国城市民族工作研讨班到静安区开展现场教学】　9月11日，第二期全国城市民族工作专题研讨班到静安区城运中心开展现场教学活动，学习区民族宗教事务"一网统管"平台建设有关经验做法。中央统战部有关部门负责人以及各省、自治区、直辖市党委统战部民族工作部门负责人30余人参加活动。区委常委、统战部部长凌惠康陪同。

（陆经纬）

【静安区少数民族疫情防控主题书画展】　9月30日，为庆祝中华人民共和国成立71周年，弘扬抗疫精神，静安区民族联首次尝试以线上云展馆方式，举办"喜迎国庆·笔墨传情"——静安区少数民族疫情防控主题书画展。全区共有14个街镇和4所民族中学的少数民族群众、师生参与，提交书画作品135幅，作者年龄跨度从4岁至101岁。云展厅分为开篇、校园、社区、精品4个展馆。区委常委、统战部部长凌惠康和区少数民族联合会会长乐霆分别为书画展致开幕词和结语。

（陆经纬）

【2020年民族宗教界中青年骨干培训班】　12月9—10日，区民宗办、区社会主义学院联合举办静安区第24期民族宗教界中青年骨干培训班。全区民族宗教界中青年骨干60余人参加培训。培训班采用"云课堂"直播方式，邀请长江学者、复旦大学民族研究中心主任、特

聘教授纳日碧力戈讲授《行进相济·民族团结》专题讲座;邀请上海正策律师事务所高级合伙人黄培明律师作《中华人民共和国民法典》学习解读。　　　　　　　　　（陆经纬）

【**大田路小德肋撒天主堂恢复开放**】　12月16日,区民宗办会同区公安分局、区卫生健康委、区疾控中心、区消防支队、区绿化市容局、区应急局以及石门二路街道等部门,对大田路德肋撒天主堂开展常态化疫情防控工作全覆盖的联防联控安全大检查。12月19日,大田路小德肋撒天主堂在经过为期一年半的修缮后,恢复开展宗教活动。　　　　　　　　（陆经纬）

（九）侨务

【**概况**】　2020年,市委统战部开展侨界代表人士"不忘初心,同圆梦想"主题教育活动。主题教育活动期间,静安区共组织侨界人士主题活动27场次,1600余人(次)参与,涉及主题学习、专题报告、交流座谈、参观调研、走访慰问等多种活动形式。借助"静安统战""白领驿家""看看新闻网""观察者网""微博""头条号""哔哩哔哩""抖音""快手"等多渠道媒体平台,制作发布原创文章8篇,推送量超600万,受众人数超10万。3月,以网络形式统一实施开展2020年"侨法宣传月"活动,借助"上海静安""静安统战""白领驿家"和14个街镇的官方微信公众号,共制作原创和转发文章32篇,点击量达8899次。共有9312人(次)参与"侨侨"你知道多少——侨法知识网上挑战赛。发放《涉侨服务手册》1500余本。配合市委统战部(市政府侨办)做好"三侨生"中高考加分线上办理工作,稳步对接市级侨务行政服务平台推进工作。2020年度出具归侨青年、归侨子女、华侨在国内的子女的升学加分照顾的身份认定证明7份,侨眷身份认定证明2份,华侨子女回国接受义务教育就读的身份认定证明3份。根据审改工作要求,全年完成"科室代窗口"、"新增公共服务"申报、"办事指南修改""新增公共服务事项"等一系列提升行政效能、细化行政权力事项工作。妥善解决市统转函要求协助了解暨南大学在沪旧址保护及修缮利用情况事宜,积极沟通了解区级文物保护点康定路528号保护情况。结合夏令及春节时点,走访慰问侨界人士及港澳同胞百余人(次),将党和政府的温暖送到侨界人士身边。推荐人选吴越、夏小曹获评"2020年上海市白玉兰纪念奖"。推荐冯丹龙、王勤智评选"上海市归侨侨眷先进个人"。　　　　　　　（顾梦薇）

【**侨界人士积极抗击新冠肺炎疫情**】　2020年,区政府侨办积极响应国家号召,第一时间发动侨界人士力量,组织涉侨团体行动,投入到抗击疫情阻击战中。市欧美同学会静安分会名誉会长曹鹏发布亲笔书,表达唱响抗疫胜利曲的决心。静安区海外联谊会、市欧美同学会静安分会、区侨(华)商会、区留学人员及家属联谊会、静安海外联谊会香港联会等涉侨团体及侨界代表人士捐款捐物,助力抗疫。疫情期间,积极走访涉侨团体负责人、侨界重点人士、港澳政协委员、海联会班子成员以及香港联会骨干,关心企业复工复产情况及个人工作与生活情况,掌握侨资企业面对疫情的第一手资料,了解侨资企业所遇到的问题以及急难诉求,帮助侨资企业解决现实困难。　　　　　　　　　（顾梦薇）

【**静安区留学人员及家属联谊会举办新春团拜会**】　1月16日,静安区留学人员及家属联谊会举办2020年新春团拜会,区委统战部副部长、区政府侨办主任张蓓,致公党静安区委主委董敏华,区侨联相关人员出席活动。区留联会法人代表、市华侨事业发展基金会"许与许"专项基金负责人许建文,区留联会副会长以及约30名会员参加团拜会。

（顾梦薇）

【"侨海驿站"开展七夕团扇制作活动】 8月25日,静安区新侨服务品牌"侨海驿站"推出"制扇至美、相聚七夕"团扇制作主题活动,辖区内30余名新侨白领参加。

（顾梦薇）

【深圳市罗湖区委统战部一行到静安区考察交流】 9月7日,深圳市罗湖区委常委、统战部部长吴欢率深港澳代表人士一行16人到静安区学习交流。区委常委、统战部部长凌惠康参加会见,区委统战部副部长、区政府侨办主任周玉鸿陪同。罗湖区委统战部一行实地参观沪港联合集团和ASC精品酒业有限公司。

（顾梦薇）

【"侨海驿站"举办"首席来了——白领迷你音乐会"】 9月18日,静安区新侨服务品牌"侨海驿站"走进市北高新技术服务业园区,为人工智能和大数据领域百余名新侨白领带来一场精彩的"首席来了——白领迷你音乐会"。活动由静安区人民政府侨务办公室指导,市北高新集团党委、市欧美同学会静安分会、上海城市交响乐团、鼎捷软件股份有限公司、静安区"白领驿家"两新组织促进中心联合主办。

（顾梦薇）

【"首席来了"白领迷你音乐会国庆专场上演】 10月9日,静安区人民政府侨务办公室"侨海驿站"项目与上海市欧美同学会静安分会、上海城市交响乐团、上海大学室内乐团、上海静安区"白领驿家"两新组织促进中心以及广大新侨群体共庆中华人民共和国成立71周年,开展中西结合形式的"首席来了"迷你音乐会国庆专场。上海大学音乐学院小提琴教授、副院长、艺术总监、上海城市交响乐团首席、静安欧美同学会理事、2020年度上海市"白玉兰纪念奖"获得者夏小曹带领一批优秀青年音乐家,为百余

9月7日,深圳市罗湖区委统战部一行人员到静安区学习交流　　（区政府侨办　供稿）

名新侨人士演奏。音乐会同步在《看看新闻》直播,上万人(次)线上观看。　　　　(顾梦薇)

【2020"海归职通车"人才招聘会】 10月11日,由上海市欧美同学会、上海市华侨事务中心主办,市欧美同学会静安分会、市欧美同学会青委会承办的2020"海归职通车"人才招聘会在静安区举行,特斯拉汽车、中航发商发、延华智能、微创医疗、中国平安等46家高端智造、生物医药、金融中心、地产建筑、网红经济、教育科研与大型实业集团提供231个热门招聘岗位。招聘会吸引超过1600人报名,经核准有近千名海归学子现场参与。　　　　(顾梦薇)

【"侨海驿站"开展海归白领交友活动】 10月31日,静安区"白领驿家"两新组织促进中心在静安区人民政府侨务办公室"侨海驿站"项目支持下,举办面向海归白领的交友活动,吸引70余名海归白领参与。　　(顾梦薇)

【"首席来了——白领迷你音乐会"铜管乐专场表演】 11月6日,由静安区人民政府侨务办公室"侨海驿站"项目牵头,上海市欧美同学会静安分会、上海市静安区社会组织联合会、上海城市交响乐团、上海静安区"白领驿家"两新组织促进中心携手为广大新侨人士送上"首席来了——白领迷你音乐会铜管乐专场"。静安海联会理事、上海曹鹏音乐中心、上海城市交响乐团负责人曹小夏,侨海俱乐部社长游承昊出席活动。　　　　　　　　　　(顾梦薇)

【"侨海驿站"给自闭症青少年带来"爱咖啡"公益课】 11月11日,"白领驿家"在区政府侨办"侨海驿站"项目支持下,以公益志愿为主题开展面向自闭症青少年的公益咖啡教室活动——"爱咖啡"公益课。新侨白领志愿者们用浅显易懂的语言介绍咖啡入门理论知识,分享咖啡制作工具使用方法,并手把手教授孩子做网红挂耳咖啡。　　　　　　　　(顾梦薇)

【中央统战部侨务综合局一行到静安考察】 12月2日,中央统战部侨务综合局一行到静安区考察,参观上海大数据应用展示中心。市委统战部副部长、市侨联党组书记、市侨办主任王珏,区委常委、统战部部长凌惠康陪同,市委统战部侨务综合处、区政府侨办负责人参加。
　　　　　　　　　　　　(顾梦薇)

(十)港澳工作

【概况】 2020年,静安区与香港、澳门开展经济、文化等各领域交流。6月,香港特别行政区政府驻上海经济贸易办事处主任蔡亮一行到静安区访问,参观在民生美术艺术馆举办的"随物生心"艺术展,并与副区长张军座谈交流。7月,在人力资源服务产业重大项目推进暨招商推介活动上,苏河湾投资控股公司与沪港联合控股有限公司签订战略合作协议,成立"人力资源服务沪港合作中心",促进沪港两地人力资源服务产业交流和合作。8月,举办第五届海峡两岸暨港澳大学生交流活动——2020"青年向往之城"交流分享会,上海、台湾、香港、澳门四地青年代表通过TED视频互动和现场交流分享方式,探讨青年与城市共同发展的创新方案,进一步交流思想、深化友谊。　(侯春婉)

【陆晓栋与区政协香港地区委员座谈】 1月7日,区委书记陆晓栋在"两会"期间与区政协香港地区委员开展座谈。围绕静安区经济社会发展和委员履职等积极建言献策、贡献智慧。区

委常委、区委统战部部长、静安海外联谊会会长凌惠康陪同。（顾梦薇）

【凌惠康会见沪港青年会主席包鸿勋一行】 4月9日,沪港青年会主席、静安香港联会副会长包鸿勋一行到静安海外联谊会访问。区委常委、区委统战部部长、静安海外联谊会会长凌惠康会见包鸿勋一行,区委统战部副部长、区政府侨办主任周玉鸿陪同。（顾梦薇）

【静安香港联会2020年度第一次执委会议】 于4月26日召开。区委统战部副部长、区政府侨办主任周玉鸿出席会议。会议采取"云"直播方式,由静安海联会副会长、静安香港联会会长方振强主持,线上线下共有17名执委参加。会议总结静安香港联会工作,介绍疫情期间联会为会员提供帮助和服务的有关情况,并为恢复联会常规活动以及推进联会未来发展作出规划。（顾梦薇）

【"玩转电商直播新趋势"主题分享活动】 7月2日,静安海外联谊会香港联会举办"玩转电商直播新趋势"主题分享活动。静安海外联谊会会长凌惠康,上海海外联谊会总干事邹芳,区政府侨务办公室主任周玉鸿,上海海外联谊会、静安海外联谊会代表及静安香港联会50余名会员参加活动。主题分享活动同时在线上直播,吸引600余名观众观看。（顾梦薇）

【静安香港联会3名成员获邀参加全国抗疫表彰大会】 9月8日,全国抗击新冠肺炎疫情表彰大会在北京人民大会堂举行,中共中央总书记、国家主席、中央军委主席习近平向国家勋章和国家荣誉称号获得者颁授勋章奖章并发表重要讲话。静安香港联会名誉会长、港区全国人大代表姚祖辉,会长、市政协委员方振强和副会长、沪港青年会会长包鸿勋参会。（顾梦薇）

【第三届"沪港两地法律人才交流项目"线上研讨会】 于9月17日举办。区委常委、统战部部长凌惠康,区司法局局长凌淑蓉,区委统战部副部长、区侨办主任周玉鸿线上出席。活动邀请国际争议解决及风险管理协会主席罗伟雄博士,香港和解中心副会长、联合国国际贸易法委员会观察员陈颖文博士,澳大利亚新南威尔士州高等法院律师杨凌和静安区律师代表近40人进行线上交流。（顾梦薇）

【凌惠康走访第三届中国国际进口博览会静安港澳参展企业】 11月6日,区委常委、统战部部长凌惠康前往上海国家会展中心,走访汇泉国际、金百加、第一太平戴维斯、经纬集团、汇科、南非工商联谊总会等第三届中国国际进口博览会部分港澳及海外参展企业,深入了解企业经营发展状况,鼓励企业聚焦上海市和静安区发展大局,拓展各领域交流合作。（顾梦薇）

【凌惠康走访市、区政协港澳委员】 11月12日,区委常委、统战部部长凌惠康走访市政协港澳委员、太平绅士、嘉华国际集团有限公司执行董事吕慧瑜,区政协港澳委员、静安海联会理事、静安香港联会副会长、嘉华(中国)投资有限公司业务及营运总经理邓宇聪。区委统战部副部长、区政府侨办主任周玉鸿陪同。（顾梦薇）

【凌惠康会见澳门企业家陈捷一行】 11月16日,区委常委、统战部部长凌惠康会见汇科(澳门)股份有限公司董事局主席陈捷,沪澳经济文化发展协会理事长、汇彩控股有限公司高级副总裁冯仪一行。详细了解汇科(澳门)在第三届中国国际进口博览会洽谈交易情况,以及企业在澳门及海外发展情况。（顾梦薇）

【"我的空间,我的生活"青少年主题绘画活动香港学生专场在静安区举行】 年内,由上海市静安海外联谊会、上海市梦想加油站青年发展交流中心、上海香港联会共同承办,上海市静安海外联谊会香港联会、沪港少青舞台艺术团协办的2020中国·上海静安国际雕塑展"我的空间,我的生活"青少年主题绘画活动香港学生专场在静安区举行。共有8名香港学生的绘画作品获奖,其中特等奖、一等奖各1名,二等奖2名,三等奖4名。11月28日,颁奖典礼在静安雕塑公园举办,30余名香港学生及家长参加。区委统战部副部长、区政府侨办主任周玉鸿,上海市政协委员、上海香港联会会长张国正,上海市政协常委、上海香港联会副会长暨沪港少青舞台艺术团发起人麦德铨出席颁奖典礼,并为获奖学生颁奖。上海香港联会获该活动"公益合作伙伴"称号。 (顾梦薇)

(十一) 台湾事务

【概况】 2020年,静安区台湾事务工作坚决贯彻习近平总书记对台工作重要论述和中央、市委对台工作的大政方针,努力服务上海对台工作大局和静安区经济社会发展,推动各项工作取得积极成效。6月,举办静工委财税经管和法务经管两场线上讲座。8月,组织台商到云南省开展公益活动。9月,开展"月满静安"台商台胞中秋联谊会,以"两岸一家亲"理念,凝聚在区台商、台胞、台属人心,增加台湾同胞对祖国大陆的了解和向心力。同月,举办市台联会"六区联动"静安专场活动,借助六区联盟平台,集智聚力,探讨如何在大数据时代,在后疫情时代,发挥台胞台属联谊会优势和主体作用。10月,邀请上海东亚研究所副所长王海良,作"中美战略博弈下的台海局势"专题报告,做好涉台宣传教育工作。 (李佳)

【统筹开展涉台疫情防控和台企复工复市工作】 疫情发生后,区台办建立涉台疫情联防联控机制,确保涉台疫情平稳及境外来沪、返沪台胞的隔离闭环管理,密切关注入境及在沪台胞隔离及其他防疫情况,为隔离台胞提供服务保障和心理关怀。精准施策帮助台企复工复市,强化工作调研,区领导带头走访台资企业,深入了解企业遇到的实际困难,全面落实国台办"助力台企11条"、上海"抗疫惠企28条"以及静安区为中小微企业减负、共抗疫情出台的相关政策,给企业战胜疫情、渡过难关传递信心。 (李佳)

【区委书记于勇走访台企】 10月27日、12月15日,区委书记于勇一行分别走访台企鼎捷软件股份有限公司及永和食品(中国)有限公司,要求进一步加大对台企服务力度,推动台企积极参与大陆工业4.0智能制造进程以及食品企业在产业链、供应链建设上的进一步改造升级,助力企业扎根静安区,长久发展。 (李佳)

【举办两场"台青基地"项目线上研讨会】 依托前四届"台湾青年法律人才实践基地"项目积累,于7月25日及8月20日举办"2020台湾青年法律人才上海—台北视频研讨会"和"2020台商台青创业成长上海—台北视频研讨会"两场线上研讨会,对"台青基地"项目进行阶段性小结。市台办副主任王立新、李晓东,区委常委、统战部部长凌惠康出席研讨会。活动以法律热点为主题,邀请四届所有学员、参与者以及共建单位参加研讨。通过视频学员们分享在大陆的学习收获以及在上海实践心得。 (李佳)

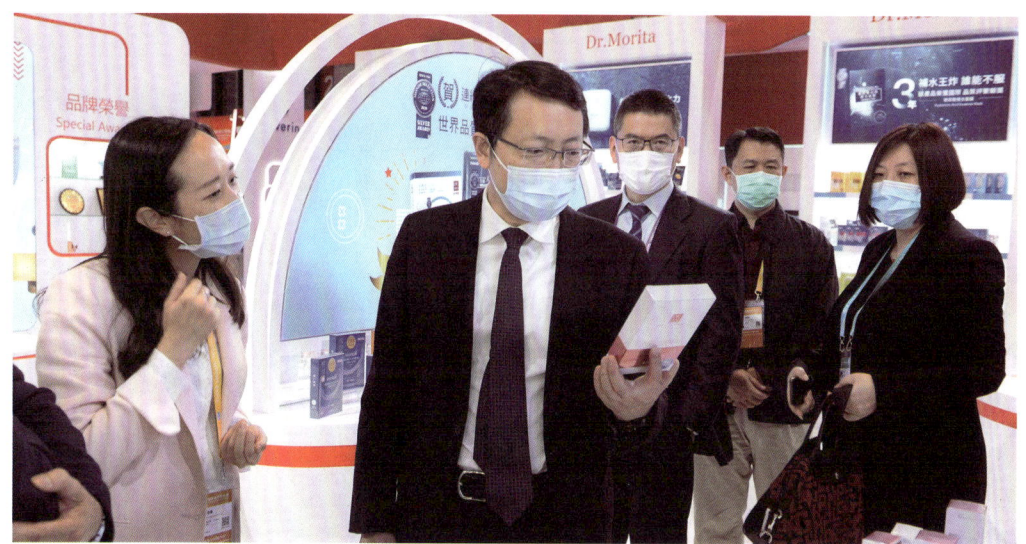

11月5日，区委副书记、区长王华到第三届中国国际进口博览会现场，了解静安台企森田药妆参展情况　　　　　　　　　　　　　　　　　　　　　　　（区台办　供稿）

【区长王华关心第三届中国国际进口博览会参展台企】　11月5—10日，第三届中国国际进口博览会在上海举行，区委副书记、区长王华等前往国家会展中心观展，了解静安台企森田药妆参展情况，认真听取企业产品介绍，并询问企业在发展中遇到困难和问题，要求相关部门为企业解决实际困难，切实做好服务工作。台企永和食品（中国）有限公司开设永和豆浆国家会展中心店，继续以驻展餐饮供应商身份参与进口博览会。台企东森自然美展位位于6.1馆核心区域，并于"进博会"期间签下大单。台企利统股份有限公司展台设在2.1馆食品及农产品展区，参展商品主要有旗下品牌果利生技生产的益生菌、燃脂消脯、降尿酸固体饮料等健康食品。　　　　　　（李佳）

【静安区—中正区社区养老养生视频交流活动】　11月12日，在天目西路街道社区党群服务中心和台北市中正区中正老人服务中心同步在线举行"'云上'相聚，共话养老"社区养老养生视频交流活动，邀请市台办副主任王立新、静安区委常委、统战部部长凌惠康以及参加过两岸交流的静安社区居委干部，与中国国民党台北市中正区委员会主委蔡秀玲及党部成员、中正区各里里长等线上交流，探讨社区养老、养生及社区防疫等内容。　　　　　　（李佳）

【"发现静安之美"系列活动】　年内，以"发现静安之美"为主题筹划两场台青专场系列活动。7月26日，组织30余名台湾青年参访静安寺、四行仓库抗战纪念馆和兴业太古汇，开展深度静安文化之旅。参访后安排青年沙龙座谈会，在深入了解静安区历史文化底蕴、现代商业同时，加深台青之间熟悉和了解。12月13日，举办"2020年静工委青年沙龙＆保龄球趣味竞赛"，为在沪台青提供多元化服务。　（李佳）

【2020海峡两岸新媒体产业发展研讨会】　于11月19日在上海和台北以同步视频连线形式举办。市台办副主任李骁东，区委常委、统战部

11月19日,上海和台北以同步视频连线形式举行"2020海峡两岸新媒体产业发展研讨会"

(区台办 供稿)

部长凌惠康出席并启动研讨会。台湾评论人赖岳谦、黄智贤,复旦大学国际政治系教授沈逸,上海广播电视台新闻主持人何婕作主旨演讲。大陆自媒体大V(拥有众多粉丝的微博认证用户)、专家学者,台湾有影响力的报纸、网站、脸书(Facebook)、推特(Twitter)等社交媒体上有影响力的大V、专家学者等围绕"大数据时代新媒体产业网络安全和治理、后疫情时期新媒体的发展与未来"等话题研讨与交流,共商合作,进一步巩固"海峡两岸新媒体产业发展联盟"交流机制,加强两岸同胞沟通了解,促进情感融合。项目入选"2020年沪台交流十大新闻"。

(李佳)

【台商台企服务】 年内,关注台资企业后疫情时代转型发展,牢固树立法治理念,积极调处和化解涉台矛盾纠纷,优化台企台商营商生活环境。有效处理爱搭等涉台矛盾协调。区台协工委会发展新会员11家,至年底共有会员数106家。

(李佳)

(十二)地方志工作

【概况】 2020年,区地方志工作克服新冠肺炎疫情影响,推进落实第三轮修志工作,分6批召开线上全区修志工作推进会。全区14个街道(镇)完成街镇志编修任务,《静安区档案志》《闸北区档案志》完成编纂,《城发集团志》完成送审稿提交审定,各部门专业志、企业志编修工作稳步落实。完成《静安年鉴(2020)》编纂。年内,加强地情资料开发,开展地方志宣传。完成微信公众号改版,从3月11日完成改版至9月上旬,共发布文章63篇,首次尝试推出视频节目,多篇文章被其他公众号转载,并推出《静安方志微信选萃》第三期。静安区地方志办公室作为上海市的推选代表参评人社部、中国地方志指导小组全国方志工作先进集体。

(李佳丽)

【14部街镇志完成评审】 7—9月，全区14个街道（镇）分别承编的街镇志全部完成初稿，并召开14场评审会，邀请专家学者等以线上、线下会议相结合的形式对志稿进行评审。9月29日，召开静安区街镇志编修工作总结会，市地方志办公室区县处处长和局办主要领导及街镇志主要编修人员等30余人出席会议，总结街镇志编修经验，提出进一步完善要求。至12月底，14部街镇志完成修改排版。 （李佳丽）

【HOME IN MEMORY 出版】 该书为社区微志《时光里的家园》（英文版），于5月印刷出版。是区境首部英文版方志作品，立足国际静安，向更广泛读者讲述静安故事。年内，区方志办与静安香格里拉酒店合作，拍摄宣传视频，在"岁月静安"微信公众号推送，开展地方志宣传活动。 （李佳丽）

（十三）投资促进工作

【概况】 2020年，静安区全年实现税收收入685.85亿元，其中五大重点产业税收分别为：商贸流通业215.84亿元、专业服务业108.24亿元、金融服务业108.09亿元、文化创意服务业31.65亿元、信息服务业43.03亿元。全年引进税收亿元级项目4个，引进税收千万级项目33个。区投资办会同区商务委，引进捷笛企业管理（上海）有限公司、恒天然（上海）商贸有限公司、莱茵技术（上海）有限公司、娇韵诗化妆品（上海）有限公司、欧葆庭（上海）投资有限公司、英礴（上海）信息科技有限公司等6家跨国公司地区总部。 （程晓秋）

【疫情防控服务】 年内，对区内所有复工企业开展走访服务，督促指导楼宇、园区及入驻复工企业做好防疫措施及人员管理等工作，倾听楼宇、园区、企业意见和建议，持续为企业复工复产提供各类物资支持和保障。完成区重点企业外籍高管、员工及家属入境邀请函申报工作，全年申报企业67家，共168人（次）。 （程晓秋）

【重点楼宇复工复产】 年初，区投资办会同各相关单位做好重点楼宇疫情防控和复工复产。从定方案、严进出、重应急、勤消毒、防交汇、不聚集、多宣传等七方面，细化制订《静安区商务楼宇疫情防控工作提示》，做好楼宇企业复工各项准备，确保楼宇企业复工保障工作安全有序开展。并探索实施企业复工"一站式"申报，规范申请接收、线上办理、物业明确、企业反馈、凭证（码）通行等环节流程，发挥大数据交易中心优势，在全市率先开展线上申报，10分钟内完成申报、核准、反馈全过程。

（程晓秋）

【全区企业大调研工作】 年内，区投资办根据企业大调研常态化工作机制，继续做好企业组网上问题流转处置工作，大调研平台全年收到录入问题406个，其中办结297个。根据区委组织部制订的《区领导常态化走访企业工作方案》，区投资办积极配合区领导走访企业相关工作，全年提供建议走访名单300余家及相关企业背景介绍资料，并做好联络沟通工作。

（程晓秋）

【楼宇属地工作】 年内，区投资办会同区税务局、区统计局等部门开展楼宇税收监测，对重点楼宇全覆盖排摸，共梳理税收300万以上非属地企业436家、500万以上328家、千万级以上210家，确定157家为重点项目。全区200幢重点楼宇实现税收445.9亿元，占全区总税收65%，其中税收超亿元楼宇70幢，亿元楼总税收416.2亿元，占全区总税收60.7%。会同区发展改革委开展南京西路沿线重点楼宇月度动态监测，全面监控楼宇出租率、租金水平、税收贡献和租赁动态。2020年，监测楼宇出租率整体平稳，为92.3%，日平均租金水平每平方米13元，稳居浦西第一位。

（程晓秋）

【招商推介工作】 6月，区投资办组织召开"上海市浙江商会进静安"座谈会，扩大区域招商引资宣传影响力和辐射面，依托上海市浙江商会资源，吸引更多优质企业、重点项目落户静安。9月，到北京市开展招商活动，走访58集团、中国大唐集团、广大集团、煽动能源等18家重点企业，宣传静安区良好投资环境，吸引企业到静安区投资。牵头做好第三届中国国际进口博览会招商接待及巡馆保障工作，会同四个功能区、区商务委、区科委和区金融办等相关部门筹划展馆招商方案，吸引有投资意向和招商潜力的生物医药企业。

（程晓秋）

【稳商安商工作】 年内，企业跨区政策变化，导致各阶段企业迁出数量产生较大差异。区投资办根据全区招商体制机制改革方案，通过加强协同、强化预警，明确和完善企业服务三级网络工作机制，以企业需求、问题为导向，进一步落实对口服务责任。通过强化对口服务单位的留商责任，及时向各部门通报对口企业迁出情况，根据企业归属地原则将所有迁出企业分类通报至各部门、街镇、功能区，强化税源稳控。召开街镇专题工作会议，进一步夯实各对口服务单位安商、稳商及服务企业的责任，针对留商库内企业名单，开展再走访、再服务。

（程晓秋）

【"百企结百村"精准扶贫】 年内，全面完成第一期结对扶贫项目建设，启动第二期企业结对扶贫募捐，共动员18家企业认捐资金1304万元，捐赠检测仪1台、乡村医生救护箱808套。在征求企业意愿基础上，均明确扶贫建设项目，进入建设阶段。

（程晓秋）

【投资促进工作专题培训会】 分别于9月10日下午、9月11日上午和9月17日全天举行。培训会全面介绍招商引资、企业服务工作重点内容，难点和关键任务以及各行业，各产业发展热点和市场优势。街镇企业服务专员、区管企业骨干，各相关委办局负责人等共200余人参加培训。9月17日，区投资办招商业务骨干大比武举行。11名业务骨干分别从个人工作实际以及对相关行业、不同类型企业观察与分析出发，展示招商服务技能以及对进一步做好企业服务工作的思考。区委副书记、区长王华出席活动，并进行现场点评。

（程晓秋）

【静安区生物医药产业精准推介会】 于11月7日在国家会展中心举行。活动由静安区人民政府主办，区投资办、市投资促进中心承办，普华永道协办。通过推介旨在进一步扩大进口博览会溢出效应，聚焦生物医药产业发展，开展精准招商，吸引更多的制药、医疗器械及医疗服务机构将总部、研发和互联网医药销售平台等入驻静安。区委书记、区长王华，上海市经济和信息化委员会副主任张英，中国国际进口博览局副局长孔福安，副区长张军出席活动。上海市经济和信息化委员会、区相关部门负责人以及重点生物医药类企业和投资机构等50余人参加。

（程晓秋）

【阿斯利康全球研发中国中心落户静安区】 11月6日，阿斯利康全球研发中国中心在第三届中国国际进口博览会上正式揭牌，并落户静安区。由迈蓝和辉瑞普强合并而成的全球医疗

11月6日,阿斯利康全球研发中国中心在第三届中国国际进口博览会上正式揭牌,并落户静安区

(肖鸣亮 供稿)

健康公司—晖致(Viatris)企业品牌也在"进博会"上正式揭幕,为晖致在中国市场的首次亮相。阿斯利康全球研发中国中心将入驻静安区盈凯文创广场,功能涵盖研发中心、AI创新等,旨在充分发挥品牌优势、资源优势、创新优势,集聚更多的产业项目、技术和人才,在实现企业发展的同时,助力静安区建设生物医药产业集群和创新发展高地。副市长宗明出席揭牌仪式。

(程晓秋)

(十四)区级机关后勤工作

【概况】 2020年,区机管局认真贯彻《上海市机关事务管理办法》,围绕区委、区政府中心工作,严格执行中央八项规定精神和区委、区政府有关要求,做好机关事务管理、服务、保障工作,完成各项工作任务。做好机关各集中办公点新冠肺炎疫情防控工作,重点落实安全保卫、餐饮保障、车辆运行、日常消杀等防控措施,切实保障机关干部职工的生命安全和身体健康。做好区一届人大九次、十次会议和区政协一届六次会议,区委全会、区政府全会,各级疫情防控和复工复产部署会等重要会议后勤服务保障工作,共保障各类会议1924场,接待与会人员40087人。做好常德路370号、大统路480号、巨鹿路915号、胶州路58号、胶州路300号等机关集中办公点物业管理、餐饮服务、安全保卫等日常服务保障工作。落实禁烟控烟要求,加强监督管理,设置室外吸烟点,维护健康整洁的办公环境。9月下旬,在大统路480号、巨鹿路915号、胶州路300号、胶州路58号和常德路370号5个机关食堂举办"节俭引领风尚,匠心传承美味"机关食堂美食节活动,受到机关干部好评。通过消防物联网、微型消防站、电子门禁等措施,构建"人防+物防+技防"安全保障格局。规范非机动车辆管理,打造安全有序的机关办公环境。抓好重点工程项目管理,加强和规范区党政机关办公用房日常管理。推进机关事务标准化建设,提升服务监管水平。推进机关事务信息化建设,探索智慧用车、智慧消防、智慧节水的运用,提高后勤管理效率。加强党政机关等公共机构能源资源使用管理,推进节约型机关建设。稳步推进全区机关干部住房货币改革工作,至年底,完成1685人(次)住房补贴发放核定工作。做好政府集中采购工作,完成政府集中采购项目220个,完成预算金额6.55亿元,节约金额1390万元,节约率2.1%。 (陈斯茗)

【机关集中办公点疫情防控工作】 年初,区机关事务管理局成立疫情防控工作领导小组,明确责任分工,落实机关办公点各项疫情防控措施,强化信息报告制度,建立应急预案及处置流程。把好"入门关",坚持"逢入必测"原则,外来访客严格执行查看"随身码"和书面登记"双保险"制度,做好入门测温登记工作。把好"餐饮关",推出分时段、分部门、分批次就餐措施,2月初至5月13日实行A、B套餐制。坚持落实食堂餐椅隔位摆放、餐具蒸箱蒸汽消毒20分钟等措施,保证餐具卫生安全。把好"消毒关",督促指导各办公点物业做好日常消杀,消毒液分区使用、科学配比,确保消毒工作精准到位。根据疫情防控形势和要求,动态调整工作标准,制订《关于做好机关集中办公点新型冠状病毒防控的指导意见》《防疫期间消毒剂使用指导手册》,修订更新《大楼消毒记录表》《消毒情况检查表》,科学规范指导各集中办公点消毒工作。 (陈斯茗)

【落实"过紧日子"要求】 年内,厉行勤俭节约,制止餐饮浪费行为,采取大锅小炒、分批烹饪的方式出菜,推出半份菜,科学计算菜品主辅料配比,充分利用边角料,切实减少浪费,食堂湿垃圾产量比上年下降25%。在严格比选的基础上,对6个机关食堂食材、调料等实行统一采购,食堂资金投入比上年节约10%左右。加强设备节能改造,缩短空调使用时间,利用空调管道内水的余温调节温度,降低能耗。电费计价方式从合同最大需量改为实际最大需量,5—7月,常德路370号集中办公点电费比上年下降22%。加强资产重复利用,建立闲置设施设备实物库,定期更新可用设施设备目录清单,优先通过调剂解决各部门资产需求,提高资产使用效率。从严把关办公用房建设标准审核,由区机管局牵头,会同区财政局、区发展改革委对区内党政机关及下属事业单位拟租赁用房、办公用房及业务用房建设标准进行"三方会审",并适时请第三方专业机构进行专家评审,切实降低机关行政成本。 (陈斯茗)

【机关事务标准化建设】 年内,制订《区重大政务保障工作指南》等84项制度规定,涵盖政务保障、安全生产、应急管理、服务监管、公车运行等多方面,细化完善各项标准,提高机关事务工作制度化、规范化水平。进一步巩固标准化建设阶段性成果,强化对餐饮、保洁、物业等社会化服务过程的跟踪监管。在统一采购、统一菜单、统一售价基础上,进一步细化完善《餐饮服务监管目录》,将采购验收、加工操作、食品安全等11个方面60条检查内容作为日常检查和年度考核依据,促使餐饮公司不断提高服务水平和质量。在常德路370号、大统路480号、巨鹿路915号等3个集中办公点设立试点,建设高配间、空调机房、水泵房等标准化机房;吸纳物业公司好的做法,提升保洁服务标准,制订《机关集中办公点卫生间保洁规范》,从工具配置、保洁操作和清洁检查等方面统一标准,确保服务质量同一水准。 (陈斯茗)

【机关事务信息化建设】 年内,探索互联网、物联网、大数据等与机关事务工作的有机融合,推动实现管理便利化、标准化和集约化。在对全区394辆公务用车实行北斗定位系统监控基础上,搭建综合行政执法平台,提升行政执法用车统筹调度能力。组织行政执法用车平台操作专项培训会,对全区16家行政执法单位开展培训,提升平台使用效果。加强集中办公点消防物联网建设,实时监控水泵、烟感、喷淋等消防设施设备运行状态,及时采集数据并实现信号传输,便于排查安全隐患。完成常德路370号、巨鹿路915号、胶州路300号、胶州路58号集中办公点消防物联网建设工作。以大统路480号为试点,安装水量自动采集系统,实时监控重点部位用水情况,同步数据至政务云,实现数据资源再分析利用和互联互通。完成重点用水部位加装自动采集水表14个,更换节水型淋浴龙头22个。

(陈斯茗)

【**重点工程项目管理和办公用房日常管理**】年内,加强统筹协调,履行监管职责,落实疫情期间重大工程安全生产管理要求,有序推进重点工程项目管理。466街坊配套幼儿园项目代建管理工程,完成项目竣工验收。区档案馆、大宁路街道社区配套用房和公共绿地项目,完成结构封顶。新建宝山路派出所项目,进入室内装修和安装阶段。天目西路派出所改建工程完成施工许可证办理。组织启动党政机关办公用房统计登记工作,全面排摸办公用房权属单位、建筑面积、产权归属、使用状态等情况,共涉及69家单位办公用房1770处,总建筑面积达234.57万平方米。

(陈斯茗)

【**公共机构节能管理**】年内,推进区公共机构能源审计工作,根据《上海市公共机构能源审计实施细则》相关要求,对照《静安区公共机构能源审计计划表》进度,年底完成第一轮共55家单位能源审计。组织召开全区公共机构能耗直报培训工作会议,分级分层管理,督促各公共机构做好能耗直报工作,能耗直报率达100%。推进公共机构节能技改,以节能新技术、新产品推广和新能源与可再生能源应用为重点,采用合同能源管理模式推进建筑节能技改。推进"节约型公共机构示范单位"创建工作,年内,区委党校和区文化馆成功创建为国家级"节约型公共机构示范单位"。

(陈斯茗)

四、政协静安区委员会

编辑 庞雅琴

(一) 综述

2020年,区政协围绕中心、服务大局,为静安区全力做好疫情防控工作、全面完成"十三五"目标任务、科学编制"十四五"规划,广泛凝聚共识、汇聚智慧力量。

坚持党的全面领导,把牢政协工作的正确方向。深入贯彻落实习近平总书记关于加强和改进人民政协工作的重要思想,对标区委《关于新时代加强和改进人民政协工作的贯彻落实意见》文件精神,逐项落实工作举措,谋划全年工作任务。深入学习贯彻习近平新时代中国特色社会主义思想,以党组理论学习中心组学习为引领,带领常委会议、主席会议、专委会、全体委员以及机关干部认真学习中共十九届四中、五中全会精神,全国"两会"精神,习近平总书记考察上海和在浦东开发开放30周年庆祝大会上的重要讲话精神。组织开展"四史"学习教育,学习内容向统一战线史和人民政协史延伸,学习范围向全体委员和机关干部延伸。向全体委员发出"多读书、读好书、善读书"倡议,组织静安政协"静·界"读书会活动。强化统战组织功能,广泛凝心聚力,与区委统战部联合制订《关于加强相关工作沟通协调的办法》,邀请党派团体共同参与区政协专委会各课题的调研。

贯彻部署要求,积极投身新冠肺炎疫情防控斗争。党组和主席班子带头深入街道、火车站、医院、社区卫生中心,实地指导疫情防控工作,慰问一线医护人员和志愿者,走访170多家企业和委员单位。全体委员积极参与救治病人、社区防控、稳产稳岗、保障供应、纾解情绪等工作。春节后仅一个月的时间,各界委员就以个人或组织的名义募集善款1600万余元、防护和补给物资80万余件。组织相关专委会举办"携手'战疫',共筑安康"——静安区安全有序返校复学教育论坛和以"读春天"为主题的文化沙龙活动。召开专题议政性常委会议和网络微协商,组织专委会、相关界别深入开展调查研究,为落实"六稳""六保"任务贡献智慧。仅第一季度就收到疫情防控和复工复产相关社情民意信息640篇。

围绕"十三五"任务收官和科学编制"十四五"规划,深入协商议政和监督落实。根据区委统一部署,围绕"深入实施'一轴三带'发展战略"开展课题调研,提出21条对策建议。全年聚焦高质量编制静安区"十四五"规划，分别举办常委会议议政性协商、主席会议重点协商和网络微协商，共计300余人(次)委员参与，提出318条意见建议。开展各类协商活动61场，形成专报23篇。围绕静安在"双循环"中的定位与作为，组织政协委员开展专题研究。指导相关专委会做好课题调研，共举行调研座谈会45场，380余人(次)的委员及有关部门负责人参与，形成调研报告12份。聚焦"十三五"任务完成情况开展协商监督，以常委会或常委会(扩大)形式听取和讨论区政府、区法院和区检察院半年工作情况，主席会议专题听取"两新"组织党建工作情况、全国文明城区创建复评和新时代文明实践中心建设情况通报，助力相关工作的推进落实。全年组织开展4次"啄木鸟行动"、7场年末视察，共400余人(次)委员参与。

践行"人民政协为人民"理念，助力改善民生推进社会治理。围绕群众关切的专题，遴选23件重点提案，由区委、区政府领导领衔督办，与委员面对面开展协商，带动224件提案100%办复。组织开展"后街经济、夜间经济"专题提案办理"回头看"活动，促进提案建言成果和协商议政成果的进一步落实落地。在全区14个街道(镇)统一搭设"协商议事厅"平台，结合全区开展"基石工程"、推进"共同家园"建设工作，开展30场协商议事活动和100场次履职活动，共767人(次)的政协委员参加。联合有关部门举办"共克时艰稳就业、同心协力促发展"——2020年区政协委员单位暨国企民企专场"云招聘"，联合相关方面共同主办"洒向人间都是爱"疫情常态防控暨红十字健康服务活动。

夯实基础提高质量，强化政协自身建设。首次实行主席会议向常委会议报告工作并接受评议。首次落实好专委会向主席会议报告工作制度。修订《提案工作条例》《专委会工作条例》等文件，进一步理顺工作关系和运行程序。修订"主席会议成员联系常委、常委联系委员"制度，制订"中共党员委员联系党外委员的办法"，进一步健全联系服务委员网络，更好发挥党员委员先锋模范作用。修订强化委员责任担当《工作规则》，进一步压实履职责任。严格执行《区政协常委述职办法(试行)》，每名常委均提交年度履职报告，4名常委进行口头述职。依托"上海静安"融媒体平台，开展4场在线全体委员培训。发挥新成立的机关党组的作用，进一步完善职责分工和工作流程。对机关干部队伍从严教育、从严要求、从严管理、从严监督，进一步压实"履职秘书"责任。支持区纪委监委第一派驻纪检组履行监督责任。全年先后选派20余人(次)机关干部支援基层一线和机场防疫工作。

(尤正懋)

(二) 重要会议及活动

【区政协一届六次会议】 于1月7—10日在海上文化中心召开。385名政协委员出席会议。大会审议通过区政协常委会工作报告和提案工作报告。与会委员列席区一届人大九次会议，讨论并赞同区政府、法院、检察院工作报告和其他重要报告。区领导出席开、闭幕会议，聆听大会发言，并分别参加"强化全球服务商功能，提升发展能级和核心竞争力""强化'两网'建设，提高城区治理效能""强化满足群众迫切需求，创造高品质生活"3个专题协商会议，听取委员意见并与委员进行互动交流。会议经全体政协委员无记名投票，选举鲍英菁为区一届政协副主席，孙忠、杨金志、陆迪为区一届政协常务委员。中共区委书记陆晓栋在闭幕会议上讲话。

大会通过区政协一届六次会议决议。大会期间,共收到提案251件,确定立案223件。

(尤正慈)

【开展"四史"学习教育】 年内,区政协制订开展党史、新中国史、改革开放史、社会主义发展史学习教育实施方案,聚焦"从历史滋养中汲取初心力量""党的统一战线历史与主要经验""从中美科技战看中国的崛起之路""不应忘却的历史——东京审判""《习近平谈治国理政(第三卷)》导读"等专题,组织广大委员和机关干部开展参观考察、联组学习、集中交流,进一步巩固共同思想政治基础。

(尤正慈)

【开展系列协商活动】 年内,区政协协助区委制定协商工作计划,全年以常委会议议政性协商、主席会议专题协商、专委会界别对口协商、网络微协商等形式,围绕统筹推进常态化疫情防控和经济社会发展工作、高质量编制静安区"十四五"规划等主题,开展各类协商活动61场,形成专报23篇,更好体现专门协商机构作用。

(尤正慈)

【开展"啄木鸟行动"】 年内,区政协围绕"优化营商环境""全国文明城区创建复评""城市运行'一网统管'推进情况""深化'美丽街区'建设,夯实生活垃圾分类推进成果,提升我区城市精细化管理水平"等主题开展"啄木鸟行动"民主监督。全年组织策划4场集中视察,鼓励委员自行明察暗访,形成活动专报报送区政府相关部门。

(尤正慈)

【积极参与疫情防控】 年内,区政协举办"携手'战疫',共筑安康"——静安区安全有序返校复学教育论坛和以"读春天"为主题的文化沙龙活动。聚焦全区统筹推进常态化疫情防控和经济社会发展工作,召开专题议政性常委会议。围绕"社区联防联控""企业有序复工复产""全面完成经济社会发展目标"三个专题,开展网络微协商,梳理形成45条意见建议。围

2月14日,区政协开展坚定信心、同舟共济、科学防治、精准施策——"助力打赢新冠肺炎疫情防控阻击战"微协商活动

(区政协办 供稿)

绕"疫情对我区民营企业的影响""疫情防控视角下的我区基层社会治理"等主题,组织专委会、相关界别深入开展调查研究。全年先后选派20余人(次)机关干部支援基层一线和火车站、机场防疫工作。

（尤正憨）

【"洒向人间都是爱"疫情常态防控暨红十字健康服务活动】 10月24日,由区政协联合上海市医院协会共同主办的"洒向人间都是爱"疫情常态防控暨红十字健康服务活动在区文化馆进行。来自全市20家三级医院、16个不同科室的28名专家为1300余人(次)提供免费医疗诊断和健康咨询服务,区政协5名专家委员亲临现场指导、看诊。8名专家同步在"海上名医"线上平台开展直播互动,6名专家开展线上科普讲座,共收到提问2165个,超过51万人次通过"海上名医"等平台收看线上义诊直播,5.3万余人(次)点击收看科普讲座。

（尤正憨）

【协商议事厅工作】 年内,区政协聚焦探索政协协商与基层社会治理有机结合、推进政协协商与基层协商有效衔接,在全区14个街道(镇)统一搭设"协商议事厅"平台,支持政协委员联络组在街道(镇)党(工)委领导下,结合全区开展"基石工程"、推进"共同家园"建设工作,围绕"社区疫情防控应对举措""住宅小区维修基金使用和监管情况""电动车充电安全隐患"等主题,开展30场协商议事活动和100场(次)履职活动,共767人(次)的政协委员参加。

（尤正憨）

【政协委员单位暨国企民企"云招聘"活动】 4月8—22日,区政协联合有关部门共同举办"共克时艰稳就业、同心协力促发展"2020年静安区政协委员单位暨国企民企专场"云招聘"。招聘活动采用线上就业专场招聘会加线下主题日活动形式,包括63家政协委员单位在内的276家企业积极提供就业岗位、发布招聘信息。至4月22日活动结束,平台点击量达18787次,报名入场人数达4380人,收到简历9307份,达成录用意向1814人(含武汉高校应届毕业生29人),网上视频面试1299人(次)。

（尤正憨）

【开展年末大视察】 11月24日—12月10日,围绕"提升苏河两岸公共空间品质情况""静安区新兴产业发展情况""建设'数智经济城',提升大数据产业基地能级情况""落实市区关于加强公共卫生体系建设文件精神情况""'美丽家园''美丽城区'建设情况""健全公共文化服务体系和促进教育优质均衡发展情况""健全为老服务体系,打造'乐龄生活圈'情况"等专题,近300名政协委员分别到苏州河两岸、市北园区、风华初级中学西校等地,开展年末视察。

（尤正憨）

【"静·界"读书会】 12月30日,区政协首场"静·界"读书会活动在上海爱乐乐团进行。市政协主席董云虎,市政协秘书长贝晓曦,区委书记于勇,市政协地区政协联络指导组组长方莉萍,区政协主席丁宝定出席。来自区政协文化文史和学习委员会、曹家渡街道政协委员联络组的部分委员,以及曹家渡街道的社区、白领代表等约30人参加活动。活动中宣读《静安区政协委员读书活动倡议书》,部分区政协委员和社会各界人士代表聚焦学习《习近平谈治国理政(第三卷)》、中共十九届五中全会精神以及"十四五"规划等进行导读、解读,深入交流读书心得。

（尤正憨）

2020年区政协常务委员会会议情况表

会议名称	日期	主要内容
区政协一届二十八次常委会议	1.7	会议审议"政协上海市静安区第一届委员会第六次会议决议(草案)",决定提交小组审议;听取分组审议政协常委会工作报告和提案工作报告的情况汇报
区政协一届二十九次常委会议	1.9	会议审议选举工作有关文件和大会决议等,决定提请大会通过;听取专题协商会议和委员分组讨论政府工作报告、"两院"工作报告的情况汇报;听取提案审查情况汇报
区政协一届三十次常委会议	3.9	会议协商通报区新冠肺炎疫情防控工作;郑志勇、龙毅、王波、池晓彬等4名常委进行口头述职;会议审议通过《静安区政协2020年工作要点》;审议通过《静安区政协关于"主席会议成员联系常委、常委联系委员"的办法》和2020年具体联系安排;审议"静安区政协部分专委会主任调整增补名单""关于刘胜等同志职务任免的通知";书面通报"静安区政协2020年度协商工作计划"和课题调研安排;通报区政协主席班子的分工调整情况;传达区委领导到政协调研的讲话精神
区政协一届三十一次常委(扩大)会议	6.8	区委书记于勇出席并讲话。会议就"着力改革创新、推动疫情考验背景下经济高质量发展"开展重点提案督办专题协商;传达学习全国"两会"精神,特别是全国政协十三届三次会议精神;审议通过部分专门委员会主任调整增补名单
区政协一届三十二次常委会议	7.28	会议传达学习十一届市委九次全会和一届区委十二次全会精神;通报协商区人民法院、区人民检察院上半年工作情况;首次开展"主席会议向常委会议报告工作";书面听取"区政协一届六次会议以来提案工作情况的报告";审议通过区政协委员调整增补名单和部分专委会主任调整增补名单

(续表)

会议名称	日期	主要内容
区政协一届三十三次常委会议	10.26	区委副书记、区长王华出席并讲话。会议协商通报静安区"十四五"规划纲要的总体思路和主要内容
区政协一届三十四次常委会议	12.14	会议传达十一届市委十次全会和一届区委十三次全会精神;审议通过区政协常委、委员调整增补名单;审议并原则通过"区政协常委会工作报告"和"区政协常委会关于一届六次会议以来提案工作情况的报告";审议通过"关于召开区政协一届七次会议的决定(草案)";审议并原则通过区政协一届七次会议议程、日程;审议通过"区政协一届七次会议委员分组及各组召集人名单"和"大会秘书长、副秘书长和秘书处各组组长名单";审议并原则通过《政协上海市静安区委员会强化委员责任担当更好履职尽责工作规则(修订草案)》

(尤正憨)

2020年区政协主席丁宝定调研视察情况表

日期	调研视察内容
1.30	到江宁路街道指导检查新冠肺炎疫情防控工作
2.4	到江宁路街道句容里居委会看望防疫一线干部
2.7	到常德路"800秀"园区和银发大厦,检查指导园区和商务楼宇防疫工作
2.7	到铁路上海站东南出口、市北医院看望防疫一线同志、政协委员、医务人员和志愿者
2.10	到冠生园产业园区和本本大厦,检查指导防疫工作
2.12	到江宁路街道社区卫生服务中心和江宁路702弄无物业管理小区,检查指导防疫工作
2.12	到彭浦新村街道社区卫生服务中心,看望慰问防疫一线工作者

(续表)

日期	调研视察内容
2.18	走访上海德一置行物业管理有限公司和沪港国际咨询集团有限公司
2.19	到江宁路街道检查指导防疫工作
2.19	到新湖期货有限公司和上海天天国际旅行社有限公司,参观企业并开展交流
3.16	到静安寺街道调研"一网统管"工作
3.17	到区就业促进中心研究政协专场招聘会工作
3.27	带队到区规划资源局开展"一轴三带"重点课题专题调研
3.30	到江宁路街道检查企业复工复产情况
3.31	带队到九百集团开展"一轴三带"重点课题专题调研
3.31	带队到苏河湾集团开展"一轴三带"重点课题专题调研
4.1	带队到市北高新集团开展"一轴三带"重点课题专题调研
4.8	带队到区行政服务中心开展"一轴三带"重点课题专题调研
4.9	到同舟大楼参加民营企业座谈会
4.14	带队到南京西路商圈,实地查看南京西路、香格里拉大酒店、吴江路,开展"一轴三带"重点课题实地调研
4.14	带队到苏河湾区域,实地查看凯德星贸商场、福新面粉厂旧址、43街坊、新泰仓库,开展"一轴三带"重点课题实地调研
4.15	带队到大宁区域,实地查看大宁音乐广场、大宁中心广场、大宁商务中心,开展"一轴三带"重点课题实地调研
4.29	到静安寺街道调研委员联络组工作
5.8	带队到闸北中心医院调研,并围绕进一步提升区域医疗服务能级开展座谈
5.20	带队到区房管局调研"美丽家园"及小区"微更新"工作推进情况

(续表)

日期	调研视察内容
6.3	带队到中共四大纪念馆学习参观
6.16	带队开展文明城区创建实地督导
7.17	带队到区法院和区检察院开展专项视察
7.17	到江宁路街道调研,参观中共中央特科机关旧址和乐宁坊党群服务站,听取相关汇报
9.11	实地督查"创建全国文明城区"工作
9.23—9.25	带领"推进政协协商与基层协商有效衔接"课题组成员到江苏省泰州市、南通市学习考察
10.19	走访华山医院
11.4	带队参观渔阳里团中央机关旧址等地,进行"四史"专题学习
11.19	带队走访区公安分局,并开展座谈交流
11.25	带队走访区委宣传部,并开展座谈交流
11.26	带队视察静安国际中心、腾竞体育播出制作中心和市北高新AI体验馆,开展"新兴产业发展情况"专题年末视察

(尤正懋)

(三) 提案工作

【"着力民生保障,创造居民高品质生活"重点提案督办】 4月28日,区政协举行"着力民生保障,创造居民高品质生活"重点提案督办专题协商会,副区长龙婉丽出席并讲话,区卫生健康委、区教育局、区房管局、区民政局、区文明办、区妇联负责人,相关提案者及部分政协委员出席。会上,区相关部门分别通报5件重点提案及相关提案办理落实情况,提案者进行回应。

(尤正懋)

【"着力共建共治共享,实现基层社区高水平治理"重点提案督办】 5月28日,区政协举行"着力共建共治共享、实现基层社区高水平治理"重点提案督办协商会,区委常委、副区长刘燮出席并讲话,区委组织部、区科委、区房管局、区民政局、区残联、区卫生健康委、区教育局、区人力资源社会保障局、区市场监管局、区地区办等部门负责人,相关提案者及部分政协委员出席。会上,区相关部门分别通报6件重点提案及相关提案办理落实情况,提案者进行回应。

(尤正愍)

【"着力改革创新、推动疫情考验背景下经济高质量发展"重点提案督办】 6月8日,区政协举行"着力改革创新、推动疫情考验背景下经济高质量发展"重点提案督办协商会,区委书记、区长于勇出席并讲话,区发展改革委、区商务委、区规划资源局、区金融办、苏河湾控股公司等单位主要负责人,相关提案者及部分政协委员出席。会上,区发展改革委通报1—5月全区经济运行情况,区规划资源局和区金融办通报2件重点提案及相关提案办理落实情况,区相关部门书面通报其他相关重点提案办理落实情况,提案者进行回应。

(尤正愍)

【"着力'一网统管',提升城区高标准治理效能"重点提案督办】 6月23日,区政协举行"着力'一网统管',提升城区高标准治理效能"重点提案督办协商会,副区长李震出席并讲话,区旧改总办、区规划资源局、区绿化市容局、区房管局、区城运中心、区行政服务中心等部门负责人,相关提案者及部分政协委员出席。会上,区相关部门分别通报5件重点提案及相关提案办理落实情况,提案者进行回应。 (尤正愍)

【开展提案办理"回头看"】 10月17日,区政协举行"后街经济、夜间经济"专题提案办理"回头看"暨协商议事厅活动,区政协提案委员会、区政协社区建设委员会、南京西路街道委员联络组部分委员及相关提案者参加,走访视察安义夜巷、巨鹿路758号等夜市经济、后街经济发展情况,到黄浦区学习考察TX淮海、BFC外滩枫径等特色项目发展经验,并听取介绍。会前,区商务委书面通报相关提案办理落实情况及下一步工作打算,南京西路街道书面通报相关工作举措。10月19日,开展专题"微协商"活动。 (尤正愍)

2020年静安区政协优秀提案情况表
(按提案号为序)

序号	提案号	提案者	案由
1	001	民盟区委	下好先手棋,抢占新高地,让区块链技术为民生福祉赋能
2	003	致公党区委	不断深化通办统管,提高精细化治理水平
3	009	农工党区委	运用跨界和创新思维,巩固静安区电竞产业优势地位
4	016	民建区委	金融科技赋能结构升级,打造我区新的经济增长极
5	019	民革区委	完善信息共享机制,推进静安区平台经济加速发展

(续表)

序号	提案号	提案者	案由
6	030	张为民 刘　悦	关于提高静安社区治理能力的建议
7	034	程核红	关于进一步完善社区治理体系的建议
8	041	九三学社区委	关于组建静安区北部紧密型医共体的建议
9	064	康正宁 徐可则 李磊	关于利用人工智能等新技术，提升社区治理水平的建议
10	107	王红兵 钟　岭 张春霞	关于给予养老院老人更多情感陪护的提议
11	116	周　舜	构建互联互通健康服务体，提升区内医疗健康服务能级
12	129	吴　月	对标网购，全面提升"一网通办"体验度、便捷度和满意度
13	131	人口资源环境建设委员会	关于新形势下推进旧区改造的若干建议
14	132	民族和宗教委员会	多措并举，久久为功，持续推进生活垃圾分类工作
15	134	港澳台侨委员会	关于发展恒丰路沿线商业商务的建议
16	136	教科卫体委员会	关于加强小学家庭教育服务的建议
17	137	民进区委	建设高质量的普惠性幼师队伍，任重而道远
18	139	区工商联	以企业信用体系建设为基点缓解中小微企业融资难问题

(续表)

序号	提案号	提案者	案由
19	140	邵开俊 池晓彬 吴 群	开展示范创建活动,树立法治政府建设新标杆
20	151	何国富	实施"美丽家园"建设中要更多体现文化元素
21	160	经济委员会	提高静安经济亩产的对策建议
22	162	王振达	关于发挥科技优势,建设残疾人精准就业服务平台的建议
23	164	雷 梅	切实在基层社会治理中发挥小区物业公司的作用
24	203	张 洁 周 英	加强合作,培育观众,提升公共文化服务水平
25	223	穆杰泉 邵开俊 张启胜	重点关注后疫情时期中小微企业的健康发展
26	224	彭德荣 周 帆	关于做好新冠肺炎疫情防治工作的几点建议

(尤正慜)

2020年静安区政协重点提案情况表

序号	提案号	提案者	案由
1	005	区工商联	关于进一步繁荣静安区夜间经济发展的建议
2	016	民建区委	金融科技赋能结构升级,打造我区新的经济增长极
3	019	民革区委	完善信息共享机制,推进静安区平台经济加速发展
4	036	九三学社区委	关于静安区产业空间高质量利用长效机制建设的若干建议
5	134	港澳台侨委员会	关于发展恒丰路沿线商业商务的建议
6	160	经济委员会	提高静安经济亩产的对策建议

(续表)

序号	提案号	提案者	案由
7	223	穆杰泉 邵开俊 张启胜	重点关注后疫情时期中小微企业的健康发展
8	003	致公党区委	不断深化通办统管，提高精细化治理水平
9	129	吴 月	对标网购，全面提升"一网通办"体验度、便捷度和满意度
10	131	人口资源 环境建设 委员会	关于新形势下推进旧区改造的若干建议
11	132	民族和宗教委员会	多措并举，久久为功，持续推进生活垃圾分类工作
12	151	何国富	实施"美丽家园"建设中要更多体现文化元素
13	001	民盟区委	下好先手棋，抢占新高地，让区块链技术为民生福祉赋能
14	030	张为民 刘 悦	关于提高静安社区治理能力的建议
15	034	程核红	关于进一步完善社区治理体系的建议
16	064	康正宁 徐可则 李 磊	关于利用人工智能等新技术，提升社区治理水平的建议
17	162	王振达	关于发挥科技优势，建设残疾人精准就业服务平台的建议
18	164	雷 梅	切实在基层社会治理中发挥小区物业公司的作用
19	010	农工党区委	关于提升静安区养老机构医养结合服务的建议
20	116	周 舜	构建互联互通健康服务体，提升区内医疗健康服务能级
21	136	教科卫体 委员会	关于加强小学家庭教育服务的建议
22	137	民进区委	建设高质量的普惠性幼师队伍，任重而道远
23	224	彭德荣 周 帆	关于做好新冠肺炎疫情防治工作的几点建议

(尤正懋)

(四)调研工作

【"关于静安区在'双循环'新发展格局中定位与作为的思考"调研工作】 8—10月,区政协组织抓好"成为国内大循环中心节点的'核心节点',国内国际双循环战略链接的'关键链接'——关于静安区在'双循环'新发展格局中定位与作为的思考"课题调研。课题组多次走访市区有关部门,进行座谈研讨,在调研报告中提出"锻长板,进一步坚持'开放化'发展,进一步坚持'高端化'发展;补短板,招大引强从'向外看'向'向内向外看并重'转变,经济主体从'招大引强'向'招引培育并重'转变,发展方式从'传统要素驱动'向'创新驱动'转变,争先手,在产业领域上着力推动科技驱动的新兴服务业发展,在消费领域上着力推动服务消费、数字消费发展,在城区功能上持续保持推进城市更新的力度,在区域发展上积极融入长三角一体化及全国发展"等3个方面共9条建议。 (尤正懋)

【"深化'美丽家园'建设,推进住宅小区微更新"调研工作】 4—10月,由区政协人口资源环境建设委员会和社区建设委员会牵头,开展"深化'美丽家园'建设,推进住宅小区微更新"课题调研。课题组多次走访静安区和外区有关街道、部门,进行座谈研讨,在调研报告中提出"强化系统思维,助推住宅小区微更新的品质提升;完善更新标准,健全住宅小区微更新的工作机制;深化多元参与,夯实住宅小区微更新的共治合力;探索智能管理,加强住宅小区微更新的保障支撑"等4个方面共9条建议。 (尤正懋)

【"'十四五'静安区基础教育资源配置问题与对策研究"调研工作】 4—10月,由区政协教科卫体委员会牵头,开展"'十四五'静安区基础教育资源配置问题与对策研究"课题调研。课题组多次走访市区有关部门,进行座谈研讨,在调研报告中提出"部门协同,建立入园入学需求'小数据'预测、预警机制;把握规律,构建人口与教育资源弹性适应机制;多措并举,缓解教育资源总量与结构性矛盾的实际问题;提升品质,满足社会对优质教育的需求;精准施策,构建个性化、高水平教育公共服务体系,促进区域人口与教育的均衡发展"等5个方面对策建议。 (尤正懋)

【"关于加快区域性医疗中心发展的建议"调研工作】 4—10月,由区政协教科卫体委员会牵头,开展"关于加快区域性医疗中心发展的建议"课题调研。课题组多次走访市区有关部门,进行座谈研讨,在调研报告中提出"补短板,加强应急医疗救治体系建设,补齐区域性医疗中心建设短板;抓重点,提升区域性医疗中心服务能级,提升区域医疗中心辐射能力,提升居民就医的体验感和满意度;建机制,强化组织保障,加大经费投入,推进制度创新;亮特色,争创智慧医疗智慧服务特色,建设各具特色亮点的区域性医疗中心"等4个方面共10条建议。 (尤正懋)

【"深化养老服务体系建设,让静安老年人实现高品质养老"调研工作】 4—10月,由区政协社会和法制委员会牵头,开展"深化养老服务体系建设,让静安老年人实现高品质养老"课题调研。课题组多次走访区有关部门、街道和单位,进行座谈研讨,在调研报告中提出"扩量增效,推进养老机构建设的达标化,满足老年人机构养老的需求;精准对接,形成养老服务的均衡化,推动养老服务实现'从有到优'的转变;医养康养结合,满足老年人的需求多样化,构建老年人康养体系;探索创新,推动养老服务智能化,实现养老服务平台化、信息化、便捷化;统筹协调,实现养老服务的专业化,提升养老服务水平"等5个方面共17条建议。 （尤正慭）

【"关于静安区学校教育持续强化民族团结进步教育的建议"调研工作】 4—10月,由区政协民族和宗教委员会牵头,开展"强化民族团结进步教育,铸牢中华民族共同体意识——关于静安区学校教育持续强化民族团结进步教育的建议"课题调研。课题组多次走访市区有关部门和学校,进行座谈研讨,在调研报告中提出"发挥学校教育功能,全面深入持久开展民族团结进步创建工作,铸牢学生'共同体'意识基石;通过学校发挥家庭教育指导功能,铸牢家庭育人支柱;通过学习型城区建设网络,加强'校社联动',铸牢协同育人氛围,健全民族团结进步教育常态化机制,把民族团结教育纳入社区教育和社会实践教育平台"等3个方面的对策建议。 （尤正慭）

【"大力发展新型楼宇经济,助力静安高质量发展"调研工作】 4—10月,由区政协港澳台侨委员会牵头,开展"大力发展新型楼宇经济,助力静安高质量发展"课题调研。课题组多次走访市区有关部门,进行座谈研讨。在调研报告中提出"开展'三个一批'计划,实现静安区商务楼宇的高质量供给;开展'链条生态'计划,营造交流、创新、合作的天然环境;开展'总部集聚'计划,继续将总部企业培育、引进作为楼宇经济发展的重中之重;开展'小二服务'计划,致力于打造静安楼宇'空间+配套+运营'的全方位竞争优势;开展'数字提升'计划,通过数字化技术的应用推广打造静安区楼宇经济面向未来发展的新优势;开展'内涵拓展'计划,打造静安区楼宇经济发展的持久后劲"等6个方面的对策建议。 （尤正慭）

【"疫情防控视角下的我区基层社会治理现状与建议"调研工作】 4—10月,由区政协社区建设委员会牵头,开展"疫情防控视角下的我区基层社会治理现状与建议"课题调研。课题组多次走访区内有关部门和社区,进行座谈研讨。在调研报告中提出"立足疫情防控常态化要求,进一步完善基层应急响应体系,进一步发挥科技在基层社会治理中的作用,进一步打造党建引领下的共建共治共享的基层治理新格局"等3个方面共10条建议。 （尤正慭）

【"新冠肺炎疫情对静安区民营企业的影响及对策建议"调研工作】 4—10月,由区政协工商联界别和民建界别牵头,开展"新冠肺炎疫情对静安区民营企业的影响及对策建议"课题调研。课题组多次走访区内企业和有关部门,进行座谈研讨,在调研报告中提出"完善促进民营经济发展体制机制;激发民营经济发展活力;优化民营经济营商环境"等3个方面共7条建议。 （尤正慭）

五、纪检监察

编辑 庞雅琴

（一）综述

2020年，区纪委监委在市纪委和区委领导下，坚持以习近平新时代中国特色社会主义思想为指导，全面落实十九届中央纪委四次全会、十一届市纪委四次全会和区委工作部署，增强"四个意识"、坚定"四个自信"、做到"两个维护"，坚决贯彻稳中求进工作总基调，忠实履行党章和宪法赋予的职责，充分发挥监督保障执行、促进完善发展作用，以纪检监察工作高质量发展推动全面从严治党向纵深推进。强化"两个维护"政治担当，推动中央重大决策部署在静安区落地生根。打好作风建设持久战，巩固拓展漠视侵害群众利益问题专项整治成果。坚守政治巡察定位，做好巡察"后半篇文章"。深化"四责协同"机制，构建系统集成、协同高效监督格局。统筹推进纪检监察体制改革。一体推进不敢腐、不能腐、不想腐，巩固和发展反腐败斗争压倒性胜利。践行忠诚干净担当，打造高素质专业化纪检监察队伍。2020年，全区纪检监察系统共受理信访举报955件，其中检控件580件。全年实现立案86件，结案80件，对71人给予党纪政务处分，对6人实施留置调查，对7人涉嫌犯罪移送检察机关。坚持惩前毖后、治病救人，运用监督执纪"四种形态"处理问题线索289次。第一、二、三、四种形态分别占比72.7%、15.6%、3.8%、7.9%。 （田如安）

（二）重要会议和活动

【市纪委领导调研】 2月，市纪委副书记马乐声、童建平先后到静安区调研，对区疫情防控监督工作给予肯定。7月，市委常委、市纪委书记、市监委主任刘学新到静安区纪委监委、曹家渡街道纪工委、监察办调研纪检监察工作，并考察张园地区保护性综合开发工作、市北高新技术服务业园区等。8月，刘学新到静安区调研欧莱雅（中国）有限公司等企业。 （田如安）

【"四责协同"机制建设推进会】 于6月18日召开。区委书记于勇在讲话中强调，要以一以贯之、坚定不移的决心和韧劲，坚决担起管党治党的使命和责任，以"四责协同"机制建设为重要抓手，深入推进全区党风廉政建设和反腐败

五、纪检监察

6月18日，召开静安区全面从严治党"四责协同"机制建设推进会　　（区纪委监委　供稿）

工作，推动全面从严治党不断取得新作为。会上，区建设管理委、区国资委、临汾路街道3家单位作交流发言。区四套班子全体领导出席会议，市委第二巡视组、市纪委监委七室派员进行指导。全区各部委办局、各街镇、各人民团体、区管各重点企业党（工）委（组）书记，区委各巡察组组长，区纪委监委领导班子成员参加会议。

（田如安）

【区纪检监察工作会议】　8月26日，区纪委监委召开2020年纪检监察工作推进会暨区监委第一届特约监察员聘请会议。区委常委、区纪委书记、区监委主任何以琴出席会议并讲话，总结全区纪检监察工作情况，对下一阶段重点工作提出要求。会上，区纪委监委第六派驻纪检监察组、彭浦镇纪委、城发集团纪委进行交流发言，会议宣读15名首届静安区监委特约监察员名单并颁发聘书。区纪委监委领导班子成员，区区级机关纪工委书记、各街镇纪（工）委书记、各区管重点企业纪委书记，区纪委监委机关各部门、各派驻纪检监察组负责人，区委巡察办主任、副主任，区监委首届特约监察员参加会议。

（田如安）

【党风廉政教育月活动】　9月，区纪委监委围绕"以史促学、敬廉崇洁"组织廉政教育月，开展"六个一"活动：召开一次党规党纪教育大会，区委书记于勇出席会议并讲话，会议由区委副书记、区长王华主持，区四套班子领导等市管干部，各单位党政正职，区委巡察组组长、区管重点企业监事会主席，区纪委监委领导班子成员、派驻组组长，区区级机关纪工委书记、各街镇纪（工）委书记、区管重点企业纪委书记参加会议。市纪委七室负责人以及部分区监委特约监察员应邀出席会议；通报一批违纪违法典型案件，区委常委、区纪委书记、区监委主任何以琴在党规党纪教育大会上通报一批违纪违法典型案件；下发一本案例汇编，将2013年以来至2020年第一季度的"一季一案"案例和评析意见汇编成册，供区纪检监察干部在工作实践中学习参考;开展一次廉政微场景体验活动,约35000人(次)参加体验;举办一堂廉政党课,全区各机关单位举办近90次;组织一次庭审旁听,部分区属国有企业财务人员参加。

(田如安)

(三)纪检监察体制改革

【持续深化街镇"三转"】 11月,区纪委监委召开全区街镇纪检监察机构深化"三转"(转职能、转方式、转作风)工作推进会,统一思想认识,强化责任担当。区委常委、区纪委书记、区监委主任何以琴带队调研部分街镇,与各街镇纪(工)委书记逐一谈心谈话,了解思想动态,听取意见建议,按时完成分工和兼职的规范调整。制订下发街镇纪(工)委书记、副书记等3个提名考察办法,推动基层纪检监察组织建设更加规范。年内,先后4次召开街镇"去零化"(实现自办案件"零"的突破)专题推进会,压实监督责任。组织开展街镇、国企年度案件质量检查,针对存在问题加强培训指导。

(田如安)

【提高派驻监督质效】 年内,区纪委监委各派驻纪检监察组健全完善常态化廉政谈话、排查风险、研判政治生态工作机制,重在检查驻在部门履行全面从严治党主体责任、统筹推进疫情防控和经济社会发展、落实巡视巡察整改任务等情况,推动驻在部门严明纪律、担当尽责。围绕"一网通办"服务升级、防范人口普查和统计造假、垃圾分类"绿色账户"管理等开展十余次专项调研检查,强化风险防范意识,将问题解决在一线。加大查办案件力度,6个综合派驻组共立案19件,其中自办件13件,有效发挥"探头""前哨"作用。

(田如安)

【推进纪法、法法有序衔接】 年内,区纪委监委认真落实市纪委相关制度,制订区纪委监委

8月26日,召开静安区纪检监察工作推进会暨区监委第一届特约监察员聘请会议

(区纪委监委 供稿)

机关问题线索处置管理暂行规定,规范线索分办处置时效,明确超期未结线索处置流程。进一步深化信访监督,制定无实质内容举报件受理办理、检举控告交办督办2个工作口径,扎实推进多年、多层、多头信访举报化解。推进检举举报平台建设,在全市率先完成平台部署。与区检察院签订《关于强化公益诉讼加强协作配合的若干意见》。会同区法院、区检察院共同制订《办理职务犯罪案件工作衔接办法(试行)》。

(田如安)

(四)"四责协同"机制建设

【突出责任协同联动】 年内,区纪委监委开展党风廉政建设责任承诺签约,重在强化过程监督,纠治不深不实表现,推动责任清单、问题(风险)清单、措施清单环环相扣、更加精准。全年有7家单位17名领导干部责任承诺书被退回修改。坚持有权必有责、失责必问责,全年共对12名领导干部给予严肃问责。(田如安)

【推动"四项监督"贯通融合】 年内,区纪委监委制定一体推进"四项监督"(纪律监督、监察监督、派驻监督、巡察监督)贯通融合的实施意见,建立工作例会、工作抄告、工作提示、工作协商4项机制,加强信息互通、成果共享。研究确定2020年7个日常监督重点事项,将保障脱贫攻坚、优化营商环境等纳入其中,强化方案先行、协同联动,逐项推进落实,让贯通监督机制在工作实践中完善提升。建立区委巡察机构与区纪委监委部门协作配合机制,推动巡察准备、反馈、移交、整改等环节与纪律监督、监察监督、派驻监督相互衔接,进一步提升监督质效。

(田如安)

(五)监督执纪执法

【稳妥审慎开展疫情防控监督】 1—3月,区纪委监委坚持防疫监督信息每日一报,畅通涉疫信访"绿色通道",创新舆情和线索"123"工作分类法(指对涉及疫情防控的违纪违法问题线索快查快处,对可能影响一线防疫工作的予以暂存,对一般件的处置由谈话方式改为函询,做到分类处置、审慎稳妥)、"135"工作时效法(指对涉及疫情防控的舆情和信访处置上,重要件当天完成处置,一般件3天内完成,对确有难度、需要统筹的5天内完成,切实提高工作质效),精准开展监督执纪,妥善处理2起影响较大的网络舆情。持续对街道社区、医院学校、楼宇园区、商场超市等开展实地检查,督促职能部门主动出击、落实责任。选派70余名干部到浦东机场、铁路上海站等一线开展防疫和监督工作,尽职尽责完成各项任务。

(田如安)

【督促落实中央八项规定精神】 年内,区纪委监委利用元旦春节、五一端午、中秋国庆等重要节点,及时下发通知,开展案例警示,依托"清风静安"微信公众号发布廉政动画,提醒党员干部绷紧纪律之弦、廉洁过节。狠刹奢靡之风,针对餐饮浪费问题深入开展明察暗访。围绕纠治"四风"、为基层减负松绑,会同相关部门成立3个工作组,抽取6家企事业单位开展落实中央八项规定精神专项督查,找准病灶根源,督促即知即改。加大对违反作风问题查处力度,全年违反中央八项规定精神问题立案28人,予以党纪政务处分23人,通报曝光典型案件11件、11人。

(田如安)

【纠治政府购买第三方服务不规范问题】 年内,区纪委监委围绕纠治政府购买第三方服务不规范问题,对多名领导干部进行提醒谈话,推动区财政局出台《静安区政府购买服务管理办法》,实施正面、负面清单制度,严格审批程序,扎牢制度笼子。
(田如安)

【深化扶贫帮困领域专项治理】 6—7月,区纪委监委抽取5个街道开展低保资金审核发放情况专项督导检查,发现存在政策把握不够精准、个别审核存在漏洞等四方面问题,督促区民政局加强业务指导,落实整改要求,持续巩固低保专项治理三年行动成果。9月,区纪委监委与区合作交流办、区人力资源社会保障局协作配合,聚焦对口支援的云南省文山州广南县脱贫项目推进情况,制订"点到点"监督方案,由分管副书记带队开展调研督导,实地查看援建项目,检查扶贫协作资金安排和使用、项目落实情况以及脱贫帮扶成效,推动脱贫任务顺利完成。
(田如安)

【坚决整治群众身边的不正之风】 年内,区纪委监委围绕旧改征收、教育医疗、环境保护等领域加强执纪执法,严肃查处"小官贪腐"。对中央环保督查发现的问题精准处置,问责5名干部并给予通报曝光。开展行业协会、学会公职人员领取薪酬情况摸底排查,推进民防系统专项整治工作。咬定"扫黑除恶"专项斗争三年目标不放松,制订年度重点任务清单,坚持"一案三查"(在开展"扫黑除恶"专项斗争中,既要查办黑恶势力犯罪,又要追查黑恶势力背后的"关系网"和"保护伞",还要倒查党委政府的主体责任和部门的监督管理责任),对涉黑涉恶线索开展清仓起底,确保逐案过筛、一查到底。专项斗争开展以来,查处涉黑涉恶腐败和"保护伞"16人,对13名领导干部严肃问责,实现线索清仓、伞网清除的目标。
(田如安)

【加大国企领域案件查处力度】 年内,区纪委监委严肃查处多起国企领域案件,针对某起挪用公款案件实行"一案双查"(审查调查过程中,既查处国家公职人员违法犯罪行为,又倒查追究履行责任不力、失职失责行为),在查清事实移送司法的基础上,同步追究监管失职问题,对该单位2名领导干部严肃问责,形成有力震慑。针对案件暴露出的国企领域制度执行不力、项目审核不严等问题,5次制发纪检监察建议书、廉情抄告,进一步压实国企监管责任。全年制发纪检监察建议书数量比上年增长400%。
(田如安)

(六)巡视巡察工作

【高质量推进巡察全覆盖】 年内,全区共组建5个区委巡察组,开展第十二、第十三、第十四轮常规巡察,涉及21个区管单位;推进第二、第三轮居村巡察,涉及202个居村党组织,完成所有267个居村巡察全覆盖。将发现问题作为巡察工作生命线,着重纠正政治偏差,共发现问题495个,提出建议133个,向区纪委监委移交需要关注的问题线索18个,立案10人。
(田如安)

【强化巡视巡察上下联动】 年内,区委巡察组在市委巡视组指导下,对14个街镇党建经费使用、"两美"("美丽家园""美丽城区")建设经费使用、政府购买第三方服务、社工津补贴发放情况开展专项调研检查,加强立行立改,推动相关单位完善制度建设,堵塞廉政风险防控漏洞。全力推进落实巡察专项检查整改工作,对发现的问题全部改到位。
(田如安)

【强化机制建设和成果运用】 年内,区纪委监委围绕部门协作、整改评估、巡察队伍建设等制定6项制度，推动巡察监督与审计监督、信访监督协作配合。将巡视巡察监督、审计监督、督查检查发现问题以及主题教育检视情况作为重点，强化派驻监督对整改过程的督促落实，严防打折扣、走过场，对责任落实不到位的领导干部进行严肃问责。坚持查纠并举，围绕建立常态长效机制，推动各被巡察单位修订完善制度60余项，进一步做好巡察"后半篇文章"。

（田如安）

【落实市委巡视整改要求】 年内，区纪委监委建立整改工作报告机制，集中力量处置交办线索，全面完成区纪委监委负责及配合的7个事项整改任务。协助区委加强对整改落实情况的监督检查，督促相关责任部门动真格、改到位、抓到底，强化举一反三和建章立制，以严明政治纪律和政治规矩保障巡视成效。 （田如安）

（七）净化政治生态

【开展政治生态分析工作】 年内，区纪委监委协助区委起草全区年度政治生态分析报告，区委常委会专题研究。分类选取3家单位开展试点分析，探索可量化评价指标体系，努力为区域政治生态精准"画像"。坚持廉政谈话制度，全年共约谈新任处级领导干部48人，其中党、政、纪主要领导干部13人。把好选人用人关，开展廉政意见回复1120次，对8人提任市管干部"双签字"。执行任前廉政知识测试制度，共有50批次278人通过测试。 （田如安）

（八）开展调研工作

【开展区域政治生态分析课题调研】 6—9月，区纪委监委围绕探索区域政治生态分析的有效路径组织课题调研，选取区医保局、彭浦新村街道、置业集团作为试点单位，召开4场座谈会、涉及42人，个别访谈不同层面干部17人，下发调查问卷120份，全面了解情况，做实做细调研工作，努力形成可复制、可推广的经验。

（田如安）

【开展实施精准监督优化营商环境课题调研】 6—9月，区纪委监委选择"实施精准监督优化营商环境"为重点课题，成立课题调研小组，对区发展改革委等10家单位开展走访调研，全面了解区营商环境现状，查找短板弱项，深入剖析原因，提出对策建议，着力破解影响营商环境问题瓶颈，为静安经济稳步恢复、"十三五"规划顺利收官提供坚强保障。 （田如安）

六、民主党派·工商联

编辑 庞雅琴

(一)民革区委

【概况】 2020年,民革区委积极开展"四史"和民革党史学习教育活动,围绕中共区委、区政府中心工作,认真履行参政党职能。在抗击新冠肺炎疫情过程中,全区民革党员在不同领域以各种方式贡献力量。是年为民革"组织建设年",民革区委成立组织建设年工作领导小组,制订工作方案,推进民革组织制度化、规范化、程序化建设。夯实基层支部和专委会建设,推广示范支部工作经验,建成1个支部"党员之家",调整祖国和平统一促进委员会组织架构,充实专委会成员。经主委会议审议决定,对7个先进支部、2个先进专委会、79名先进个人进行表彰。全年,民革区委召开主委班子会议2次、区委(扩大)会议4次,编印内部简报《传承》6期。向区政协一届六次全会提交集体提案4件,完成调研课题8篇,报送社情民意信息180余件,举办第五期新党员参政议政培训班。年内,民革区委组织党员认真学习"四史"和"民革党史",参加民革市委会举办的线上知识竞赛,组织党员骨干到贵州红色基地学习参观。全年发展新党员20人,平均年龄37.2岁,其中博士研究生学历1人、硕士研究生学历4人、本科14人、大专1人、中高级以上职称3人,转入组织关系2人。至年底,民革区委有支部17个,党员580人。年内,选派3名党员参加民革市委第37期中青年骨干培训班,1名党员参加民革市委第八期参政议政骨干研修班,1名党员参加民革市委第八期祖统工作学习班,1名党员参加民革市委宣传干部培训班,18名新党员参加区社会主义学院举办的新成员线上培训班。民革区委获评"民革上海市委会抗击新冠肺炎疫情先进集体""民革上海市委会2019年度反映社情民意信息工作先进组织""2020年度反映社情民意信息工作先进组织""静安区政协2019年度反映社情民意信息工作优秀单位"称号。民革区委妇女与老年工作委员会获上海市巾帼文明岗号。党员梁顺龙获市政协2018—2019年度反映社情民意信息工作先进个人称号,张玉霞获第一届上海民革榜样人物提名奖,徐跃文获2018—2019年度民革上海市委会三八红旗手称号,孙洪林、钟彪云获民革上海市委会抗击新冠肺炎疫情贡献奖,钟彪云、宋亚香、茅英英获民革上海市委会定点扶贫贵州省纳雍县锅圈岩乡结对帮扶工作先进个人称号,郑伟、梁顺龙、周小羊获2019年度民革上海市委会反映社情民意信息工作积极分子称号,陈添获2019年度、2020年度民革上海市委会反映社情民意信息工作优秀信息联络员称号,孙洪林获静安区政协2019年度反映社情民意信息工作特别贡献奖,梁顺龙、郑伟获静安区政协2019年度反映社情民意信息工作优秀个人称号。

(朱薇)

【参政议政工作】 年初,民革区委向区政协一届六次全会提交"完善信息共享机制,推进静安区平台经济加速发展""聚焦重点,激发合力,促进招商引资工作再上新台阶""关于加大力度引进和培训科创企业的建议""通过社会管理现代化手段,做好特殊人群就业工作"4件集体提案,并作大会发言。2019年提交的集体提案"让垃圾分类成为静安人的新时尚"被评为区政协一届四次会议以来优秀提案。民革界别的政协委员围绕社会经济发展重点与热点,积极建言献策。年内,民革区委结合区政府2020年重点工作,完成8篇调研课题:"借助'5G'东风,打造静安区智慧商圈""引入新理念,把苏河湾地区建设成低碳城市、智慧城市的典范""加强市、区联动融通,将一网通办向'爱用''受用'深入推进""大力建设优质基础教育资源,提升苏河湾地区人才聚集和招商能力""把握机遇,将苏河湾地区建设成金融产业发展的高地""大力推进我区0—3岁托幼服务体系建设""静安区党外名人故居的保护和利用""创新社区养老模式,推进养老服务从'有'到'优'"。全年,民革区委报送社情民意信息180余件,其中党员牛培山撰写的"建议最高人民法院尽快发布将新冠病毒疫情认定为不可抗力事件的司法解释"被民革中央采用;党员梁顺龙撰写的"关于改进上海口罩'居村委会预约登记+指定药店购买'供应方式的建议"、党员郑伟撰写的"建议做好疫情期间对友好国家在沪人员的防控保障工作"、党员牛培山撰写的"关于限制或禁止本市外环线内黄浦江段货运船只通行的建议"获市领导批示;被市政协、中共市委统战部、中共市委办公厅等部门采用社情民意信息21篇(次)。

(朱薇)

【社会服务工作】 1月,民革区委在彭浦新村街道党建服务中心举行"上海也有我的家"——2020迎春联欢会,共康中学西藏班学生和民革党员欢聚一堂,喜迎新春佳节。12月,邀请上海气象局宣传科普与教育活动中心老师为共康中学500余名藏族学生,开展"亦喜亦忧话台风"气象科普教育送教上门活动。民革区委号召党员积极响应民革中央办公厅《关于开展"我为扶贫下一单"消费扶贫活动通知》,广泛参与消费扶贫。党员钟彪云、宋亚香、茅英英发挥自身优势,为民革定点扶贫地区贵州省纳雍县锅圈岩乡搭建特色农产品销售平台,参与医疗咨询、帮困助学等结对帮扶工作;党员章浩向云南省会泽县娜姑镇发基卡小学捐助5.6万元爱心助学金,惠及71名品学兼优的贫困学生。党员许建文通过其创立的"许与许专项基金",向云南省文山州麻栗坡县下金厂乡大坝小学捐赠价值1.1万元冬季校服。

(朱薇)

【民主监督工作】 年内,民革区委按照中共区委办公室《关于2020年中共静安区委委托各民主党派静安区委开展专项民主监督有关事项的通知》要求,继续履行民主监督职能,制订《民革静安区委关于开展2020年专项民主监督工作的实施方案》,成立由民革区委主委江天熙任组长,参政议政能力突出、城区治理经验丰富的党员组成的专项民主监督工作小组,对结对共建的南京西路街道、彭浦新村街道就"建立健全城市运行'一网统管',提升超大城市治理的现代化水平"开展重点监督工作。5月,民革专项民主监督工作小组到南京西路商业街城运分中心,详细了解城运分中心运行情况,并与南京西路街道相关负责人、职能科室工作人员进行座谈。6月,到彭浦新村街道城市运行综合管理中心,实地调研街道城运中心运行情况,并就街道率先推出的"全要素精细化管理服务与智能平台"运行情况、大数据分析、智能场景应用等问题,与街道负责人、相关科室和职能部门工作人员进行深入讨论与交流。7月,在调研基础上形成《民革静安区委开展"一网统管"专项民主监督工作报告》。

（朱薇）

【疫情防控工作】 年初,民革区委向结对共建的彭浦新村街道和南京西路街道捐赠价值2700元的医用一次性口罩用于社区防疫。全区民革党员自发投入抗击新冠肺炎疫情行列,广大民革党员为疫情防控慷慨解囊,钟彪云捐款20万元、孙洪林捐款10万元,党员们以特殊党费的形式捐款10万元。民革党员还积极建言,报送抗疫防疫社情民意信息33件。

（朱薇）

【主题教育活动】 年内,民革区委按照《民革市委会关于开展中共党史、新中国史、改革开放史、社会主义发展史和民革党史学习教育的实施方案》要求,把开展"四史"和"民革党史"学习教育当作一项重要政治任务抓好抓实。发挥内部简报《传承》的思想宣传阵地作用,组织党员骨干到红色基地参观学习,重温历史,坚定信念。动员党员积极参加民革市委举办的学"四史"和"民革党史"知识竞赛,通过线上竞答,以赛促学,以学促做,营造良好学习氛围。

（朱薇）

【调整充实祖国和平统一促进委员会】 促进祖国和平统一是民革工作的特色与重点,为扎实推进民革区委祖国和平统一促进工作,发挥党员骨干作用,经民革区委会议讨论决定,调整祖国和平统一促进委员会成员。5月26日,民革区委祖国和平统一促进委员会召开全体会议,宣布民革区委《关于调整充实祖国和平统一促进委员会的决定》,增补陈芳为祖国和平统一促进委员会副主任,增补竺慧君、宋之珺、施洋、任晋、孙鸣民、李扬、陈刚、陈杨、沈杰、夏亮等10人为祖统委委员。

（朱薇）

【调研苏河湾区域】 7月7日,区人大常委会副主任、民革区委主委江天熙带队到苏河湾区域调研,考察苏河湾地区规划建设情况、西藏北路43街坊盈凯文创广场的建设招商情况,观摩苏河湾"一河两岸"沙盘模型,并就苏河湾"一河两岸"规划布局、区域精品开发建设、产业经济优化服务、历史文化风貌保护等问题进行座谈交流。上海苏河湾投资控股有限公司总经理林巍陪同调研,民革区委部分专委会成员、苏河湾投资控股有限公司相关部门人员参加调研座谈。

（朱薇）

【到贵州开展"四史"和民革党史学习教育活动】 8月6—8日,民革区委组织区委委员、支部委员、各专委会负责人共56人,到遵义会议会址、苟坝会议会址、四渡赤水纪念馆、娄山关战斗遗址等地参观学习,重温红色历史,促进民革党员骨干知史爱党、知史爱国,增进政治共识,深化传统教育。

（朱薇）

【组织青年党员参观四行仓库】 为纪念抗日战争胜利75周年,8月30日,民革区委青工委组织部分青年党员参观四行仓库抗战纪念馆,在晋元纪念广场敬献鲜花,并观看电影《八佰》。

（朱薇）

【第五期新党员参政议政培训班】 于9月18—19日在青浦区景苑水庄举行。民革区委新党员学习组成员、社会与法制专委会委员、民革联一总支部部分青年党员共40余人参加培训。区人大常委会副主任、民革区委主委江天熙作开班动员。区法院房产庭副庭长、市高级法院民法典研究小组成员李彦为学员作民法典热点解读。里格律师事务所公共关系总监洪毓琦作社情民意信息写作专题培训。 （朱薇）

【建成首个支部党员之家】 12月4日,民革市委副主委王慧敏,区人大常委会副主任、民革区委主委江天熙,为民革区委第五支部党员之家揭牌。第五支部党员之家依托支部党员所在单位资源而建,场地面积160平方米,内设学习展示区、会议区、阅览区、影音区等功能区域。展示民革历史沿革、组织架构、履职成果、支部动态,提供有关统一战线、多党合作、民革历史、先贤人物等方面书籍,有专人负责日常管理维护,是支部开展各类活动的多功能场所。 （朱薇）

【民革市委副主委王慧敏带队到民革静安区委调研】 12月4日,民革市委副主委王慧敏带队到民革区委调研基层组织建设,重点围绕领导班子建设、组织发展及人才规划、地方组织和基层组织建设、干部队伍建设、内部监督制度建设听取意见建议。区人大常委会副主任、民革区委主委江天熙,副主委蔡峥、王蔷、史燕君及全体区委委员参加调研座谈。 （朱薇）

（二）民盟区委

【概况】 2020年,民盟区委以建设高素质参政党地方组织为目标,团结带领全区盟员,克服新冠肺炎疫情带来的各种困难,创新开展"四史"和盟史主题学习活动,继承和发扬民盟优良传统,以线上线下相结合的方式,围绕党和政府的中心工作,立足本职,认真履行参政党职能。发挥"静安民盟"微信公众号宣传主阵地作用,增强其时政性和可读性,开设主题教育活动专题,

12月4日,民革区委第五支部党员之家揭牌 （民革区委 供稿）

发挥网络平台及时发声、教化育人和凝心聚力的作用,共推送19期65条信息。借助《浦江同舟》《上海民盟》等媒介加大对民盟区委民主监督、参政议政、社会服务工作以及优秀盟员先进事迹的报道。全年完成所有支部换届,换届后民盟区委设总支3个、基层支部48个,有盟员1142人,其中在职盟员686人、女盟员559人。全年发展63名新盟员,超半数为文科教主体界别盟员,平均年龄38岁。民盟区委现有市人大代表2人、市政协委员1人、区人大代表4人、区政协委员24人。年内,聋人盟员教师杜军被评为上海市巾帼建功标兵,朱益被聘为民盟上海企业家联合会理事,涂冉被增补为区青联委员。民盟区委被民盟中央评为"民盟思想政治建设和宣传工作先进单位"和"民盟社会服务工作先进单位",民盟经济支部被民盟中央评为"盟务工作先进基层组织",民盟区委获"民盟上海市委抗击新冠肺炎疫情先进集体"称号。民盟区委被评为2019年度民盟市委反映社情民意信息工作先进集体和2019年度静安区政协社情民意信息工作优秀单位。盟员王钢和商志刚分别被民盟中央评为民盟社会服务工作先进个人和民盟思想政治建设和宣传工作先进个人。王波、朱益、吴正昊、沈伟被评为民盟上海市委抗击新冠肺炎疫情先进个人。 （商志刚）

【防疫抗疫工作】 春节期间新冠肺炎疫情暴发后,民盟区委即以多项行动积极响应党和政府号召,积极防疫抗疫。民盟区委募集27718元,其中16923元用于购买口罩、消毒液等物资分别捐赠武汉民盟、贵州隔离智助点、民盟区委结对街道以及一部分在一线从事防控疫情的盟员,余款10795元捐赠给民盟市委同舟基金。上海复课之际,民盟区委携手上海民盟同舟公益基金会向上海市教委捐赠一批关爱幼儿教师的卫生防疫物品,共800箱爱心物品由盟员朱益无偿提供。经济总支盟员发起"关爱身边的人"倡议。盟员在48小时内筹集到22065元募捐善款,采购口罩等防护用品并送至南京西路街道和大宁路派出所等地;总支对3名因疫情无法和丈夫团聚的军人家属盟员进行慰问。教育、司法、文艺各个界别盟员立足本职,发挥专业优势,通过参与录制"空中课堂"网课、建言献策、编辑便民手册、参加公益广告演出、新编抗"疫"主题越剧等方式服务各界,为抗击疫情、激励民心作出贡献。 （商志刚）

【"四史"和"盟史"宣传教育】 年内,民盟区委开展"四史"和"盟史"宣传教育和日常盟务工作紧密结合起来。邀请民盟市委副主委丁光宏作全国"两会"精神传达,邀请黄炎培后人黄雅言、陶行知后人陶侃、沈钧儒后人沈铱举办"闻史——先贤亲人讲故事"系列报告。组织骨干盟员开展学习培训,组织新当选的支部主委参加民盟中央、民盟市委和市社科院联合举办的以文化创新为主题的"文化论坛"和与社会主义学院合办的"社院讲坛",组织新任支部主委和新盟员到崇明考察学习。 （商志刚）

【民盟基层组织换届工作】 年内,民盟区委根据《民盟上海市委关于地区和直属组织委员会、总支部委员会下属基层支部换届工作的指导意见》,制订《民盟静安区委基层支部换届工作意见》,明确换届工作实施步骤及工作内容,并召开全区换届工作动员大会,班子领导走访独立支部所在单位党组织并听取意见,全程参加各基层选举会议,于10月底顺利完成3个总支、48个基层支部的换届工作,并举行总结大会。一批年富力强、热心盟务、受组织信任、得盟员拥护,在各行各业担任重要职务、发挥骨干作用的盟员担任新的支部主委和委员,基层支部班子的年龄、职务职称和专业智力优势更加

优化,代表性人士更加集中,社会影响力更加扩大,参政履职的潜力更加明显。 (商志刚)

【参政议政工作】 年内,民盟区委做好"两会"盟员代表、委员的动员工作,在年初召开的区政协全会上,提交人大代表书面意见"关于打响静安'一网通办'政务服务品牌的几点建议"1篇,集体提案6篇、个人提案24篇,其中"下好先手棋,抢占新高地,让区块链技术为民生福祉赋能"列为大会发言。民盟区委"'请进来''留下来''走出去',优化静安产业生态圈"提案被评为2019年度区政协优秀提案。2篇社情民意被评为区政协2019年度优秀社情民意信息。年内,盟员的建言1篇刊登于《零讯》,2篇获全国政协综合采用,1篇获中共中央政治局委员、市委书记李强批示,2篇获市政协采用并获市领导批示,1篇获中共市委办公厅综合采用并获市领导批示,3篇被中共市委统战部单独录用,2篇被中共市委统战部综合录用,74篇被民盟市委录用。 (商志刚)

【课题调研】 年内,民盟区委完成3项调研课题。完成民盟中央"长三角区域一体化背景下教师供给资源库的建设"调研课题,获民盟中央肯定。开展城市运营"一网统管"专项民主监督,提出客观、可操作的意见建议,并形成调研报告报送中共区委。完成"新疫情背景下学校卫生工作的改革和发展——静安区学校卫生资源配置和教育卫生协同发展"年度统战调研课题。 (商志刚)

【线上模式创新履职建言新形式】 2月18日,民盟区委利用微信群举行上海网上教学专题参政议政研讨会,在开学前夕以在线形式聚集静安骨干盟员为全市在线教育工作建言献策。来自区内的盟员校长名师、企业老总高管及政府机关领导围绕双职工家庭学生由谁监护管理、学生生活谁来照料、教学效果如何保证以及"学"什么四大内容展开讨论并达成共识,另外还就各校纸质版教材如何发放邮寄,网课的内容、目的和时长设置等进行研讨。讨论内容经汇总后形成建言报送相关部门。 (商志刚)

【民盟区委一届十一次(扩大)会议】 6月20日,民盟区委在培明中学召开一届十一次(扩大)会议暨基层支部换届动员大会。全国人大代表、民盟市委专职副主委丁光宏,民盟市委组织部部长汪皓俊以及60名静安盟员参加会议。会议就《民盟静安区委关于"四史"加"盟史"学习教育的实施方案》、民盟区委上半年工作回顾总结、民盟区委下半年工作计划安排及《民盟静安区委关于基层支部换届工作的指导意见》进行传达和部署。丁光宏传达十三届全国人大三次会议相关精神,并对民盟区委基层支部换届工作提出要求。 (商志刚)

【民主监督工作】 6—7月,民盟区委按照中共区委统战部安排,制订《民盟区委关于开展2020年对对口街道"一网统管"专项民主监督工作的实施方案》,由区政协副主席、民盟区委主委王钢率队到芷江西路、江宁路街道开展城市运营"一网统管"专项民主监督。通过现场察看街道城运中心了解社区运行和管理情况,并座谈交流,结合街道的特点特色、时下热门的地摊经济,借助"一网统管"智能化平台的运作,现场提出街道"一网统管"工作要加强在及时反映问题、主动解决问题和化解矛盾的意识和习惯上的宣传引导,社区部门要提高现代化科技的手段,开发适合于老人使用的有互动性手机应用软件(APP)功能的老年手机等建议,这些建议和后续调研形成调研报告报送中共区委。 (商志刚)

【王钢为上海民盟合作地区教师培训班成员授课】 9月20—27日，由民盟市委和上海民盟同舟公益基金会主办的上海民盟合作地区教师培训班在上海铁路大厦举办。27日，民盟区委主委、特级教师王钢受邀为48名来自贵州、河北、宁夏、甘肃、青海、云南等中西部合作地区的骨干教师作题为《学习——优秀教师的日常作业》讲座，受到各地教师欢迎和好评。 （商志刚）

【民盟静安区中心医院支部科普活动进校园】 9—11月，静安区中心医院耳鼻喉科副主任、民盟静中心支部主委沈锋与静中心外科护士长兼综合重症监护室护士长、重症医学科科普团队领队、支部委员张瑶瑾率队，先后到市西中学、风华中学及育才初级中学，给盟员教师和学生们进行心肺复苏理论及操作知识的科学普及，将实用且有趣味性的急救知识和技能主动送进校园。 （商志刚）

【与贵阳市民盟组织交流】 11月2日，由贵阳市人大常委、民盟贵阳市委专职副主委杨挺率队的"贵阳市县级医院和基层医疗机构公共卫生服务能力现状"调研课题组一行6人到静安调研，民盟区委班子领导以及来自静安医务界的盟员代表参加座谈交流会。双方就基层公共卫生服务能力概况、推动基层公共卫生服务能力建设主要做法、经验及典型范例、"十四五"期间基层公共卫生服务能力建设的规划和思路、推进公共卫生服务能力建设的建议进行深入交流，静安提供相关书面资料。两地民盟组织就自身建设、参政议政、社会服务等盟务工作以及"四史"和"盟史"宣传教育进行交流。 （商志刚）

【民盟区委届中调整会议】 11月20日，民盟区委一届十二次会议在北京西路1510号二楼会议室举行，民盟市委组织部部长汪皓俊以及民盟区委委员出席。经选举，时筠仑、张芸当选为民盟静安区第一届委员会副主任委员，王振东、沈伟当选为民盟静安区第一届委员会委员。
 （商志刚）

【举办培训班和讲坛】 11月20—21日，民盟区委和区社会主义学院联合举办"2020年民盟区委新任主委和新盟员培训班"暨第二十一期社院讲坛，民盟区委领导班子和70余名盟员参加培训。盟员们一起听取由市政协常委、民盟上海戏剧学院委员会主委、上海戏剧学院影视学院院长、教授厉震林所作题为《电影是一种昂贵的思想表达》主题报告以及由民盟早期领导人沈钧儒后人沈铱所作的《衡山老的家国情怀》主题报告，学习讨论《中共中央关于制定国民经济和社会发展第十四个五年规划和二〇三五年远景目标的建议》和习近平总书记在浦东开发开放30周年庆祝大会上的讲话等重要文件和讲话精神。 （商志刚）

【"民盟上海百名律师义务法律咨询"（静安）活动】 12月18日，民盟司法总支18名律师盟员参与"上海民盟百名律师义务咨询"在线视频录制活动，克服疫情影响，将线下大型咨询活动移至线上举办。律师盟员们发挥专业优势，通过录制包括合同纠纷、婚姻家庭、劳动纠纷、刑事等内容的案例和讲解的视频，并上传至网站，以菜单自选方式服务大众。 （商志刚）

【2020年党盟恳谈会暨述职会】 于12月28日在美丽园大酒店举行。民盟市委常委、区政协副主席、民盟区主委王钢，静安卫健党工委书记胡世斌，部分支部所在单位党组织领导，中共区委统战部、区教育党工委、结对街道党工委干部，以及民盟区委委员、市区人大代表和政协委员、支部主委共70人参加会议。会上观看

12月28日,民盟区委在美丽园大酒店召开2020年党盟恳谈会暨述职会 (民盟区委 供稿)

《民盟静安区委基层支部换届回顾》专题片,听取《民盟静安区委2020年主要工作》通报,4名民盟区委副主委和3名盟员政协委员代表分别述职,静安区实验中学党支部书记陈学文、风华初级教育集团党总支书记徐莉莉代表盟员所在单位中共党组织领导发言。

(商志刚)

(三)民建区委

【概况】 2020年,民建区委共召开1次全会、5次主委(扩大)会议及3次全委(扩大)会议。年内,区委选送新任支部主委、部分骨干会员及新会员参加由民建市委举办的线上线下"中青年骨干会员培训班""企业家会员培训班""新会员培训班";组织会员参加由民建市委举办的全国"两会"精神线上传达会。民建区委全年编发《民建静安信息》786期、民建区委简讯2期。组织会员参加"民建和我"征文活动,共报送征文12篇,其中9篇被民建市委《民建和我》一书收录。民建区委全年发展会员60人。至年底,下设1个总支、42个基层支部、10个专(工)委会,有会员1497人,平均年龄56.5岁,男会员893人,女会员604人,在职会员1157人,中级以上职称647人,大专及以上学历占91.6%,经济界别人数占80.6%;民建区委委员有29人,会员中有市政协委员2人,区政协委员34人(其中区政协常委5人);有市人大代表3人,区人大代表10人(其中区人大常委1人)。民建区委获民建中央颁发的民建全国先进集体称号,获民建市委颁发的2019年度参政议政工作先进组织一等奖、2019年度宣传思想工作一等奖及新冠肺炎疫情防控工作先进组织称号;三支部、二十六支部、二十七支部、二十九支部等4个支部获中国民主建国会上海市先进集体称号;会员丁祖昱、江宪获"民建全国优秀会员"称号,会员李红梅获民建中央庆祝新中国成立70周年、人民政协成立70周年、中国共产党领导的多党合作和政治协商制度确立70

周年征文活动优秀作品奖,会员王国辉、王建峰、方瑾、卢冬虎、成信荣、朱忠达、张为民、张铧平、陆祺、陆林华、陈华刚、俞晓燕、徐兴曾、章婷、虞哲讯等15名会员获民建上海市优秀会员称号,会员钟文成、李跃雄、张畅敏被评为上海市劳动模范,会员张自强被评为上海市抗击新冠肺炎疫情先进个人,会员陈华刚、翟嘉芸、刘悦、雷俊、张为民被评为民建市委2019年参政议政先进个人,会员张晓被评为民建市委2019年宣传思想工作先进个人,会员叶应春、朱春胜、张小宝、丁祖昱被评为民建市委新冠肺炎疫情防控工作先进个人,会员朱忠达、朱旭东、王建峰、叶素鸣、徐建芳、张治年、齐威军、严镔贤、韩元良、邓华凤、沈淑云、张楠赓被民建市委评为民建优秀企业家,会员陈华刚、吴炯被评为区政协2019年度反映社情民意信息工作优秀个人。　　　　　　（丁理豪）

【组织建设工作】　4—9月,民建区委按照民建市委关于基层组织改选工作要求,完成对1个总支和35个支部支委的改选工作。10月,民建区委将由新会员总支移出的1个支部更名为三十支部;成立新会员总支第二支部。年内,民建区委继续发挥专委会作用,由经济研究专委会完成中共区委统战部课题《民主党派区级组织中专门委员会的建设及其完善——以民建上海市静安区委为例》的调研报告;组织妇委会一行60余人到爱国民主战士和政治活动家朱学范故居参观学习。　　　（丁理豪）

【参政议政工作】　年内,民建区委在区政协一届六次会议上提交组织提案4件,其中"金融科技赋能结构升级,打造我区新的经济增长极"一篇入选大会发言。民建区委2019年的政协委员联合提案"创新为老服务模式,提升为老服务能级"被评为区政协一届四次会议以来优秀提案。完成民建市委课题《关于建立大数据金融服务平台提升中小微企业信用评价和融资效率》的调研报告。全年收到会员提交社情民意信息740篇,其中699篇报送至民建市委、区政协和中共区委统战部信息直报点,会员提交社情民意信息数量比上年提升94%。其中被市领导批示8篇,被市政协采用并报送全国政协或转送市有关部门15篇,被中共市委办公厅《动态反映》采用6篇,被《今日上报中办信息》采用6篇,被市政协《社情民意》采用10篇,被民建市委《调研建言》等刊用28篇,各条线均采用178篇,采用率25.4%。　　　（丁理豪）

【专项民主监督工作】　年内,民建区委开展专项民主监督,在对口的天目西路街道和彭浦镇属地内对开展城市运行"一网统管"工作了解情况,在与两个街镇的交流座谈中,了解彭浦镇建设"一网统管"治理体系打造"智慧小镇"运行中心的推进情况,及天目西路街道从"落实一屏观天下,提升问题发现能力""落实应用智慧化,提升模块实用能力""落实一网管全程,提升问题处置能力"三方面出发推进街道城市运行综合管理中心体系建设开展的一系列工作。民建区委着重对做实做强线上智能化管理"一张网"和线下自治共治"一张网",完善城运中心大数据汇聚、融合、分析、判断及充分发挥大数据信息作用两个方面,开展调研,掌握一手资料,撰写调研报告,及时将调研结果和相关意见建议进行提交,同时就调研过程中发现的问题提出针对性建议,形成2020年专项民主监督工作报告和社情民意信息。　　　　　　　　（丁理豪）

【社会服务工作】　年内,民建区委充分发挥资源优势,在做好抗疫防疫工作的同时,响应号召为脱贫攻坚贡献力量,帮助湖北和河北省丰宁

6月29日,民建区委在天目西路街道城市运行综合管理中心进行专项民主监督调研

(民建区委 供稿)

县解决好特色农产品滞销问题,通过"以买代帮"方式,购买特色农产品作为夏季和冬季的慰问品。根据民建市委《关于转发民建中央办公厅〈关于在丰宁开展"聚光伏、稳脱贫"光伏扶贫专项行动的通知〉》,发动新会员总支第四支部和一家会员企业为河北省丰宁县大阁镇居民捐款,用于购买光伏产品,助力当地贫困户收入增加。

(丁理豪)

【共同抗击新冠肺炎疫情】 1月25日,民建区委领导班子决定通过上海民建扶帮公益基金会定向捐款10万元,并通过支部主委群和各支部群动员广大会员捐款捐物,汇聚爱心,截至3月26日,静安民建会员为抗击新冠肺炎疫情捐款近70万元。除捐款外还有相关会员发挥行业资源优势,参与协调筹集物资,支援一线抗疫工作。结合抗击新冠肺炎疫情实际情况和专业知识,围绕抗疫重点、难点和热点工作集思广益,民建区委根据野生动物监管、企业复工复产、防范境外疫情输入、长三角联防联控、公共卫生体制改革、"六稳""六保"等专题提交近200篇社情民意。同时,动员相关专业的会员积极参加民建市委的一号和二号课题,为政府更好地支持服务企业平稳健康发展深入调研,建言献策。民建区委通过"静安民建"微信公众平台,发布"抗击疫情,我们在一起"系列报道31篇,报道31名会员捐款捐物、积极启动企业复工复产的先进事迹,为抗击疫情树立先进典型,增强抗疫信心。

(丁理豪)

【开展"重走红军长征路,贵州红色考察活动"】
8月10—14日,民建区委组织区委委员、支部主委、专委会主任及部分参政议政骨干会员46人到贵州,开展"重走红军长征路,贵州红色考察活动",作为深入开展"四史"学习教育的内容之一。民建区委主委周新钢,副主委朱忠达、陆林华、池晓彬、张雪云参加活动。活动主要参观遵义会议会址、息烽集中营革命历史纪念馆、娄山关等,通过实地考察学习,进一步了解相关历史,使骨干会员们加深感悟优良革命传统和崇高革命精神,进一步做到知史爱党、知史爱国、知史爱会。

(丁理豪)

(四)民进区委

【概况】 2020年,民进区委开展"四史"和统一战线史、民进会史学习教育,将思想政治建设贯穿于全年各项工作中。与区社会主义学院联合举办疫情后首场社院讲坛,由民进市委专职副主委胡卫作"传达学习全国两会精神"专题报告,各民主党派成员、统战系统机关干部90余人参加学习。先后组织会员到闵行博物馆、廉政文化馆、七号桥碉堡、宝山淞沪抗战纪念馆、四行仓库抗战纪念馆参观学习。与民进华师大委员会开展学习教育交流活动,集体学习"五四运动与江南红色文化的形成",与区科协联组举办学习报告会,由华东师范大学历史学系副主任、教授瞿骏作"播种'主义'——上海—江南的红色文化旅行"主题报告。民进区委组织会员参与民进市委"新时代,我与民进共奋进"征文活动,上报征文7篇,分获二、三等奖各2篇,获民进市委征文活动优秀组织奖。至年底,有会员1052人,基层支部37个,全年发展新会员20人。民进区委会员中有市人大代表1人;市政协委员2人;区人大代表7人(其中常委1人);区政协委员27人(其中副主席1人、常委5人)。民进区委有区委委员27人,其中主委1人,副主委7人,秘书长1人。年内,民进区委被民进中央授予"民进全国履职能力建设先进集体"称号,被民进市委评为2020年度组织发展工作先进单位和助力脱贫攻坚先进集体。民进区委提案"关于推进区域基础教育信息化发展的建议"被区政协评为优秀提案。课题"义务教育阶段中华优秀传统文化进校园的实施举措优化研究"获2020年度民进上海市委参政议政成果一等奖。民进会员林放获上海市先进工作者称号。

(樊靖杰)

【参政议政工作】 年内,在区政协一届六次会议上,民进区委提案"关于推进区域基础教育信息化发展的建议"被评为优秀提案。民进区委集体提案2件,委员个人提案11件,其中"建设高质量的普惠性幼师队伍任重而道远"作为主席督办提案,"强化发展,提升国资国企在区域发展的贡献度"被列为重点答复提案。民进区委主委班子分别牵头开展重点课题调研,副主委聂丹牵头,与民进市委文化艺术委员会联合的"义务教育阶段中华优秀传统文化进校园的实施举措优化研究"和副主委曾云牵头课题"持续推动上海市养老服务高质量发展"均中标民进市委参政议政招标课题。课题组先后到上海沪剧院、静安区闸北第一中心小学、万航渡路小学、嘉定区封浜中学、石门二路街道开展调研,发放调查问卷1900余份,分别转化为区政协一届七次会议的大会发言和大会书面发言,课题"义务教育阶段中华优秀传统文化进校园的实施举措优化研究"获2020年度民进上海市委参政议政成果一等奖;政协委员王霆牵头开展课题"加快推动在线新经济,助推静安商业发展新格局",转化为区政协一届七次会议的大会书面发言;民进区委秘书长叶冠峰的统战理论课题"在绣花针一样的城市精细化管理中党派地方组织参与基层民主协商的思考——以民进静安区委为例",被编入《2020年静安区统一战线调研论文集》。民进区委组织发动会员积极反映社情民意信息,全年报送社情民意信息149件,全国政协采用1件,民进中央采用1件,市政协采用8件。其中,副主委江海雄的"关于设立'国家防疫日'的建议"被全国政协综合采用,会员楼凌宇的"建议人力资源与社会保障部门尽快明确中秋、国庆假期法定休假日顺延问题"被民进中央单篇采用。民进区委被评为2019年度区政协反映社情民意信息工作优秀单位，会员楼凌宇被评为优秀个人。

（樊靖杰）

【社会服务】 2020年是新冠肺炎疫情影响下不寻常的一年，民进区委发动会员捐款捐物，共募善款7.3万余元。疫情暴发初期，借力民进市委平台资源，向结对石门二路街道捐赠口罩3000只、牛奶100箱，向宝山路街道捐赠口罩3000只。众多民进会员投身战疫一线，奔赴外防输入和社区防控岗位。教育战线民进会员响应"停课不停教、停课不停学"号召，积极参与课程编录，开展线上教学。民进区委发挥界别优势，继续开展富有特色的社会服务活动。参与民进市委"同心·彩虹行动"对口帮扶贵州省毕节试验区金沙县活动，支持新中初级中学与金沙县西洛街道中学开展支教工作，为"开明书屋"上海馆中的静安静心书架更新图书332册，推动智力支边提质增效，被评为民进市委助力脱贫攻坚先进集体，民进区委委员刘铁男被评为先进个人。11月，组织联系7名三甲医院民进会员在石门二路街道"邻居节"上为社区居民开展义诊咨询。12月，组织石门二路街道支部以老助老，为蝴蝶湾敬老院送上75份冬日温暖。继续支持综合二支部与临汾路街道375弄居委党总支结对共建，发挥会员特长为社区提供6次课程讲座，开展社区共建，参与慰问10户困难家庭。

（樊靖杰）

【组织建设】 2020年是民进基层支部换届年，民进区委严格按照民进市委工作要求，规范有序完成支部换届工作，为"四新""三好"参政党地方组织建设和2021年区委换届工作夯实组织基础。制订《民进静安区委关于支部委员会换届工作的实施方案》。4月，民进区委召开2020年第一次支部主委例会暨基层支部换届工作动员会，部署启动换届工作。在民进区委委员联系基层支部制度基础上，成立5个工作小组，主委班子带队区委委员分组指导各基层支部开展换届工作。先后经过酝酿候选人、换届选举等程序，至9月底，全部完成换届工作，支部总数由42个调整为37个，新当选支部主委18人，其中80后支部主委4人、支部委员18人。10月，召开换届工作总结会并开展支部主委学习培训，由民进市委副秘书长、组织部部长蒋碧艳作"组织建设与发展"专题辅导，并组织32名支部主委参加民进市委学习培训。根据《民进上海市委关于2021年区级组织换届工作的意见》及中共区委统战部的工作要求，民进区委于11月启动2021年区委换届工作，制订《民进静安区委2021年换届和筹备第二次代表大会工作方案》；12月，召开换届动员会，部署区委换届工作。民进区委坚持规范组织发展程序，严把会员发展入口关，全年发展20名新会员，被评为民进市委2020年度组织发展工作先进单位。组织26名新会员参加区社会主义学院第五期各民主党派新成员培训班，组织36名新会员参加与民进市委新会员支部结对组织生活，推荐1名会员参加第四届上海民进企业家联谊会。

（樊靖杰）

【民进区委一届七次会员代表（扩大）会议】 于12月24日在美丽园大酒店召开。民进市委专职副主委何少华、秘书长兼组织部部长蒋碧艳出席会议。民进区委主委洪璐，副主委曾云、蒋青、江海雄、聂丹、杜国英，区委委员、会员代表、基层支部主委110余人参会。会议由副主委曾云主持。洪璐总结民进区委2020年度工作情况，并部署2021年度工作。会议表彰会务积极分子和反映社情民意信息先进个人。蒋青宣读表彰决定，孙萍、薛钢、朱景德、吴卓明、刘锦芳、韩乃容、谭丽芳、王燕平、蔡田、张海峰、徐中伟、任震夏等12名会员被评为会务积极分子；楼凌宇、徐艳伟、叶冠峰、朱倩山、聂丹、江海雄、黄关桢、陈洁菲、张辉、姜行仁、张伟、王霆等12名会员被评为反映社情民意信息先进个人，与会领导为获奖会员颁奖。聂丹传达中共静安区委一届十三次全会精神，逸夫职校支部主委陆珺围绕"基层支部换届及建设工作"作交流发言，民进静安区业余大学支部委员徐艳伟作为反映社情民意信息先进代表分享工作经验和心得体会。

（樊靖杰）

【新任基层支部主委学习培训会】　10月30日，民进区委根据《民进静安区委关于支部委员会换届工作的实施方案》要求，在美丽园大酒店举办新任基层支部主委学习培训会。民进市委副秘书长、组织部部长蒋碧艳作专题辅导，民进区委主委洪璐主持会议并讲话，区委专职副主委杜国英、秘书长叶冠峰出席会议。洪璐作基层支部换届工作总结，向新任支部主委提出要求。民进区委新任基层支部主委、支委近40人参加培训。

（樊靖杰）

【举办社院讲坛】　6月8日，静安区第十七期社院讲坛在区会务中心举行。讲坛为2020年度首期，由中共区委统战部、区社会主义学院与民进区委联合举办，特邀全国政协委员、民进中央委员、民进市委专职副主委胡卫作"传达学习贯彻全国两会精神"专题报告。中共区委统战部副部长季军主持报告会。各民主党派区委机关干部及成员，中共区委统战部、区社会主义学院、区科协机关干部参加讲坛。

（樊靖杰）

【开展"从'四史'教育中忆初心，担使命"学习交流活动】　8月7日，民进华东师范大学委员会主委杨蓉率队到静安开展"从'四史'教育中忆初心，担使命"学习交流活动。民进区委主委洪璐，副主委江海雄、杜国英，秘书长叶冠峰

8月7日，民进静安区委与民进华东师范大学委员会开展"从'四史'教育中忆初心，担使命"学习交流活动　　（民进区委　供稿）

出席交流活动。华东师范大学历史学系副主任、教授瞿骏为大家作"五四运动与江南红色文化的形成"主题报告。洪璐、杨蓉分别介绍静安和华师大基本情况，就思想学习、组织建设、参政履职、社会服务等方面交流分享工作经验，并希望在今后工作中进一步加强合作与交流。民进华师大委员会一行参观四行仓库抗战纪念馆。

（樊靖杰）

【"四史"学习教育主题报告会和参观活动】 年内，民进区委贯彻落实《民进上海市委关于开展中共党史、新中国史、改革开放史、社会主义发展史和统一战线史、民进会史学习教育的实施方案》，深入开展"四史"学习教育，于10月30日，和区科协在美丽园大酒店开展联组学习，特邀华东师范大学历史学系副主任、教授瞿骏作"播种'主义'——上海—江南的红色文化旅行"主题报告。民进区委委员、支部主委、区科协机关干部近80人参加学习。10月27日，民进区委委员、支部主委近50人参观学习上海淞沪抗战纪念馆和长江河口科技馆。

（樊靖杰）

【民主监督工作】 年内，根据中共区委工作部署，民进区委围绕"建立健全城市运行'一网统管'"开展专项民主监督。民进区委制定工作方案，成立调研组，于5月先后到石门二路街道、宝山路街道城运中心走访调研、座谈交流，深入了解基层一线工作情况。5月9日，民进区委主委洪璐、副主委聂丹率调研组到石门二路街道就城市运行"一网统管"工作开展专项民主监督，街道党工委书记马颖慧、副书记苏玉锋、街道办事处副主任陈宇韬、周彬慧、石二派出所所长任根榕等领导陪同调研。调研组一行实地参观石二派出所"智慧公安"建设系统，深入了解人脸识别等技术在城市安全防范中的应用。在街道城运中心指挥大厅听取负责人对城运系统平台建设情况介绍，观看报警感知器的处置全闭环演示。在调研座谈会上，双方就"一网统管"工作情况、街道"一网通办"特色工作、如何发挥辖区党外人士监督作用、街道层面如何整合资源等进行交流、提出建议。10月，中共区委召开专项民主监督专题协商座谈会，所提建议获肯定。

（樊靖杰）

【到嘉定区封浜高级中学开展课题调研】 7月9日，民进区委主委洪璐、副主委聂丹率区委课题组一行7人到嘉定区封浜高级中学开展调研，嘉定区政协副主席、教育局副局长、民进嘉定区委主委朱芳，嘉定区封浜高级中学校长俞建平、副校长汤元英接待课题组一行。朱芳介绍嘉定区在推进传统文化、非遗课程进校园的先进经验和做法，俞建平介绍封浜高级中学基本情况和非遗课程进校园的成绩、不足与阻碍。课题组参观封浜高级中学生活遗艺体验馆，体验非遗手工制作。

（樊靖杰）

【共抗疫情】 年内，民进区委响应民进市委号召，积极发动捐款捐物，共募得善款7.3万余元。支持结对街道的社区防控工作，在民进区委牵线搭桥下，民进市委向石门二路街道和宝山路街道，捐赠牛奶100箱、口罩6000只，慰问奋战一线人员，解街道防疫物资燃眉之急，为抗击疫情贡献一份力量。石门二路街道向民进市委送去感谢信。

（樊靖杰）

（五）农工党区委

【概况】 2020年，农工党区委在农工党市委和中共区委领导下，加强思想引领，切实履行职能，夯实自身建设，不断开创各项工作新局面，获农工党中央"纪念中国农工民主党成立九十周年先进地市(县)级组织"等荣誉。面对新的国际形势和国内国际双循环新发展格局，组织党员聆听"中美关系发展趋势""中美战略博弈下台海局势""国内国际双循环新发展格局"等专题报告，提升政治敏锐度与政治鉴别力。履行中国特色社会主义参政党职能。区"两会"期间，农工党区委提交集体提案2件，党员提交提案、议案31件。年内，开展课题调研27项，其中农工党市委课题4项，中共区委统战部课题1项，农工党区委课题22项。社情民意信息工作方面，农工党区委向农工党市委、区政协和中共区委统战部报送社情民意和各类建言300余篇，录用200篇，有10篇获市领导批示。年内，农工党区委对静安寺、大宁路两街道"建立健全城市运行'一网统管'"工作开展专项民主监督，通过实地走访、座谈交谈等，提出意见建议，形成专项调研报告。社会服务方面，农工党区委积极投入抗击新冠肺炎疫情阻击战、助力脱贫攻坚决战决胜、协助开展电竞选手健康体检项目等。2020年，发展党员25人，平均年龄38.7岁，其中大学以上学历25人、中级以上职称16人、医药卫生界人士22人。农工党区委注重培养教育，组织新党员分别参加农工党市委和中共区委统战部举办的新成员培训班，推荐1名党员参加农工党市委中青年骨干培训班；推荐2名党员参加农工党市委组织的"第三期党务工作研修班"；推荐1名党员参加农工党中央组织的基层组织负责人、新党员、中西部骨干党员网络培训班。党员胡伊在援疆3年后被任命为市北医院副院长，胡敏被任命为社区卫生服务中心主任，傅颂华被任命为社区卫生服务中心副主任等。至年底，农工党区委有委员21人，其中主委1人、副主委5人。下辖支部19个，共有党员759人，平均年龄57.1岁。其中在职372人、退休387人。医卫界人士538人，占总人数70.88%。中高级职称687人，占总人数90.51%。党员中有农工党上海市委副主委1人、委员4人、市人大代表1人、市政协委员2人、区人大代表5人、区政协委员24人（其中农工党界别12人）。

（严宇）

【参政议政工作】 区"两会"期间，农工党区委提交"运用跨界和创新思维巩固静安区电竞产业优势地位""关于提升静安区养老机构医养结合服务的建议"2件集体提案。党员提交提案、议案31件。其中集体提案"运用跨界和创新思维巩固静安区电竞产业优势地位"被区政协评为优秀提案。聚焦公共卫生安全事件处置、公共应急预案建设、医药卫生体制改革、养老服务体系建设等，积极组织党员开展课题申报与调研工作，有4项课题获农工党市委立项、1项课题获区委统战部立项，22项课题作为农工党区委课题立项。全年，向农工党市委、区政协和中共区委统战部报送社情民意信息和各类建言300余篇，录用200余篇。其中5篇被全国政协采用，69篇被农工党中央、市政协、中共市委统战部等采用，有10篇获市领导批示。社情民意信息得分在农工党市委各基层组织、区政协各统计单位中位列第一。

（严宇）

【民主监督工作】 年内，农工党区委受中共区委委托，对静安寺、大宁路两街道"建立健全城市运行'一网统管'"工作开展专项民主监督。通过实地走访、听取"一网统管"在智能化管理、跨层级联动、专业化运作等方面介绍、座谈交流等，客观总结两街道经验做法，分析研判工作中所面临的困难问题，提出科学有效意见建议，形成专项调研报告上报中共区委，较好履行党派的民主监督职能。

（严宇）

【主题学习教育】 2020年是民主党派"四史"学习教育年,又恰逢中国农工民主党成立90周年。农工党区委将"四史"学习教育与庆祝中国农工民主党成立90周年系列活动相结合,理顺思路、互为抓手、有序开展。鼓励全体党员以《中国农工民主党章程》及记录农工党在上海活动的图书《足迹》、视频《轨迹》为资料开展广泛自学,组织党员参加有关的系列启动会、报告会、推进会,参观"彩墨寄情——庆祝中国农工民主党成立90周年美术书画作品展",参与"庆祝农工党成立90周年理论征文"等,组织中心组成员到农工党宜春市委开展"四史"学习交流座谈等。在农工党中央纪念农工党成立90周年表彰中,农工党区委主委叶强获优秀党员称号,党员姚耀、邱兰婷获先进党员称号;党员蒋雯在农工党中央"庆祝中国农工民主党成立90周年理论征文"中获三等奖;在农工党市委纪念农工党成立90周年暨"四史"学习教育先进表彰中,党员张广仁、张晓峰、彭德荣被评为先进个人。

(严宇)

【到江西省宜春市开展学习交流活动】 11月12—14日,农工党市委副主委、区政协副主席、农工党区委主委、区卫生健康委主任叶强,农工党区委副主委邬碧波率农工党区委委员、支部主委一行20余人,到江西省宜春市与农工党宜春市委开展"四史"学习交流暨深化党务合作共建活动。双方介绍自身组织情况及近年来在思想建设、参政议政、社会服务等方面的工作与经验,围绕党务建设、支部建设、医疗体系建设等开展交流。在宜春学习交流期间,农工党静安区委一行参观宜春市博物馆、宜春市规划馆,到宜春市铜鼓县参观秋收起义纪念馆、秋收起义前敌委员会旧址、湘鄂赣革命根据地铜鼓烈士纪念馆,并向湘鄂赣革命根据地烈士纪念碑敬献花圈。

(严宇)

【区农工党支部换届】 2020年,是农工党支部换届年。农工党区委恪守"关于2020年支部委员会换届工作的意见"和"换届工作程序安排"各项要求,认真征询各支部所在单位中共组织

11月12—14日,农工党静安区委到江西省宜春市与农工党宜春市委开展"四史"学习交流暨深化党务合作共建活动

(农工党区委 供稿)

意见,深入调研,反复酝酿,充分协商,民主推荐。各支部保证高出席率,保护党员行使权利。该次支部换届,共选举产生新一届支委班子成员74人。19个支部主委中,留任12人、新当选7人,平均年龄48.4岁。其中男性7人、女性12人,1980年以后出生的有2人。　　　（严宇）

【社情民意信息工作获表彰】　3月,党员谢伟、方娅贝、彭德荣获评农工党中央"2018—2019年全党反映社情民意信息工作先进个人"。4月,农工党区委以总分第一的成绩,被评为区政协2019年度反映社情民意信息工作优秀单位。党员姚耀获特别贡献奖,彭德荣获评优秀个人,有11篇社情民意信息被区政协评为2019年度优秀社情民意信息。5月,叶强、姚耀被市政协评为"2018—2019年度反映社情民意信息工作先进个人"。12月,农工党区委被农工党市委评为"2018—2019年度反映社情民意信息工作先进集体",有18人(次)被授予优秀个人、先进个人等奖项。　　　　　　　　　（严宇）

【聚力打赢新冠肺炎疫情阻击战】　年初,面对疫情,农工党区委将聚力抗疫作为首要工作,义无反顾、全力以赴。农工党区委主委叶强作为区新冠肺炎疫情防控领导小组成员兼办公室主任,肩负重责,连续数十日高度紧张的指挥协调、下沉一线、走访基层。众多医疗卫生系统农工党党员,身着厚重防护服,在医院发热门诊、在社区密接调查一线、在疑似病患会诊、转运、在病毒检测和取送样等岗位上,日夜奋战,践行护佑健康、救死扶伤使命。许多党员积极报名"请战"参加援鄂医护志愿者队伍,随时等待召唤。一名援摩党员积极投身摩洛哥的疫情防控及治疗工作。全体党员都力所能及作出贡献,据统计,农工党区委党员向有关部门反映疫情相关社情民意信息150余篇;在其他途径捐款捐物外,向中国初级卫生保健基金会定向捐款5万余元;利用所在公司资源,帮助农工党中央搭建"微脉"线上疫情咨询救助平台,提供数百万次线上服务等。　（严宇）

【助力脱贫攻坚决战决胜】　年内,农工党区委党员积极有为,通过消费扶贫、捐款捐物、驻点帮扶等多种形式为脱贫攻坚决战决胜贡献力量。多名农工党区委党员到贵州省大方县、新疆维吾尔自治区喀什地区巴楚县、四川凉山州布拖县、西藏日喀则市等许多对口帮扶困难地区,参与对口支援、扶贫攻坚工作。党员邱兰婷除消费扶贫外,落实"互联网+健康扶贫"工作,向贵州省大方县捐赠"智慧大方健康医疗服务平台"等,被农工党中央评为"定点扶贫大方县先进个人""扶贫攻坚民主监督工作先进个人"。　　　　　　　　　　（严宇）

【协力电竞选手健康管理项目】　年内,农工党区委针对静安区电竞资源丰富,有大量行业头部企业入驻,大量电竞从业人员聚集特点,联合中共区委统战部、区卫生健康委等单位,深入调研,创新开展电竞选手健康标准项目。依托农工党党员资源,为电竞选手签约家庭医生,通过建立健康档案、问卷调查、心理咨询等开展免费健康评估,落实针对性健康干预,以探索建立电竞选手职业健康标准,为凝聚职业电竞选手在内的网络人士作贡献。该项探索与尝试,获较好社会反响,受到中央电视台、上海电视台等媒体的关注与采访。　　　　　（严宇）

(六) 致公党区委

【概况】　2020年,致公党区委制订《关于贯彻落实〈致公党上海市委关于开展中共党史、新中国史、改革开放史、社会主义发展史学习教育方案〉的实施意见》,于9月、11月分别组织骨干党员到宝山淞沪抗战纪念馆和青浦陈云纪念馆开展专题学习参观活动。通过组织专题讲座、座谈会、参观纪念馆、发放学习资料等形式,激发党员们读史讲史用史热情,与青年党员面对面进行交流,进一步做细做实思想政治工作,巩固深化"不忘合作初心,继续携手前进"主题教育活动成效。党员们立足本职工作积极奉献,党员冯亚平获2020年上海市先进工作者称号。年内,致公党区委向致公党市委、中共区委统战部报送宣传报道30余篇,其中多篇被《上海致公》杂志及微信公众号、《静安统战》微信公众号录用,3名党员入选上海致公党员风采录(第二辑)。致公党区委召开主委会议6次、区委会议5次,支部专题工作会议1次。致公党区委稳步推进区委换届工作。成立由主委董敏华任组长的致公党静安区委员会换届工作领导小组,审议通过《关于2021年区委换届工作的意见》。年内,致公党区委召开"致公之友"座谈会2次,联系、约谈发展对象16人次,发展新党员8人,平均年龄37.44岁,研究生以上学历达37.5%,侨海比例达100%。致公党区委组织13名新党员参加致公党市委新党员培训班,11名新党员参加区社会主义学院举办的民主党派新成员培训班,2人参加致公党市委中青年培训班,2人参加致公党市委社情民意培训班,2人参加致公党市委基层干部轮训班,2人参加致公党市委宣传骨干培训班。至年底,致公党区委共有党员354人(含上海大学),平均年龄55.4岁。具有侨海关系的党员为253人,占71.47%;在职党员241人,占68.08%;女党员168人,占47.46%。党员中有市人大代表2人、市政协委员2人、区人大代表2人(1人为静安区人大代表,1人为嘉定人大常委)、区政协委员12人(常委2人)。 (王明霞)

【新冠肺炎疫情防控】 疫情期间,党员们通过各种途径为抗疫捐款约15万余元。自疫情防控工作开展以来,党员中涌现出感人的先进事迹。在致公党市委组织的"庆祝致公党成立95周年、上海组织建立40周年"活动中,致公党区委根据党员先进事迹创作的抗疫朗诵剧《致公心》,受到好评。致公党区委被致公党市委评为致公党抗击新冠肺炎疫情先进集体,唐韵被评为致公党中央抗击新冠肺炎疫情先进个人,王勇、邵旸、马骏、雷学勤、周宏峰被评为致公党上海市委抗击新冠肺炎疫情先进个人。(王明霞)

【参政议政工作】 年内,在区"两会"上,副主委吴月代表致公党区委作"不断深化通办统管,提高精细化治理水平"大会发言。致公党区委提交"不断深化通办统管,提高精细化治理水平"和"培育社工人才队伍,提高基层治理专业化水平"2件集体提案,并与区相关部门沟通,完成集体提案答复办理工作。"不断深化通办统管,提高精细化治理水平"被评为静安区政协一届六次会议以来优秀提案。致公党区委完成调研课题12项,申报致公党市委课题3项,中共区委统战部课题1项,多名党员参与致公党市委和中共区委统战部的课题调研。全年上报社情民意信息63篇,其中被区政协录用6篇、致公党市委录用14篇、市政协录用2篇、中共市委统战部录用1篇。 (王明霞)

【社会服务工作】 年内,致公党区委继续做好各项社会服务工作。9月,致公党区委"致爱环保工作站"在北站街道开展"探密苏州河,洁净新静安——2020世界清洁日"和关爱保洁员活动。12月,致公党区委"致公书林"服务品牌在临汾路街道新时代文明实践分中心举办"《民法典》进社区"活动,邀请上海华宏律师事务所律师裴蓁举办"民法典与继承"讲座,并向社区

居民赠送《民法典》读本。　　　　　（王明霞）

【民主监督工作】　年内,致公党区委受中共区委委托,按照《关于 2020 年中共静安区委委托各民主党派静安区委开展专项民主监督有关事项的通知》要求,成立致公党区委专项民主监督领导机构和下属工作组,制订工作方案,就"建立健全城市运行'一网统管'"主题,于 6 月组织对口联系的临汾路街道、北站街道开展年度专项民主监督工作,采取座谈交流、实地走访街道城运中心和社区事务受理服务中心等方式进行,全面了解城运网络建设情况、"一网统管"机制推进和运行情况、基层联勤联动情况、群众评价情况等,并针对当前存在的主要问题提出相关建议,形成对致公党区委 2020 年民主监督工作调研报告,使民主监督落到实处,发挥实效。　　（王明霞）

【到淞沪抗战纪念馆开展"四史"学习教育】　9 月 18 日,致公党区委组织骨干党员到淞沪抗战纪念馆开展"四史"学习教育,以缅怀先烈、铭记历史、警钟长鸣、开创未来。致公党市委常委、区委主委董敏华,副主委李成梅、胡国辉及骨干党员 20 余人参加活动。上午 9 时 18 分,纪念"九一八事变"爆发 89 周年仪式正式开始。大家向革命先烈致敬,向无名烈士敬献鲜花。仪式结束后,大家在淞沪抗战纪念馆新馆区内参观《艰苦卓绝——上海抗战与世界反法西斯战争》主题展。　　　　　　（王明霞）

【到陈云纪念馆开展"四史"学习教育】　11 月 19 日,致公党区委组织骨干党员到陈云纪念馆参观学习。致公党市委常委、区委主委董敏华,部分致公党区委委员、监督委员会成员、学宣委和参政委成员及骨干党员参加活动。大家参观陈云生平业绩、陈云文物展和陈云故居,了解陈云生平事迹,对遵义会议、社会主义经济建设、改革开放等重要历史时刻有新的认识。

　　　　　　　　　　　　　　　（王明霞）

【开展民法典进社区活动】　12 月 10 日,致公

11 月 19 日,致公党区委组织骨干党员到陈云纪念馆开展"四史"学习教育

（致公党区委　供稿）

党区委"致公书林"暨民法典进社区活动在临汾路街道新时代文明实践分中心举行。致公党市委常委、区委主委董敏华,副主委胡奇敏,致公党区委委员、社会服务工作委员会主任王勇伟参加活动。董敏华和临汾路街道办事处副主任陈勇为新时代文明实践点"临汾职工驿站"揭牌。胡奇敏向临汾社区居民赠送民法典宣传册。活动邀请上海华宏律师事务所律师裴蓁为居民作"民法典与继承"专题讲座。(王明霞)

(七)九三学社区委

【概况】 2020年,九三学社区委贯彻落实中共中央关于坚决打赢新冠肺炎疫情防控阻击战和经济社会发展重点工作的部署,加强思想建设,强化履职担当,被评为"九三学社中央2016—2020年社会服务先进集体","九三学社市委参政议政工作、信息工作先进集体"一等奖,"九三学社市委思想政治和宣传工作先进集体""区政协2019年度反映社情民意信息工作优秀单位"。九三学社区委集体提案"加快推进'苏河之眼'节点建设,打造两岸融合发展示范标杆"被评为区政协一届四次会议以来优秀提案。参政议政方面,全年完成调研课题8项,《专利视角下长三角区域的人工智能产业协同发展》为九三学社市委重点课题,《推进AED基层普及工作的调研》入选九三学社市委基层组织自选课题。其他6项分别是《推进"两张网融合",赋能静安精细化管理》《静安区"十四五"期间优化医疗资源配置的建议》《关于静安区培育科技服务业、助推全球服务商计划的政策研究》《静安区雨水排水规划》《发展夜间经济,推动上海消费升级》和《建议将人工智能肺部结节CT筛选纳入慢病管理》。协助完成上海市科委的软科学研究项目《关于推动"数字长三角"建设的路径研究》的相关调研和结题工作。全年报送社情民意信息133篇,其中2篇被全国政协录用,8篇被市领导批示,20篇被市政协录用,7篇被中共市委统战部录用,7篇被九三学社中央录用,125篇被九三学社市委录用。九三学社区委受中共区委委托,对曹家渡街道和共和新路街道围绕"建立健全政务服务'一网通办'和城市运行'一网统管'两张网,提升超大城市治理的现代化水平"开展专项民主监督。思想建设方面,九三学社区委于7月启动"四史"和九三学社史学习教育。九三学社区委班子到常州学习,参观吴阶平纪念馆等地。购买《细节的力量——新中国的伟大实践》《民法典》等书籍发放给骨干社员自学。为庆祝九三学社创建75周年,举办"学四史、习社史,行走上海"社庆活动。参加九三学社中央庆祝九三学社创建75周年征文活动,一篇征文获二等奖,两篇获三等奖。与九三学社市委合作,请社员设计上架"德先生与赛先生"微信表情包两辑,向社庆75周年献礼。社会服务方面,九三学社区委主要做好对新冠肺炎疫情的防控工作。发动社员捐款捐物,积极撰写相关社情民意,为疫情防控和复工复产贡献智慧和力量。医师节前夕,为所有在职的医疗卫生系统的社员送上慰问信和慰问品。响应九三学社中央助力脱贫攻坚、推进健康扶贫的号召,3名社员到贵州省毕节市威宁县参与"九三学社院士专家科普行",为当地医院开展带教义诊和实地调研等工作。举办一场"静安区'十四五'规划分享"专题讲座。组织建设方面,九三学社区委完成下属13个支社委员会换届工作,选举产生新一届支社委员65人。七支社(原退休支社)和八支社合并。在"星级支社"评选中,一、二、四、十、十一、十三、十四支社获"五星支社"称号;三、五、六、八、九、十二支社获"四星支社"称号。全年发展新社员30人,其中获博士、硕士学位的共21人，获高级职称的8人，平均年龄38.2岁。至年底，九三学社区委下属支社13个、小组1个，有社员727人，其中有高级职称的社员占54%，科技、高等教育、医卫方面的社员占76%。

（戴隽）

【新冠肺炎疫情防控工作】 年内，九三学社区委社员积极捐款捐物，通过九三王选关怀基金会专项捐款30616元，其他渠道捐款26280元，捐赠医用口罩10080个、手术洗手液100多瓶及配套自动分发器和红外电子测温仪20台。在九三学社区委动员下，社员积极响应九三学社中央号召，在九三学社湖北省委"引凤出山消费扶贫电商平台"购买湖北农产品约2.5万元。九三学社区委被九三学社市委评为新冠肺炎疫情防控工作先进集体，社员姚慧洁、冯丹龙被评为九三学社中央抗击新冠疫情先进个人，郭亚文、喻梦珠、孟静、刘明明、史雄、华静、谢向阳、贺仁龙8名社员被评为九三学社市委新冠肺炎疫情防控工作先进个人。

（戴隽）

【九三学社市委主委钱锋一行到九三学社静安区委调研】 6月2日，九三学社市委主委钱锋一行到九三学社区委开展调研，并就九三学社组织自身建设情况与社员交流座谈。九三学社区委主委严俊瑛主持会议，介绍第一届九三学社区委成立以来，深入开展"不忘合作初心，继续携手前进"主题教育活动、提高组织建设水平、提升履职尽责能力等方面的工作情况和取得的成绩。九三学社区委副主委王志麟、王学伟等领导班子成员和社员代表11人就领导班子建设、制度和队伍建设、搭建多方平台开展课题调研履行参政议政职能等方面交流体会和感想。钱锋要求，九三学社区委要更好地把作风之实和履职之能结合起来，紧扣目标任务，不断加强自身建设，努力做到建言资政有用、凝聚共识有效。会前，钱锋与中共区委常委、统战部部长凌惠康会面交流。

（戴隽）

【开展"四史"和社史宣传教育】 7月23—25日，九三学社区委由主委严俊瑛带队，组织区委委员和部分骨干社员到江苏省常州市开展"四史"和社史学习教育活动。先后参观九三学社第九届、第十届中央委员会主席吴阶平先生纪念馆和茅山新四军纪念馆、常州"三杰"纪念馆等地，并到白马现代农业高新技术产业园区就农业科技创新、农业科技成果转化与产业化进行学习。

（戴隽）

【支社换届工作】 4月，九三学社区委根据《九三学社上海市委员会关于2020年区委、直属委员会下属支社换届工作的意见》，启动下属支社换届工作。九三学社区委按照"二上二下"的程序，4—6月，在各支社召开多次支委会会议和组织生活，经民主推荐，提出候选人建议名单(一上)；换届领导小组集体讨论审核，形成正式候选人名单(一下)；7—8月，13个支社召开组织生活进行正式投票，选举产生新一届支社委员65人(二上)；经九三学社区委会议审定，批准新一届支社委员会决定(二下)并报九三学社市委组织部备案。新一届支社委员中连任32人、新任33人，男委员37人、女委员28人，平均年龄46岁，支社主委平均年龄48岁。10月，九三学社区委召开支社换届工作总结会，举办支社委员会培训，指导工作交接。

（戴隽）

【庆祝九三学社创建75周年活动】 9月，为庆祝九三学社创建75周年，九三学社区委举办"学四史、习社史，行走上海"活动，组织200余名社员分三路，分别参观黄炎培故居和川沙营造

9月,九三学社区委举办庆祝九三学社创建75周年活动,图为参访四行仓库抗战纪念馆

(九三学社区委 供稿)

馆、中国劳动组合书记部旧址陈列馆、彭湃在沪革命活动地点旧址和上海革命历史博物馆;四行仓库抗战纪念馆和中共"一大"会址纪念馆,寻访先辈足迹,重温革命历史。 (戴隽)

(八)区工商联

【概况】 2020年,区工商联组织基层商会和会员企业全力做好疫情防控、捐赠服务、复工复产复市。第一时间通过微信公众号平台、执常委群、基层商会群宣传贯彻习近平新时代中国特色社会主义思想以及市、区有关文件精神,梳理编辑22期疫情防控和企业复工期间国家和上海相关文件政策摘编并及时发布。组织召开5次民营企业座谈会,听取企业家对抗击疫情和发展壮大民营经济的意见建议,要求深化企业服务,确保政策加快落地,坚定民营企业抗疫信心。向1500家会员企业征求复工复产的困难、建议,协调解决社保费免征缓征、企业复工申报等诉求,为300余家会员企业协调急需防控物资的采购,为企业复工复产创造良好基础。引导会员企业主动服务疫情防控大局,中谷物流、长快物流、济洪蔬菜、龙群集团等企业坚持生产运输和供应,力保生活防疫物资不断货,多媒体谷园区、红星美凯龙、睿洁环保科技等民营企业对所属商户均推出免租措施。区工商联发动会员企业主动作为、奉献爱心、履行社会责任,百家工商联会员企业捐款达760万元,捐助各类抗疫物资近35万件,百雀羚日用化学品有限公司捐赠价值2亿元的产品物资。《上海市非公有制理想信念简报(第11期)》全文报道"静安区工商联主动靠前服务,坚决打赢疫情防控和复工复产攻坚战",并专报全国工商联高云龙、徐乐江等领导。全国工商联、上海工商联等媒体、上海《现代工商杂志》2次专版报道静安区民营企业抗疫情促发展情况。区工商联发布抗击疫情和复工复产《情同根,力同心!会员企业献爱担责》系列专辑41期,积极弘扬抗击疫情先进事

迹和正能量。区工商联走访16名民营企业家，组织2次民营经济人士集体谈心活动。结合形势，围绕"坚定非公经济人士发展信心，非公企业守法诚信经营"两个重点，深化理想信念教育活动。组织全国"两会"精神专题报告会，邀请全国政协委员沃伟东、慧明法师，向大家宣讲全国"两会"精神，引导民营经济人士把大会的主要精神和对企业的优惠政策转化成实际行动，发展好企业，关爱好员工。区工商联青年商会举办"不忘初心、牢记使命"红色教育培训班，组织青年企业家和企业家二代到广西壮族自治区百色市，接受革命传统教育。区工商联加大宣传力度，组建基层商会和会员企业信息员队伍，微信公众号宣传工商联及基层商会、民营企业各类信息171条。区工商联及其所属基层商会被授予"2019年度上海市工商联基层组织非公有制经济人士理想信念教育特色工作"等3项荣誉。加强服务平台建设，推进静安民营经济高质量发展。区工商联创新民营企业法律服务工作机制，联合区司法局、区律师新的社会阶层人士联谊会，共同组建"静安新联心·抗疫必同行"公益法律服务团，为基层商会及民营企业提供公益法律服务。与区法院联手建立静安区保障非公有制经济发展"民商事协调"协作机制，为民营企业提供优质高效法律服务。"静安区民营企业家法律工作站"为优化静安区域营商环境、保障民营企业发展提供司法保障。区工商联组织召开"政会银企"四方合作机制工作推进会，推动建立由首批18家商会和22家银行及相关政府部门参加的"政会银企"四方合作机制，有24家民营企业通过合作机制获得融资，金额6039万元。区工商联主动加强与民营经济联席会议部门的沟通协调，一家会员企业上海证交所主板成功上市，为一家从事电梯生产的外贸制造企业及时调整扩大经营范围，组织60家会员企业参加市工商联2020年"海上云沙龙"抗疫惠企政策解读会。举办健康讲座并组织开展执常委54人和52家企业共180名企业家及员工的健康体检。加强交流合作，组织民营企业家到宁夏回族自治区吴忠市考察观摩，与吴忠市的民营企业家进行广泛交流。区工商联在区政协一届六次全会作"搭好平台、建好舞台，推动静安民营经济在'十四五'实现更好发展"的大会发言，提交"关于进一步繁荣静安区夜间经济的建议""关于加强信用体系建设，缓解中小微企业融资难问题的建议"等2件提案，办理政协提案答复2件。界别政协委员踊跃参政议政，提交各类提案和社情民意信息30余件，其中向市工商联、区政协报送沃伟东关于支持企业复工复产稳岗促就业、企业并购重组、民营经济高质量发展建议7篇，民营企业家关于更精细化筹备第三届进口博览会等建议11篇。区工商联围绕"优化营商环境，推进民营经济高质量发展"开展专题调研和民主监督工作，召集专项民主监督小组成员单位召开座谈会，结合各部门职责进行交流研讨。走访区有关部门、基层商会、民营企业深入调研，提出一系列建设性建议。累计组织670家会员企业完成全国工商联、市工商联、区商务委布置静安区民营企业抗击疫情、复工复产、经营状况等问卷调查工作。组织12家企业参加全国工商联组织的上规模企业调研。区工商联发挥基层商会平台载体作用，做好代表性企业入会工作，全年发展新会员110家。把创建四好商会作为重要抓手，组织召开基层商会工作推进会，布置"四好商会"建设等工作任务，推进基层商会工作制度落实，持续推进"一会一品牌"建设。5家基层商会被授予上海市"四好商会"称号，5名基层商会会长、5名基层商会秘书长分别获上海市优秀会长、优秀秘书长称号。组织民营企业积极参与精准扶贫工作，加大对口地区帮扶力度。"百企结百村"完成项目落地13个，投入资金近140万元。组织光彩事业捐款项目8个，资助金额 101 万元。区工商联与区政协、区人力资源社会保障局共同举办 2020 年"共克时艰稳就业,同心协力促发展""云招聘"活动,通过智联网平台上线,在静安区新理想大厦举行招聘活动。招聘活动共组织 276 家企业参与,其中 60% 是民营企业,提供 1188 个岗位。

(刘皓)

【红星美凯龙全面复工开业】 2 月 29 日,经过充足的前期准备工作和严密的防疫措施,静安区工商联(总商会)副主席企业、红星美凯龙集团旗下 285 家商场全面开业迎客。红星美凯龙制订详细防疫方案,各大商场组建防疫应急小组,每日追踪商场员工、经营商户及营业员健康状况,保证各项措施落到实处。红星美凯龙心系各大商户,在行业内率先提出免租一个月的政策,集团捐款 6600 万元,发起设立中国宋庆龄基金会"红星美凯龙爱家基金",首笔 2600 万元用于关爱湖北武汉等地定点收治医院的 ICU 医护人员,集团员工也发起自愿捐款倡议关爱医护人员,红星美凯龙集团通过多项举措为打赢疫情攻坚战奉献力量。

(刘皓)

【民营企业座谈会】 3 月 27 日,区工商联组织召开静安区民营企业座谈会,会议听取民营企业家对抗击疫情和发展壮大民营经济的意见、建议,研究推进静安民营经济工作。区委书记陆晓栋出席会议并讲话,区委副书记、区长于勇通报疫情防控和当前经济发展情况,副区长张军主持会议,区政协副主席沃伟东、沈刚参加会议。参加座谈 11 名民营企业家分别发言,介绍自春节以来抗击疫情、履行社会责任、复产复工复市、企业经营现状和对策举措等工作。企业家们还就抗击疫情和支持民营经济发展提出意见和建议。

(刘皓)

【汪剑明调研静安区民营企业】 4 月 8 日,市工商联副主席汪剑明到静安区民营企业调研,了解疫情防控和复工复产情况,听取企业参与消费扶贫工作情况,同时送上医用防护口罩等防控物资,表达市工商联对民营企业复工复产的全力支持。汪剑明一行先后到上海城市国际企业发展有限公司和淘菜猫信息发展股份有限公司,听取董事长崔轶雄和总经理王华的情况

3 月 27 日,区工商联召开静安区民营企业座谈会　　　　　　　　　　(区工商联　供稿)

汇报,对两家企业多年来主动帮扶云南、新疆、贵州等地区农副产品拓展市场,促进当地农户增收表示肯定。　　　　　　　　(刘皓)

【赵福禧调研静安区民营企业】 4月27日,市委统战部副部长、市工商联党组书记赵福禧到市北高新技术服务业园区调研民营企业复工复产情况。静安区委常委、统战部部长凌惠康,区委统战部副部长、区工商联党组书记徐宝安,市北高新集团党委副书记、总经理陈军等参加。赵福禧一行参观市北高新企业AI体验馆、上海宝欧工业自动化有限公司,详细了解园区发展现状和企业复工复产、经营现状等情况。在随后召开的座谈会上,赵福禧肯定静安区工商联和市北高新技术服务业园区商会在民企复工复产等方面所做的大量工作,对企业家们积极响应党和政府号召,在复工过程中采取的有力措施和主动承担社会责任表示赞赏。赵福禧表示,座谈会企业反映的情况和问题,会及时向有关部门反映和协调,进一步推动政策落实,不断提高企业的政策感受度和获得感,实现民营经济更高质量发展。　　　　　(刘皓)

【区工商联主席(会长)会议和全国"两会"精神报告会】 于6月12日在静安寺召开。会议由区委统战部副部长、区工商联党组书记、副主席徐宝安主持。区工商联(总商会)主席(会长)、副主席、副会长出席会议。会上,徐宝安总结区工商联(总商会)2020年上半年工作,部署下半年重点工作安排,通报上海市工商联(总商会)民营经济人士副主席、副会长履职评价办法(试行)情况。徐宝安还就确保上海市工商联执常委会议出席率、慰问会员企业家活动、会员企业体检等工作提出要求。区工商联副主席史海云、龚晓鸣分别就区工商联会员发展、会费收缴与使用情况、专项民主监督及调研工作进行通报。会议审议通过上半年工作、会员发展、会费收缴与使用情况等报告;听取、审议2020年会费收缴办法的说明。会议传达、学习全国"两会"精神,全国政协委员沃伟东、慧明法师分享他们出席全国"两会"的见闻与感受。　　(刘皓)

【组织民营企业家到宁夏回族自治区考察】 9月18日,区工商联副主席龚晓鸣率民营企业家考察团一行到宁夏回族自治区吴忠市考察。考察团一行在吴忠市工商联主席杨松涛陪同下,先后到宁夏伊利乳业有限责任公司、吴忠仪表责任有限公司、宁夏塞外香食品有限公司、宁杨食品有限公司等企业,了解吴忠市工业经济运行和食品深加工等情况。在随后召开的座谈会上,区工商联各基层商会民营企业家与吴忠市基层商会的企业家进行交流。　　　(刘皓)

【区工商联青年商会举办青年企业家红色教育培训班】 10月27—31日,区工商联青年商会组织青年企业家和企业家二代共26人到广西壮族自治区百色市,举办"不忘初心、牢记使命"红色教育培训班,培训班在百色市委党校进行。开班仪式上,区工商联副主席史海云作开班动员,百色市委党校副校长李树立作《百色起义光照千秋》专题报告,并介绍百色特色文化和民俗。　　　　　　　(刘皓)

【一届八次主席(会长)会议、一届五次常委会议】 于12月2日在区政府4楼多功能会议室召开。区政协副主席、区工商联主席(会长)沃伟东出席。会议由区工商联副主席史海云主持。会议增补李帆为区工商联(总商会)第一届执行委员会委员、常务委员、副主席、静安区总商会副会长,并审议通过有关人事调整事项。区工商联副主席、区总商会副会长、区工商联(总商会)常委等90余人参加。　　　　　　　　　(刘皓)

七、人民团体·社会组织

编辑　庞雅琴

（一）区总工会

【概况】 2020年，区总工会辖街道总工会13个，镇总工会1个，园区总工会1个，机关事业工会17个，企业集团工会14个。基层工会2449个，涵盖单位10507家。职工230035人，女职工111285人。工会会员223456人，其中女会员107444人，农民工会员27077人。工作机构设办公室、基层工作部、劳动关系部、权益保障部、宣传教育部。另有工人文化宫、工人体育场、职工援助服务中心、事业管理服务中心等4家事业单位。年内，区总工会贯彻中央和区委的决策部署，组织职工群众投身防疫复工工作。第一时间抓牢疫情防控工作。为抗疫一线提供有力的服务保障。充分发挥工会组织在统筹推进疫情防控和经济社会发展中的重要作用。广泛开展各类主题劳动竞赛，激发广大职工建功新时代的主人翁精神和创造活力。做好先进选树工作，加强示范引领作用。做好劳模先进的管理服务工作。开展各类劳动和技能竞赛。忠实履行维权的基本职责，维护职工合法权益和职工队伍稳定。维护职工劳动经济权益。积极构建和谐劳动关系。加强法律援助工作，及时化解矛盾。提升服务质量，推进工会改革继续向纵深发展。加大帮扶力度，做好传统工会品牌工作。扩大工会服务受益面。持续深化工会改革创新。以党建为统领推进工会自身建设，不断加强工会干部队伍建设。深入学习贯彻中共十九届五中全会精神。全面加强工会系统党的政治建设。扎实开展"四史"学习教育。扩大工会组织覆盖面。

（裘梅芳）

【区总工会一届十一次全委（扩大）会议】 于1月15日在海上文化中心5楼多功能厅召开。区委副书记黄红出席会议讲话。区人大常委会副主任、区总工会主席叶坚华作常委会工作报告，总结2019年全区工会工作，部署2020年工作重点。区总工会第一届委员会委员、第一届经费审查委员会委员，各大口工会主席、副主席，区第一次工代会部分代表，部分基层工会干部和区总机关及直属事业单位相关人员等200余人出席。会议审议并通过区总工会常委会工作报告，以及区总工会经费审查委员会工作报告。会议对区总工会第一届委员会进行人事调整。

（张圣奥）

1月15日，区总工会一届十一次全委（扩大）会议召开　　　　（区总工会　供稿）

【举办送春联活动】 1月7—20日，静安区总工会主办、静安区工人文化宫承办的"书千副春联，送千户人家"2020年送春联活动举行。送春联活动是春节前夕静安工会服务基层职工、服务非公企业职工的特色品牌项目，至2020年已连续开展8年。活动开幕式在天目西路街道党群活动中心举行。市总工会副主席桂晓燕、区总工会副主席谭振勇、市工人文化宫副主任凌颖，天目西路街道党工委副书记、总工会主席张丽珍，上海楹联学会副会长吴敏等出席活动，并向职工代表赠送春联。开幕式现场还引进市工人文化宫"传统文化直通车"文化配送项目，邀请4名传统手工艺品制作大师现场为职工服务。送春联活动共安排沪上书法家近90人（次），到全区14个街镇和市北园区为职工们现场服务，送出近3000副手写春联、福字。为满足基层个性化定制需求，组织安排书法家50余人（次）分别到区医务工会、区机关工会等单位自行承办的13场送春联活动现场，手写春联、福字2200余副。

（江屹巍）

【"美丽新静安，岗位建新功"2019年静安区劳动竞赛表彰大会】 于12月30日在区文化馆举行。区总工会党组书记、副主席郑志勇，市总工会基层工作部部长张刚、区总工会副主席李昍等出席活动。大会表彰2019年静安区劳动竞赛活动的先进单位及个人，区医务工会、开开集团工会和上海大宁国际茶城分别代表系统、集团公司、基层工会作交流发言。　　（宋怡文）

【静工学堂2019年成果展】 12月24日，由区总工会主办、区工人文化宫承办的"不忘初心·公益惠民"——静工学堂2019年成果展开幕式在静安区工人文化宫举行。区总工会党组书记、副主席郑志勇，市工人文化宫主任高越等出席。参加活动的有来自静安区各大口系统工会的领导干部和静工学堂学员以及职工文艺爱好者们。郑志勇宣布展览开幕，并为获2019年静工学堂优秀组织奖的10家单位颁发奖状。2019年，静工学堂服务职工近14000人（次），开设各类课程500余次，涉及大口工会30余家,受到约课单位欢迎。展览分书法、国画、硬笔书法、摄影和剪纸5个区域,展出120件来自静工学堂师生代表的作品,展现静安区各机关企事业单位广大职工丰富的业余文化生活和奋发向上的精神风貌。 (陈晔佳)

【慰问抗疫一线职工】 2月9日,区人大常委会副主任、区总工会主席叶坚华带队,到宝山路街道和铁路上海站,走访慰问工作在抗疫一线的社区工作者、铁路职工、公安、城管、环卫及工会志愿者。区总工会副主席谭振勇、徐晔陪同走访。自抗击疫情以来,区总工会向静安区中心医院、闸北中心医院、区疾控中心、市北医院、街镇、园区等单位下拨64万元送温暖专项资金。向上海站管委办配送600份暖宝宝等物资。 (姚馨)

【举办致敬红色工运先烈活动】 于4月30日在中国劳动组合书记部旧址举行。区总工会副主席谭振勇、李昍,区总工会经审委主任张伟与劳模先进代表郭康玺、徐晓唯、安从真、梁胜芳、朱道义一起向工运先烈献花。大家一起参观中国劳动组合书记部旧址陈列馆。 (杨宇骏)

【市总工会副主席朱雪芹慰问静安区集中隔离点工作人员】 7月22日,市总工会副主席朱雪芹一行,到静安区集中隔离点,慰问奋战在抗疫一线的医护、公安、志愿者等隔离点工作人员。区总工会党组书记、副主席郑志勇,区卫生健康工作党委书记胡世斌,区总工会副主席李昍等陪同。朱雪芹一行查看隔离点工作环境、设施配备,询问工作流程、制度保障等情况,并向工作人员送上高温防暑降温用品。 (沈诗贤)

【区总工会一届十二次全委(扩大)会议】 于7月8日在北京西路1510号2楼会议室召开。会议总结上半年工作,部署下半年任务。区人大常委会副主任、区总工会主席叶坚华代表常委会作工作报告。区总工会党组书记、副主席郑志勇主持会议。区总工会第一届委员会委员、区总工会第一届经费审查委员会委员和各街镇(园区)、机关事业、企业集团工会主席等出席会议。 (张圣奥)

【上海市职工保障互助会到静安区调研互助保障工作】 7月14日,上海市职工保障互助会主任顾学庆一行到静安区调研互助保障工作,区总工会副主席李昍主持调研会。静安区大宁集团、城发集团、梅龙镇集团、开开集团、北方集团、九百集团等单位参与调研。调研会上,顾学庆就近期基层反映问题,进行针对性解答,并听取各集团单位对"退休住院保障计划"参保管理、费用调整、参保时间的意见和建议。随后,顾学庆一行到静安区总工会职工援助服务中心及静安寺街道社区事务受理服务中心开展"送清凉"活动,慰问窗口工作人员。 (陆云)

【开展和谐劳动关系创建活动】 年内,经区协调劳动关系三方委员会研究,继续开展2020年静安区和谐劳动关系创建活动。召开2020年静安区和谐劳动关系创建活动推进大会,表彰被评为上海市和谐劳动关系达标企业的154家企业,区人力资源社会保障局、区总工会、区工商联、区企联联合下发《关于2020年静安区协同推进和谐劳动关系创建活动的通知》。区协调劳动关系三方成员单位和各街镇、园区全面发动,并通过分级培训、发放创建活动业务手册和宣传册、开展典型企业示范宣传等形式,多条线引导企业在网上申报,指导企业完善内部民主协商机制,凝聚共识、共克时艰。 (严琪)

【区卫生系统职工技能竞赛决赛】 8月4日,由区总工会主办,区卫生健康委、区医务工会承办的2020年"医在静安,砥砺前行"静安区卫生系统职工技能竞赛决赛在市北医院会议室举行。区总工会党组书记、副主席郑志勇、区卫生健康委主任叶强等出席。6支代表队18名选手进入决赛。参赛选手对急救知识的灵活应用、患者病情的准确判断、娴熟的操作手法受到专家好评。经过激烈角逐,静安区闸北中心医院代表队夺冠,静安区中心医院、市北医院代表队获二等奖,大宁路街道社区卫生服务中心、彭浦新村街道社区卫生服务中心、南京西路街道社区卫生服务中心代表队获三等奖。 (吴荻)

【节能减排金点子征集活动】 7月,区总工会开展静安区职工节能减排金点子征集活动。全区有827家单位、10530名职工参与征集活动。很多金点子非常具有创意,是职工们在工作、生活中的经验总结和感悟,有的是对节能减排工作的意见和建议,有的已被运用到实际工作和生活中。25家单位被评为节能减排金点子征集活动优秀组织奖。 (李少华)

【"聚焦大数据、赋能展新风"大数据主题专项劳动竞赛】 于9月15日在区市北高新技术服务业园区举行。来自全市104支团队围绕防疫防控、健康生活、复工复产、交通出行、社会治理等五大主题展开竞赛。比赛由哔哩哔哩视频网站现场直播,数十万人观看。竞赛评出1个一等奖、2个二等奖、3个三等奖和5个特别推荐奖。作为上海工会系统首个大数据行业劳动竞赛,竞赛打破工会传统劳动竞赛形式,利用大数据技术与手段,解决社会难点、痛点问题,推动形成一批创新型数据应用和智能创新成果。上海市大数据中心和大赛组委会对数据有深入理解、技术上有独到之处的获奖团队,提供项目、数据、导师和资金方面的对接机会,力求将作品实现成果转化。 (陈翠萍)

【召开2020年"金秋助学"推进会】 8月28日,区总工会召开2020年静安工会"金秋助学"推进会暨理事会第十四次会议,区总工会党组书记、副主席郑志勇出席会议,各金秋助学理事单位成员、优秀受助学生代表等近50人参加会议。会上,各理事单位审议2019学年"金秋助学"有关事项,区总工会为优秀受助学生代表颁发"2020年静安工会助(奖)学金"。2020学年区总工会助(奖)学87人,发放助(奖)学金31.975万元。 (夏晨荷)

【第六届静安区旅游饭店行业工会迎进博劳动竞赛】 9月30日,区总工会、区文明办、区商务委、区文化旅游局在美丽园大酒店举办"窗口创文明,岗位建新功"——第六届静安区旅游饭店行业工会迎进博劳动竞赛。来自全区旅游饭店行业的16家单位参加。区总工会党组书记、副主席郑志勇,区委宣传部副部长、区文明办主任马嘉槟等出席。经过4轮角逐,上海宾馆、宝格丽大酒店获大赛金奖。 (宋怡文)

【星级"职工书屋"评定】 年内,区总工会推进星级"职工书屋"建设。星级"职工书屋"评定设一星级至五星级5个等级,根据职工书屋的规模、藏书量、借阅次数以及是否开展读书活动、参与职工数量等标准综合打分。星级"职工书屋"一年一评,实行动态管理,凡符合星级条件的,予以授牌或升级,凡不符合星级条件的,予以降星。年内,有21家建成星级职工书屋,1家获评"全国职工书屋示范点"。至年底,全区建成星级职工书屋257家,其中12家获评"全国职工书屋示范点"。 (姚馨)

【"脱贫攻坚一线建设者"研修班静安区主题日活动】 11月17日,区总工会会同区合作交流办联合举行"脱贫攻坚一线建设者"研修班静安区主题日活动在胶州路298号1楼会场举行。区委书记于勇,区委副书记、区长王华,市总工会副主席郭箐,区委常委、副区长梅广清,区政府办公室主任董海明,区委办公室主任潘国力,区总工会党组书记、副主席许俊等出席。主题日活动由专场报告会和学习参观两部分组成。报告会前,市、区领导接见静安区东西部扶贫协作和对口支援市(县)到沪参加研修班的成员代表,并合影留念。区历届劳模、先进工作者代表,各街镇(园区)总工会、各系统、集团公司工会主席、工会干部和职工代表等近120人参加报告会。会上,4名"脱贫攻坚一线建设者"周巧巧、娄孝发、严布衣、李晟晖分别讲述投身脱贫攻坚的亲身实践和感人故事,展现"脱贫攻坚一线建设者"的初心和使命。报告会后,研修班的6名成员代表参观中国劳动组合书记部旧址陈列馆和具有静安区产业特色代表的市北高新企业AI体验馆和上海大数据中心。

(姚馨)

【"九九静安飘桂香、重阳为老暖夕阳"为老服务专场活动】 于10月23日在昌平路888号举行。活动由区退管办和区总工会职工援助服务中心举办。区总工会副主席李晅出席。活动设理发、修钟表、修鞋等传统为老服务,来自上海市中医医院、上海市静安区闸北中心医院的医护人员在现场为老年人提供免费咨询。活动首次与工会会员服务日相结合,引进"大篷车"活动。老字号品牌"雷允上""西区老大房""王家沙"及各类商户共同提供为老特卖服务。现场有不少年轻工会会员购买各类养生产品、水果糕点、衬衫睡衣等作为重阳节礼品送给老人。活动现场举行"不见面"招聘会,求职者通过查看"易拉宝"宣传广告了解企业岗位情况,以邮件方式投递简历。为老服务活动有近千人参与,受到老年朋友欢迎。

(蔡玥)

【区总工会一届十三次全委会会议】 于11月13日在区总工会会议室召开。区总工会第一届委员会委员出席会议。区人大常委会副主任、区总工会主席叶坚华主持会议。会议对区总工会第一届委员会委员、常委、副主席进行补选。经过民主程序,许俊当选为区总工会第一届委员会副主席。

(蒋康乐)

【2020年区政府与区总工会联席会议(扩大会议)】 于11月25日在常德路370号四楼多功能会议室召开。区人大常委会副主任、区总工会主席、区联席会议协调小组组长叶坚华,区政府副区长、区联席会议协调小组组长龙婉丽出席会议。会议由龙婉丽主持。18个部门的分管领导、各街道(镇)副主任(副镇长)和街道(镇)、市北园区总工会主席参加会议。会议通报2019年联席会议议题落实情况、区经济社会发展情况以及政府工作中涉及工会工作的情况;通报各街镇推进联席会议情况以及2020年静安工会服务区委、区政府工作大局的重要举措和重点工作。会议审议并通过"关于进一步做好困难职工家庭毕业生就业工作的议题"和"关于充分发挥中国劳动组合书记部旧址陈列馆教育功能的议题"。

(严琪)

【2020年上海市劳动模范(先进工作者)和上海市模范集体表彰会静安区分会场大会】 12月2日,2020年上海市劳动模范(先进工作者)和上海市模范集体表彰会以视频会议形式召开。静安区在常德路370号4楼多功能厅设分会场,74名来自静安区和5个市局(产业)的全国劳动模范(先进工作者)、上海市劳动模范(先进工作者)以及模范集体代表出席区分会场活动。静安区有2名全国劳动模范(先进工作者)、19名上海市劳动模范(先进工作者)和9个上海市模范集体受到表彰。区委书记于勇,

区人大常委会主任顾云豪,区政协主席丁宝定,区人大常委会副主任、区总工会主席叶坚华和化学、铁路、运输、绿化、华建、教育、东浩兰生等市局(产业)领导在区分会场收看表彰大会。会后,区领导和区新当选的全国劳动模范(先进工作者)、上海市劳动模范(先进工作者)以及模范集体代表合影留念。　　(李少华、黄欢)

(二)共青团区委

【概况】 2020年,团区委以中共十九大精神和习近平新时代中国特色社会主义思想为指导,深入贯彻落实"人民城市人民建,人民城市为人民"重要理念,打造"青年向往之城"。认真落实习近平总书记考察上海重要系列讲话和关于统筹推进疫情防控和经济社会发展工作系列重要讲话精神,团结带领广大团员青年接续奋斗、拼搏奋进,汇聚青春力量投入到常态化疫情防控和经济社会发展工作中。年内,组织青年参与青春战"疫",疫情期间团区委共招募社会志愿者605人,累计参与志愿服务1156人(次),总时长达9950小时。全区共成立疫情防控青年突击队78支,突击队员总数达2172人。联合街道走访税收重点楼宇和企业,整合上海外服及8家金融机构推出"同心助企"服务手册,与区政协、区人力资源社会保障局共同举办云招聘,14家青联、青企协单位提供69个岗位、招募90人。团区委、区少工委对314名战疫一线人员子女送出"领巾萌小兔"传达爱心与正能量,为636名社区青少年提供防疫宣传、情绪舒缓、调解家庭矛盾和劳务纠纷等青少年社工线上一对一服务。加强青年思想引领,组建第一批共37名来自公安系统、卫生系统、教育系统青年讲师团,以"身边榜样感召身边青年"为指引,成立"JA37民星讲师团",创新理论传递方式,让更多青年接触党的思想。通过"奋斗吧青春""奋斗之声""六一线上云队会"等线上直播分享会,传播青春正能量,覆盖青少年近42000人(次)。优化升级小程序"领巾心向党、小小追梦人"线上考察攻略,线下签到实践,至年底,该小程序有注册用户26549人,访问量110260次,累计总打卡数409862次。搭建青年风采展示平台,开展"青春心向党、建功新时代"青年岗位建功行动,评选出43家区级青年文明号,43支区级青年突击队和7个区级青年安全生产示范岗,选树60名区级青年岗位能手。围绕中心服务大局,以"青年向往之城"为主线开启区"十四五"青少年专项规划,共开展6场座谈会和3场专家研讨会。围绕"共同家园·基石工程"工作要求,构建《青春社区创建指标体系》,"青春社区"创建总数达81家,培育发展青年草根团队50余个。不断推进业委会中团青骨干的参与覆盖,全区含青年委员的业委会有92个,共122人,占全区业委会总数的12.45%。出台静安区深化全国少先队改革试点工作方案,围绕"五个一"(绘制一张涵盖全区140个点位的实践地图,建立一套社区大、中、小队的三级体系,发布《静安区社区少先队入门宝典》,完成《静安区青少年参与社区治理工作模式的创新研究》课题,不断配齐配强校外辅导员队伍)的改革目标要求,开展14场少先队试点改革工作街镇推进会,在社区、学校推出十大品牌活动项目,整合资源发布含有140个社区化实践点位的《静安区社区少先队实践地图》和《静安区社区少先队工作指南》。全年推出"乐活青春""午间一小时"等近50余场服务活动,聚焦青春自我修养和青年职场技能。策划开发"青年和集"(Youthand)小程序智慧零售商城。组织青年志愿者服务第三届中国国际进口博览会。全年,完成区青年联合会、青年志愿者协会、学生联合会换届工作。至年底,全区有团组

织 1545 个、团员 20514 人。　　　（涂毓敏）

【共青团静安区第一届委员会第六次全体（扩大）会议暨"青春合伙人"项目招聘会】 于 1 月 15 日在区党建服务中心举行。团区委全体书记班子及机关全体干部、各区属团组织主要负责人出席会议。"青春合伙人"项目招聘会首次使用"机关—基层"项目对接面对面的形式，精准对接青年需求，助推项目快速落地，切实精准服务好区域青年。　　　（涂毓敏）

【组织青年参与青春战"疫"】 年内，团区委共招募社会志愿者 605 人，参与志愿服务 1156 人（次），总时长 9950 小时。从 1 月底至 3 月中旬，团区委通过社会化动员陆续派出 5 批次 52 名青年志愿者参与铁路上海站志愿服务工作，每天分 4 个班（次）24 小时在岗，团区委 1 名机关干部常驻铁路上海站协调日常事务，2 名机关干部前往机场参加疫情防控工作。全区成立疫情防控青年突击队 78 支，突击队员总数 172 人，奋战在疫情防治一线和铁路上海站、街镇社区、楼宇园区三道关口。（涂毓敏）

【静安青年纪念五四运动 101 周年系列活动】 5 月 4 日，静安青年纪念五四运动 101 周年主题团日活动在中共二大会址纪念馆和大沽路团中央机关旧址举办，区委副书记黄红、区委常委、区委组织部部长顾春源、区委常委、区委宣传部部长姜鸣出席活动。系列活动推出"五四"青年风尚节，发挥共青团组织"团小二"积极作用，通过打造大沽路青年风尚街、"快闪集市"活动、线上音乐会等方式，推出共青团服务楼宇经济和营商环境新模式。　（涂毓敏）

【2020 年静安区少先队改革工作】 2020 年，静安区被确定为全国 12 个首批深化少先队改革试点区（县、市）之一，团区委、区少工委开展 14 场少先队试点改革工作街镇推进会，聚焦校外重点领域，坚定社会化方向，从拓展阵地载体、调整力量结构、创新工作方式和改革工作机制等四个维度，掌握破解问题的有效路径，切实担负起为党育人的职责使命。　（涂毓敏）

【静安区中学生共产主义学校开班】 7 月 15 日，2020 年静安区中学生共产主义学校开班仪式暨 2019 年静安区中学生共产主义学校结业典礼在中共二大会址纪念馆举行。2020 年区中学生共产主义学校授权市西中学、市北中学、育才中学和新中高级中学为静安区中学生共产主义学校分校，同时发挥区域红色资源优势，聘请四党党委负责人和中共二大会址纪念馆副馆长担任 2020 年区中学生共产主义学校导师。

（涂毓敏）

【走进政协暨共青团与人大代表、政协委员面对面活动】 8 月 10 日，静安区中学生共产主义学校实践活动之"走进政协暨共青团与人大代表、政协委员面对面"活动在区政协礼堂举行。学员参观区政协协商议事场所并模拟政协委员进行提案阐述。区人大代表、政协委员模拟相关部门作出办理回复并与现场学员开展协商。8 月 11 日，《联合时报》头版对活动进行报道，活动获得市政协党组书记、主席董云虎肯定。　　（涂毓敏）

【"星火百年，静守初心"四史学习红色经典诵读会】 8 月 22 日，团区委联合上海广播电视台团委、上海报业集团团委共同举办"静安新青年主题团日活动暨'星火百年，静守初心'四史学习红色经典诵读会"。活动中，团市委基层部部长任涉、团区委书记吴佳妮共同为"青年中心学习社"揭牌。　　　（涂毓敏）

【新媒体KOL静安先锋训练营开营】 9月25日,由团区委和区融媒体中心共同主办的新媒体KOL静安先锋训练营在共和新路街道党群服务中心开营,首期学员53人。新媒体KOL静安先锋训练营为期2个月,邀请到上海发布、新华社上海分社新媒体中心、澎湃新闻、新民晚报、SMG融媒体中心、青春上海等知名新媒体的资深编辑们授课。
(涂毓敏)

【静安区青年志愿者协会第二届会员大会】于9月30日在大宁剧院举行。120余名协会会员和各界青年代表出席大会。大会审议并通过《上海市静安区青年志愿者协会章程(修订版)》草案,选举产生第二届理事会、第一届监事会。张玉霞当选第二届理事会会长,王优嘉、刘玮、娄晓祯、顾育真、曹娜、曾华珺当选副会长,陈宝莲当选监事长。
(涂毓敏)

【区庆祝少先队建队71周年主题集会】 10月13日,由团区委、区教育局和区少工委联合举办的"少先队改革再出发,为红领巾增添新时代的荣光"——2020年静安区庆祝建队71周年主题集会在静安区青少年活动中心(北部)举行。区委常委、组织部部长顾春源,团市委少年部部长王晶,区教育党工委书记胥燕红,团区委书记吴佳妮等出席活动,少先队员代表、辅导员代表、少先队工作者共100余人参与活动。活动现场启动发布2020年《静安区社区少先队实践地图》和《静安区社区少先队工作指南》。活动围绕全国少先队改革工作的总目标、总要求,进一步完善"三建四联动"("三建"指加强活动建设、加强科研建设、加强队伍建设,"四联动"指阵地联动、团队联动、社校联动、团教联动)工作机制。
(涂毓敏)

【静安区青年联合会第二届委员会第一次全体会议】 于10月27日在大宁剧院召开。210余名委员和各界青年代表出席大会。大会听取区青联一届委员会工作报告,审议通过《区青联工作细则》《区青联界别工作制度》,选举产生第二届青联主席、副主席、常务委员会委员。吴佳妮当选主席,丁德应、许涛芳、吴昊、陆迪、

9月25日,新媒体KOL静安先锋训练营开营 (团区委 供稿)

谈燕、康正宁、翟惟清当选副主席。（涂毓敏）

【静安区学生联合会第二次代表大会第一次全体会议】 于12月25日在新中高级中学音乐厅举行。育才中学学生会朱祎雯、新中高级中学学生会徐逸群向大会作《筑牢信仰之基，服务学习成长，展现奋进姿态，为建成国际静安卓越城区贡献青春力量》工作报告，大会选举产生上海市静安区学生联合会第二届主席团成员团体及委员会委员团体。（涂毓敏）

【第三届中国国际进口博览会静安区志愿者上岗誓师仪式】 11月3日，区文明办、团区委联合举办"青春迎进博实践新风尚"第三届中国国际进口博览会静安区志愿者上岗誓师仪式。区委宣传部副部长、区文明办主任马嘉槟、团区委书记吴佳妮、区文明办副主任杨亚洲、团市委社会工作部副部长张笑、团区委副书记陆迪出席仪式。中国国际进口博览会期间，团区委组织区级机关青年志愿服务队、进口博览会内宾接待等志愿者队伍，为中国国际进口博览会和城市文明服务发挥青春力量。（涂毓敏）

【爱情有YOUNG 静安新青年七夕特别活动】 于8月16日在静安大悦城举行，团区委为来自公安、医卫、城管、市监等系统始终值守在抗疫最前端青年情侣精选静安大悦城内的主题展览、VR体验、手作工坊及摩天轮，制订大悦城×静安新青年七夕专属打卡路线。现场特邀阿卡贝拉表演团队用纯人声欢快音律活跃现场，为幸福爱情和声。团区委书记吴佳妮，静安大悦城副总经理魏璞为天台表白的情侣颁发爱情通行证和爱情福袋，共同记录这一时刻。（涂毓敏）

【"新青年×老字号，从遇见到爱上"安义夜巷静安青年特别店】 5月4日，团区委与静安嘉里中心合力打造的"青春快闪集市系列活动"启动，集市主打"新青年×老字号，从遇见到爱上"，搜罗新奇好玩的好物，每天11点至14点在嘉里商务中心南座B1楼快乐集结，专属社群福利更是通过线上线下齐互动模式整月放送。青春快闪集市作为共青团首次尝试的新兴服务模式，借助线下流量平台，通过专业美陈设计摆放，挖掘老字号产品的新生代表达形式。（涂毓敏）

（三）区妇联

【概况】 2020年，区妇联紧紧围绕区委、区政府中心工作和全国、市妇联工作要求，深入推进妇联改革"破难行动"，保持和增强政治性、先进性、群众性，凝心聚力，锐意进取，不断开创静安妇女工作新局面。结合"四史"学习教育要求，区妇联深入学习贯彻习近平新时代中国特色社会主义思想、中共十九届五中全会精神，认真贯彻落实习近平主席在联合国大会纪念北京世界妇女大会25周年高级别会议上的重要讲话精神，结合当前工作，宣传男女平等基本国策，收集妇女代表的热议和反响，关心关注特殊群体，帮助妇女摆脱疫情影响，努力推进妇女全面参与和发展。切实做好第四期中国妇女社会地位调查，完成静安区90份个人问卷和6份社区问卷的调查、审核工作。围绕"十四五"规划编制、儿童友好社区创建、巾帼建功创建、服务联系企业、寻找最美家庭、帮困慰问等问题，通过走访调研、妇女需求问卷调查、网络平台意见建议征求、代表履职案例收集等形式征集民情民意，全年走访企业、居民区、社会组织及家庭共400余家（次），召开征求意见座谈会6场，收集意见建议共43条，形成调研成果报告4篇，形成特色亮点工作专题报道材料3篇。联手中国妇女发展基金会、玫琳凯(中国)有限公司和上海海蕴女性创业就业指导服务中心,以助推小微、初创企业女性及创业带头人赋能提升为目标,实施"@她创业计划——女性成长计划"项目,为创业女性提质增效近300人(次),征集创业项目近60个,其中2个项目获市级女性创业大赛奖项、1个项目获得市级大学生科技创业基金资助。开展寻找"最美家庭"活动,其中,曹鹏家庭、赵亦沁家庭、赵卿峰家庭获第十二届"全国五好家庭"称号,方嘉列家庭获"全国最美家庭"称号,朱正敏家庭获"全国抗疫最美家庭"称号,24户家庭获"海上最美家庭"称号。组织开展"倡导'三个注重',传承好家风好家训"——"阅美静安"最美家庭诵读活动,共征集到500多个视频,宣传中华传统美德、援鄂医护人员和社区抗疫工作者、志愿者抗疫故事。结合"美丽楼组"建设项目,开展"亮家风"活动,以"家训带楼训,家风带楼风",全年各街镇共创建"亮家风"特色文化楼252幢。健全白玉兰开心家园"四位一体"(心理疏导、信访接待、法律援助、人民调解)妇女维权工作机制,分层分类开展以心理疏导为主,以信访、法援、调解等为基础的综合性维权服务,接待处理各类来信、来访、来电共200多件(次)。实施婚姻家庭纠纷预防化解项目,建立法院婚调接待点和临汾路街道法治服务中心婚调工作社区示范点,打造三级婚调工作网络,接待163人(次),完成书面调解协议64件,汇编优秀案例8篇。与区信访办联合开展第五轮知心妈妈项目,为服务对象提供心理疏导和家庭关护服务。开展普法宣传,组织妇女干部参加讲座,旁听社会热点案件;针对离婚家庭、青春期少年等对象开展6场微课程教育;组织未成年人走进法院、检察院开展职业体验、模拟法庭等。开展帮困慰问,结合元旦、春节、"8·18"帮困助学活动等重要节点,为身患重症或长期卧床的困难市级三八红旗手、身患妇科重症的困难妇女、准孤儿及困难家庭等7类对象开展帮困送温暖活动,各级妇联组织、妇女干部共走访慰问贫困妇女儿童家庭134户(人),发放市、区级帮困资金17.2万元;为72名0—3岁低保、低收入家庭儿童共发放3.6万元的牛奶卡;为53名困难家庭应届大学生、高中生实施8.18帮困助学,发放市、区帮困款及专项帮扶金12.5万元。为社区退休妇女和生活困难妇女免费提供妇科病、乳腺病筛查,全区有5875人受益。按照区委、区政府关于开展"百企结百村"精准扶贫工作要求,动员区域内6家女性社会组织和企业,与云南省文山州广南县下属6个贫困村签订扶贫协议,区妇联汇集资金近80万元,完成大田村小学等爱心公共浴室建设,净水设备配置、音乐教室配备、物资捐赠等帮扶。推进儿童友好型社区创建工作,静安寺街道、石门二路街道、大宁路街道、临汾路街道、彭浦镇完成市级验收评估,创建优良率100%。培育遴选芷江西路街道城上城居民区妇女之家、凯迪克大厦妇女之家成功入选上海市提高级妇女之家,5家妇女之家入选为2020年度上海市妇女之家示范点。推进市级妇女之家示范点项目化运作,全年为各级妇女之家配送课程90余场。动员全区妇女、家庭为做好疫情防控和推进复工复产贡献巾帼力量。选派青年党员干部参与社区、机场一线疫情防控工作。发动妇联干部、区域内先进集体和个人开展疫情防控捐款捐物,共1300人参与市儿童基金会在线捐款,累计捐款14.5万元。静安俪人荟爱心企业及女企业家自发捐物捐资累计近300万元。接收市妇联、市儿基会等爱心企业及爱心人士捐赠物资,全数配送到街镇社区、企业商铺、园区物业等一线工作人员。为援鄂医护工作者家庭开展"三送"(送问候、送服务、送鼓励)关爱服务,区、街镇两级妇联走访慰问区级医疗机构援鄂医护工作者6人、家住静安市级医疗机构工作的援鄂人员近90人,及区疫情防控一线医疗机构班组7个,了解需求,加强对接,为企业提供政策咨询,搜集挖掘典型事例,加强宣传示范引领。　　　　　　（范斯婕）

【慰问抗疫一线妇女工作者】　年内,区妇联在三八妇女节也是全国上下万众一心、团结战"疫"的关键时期,及时关心在疫情防控中发挥积极作用的三八红旗手（集体）、巾帼建功先进集体（个人）、基层一线妇女工作者、巾帼志愿者等,感谢她们在疫情防控的特殊时期,立足本职岗位提供热情、贴心、精准的服务,为她们送上娘家人的关爱和祝福。　　　　　（范斯婕）

【开展"送问候、送服务、送鼓励"活动】　3月,区妇联走访慰问区6户援鄂医疗队员家庭,向他们送上生活用品、保健品等,了解他们实际需要,提供有针对性服务。同时,发动静安家政示范站等单位为28户援鄂医护家庭提供一次性免费上门保洁服务。　　　　　（范斯婕）

【"阅美静安"最美家庭诵读活动】　3—9月,区妇联组织开展"倡导'三个注重',传承好家风好家训"——"阅美静安"最美家庭诵读活动,共征集到视频500多个。区妇联精心制作"阅美静安"最美家庭诵读活动宣传片,在"静安融媒体"平台播放。　　　　　（范斯婕）

【推出"静安区妇联家庭教育云课堂"】　5月15日,区妇联以"树立科学家教,涵育时代家风"为主题,在"静安女性"公众号设立"家庭教育"专栏,推出"静安区妇联家庭教育云课堂",内容涵盖习惯培养、情绪管理、教养方法、科普探索等多个维度,采用慕课、STEM等多种创新模式进行线上线下互动,更好地推动家庭教育指导活动在基层的开展。2020年底,有4节自制课程登录学习强国平台,课程光盘分发到近300个妇女之家,公众号平台课程阅读观看量累计超过6600人(次),播放总时长超过1100个小时,有效扩大家庭教育指导的辐射面和受众面。（范斯婕）

【婚姻家庭纠纷预防化解项目正式启动】　7月20日,由区妇联主办、临汾路街道承办的"温馨

3—9月,区妇联开展"阅美静安"最美家庭诵读活动　　　　　　　　　　　　　　（区妇联　供稿）

家园,有爱助力"2020年静安区婚姻家庭纠纷预防化解项目启动暨临汾社区法治服务中心示范点揭牌仪式,在临汾路街道党群服务中心举行,区域内家庭增加一个化解婚姻家庭矛盾纠纷的渠道。婚姻家庭纠纷预防化解项目实施内容主要包括两大板块,开展婚姻家庭矛盾纠纷预防化解以及开展婚姻家庭纠纷人民调解。项目一方面依托区法院家事审判庭和家事维权工作室,不断拓展丰富工作内容,积极参与调解;另一方面推进婚姻家庭纠纷预防化解关口前移、源头预防,建立临汾社区法治服务中心婚调工作社区示范点,以点带面,探索为广大妇女群众提供多元、便捷的婚姻家庭纠纷解决方式,提升妇女群众的婚姻家庭调适能力,进一步增强她们的安全感和幸福感。　　　　　（范斯婕）

【第十七届家庭文化节暨第二十二届家庭教育宣传周活动】　9月23日,由区妇联和区文明办主办的"倡导'三个注重',传承好家风好家训"——静安区第十七届家庭文化节暨第二十二届家庭教育宣传周活动在静安区党建服务中心2楼举行。区妇联和区文明办领导、区家庭文明建设协调小组成员单位分管领导、先进家庭代表及社区妇女工作者、社区家庭代表和浙江省丽水市妇联代表团近100人参加活动。活动中,区文明办和区妇联领导分别向静安区获得"海上最美家庭"代表和"全国抗疫最美家庭"颁奖并赠送鲜花;播放"阅美静安"最美家庭诵读活动宣传片,邀请部分诵读活动获奖家庭到现场进行展示。活动现场设家庭文明建设成果展,通过"全国抗疫最美家庭"和"海上最美家庭"宣传展板,走近最美家庭,学做最美,争当最美;通过主题为"百万家庭新食尚,公筷公勺我家行"和"百万家庭勤节俭,反对浪费家家行"的儿童绘画作品等内容丰富、形式多样的展示,传承美德,树立良好家风,弘扬时代新风尚。家庭文化节活动结束后,家庭文明建设成果展在各街镇进行巡展。　（范斯婕）

【举办"@她创业计划——女性成长计划"女性赋能培训第四期课程暨结业典礼】　10月22—23日,由中国妇女发展基金会主办、玫琳凯(中国)有限公司支持、区妇联承办,上海海蕴女性创业就业指导服务中心实施的"@她创业计划——女性成长计划"女性赋能培训,在静安区党建服务中心举行第四期培训暨结业典礼。区妇联副主席汤晓蓉、玫琳凯(中国)有限公司企业可持续发展与社会责任高级经理柳絮红、女性赋能培训班导师代表卢韫实、上海海蕴女性创业就业指导服务中心理事长杨震等嘉宾和70余名参与培训的创业女性出席结业典礼。培训设置"@时代""她智慧""创能量"三大模块课程,内容涵盖宏观经济形势、经营管理、互联网及数智化创业思维拓展、女性领导力等方面,自6月起共开展4期培训,举办2场私董会,组织1次企业参访,直接受益小微女企业家761人(次),间接受益超过1500人(次)。培训过程中学员们克服工作和疫情带来的实际困难,化市场压力为学习动力,通过学习不断拓宽视野,更新理念,提升能力,打造属于自己的一片天地。　　　　　（范斯婕）

【市妇联主席徐枫一行到静安走访调研】　10月23日,市妇联主席、党组书记徐枫到区走访调研。区妇联主席、党组书记徐慧君,副主席汤晓蓉,静安寺街道党工委副书记汝熙玲及相关社会组织负责人等陪同调研。徐枫一行先后调研观摩"@她创业计划——女性成长计划"女性赋能培训现场和M+女性赋能活动开展情况,参观静安寺街道儿童服务中心及家庭文明指导中心。在听取工作汇报后,徐枫对静安区妇女儿童工作给予肯定,认为工作扎实并且有特色,服务妇女儿童发展实在有举措,在支持关爱女性创新创业方面发挥区域优秀女性作用,并希望静安区妇联在深化妇联改革、推进破难行动、继续服务创业就业女性需求和进一步营造儿童友好环境氛围上下功夫。 (范斯婕)

【苏州高新区妇联一行到静安考察交流】 11月26日,苏州高新区妇联及区女企业家协会等一行到区考察交流,参观市北高新技术服务业园区企业AI展示馆、白领驿家及南京西路街道恒隆党群服务站、妇女之家,并进行座谈交流。区妇联副主席汤晓蓉及静安俪人荟女企业家等陪同考察。在座谈交流中,两地妇联及女企业家们热烈互动,并签订苏州高新区女企业家协会与上海市静安区两新组织女性领军人物联谊会(静安俪人荟)合作框架协议。 (范斯婕)

【完成静安区家庭文明建设"十三五"终期评估】 年内,区妇联对区202户不同类型家庭进行上海市家庭文明建设"十三五"测评调查,静安区家庭文明建设处于"优秀"水平,"五建五家"平均得分96.12分,在全市名列前茅,相较"十二五"终期的93.05分提升3.07分。区妇联完成静安区家庭文明建设"十三五"终期评估自查报告。 (范斯婕)

(四)区科协

【概况】 2020年,区科协认真落实区委、区政府工作要求,在疫情防控、复产复工的大背景下,"两手抓、两手硬、两手赢",统筹推进科协各项工作。疫情初期,区科协迅速向全区14个街镇和区内各机关单位公益配送《新冠肺炎中医防治读本》《科学防护,疫问医答》等各类科普主题宣传图书及手册。与市中医院合作,通过多个融媒体平台对外宣传20余部原创防疫科普视频,其中被"学习强国"主平台录用4部、上海平台录用15部。此外,疫情期间积极调研区域内科普基地,在最短时间内做到科普场馆全部对外开放。年内,区科协召开全区基层科协组织建设工作推进会和基层科协组织建设暨社区书院工作培训会,推动提升基层科协组织力"3+1"("3"指吸纳医院院长、学校校长、农技站站长进入街镇科协领导机构兼职挂职、发挥作用,"1"指上级科协加强工作指导)工作。至年底,成立9家街镇科协组织和15家社区书院,初步形成具有静安区特色的社区科普生态圈。为落实《静安区科普事业三年行动计划》,区科协召开区公民科学素质领导小组全体会议,制订静安区科普事业"十四五"发展规划(初稿)。在2020年上海科技节、全国科普日、上海国际自然保护周期间,静安区分别以"科技战疫、创新未来""科普助力公卫、全面健康生活""探寻野趣科味、玩转美丽静安"等主题,开展科普教育宣传和体验活动,全区举办重点活动260余场,20万余人(次)参与。静安区的13家院士(专家)工作站全部通过绩效评估,其中卡斯柯信号有限公司、上海市室内环境净化行业协会工作推进扎实有序、成效显著,被评为"优秀院士(专家)工作站"。年内,区科协被评为2020年全国科普日优秀组织单位、2020年科学诠释者培训及实践活动项目优秀组织单位;区科协推荐的张文宏获上海市大众科学奖;区科协推荐选手王亚雯获全国科普讲解大赛一等奖、上海市科普讲解大赛金奖;在上海科普教育创新奖的评选中,区科协推荐代表获科普管理优秀奖二等奖、科普成果奖二等奖。 (张阳)

【上海必博人力资源服务有限公司科学技术协会成立】 1月16日,上海必博人力资源服务有限公司召开企业科协成立大会,市科协科技创新服务部部长张炜,区科协主席洪璐、副主席孙勇,亚马逊联合创新中心总经理施寅出席会议。会议听取筹备工作报告,审议通过《上海必博人力资源服务有限公司科学技术协会章程》,选举产生第一届委员会,首席执行官陈水海当选为主席。张炜和陈水海为企业科协揭牌。（张阳）

【"在线支援团"静安区直播活动举办】 5月8日,市科协"在线支援团""智能设备云服务实验室"签约暨产业链云义诊活动在市北园区举办。市科协党组成员李虹鸣和副区长张军共同为"智能设备云服务实验室"揭牌。会上,市科协"在线支援团"、市北高新技术服务业园区、宝欧公司三方牵手合作,共建"智能设备云服务实验室",为企业客户提供远程设备诊断等精准化、数字化、智能化科技服务。市科协"在线支援团"专家、上海市机械工程学会副理事长于忠海和上海宝欧工业自动化有限公司总经理范靖分别作题为"关于工业互联网的技术及其应用"和"智能设备维保与效率提升秘籍"的在线讲座。（张阳）

【市科协领导调研静安社区科普工作】 6月4日,市科协党组成员、副主席梁兆正,市科协科普部部长刘健在区科协党组书记金伟陪同下调研静安社区科普工作。芷江西路街道党工委书记柯琪、彭浦镇党委书记辛毅、大宁路街道办事处主任司静分别介绍街道（镇）推进科普工作的特色举措。梁兆正指出,静安区作为中心城区,辖区内居民呈现多元化特点,通过不同空间、不同载体科普空间的打造,在"泛科普"大概念下进行探索,服务不同人群对科普资源的需求,同时希望静安区能进一步整合优化科普资源,打造具有静安品牌的科普阵地。（张阳）

【基层组织财务管理及财经纪律培训会】 于6月22日在区科协会议室召开,区科协业务主管的科技类社会组织及相关科普项目立项单位的负责人和财务人员参加会议。会议由区科协主席洪璐主持。申北会计师事务所负责人介绍社会组织财务管理有关制度与政策以及财政专项经费使用规定,区科协财务负责人就规范立项单位财务核算机制和健全财务管理制度进行答疑,会议要求各社会组织及立项单位必须建立健全财政专项经费管理制度,严守财经纪律,实行专项经费独立核算,专款专用。（张阳）

【2020年静安区公民科学素质工作领导小组会议】 于7月23日在北京西路1510号会议室召开,区公民科学素质工作领导小组组长、副区长张军出席会议并讲话。全区40个领导小组成员单位科普工作分管领导参加会议。张军肯定2019年以来全区科普工作所取得成绩,并就下一阶段全区公民科学素质工作提出要求:要提升站位,积极谋划,不断拓展科普工作新领域和覆盖面;要聚焦重点,形成合力,完善联动保障机制;要精心策划,认真筹备,打造上海科技节静安区活动新标杆。（张阳）

【推进基层科协组织建设工作】 年内,区科协认真贯彻落实市委组织部、市科协《关于加强党建引领基层科协建设的意见》精神,推动提升基层科协组织力"3+1"工作,分别于8月3日、4日在江宁路街道社区文化活动中心和上海科学会堂召开基层科协组织建设工作推进会和社区书院工作培训会。至年底,区已成立9家街镇科协组织和17家形式多样的社区书院。该项工作在上海市社区书院工作交流暨基层科普行动计划培训会和2020年提升基层科协组织力"3+1"试点工作推进会上分别作交流发言,受到市科协的肯定。（张阳）

【2020年静安区科技节】 开幕式于8月25日在上海自然博物馆举行。市科委总工程师陆敏、市科协副主席梁兆正、静安区副区长张军、上海科技馆馆长王小明共同启动2020年静安区科技节活动。在启动仪式上,播放静安区科协宣传片,表彰2019年和2020年静安区获全国和上海市科普先进表彰的集体和个人。活动现场为各街镇、社区配送2020版《静安科普护照》及新出版的科普图书《公民科学素质知识读本》。启动仪式之后,沉浸式原创科普舞台剧"鲸的寻游"也拉开帷幕。科技节于8月29日闭幕。
(张阳)

【第六届上海国际自然保护周"探寻野趣科味、玩转美丽静安"生态践行活动】 启动仪式于10月17日在静安雕塑公园举行。活动以"科普定向越野"的定向赛为主,通过串联全区多家基地场馆、社区书院、自然公园等科普地标,鼓励市民探索自然野趣、掌握科学知识,实现科普教育资源的充分整合和优势互补,让市民对城区生态文明建设和科技科普事业有更多的参与感、获得感,为上海打造"共建、共治、共享"的美好城市助力。
(张阳)

【区科协一届四次常委会召开】 11月27日,区科协召开第一届委员会第四次常务委员会会议。因疫情防控需要,会议以网络形式召开,主会场设在区科协1502会议室。区科协党组书记金伟主持会议。会议审议通过《静安区科学技术协会一届四次常务委员会选举办法》,并以等额选举、网络投票方式进行。聂丹当选为静安区科学技术协会副主席。
(张阳)

(五)区侨联

【概况】 2020年,区侨联召开一届五次全委会,选举产生区侨联主席,部署全年工作。召开街镇侨联秘书长会议,举办区侨联工作培训班,

10月17日,第六届上海国际自然保护周"探寻野趣科味、玩转美丽静安"生态践行活动正式启动,图为扬波中学代表队
(区科协 供稿)

10月27日,区侨联举办"不忘初心、同圆梦想"主题教育——侨界看上海活动,图为参观张闻天生平陈列馆 （区侨联 供稿）

与区社会主义学院联办静安第二十期社院讲坛。结合"四史"学习教育,与区侨办联合在区侨界代表人士中开展"不忘初心,同圆梦想"主题教育活动,共组织4个类别22项活动。结合"大调研"工作,走访侨资企业20余家。召开区侨联一届六次常委会,选举产生上海市第十二次归侨侨眷代表大会代表24人,推荐委员初步人选7人(静安区)。区侨联和3个街道侨联被评为市侨联系统先进集体,6人被评为市侨联系统先进个人,7人被评为上海市归侨侨眷先进个人。推荐市侨商联合会个人会员5人、区青联委员1人。组织侨界群众积极参与中国侨联第二届"侨商杯"法律知识竞赛。邀请律师张玉霞作《民法典》法律知识讲座。中国侨联法顾委主任张耕到静安调研。成立区侨联涉侨纠纷国浩调解室,探索多元化解纠纷"静安模式"。设立区归侨侨眷法律援助工作站,统筹协调全区归侨侨眷法律维权工作。接待"澳中国际青少年世界看上海研学团"一行38名华裔青少年到市北高新技术服务业园区参观。接待市侨联海外委员及来自新西兰等国的海外侨胞、侨领20余人(次)。支持海外侨胞助力中国国际进口博览会,协助做好参展相关工作。区侨联全年反映侨情民意和撰写信息共100余篇,被市、区的报刊、网站、微信公众号录用80余篇,区侨界政协委员撰写的《坚决维护国家安全立法》《关于工商界发展的应对之策》被全国政协录用。与上海大学侨联联合开展"海内外侨胞在防控新冠肺炎疫情阻击战中的互动和贡献——以上海大学和静安区海内外侨胞与上大加拿大校友为例"课题调研。结合纪念抗美援朝70周年活动,通过《联合时报》重点宣传早期归侨吴瑞严参加志愿军抗美援朝的典型事迹。组织侨界群众参加市侨联"侨之夜"等文化活动。组织30余名侨界群众参观张闻天生平陈列馆、中共淞浦特委机关旧址陈列馆和中共中央军委机关旧址及100余名侨界群众观看抗战影片。做好早期归侨"重大节日补助""健康体检"项目,在冬季、夏季和敬老节为早期归侨、侨界代表人士、侨界志愿者和侨界重点关心人群发放慰问品约1000人(次)。落实市级为侨服务实事项目,包括早期归侨"大重病补贴""住院补贴""三节送温暖""春节、敬老节帮困慰问""归侨侨眷困难家庭定期补助"等。区华商会积极帮扶困难侨眷,个性化帮扶困难家庭。个人会员捐款1.75万元帮扶5户早期归侨困难家庭。夯实"1+2"("1"指街镇侨联,"2"指"侨之家"和"新侨驿站"工作平台)街镇侨联组织基础,指导14个街镇侨联完成换届工作。新建"侨之家"10家、"新侨驿站"1家。石门二路街道侨联获全市"示范街镇侨联"称号。新福康里居民区"侨之家"获2018—2020年度全国侨联系统优秀"侨胞之家"称号。石门二路街道侨联被评为全国侨联系统抗击新冠肺炎疫情先进集体。推进"地方侨联+大学侨联+校友会"工作机制,与上海戏剧学院,实行资源互通互联。加强与兄弟市、区侨联工作交流,与广东省河源市侨联、浙江省长兴县侨联开展交流。 (曹奇琳)

【接待"澳中国际青少年世界看上海研学团"】 1月20日,区侨联接待澳大利亚上海商会会长卞军发起的"澳中国际青少年世界看上海研学团"一行38名华裔青少年,到市北高新参观AI体验馆、上海大数据交易中心、亚马逊AWS联合创新中心学习参观,感受"数智"经济的全新科技魅力。 (曹奇琳)

【区侨联一届五次全委会议】 于3月25日召开,会议通过等额选举方式,增补李敏为区侨联第一届委员会常委、主席。会议学习传达中国侨联十届三次全委会议精神,审议并通过《静安区侨联2020年工作报告》。 (曹奇琳)

【2020年侨法宣传月主题活动】 于3月举行,区侨联通过"上海静安""静安统战"和14个街镇的微信公众号,发布原创和转发文章31篇,点击量8801次;组织9312人(次)参与"侨侨"你知道多少——侨法知识网上挑战赛;推送《涉侨服务手册》线上版,发放《涉侨服务手册》1500余本和活动奖品2000余份。静安区"侨法达人秀"获评市侨法宣传月活动特色品牌活动奖。 (曹奇琳)

【区归侨侨眷法律援助工作站成立】 7月28日,区归侨侨眷法律援助工作站在区法律援助中心成立。区侨联主席、党组书记李敏介绍工作站成立背景,并和区司法局局长凌淑蓉一起为工作站揭牌,市侨联基层工作部二级巡视员王思东讲话。该工作站统筹协调全区归侨侨眷法律维权工作,开展普法宣传,解答涉侨、涉外法律法规和政策。区侨联还向全区早期归侨发放"归侨侨眷法律服务联系卡",让他们足不出户就能享受到免费法律服务。 (曹奇琳)

【瀛东"新侨驿站"成立】 8月27日,瀛东"新侨驿站"在瀛东律师事务所成立,为区内首家律师事务所侨组织,区委常委、统战部部长凌惠康应邀出席并讲话。区侨联主席、党组书记李敏和天目西路街道党工委书记华洁蓉为"新侨驿站"揭牌,李敏向站长周子闯颁发聘书。 (曹奇琳)

【中国侨联法顾委主任张耕带队到静安区调研】 9月17日,中国侨联法顾委主任、最高人民检察院原常务副检察长张耕带领中国侨联调研组一行9人到静安区调研。市侨联副主席徐大振,区委常委、区委统战部部长凌惠康参加座谈交流。区侨联、区司法局、国浩律师事务所和市侨联法顾委委员进行工作交流。调研组参观区人民调解中心、区法律援助中心和区归侨侨眷法律援助工作站。张耕和凌惠康为"静安区

侨联涉侨纠纷国浩调解室"揭牌。（曹奇琳）

【街镇侨联完成换届工作】 8月下旬—10月中旬，区14个街镇侨联先后召开归侨侨眷代表大会，选举产生第四届侨联委员会和班子。新一届街镇侨联委员班子年龄结构合理，代表性突出，具有较强工作能力和号召力，是凝聚社区侨界人士的核心圈、主心骨。（曹奇琳）

【侨界疫情防控】 3月10日，区侨联向海外侨胞朋友送上《同心抗疫，守望相助，共克时艰——来自静安区侨联的一封信》。区侨界志愿者积极参与联防联控、群防群治工作，对独居、困难归侨侨眷加强联系服务，发放侨务类和疫情防控类宣传手册，参与入楼信息登记、复工企业排查等工作。5名区华商会侨商通过市华侨基金会向湖北省武汉市捐款19万元。区侨联协助市侨联开展"稳人心、树信心、暖侨心"——支援海外侨胞参与抗击新冠肺炎疫情活动，进行海外华人华侨、留学人员回沪情况调查工作，全区排摸出近500名疫情期间回沪的海外留学生。区侨联牵线搭桥将海外爱心人士捐赠的价值14.475万元的1158件防护服，价值6000澳元的4台医用制氧机，用于社区疫情防控。会同协调区红十字会接收市华侨基金会捐赠的280只"侨爱心健康包"，发放给海外留学人员在沪侨界家庭。协调捐赠给区内4家侨界企业口罩用于复工复产。

（曹奇琳）

（六）区残联

【概况】 2020年，区残疾人工作紧扣"全面建成小康社会，残疾人一个也不能少"目标任务，坚持稳中求进工作总基调，坚持新发展理念，以残疾人需求为导向，持续加大保障力度，着力提升服务能级，静安残疾人事业"十三五"规划圆满收官。区残联做好残疾人工作宣传，至年底，市级以上媒体刊登信息14篇，刊发专版1个；区级媒体刊登信息23篇，刊发专版1个；静安有线电视台播报信息5条；网络媒体刊登信息8篇。年内，区残联组织残疾评定120余次，受理残疾评定申请4740人，换、发残疾证17997本，其中换发过期第二代残疾人证12757本，残疾关系转出1360人，转入986人。制订《静安区残联贯彻落实中国残联、上海市残联关于开展违规持有残疾人证清理工作"回头看"及进一步严格规范残疾人证核发管理工作实施方案》，在全区开展违规持有残疾人证清理工作。年内，区残联处理来信26封，网信72封，接待来访241人（次）、来电124人（次）。受理"12345"市民服务热线291件，办结率100%；接待残疾人法律咨询126人（次），提供民事、刑事法律援助18件（次）。向残疾人发放法律救助联系卡，聘请律师事务所为残疾人提供专项法律服务。至年底，全区有持证残疾人41435人，其中视力残疾人7246人，听力残疾人6880人、言语残疾人325人、智力残疾人2643人、肢体残疾人19227人、精神残疾人4062人、多重残疾人1017人、其他持有伤残军人、伤残警察等证35人。

（薛程）

【完成市政府实事项目】 年内，区残联完成"为本市20000名听力、言语障碍残疾人提供信息消费通信优惠套餐服务"市政府实事项目。该项目于5月1日正式启动，区残联首次尝试不见面办理，通过市民云、支付宝、微信完成业务申办。至12月，数据系统区级层面收到申请2601件（次），成功办理1921人，超额完成市级下达1608人的指标任务。

（薛程）

【完成区政府实事项目】 年内,区残联完成"为全区400户有需求且符合改造条件的残疾人家庭实施无障碍改造,为老旧小区改造200条无障碍坡道"区政府实事项目。区残联制订《静安区残联2020年无障碍改造工作实施方案》,继续推进家庭无障碍改造工作。区残联会同区建设管理委、区房管局联合下发《关于进一步做好2020年老旧小区无障碍坡道改造工作的通知》,协同推进公共无障碍环境建设。全年为符合改造条件且具有改造意愿的473户残疾人家庭实施无障碍改造,其中提高型187户、基本型286户。全年为宝山路、芷江西路、共和新路、大宁路、彭浦新村5个街道15个老旧小区实施无障碍坡道改造共200条。 （薛程）

【完成"为区约4万名残疾人提供残疾人综合保险"区政府重点项目】 年内,区残联按程序完成项目招标工作,中国太平洋财产保险股份有限公司上海分公司以4469万元中标。截至12月,共理赔21876人(次),理赔金额1910.97万元。 （薛程）

【全力推进"一网通办"工作】 年内,区残联依据《2020年静安区深化"一网通办"改革工作要点》,围绕进一步拓展和优化"一网通办"公共服务事项工作的具体要求,制订《静安区残联关于落实2020年区政府"一网通办"改革工作的实施方案》,分解落实任务指标。在区审改办指导下,协调市残联和区卫生健康委,制订《静安区"扶残助残"一件事改革工作方案》,在首次申领残疾人证后,对符合残疾人交通补贴办理条件的新评定残疾人员,采用一次告知政策待遇和办理材料清单的方式,让对象一次性完成该项业务的申请。为配合"扶残助残"一件事推行,增加区中心医院骨科评残医生3人,新增市北医院评残点,大大缩短残疾评定等待时间。区残联将静安区残保金业务办理大厅改建为静安区残疾人事务受理点,完成窗口布局调整和功能改造,9月1日启用"好差评"三对应精准评价系统。新增28个区级公共服务事项,完成办事指南编制、数据平台信息录入等工作。推进"两个免于提交"(上海市政府部门核发的材料,原则上一律免于提交;能够提供电子证照的,原则上一律免于提交实体证照)工作,实现可免交的材料落地率100%。区残联研究开发的《静安区残疾人档案信息管理系统》进入软件及安全测评阶段。9月1日全面启动动态更新入户调查工作,完成41441名残疾人信息采集工作。 （薛程）

【编制残疾人事业"十四五"专项规划】 年内,区残联按照《静安区"十四五"区级专项规划工作方案》《静安区"十四五"区级专项规划工作编制导则》,会同第三方机构思考研究,形成《静安区残疾人事业"十四五"规划(衔接意见稿)》,受到区发展改革委认可。 （薛程）

【完成残疾人事业"十三五"指标任务】 年内,区残联根据《关于下发创建"上海市街道(乡镇)标准化残疾人辅助器具服务社"建设标准的通知》要求,完成静安寺街道、天目西路街道2家标准型残疾人辅助器具服务社创建验收工作。在区行政服务中心、区残疾人事务受理点、静安区闸北中心医院言语评残点、江宁路和临汾路街道社区事务受理中心5个点安装"伴你无碍"APP,提供视频远程手语翻译服务。至此"十三五"期间残疾人事业发展的各项指标任务顺利完成。 （薛程）

【全力做好防疫工作】 年内,区残联派出14人支援社区一线防疫工作,派出2名机关干部支援机场防疫工作。制订《静安区残联关于应对新型冠状病毒疫情期间加强做好对困难残疾人临时救助工作的通知》，对发生困难的残疾人予以及时救助。对疫情期间新增失业与医疗费支出较多的300名困难残疾人，发放补贴53.64万元。区残联会同区卫生健康委下发《关于新型冠状病毒肺炎疫情防控期间加强本区"阳光心园"管理的通知》，切实做好"阳光心园"关闭期间学员管控工作。做好监护人隔离、单身残疾人本人隔离等对象的社区联络工作，为有需求的对象提供居家养护服务。　　（薛程）

【残疾人救助保障工作】　年内，区残联救助残疾人约9.57万人（次），救助金额10767.93万元。其中元旦春节期间向困难残疾人家庭发放帮困金348.40万元，7008人（次）残疾人受益。向14545名符合条件的重度残疾人发放护理补贴3680.8万元，向3325名符合条件的困难残疾人发放生活补贴1267.44万元，向18452名符合条件的残疾人发放交通补贴1026.35万元；向70人（次）残疾人学生和生活困难残疾人家庭子女发放助学补贴44.29万元；向94人（次）困难残疾人发放临时救助金16.02万元。对疫情期间新增失业与医疗费支出较多的300名困难残疾人，发放补贴53.64万元。为符合条件的残疾人提供残障人士人身意外及家庭财产综合保险，至12月底，理赔51893人（次），金额4330.99万元。为223名盲人办理盲人乘车证，为41名视力障碍者提供固定电话补贴，为23名肢体残疾人办理英伦出租车补贴，开具宽带证明243张。　　　　　　　　　（薛程）

【残疾人就业培训工作】　年内，区残联开展就业年龄段残疾人新增培训工作，完成培训209人；组织117人参加市残联职业培训项目；选派1名残疾人代表上海市参加全国残疾人岗位精英职业技能竞赛并获服装配饰项目第四名和巾帼巧手称号。安置残疾人就业178人，跟进做好就业后续服务工作。为164家单位核发分散安排残疾人就业岗位补贴390.7万元，为10家单位核发普通中高等院校残疾人毕业生社会保险费补贴23人，发放补贴29.91万元。至12月，全区"阳光基地"援助对象748人，"阳光心园"注册学员118人、非注册学员105人，"阳光之家"学员250人，投入培训、午餐、岗位补贴、社保补贴、综合保险等经费3337.43万元。全区共有社区残疾人工作专职委员215人，使用岗位补贴1190.94万元。　　　　（薛程）

【残疾人康复服务工作】　年内，区残联为1113名重残无业人员提供居家养护服务，使用经费1089.4万元；为319名重残无业人员提供机构养护服务，使用经费274.22万元。为2002名残疾人提供免费体检服务；补贴贫困骨关节置换手术、肢体矫治手术22例，金额49.96万元；为97名脊髓损伤者配发护理用品；向279名阳光宝宝卡持卡人发放康复训练补贴259.32万元。为834名精神残疾人提供免费服药服务，使用经费47.9万元。开展辅助器具适配工作，全额类辅助器具配发6301件，眼镜式助视器适配663件，成人助听器适配324件，电动类辅助器具适配3件，假肢矫形器安装183例，组合适配22人，使用经费322.58万元。　　（薛程）

【残疾人文体活动】　1月10日，区残联围绕"牢记使命促成就，不忘初心铸辉煌"主题，在上海商城剧院举办2020年静安区残联迎新春文艺汇演活动。5月，区残联下发《静安区关于开展全国助残日、上海助残周活动的通知》，区残工委各成员单位、区各专门协会、各街镇残联结合疫情防控工作实际，开展各具特色的主题活动。区级媒体《静安报》刊发专版，静安微信公众号推送市残联主题宣传片，营造关心关爱

七、人民团体·社会组织

1月10日,区残联举办"牢记使命促成就,不忘初心铸辉煌"静安区残联迎新春文艺汇演活动

(区残联　供稿)

残障人士的良好社会氛围。区残疾人艺术团队制作"百人线上云合唱——《我爱你中国》"视频,在市残联和静安微信公众号播出,取得较好社会反响。9月25—27日,区肢残人协会、中国狮子联会浙江代表上海分区和上海城市规划设计院规划师志愿者团队联合主办"与你同行 体验上海城市温度,携手助力启幕圆梦之旅"活动,邀请浙江省永康市肢协和当地的30名肢残朋友们参与活动。10月29日,区残联在闸北公园举办静安区"四史"主题残健融合定向赛,4个组别60名残障选手在志愿者陪伴下参赛,通过生动趣味的体育活动加强对残疾人群体的思想引领。

(薛程)

(七)区红十字会

【概况】 2020年,区红十字会以群团改革为主线,紧紧围绕国际静安的发展战略,认真履行"三救三献"("三救":应急救援、人道救助、应急救护,"三献":献血、造血干细胞捐献、人体器官捐献)核心职责和志愿服务、青少年及少儿住院基金工作职责,弘扬"人道、博爱、奉献"红十字精神,努力为静安建成"中心城区新标杆、上海发展新亮点"添砖加瓦。结合疫情防控工作实际,招募红十字志愿者助力铁路上海站做好"来沪人员健康信息填报"工作。主动参与国内外重特大灾难的援救工作。1月23日,设立区红十字会抗击新冠肺炎募捐接受点接受捐赠。每一笔捐赠信息都在网上公开,发布20期公示,接收捐款人民币782415.07元,物资收支折价209107.6元,始终保持款物结余均为0,做到"快进快出、物走账清"。全年严格按照"四统一"(统一教学大纲、技术标准、考核标准、发证管理)标准,普及群众性现场救护知识,坚持"2+X"(2个密集区域,X指重点人群、高危行业)模式,以南京西路商圈、铁路上海站和长途汽车站等人员密集区域为重点,整合红十字冠名医院资源,对重点人群、高危行业人群的1309人进行16小时培训,对7838人开展8小时普及培训。开展"博爱申城,你我同行"静安区第73个5·8世界红十字日红十字运动知识和防灾减灾、应急救护知识网上挑战赛。区红十字会与上海地铁第四有限公司在上海地铁汉中路站举行自动体外除颤仪AED捐赠仪式,捐赠两台AED设备。联合静安区志愿者协会举办新时代文明实践——2020"书香静安"上海市书展志愿服务培训活动。年内,"千万人帮万家"帮助1881户家庭,救助额近94.5万元。开展困难失智老人关怀项目,发放护理用品762人(次),并为762名照顾者和志愿者开展老年介护知识讲座。全年实体窗口和定点医院网上受理少儿基金、少儿居保报销32200余人(次),报销金额1.385亿余元。少儿住院基金汇集近200家学校10.78万青少年近1456万元,参保率达99.59%。发放"守护绿苗"少儿大病救助资金2.6万元、明阳法师助学项目资金7万元。全年造血干细胞移植配对成功实现捐献1人,并对静安区7名接受造血干细胞的白血病患者提供30万元救助。区红十字会深入街镇、企事业单位,推进无偿献血和造血干细胞捐献志愿征募工作,其中造血干细胞有效库容增加274人。年内遗体捐献登记志愿者135人,实现者46人。区红十字会接受企业和爱心人士捐赠,向对口帮扶的湖北省宜昌市夷陵区、云南省文山州两县一市和浙江省丽水市景宁畲族自治县等地捐赠款物合计258万余元。年内,通过上海电视台SMG"爱心行动"栏目救助特别困难家庭3户。

(盛浩鑫)

【区红十字会第一届理事会第五次会议】 于6月28日在区政府会议室举行。副区长龙婉丽出席会议并讲话。会议由区红十字会党组书记王震主持。区人大常委会副主任、红十字会常务副会长江天熙总结2019年静安区红十字会工作,依法按章程更替理事12人,选举龙婉丽为静安区红十字会第一届理事会会长,选举蔡林芳为静安区第一届理事会兼职副会长,选举龙婉丽、张纬臣、黄燕、蔡林芳为静安区第一届理事会常务理事。部署2020年工作计划,会议审议通过《静安区红十字会2019年度人

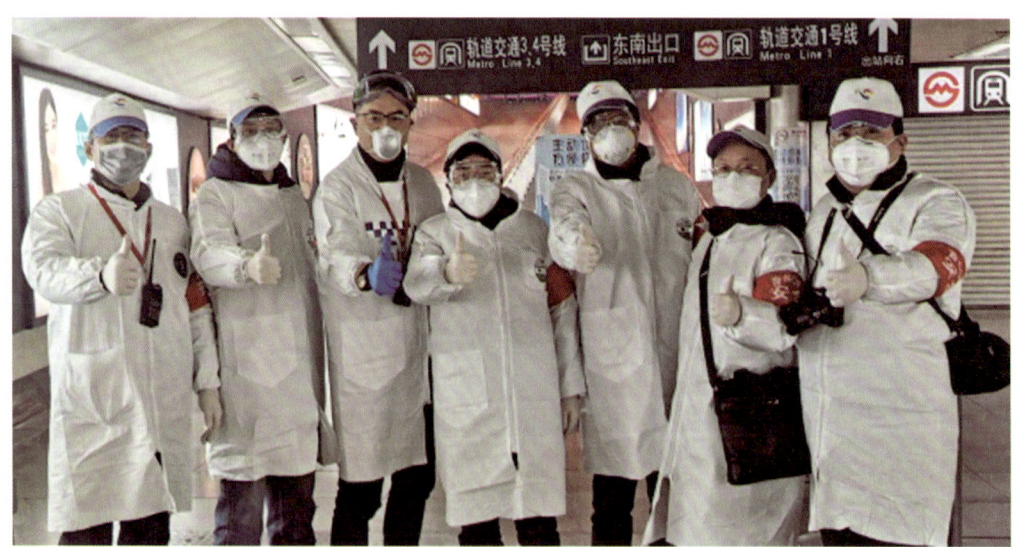

区红十字志愿者参加铁路上海站防疫工作　　　　　　　　　　　　　　　　　　(区红十字会　供稿)

道救助资金收支情况报告》。会议指出在推动静安区红十字事业持续健康发展的同时做好常态化疫情防控工作，规范高效做好捐赠款物接收和使用管理，组织动员红十字工作者、会员、志愿者参与联防联控，针对受疫情影响的困难群体，精准开展人道救助，提升红十字人道服务水平。

(盛浩鑫)

【建成5个街镇"博爱家园"】 年内，区红十字会在2018年4个街道获评"博爱家园"基础上，临汾路街道获上海市"博爱家园"称号。建成的5个"博爱家园"进一步聚焦于"基层能力建设、为老服务、生命健康教育、社区防灾减灾、用智慧参与社区治理"等方面，使创建工作成为加强社区治理和精神文明建设的有力推手。年内，红十字会复评中，天目西路、临汾路、彭浦新村道获第一梯队，大宁路、芷江西路街道获第二梯队。

(盛浩鑫)

【开展"博爱接力箱——新时代文明实践N次方"项目】 年内，区、街镇红十字会以保护人的生命和健康为宗旨，以广大人民群众为服务对象，开展"博爱接力箱——新时代文明时间N次方"项目，在原有"募捐箱"基础上进行优化升级，特别制作该项目专用箱体，打造实践载体，丰富活动内容，培育和发展志愿服务团队。该示范案例分3批在14个街镇推广，初步达到"六个一"(打造一个阵地，凝聚一片爱心，提供一套服务，传递一份正能量，开展一系列活动，培育一支队伍)的效果。进一步助力静安区新时代文明实践中心试点建设工作，丰富红十字品牌"街镇服务总站""博爱家园"和"博爱驿家"等建设项目内涵。

(盛浩鑫)

【加强基层组织建设】 年内，区红十字会对基层组织状况进行调研，完善基层理事会建设，推动基层红十字工作协同创新发展。扶持石门二路街道、共和新路街道、宝山路街道、天目西路街道4个红十字服务总站试运行，曹家渡街道、江宁路街道、彭浦镇3个服务总站开工建设，芷江西路街道、彭浦新村街道2个服务总站结合搬迁升级，投入"一站一品"特色品牌建设资金56.8万元，提升内涵，强化"服务群众最后一米"功能。

(盛浩鑫)

(八)黄埔军校同学会静安区工委会

【概况】 2020年，上海市黄埔军校同学会静安区工委会(简称区黄埔工委会)有同学3人，平均年龄99岁。年内，市黄埔同学会共为区黄埔工委会同学送上节日慰问金及住院补助金2.8万元；区黄埔工委会联络员每逢节假日或同学住院，都及时上门走访慰问，了解生活情况，积极做好各项服务工作。年内，区台办共为区黄埔工委会同学送上节日慰问金及住院等各类补助1.3万元。

(黄金珠)

八、法治

编辑 庞雅琴

（一）公安工作

【概况】 2020年，区公安分局深入贯彻习近平总书记关于政法工作、上海工作重要指示和重要训词精神，牢牢把握"对党忠诚、服务人民、执法公正、纪律严明"总要求，始终在服务国家战略实施、保障上海城市发展和城区建设的大局中谋划推进公安工作，统筹抓好战疫情、保安全、护稳定、促发展各项工作，完成各项公安保卫任务，维护城区社会稳定和安全运行。全区报警类"110"下发数34243起，比上年下降21.3%，刑事案件立案数5134起，比上年下降46%；刑案破案率57.5%，比上年提高24.8%；"公众安全感"和"公安工作满意度"连续4年位列中心城区第一。维护社会治安秩序。开展"严扫净保""进取2020"等专项行动，推进"扫黑除恶"专项斗争，组织开展全区性集中打击整治行动，保持对各类违法犯罪严打高压态势。全年刑事拘留3191人、逮捕1499人；先后破获"2·26"特大销售假冒医疗器材案、"省目标2020—005"公斤级毒品专案、"4·22"伪造变卖国家机关公文案、公安部督办"8·5"生产销售伪劣产品案等一批大要案件；"八类"案件破案率97.8%，其中命案、抢劫案连续5年保持全破；入室盗窃、入民宅盗窃破案率分别达到98.9%和97.3%，破案率再创历史新高；传统偷盗类案件"断崖式"下降，"110"警情下发数4668起，比上年下降53.8%，较2016年32451起下降85.6%；有效遏制电信网络诈骗案件，既遂数1207起，比上年下降7.8%。经侦工作继续保持全市领先，破获各类经济犯罪案件331起，打击处理犯罪嫌疑人856人，查处P2P公司67家，挽回经济损失12.79亿余元。密切关注涉疫受损、投资受损等情况，积极配合有关部门扎实做好矛盾纠纷排查化解，落实属地稳控措施。

（张碧时）

【打好疫情防控阻击战持久战】 年内，面对突如其来的新冠肺炎疫情，区公安分局牢固树立"防疫松不得、发展等不起"思想认识，与卫生健康、民政、街镇等部门紧密配合，扎实有序开展疫情联防联控。前期，全局各部门立足机场、火车站、社区、集中隔离观察点等前沿阵地，累计出动1.2万余人（次）警力，全面加强涉疫要素管控，配合做好人员筛查、核验转运、救助安置、隔离看护等工作，共协助上门排查重点地区

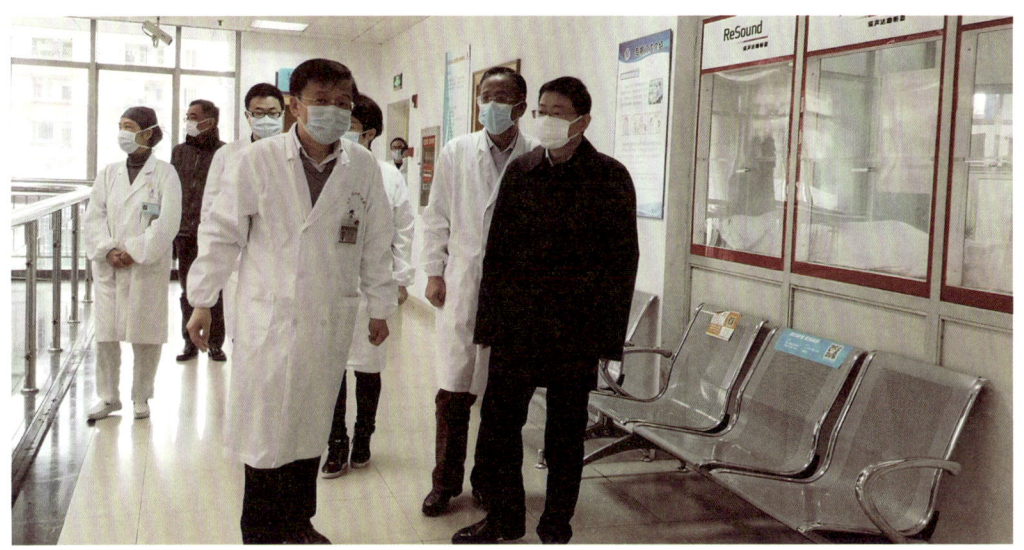
1月10日，区公安分局组织开展防范电信网络诈骗宣传活动　　（区公安分局　供稿）

人员6200余人，依托数据模型推送核查涉疫来沪人员信息18万余条，筛查抵沪旅客49万余人，对5640余名隔离观察人员和166名到沪人员落实隔离管控和救助安置措施，稳妥处置涉疫警情1173起，核处报删网上"涉疫"不实信息29条。同时，根据疫情发展动态调整勤务上岗模式，严密内部安全防范，落实监所全封闭管理措施，确保全体民警、辅警和监所在押人员"零感染"。随着疫情防控转入常态，区公安分局实施"外防输入、内防反弹"策略，每日仍派驻17名警力增援浦东机场防疫工作，同步加强区7处集中隔离观察点秩序维护。至12月底，累计核验转运入境人员1万余人，确保2.7万余名隔离观察人员"安全不出事"，在防扩散、防输入、防反弹等各阶段工作中体现公安担当作为。

（张碧时）

【加强道路交通安全管理】　年内，区公安分局结合"全国文明城区创建"复评工作，推进道路交通违法行为大整治，依法严管严处机动车"三乱一逆"（乱鸣号、乱变道、乱停车、逆向行驶）、行人非机动车"两乱"（行人乱穿行、非机动车乱骑行）、"五类车"（残疾车、正三轮摩托车、电动三轮车、二轮摩托车、电动自行车）非法营运、"客载货"（客运机动车违反规定载货）等突出交通违法行为，全年组织开展全区性集中整治行动43次，查处各类交通违法行为116.2万余起。依托"110"警情、高德地图、视频研判等渠道，细致分析、滚动排摸"事故黑点"和"拥堵节点"，精细化落实北横通道、轨交14号线等在建工程配套交通组织，全力"保畅通、降事故"，全区道路交通拥堵指数稳步下降，交通事故死亡人数16人，较前三年平均数下降30.3%。

（张碧时）

【加强火灾隐患排查整改】　年内，区公安分局履行基层防火监督职责，会同区消防救援部门，以老旧住宅小区、高层建筑、群租房、"三合一"（住宿与生产、仓储、经营一种或一种以上使用功能违章混合设置在同一空间内的建筑）场所、在建工地等高风险部位为重点，常态化开展季节性火灾防控、消防隐患大排查、大整治等行动,重点查处电动车违规充电、消防设施缺损、堵占疏散通道等问题,共督改消防安全隐患8.1万处,责令"三停"(停止施工、停止使用、停产停业)282家,行政拘留153人,罚款210.7万余元,全年发生火灾事故105起,比上年下降20.5%。 (张碧时)

【完成各项大型活动及警卫安保任务】 年内,区公安分局健全完善大型活动安全许可、安全风险评估、活动现场监管等工作机制,按照"谁主办、谁负责"原则,依法督促主办方落实主体责任,配足安保力量,严密落实现场防疫、人流监测、分流疏导、秩序维护等措施,确保"五五购物节"、上海书展等320余场人群聚集活动安全有序举办,完成第三届进博会等重大安保任务。 (张碧时)

【协同推进"两张网"建设】 年内,区公安分局完成政务服务"一网通办"全区15家派出所(站区所除外)"综合窗口"建设,推动治安、户籍、出入境、交通等行政事项"一窗受理";推进"双减半"(行政审批事项办理时限减少一半、提交材料减少一半)和"好差评"(上海实体办事窗口配置政务服务"好差评"二维码,市民、企业等通过扫描二维码对服务进行评价,五星表示最好,一星表示最差,所有评价结果向公众公布)工作,实现公安审批事项办理时限平均减少58%、办事材料平均减少52%,公安政务服务线上、线下好评率分别达到96.8%和99.9%。在城市运行"一网统管"方面,打通区公安分局指挥中心与城运中心脱敏公安视频流数据共享渠道,区城运中心研发非机动车乱停放、破墙开店、垃圾乱堆放等场景应用模型,协助开展行政执法活动200余次,有效支撑城区治理现代化。 (张碧时)

【助力优化营商环境】 年内,区公安分局围绕"六稳"(稳就业、稳金融、稳外贸、稳外资、稳投资、稳预期)"六保"(保居民就业、保基本民生、保市场主体、保粮食能源安全、保产业链供应稳定、保基层运作),持续加大对各类市场主体持力度,依法保障企业合法权益。其间,针对"安义夜巷"开市情况,会同区建设管理委等部门,优化落实临时卸货区、共享停车位、临时上下客点等配套措施,为区夜间经济良性发展提供优质保障。在电影《八佰》上映后,四行仓库抗战纪念馆成为新晋网红景点,人流量激增带来治安、大客流等安全隐患,区公安分局积极争取区相关职能部门支持配合,推动落实相应人防、物防、技防措施升级改造,有效提升区域安防能级,保障城区旅游发展。针对部分驻区企业管理人员不了解经济金融犯罪手法和刑事责任情况,区公安分局指导6家区属重点企业建立"经济风险防控联盟",以案例"月评会"形式,帮助企业堵牢风险漏洞,提升防范能力。(张碧时)

【贯彻执行出入境管理新政】 年内,区公安分局创新建立移民融入服务模式,新建1家移民融入服务站和8家外国人社会融合服务站,助力城区引资、引才。 (张碧时)

【推进智慧公安建设】 年内,区公安分局深入融入智慧城区建设框架,构建以警务云为主体的公安"中脑"(智慧公安通过市级"大脑"、区级"中脑"、街镇"小脑"、社区"微脑"四个主要节点建设构建整体城市"大脑",区级"中脑"上与市级、横向与区各委办局、下与街镇等互联互通)。"警务中台"提前半年完成执法记录仪直播、人脸识别、车辆轨迹等22项能力接入和能力涵盖"全覆盖"建设。"公民身份证超期信息推送模型""实有门弄牌比对模型"及"静管家""补短板推送"等一批涵盖不同场景的实战模型和轻应用陆续服役,精准赋能公安实战。

（张碧时）

【夯实基层基础建设】 年内,区公安分局坚持"大抓基层、大抓基础"鲜明导向,推动重心下移、警力下沉、保障下倾,派出所警力数占全局总警力数60.1%。全域推行派出所一线综合执法,102名交警稳妥有序下沉入所,充实基层执法管理力量。推进基层所队办公用房及硬件设施改造,11家面积未达标派出所全部落实建设用地用房,7家投入使用。

（张碧时）

【推进法治公安建设】 年内,区公安分局成立执法监督管理委员会,推进受、立案改革和"两统一"工作(刑事案件统一审核、统一出口工作机制),完成执法办案场所智能化改造,与区检察院、法院、相关职能部门联合会签有关金融风险化解、犯罪线索移送、未成年人保护等方面的实施意见,在宝山路派出所设立未成年被害人"一站式"取证保护场所,推动执法过程全记录和执法信息公开工作,共公示、公告信息2578条,行政复议应诉负责人出庭率达100%,年内行政诉讼无一败诉。

（张碧时）

【加大警务保障力度】 年内,区公安分局聚焦疫情防控,多渠道落实防疫物资供应保障,累计发放口罩53万只,手套、防护服、护目镜等防护装备4.4万余件,各类消毒液3000余升;围绕实战需求,加强警用装备配备,完成执法记录仪采购配发,实现派出所和交警一线执法民警"全覆盖";强化一线执法执勤用车保障,提前半年完成基础所队车辆配发、报废工作;建成启用全市首家智能(应急)装备仓库,推动建设派出所智能装备警械室,实现装备管理向智能化、信息化转型,稳步推进静安区拘留所回搬启用工作,并成功创建二级拘留所。

（张碧时）

【侦破涉案金额40亿元非法吸收公众存款案】
2019年12月,区公安分局经侦支队抽调精干警力组成专案组,成功破获以吕某政(男,45岁,浙江省乐清市人)为首的上海至善股权投资基金有限公司非法吸收公众存款案,抓获吕某政等9名犯罪嫌疑人。该案累计吸收资金40亿元,未兑付金额约18.9亿元,投资人数约4000余人,查封冻结各类不动产、动产、现金总计约1亿余元。

（张碧时）

【侦破普善横路37号寰星酒店组织卖淫案】
3月底,区公安分局治安支队会同静安寺派出所在静安区普善横路37号寰星酒店6层及3层的若干房间内,现场抓获涉嫌组织卖淫的男女共20人,成功破获普善横路37号寰星酒店特大组织卖淫案。4月,该案犯罪嫌疑人朱某怀(男,35岁,上海市闵行区人)、李某(男,56岁,上海市长宁区人)等18人因涉嫌组织卖淫罪被依法刑事拘留,团伙主要成员13人因涉嫌组织卖淫罪被依法逮捕,并移送区检察院审查起诉。

（张碧时）

【侦破省目标2020-005毒品专案】 4月2日,区公安分局在市公安局刑侦总队缉毒处、技侦总队的指导、协助下,经缜密侦查,在沪浙320国道和普陀区、闵行区等处抓获涉嫌运输、贩卖毒品的犯罪嫌疑人陆某虎(男,46岁,上海市人)等5人,共缴获毒品冰毒、海洛因4.8公斤。该案的侦破受到市公安局肯定,专案组一人获评区公安分局个人三等功。

（张碧时）

【侦破全市首例"4·22"伪造、变造、买卖国家机关公文案】 4月22日,区公安分局交警支队接市交通执法总队线索,一从事非法营运的网约车司机潘某雨(男,29岁,安徽省芜湖市人)在办理放车手续时,持一印有"上海市公安局静安分局交通警察支队"公章的《行政处罚决定书》有造假嫌疑。案发后,区公安分局循线深挖,成功捣毁以张某澜(男,35岁,上海市人)为首,上海市首起跨省通过伪造、变造、买卖国家机关公文的新型案件犯罪团伙,先后在上海市浦东、静安、闵行等区及四川省达县抓获涉案嫌疑人91人。

(张碧时)

【侦破徐某等人寻衅滋事案】 6月2日21时许,微博及微信流传"一全裸男子骑跨闹市区路牌"的视频及照片。6月3日凌晨1时许,一张民警在公共场所拍摄"裸男"的"合成照",引舆论二次发酵。区公安分局经缜密侦查,6月3日成功抓获犯罪嫌疑人"裸男"徐某(男,25岁,山东省潍坊市人)、犯罪嫌疑人恶意合成照片者李某(男,27岁,安徽省霍邱县人)、违法嫌疑人恶意传播合成照者周某超(男,24岁,江苏省溧阳市人),破获该起舆论广泛关注案件。该案件获评市公安局2020年治安十佳精品案件。

(张碧时)

【侦破涉案金额2000万元侵犯著作权案】 6月29日,区公安分局经侦支队历时3个多月在上海、安徽两地成功摧毁一利用互联网实施非法传播影视作品的特大侵犯著作权团伙,共抓获以犯罪嫌疑人王某(男,30岁,贵州省遵义市人)为首的团伙成员35人,均刑事拘留,现场查获作案使用的电脑、设备40余台,冻结后台数据服务器2处,涉案金额2000万余元,涉及侵权影视作品约10万部,涉及注册会员达15万人,是2020年以来涉案公司规模最大、抓获人数最多、侵权影视作品最广的侵犯著作权案件。

(张碧时)

【快侦快破"7·15"系列抢劫卖淫女案】 7月16日14时许,区公安分局接报静安区普善横路37号608室发生一起入室抢劫案。区公安分局3小时内在青浦区成功抓获犯罪嫌疑人郑某寅(男,34岁,浙江省杭州市临安区人),缴获被抢苹果牌手机。经审讯,郑某交代2019年12月以来先后在闵行、普陀、浦东等区以互联网平台约至卖淫女家中性交易的手法实施入室抢劫犯罪案件9起。该案的侦破受到市公安局肯定,专案组一人获评市公安局个人二等功。

(张碧时)

【陈某林扰乱公共场所秩序案】 11月11日14时许,发现一男子在禁飞时段、禁飞区域施放无人机。市公安局治安总队会同区公安分局组织警力迅速到现场。最终于当日17时许,在河南路桥上发现一男子违反禁飞通告进行无人机飞行,民警上前制止违法行为并抓获嫌疑人。经查,嫌疑人陈某林(男,29岁,上海市普陀区人)在明知全市处于禁飞期间,仍执意到人流密集地使用未经注册登记的无人机进行施放活动,并在当日多次多地起飞,扰乱公共场所秩序。嫌疑人陈某林因犯有扰乱公共秩序的违法行为被依法行政拘留10日并处罚款500元。

(张碧时)

(二)检察

【概况】 2020年,区检察院受理公安机关提请批准逮捕1436件、2234人,经审查批准逮捕1120件、1519人;受理移送审查起诉1822件、2783人,经审查提起公诉1754件、2609人。依法从重从快打击故意杀人、抢劫、强奸等严重影响群众安全感的犯罪,批准逮捕31件、34人,提起公诉51件、64人,维护区域安全稳定。加大认罪认罚从宽制度适用力度,适用率达

83.7%。推进精准化量刑,确定量刑建议提出率为79.4%,采纳率达95.5%。扎实推进反腐败工作,与区监察委、区法院会签《办理职务犯罪案件工作衔接办法》,办理区监察委移送案件4件、6人,决定逮捕4人,提起公诉6人,向区监察委移送线索1件1人。综合运用检察建议、检察白皮书等手段延伸办案触角,参与行业监管和社会治理。为维护市民出行安全,发布《涉交通类刑事案件检察工作白皮书》,与市交通委执法总队会签工作备忘录,向滴滴公司制发检察建议获回复整改。为保障金融产业健康发展,制发关于加强楼宇准入管理、完善监测预警的检察建议,获评全市2019年度优秀社会治理检察建议。为推动法治理念深入人心,落实普法责任制,将释法说理贯穿办案全过程,同时主动送法进社区、进学校,增强全民法治观念。充分发挥检察文化引领带动作用,以举办第五届检察文化月、宪法宣誓仪式等活动为抓手,培育和践行新时代检察职业道德,区检察院复评为全国文明单位。向区人大常委会专题汇报生活垃圾分类公益诉讼工作,并及时报告重大事项。邀请人大代表、政协委员到区检察院调研、视察、座谈80余人(次),邀请人大代表、政协委员参与29件案件的公开听证,听取评议意见,增强办案透明度和公信力。坚持以公开促公正,向社会公开法律文书1255份、案件程序性信息2479条。认真落实人民监督员、廉政监督员制度,组织参与听庭评议等活动22人(次)。开展检察开放日5次,邀请市民巡访团等各界人士走进检察机关。依法保障律师执业权利,区检察院牵头制订《关于律师助理协助会见和诉讼权利保障的意见》,接待律师1267人(次)、提供电子阅卷5306册。运用全媒体开展检察宣传,召开新闻发布会6场,在中央电视台、《法治日报》《检察日报》等媒体发表报道200余篇,通过"两微一端"等新媒体发布新闻动态400余条,被《人民日报》、新华社、学习强国等媒体和平台转载10余次,区检察院再次获评全国检察宣传先进单位。　　(吴剑平)

【区检察院主动服务新冠肺炎疫情防控大局】年内,区检察院面对突如其来的新冠肺炎疫情,在严格做好自身防疫的同时,充分履行检察职能,主动投身抗疫斗争。依法打击哄抬防疫物资价格、以销售口罩为名诈骗等涉疫情犯罪,批准逮捕16件、23人,办理的1起盗窃小区门口快递案入选最高检典型案例,并获评上海检察机关优秀侦查监督案(事)例。创新"零接触"办案模式,运用远程视频系统提审讯问2084人(次)、认罪认罚具结229人、参与庭审391次。在全市率先提供律师异地阅卷服务,协助16名律师"家门口"阅卷。高度重视看守所防疫,开展封闭式同步检察,严守安全稳定底线。发挥公益诉讼检察职能,就违规经营口罩、酒精等医疗用品问题,督促相关部门加强监管。积极助力复工复产,深入企业走访调研,发放《复工复产11问》手册,在企业融资、安全生产、劳动用工、权益保障等方面提供法律咨询,帮助解决发展难题。组织干警参与社区、机场联防联控234人(次),无偿献血12人。　　(吴剑平)

【涉老检察品牌建设】　年内,区检察院制订《老年人犯罪专业化办案工作规定》,深化案件办理、司法救助、法律援助等"多位一体"司法保护机制,入选2020上海检察机关基层院十佳品牌建设项目。妥善办理老年人犯罪案件198件、245人,对犯罪情节轻微、初犯偶犯的老年人依法不批捕17件、31人,不起诉8件、9人,对2名确有困难的老年被害人开展司法救助。与区司法局会签工作意见,共建老年罪犯社区矫正长效机制。发布《涉老年人刑事案件检察工作白皮书》,通过情景剧、"老年课堂"等方

式,让法律走进老年人的"朋友圈"。（吴剑平）

【"扫黑除恶"专项斗争决胜战】 区检察院在2018年打击遏制、2019年深挖根治的基础上,2020年突出长效常治,全面完成"六清行动"（线索清仓、逃犯清零、案件清结、伞网清除、黑财清底、行业清源）目标。3年共起诉涉恶犯罪团伙15个,共31件、92人,办理市扫黑办挂牌督办的邓某等10人恶势力"套路贷"案,实现案件按时清结。严把案件事实证据关,确保把每一起案件都办成铁案,办理的全市首例涉恶"职业二房东"违法群租入刑案,获评上海检察机关优秀自行补充侦查案（事）例。加大"打财断血"力度,对10件涉恶案件开展财产刑执行检察,确保涉案财产处置合法、执行到位。推进行业治乱清源,结合办案会同相关部门治理群租房乱象。 （吴剑平）

【保护市场主体】 年内,区检察院持续落实服务民营经济11项检察政策,依法打击侵犯企业权益犯罪,办理职务侵占、合同诈骗等案件127件、154人,帮助企业挽回经济损失800万余元;对涉嫌轻微犯罪的企业经营者贯彻少捕慎诉慎押理念,依法不起诉25人,建议变更强制措施6人;探索长三角社区矫正监督一体化,协调批准1名民营企业家矫正对象离沪处理经营事务,保障企业正常生产经营。 （吴剑平）

【打击金融犯罪】 年内,区检察院严厉打击涉众型金融犯罪,妥善办理"合星""阜兴"等非法集资类案件,批准逮捕130件、175人,提起公诉147件、290人。依法办理个股期权、虚拟币、外汇经营等领域犯罪案23件、68人,精准惩治金融"伪创新"。会同区法院、区公安分局加大追赃挽损力度,签订易贬损财物先行处置办法,为投资人挽回损失2.8亿余元。与区金融办、区信访办等部门建立涉众型金融领域信访风险联防联控工作机制,有序处置集体访64批、1073人（次）。 （吴剑平）

【惩治侵犯知识产权犯罪】 年内,区检察院依法保护知识产权,惩治侵犯知识产权犯罪,批准逮捕102件、325人,提起公诉63件、150人,比上年上升99.7%和103%。办理假冒"饿了么"标识、"第一弹"盗版影视手机应用软件（APP）侵犯著作权等案件,1起跨境制售假烟案获评2019年度上海市打击侵权假冒十佳案例。健全诉前赔偿和解机制,促使嫌疑人向权利人合理赔偿4000万余元。推进权利人实质性参与诉讼,1家被侵害商标权的世界500强企业向区检察院赠送"知产卫士"牌匾。发布中英文版《知识产权检察白皮书》,梳理办案情况及典型案例,传递保护创新的检察信号。
（吴剑平）

【未成年人保护】 年内,区检察院坚持双向保护原则,对涉嫌轻微犯罪的未成年人,依法不批捕2人,不起诉3人,作出保护处分15人;对侵害未成年人的犯罪,依法批准逮捕15件、16人,提起公诉18件、21人。对1名湖北籍犯罪嫌疑人开展异地考察帮教,作出不起诉决定,入选最高检典型案例。持续落实最高检"一号检察建议",推动执行侵害未成年人案件强制报告制度,办理相关线索9件,建议公安机关刑事立案1件、作出行政处罚1件。对未成年被害人开展司法救助15人、心理疏导20人。会同公安机关建立未成年被害人"一站式"取证中心,提高取证质效,减少二次伤害。深化兼职法治副校长工作,组织模拟庭审、职业体验、线上法律讲堂等活动,其中1期课程获评上海检察机关"法治进校园"精品示范课程。
（吴剑平）

11月12日,区检察院召开《涉企职务犯罪刑事检察工作白皮书》新闻发布会

(区检察院 供稿)

【助力企业刑事合规】 年内,区检察院依法保障企业权益与促进守法合规经营并重,向企业制发堵漏建制检察建议6份,并发布《涉企职务犯罪刑事检察工作白皮书》,提升企业风险防范能力。与区工商联密切协作,依托民营企业家法律工作站,主动提供法律咨询、线索受理、法治宣传等服务。坚持"请进来"与"走出去"结合,邀请企业经营者到区检察院参加座谈、听证等活动,以"订单式"授课方式送法进企业,增强企业守法用法意识。 (吴剑平)

【检察监督工作】 年内,区检察院加强立案和侦查活动监督,监督立案26件,监督撤案103件;不批捕716人,不起诉115人;追捕72人,追诉116人;针对办案程序不规范等问题,制发检察建议36份、纠正违法通知书17份。加强刑事审判监督,提出抗诉6件,制发再审检察建议4件。开展羁押必要性审查204人,建议变更强制措施128人,获采纳104人。加强看守所监管活动监督,制发检察建议书3份、纠正违法通知书1份。加强监外执行监督,制发检察建议16份、纠正违法通知书8份。依法开展民事生效裁判监督,提请抗诉6件,法院改判5件。加强民事执行监督,制发检察建议10份。参与立案登记制改革"回头看"专项工作,评查案件555件。加强虚假诉讼监督,就民间借贷等领域"打假官司"现象开展监督,制订办案指引,规范线索收集和案件办理。 (吴剑平)

【检察公益诉讼】 年内,区检察院邀请全区35家行政机关和14个街镇座谈,共同研究推动公益诉讼检察工作。与区监察委会签工作意见,加强协作配合,规范线索双向移送。与区生态环境局建立行政执法与检察监督衔接机制,提升行政执法水平,形成公益保护合力。围绕民生领域突出问题,研判排查线索50件,立案33件,制发诉前检察建议15份,区首例刑事附带民事公益诉讼获法院判决支持。开展"公益诉讼守护美好生活""电动车充电安全管理领域公益诉讼"等专项监督活动,保护群众衣食住

行安全。与市检二分院组成联合专案组,对1起食品安全领域案件提起民事公益诉讼。依托"检助力"平台,推进生活垃圾分类管理,排摸违规记录326条,向行政机关制发检察建议2份,约谈企业4家,开展民事磋商6件,均获整改。发布《公益诉讼检察白皮书》,借助"两微一端"等各类媒体,广泛宣传公益诉讼工作情况、典型案例、线索举报流程等,提升公益诉讼的社会知晓度和参与度。办理的1起药品领域公益诉讼案件,作为全市唯一代表案例入选最高检公益诉讼宣传短片。制作"检察公益诉讼的实践和思考"课件,获最高检"检答网"和国家检察官学院采用推广。 (吴剑平)

【人才梯队建设】 年内,区检察院突出实用、实战、实效导向,开展跨院际、跨层级、精细化的"学、练、赛、训",并开设"岗位素能e讲堂",自主研发线上精品课程11门,入选全国检察教育培训改革创新100例。落实"青蓝"带教工程,加快青年干警成长成才,1名干警入选首批全国经济犯罪检察人才库,3名干警获评区青年岗位能手,老年人犯罪检察官办案组获评区级青年突击队。深化检校合作,提高检察官业务研修水平,成功立项最高检及其他市级以上重点课题7个。制订《检察官业绩考评实施细则》,发挥考评"风向标""指挥棒"作用,引导和倒逼检察官提升素能。学好用好《民法典》,开展专题学习培训20余次,2名干警入选区民法典宣讲团。 (吴剑平)

【"服务'六稳''六保',护航民企发展"检察开放日暨《涉企职务犯罪刑事检察工作白皮书》新闻发布会】 于11月12日在区检察院会议室举行。区委统战部副部长、区工商联党组书记李帆,区检察院党组成员、副检察长吕颢,区工商联副主席史海云出席,14名民营企业家代表及《人民日报》、中央人民广播电台等17家媒体记者应邀参加。会前,与会人员在区检察院党组书记、代检察长董学华陪同下参观智慧静检综合管理平台、司法办案区等检察工作场所,近距离了解检察办案流程,并进行互动交流。会议发布《涉企职务犯罪刑事检察工作白皮书》(简称《白皮书》),《白皮书》对2019年以来区检察院办理的涉企职务犯罪案件进行梳理分析,总结涉企职务犯罪时间跨度长、犯罪金额较高、隐蔽性强等特点,并介绍在提升办案质效、保障企业权益、放大办案成效方面的工作做法。与会媒体代表结合《白皮书》内容,围绕涉案企业共性问题、如何帮助企业堵漏建制等方面进行提问,区检察院相关人员作针对性答复。 (吴剑平)

(三) 法院工作

【概况】 2020年,区法院受理案件82527件,比上年增加1.61%;审结82535件,比上年增加1.59%。全年受理刑事案件1879件(包括少年刑事案件),审结1795件(包括少年刑事案件)。受理民事、商事案件59016件,审结58991件。受理浦东、杨浦、嘉定三区行政案件1023件,审结1018件。受理执行案件20397件,执结20520件,实际执行到位标的额20.1亿元。审判质效综合指数保持全市基层法院前列。年内,区法院全面对标上海法院推进法治化营商环境建设工作要求,严格准确区分经济纠纷与经济犯罪,依法平等保护民营企业和企业家合法权益。张元友诈骗宣告无罪案入选首批长三角地区人民法院典型案例、上海法院依法保障民营企业健康发展典型案例。召开优化融资租赁行业营商环境座谈会暨金融案件审判白皮书发布会。密切关注涉营商环境建设专项审判指标数据，强化审限管理，提高网上立案、随机分案等相关指标。加强破产案件审理，首次成功办结破产和解案件，债权清偿率88.25%；全力配合区国有"僵尸企业"（指丧失自我发展能力，必须依赖非市场因素即政府补贴或银行续贷来维持生存的企业）处置工作，成立破产清算专项工作小组，积极推进区属28家"僵尸企业"通过破产、强制清算等方式进行清理。服务保障旧区改造，审查涉旧改房屋征收强制执行案件52件，其中静安区政府申请19件。拓展司法为民举措，推进一站式多元解纷和诉讼服务体系建设，增强诉讼服务中心功能，通过"移动微法院"（微信小程序），配置"智慧舱"（配置电子办公等设施的半封闭舱）、"云柜"（诉讼材料智能收转发系统）等举措，为当事人提供便捷的诉讼服务。在全市率先为60岁以上老年人提供免预约现场立案诉讼服务。网上立案20741件，办理跨域立案36件，12368诉讼服务平台回复办结联系法官、案件咨询等来电13489件（次）。诉调对接中心审结民商事案件34892件，占全院审结案件数的42.28%。举行劳动争议诉调对接工作签约仪式，与区总工会签署《加强"法院—工会"劳动争议诉调对接工作合作纪要》。加强司法公开，通过中国庭审公开网对2738件案件进行庭审网络直播，裁判文书上网率100%。参与社会治理创新，送法进社区，先后在临汾路街道、彭浦新村街道启用社区法庭公开开庭审理案件，以案释法，让群众在家门口获得便捷的司法服务。到学校开展"网络暴力与自我保护"等主题法治宣传活动。未成年人心理疏导工作室获评第四批市人文关怀心理服务示范点。"暑期法律职业体验"项目获区未成年人暑期工作优秀活动项目奖。深入街道社区宣传民法典，为老年人提供法律咨询。开展宪法宣传系列活动，组织新任人民陪审员宪法宣誓。2名法官入选中央广播电视总台"法律讲堂·法官解案"栏目主讲人。制发劳动争议、商事等审判白皮书6份，涉老民事案件审判白皮书新闻发布会被列入上海法院推进司法高质量发展系列发布会。向有关单位发出司法建议23份。年内，区法院"'红色引

10月23日，区法院召开"2019年度涉老民事案件审判白皮书新闻发布会" （区法院　供稿）

擎'党建工程助力实现强院梦"被评为上海法院党建创新优秀案例。开展党风廉政教育月活动和"以案释德、以案释纪、以案释法"专项警示教育,增强干警法纪观念和责任担当。依托上海法院干部教育培训、"四个一百"评选、条线评比等平台,提升队伍的司法能力。开展《民法典》学习培训宣传,组织干警参加上级法院举办的视频讲座、师资培训班。年内,区法院经复查合格,继续保留"全国文明单位"称号。区法院获全国法院"基本解决执行难"工作集体嘉奖、上海法院"基本解决执行难"工作集体一等功。在全国法院优秀案例分析评选活动中,2篇案例分析分获二、三等奖,区法院获先进组织单位奖;3个案例入选《人民法院案例选》;6个案例、6篇裁判文书、7个庭审分别获评上海法院精品案例、优秀裁判文书、示范庭审。法警大队获上海法院优秀警队称号,信息化工作获上海法院应用成效奖。法官白云入选第三届上海法院"十佳青年"。 (蔡东芳)

【区法院新冠肺炎疫情防控工作】 年内,区法院落细落实疫情防控措施,成立疫情防控工作领导小组,及时贯彻落实上级决策部署。严把入院检查关、防控措施关、人员排查关、服务保障关,确保诉讼当事人和法院工作人员安全。组织抗疫志愿者到街道、居委会、浦东机场开展志愿服务。合理调整审判工作方式,采取网上立案、在线谈话、在线调解、在线庭审、网络执行查控等"无接触"方式,确保审执工作安全有序。加强疫情防控司法保障,依法严惩涉疫情犯罪,妥善处理涉疫情民商事案件和执行案件,服务保障疫情防控工作和经济复苏发展。区法院在疫情防控期间成功调处上海丽景针织制衣有限公司诉合玺(上海)服装有限公司等买卖合同纠纷系列案,总标的额1380万余元,助力民营企业摆脱债务危机、恢复生产经营。该案入选首批全国法院服务保障疫情防控期间复工复产民商事典型案例。 (蔡东芳)

【刑事审判】 年内,区法院依法审结故意伤害、盗窃、抢劫、抢夺、诈骗、敲诈勒索等危害群众生命财产安全犯罪案778件、937人,交通肇事、危险驾驶等危害公共安全犯罪案件268件、269人,涉毒品犯罪案件45件、54人。依法严惩集资诈骗、非法吸收公众存款等涉众型经济犯罪,审结142件、242人。依法严惩贪污贿赂等职务犯罪,审结7件、9人。 (蔡东芳)

【"扫黑除恶"专项斗争】 年内,区法院深入推进"扫黑除恶"专项斗争,确保斗争取得成效。审结"赵富强组织"涉黑关联刑事案件2件、11人,涉恶刑事案件7件、17人,认定涉黑、涉恶被告人11人和9人。判决生效全市首例房产中介人员使用"软暴力"构成寻衅滋事罪涉恶案件。移送涉"套路贷"犯罪线索9件。针对涉恶寻衅滋事案反映的违法群租乱象问题,向区有关部门发出司法建议并被采纳。 (蔡东芳)

【民(商)事审判】 年内,区法院依法妥善审理婚姻家庭、侵权赔偿、房地产、劳动争议等涉民生案件。依法审理全国首例10岁男童骑ofo共享单车车祸身亡索赔案,判决共享单车企业承担一定赔偿责任,兼顾消费者合法权益和新经济形态发展,弘扬以人为本、生命至上的司法理念。该案入选2020年度上海法院十大典型案例。妥善调处涉"青客"等长租公寓平台房屋租赁合同群体纠纷案74件。化解金融纠纷,促进金融市场健康发展,受理金融案件38685件,审结38687件。审结全市首例融资融券"绕标"交易纠纷案,判决金融投资者对其规避监管规定的"绕标"投资行为产生的损失承担责任,已履行法定或约定职责的证券公司不承责任,倡导金融投资者恪守诚信、公平交易、自担风险,金融机构加强交易监管、风险防范。该案获全国法院优秀案例分析评选二等奖,并入选上海法院金融商事审判十大案例。探索家事审判改革,受理家事案件1753件,审结1719件。加强涉老审判,维护老年人合法权益,受理涉老案件1140件,审结1143件。 (蔡东芳)

【行政审判】 年内,区法院判决行政机关败诉28件,行政机关败诉率2.75%。协调化解案件324件,行政和解撤诉率31.83%。行政机关负责人出庭应诉428件434次。召开辖区行政审判白皮书发布会;开展行政诉讼庭审、旁听、讲评"三合一"活动,院长担任审判长开庭审理市级行政机关"一把手"首次出庭应诉案,市人力资源和社会保障局局长出庭,全市人社系统领导干部旁听庭审;在嘉定巡回审判点开展"三合一"活动,嘉定区区长及区政府全体班子成员参加。2个案例入选上海法院行政审判十大典型案例,2个案例入选上海法院行政争议实质解决十大典型案例。 (蔡东芳)

【执行攻坚】 年内,区法院严格规范执行行为,全面推进执行规范化建设。规范限制高消费、失信被执行人名单的管理,规范终本案件,推广将公证程序引入执行工作,确保执行程序规范。司法拘留6人,发布限高令14116人(次),限制出境159人(次),发布失信被执行人名单24036条。对2736件案件采取财产保全措施;通过网络平台发布司法拍卖202件,成交99件,成交额8.32亿余元。集中开展"发挥执行职能、做好'六稳''六保'"专项执行,执结各类涉民生案件1657件,执行到位标的额6655.93万余元。完善执行联动机制,做好执行预案,发挥联动单位在信息互通、协助查找、现场执行、化解矛盾等方面积极作用。加强与外省市单位协作联动,与北京市东城区法院签署《建立异地财产联动处置与联合执行机制合作协议》,破解异地执行难。 (蔡东芳)

【司法改革】 年内,区法院深化司法责任制综合配套改革。坚持院庭长办案制度,发挥院庭长办理重大疑难案件的示范作用。加强审判团队建设,适时调整、优化办案力量,发挥团队负责人在审判管理、团队建设等方面的作用。加强审判监督管理,强化审判委员会、院庭长的业务指导和监督管理。修订《专业法官会议实施细则》,完善专业法官会议运行机制。开展民事诉讼程序繁简分流改革试点,根据全国人大常委会授权和上级法院部署,制订改革实施方案及重点任务分解表,稳妥有序推进各项改革任务。民商事案件简易程序适用率84.94%;适用普通程序独任制审结1635件;电子送达案件3573件、7349次。深化人员分类管理,完善管理制度,实现等级晋升、奖惩考核等工作的常态化、规范化。组织法官助理开展司法实务技能比赛。开展法官入额遴选,8名法官助理经遴选程序、全市统筹,纳入区法院法官员额管理;完成高级法官选升晋级、法官等级按期晋升以及司法辅助人员、司法行政人员职级晋升等工作。 (蔡东芳)

【主动接受监督】 年内,区法院自觉接受人大、政协及社会各界监督,向区一届人大九次会议报告法院工作,旁听代表和委员审议、讨论法院工作报告。向区人大常委会会议专题报告区法院行政案件集中管辖和家事审判方式改革工作。接受区人大关于《上海市优化营商环境条例》贯彻实施情况的监督。向区政协常委会通报区法院工作。邀请人大代表、政协委员、特约监督员等76人(次)旁听庭审、召开座谈会。落实检察长列席审委会制度,接受检察机关法

律监督,回复检察建议。　　　　（蔡东芳）

【领导调研】 10月19日,市高级人民法院党组书记、院长刘晓云一行到区法院调研。区法院党组书记、院长孙培江,党组成员参加座谈。孙培江汇报区法院近年来在深化司法改革、提升审判质效、强化队伍管理等方面工作情况,以及审判团队管理中发现的问题、第四季度工作打算。刘晓云对区法院各项工作给予肯定,指出区法院队伍融合好、审判质效等方面工作走在全市前列,并对下一步工作提出要求。
　　　　　　　　　　　　　　　（蔡东芳）

【新审判大楼启用】 9月28日,区法院举行新审判大楼启用仪式。原静安区、闸北区法院历任院长沈志先、应新龙、项振乐、江一敏、钱锡青、倪春南以及历届班子成员应邀出席,区法院党组书记、院长孙培江,党组班子成员,各部门、团队负责人,干警代表等100余人参加仪式。新审判大楼位于康定路1111号,于10月9日投入使用。　　　　　　　　　　（蔡东芳）

【全国首例10岁男童骑ofo车祸身亡索赔案】 2017年3月26日下午,受害人高某(事发时未满12周岁)未通过APP程序获取密码,解锁一辆ofo共享单车后上路骑行,后与案外人王某驾驶的大型客车发生碰撞,高某经抢救无效于当日死亡。该交通事故案件,法院生效判决认定肇事机动车方承担40%的赔偿责任。其后,受害人父母起诉ofo共享单车的经营者北京拜克洛克科技有限公司,请求判令被告收回所有ofo机械密码锁具单车,更换为安全的智能锁具,对于交通事故案中受害人一方未获赔付的损失承担相应的赔偿责任计60万余元,并另赔精神损害抚慰金700万元。2020年6月12日,区法院判决被告对于两原告在交通事故案中未获赔付的损失承担10%的赔偿责任,即6.7万余元,驳回两原告其余诉讼请求。一审判决后,双方当事人均未上诉。该案入选2020年度上海法院十大典型案例。　　　　（蔡东芳）

【全市首例融资融券"绕标"交易纠纷案】 2017年5月,原告光大证券股份有限公司与被告叶某初签署《融资融券合同》并约定,被告信用账户维持担保比例低于130%时,原告有权对被告账户内资产予以强制平仓。2017年10月起,被告用"绕标"(即先融券卖出标的证券,产生融券负债;再通过融资买入相同数量的标的证券,产生融资负债;将融资买入的标的证券以现券还券的方式偿还融券卖出的证券,使融券负债解冻以套现资金)方式获得的自有资金大量买入非标的证券"尤夫股份"。后"尤夫股份"连续跌停,导致被告信用账户维持担保比例低于平仓线130%,并触发强制平仓,产生严重亏损,被告无力归还融资款。原告诉请被告偿还剩余融资本金600万余元、融资利息及逾期利息等。区法院经审理后认为,根据监管规定及合同约定,原告作为证券公司并无限制投资者进行"绕标"交易的法定义务或合同义务。被告通过"绕标"交易买入非标的证券,其交易目的系为了规避融资融券交易只能针对标的证券进行交易的监管限制,由此产生的亏损应由投资人自行承担。一审判决被告向原告偿还剩余融资本金600万余元、融资利息及逾期利息等。判决后,双方当事人均未上诉。该案获全国法院优秀案例分析评选二等奖,并入选上海法院金融商事审判十大案例。　（蔡东芳）

【全市首例房产中介人员使用"软暴力"恐吓他人构成寻衅滋事罪案】 2018年8月至2019年4月,同联地产北京西路门店房产中介业务员肖某康等人因怀疑被害人在租房开店时"跳单",协商无果后,先后多次采用纠集该经纪事务所大量业务员以上门骚扰、占座等方式影响静安、黄浦等区的4户商户正常经营,并通过在大众点评网上给恶意差评、向市场监督管理部门恶意投诉、使用"呼死你"软件骚扰等方式,向被害人施压索要中介费,严重扰乱市场秩序。公诉机关指控被告人肖某康等15人犯寻衅滋事罪。区法院审理后认为,被告人肖某康等人在公共场所无端滋事,采用故意占座、堵门阻客、恶意网评、恶意投诉、言语辱骂并威胁等软暴力手段,恐吓被害人支付所谓"中介费",严重影响正常营业秩序,依法以寻衅滋事罪对15名被告人分别判处有期徒刑一年一个月至八个月。一审判决后,肖某康等人上诉,二审维持原判。该案入选上海法院依法保障民营企业健康发展为企业家创新创业营造良好法治环境的典型案例(第三批)。 (蔡东芳)

【**上海丽景针织制衣有限公司诉合玺(上海)服装有限公司等买卖合同纠纷系列案**】 原告上海丽景针织制衣有限公司与经营潮牌服饰的被告合玺(上海)服装有限公司及其另一家关联公司艾犀实业(上海)有限公司分别签订《服饰采购合同》,两被告收货后未按约付款。原告起诉要求两被告支付货款并赔偿违约金等400万余元,同时提出财产保全申请,查封两被告的银行账户。两被告应诉后,确认欠款事实,但表示因新冠肺炎疫情影响,经营陷入困境。因账户冻结,无法发放工资、缴纳社保,且正在洽谈融资进行自救,涉诉将影响投资者信心,希望原告撤诉并解除保全。2020年1月14日区法院受理该两件案件后,了解到双方有意加速调解解决纠纷,多次组织当事人进行沟通、调解工作,并克服代理人处于居家隔离期无法到庭等困难,于2月10日通过在线方式进行审理,其中一案达成和解,原告当庭撤诉;一案达成分期还款的调解协议。当日,原告收到被告先期支付的款项100万元,并申请解除全部财产保全。两被告账户解封后及时发放工资,双方均实现复工复产。截至8月底,调解协议已按期足额履行完毕。后又化解涉合玺(上海)服装有限公司及其关联公司纠纷案14件。该系列案总标的额1380万余元。案件入选首批全国法院服务保障疫情防控期间复工复产民商事典型案例。 (蔡东芳)

(四)司法行政

【**概况**】 2020年,区司法局收到以区政府各行政机关为被申请人的行政复议案件223件。发挥复议调解机制的重要作用,经化解终止审理35件。办理市政府受理的以区政府为被申请人的行政复议案件14件。依法做好行政应诉工作,全年共参与107件以区政府为被告的行政诉讼案件的应诉工作(含一审、二审),均按照法律规定答辩。区政府部门行政诉讼一审案件行政负责人出庭应诉案200件,出庭应诉率79.7%,高于上年的41.7%。年内,审核各类文件66件,审核强制拆违案件15件,核发《强制执行通告》32件。全年开展《民法典》学习宣传活动230余场,覆盖人数2万余人。"绎法空间"微信公众号发文585篇,"法筑和谐,律动静安"微信公众号发文627篇。全区挖掘培养"法治带头人"264人,"法律明白人"792人,全部完成上岗培训及考核。区公共法律服务中心受理律师类行政审批初审2165件,其中涉及机构事项185件、涉及个人事项1980件;法律咨询窗口接待来访6687人(次);12348热线接听12135人(次);法律援助案件受理2664件,其中民事114件、刑事

2550件;认罪认罚见证803件;办理律师调解案件56件,办结56件;受理公职律师执业申请26件、公司律师执业申请2件。将司法行政系统的政务服务事项全部纳入"一网通办",新增政务服务事项办事指南280项,完善优化办事指南340项,电子证照调取落实665项。"张玉霞未成年人工作室"开展中小学生普法知识讲座、法治宣传活动、《中华人民共和国民法典》专题讲座10场。年内,区各人民调解组织受理民间纠纷18309件,调解解决17948件,调解成功率98.03%,达成协议书5721件。通过"智慧调解"平台接收"110"非警务警情纠纷11494件,反馈11493件,反馈率超过99%。"双员双师"(人民调解员、法治宣讲员、律师、心理咨询师)调解工作开展纠纷排查2283次,涉及19448人(次);解答心理咨询1253件;受理重大疑难复杂矛盾16件,成功化解11件;协助其他组织化解矛盾528件;受理因心理问题纠纷614件,成功化解294件,缓解313件;开展培训370期,参训5783人(次)。两家基层法律服务所解答咨询和代书321件,代理民事案件108件,代理非诉讼法律事务303件,担任法律顾问2家,服务收入24.258万元。年内,线上智慧调解系统共接收工单901件,其中静安法院推送工单357件、二中院推送工单479件、在线申请65件,完成779件,其中不予受理79件、调解成功558件、调解终止142件,调解成功率为80%。线下接待窗口接待上门咨询案件189件,接待上门咨询1322人(次)。至年底,全区有律师事务所257家,执业律师6012人。静安公证行业受理公证事项14067件,其中涉外公证业务5638件、国内公证业务8035件、涉港澳台公证业务394件。全年收到律所报备律师代理涉黑恶案件106件,根据法院要求安排庭审旁听8件,收到重大事项报告36件、涉疫案件报备6件。年内,区司法局机关和区法律援助中心有13人到北站街道社区、铁路上海站、浦东机场、共和新路街道社区等疫情防控一线,投入防控工作,区司法系统党员积极捐款捐物300万余元。

(谢颖琦)

【发布《静安区涉疫矛盾纠纷排查分析》】 2月,区司法局发布《静安区涉疫矛盾纠纷排查分析》。涉疫纠纷中人员返沪涉疫纠纷和社区管理涉疫纠纷,分别占纠纷总数的47%和41%。区司法局从加强防疫宣传、加强矛盾纠纷排查、鼓励线上调解和提供免费心理咨询四方面入手,加强疫情矛盾纠纷预防和化解。

(谢颖琦)

【印发《中共静安区委全面依法治区委员会关于加强新冠肺炎疫情防控工作法治保障的实施意见》】 年内,区委全面依法治区委员会为积极贯彻落实中共中央总书记习近平在中央全面依法治国委员会第三次会议上关于依法防控新冠肺炎疫情的重要讲话精神,《中共上海市委全面依法治市委员会关于加强新冠肺炎疫情防控工作法治保障的实施意见》等文件精神,印发《中共静安区委全面依法治区委员会关于加强新冠肺炎疫情防控工作法治保障的实施意见》,要求切实强化区依法防控意识,依法制定落实防控政策、措施,严格规范执法行为,加强法治保障措施,依法规范捐赠、受赠行为,依法报告和发布疫情,强化依法防控法律服务,加大依法防控宣传力度,统筹推进依法防控,为坚决打赢新冠肺炎疫情防控阻击战提供有力法治保障。

(谢颖琦)

【区司法局加强疫情期人民调解工作】 年内,区司法局严格落实各项疫情防控措施,组织基层调解力量投入到防疫阻击战中,发挥人民调解维护社会和谐稳定"第一道防线"作用。加强排查,要求各司法所严格执行"日报告"制度,每日报送人民调解工作情况。灵活应对,疫情防控期间采取特殊举措,鼓励线上调解。坚守本职,安抚居民情绪,维护社区稳定。甘当"逆行者",人民调解员投身社区疫情阻击战,参与口罩预约登记、上门送口罩、防疫宣传、守护门岗、为隔离人员提供补给等工作。

(谢颖琦)

【区司法局积极开展疫情防控管控教育】 年内,区社区矫正中心防止因人员密集造成疫情隐患,通过线上教育形式对区所有社区矫正对象开展教育引导,利用公众微信号推送、个人微信、电话联络等形式适时开展防疫防控宣传,使社区矫正对象能科学理性应对疫情,消除恐慌情绪,以积极态度面对疫情,不信谣、不传谣。

(谢颖琦)

【制订并印发《关于为统筹推进疫情防控和复工复产复市工作提供法治保障的意见》】 3月,区司法局根据市委依法治市办《关于为统筹推进疫情防控和复工复产复市工作提供法治保障的意见》文件精神,制订并印发静安区《关于为统筹推进疫情防控和复工复产复市工作提供法治保障的意见》,全面提升区依法防控能力,进一步推进严格规范公正文明执法,加大司法保障力度,提供精准法治宣传和优质公共法律服务,做好矛盾纠纷排查化解等工作,依法有效保障疫情防控,助力复工复产复市。

(谢颖琦)

【区委全面依法治区委员会第二次会议】 于4月8日在常德路370号区政府会议室召开。会议传达中共中央总书记习近平在中央全面依法治国委员会第三次会议上的讲话精神和市委全面依法治市委员会第二次会议精神,审议并通过《关于健全工作制度统筹推进全面依法治区工作的意见》《中共静安区委全面依法治区委员会办公室督察工作办法》《中共静安区委全面依法治区委员会2020年工作要点及责任分工》。会议由区委书记、区委全面依法治区委员会主任陆晓栋主持,区委全面依法治区委员会副主任、全体委员出席会议。

(谢颖琦)

【加强依法治区体制机制建设】 年内,区委全面依法治区委员会办公室印发《关于健全工作制度统筹推进全面依法治区工作的意见》,从加强请示报告、加强信息报送与调查研究、加强法治督察和评估考核、严格落实工作职责等方面,进一步加强区委依法治区办与各协调小组及各有关部门和单位的工作衔接,形成工作合力,严格落实、统筹推进全面依法治区各项工作制度。进一步梳理依法治区工作联络员及信息员队伍,严格落实旬报告和信息简报制度。印发《中共静安区委全面依法治区委员会办公室督察工作办法》,加强区委全面依法治区委员会对全区法治建设的全面、统一领导,规范全面依法治区督察工作,将督察工作贯穿到执法、司法、守法、普法各环节,形成督察工作常态长效机制。

(谢颖琦)

【建立行政执法"三项制度"协调机制】 4月,区司法局联合区委编办、区公务员局、区档案局、区发展改革委、区财政局、区市场监督管理局印发《关于建立静安区行政执法公示制度执法全过程记录制度重大执法决定法制审核制度工作协调机制的通知》,明确建立行政执法"三项制度"协调机制,要求加强统筹协调,做好行政执法公示工作、执法全过程记录工作、重大行政执法决定法制审核工作,做好行政执法档案管理工作,建立行政执法经费保障机制,抓好行政执法队伍建设,加大对行政执法"三项制度"的宣传力度,提高城区治理能力和治理水平。

(谢颖琦)

【结合疫情防控开展相关政策法规宣传】 年内,区司法局以"依法战疫·法治随行"为主题,制作青春法治课堂(第一期)短视频,宣传上海市新冠肺炎防控工作领导小组办公室颁布的关于"疫情防控、外防输入"相关规定。制作"稳就业"专题音频广告,在18座商务楼宇57个电梯点位,全天滚动播放,宣传人力资源和社会保障部调整的稳岗返还政策享受条件,支持中小微企业稳定就业。通过"绎法空间"微信公众号,对静安区应对疫情帮扶企业相关措施、疫情期间劳动、消费纠纷化解等人民群众关心的法治问题进行解答和宣传。

(谢颖琦)

【全民国家安全日主题宣传活动】 区司法局以"4·15"全民国家安全教育日为契机,深入贯彻落实总体国家安全观,大力宣传《中华人民共和国国家安全法》。"绎法空间"微信公众号于4月11—15日,通过转发国家安全法律知识竞赛和"图说国安"系列的方式,对《中华人民共和国国家安全法》《中华人民共和国反恐怖主义法》《中华人民共和国网络安全法》等法律进行重点解读宣传,提升公民的国家安全意识。

(谢颖琦)

【全国知识产权宣传周宣传活动】 在4月20—26日全国知识产权宣传周活动期间,区司法局开展以"知识产权与健康中国"为主题的系列法治宣传活动。区司法局在"绎法空间"微信公众号上发布"知识产权宣传周"系列推文,对诸多知名品牌被商标侵权的真实案例进行以案说法;与区法宣办、区文化执法大队联合制作"文化执法"专题广播,呼吁大家文明旅游、抵制盗版、健康娱乐,并公布"12318"文化市场举报热线。

(谢颖琦)

【领导干部学法用法专题法治讲座】 4月23日,区司法局联合区政府办公室共同举办专题法治讲座。讲座邀请复旦大学社会发展与公共政策学院教授、社会管理与社会政策系副主任、城市公共安全研究中心主任滕五晓就"应急管理与《突发事件应对法》"进行专题授课。区政府党组成员、区政府各部门、各街道(镇)行政主要负责人、区管重点企业主要负责人参加学习。

(谢颖琦)

【与景宁畲族自治县司法局开展合作协议"云签约"】 4月22日,区司法局与浙江省景宁畲族自治县司法局进行"云签约",双方签订司法行政工作合作框架协议,建立司法行政工作战略合作关系。未来双方将在互通法律服务资源、协助公共法律服务体系建设、合作开展律师人才培训等方面开展战略合作。

(谢颖琦)

【与上海市第二中级人民法院共同组织举办出庭、旁听、讲评"三合一"活动】 5月18日,区司法局与市二中院共同举办征收补偿决定案件出庭、旁听、讲评"三合一"活动,静安区副区长李震作为区政府行政负责人出庭应诉并参加。市二中院副院长蒋浩及区司法局、区房管局、旧改征收工作相关负责人参加活动。该次庭审为静安区政府2020年首例区领导出庭应诉案件。

(谢颖琦)

【印发《静安区关于全面加强和改进基层法治建设的实施意见》】 6月17日,区委全面依法治区委员会贯彻落实市委办公厅、市政府办公厅《关于全面加强和改进基层法治建设的意见》和市委依法治市办《〈关于全面加强和改进基层法治建设的意见〉任务分工》等文件精神，印发《关于印发〈静安区关于全面加强和改进基层法治建设的实施意见〉的通知》（简称《实施意见》）。《实施意见》从总体要求、建立健全各街道（镇）法治建设领导体制和工作机制、切实提升基层行政执法效能、深入推进全民守法普法、大力加强基层法治队伍建设等方面全面加强和改进区基层法治建设。

（谢颖琦）

【静安区司法行政系统首场《中华人民共和国民法典》讲座】 6月12日，区司法局举办区司法行政系统首场《中华人民共和国民法典》专题讲座，邀请华东政法大学教授、博士生导师韩强作"新时代民法典的历史地位和历史意义"专题授课。讲座以现场和视频会议相结合的方式召开，区司法局设主会场，各中心、街镇司法所设分会场，局机关、区公共法律服务中心、区社区矫正中心、区非诉讼争议解决中心、各司法所全体工作人员及部分居民代表参加学习。

（谢颖琦）

【《中华人民共和国社区矫正法》微信知识竞赛】 为进一步加强于7月1日正式实施的《中华人民共和国社区矫正法》的普法宣传，区司法局于6月12—27日，在"法筑和谐、律动静安""静安区社区矫正中心"等微信公众号上举办"社区矫正法微信知识竞赛"，发动社区群众参与《社区矫正法》学习宣传，推动《中华人民共和国社区矫正法》有效落实。

（谢颖琦）

【区司法局联合区法院、区公安分局共同开展人民陪审员增补选任的随机抽选工作】 6月24日，2020年度人民陪审员增补选任的随机抽选工作在区公安分局人口办启动。该次抽选从辖区常住居民名单中随机抽选拟任命人民陪审员数5倍以上的候选人。在区法院、区公安分局共同见证下，产生1260名人民陪审员候选人。候选人被分配到各街镇司法所，由司法所对候选人开展征询意见及资格审核工作。该次陪审员增选作为2019年选任工作的补充，增补选任312名人民陪审员，其中随机抽取人员250人，个人及单位推荐62人。

（谢颖琦）

【发布《静安区（居村）社区双顾问绩效评审细则（试行）》】 6月底，区司法局发布《静安区（居村）社区双顾问绩效评审细则（试行）》，确定"居村（社区）双顾问"工作评审机构、评审内容、考核方式、考核等级及考核奖惩等，以科学规范的制度，全面客观评价居村（社区）法律顾问工作实绩，充分体现奖勤罚懒、奖优罚劣原则，有效激发工作积极性，促进基层法律服务工作纵深开展。

（谢颖琦）

【发布人民调解员选聘和年度工作考核试行办法】 6月23日，区司法局根据《中华人民共和国人民调解法》《上海市人民调解员统一评聘办法（试行）》和《关于加强人民调解员队伍建设的实施意见》等法律法规及文件精神，出台《上海市静安区人民调解员选聘办法（试行）》和《上海市静安区人民调解员年度工作考核办法（试行）》，对人民调解员选聘、培训、日常管理、考核等方面内容作全面规范。

（谢颖琦）

【"爱的黄丝带"十周年宣传巡展活动】 6月30日，区司法局与市社会帮教志愿者协会、区社会帮教志愿者协会、静安寺街道办事处共同举办"帮教一人、拯救一家、平安一方"——"爱的黄丝带"十周年巡展活动。社工、帮教志愿者及工作人员100余人参加活动。

（谢颖琦）

【行政执法工作】 7月，区司法局印发《关于2020年进一步推进行政执法"三项制度"实施工作的通知》，聚焦执法为民，坚持问题导向，加强指导监督，确保行政执法公开透明、执法全过程规范有序、重大行政执法决定合法合理，进一步提升静安区严格规范公正文明执法水平。7月13日，区司法局出台《静安区司法局重大行政执法决定法制审核目录》，明确17项需要进行法制审核的重大行政执法决定内容，以及审核事项的主要依据、所需审核材料等，优化区司法局重大行政执法决定法制审核工作。 （谢颖琦）

【区"七五"普法集中检查工作】 7月15—16日，区司法局与区委宣传部、区人大办、区法宣办联合对静安区9家委、办、局和14个街镇开展"七五"普法总结验收集中检查。检查通过实地查看、查阅台账、听取报告等形式，全面了解参检单位"七五"普法工作情况，检查组结合检查情况对各参检单位的"七五"普法工作进行现场评议。区司法局和区法宣办充分听取各单位对法治宣传教育工作的意见建议，为下一阶段的落实整改及"八五"普法规划做好调研工作。

（谢颖琦）

【首场《中华人民共和国民法典》宣讲团系列巡讲活动】 于8月11日在上海万达瑞华酒店举办。讲座邀请中国法学会《民法典》编纂领导小组成员、静安区《民法典》宣讲团成员崔建远和上海市、静安区《民法典》讲师团成员、交大凯原法学院副院长彭诚信，聚焦《民法典》合同编，深入剖析合同法增改要点及实务意义。区人大常委会副主任宋震、曾晓颖应邀出席，区各部、委、办、局、各街道(镇)分管领导、普法联络

员及部分律师等近500人参加学习。

（谢颖琦）

【实施"法治带头人""法律明白人"1+3培养工程】 8月25日，区法宣办下发《关于实施"法治带头人""法律明白人"1+3培养工程的通知》，组织全区14个司法所全面开展"法治明白人""法律带头人"培养工作，进一步明确"法治带头人""法律明白人"的基本条件、主要职责、选拔培养及使用管理等程序，逐步打造整体素质和服务水平"双高"的法治宣传教育工作者队伍。

（谢颖琦）

【建立司法所长列席办公会议制度】 年内，区司法局根据《静安区关于全面加强和改进基层法治建设的实施意见》要求，推动区各街镇基层法治建设体制机制落实，全区14个街镇全部建立基层法治建设委员会，建立司法所长列席街镇办公会议制度。

（谢颖琦）

【区"谁执法谁普法"履职工作评议会】 11月17日，区法宣办组织召开2020年静安区国家机关"谁执法谁普法"履职工作评议会，报告2020年国家机关"谁执法谁普法"普法责任制履职情况，区城管执法局、区生态环境局、区建设管理委交流普法工作经验，区委常委、区委宣传部部长、区守法普法协调小组组长姜鸣出席会议并讲话，48家被评议单位主要领导或分管领导参加会议。邀请第三方评估相关单位普法责任履职工作情况，出具《2020年静安区国家机关"谁执法谁普法"普法责任制履职报告》，开展社会满意度测评，了解相关单位普法工作实效。

（谢颖琦）

【静安区政府第一届行政复议委员会成立大会暨第一次全体会议】 于11月26日在常德路

370号区政府会议室举行。区委副书记、区长王华,区委常委、副区长刘燮出席会议,并为委员颁发聘书。刘燮就做好行政复议工作提出要求。上海市城市管理行政执法研究会副会长刘建平、上海交通大学法学院教授朱芒、上海沪中律师事务所律师王昊东、上海君伦律师事务所律师丁德应、北京尚公(上海)律师事务所律师邵开俊、北京盈科(上海)律师事务所律师李举东、区房管局局长马士威、区市场监管局副局长钱金龙作为委员代表发言,并对今后的行政复议委员会工作开展提出建议。会上审议通过行政复议委员会章程、工作规则、委员守则。区政府行政复议委员会将就区政府重大、复杂、疑难、新类型以及在适法、案件处理等方面存在重大分歧的行政复议案件提供审议意见,参与研究行政复议工作中的重大问题,为改进和完善区政府行政复议工作,强化静安法治政府建设提供保障。

(谢颖琦)

【上海市"宪法进机关"主题日活动暨"静安区首个宪法宣传月启动仪式"】 于12月1日在静安公安教育基地举行。活动为静安区宪法宣传教育基地揭牌,全体参会人员进行庄严的宪法宣誓。区委常委、宣传部部长、区守法普法协调小组组长姜鸣,市司法局党委委员、副局长罗培新,副区长、区公安分局党委书记、局长潘子罕等出席活动。

(谢颖琦)

12月1日,上海市"宪法进机关"主题日活动暨"静安区首个宪法宣传月启动仪式"举行

(区司法局 供稿)

九、人民武装·民防·退役军人管理·应急管理和安全生产监督管理

编辑 庞雅琴

（一）人民武装

【概况】 2020年，静安区人武部着眼建设实际，深入领会和贯彻上海警备区党委和区委、区政府决策指示，精细筹划思路，坚持打牢基础，务实开展工作，单位建设呈现出全面发展、整体提高的好势头，建设质量稳中有升。区人武部被上海警备区评为2020年度军事训练先进单位，被上海市政府、上海警备区联合评为征兵工作先进单位。加强思想政治建设。坚持把学习贯彻习近平新时代中国特色社会主义思想和强军思想摆在首位，抓好党委班子理论学习、党员干部职工集中授课、专题教育制度落实，重点学好"强军篇""动员篇""上海篇"，推动理论与实践相结合。深化两项主题教育，开展"四史"学习教育，做好疫情期间思想政治工作，灵活运用"两微一端"（微博、微信、新闻客户端），及时传达上级指示。贯彻落实《关于加强新时代党管武装工作的意见》，细化具体措施，落实议军会、国动委例会、现场办公和"军事日"制度。6月，上海警备区首长到区人武部调研，对静安区党管武装工作给予肯定。组织国防教育主题宣传和第二十个全民国防教育日，发挥静安中心城区优势，在静安寺、久光百货设点宣传。加大拥军优属力度，年内协调区退役军人局帮助解决军人子女入学、入托问题。推进脱贫攻坚，对口帮扶福建省上杭县南阳镇、江西省遂川县泉江镇等地的4个村，年度专项扶贫经费660万元全额下拨，帮扶对象全部脱贫。提高实战化训练质量。紧盯备战打仗主责主业，坚持按纲施训，规范日常战备，军事训练和战备工作有效落实。5月，按照上级统一部署，完成国防动员专项任务；6、7月，先后参加战区和上海警备区专项演习、演练；8月上旬，承训全市网络民兵骨干集训。加强民兵量化考评。抓好军事需求与资源潜力对接，协调相关单位展开行业企业、社会团体、资源信息、人口数据等潜力核查，摸清底数，科学筹划年度基干民兵和普通民兵整组任务，结合2019年军委国防动员部检查考评中发现的问题，优化编组结构，研究配套政策，高标准迎接国防动员部"回头看"检查，实现零扣分目标。做好新兵征集工作。加强统筹协调和指导，加强宣传发动，把好新兵体检、政审等关口，提高大学毕业生征集比例。区"五率"（报名率、上站率、合格率、择优率、退兵率）考评位列全市第

一、开展疫情防控工作。深入学习贯彻党中央关于疫情防控系列重要指示,第一时间成立疫情防控领导小组,严格落实上海警备区防控措施,全面加强人员摸排和营区封闭式管理,定期分析防控形势,查漏补缺、堵塞漏洞。年后,组成一支民兵任务分队,执行铁路上海站出站旅客信息登记核验任务,排查旅客近2万人(次),发挥应急突击队作用。加强安全管理。做好常态化疫情防控下的部队安全管理工作,解决在外省隔离人员的管理教育问题、应急分队遂行疫情防控任务中的安全管理问题、乘坐交通工具规定落实问题等。全年扎实做好车辆、季节性事故防范工作,加强对重点部位安全管控,加强军警民联防联治,确保不发生重大安全问题。

(陈姗姗)

【助力铁路上海站做好防疫工作】 2月26日,区人武部部长于清祥、政委蔡啸峰到铁路上海站调研,对民兵增援铁路上海站地区疫情防控工作作对接。2月29日,按照上级指示和工作安排,组织区人武部干部职工及部分民兵到铁路上海站执行出站旅客健康信息登记核验任务,协助疏导分流工作。

(陈姗姗)

【开展民兵整组点验】 6—7月,为进一步强化民兵组织建设和提高基干民兵应急作战能力,北站街道、彭浦新村街道、大宁路街道、共和新路街道、芷江西路街道、彭浦镇分别召开2020年度民兵整组点验大会,进行现场抽点和人员身份核实检查。区人武部部长于清祥、政委蔡啸峰分片带队现场指导并进行讲评,对民兵建设提出新要求。

(陈姗姗)

【上海警备区政委到区人武部调研】 6月11日,上海警备区政委凌希到区人武部调研党管武装工作,听取工作汇报,了解党管武装工作情况和国防教育、兵役征集、民兵整组等工作,并到静安寺街道视察。区委常委、副区长刘燮参加座谈。

(陈姗姗)

【组织民兵集训和备勤】 8月17—22日、8月24—29日,区人武部分两批组织民兵进行集中备勤轮训。训练内容包括共同基础训练、专业训练、任务行动训练和备勤。

(陈姗姗)

【召开2020年度武装工作会议】 8月28日,区人武部召开区2020年度武装工作会议。区人武部部长于清祥总结上半年武装工作,部署下半年任务,政委蔡啸峰对先进单位和个人进行表彰通报。区委书记、区人武部党委第一书记于勇出席会议并就开展2020年度下半年武装工作作指示。区委常委、副区长刘燮主持会议。静安寺街道、南京西路街道、彭浦新村街道党工委书记进行工作述职。各街道(镇)党委书记,区机关各部、委、办、局及设有武装部的企事业单位主要领导,全体专武干部参加会议。

(陈姗姗)

【区委领导调研区人武部】 10月15日,区委书记于勇到区人武部调研,听取工作汇报。于勇对区武装工作表示肯定并提出工作要求。指出要坚持思想武装,聚焦练兵备战,加强国防动员,强化双拥共建。强调区委将从全局角度支持区人武部各项工作有序开展。区领导一行视察民兵基层分队,了解架构和流程。

(陈姗姗)

【开展全民国防教育日活动】 9月19日,区人武部在久光百货正门前广场,举办以"奋进新时代、聚力强军梦"为主题的第二十个全民国防教育日集中宣传教育活动。现场设有国防基本知识和防疫安全宣传展板,播映公益宣传片,开展国防知识竞赛,发放宣传品,进行文艺演出。进一步增强市民依法履行国防义务的责任感。《新民晚报》等多家媒体进行相关报道。上海

9月19日，区人武部开展第二十个全民国防教育日宣传活动　　　（区人武部　供稿）

警备区政委凌希到现场视察指导，对活动给予肯定，区委常委、副区长刘燮参加活动。（陈姗姗）

【做好"进口博览会"安保工作】　11月2—11日，区人武部组建"进口博览会"备勤队，参加第三届中国国际进口博览会安保行动。备勤队集中备勤，协助处置突发情况，做好军地协调工作。

（陈姗姗）

【上海警备区司令员到区人武部调研】　11月12日，上海警备区司令员刘杰到区人武部调研指导工作，听取工作汇报，视察技术区，对开展武装工作提出要求。（陈姗姗）

（二）民防

【概况】　2020年，区民防办突出"抓疫情、促发展"工作主线，在疫情防控中锤炼党性展示作为，积极履行"战时防空、平时服务、应急支援"职能使命。加强制度建设，实现以制度管人、管事、管长远。推进老旧公用民防工程综合治理，落实"安全生产专项整治三年行动方案"，推进"智慧民防"建设，进一步健全民防工程安全管理体系。加大行政执法力度，全年行政执法立案10起，全部结案，均给予警告处罚。组织"9·19"警报试鸣暨人防综合演练，巩固提升人防组织指挥能力。加强已建应急避难场所维保工作。推进社区民防规范化试点工作，开展社区民防宣传教育。配合部队演练，完成人防防空动员工作。推进行政审批改革，开展事业单位清理规范工作。（黄鑫）

【加强区政府重点工作老旧公用民防工程综合治理】　年内，区民防办对全区16处老旧公用民防工程实施治理，其中包括12处退出序列防工程，因地制宜对不同情况的工程采取不同修缮方式，解决老旧工程安全隐患，为群众提供宜居、安全的生活及工作环境。

（黄鑫）

九、人民武装·民防·退役军人管理·应急管理和安全生产监督管理

开展社区人口疏散演练　　　　　　　　　（区民防办　供稿）

【参与疫情防控】　年内,区民防办应对疫情防控,先后选派9人到宝山路街道、2人到铁路上海站、9人到两大机场参与重点防控岗位抗疫工作。其中,常延润是静安区参与一线防疫工作时间最长的纪录保持者,获上海市抗击新冠肺炎疫情先进个人称号;徐同波获上海市新冠肺炎疫情防控优秀志愿者称号;季旻彦获静安区新冠肺炎疫情防控优秀志愿者称号。

（黄鑫）

【加强人防指挥能力建设】　年内,区民防办组织"9·19"警报试鸣暨人防综合演练,巩固提升人防组织指挥能力。强化应急遂行任务能力,与黄浦区、杨浦区、上海蓝天救援队共同组织"迎进博、保平安"2020民防应急救援队伍"三区"大型联合演练。全年参与应急处置12次,出动42人(次)、9车(次)。　　（黄鑫）

【开展社区民防宣传教育】　年内,民防办结合防灾减灾日,指导共和新路、大宁路街道等开展社区防灾演练、宣传教育。以民防教育基地为载体,与区教育局、区红十字会、各街镇共建防空防灾科普、"生命关怀"大讲堂,开展"人防知识小课堂,有你参与更精彩"主题活动。区教育基地培训基地(馆)全年接待参观培训团队28批(次)、3388人(次),其中,学校6批(次)、1709人,社区22批(次)、1679人,主动送课到学校1批(次),约900人参加。　（黄鑫）

【健全民防工程安全管理体系】　年内,区民防办实现民防工程风险评估全覆盖,完成162处在用公用民防工程安全风险评估,评定结构风险工程15处,全面掌握公用民防工程安全状况。通过块长制工作落实隐患排查2520个(次),发现消防、防汛等安全隐患71起、整改66起,汛期发放防汛宣传通知300余份、预警及宣传短信2751条。强化对非公用民防工程安全监管。制订非公用民防工程检查计划,完成检查1613个(次),开具安全隐患告知单71份,各在用非公用民防工程除少数新建工程办理过程中,其余均办理使用备案手续。对"12345"市民服务热线和区网格中心转办的

11个隐患举报件，全部处置完毕并反馈。收到市级巡查整改工程7处，针对隐患加强整治工作，各项隐患均已处置或列入治理计划。全年公用民防工程未发生安全责任事故。全面开展公用民防工程风险隐患治理，处置隐患问题。加强公用民防工程破损维修及养护，全年按计划完成维修养护工程7个，处置零星报修事项28件次。规范公用民防工程使用业态，完成5处工程关闭清场，消除公用民防工程安全隐患。

（黄鑫）

【推进行政审批改革】 年内，区民防办对结建审批事项和审批材料进行梳理，确保线上线下统一，每个项目审批从经办人员受理、资料查验，由经办人提出审批意见，然后分别经工程管理科、法制科、分管领导、主要领导审核，做到层层把关，各环节作出明确规定，杜绝内部审批环节单一部门说了算的情况，确保审批有理有据，同时将民防工程竣工备案调整为联合竣工验收，区民防办不再单独受理民防工程竣工验收审批。全年审批结建民防工程25个，联合竣工备案项目7个，审批民防工程拆除项目8个，使用备案项目3个。各审批项目登录市民防办"行政审批管理系统"，按照审批流程操作，未发生漏建、少建等情况。

（黄鑫）

【有序推进事业单位清理规范工作】 年内，区民防办按照上海市关于从事生产经营活动事业单位改革的工作要求，排摸民防经济管理中心及下属企业人员和经营基本情况，梳理存在的难点和问题，加强与区委编办、区财政局等部门沟通协调，形成相关工作方案并上报。同时，根据成熟一家清理一家原则，逐步推进经济中心下属企业清理规范。东华通风建筑工程有限公司完成清算注销。

（黄鑫）

（三）退役军人管理

【概况】 2020年，区退役军人局按照中央"有机构、有编制、有人员、有经费、有保障"要求，推进退役军人服务保障建设，夯实基层基础。完成军队转业干部、退役士兵接收安置和军休干部移交接收工作。投入399.37万元完成6项实事拥军建设项目。发放各项抚恤优待金5321.51万元。向生活困难的优抚对象发放临时困难补助18.8万元、医疗补助298.4万元。开展"最美退役军人"宣传活动，举行发布仪式暨宣讲报告会，评选出10名2020年静安区"最美退役军人"。做好军休干部日常服务管理，进一步推进军休服务规范化建设。（龚晓玲）

【退役军人接收安置】 年内，区退役军人局完成军队转业干部、退役士兵和军休干部移交安置工作。组织辖区8家军创企业参加市首届退役军人创新大赛。组织退役军人参加创业政策培训会，首次组织退役士兵参加市退役军人局组织的适应性培训，参与街镇开展的退役士兵招聘会，举办1场区级退役士兵专场招聘会。基本完成部分退役士兵社保接续申请和补缴工作。发放退役士兵学费补助。常态化做好辖区内无军籍人员服务管理工作。（龚晓玲）

【拥军优属工作】 年内，区退役军人局在春节和建军节，向驻沪、驻区部队开展节日慰问，赠送慰问金（品）399.56万元，面向全区重点优抚对象和现役军人家属赠送慰问金（品）219万元。为配合疫情防控启用线上"军人子女优待入学政策宣讲会"，完成军人子女优待入学工作。开展2020年驻区部队军政主官体检。开展驻区部队年度立功受奖和困难帮扶工作，发放奖励金

13.19万元、困难补助金48.77万元。全年投入399.37万元完成6项实事拥军建设项目。在全区范围内启动"情系边、海防官兵"和"纪念抗战胜利75周年"活动,面向全区所有的边防、海防官兵和抗战老兵开展上门探望、司法援助、"六送"(走访慰问送关怀、爱老助老送健康、家属就业送帮扶、子女教育送关爱、保障权益送温暖、尊崇功臣送喜报)、帮困等活动。投入经费120万元为全区30户困难烈属、伤残军人家庭开展"适老性厨卫改造"。 (龚晓玲)

【优待抚恤工作】 年内,区退役军人局以街镇"双拥(优抚)之家"为平台开展"关爱功臣活动",7月8日,举办"静安区关爱功臣活动——双拥(优抚)之家项目总结分享会"。9月3日,开展"抗战胜利纪念日"系列走访慰问活动,走访优抚系统中68名抗战老战士、抗战牺牲烈士的遗属,发放慰问金13.4万元。建立"普惠"+"优待"服务保障机制和"四位一体"(政策保障、医疗补助、养老服务、精神慰藉)的优抚服务保障体系,对所有对象的抚恤补助金进行调标、补发,同时完成伤残军人护理费标准调整及补发。与区医保局合作完善"优抚对象医疗费用补助信息平台",实现医疗补助工作"零材料、零跑动",为优抚对象提供更多便利。对全区115名残疾军人、伤残人民警察、伤残公务员开展伤残评定专项核查工作。全年发放各项抚恤优待金5321.51万元。向生活困难的优抚对象发放临时困难补助18.8万元、医疗补助298.4万元。 (龚晓玲)

【烈士祭扫和烈属慰问】 年内,面对疫情,在全区组织开展"清明网上祭扫"活动。完成2021年度烈士亲属异地祭扫需求汇总工作。在烈士纪念日走访慰问全区323名烈属,并发放慰问金。 (龚晓玲)

【双拥表彰】 年内,在市双拥模范评比中静安区获第三名的历史最好成绩。全区9个街道、27个单位、6名个人获评市级爱国拥军模范,驻区9家部队和4名官兵获评市级拥政爱民模范。11月27日,市召开双拥模范表彰大会,区四套班子领导在区分会场参会。 (龚晓玲)

【军休管理服务】 年内,区退役军人局在保障防疫安全基础上,完成全部军休干部换证信息上报工作。安全开展军休干部"五个一"医疗服务保障工作(为每位军休干部提供一份电子档案、一次医疗体检、一次疫苗接种、一次健康讲座、一份"银发无忧"意外伤害综合保险)。走访生病住院军休干部50余人(次),慰问困难党员、军休干部、社区结对党员110余人(次)。举行"金婚钻石婚庆典""颁发抗美援朝70周年纪念章"等纪念活动,推进"创新优质服务"活动,开展"六清"(人员清、经费清、房子清、职责清、保障清、思想清),重点在"保障清"和"思想清"上抓好军休服务管理"软实力",创新引进"有声图书墙",提供多元化、专业化军休服务。年内,落实老年大学教学点线上教学前期辅导与保障,主动推进军休服务社会化,明确"彭浦镇社区卫生机构定向服务""彭浦新村街道为老服务智慧平台""南京西路街道一餐饭"项目的区域化服务模式。 (龚晓玲)

【信息采集和光荣牌悬挂】 年内,区退役军人局指导街道(镇)服务站完善全区退役军人及优抚对象情况采集工作并悬挂光荣牌。指导各街道(镇)服务站做好退役军人一人一档,完善数据库,精准掌握区退役军人及优抚对象基本情况。 (龚晓玲)

【"军人退役一件事"改革工作】 年内,区退役军人局根据市退役军人局《"军人退役一件事"

改革工作方案》要求，通过"军人退役一件事"系统为军转干部、退役士兵等做好报到工作，为退役军人提供一站式便捷服务。（龚晓玲）

【退役军人服务中心(站)建设】 年内，区退役军人局对全区 14 个街镇服务站、257 个社区服务站工作人员开展全覆盖培训，提高工作人员工作能力。指导街镇、社区服务站开展政治文化环境建设。完成 14 个街镇服务站创建全国示范型退役军人服务站申报工作。（龚晓玲）

【最美退役军人评选】 年内，区委宣传部和区退役军人局联合开展"2020 年静安区最美退役军人"评选活动，推出一批积极响应党的号召、在静安建设各个领域取得显著成就、作出突出贡献的优秀退役军人典型。活动经各单位内部选拔推荐，有 79 人参选。经区委宣传部和区退役军人局初选，20 人进入复评，而后组织网上投票，并召开评选会，对参选人进行打分，最后选出 10 名静安区"最美退役军人"，即原上海国际服务贸易集团有限公司总经理董飞翔、原上海建材集团总公司科员王玉山、原上海市电器技术研究所副所长黄志方、北京元知禾生物科技有限公司市场总监钱海霞、区税务局第七税务所副所长王伟龙、区民政局社会组织登记科科长马新民、市北医院医务部主任张咏、区检察院检务保障部主任科员梅林、区城管执法局彭浦新村中队见习队长毛志成、区青少年业余体育学校射击教练员许瑾。9 月 16 日，区委宣传部、区退役军人局举行发布仪式暨宣讲报告会，市退役军人局副局长李晓辉、区人武部部长于清祥为"2020 年静安区最美退役军人"颁奖。（龚晓玲）

【疫情防控】 年内，区退役军人局根据疫情发展和防控要求，整合全局力量成立一线支援突击队、应急保障突击队、涉军防控突击队、宣传舆情突击队 4 支队伍，聚焦关口参与联防联控，先后派遣 8 批、21 人参与机场、火车站、社区疫情防控。全局严格出入管控，全覆盖排查干部外出情况，并将排查拓展到退休干部和军休干部，做实 24 小时值守和防疫日报制度。建立专

9 月 16 日，区举行"最美退役军人"发布仪式暨宣讲报告会　　　　　　　　（区退役军人局　供稿）

项应急联络机制、军地协同机制、全覆盖医疗防控机制、关爱联系机制,聚焦双拥联动,加强军地协同。加强宣传典型引领,在微信号发布防疫信息62篇,并开设"面对疫情,静安退役军人在行动"专栏宣传先进典型。向全区退役军人发出倡议,65名退役军人参与铁路上海站防疫工作,943人参与社区一线疫情防控,1376人(次)捐款461834元,73人捐献口罩、氢气机、融氢壶、氢水杯、罐装氢水等医疗设备,8名医务专业退役军人主动请战参加上海自主择业军转干部医疗应急预备队。（龚晓玲）

（四）应急管理和安全生产监督管理

【概况】 2020年,区应急管理工作坚持"人民至上、生命至上"原则,牢固树立红线意识和底线思维。加强对新冠肺炎疫情复工复产企业的指导和检查。强化安全生产主体责任、政府部门监管责任、街镇属地监管责任,强化安全工作组织领导。加强风险研判、源头管控和日常防范,提升安全水平。开展年度安全生产巡查,强化城区安全风险管控,推进重大事故隐患挂牌督办,深化危险化学品安全综合治理,依法开展事故调查、执法检查和信访处理。推进应急管理体系建设,做好应急管理资料收集、应急执法检查、突发事件应急处置。推动自然灾害综合管理体系建设,做好防汛防台工作等。（路铭）

【年度安全生产巡查】 6月下旬至7月底,由区安委办牵头,区建设管理委、区公安分局、区应急局、区市场监管局、区消防支队等部门组成联合巡查组,对10家部门、街镇及区管国有企业开展安全生产巡查,每家单位驻点巡查2天,并对主要领导进行访谈。其间,副区长龙婉丽、副区长李震积极履行安全生产"一岗双责",分别带队巡查区文化旅游局、区民防办,全面了解被巡查单位安全生产履职情况,指导、督促部门、单位进一步健全完善体制机制,层层落实安全生产主体责任和监管责任。11月底,区应急局牵头对全区各部门、街镇及区管国有企业开展安全生产绩效考核。 （徐庆欣）

【强化城区安全风险管控】 年内,区应急局深化重点领域治理,以安全生产专项整治三年行动为抓手,突出危险化学品、消防安全、建筑施工、道路交通等重点行业领域,制订问题清单、措施清单,明确任务书,作为区2020—2022年重点整治目标。会同区委督查室陪同市委督查组对区城市运行安全进行专项督查,并完成后续整改督促工作。8月起,在全区各行业各领域集中开展安全隐患大排查、大整治,依法严惩一批违法违规行为,彻底治理一批影响城区安全的隐患顽症,组织开展专项督导,督促相关责任部门、单位落实安全防范措施,确保城区安全有序运行。 （徐庆欣）

【推进重大事故隐患挂牌督办】 年内,区应急局督促区各部门、街镇及区管国有企业开展全覆盖隐患排查治理工作。将圣贤居酒店有限公司、国际贵都大酒店、新中中学、新梅共和城、上大东村非机动车棚、中山调剂品市场、长城苑小区等地重大事故隐患列为2020年区、街镇级挂牌督办治理项目予以重点整治。其中,圣贤居酒店有限公司被消防部门报送为市级重大火灾隐患挂牌督办项目。年内,挂牌督办项目均按期完成整治。 （徐庆欣）

【危险化学品安全综合治理】 年内,区应急局协调行业主管部门加大对相关企业的联合安全检查。重点对全区危险化学品使用单位开展监督检查，督促各使用单位根据要求填报危险化学品使用单位登录报送系统，加大执法频率，杜绝各类违反法律法规和行业规定的行为。指导督促各街镇、市北高新技术服务业园区、铁路上海站地区做好对辖区各类企事业单位的危险化学品经营使用储存情况的监督检查。（王睿）

【安全生产基础和执法工作】 年内，区应急局加强对新冠肺炎疫情复工复产企业的指导和检查，全面了解和掌握区各重点监管工贸企业人员离沪返沪情况，落实中高风险地区人员返沪隔离措施，确保企业及时复工复产。牵头相关职能部门，加大第三届中国国际进口博览会召开之前的执法检查力度，有力保障进博会期间全区安全生产持续稳定。依法开展事故调查、执法检查和信访处理，开展工贸行业有限空间排摸和检查、粉尘防爆专项整治、重大安全隐患排查和整治，做好危险化学品经营许可证的审核发证和非药品类第三类易制毒化学品备案，工贸行业企业安全生产标准化创建和复评，及企业生产安全事故应急预案备案。（王睿）

【健全应急管理工作体系】 年内，区应急局联合区总值班室、区应急联动中心（区公安分局指挥中心）、区城运中心等部门，建立完善应急管理协调联络机制。摸排更新区应急物资、应急队伍、应急预案等应急基础资料信息，对区应急保障基础经费投入进行专门研究，制发《静安区街道（镇）应急物资储备名录（建议版2020）》。开展区应急预案体系建设工作，组织力量修订区总体应急预案，指导和推进区专项、部门和区域应急预案编修。调研外区应急工作信息平台建设情况，落实信息化项目申报，加快推进区应急指挥信息系统建设。（王惠慧）

【应急处置、演练、培训】 年内，区应急局参与处理各类突发事件，信息来源为区总值班室和区应急联动中心（区公安分局指挥中心）通报，突发事件种类多为事故灾难，触电亡人和高空坠落事故发生频次较多。组织全区12支应急队伍参与危险化学品事故综合应急实战演练，进一步检验区级总体应急预案的实用性和可操作性，同时为进口博览会期间应急保障工作奠

开展应急救援演练 （区应急局 供稿）

定基础。组织全区相关部门、街镇、区管国有企业和应急管理单元等单位人员,系统学习应急管理业务知识。 （王惠慧）

【自然灾害综合管理体系建设】 年内,区应急局根据市应急局发布的《上海市应对雨雪冰冻灾害专项应急预案》,制订《静安区雨雪冰冻专项应急预案》,开展防冻防滑、冰雪天气安全防护知识的宣传,落实防灾减灾救灾工作责任。根据市应急局《关于提高我市自然灾害防治能力的意见》和任务分解表,制订《关于提高本区自然灾害防治能力的意见》和静安区任务分解表,为保护人民群众生命财产安全提供有力保障。联合区财政局、区民政局制订《静安区加强灾害信息员队伍建设实施意见》,明确灾害信息员职责任务,为日常管理工作提供依据,夯实防灾减灾救灾基层工作基础。按照区规划,根据市应急局相关安排,统筹落实彭浦新村街道和天目西路街道全国综合减灾示范社区创建工作,鼓励群众参与防灾减灾救灾工作,提升群众的防灾减灾知识技能,在面对自然灾害和事故灾难时将损失降到最小。 （姜奕炜）

【防汛防台工作】 年内,区应急局对照区防汛预案梳理年度各部门、各科室职责分工,把防汛责任细化,落实到个人。区应急局主汛期期间协同区住建委、区防汛办开展每日24小时轮岗值班和领导带班制度,台风过境期间按照各类气象预警等级进行应急响应工作,确保责任到人、信息畅通、处置有力、响应及时,确保顺利过汛期,保障群众生命和财产安全。对全区的应急救援队伍和物资储备进行排摸统计。以书面通知和表格统计方式对全区防灾救灾相关委办局、街镇的应急救援队伍人员情况及应急救灾物资储备进行了解和备案。区应急局对全区应急救援队伍和物资储备进行统计,掌握基本情况、分析薄弱环节、明晰工作思路和努力方向,为科学应对未来可能发生的重大自然灾害和事故灾难做好有效准备。制订灾害信息员的管理机制,与现行灾害信息管理制度相衔接。针对基层灾害信息员流动率高的问题,区应急局及时在灾害信息员管理系统中对人员信息进行更新,确保责任到人。 （姜奕炜）

【法制工作】 年内,区应急局完成法制审核案件7起,通过法制审核案件有针对性开展行政执法行为教育。依当事人申请,组织听证会2场,健全行政处罚决定听证程序,健全行政执法决定内部纠错机制,加强对当事人的普法析理工作,提高行政执法透明性、严谨性,推进依法治理工作制度化、规范化、常态化的深入开展。打造"静安应急"新媒介平台,利用"静安应急"微信公众号,开设政策法规、案例警示、教学培训等法治宣传专栏,宣传解读相关法律法规,结合安全生产和社会关注的安全问题,更新专栏内容。开展以案释法工作,推进安全文化建设。编印《2016—2019年安全生产事故案例汇编》,综合以案释法、以案普法、以案学法等方式普及法律常识,定期在公众号向社会发布典型案例,发挥典型案例的规范、预防、教育和警示功能,引导生产经营单位落实主体责任。 （高青）

十、综合经济管理

编辑 顾瑞钧

（一）计划投资管理

【概况】 2020年，区发展改革委聚焦重点工作抓突破，对照年度目标补短板，平稳有序推进各项重点工作。研究和编制"十四五"规划，起草形成《静安区"十四五"规划思路框架》，结合区情实际，参考市级专项规划目录，提出《静安区"十四五"区级专项规划编制工作方案》，安排36项区级专项规划（含4个重点区域规划和32个部门专项规划）。发布《区级专项规划编制工作导则》，对专项规划编制提出具体要求。6月底，形成"十四五"区级专项规划初稿，9月底，形成征求意见稿，11月底形成衔接意见稿。开展重大课题研究。对财政收入、产业体系、项目清单、指标体系4个方面，进行专题研究，细化产业门类和行业细分，提出事关全区发展的战略性重大项目，做好指标筛选和目标值预测分析。结合规划编制，通过开展40余场专题访谈、6场全区"十四五"规划大讨论等活动，以及网上意见建议征集等方式，开展公众参与活动。面对新冠肺炎疫情对区域经济运行的冲击和影响，跟踪、分析区域经济运行情况，为区委、区政府当好参谋助手。疫情暴发伊始，牵头区相关部门第一时间完成《静安区部分企业受疫情影响情况的报告》并上报市发展改革委；聚焦疫情对经济社会发展形势的冲击和影响，形成《关于当前静安区经济社会发展形势和下阶段重点工作建议的汇报》报区委常委会和区政府常务会议审议；继续做好经济运行季度分析，分别形成《关于2020年一季度经济社会发展形势和下阶段重点工作建议的汇报》《关于2020年上半年经济社会发展形势和下阶段重点工作建议的汇报》和《关于2020年三季度经济社会发展形势和下阶段重点工作建议的汇报》报区委、区政府。为帮扶企业共渡难关，先后两轮牵头区财政局等相关部门就全区应对疫情帮扶企业政策措施进行讨论研究。并在前期两轮征询各相关部门意见并形成初步措施框架基础上，根据疫情防控和经济社会发展新形势、新要求，对照"市28条"和市级部门各专项扶持企业实施细则，结合企业反馈意见建议，从区情实际出发，牵头对全区应对疫情扶持企业政策措施和细则进行再梳理、再优化、再汇总，并在征询区各相关部门意见建议后，形成《静安区应对疫情帮扶企业相关措施细则汇总》,并正式对外公开发布。年内,区发展改革委牵头区相关部门做好经济安全分析工作,分别形成《关于静安区2020年一季度经济领域防范化解重大风险工作情况的汇报》和《关于静安区2020年上半年经济领域防范化解重大风险工作情况的汇报》以及相关月度报告并上报区委国安办。牵头区相关部门,主要聚焦南京西路10幢楼宇、5家购物中心和50家重点外资企业的运营和经营情况,按月开展监测。

(段良波)

【区域经济】 2020年,静安区区域经济向上向好回升。新冠肺炎疫情发生后,区委、区政府第一时间建立联防联控工作机制,形成全面动员、全面部署、全面防控、科学精准施策的工作格局。有序推动复工复产复市复学,落实金融支持、援企稳岗等方面政策,为稳定经济增长奠定基础。全年完成税收总收入685.85亿元,完成区级一般公共预算收入250.14亿元,比上年增长1.01%;完成全社会固定资产投资额299.99亿元;实现社会消费品零售总额1367.46亿元,比上年增长21.15%。经济发展动能日趋增强。总部企业实现税收总收入97.81亿元,全年新增跨国公司地区总部6家,累计跨国公司地区总部88家。全区200幢重点楼宇实现税收总收入445.91亿元,占全区总税收收入65%,税收超亿元的楼宇70幢,其中"月亿楼"9幢。涉外经济实现税收总收入360.84亿元,占全区税收总收入52.6%,累计735家企业纳入自由贸易账户企业清单。五大重点产业实现税收总收入506.85亿元,占全区总税收收入73.9%。深化"一轴三带"发展战略。"南北复合发展轴"建设稳步推进,南北通道(二期)项目前期工作推进有序,昌平路桥建成通车。南京西路集聚带服务能级得到提升,全年实现税收总收入279.42亿元,占全区税收总收入40.7%。南京西路商圈销售额增幅在中心城区市级商圈中排名第一。安义夜巷焕新升级,成为全市夜间经济标杆项目。苏河湾集聚带高端特征逐步形成,全年实现税收总收入65.69亿元,占全区税收总收入9.6%。苏州河两岸(静安段)公共空间实现全线贯通,成功举办全球财富管理论坛上海苏河湾峰会,深化中国上海人力资源服务产业园区建设。中环两翼集聚带产业特色更加鲜明,全年实现税收总收入87.79亿元,占全区税收总收入12.8%,大宁地区推进影视、电竞企业集聚,市北高新技术服务业园区深化数据智能产业高地建设,大数据产业链更趋完善。

(段良波)

【改革创新】 年内,静安区推进"全球服务商计划"。发布"全球服务商计划"实施方案,公布首批48家"全球服务商"企业、11家"招商大使"名单。上海市专业服务业联盟实现实体运作,与上海服务贸易全球促进联盟合作,组织区内企业开展海外推介。科技创新活力得到提升。深化大数据产业示范基地建设。全区高新技术企业总数达385家,新增上海市科技小巨人(培育)企业4家,新增22个上海市高新技术成果转化项目,新增发明专利授权372件。深化简政放权改革。推进"一件事"改革业务流程优化再造,形成全区15项"一件事"改革清单。落实推广"证照分离"改革全覆盖试点举措,推动17个部门61个事项实施"证照分离"改革。完善政务服务"一网通办"。加强综合窗口建设,新增7个部门的34个事项纳入无差别综合窗口受理。推进一体化数据中心建设,强化"静安政务大脑"功能。事中事后监管模式得到创新。全年开展"双随机、一公开"抽查48批(次)、联合抽查26批(次)。加强信用归集和应用,信用平台累计归集信用数据8.12万条,各部门通过区信用平台累计查询20400次,通过市信用平台批量查询59786次。

(段良波)

【城市建设】 年内,静安区升级城市运行"一网统管"。推进区、街镇两级城运平台建设,完成85个城运网格、综治网格与47个公安责任区"三网合一"工作。对接市城运中心平台,部署上线45个区和街镇特色应用,为区内重点工作提供应急和专项指挥平台支撑。"美丽家园"建设建成各类绿地7.03万平方米、立体绿化1.5万平方米,绿道2千米。成功创建1条市级林荫道,全区市级林荫道达23条。加快推进既有多层住宅加装电梯,延长中路451弄完成上海首台整体式装配吊装电梯加装。全年环境空气质量高于全市平均水平,水环境质量明显改善,全面消除劣Ⅴ类水体。生活垃圾分类实现各类场所全覆盖。道路交通建设加快推进。全年完成5条道路新改建工程,北横通道天目路高架全线实现结构贯通。完成7条道路大修工程和27条道路中修工程,完成7.69千米架空线入地及合杆整治。城区运行安全有序。开展重大事故隐患挂牌督办治理,7处区级、街镇级挂牌督办项目陆续完成整治目标。集中开展电动自行车违规充电、消防设施缺损、堆物堵塞通道等突出火灾隐患排查整改。 (段良波)

【民生保障】 年内,静安区群众居住条件不断改善。有序推进旧区改造,全年共完成二级旧里为主的房屋改造1.41万平方米,受益居民2803户。完成43.7万平方米屋面及相关设施改造、多高层住宅综合整治。完成0.7万平方米里弄房屋全项目修缮。完成1.2万平方米老旧住房安全隐患处置。既有多层住宅加装电梯新开工59台,完工28台。全年廉租房新增配租363户,发放租金补贴10056.82万元。落实优秀人才安居保障政策,新增受益344户。为老服务能力得到提升。平型关路养老院(三普基地)基本完成建设。实现老年健康中心(养老项目)开工。建成2个社区综合为老服务中心、3个社区长者食堂。新增10个社区老年人助餐点。完成100张认知障碍照护床位改建,持续增加护理型床位供给。组织低龄老年志愿者为17900名高龄独居老人提供家庭互助服务。爬楼机服务9632人(次)。就业形势保持基本稳定。全年全区城镇登记失业人数8796人,控制在市下达目标要求(16200人)之内。做好重点群体就业服务,帮助825名长期失业青年实现就业,安置就业困难人员2644人。推进创业带动就业,帮扶引领成功创业901人,其中帮扶35岁以下青年创业645人。设立退役军人服务站,完善退役军人就业创业和服务保障体系。强化党建引领,开展"基石工程",推进"共同家园"建设,开展"美丽楼组"创建和验收。 (段良波)

【社会事业】 年内,静安区教育事业均衡优质发展。开展紧密型学区化集团化创建,有义务教育阶段教育集团13个、教育学区1个,学区化集团化办学覆盖率66.3%。增加托幼一体化幼儿园供给总量,建成14个社区普惠性托育点。推进小学活力指标评价改革,开展初高中联动试点,提升高中特色化多样化办学水平。医疗服务能力得到提升。完善公共卫生应急体系,加强疾病防控与医疗服务的系统联动,推进医防融合、平战结合。深化社区卫生服务综合改革,家庭医生60岁以上人群签约率88.52%。体育服务供给更加多样。全年开展国际静安城区精英挑战赛、静安区第三届社区运动会等各类线上和线下体育赛事活动310场。全区16个共享运动场、2个共享健身房共接待健身市民28.58万人(次),比上年上升21.98%。

(段良波)

【人口调控与管理】 年内,按照区政府工作部署,区发展改革委牵头推进全区人口管理与服务重点工作,按照市严格控制常住人口总量的政策导向和区"合理控制人口总量规模,推进人口结构优化,完善人口区域分布"具体要求,编制完成《2020年静安区人口综合调控和管理服务工作方案》,以"总量控制、结构优化"为目标,以"围绕重点、分类施策"为路径,明确5个大项11个小项工作任务、责任部门和时间节点,协调相关职能部门共同做好区人口综合调控和管理服务工作,确保区常住人口完成市下达目标。全年常住人口为97.57万人。根据全区统一部署,编制《静安区"十四五"人口发展规划》。 (朱波)

【开展社会发展运行分析】 年内,区发展改革委从区域社会发展阶段特点出发,围绕城市运行安全、改善民生保障、优化公共服务供给、提升社会治理能力等领域,健全完善社会发展运行分析机制,对全区社会发展形势和重点领域进行跟踪分析,形成季度全区社会发展运行分析,注重突出社会运行发展的重要变化、特点和问题,关注季度性、季节性、趋势性、苗头性问题,及时预警和建议,发挥参谋助手作用。还牵头开展区委重点课题"构建完善与人口结构相适应的公共服务和民生保障体系研究",分析人口规模结构的发展演变趋势,教育、卫生、养老、文体等公共服务和民生保障"十三五"规划期间以来取得的主要成绩,"十四五"规划期间面临的总体形势以及存在的问题,根据人口结构变化提出改进公共服务和民生保障工作的意见与建议,并形成专题报告。 (朱波)

【社会信用体系建设】 年内,区发展改革委强化信用制度建设,开展"十四五"规划时期静安区社会信用体系建设专题研究,明晰未来五年信用工作重点。加强区公共信用信息服务平台建设,依托区数据资源管理平台实现与区"互联网+监管"平台、区法人库等信息系统数据共享。加强信用数据归集,定期总结"双公示"工作推进情况、评估情况。加强信用数据应用,探索开展"信易贷"等产品研究。创新和完善信用监管模式,加强信用监管组织实施,按照"谁产生、谁修复"原则开展信用修复审核,完善信用监管闭环。围绕重要节点开展各类诚信宣传,扩大诚信宣传覆盖面,推动全社会提升诚信意识。 (张枨)

【投资管理与信息公开】 年内,区发展改革委牵头修订《关于进一步规范本区土地储备项目审批和成本认定工作的若干意见》《静安区土地储备项目审批和成本认定操作细则(暂行)》和《区土地储备项目审批和成本认定工作二类费用测算标准(2019版)》。开展项目储备库申报和政府财力建设项目与安排工作,开展重大项目和重点工程推进工作。推进政府信息公开,主动公开信息165件,收到依申请信息公开53件,作出答复53件,办结1件行政复议件,结案率100%。 (周琪)

(二)节能减排管理

【概况】 2020年,静安区完成市政府下达的年度目标(总能耗增长2.5%,单位增加值能耗下降1%)。区发展改革委完善"部门联动、条块结合"工作管理模式,在对全区节能工作分析研究基础上,制订年度节能减排重点工作安排,将各项目标责任分解落实到区各委办局、街镇和企业。强化考核评价机制。每季度开展跟踪、督察,年末进行综合考核评价。在市政府对静安区开展的年度节能减排考核中如有失分,区相关责任部门按照系数相应扣分。健全联络员例会制度。定期召开各部门节能工作联络员季度例会，并根据需要不定期召开专题协调会。对照重点工作安排和部门职责分工，交流工作推进和项目进展情况，针对重点难点问题，相关单位群策群力，当面沟通，寻求针对性举措。11月，静安区节能考核工作被市发展改革委评为优秀等级。 （余晓燕）

【强化节能责任追究】 年内，区发展改革委按照市政府下达的节能降碳目标责任评价考核办法，制订2020年静安区节能减排工作考核办法。明确每个部门和街镇具体承担的工作内容、进度、目标及分值。科室对各部门按季度开展跟踪和督察，开展区政府重点工作评议。 （余晓燕）

【开展企业节能扶持资金审核】 年内，区发展改革委指导区各行业主管部门做好节能减排项目备案和初审工作。严格执行相关政策和内部审核流程，并督促各项目单位规范节能减排专项资金使用，加强预算和资金管理。会同区财政局协调做好企业节能减排扶持资金落实兑现工作。对13家次企业申报的节能减排扶持资金263万元，带动社会节能投资640万元，实现节能效益3594吨标准煤。 （余晓燕）

【重点用能单位监管】 年内，区发展改革委开展2019年度重点用能单位考核。对2019年度22家区重点用能单位进行节能目标责任考核，评选出8家优秀企业并在区政府门户网站公开。其中10家市重点用能单位考核结果中，5家完成，5家基本完成。确定区重点用能单位21家，并将年综合能耗3000吨标准煤以上的19幢楼宇纳入监控。按照条块共管原则，明确主管部门责任分工，指导各部门做好2020年重点用能单位节能目标任务的制订和签约，指导和督促企业建立和完善节能工作机构和工作制度。开展跟踪督查。加强数据分析，对能耗异动的企业开展数据比对，督促数据港等企业加强用能管理，提高能源利用效率。 （余晓燕）

【推进新能源利用】 年内，区发展改革委推动分布式光伏发电和电动汽车充电桩建设，做好建设单位申报财政补贴的备案和审核工作。全年建成屋顶分布式光伏发电项目21个，建设规模226.86千瓦，其中公共机构项目2个（104千瓦），个人项目19个（122.86千瓦），超额完成10千瓦的年度计划目标。"十三五"规划期间静安区光伏开发目标为1000千瓦，实际完成1663.08千瓦。建成经营性快充桩165个，超年度目标50个。2020年新建充电桩931个，累计完成3100个，提前并超额完成"十三五"规划目标（1900个）。 （余晓燕）

【节能考核被评为优秀等级】 5月，区发展改革委下发《关于提交2019年节能目标责任评价考核见证性材料的通知》，完成见证性材料的收集和汇总。6月，根据考核要求，提交见证性材料，上报区政府自查报告和自评分表。8月，召开迎考工作筹备会，提前对准备迎检的爱国学校进行预检。由于准备充分、工作扎实，考核工作圆满完成。在市政府对区节能目标责任考核反馈及交流会上，考核组认为静安区节能工作扎实，成效显著。11月，市发展改革委发布公告，静安区被评为优秀等级。 （余晓燕）

（三）物价管理

【概况】 2020年，区发展改革委强化价格监测预警，推进落实保供稳价工作。按时间节点，及时准确完成国家发展改革委和市发展改革委下达的各项监测任务。推进价格信息发布工作，做好"网上晒价"、门户网站"微信微博"报送工作。注重对价格监测分析预警,及时反映市场动态。做好市场巡查和价格应急监测工作。春节、五一和国庆假期间,相关科室对各监测点进行实地检查,分别巡查武定、新镇宁和大润发超市,对监测数据和市场运行情况及时向市发展改革委报送。在春节疫情和寒潮期间,主动增加监测采价点,并将监测数据汇总分析形成书面材料报区主要领导参阅。加强价格监测基础工作建设。着重从人员结构调整和加大监测业务培训力度入手,强化数据报送制度,提高数据报送质量,确保完成每季度低保调查工作,并为区经济运行发展分析提供数据支撑。强化价格监测预警,推进落实保供稳价工作。在做好主副食品监测基础上,关注居民消费价格指数运行及食品价格指数变化对区域经济影响。牵头区商务委、区民政局和区教育局等部门,每月汇总形成保供稳价落实情况报区政府,为领导决策提供依据。 （唐玺）

【完成各类价格监测任务】 年内,区发展改革委按时间节点完成国家发展改革委和市发展改革委下达的各项监测任务,包括6类64种主副食品价格的日监测,22种主副食品、19种家庭日用消费品及3种成品粮旬监测,6类12种房地产及劳动力市场价格的月监测,1类4种土地出让数据的季度监测,粮油肉网上直报的周监测,2类15种小农产品价格的月检测,城镇低保人群家庭收支情况月调查,300多种药品和医疗器械的双月监测等监测任务,以及进口博览会酒店价格应急监测任务。 （唐玺）

【推进价格信息发布】 年内,区发展改革委推进"网上晒价"。做好肉禽蛋和蔬菜价格监测信息发布。每天在门户网站"公共服务"专栏发布44种副食品价格信息,每周在静安区官方微博"上海静安"发布44种副食品价格信息,每月在门户网站"政府信息公开"专栏发布64种主副食品价格信息,形成日发布、周发布、月发布工作制度。 （唐玺）

【夯实价格建设基础】 年内,区发展改革委增加价格监测点巡查力度,重视市场调查,及时反映市场动态,完成主副食品月报及微博分析材料79篇。加强监测队伍建设,针对各监测点工作人员变动较为频繁的特点,通过实地指导和电话答疑等方式进行业务指导。强化数据报送制度,提高监测工作人员业务能力。 （唐玺）

【政府定价事项管理】 年内,区发展改革委会同区市场监管局开展政府部门下属单位涉企收费、中介机构收费专项清理整治。会同区教育和区民政部门完成政府定价8个事项成本调查工作。推进完善公共停车场(库)停车收费区域试点工作,会同区建设管理委对区内公共停车场(库)进行梳理,并按照"四至边界清晰、商业设施集中、公共交通便捷、停车供需矛盾突出"原则,结合区域实际状况继续展开在静安寺和大宁地区试点工作。根据沪建房管联〔2017〕657号文件精神,区发展改革委与区房管局沟通协商制订区商品住房附属地下车库(位)销售方案审核操作口径并形成适合区域实际的审核流程,共对2个商品住房附属地下车库(位)租售方案实行审核备案。 （唐玺）

（四）统计管理

【概况】 2020年,区统计局围绕"服务全市,服务区域"两个大局,聚焦重点抓突破,对照目标补短板,全年工作扎实有效。围绕区重点工作，发挥统计数据监测和预警功能，满足区委、区政府及有关部门日益增加的个性化数据需求。通过全区5000多名普查工作人员的努力，完成第七次全国人口普查工作。区统计局加强组织领导，制订工作方案，成立区、街镇、社区三级普查工作（领导）小组，建立工作例会和工作日报制度，落实专项保障经费。通过多维度宣传手段，营造静安区特色鲜明的普查氛围。有步骤开展普查区域划分、建筑物清查、入户预摸排、户主姓名底册编制等工作，梳理并标绘1.8万个建筑物，完成4157个普查小区划分。组织5000多名普查工作人员深入全区268个居委会，完成人口普查试点、短表入户登记、比对复查、长表入户登记等工作，完成短表登记56万户，长表登记3.8万户，获取高质量、最基础的人口数据，并零差错通过国家第七次人口普查事后质量检查组和市人普办各阶段验收。
（金丽娜）

【迎接国家统计督察工作】 年内，区统计局按照区委、区政府和市统计局要求，做好迎接国家统计督察各项准备工作。召开全区迎检部署动员会议，对各部门迎检工作开展培训，梳理各部门统计督察任务清单，要求各部门开展自查自纠，明确相关责任。深化各部门依法统计、真实报数意识，树立统计法权威。
（金丽娜）

【开展企业名录库试点工作】 年内，静安区被市统计局选定为完善企业名录库动态维护更新机制改革试点区，静安寺街道为试点单位。年内，区统计局协调、收集、整理相关部门行政记录，全面掌握辖区内注册和在地企业实际情况，建立完整的企业档案库，探索建立部门资源共享工作机制。对试点的静安寺街道辖区内近2500家在地企业进行全面核查，对全区200多幢重点商务楼宇进行入驻企业名录调查。对收集到的企业数据资料进行清洗、比对，构建企业活跃度基础模型。
（金丽娜）

【"稳增长"企业经营情况核查】 年内，区统计局落实区委、区政府稳增长工作要求，聚焦重点行业、重点企业，狠抓落实。区统计局会同各行业主管部门，聚焦排摸规模大、降幅大的重点"四上单位（规模以上工业企业、资质等级建筑业企业、限额以上批零住餐企业、国家重点服务业企业）"和市政府下发的重点企业，加强企业走访沟通，挖掘潜力，指导企业全面反映经营状况，确保统计数据应报尽报；会同各街镇加大核查力度，摸排企业经营情况，完成市统计局下达的4000多家"准四上"单位核查工作，经核查确认达标的企业，及时入库纳统，确保应统尽统；通过税务、工商等多渠道数据比对，额外梳理出470家"准四上"单位，开展实地核查，将符合入库条件的企业及时纳统；服务"四上"企业，强化时间节点管控，敦促企业在核算月按照统计报表时间节点上报，准确反映其经营状况。全年地区生产总值增速由负转正，总量达到2323.08亿元，比上年增长1.1%。
（金丽娜）

【开发区经济社会发展综合数据平台】 年内，区统计局按照市统计局统一部署，按照"顶层设计、需求导向"原则，牵头开发建设"静安区经济社会发展综合数据平台"。平台数据涵盖区统计局数据、市统计局交互数据、部门数据、社会数据四大类，形成覆盖全区经济社会发展各领域的功能模块矩阵，涵盖区域概况、经济发展、社会发展、城市建设四大经济社会运行监测的重点领域。
（金丽娜）

【区域经济统计分析监测】 年内，区统计局围绕区委、区政府中心工作，完成各类统计分析

70多篇,并向区领导进行专门汇报,发挥统计预警功能。开展每月统计快报、月报(定报)和统计年报的数据统计和发布工作,每月向区委、区政府和区有关13个部门提供相应的定制数据,涵盖区域综合数据、重点产业和重点功能区税收、商业、投资、科技园区、区属集团等相关经济数据,不断满足各有关方面日益增加的个性化数据需求。新冠肺炎疫情期间,根据区委、区政府要求,会同各行业主管部门对2019年纳税千万元级企业开展专项研究,了解企业开工情况、发展困境,形成税收预测分析报告。

(金丽娜)

【完善基层统计站建设】 年内,区统计局向区南部5个街道派驻7名工作人员,推动街道统计职能落实。每月定期召开例会,听取带教情况汇总,跟踪各街道每月独立完成报表情况,确保各项统计任务平稳过渡、不断不乱。5个街道共安排13名专(兼)职工作人员,承接统计站各专业年定报任务,石门二路街道和曹家渡街道统计站人员全部到位,并通过区级质量验收,可独立开展工作。

(刘思白)

(五)财政管理

【概况】 2020年,静安区财政局做好"六稳"(稳就业、稳金融、稳外贸、稳外资、稳投资、稳预期)工作,全面落实"六保"(保居民就业、保基本民生、保市场主体、保产业链供应链稳定、保基层运转)任务,深化财政制度改革,实施更加积极有为的财政政策,坚持政府过"紧日子",加强财政收支管理,提高财政资源配置效率和使用效益,统筹推进新冠肺炎疫情防控和经济社会发展各项工作。全年区级一般公共预算收入完成2501366万元,比上年增收25108万元,增长1.01%,为预算的100.01%。区级一般公共预算支出完成2956987万元,比上年减支18397万元,下降0.62%,为预算的95.38%。区级政府性基金收入1084873万元,为预算的102.41%。区级政府性基金支出1327428万元,为预算的88.13%。区级国有资本经营收入25364万元,为预算的100%。区级国有资本经营支出17763万元,为预算的100%。

(郁晓雯)

【扶持疫情期间中小微企业】 年内,区财政局重点支持中小微企业和受新冠肺炎疫情冲击较大的企业纾困和发展,助力企业复工复产复市。在全市率先推出支持中小微企业共渡难关财政政策,落实财政贴息、大规模降息、缓缴税款、减免租金等多项复工复产优惠政策;全区全年获得政策性担保企业户数274户,在保余额85300万元,补贴担保费356.19万元,补贴利息68.06万元。

(郁晓雯)

【压减一般性支出】 年内,区财政局坚持政府过"紧日子"常态化,在年初一般性支出预算收紧基础上,压减非急需非刚性支出,对因新冠肺炎疫情而影响执行进度的项目资金和可暂缓实施的项目资金一律压减或收回。全年预算压减一般性支出50864万元,压减比例超过10%,压减和收回项目资金约17亿元。上述资金优先用于保障新冠肺炎疫情防控、基本民生和重点领域支出。

(郁晓雯)

【盘活财政存量资金】 年内,区财政局继续开展财政存量资金清理、收缴工作,收回结转结余资金272793万元,其中统筹用于社区菜场、体育场馆建设、医疗卫生基础设施运行补贴等22618万元,剩余资金用于以后年度重点领域

支出,发挥财政资金整合效益。　　　（郁晓雯）

【全力保障疫情防控资金】　年内,区财政局按照特事特办、急事急办原则,第一时间在区卫生健康委、区商务委、街道(镇)等部门建立新冠肺炎疫情防控专项资金,累计投入资金19430万元,保障医疗救治、应急物资储备、社区防控等资金需求。及时开辟政府采购"绿色通道",简化物资采购程序,提高采购时效。规范新冠肺炎疫情防控资金使用,要求相关部门明确开支范围和标准,建立资金、资产使用台账,财政部门加强专项资金拨付审核,审计部门开展跟踪检查。发挥新增抗疫特别国债作用。中央下达抗疫特别国债19.3亿元,具体项目为区域医疗中心改扩建工程1.03亿元、区中医医院平型关路院区工程1亿元、区老年健康中心工程7亿元、区卫生健康委新冠肺炎疫情防控专项资金1亿元,较好满足区域公共卫生体系项目建设需求。　　　　　　　　　（郁晓雯）

【持续加强基本民生保障】　年内,区财政局集中资金重点保障"保重点、保基本、保民生"项目,兜牢"三保"底线。推进旧区改造,落实区域内最后一块成片二级以下旧里宝山路街道31、149、150、152街坊征收经费,受益居民1549户,提前8个月完成"十三五"规划期间成片二级以下旧里改造目标,全年投入资金1409490万元。完善社会救助帮扶体系,安排应对新冠肺炎疫情的稳定就业岗位补贴、社会救助对象临时价格补贴等新增政策资金,确保城市最低生活保障、老年综合津贴、就业创业、优抚安置、残疾人救助等民生政策落实到位,全年投入资金216936万元。推进社会事业协调发展,推动初中学区化、集团化办学,区域托育建设,加快基础教育新建项目建设投入,优化全区教育资源布局,全年投入资金549012万元。提升基层卫生应急防控响应能力,推动防治结合公共卫生服务体系、区域协同医疗服务体系、健康为老服务体系建设,满足居民健康服务新需求,全年投入资金130787万元。提升公共文化设施服务能级,支持图书馆、博物馆等公益场馆免费开放,加强历史文物保护和非物质文化遗产传承,营造"书香静安"良好氛围,新增"乐游移动驿站"和公益微旅游线路等,全年投入资金21224万元。促进体育设施全区域覆盖,满足各类人群健身需求,加大公共体育场馆优惠、免费开放力度,全年投入资金17027万元。夯实社区治理体系,支持提升社区公共服务便利化水平,推动公共资源向居民区延伸,支持"一网通办""一网统管"融合在基层落地,推动五大中心功能整合优化,支持社区治理体制机制创新,推动区域化党建、基层自治向纵深推进,深化"共同行动"内涵,全年投入资金194211万元。

　　　　　　　　　　　　　　　（郁晓雯）

【预算绩效管理改革工作】　年内,区财政局印发《关于我区全面实施预算绩效管理的实施意见》和项目支出、财政政策、部门(单位)整体支出三个专项绩效管理办法,基本建成符合区情实际的全面实施预算绩效管理框架。发挥预算评审前置审核作用,共开展81个经常性项目、24个新增项目以及社区综合管理经费等3个专项审核项目的预算评审工作,核减资金率为21.30%,对街道共性项目形成统一的经费标准并应用到项目安排中。通过对预算项目的绩效目标实现程度和预算执行进度实行"双监控",对绩效目标运行偏离或未达预期进度的项目予以纠正,并提出预算调整建议。建立财政评价、部门评价、单位自评相结合的多层次绩效评价体系,对社区助老服务等17个对象开展重点评价,评价结果为区域民生事业的均衡发展和预算管理的科学合理提供支撑。

　　　　　　　　　　　　　　　（郁晓雯）

【政府购买服务专项治理工作】 年内,区财政局修订《静安区政府购买服务实施目录》,形成政府购买服务"正面清单"和"负面清单"。开展项目清理,7月,对各部门2020年尚未实施的购买服务项目中不合理、不规范的9个项目予以取消或调整压缩经费,涉及金额127.52万元。加强2021年购买服务项目预算审核,重点压减超标准、超配置、超范围项目。同2020年年初预算相比,购买社会组织项目数量减少36个,购买企业服务项目减少23个。 (郁晓雯)

【夯实国有资产管理】 年内,区财政局完善区国有资产向区人大报告工作机制,准确掌握和分析区各类国有资产总量、结构、分布、变化情况。加强对行政事业单位房屋出租出借及闲置情况管理,盘活闲置房屋,提高使用效率。闲置资产逐步实现共享共用,区教育局、公安静安分局等5个部门将98件闲置资产纳入"公物仓"系统管理,实现其中63件总计96.65万元闲置资产的线上调拨。推进国有资产管理与2021年部门预算编制相结合,提高资产配置和使用效率。 (郁晓雯)

【提升部门预决算公开质量】 年内,区财政局组织并指导77个预算主管部门、317个基层单位公开2019年部门决算、2020年部门预算及"三公"经费预决算情况,制作预决算公开检查表式,通过部门自查、支出科室复查、监督科抽查三级检查模式,督促部门及时整改,提升公开信息的及时性、完整性、准确性。 (郁晓雯)

【加强会计监督和会计人员管理】 年内,区财政局开展地方金融机构、执行政府会计准则制度的行政事业单位以及代理记账机构的会计信息质量检查,被抽查的15个单位会计核算总体较为规范,内部控制制度基本健全,并对存在问题提出改进措施与建议。全年累计完成会计从业人员信息采集27236人,受理会计代理记账机构执业资格审批12户,备案75户。

(郁晓雯)

(六) 税务管理

【概况】 2020年,静安区税务局落实"优惠政策落实要给力、'非接触式'办税要添力、数据服务大局要加力、疫情防控工作要尽力"的"四力"要求,服务"六稳""六保"大局,完成组织收入、政策落实、税制改革、优化服务、队伍建设等各项重点工作任务。坚持"应收尽收、不收过头税"组织收入原则,深化税收数据分析和经济、产业分析,强化征管和堵漏增收,全年完成税收总收入685.9亿元,比上年下降2.4%,减收17.2亿元;其中区级税收215.1亿元,比上年下降2.9%,减收6.4亿元。批发零售业、交通运输仓储和邮政业、住宿和餐饮业、金融业、房地产业、租赁和商务服务业六大主要行业合计实现税收605.6亿元,比上年下降2.8%,占税收总收入88.3%。税收总收入排名前100强的企业实现税收379.1亿元,占税收总收入55.3%,比上年增长2.5%,增收9.3亿元。200幢重点楼宇合计实现税收445.9亿元,比上年下降5.4%,减收25.4亿元,占税收总收入65%。 (尹阳雪)

【落实减税降费政策】 年内,区税务局落实减税降费、支持新冠肺炎疫情防控和经济社会发展、支持脱贫攻坚等一揽子税收优惠政策,建立专项工作机制,排摸符合条件的目标企业名单,拓宽政策宣传渠道,推动各项优惠政策直达市场主体。"静安税务"微信公众号发布政策解读、热点问答、操作指引734篇,总阅读量超过

20万次,通过电子税务局、短信推送最新政策91批(次)81万户(次),在重点园区楼宇开展线下"税务问诊"6次,累计服务500余人(次)。开展"减税费优服务助复产促发展"税收宣传月活动,联合《静安报》刊发税务专刊,在铁路上海站、商圈园区户外大屏及强生出租广告屏投放税宣公益广告。支持防护救治、物资供应、复工复产和鼓励公益捐赠等支持疫情防控相关政策,惠及纳税人2.9万户(次)。为受疫情影响严重的企业和个体工商户办理核实延期申报、延期缴税135户,落实税收减免、缓征、退还等政策超过30.4亿元,其中完成167户企业增值税留抵退税9.6亿元。

(尹阳雪)

【设立全国首个离境退税集中退付点】 年内,区税务局在南京西路恒隆广场设立首个离境退税集中退付点,为离境退税定点商户和境外旅客提供退税便利。以恒隆广场为中心,逐步将便利化服务向梅龙镇广场、中信泰富广场、上海商城等周边商圈辐射,扩大即买即退集中退税覆盖面,33户商户纳入即买即退集中退付试点。优化退付流程,推广第三方支付的退付手段,推进退付系统升级及功能拓展。(尹阳雪)

【开展税收数据分析】 年内,区税务局立足"国际静安"区位优势和区域经济特色,围绕"五五"购物节效应、品质消费行业、楼宇经济形势等专题开展税收数据分析。牵头完成市务局重点课题"从税收数据看上海市外资跨国公司地区总部发展情况",以及奢侈品行业、总部经济、外资经济等3篇专题报告,为区委、区政府及市税务局提供税收数据专项报告近20份,获区委、区政府主要领导批示6次。运用增值税发票大数据,结合产业链、生产要素、经营状况分析企业1400余家,匹配意向供销合作企业129户,助力企业产业链供应链稳定运转。

(尹阳雪)

【服务区域招商引资】 年内,区税务局建立"1+4+9"网格化服务招商工作机制,零距离对接静安四大功能区和各街镇,形成"局—科—所"与"投资办—功能区—街道"相匹配的"点

全国首个离境退税即买即退集中退付点在恒隆广场启动 (区税务局 供稿)

对点"服务模式。针对新办及迁入企业税收活跃度、税收降幅较大楼宇和企业情况等主题，开展招商成效分析，提出系统化对策建议，为上级决策提供参考。紧扣复工复产、减税降费、安商稳商等重点工作，推进常态化调研，全年走访单位、企业305户（次），处理答复新办企业、税收优惠等问题建议91项，为招商安商稳商工作提供专门涉税服务65户（次），协助引入规模企业47户。

（尹阳雪）

【完成首个个人所得税综合所得年度汇算清缴】 年内，区税务局深化个人所得税改革，落实分类分批分策分责"四分"工作方案，建立每周例会制度和"日通报、周简报"督促落实机制，依托个税汇算专厅、专业咨询团队、退税审核团队、青年志愿突击队和电信智能手段，抓好申报缴税提醒、退税人工审核、征纳互动咨询、异议申诉受理，完成首个个人所得税综合所得年度汇算工作。全年申报总人数达65.9万人（次），涉及近1.7万户扣缴单位，受理退税35.2万人（次），回复征纳互动留言1万余条，受理个税异议申诉4.3万人（次），反馈率100%。

（尹阳雪）

【残疾人保障金、企业社保费征收职责划转】 年内，区税务局推进非税收入和社会保险费征收职责划转，建立日报、例会、需求采集和快速响应等工作机制，制作"一表一码"（"一张表看懂征收重点""一套码收齐宣传热点"）优化宣传辅导，与区人力资源社会保障局、区残联等相关部门沟通协调，抓好数据比对和账户清理，强化缴费专窗、"12366"专线和骨干专家团队保障，针对参保灵活就业人员加强多种形式的缴费提醒，实现残保金、企业社保费平稳划转。完成残保金划转3200余户，征收残保金3.8亿元；实现社保参保缴费用人单位划转3.6万户，征缴单位社保费32.9亿元，征缴比例99.5%。

（尹阳雪）

【税种管理】 年内，区税务局紧扣出口退税工作要求，提速出口退税审核时限至3个工作日以内，全年办理出口退税16.7亿元。加强企业所得税管理，克服新冠肺炎疫情影响，完成3.2万户企业所得税汇算清缴，申报率100%，应补企业所得税41.56亿元，应退企业所得税4.39亿元。强化企业所得税后续管理，分批（次）对研发费用加计扣除、资产损失税前扣除、税收优惠享受情况核实等12个项目开展核查，共涉及企业261户，调整应纳税所得额18户1.6亿元，补税546万元。开展48户企业政策性搬迁核查，补征税款5.6亿元。推进土地增值税清算团队化管理，完成11个项目土地增值税清算，入库税款15.9亿元。完成8户非居民企业间接转让境内资产核查，征收税款超过1.4亿元。加强个人住房房产税申报提醒和征收管理，全年共征收7315套，入库7818万元，征收率、入库率均超过92%。

（尹阳雪）

【试运行劳模创新工作室】 年内，区税务局以毛琦敏获评全国先进工作者为契机，通过硬件升级、软件优化、制度创新、流程再造，推进劳模创新工作室和市北高新技术服务业园区社会共治点一体化建设。12月1日，实现劳模创新工作室试运行，打通与市北高新技术服务业园区社会共治点衔接渠道，为园区3500余户纳税人打造"一公里智慧办税圈"，延伸宣传服务触角。借力"上海税务""静安税务"微信平台，推出"劳模说税"系列宣传视频、直播产品28个，观看量超过9万次，与纳税人在线互动160余次。

（尹阳雪）

【优化税收营商环境】 年内，区税务局推广"一网通办"和"非接触式"办税服务，推出"纳税申报邮寄办、发票申领网上办、注销登记代理办、创新事项容缺办"举措,网上办税比例超过80%,其中发票网上申领率超过73%。实施办税服务厅"一窗多能",完成6类办税流程整合和20个窗口简并,实体办税服务厅日均人流量、平均等候时间分别下降约50%和40%。推进新办企业涉税业务全面入驻区行政服务中心,统盘调整优化新办纳税人涉税事项流程,构建形成新办业务实现一站式办理的快捷服务模式。推进"五税合一"综合申报改革,惠及企业15.5万户(次),简化纳税申报办理程序。推进企业办税缴费"一件事"试点及长三角区域企业跨省迁入业务,减少纳税人纳税次数,优化区域税收营商环境。推进不动产登记服务改革,通过申联审查、并联办理,实现企业间不动产转移登记90分钟内缴税发证。构建"千户集团"服务"专项轨道",实现专人专岗专线对接,落实1200余户千户集团及成员企业、列名企业、规模以上企业的涉税数据采集报送相关工作。

(尹阳雪)

【纳税人权益保护】 年内,区税务局"12366"税务咨询热线服务开设远程座席15个,接听电话总量13.8万个,接听率超过98.9%。通过"12366"及"12345"市民服务热线、办税服务厅现场咨询、网络渠道、信访接待、组织座谈及走访等各类形式,共收到并回复纳税人提出的咨询及需求13.9万件。通过"12345""12366"渠道采集并处理需求工单共1320件,比上年增长46.7%,其中服务规范类需求占比69.14%、征管执法类需求占比23.64%,其他具有较强代表性和个性化类需求占比5.68%。加强"好差评"评价统计分析,对2条差评落实"核实-反馈-改进"的闭环管理和回访机制,其中1条差评由纳税人主动撤诉,1条经核对不属实并按时办结回复。完成纳税信用评价4.2万户,其中A级纳税人5400余户,B级纳税人1.6万户,两级占比共51.08%,较上年上升1.39%,完成信用补评复评、修复调整560户。通过办税服务大厅、静安税务子网站主动公告A级纳税人名单,落实守信激励和失信惩戒举措。

(尹阳雪)

【完善风险管理体系】 年内,区税务局依托信息化手段,探索构建涉及政策落实、现金税费征缴、增值税发票管理、税收征管等61个重点风险事项的内控管理流程。通过定期扫描、自动推送、核实整改,实现对疑点数据的常态化闭环管理,内控平台过错数量比上年同期大幅下降。加大增值税发票风险排查力度,结合增值税发票内部、外部风险快速反应工作,强化发票与申报数据比对监控,深化完善发票审批台账和复核电子流程。同步开展风险分类分级应对,完成市、区两级共18个风险项目应对7800余户(次),入库税款13.3亿元。企业所得税后续管理累计下发企业306户,完成率100%,累计入库税款及滞纳金2000余万元。加强千户集团风险分析应对,完成101户企业风险分析和49户企业风险应对,合计入库3.04亿元。

(尹阳雪)

【税收法制建设】 年内,区税务局推行行政执法公示、执法全过程记录、重大执法决定法制审核"三项制度",完成法制审核139项(次)、全过程记录542项(次),落实32项执法事项公示全覆盖。梳理并公示8类、140个事项、1029份权责任务清单,推进增值税纳税申报比对、破产涉税事项办理等17个常用涉税事项的标准化建设,明确政策依据、文书规范、办理时限,提升税收执法标准化规范化水平。加强依法行政与司法衔接工作,推进公益诉讼案件执行1起,追缴税款41.7万元,受理并办结行政复议、诉讼案件2起。开展现金税费征缴专项整治,规范企业所得税、个人所得税汇算清缴退税管理，对所发现问题立行立改，并就发票代开、票证管理、委托代征管理、退税管理等方面明确工作要求，优化工作流程，建立长效机制。（尹阳雪）

【推进日常检查】 年内，区税务局通过信访分类处理、"12366"及"12345"工单转办渠道处理涉税举报投诉1600余件，其中不开票举报1473件，占涉税举报总数比例超过90%。接收出口退税核实函件76份，涉及企业61户，按时回函率100%。接收发票协查案件746件，涉及企业402户，补缴税款107万元，成本调整263万元，按时回复率100%。规范涉税检举、轻微涉税举报、发票协查流程，梳理和明确工作流程、工作要求和部门职责分工，提高文书规范、程序规范、执法规范。推进长三角执法一体化，对659户（次）企业轻微违法行为落实"首违不罚"。对稽查局移交的9件"一案双查"案件开展规范性核查，均未发现执法问题。 （尹阳雪）

（七）市场监督管理

【概况】 2020年，静安区共登记各类市场主体65401户，注册资本6199.0727亿元，分别比上年下降2.05%、增长18.44%。其中内资企业4202户，注册资本2472.5598亿元，分别比上年增长2.19%、11.96%；私营企业28392户，注册资本2971.6146亿元，分别比上年下降2.18%、增长24.05%；外商投资企业3617户，注册资本750.8721亿元，分别比上年下降0.17%、增长20.02%；分支机构8842户，比上年下降3.25%；个体工商户20348户，注册资本4.0262亿元，分别比上年下降2.52%、1.22%。全区专利申请5558件，其中发明专利1862件、实用新型专利2905件、外观设计专利791件；专利授权3128件，其中发明专利369件、实用新型专利2101件、外观设计专利658件。年内，区市场监管局共查处各类案件1120件，罚没款金额1771.54万元，分别比上年下降42.00%、59.01%。区市场监管局获"2020年全国清理整顿人力资源市场秩序专项执法行动取得突出成绩单位"称号，天目西路市场监管所获"全国市场监管系统抗击新冠肺炎疫情先进集体"称号。（陆遥）

【提升企业开办效率】 年内，区市场监管局通过开办企业"一窗通"服务平台，归集企业登记、涉税事项、公章刻制、就业参保等企业开办事项和公积金办理等涉企服务事项，做到"企业设立登记一天批准，营业执照、公章、发票当天可取"，并提供银行预约开户、公积金办理等服务，实现企业登记跨部门"一天办"。推行高效办酒证"一件事"专项改革，实现食品经营许可、酒类商品许可"一次申请、双证同发"，办理时限压缩至最短1个工作日。落实长三角市场体系一体化建设战略，通过长三角地区政务服务"一网通办"专窗，实现长三角地区企业设立、变更等登记跨省通办。8月27日，核发全市首张"跨界便利店"食品经营许可证。

（陆遥）

【强化市场主体信用监管】 年内，区市场监管局全面推行"双随机、一公开"监管方式（"双随机"指在监管过程中随机抽取检查对象、随机选派执法检查人员，"一公开"指抽查情况及查处结果及时向社会公开），共实施"双随机、一公开"抽查50批（次），涉及市场主体3481户（次）。加强信息公示和信用监管工作，2019年度企业年报公示率91.20%，个体工商户申报率68.81%，分别比上年增长2.41%、下降16.59%；3820户（次）企业被列入经营异常名录，2847

户(次)企业被列入严重违法失信企业名单,2616户(次)企业移出经营异常名录。 （陆遥）

【建立知识产权多元化纠纷解决机制】 年内,区市场监管局联合区司法局,在静安寺街道、南京西路街道、北站街道、宝山路街道、大宁路街道、市北高新技术园区设立知识产权纠纷调解工作室,构建隐患问题"联排"、矛盾纠纷"联调"的大调解机制,形成知识产权行政与司法协调保护合力。 （陆遥）

【加强网络交易监管】 年内,区市场监管局建立区内网络经营主体数据库,依法开展行政指导和网络监测工作,强化网络商品交易监管,打击假冒侵权、虚假宣传、不正当竞争等网络市场突出问题,与"美团""饿了么"等平台签署共同规范网络市场经营秩序的指导性框架协议,促进交易市场持续健康发展。 （陆遥）

【开展"满意消费在静安"行动】 年内,区市场监管局聚焦重点行业、重点领域,开展"诚信兴商·品质消费"满意消费示范单位建设,建成满意消费示范单位1007家。倡导零售企业承诺线下无理由退货,建成无理由退货承诺单位501家。实行异地异店退换货制度,2家企业入选首批长三角实体店异地异店退换货联盟。 （陆遥）

【推进精细化综合治理】 年内,区市场监管局会同彭浦新村街道,把无证无照治理工作纳入"全要素管理与服务智能"技术平台,建立资源共融、位置共享、职能共助的信息链,提升智能化监管水平。会同宝山路街道,以规模化租赁整治为突破口,完善跨部门综合监管协调机制,探索形成从被动抢险到主动预防的城区风险管理模式。对无证无照经营主体开展执法检查1011项(次),通过联合取缔、疏导办照、责令停止经营活动、立案查处、抄告许可审批及行业监管部门等方式,发现和规范无证无照经营主体25户(次)。 （陆遥）

【开展质量强区工作】 年内,区市场监管局聚焦重点企业、"老字号"企业及上海名牌企业,加强品牌培育建设,上海市计量测试技术研究院、上海汽车集团财务有限责任公司、上海市北高新(集团)有限公司获"上海市质量金奖"。放大"国家检验检测认证公共服务平台示范区"示范效应,完善检测认证机构行业标杆引导机制,鼓励检测机构以自我承诺方式办理资质认定许可事项,开辟3C免办绿色通道,引导和支持区内检测认证服务业发展。加强质量基础设施能力建设,与市北高新(集团)有限公司签订国家质量技术基础协作服务备忘录,提供检验检测、认证、标准、计量、技术攻关等服务,发挥市北高新技术服务业园区"全国质量服务产业知名品牌创建示范区"标杆辐射作用。
 （陆遥）

【推进标准化试点项目建设】 年内,区内首个标准国际化试点项目"工具五金标准国际化试点"通过验收,"养老服务标准化试点"等5个市级标准化试点项目通过验收,"灵活用工创新服务平台标准化试点"等5个市级标准化试点项目获批。区市场监管局落实标准化激励政策,10个项目获市专项资金支持。 （陆遥）

【推进诚信计量体系建设】 年内,区市场监管局开展"上海市诚信计量示范社区"创建工作,建立起"以经营者自我承诺为主、政府部门推动为辅、社会各界监督"的诚信计量运行机制,大宁路街道、芷江西路街道创建"上海市诚信计量示范社区"通过验收。开展重点民生领域

计量监督检查,组织"计量惠民生、诚信促和谐"计量服务进社区等诚信计量宣传活动,提升计量服务民生能力和水平。 (陆遥)

【推动特种设备信息化监管】 年内,区市场监管局推进特种设备风险分级管控和隐患排查治理双重预防机制建设,推动"特种设备安全工作双预防系统"在区内大型商业综合体和医疗机构落地,构建起"专业维保单位发现隐患—使用单位落实整改—技术机构复检合格—监察部门现场核实"信息化安全隐患线上线下闭环治理流程。在区内全部在用电梯内张贴"智慧电梯二维码",将电梯日常运行、无纸化维保、定期检验、事故报修、应急处置等情况统一纳入信息化系统管理。 (陆遥)

【防控食品安全风险隐患】 年内,区市场监管局以巩固市民满意的食品安全城区建设成果为基础,聚焦食品安全综合治理,建立食品安全长效监管机制,共开展食品生产经营单位日常监管36898户(次),抽检食品和表面环节5452组(件),完成12起重大活动食品安全保障任务,全年未发生重大食品安全事故。开展"食品安全百千万示范工程"建设,创建3条食品安全示范街区、300家实体示范店、50家网络经营示范店。推进商业综合体食品安全自治共治,建立全市首个"商业综合体食品安全自治、共治规范"团体标准,在芮欧百货等4家商业综合体开展食品安全自治标准化试点,成立静安寺商圈食品安全自治联盟、环曹家渡商圈食品安全自治联盟、南京西路商圈食品安全自治联盟,形成区域性食品安全社会共治模式。 (陆遥)

【保障用药用械安全】 年内,区市场监管局监督检查药品生产、经营和使用单位803户(次),化妆品生产、经营和使用单位784户(次),医疗器械生产、经营和使用单位1434户(次)。完成药品经营使用环节抽检478件、快检442件,化妆品经营使用环节抽检185件、快检154件,医疗器械经营使用环节抽检55件。收到可疑药品不良反应报告2577例、化妆品不良反应报告795例、医疗器械不良反应报告385例,未发生群体性不良事件。 (陆遥)

【市场监管领域常态化疫情防控】 年内,区市场监管局按照"保质量、保安全、保供应"要求,聚焦防疫物资、重点民生商品等领域,加强市场监管和综合执法,打击制售伪劣防护用品、哄抬物价、非法野生动物交易等违法行为,维护市场秩序稳定和百姓消费安全,查办涉疫案件19件,罚没款11.68万元。加大对市场主体扶持力度,出台"全面支持企业复工复产九项服务举措",提供"五办"服务(常规事项网上办、特殊事项预约办、容缺受理后补办、证件管理延时办、涉疫事项加急办),为复工复产复市开辟快速审批通道。 (陆遥)

(八)审计

【概况】 2020年,静安区审计局立足"六稳""六保"工作,结合新冠肺炎疫情防控重点任务,提高政治站位,把推进法治、维护民生、推动改革、促进发展作为审计工作出发点和落脚点,加大对重大政策、重点领域、重要项目、重大资金的审计监督力度,注重从体制、机制、制度层面揭示、分析和反映问题,提出改进和完善的建议。全年开展审计项目34个,促进增收节支和收缴存量资金6.41亿元,提出审计建议161条,出具审计决定书3份,促进建立健全区级制度8项,审计报告被区领导批示11份。 (卢成韵)

【财政预算执行审计】 年内,区审计局将资金、资产和资源全部纳入审计范围,持续加大对财政体制机制、重大政策执行、财政资金存量等方面的审查力度,创新审计方式方法,将大数据思维、科技强审理念贯穿财政审计全过程,搭建远程审计平台,实现数据采集全覆盖、一级预算单位审计全覆盖目标。并对全区新冠肺炎疫情防控资金及物资管理使用情况进行跟踪监管,确保疫情防控工作合法、合规、有序推进,健全完善应急保障制度机制。此外,根据审计署统一部署,实施国家重大政策措施情况跟踪审计项目新增财政资金跟踪审计。 (卢成韵)

【经济责任审计】 年内,区审计局按计划开展对区民政局、北站街道、开开集团等11个部门单位领导干部经济责任审计,涉及领导干部30人。审计内容围绕领导干部履职主线,突出领导干部权力运行和责任落实两个重点,客观全面反映和评价领导干部履职行为及其所产生的结果。推进两办经责新规的落实和成果应用,在经济责任审计中强化精准评价和审慎定责,根据"三个区分开来"(把干部在推进改革中因缺乏经验、先行先试出现的失误和错误,同明知故犯的违纪违法行为区分开来;把上级尚无明确限制的探索性试验中的失误和错误,同上级明令禁止后依然我行我素的违纪违法行为区分开来;把为推动发展的无意过失,同为谋取私利的违纪违法行为区分开来)的要求,准确界定领导干部应承担责任,助推领导干部想干事、能干事、干成事的工作动力;探索联席会议工作机制,与区内相关部门多方合力,做到审前协商、强化管理、审中协作、信息互通、审后共用,提升效能。 (卢成韵)

【深化企业审计】 年内,区审计局围绕促进国有企业加强管理、防范经营风险、提高经济效益、保障国有资产保值增值的目的,抓住权力运行和责任落实两个重点,关注国有企业的损益状况,突出矛盾和重大风险,维护国有企业和国家经济安全,推动国有企业提升核心竞争力。审计中,在关注领导人员履职情况基础上,审计内容由"审企业"转向"审资产",采用计算机辅助、数字和统计技术,利用计算机软件更专业高效地抽取和分析数据。对某集团有限公司项目审计中,发现"三重一大"事项集体决策制度执行、房产管理、公车使用、下属企业管控等方面问题。 (卢成韵)

【政府投资项目跟踪审计】 年内,区审计局实施闸北中心医院二期医技辅助用房改扩建工程竣工决算审计,促进提高公共投资绩效。对洪南山宅地块、宝丰苑地块、安康苑地块、华新城地块(73街坊)等旧区改造项目开展审计,以保障政策落实、分配公平,维护人民群众的切身利益为目标,重点关注征收程序规范性、征收进度有序性、征收成本真实合规性、内控制度健全性等,推动相关部门加强旧区改造项目征收补偿管理和监督,严格落实征收补偿方案,有效控制征收成本,促进落实政府重大政策。深化民生审计,继续开展2019年度既有多层住宅加装电梯专项补贴资金跟踪审计调查、2019年"美丽家园""美丽街区"项目跟踪审计调查,结合电梯新政要求以及加装电梯项目推进情况,发现跨部门联动机制缺少、验收环节遗留问题待解决等,有针对性提出细化区级规范要求等4条建议。 (卢成韵)

【资源环境建设项目审计】 年内,区审计局以加强静安区架空线和道路立杆管理,打造有序、安全、干净、美观的高品质城市环境,保障城市运行安全为目标,开展静安区架空线入地和合杆整治项目专项审计调查,重点关注项目管理和资金使用等,发现预算管理、项目发包管理和项目建设管理等方面问题,并针对性提出严格执行工程管理相关规范和程序、加强预算编制和执行的严肃性、严格执行招投标和政府采购相关法律法规等建议,向区政府提交审计报告,引起区领导高度重视。对区绿化市容局领导干部自然资源资产离任(任中)审计中,重点关注与自然资源资产有关的重大决策、政策执行、项目效果、制度建设等方面情况,通过实地踏勘、无人机遥测、卫星地图对比等方式,检查93块公共绿地,面积34.04万平方米,抽查区域内道路105条,行道树3525棵。 （卢成韵）

【专项资金绩效审计】 年内,区审计局在对2018—2019年度静安区学前教育经费使用情况绩效审计中,围绕"十三五"期间"普及普惠、安全优质、多元包容"的学前教育公共服务要求,突出学前教育普及普惠政策落实和安全优质发展,提升新时代静安区托幼服务工作水平。采取现场勘察、实地调研、地理信息系统(GIS)定位测算、大数据分析等技术方法,发现地块人口变化形成学前教育资源结构性紧张、部分幼儿园园所硬件条件有待提升、教育局物资采购部门与幼儿园资产管理衔接工作存在漏洞等问题,纠正管理不规范资金231.93万元,提出6条审计建议,协助被审计单位建立完善规章制度4条,助推提高区政府财政资金使用效益。
（卢成韵）

【疫情防控重大政策跟踪审计】 年内,区审计局对区新冠肺炎疫情防控保障政策落实、经费使用情况实施跟踪审计调查,对本级财政安排落实疫情防控保障资金情况及对在疫情防控中发挥重要作用和受到疫情影响的企业给予的融资支持与财政扶持措施情况进行跟踪审计调查,发现问题推动整改,促进资金使用公开、公平、公正,提高资金使用绩效,确保专项政策落地见效。 （卢成韵）

【审计整改工作监督力度】 年内,区审计局通过区人大、审计部门的监督合力,共同推动审计查出问题整改到位,推进审计整改清单式管理,逐条逐项落实整改,并将审计查出问题的整改情况列入后续审计内容,持续跟踪检查。推动完善相关规章制度,加强内部控制和管理,建立健全《上海市静安区预算部门(单位)整体支出预算绩效管理办法(试行)》等8项相关制度,另有7家部门及单位针对审计工作报告反映的问题,制订或修改完善10项相关制度。（卢成韵）

(九)国有资产管理

【概况】 2020年,静安区国资委克服新冠肺炎疫情的不利影响,统筹疫情防控和经济增长,深化国资国企改革,提高国资监管水平,激发企业活力、竞争力。至年底,全区共有国有企业447家,区国有资本及权益总额392.16亿元,比上年增加27.66亿元,比上年增长7.59%。组织国资系统支援疫情防控。鼓励企业主动担当作为,从资金支持、优化考核评价、保障员工权益、企业自身挖潜等方面给予制度保障;动员各级党组织、党员深入疫情防控一线;落实疫情期间中小企业租金减免。推进混合所有制改革。明确上市公司的合理持股比例,为上市公司二次混改划定红线,确保国资控股地位;在九百集团和静工集团下属企业试行混合所有制改革、职业经理人制度和正向激励措施。优化国资监管方式。推动国资国企信息化监管,加快建设全面预算管理信息系统,10家区管企业分中心模块完成验收,正式运行;充实总会计师人员队伍,除建设总公司以外的12家区管企业、1家委管企业全部配备总会计师人选;加强事中事后监管与核查、稽查的联动;违规经营责任追究及容错纠错制度框架基本成形。规范企业法人治理结构。指导区管企业制订出台党委研究讨论重大事项"前置程序"清单,发挥企业党委领导作用;配齐企业外部董事,13家区管企业的16名外部董事全部到位。增强区域经济贡献力。2019年度国资收益收缴比例从20%提高至30%。优化国资布局。推进区科委、区建设管理委、区发展改革委下属企业划转,以及区房管局、区规划资源局相关单位房产划拨;推进法人层级清理,基本完成69家僵尸企业清理工作。加强国资国企党的建设。开展巡视、巡察反馈问题整改落实,开展国资系统"四史"学习教育,举办国资系统"党课开讲啦——人民城市人民建,国企担当勇作为"主题活动,促进企业党建和生产经营活动深度融合。 (曹晨曦)

【支援疫情防控】 年内,区国资委制订《鼓励支援区管企业在新冠肺炎疫情防控和经济社会发展工作中主动担当作为的若干意见》,要求区管企业加强党的领导,实现疫情防控和经济发展"两手抓、两手硬"。组织120个基层党组织,1033名党员投入医疗救治、隔离防护、道口查控等一线工作,成立国资系统临时党组织和党员先锋队103支,收到防控一线工作人员递交入党申请书49件,263人交纳特殊党费10.02万元,组织3632名党员捐款55.7万余元。 (曹晨曦)

【落实疫情期间中小企业租金减免】 年内,区国资委为减轻新冠肺炎疫情对中小企业资金压力,组织区管企业开展对中小企业2—4月房屋租金减免。制订《静安区国有企业减免中小企业房屋租金的实施细则》,明确实施主体、适用对象、政策口径及办理流程。经审计确认,完成1485户中小企业及个体户租金减免,涉及租赁面积60.9万平方米,减免金额2.12亿元。

(曹晨曦)

【举办"党课开讲啦"国资专场党课】 9月23日,区国资委在九百集团下属美丽园大酒店举办区国资系统"党课开讲啦——人民城市人民建,国企担当勇作为"主题党课,通过"红色文化国企担当""防疫抗疫国企担当""民生服务国企担当""经济发展国企担当"四个篇章,向全区展示国资国企在静安区域经济发展、民生服务、文化打造以及防疫抗疫特殊时期的精神风貌和担当作为。

(曹晨曦)

【新设一家区国资委出资企业】 7月28日,根据区政府《关于同意成立上海静安产业引导股权投资基金有限公司的批复》,成立上海静安产业引导股权投资基金有限公司。公司注册资本金30亿元,静安区国资委持股比例100%,经营范围为股权投资及股权投资管理、资本运作和资本管理、资本投资、产业研究及相关服务。

(曹晨曦)

【制定党委"前置程序"清单】 年内,区国资委巩固党组织在公司法人治理结构中的法定地位,指导区管企业制订出台党委研究讨论重大事项"前置程序"清单,通过清单化管理,把党的领导融入公司治理各环节。至年底,除建设总公司外,各区管企业均完成党委"前置程序"清单制订,奠定企业"三会一层"规范运行基础。

(曹晨曦)

【开展区域性综合改革试验试点】 年内,区国资委选定九百集团下属食品板块企业以及静工集团下属上海新中冶金设备厂、上海静工物业管理有限公司试点混合所有制改革和职业经理人制度。指导九百集团制订企业综合改革实施方案，探索运用超额利润分享等中长期激励方式搞活分配；指导九百食品、静工集团分别制订配套的职业经理人管理办法、绩效考核管理办法和薪酬管理办法等制度文件。　　（曹晨曦）

【推进全面预算管理】　年内，区国资委加快企业全面预算管理信息系统建设，协调推进企业房产、工程、合同、人事、费控、投资等6个基础功能模块共74个分中心开发建设。根据统筹推进疫情防控和经济社会发展工作要求，深化房产、投资等模块涉及租金减免和投资后监管等拓展功能。市北高新集团、北方集团、大宁集团、静工集团、苏河湾集团、城发集团、置业集团、凯成公司、静投集团、国资公司等10家企业完成分中心6个模块建设并正式运行。

（曹晨曦）

【加强事中事后监管与核查、稽查联动】　年内，区国资委根据"日常检查、线索核查、案件稽查"工作机制，加强区管企业房屋租赁、对外投资、产权处置、借款担保事项的事中事后监管。组织区管企业开展房屋租赁自查自纠，梳理整治低价出租、长期空置、租金拖欠等方面存在问题。总结提炼核查、稽查中的典型案例，归纳企业存在的共性问题、倾向性问题，形成核查问题情况通报，在国资系统中宣传警示，要求区管企业引以为戒，堵塞漏洞，提升风险防控水平。　　　　　　（曹晨曦）

【国有企业工资决定机制改革】　年内，区国资委落实市政府《关于本市改革国有企业工资决定机制的实施意见》精神，推进区国有企业工资决定机制相关工作，核定各企业工资决定机制改革实施方案，开展区管企业2019年度工资总额清算与2020年度预算工作。规范并合理确定企业工资总额与增减机制，确保企业工资总额与经济效益和劳动生成率同向联动、紧密挂钩。　　　　　　　　（曹晨曦）

【追究违规经营责任和容错纠错】　年内，区国资委报经区政府印发《静安区区属国有企业违规经营投资责任追究实施办法（试行）》，在市责任追究办法基础上，增加房产租赁管理、工程承包建设和固定资产投资等两大方面10种责任追究情形，调整修订重大、较大和一般损失的金额标准。按照市国资委容错纠错办法精神，指导督促企业完成集团层面容错纠错办法制订，形成区国有企业依法依规，容纠并举的责任追究体系。　　　　　　（曹晨曦）

【优化国资布局】　年内，区国资委推进区管企业资源整合，解决同质化、同构化问题。上海市闸北第二房屋征收服务事务所有限公司100%股权和上海振沪房屋拆迁有限公司97%股权无偿划转至凯成公司。推动事业单位所办企业清理，完成区科技创业中心持有的孵化器公司股权划转至苏河湾公司，区建设管理委下属区建筑建材业管理中心所持有的上海新静建设工程咨询有限公司划转至凯成公司。推进区建设管理委、区房管局、区规划资源局及相关事业单位所属房产划拨区国资委相关工作，共完成3处约1万平方米房产，并将其中2处约8000平方米房产以实物增资方式注入开开集团。清理退出低效落后产能，针对区内69家待清理僵尸企业，形成一企一策处置方案。通过工商注销、司法强清、破产、验资激活等方式，基本实现69家僵尸企业清理目标。　　（曹晨曦）

【划转部分国有资本充实社保基金】　年内，区国资委落实国务院、市政府关于划转部分国有资本充实社保基金工作要求,将区国资委持有的大宁集团10%国有股权一次性划转市财政局持有,并委托上海国有资本投资有限公司进行专户管理。股权划转以2019年12月31日为基准日,以大宁集团2019年度审计报告为依据。划转后,不改变企业现行国有资产管理体制。 （曹晨曦）

【加强董监事管理中心建设和人员管理】 年内,区国资委加强区管企业董事会、监事会建设。按照企业与个人经历经验相匹配、企业董事会结构需求与个人专业特长相契合原则,完成4家区管企业4名外部董事委派,13家区管企业16名外部董事全部到位,并按照工作需要调整监事会主席和外部监事。明确区管企业领导干部分工,减少13名领导干部在全资及控股子公司中的垂直兼职,确保企业法人治理结构落实到位。 （曹晨曦）

【督促企业安全生产】 年内,区国资委落实企业安全生产主体责任,指导、督促各区管企业逐级完善安全生产和消防安全责任制,召开安全生产干部工作例会7次,部署防范重大事故工作措施和方案。开展经常性安全生产、消防安全检查和隐患排查治理,在重要节假日、全国"两会"、新冠肺炎疫情期间、复工复产前期加大检查力度。全年共组织对企业的安全大检查20次,检查单位121家(次),发现隐患98处,当场整改98处。 （曹晨曦）

【加强党对国有企业全面领导】 年内,区国资委落实党委主体责任,与企业党委签订《2020年度静安区区管企业党委落实全面从严治党主体责任书》,推进企业党委全面落实党委主体责任。召开专题会议研究、制订《2020年度静安区区管企业落实党的主体责任工作清单》《关于国有企业党的建设工作考核评价办法》,细化基层党建、党风廉政、意识形态3个类别29项具体项目主体责任。督导区管企业开展基层党组织书记述职会议,并对13家区管企业党建工作作出年度考核评价。 （曹晨曦）

【基层党建工作】 年内,区国资委加强党员教育,开设"区级规定+系统指定+支部自定"课程党员教育培训模式,组织177名党组织负责人参加集中轮训公司;规范基层党组织建设,完成10家区管企业党委换届选举,指导苏河湾集团、静投集团、凯成公司3家区管企业新组建党委班子并成立下属支部,完成72个基层党组织换届,做好属地管理企业党组织换届与设立工作;严格把关完成108名党员发展工作,实现线上线下同步全流程管理。 （曹晨曦）

【人才队伍建设】 年内,区国资委落实国资系统人才培训计划,先后举办区国资系统2020年青年干部、优秀中层干部暨后备干部两个培训班,共80名学员参加培训。做好市、区各类人才评选、全国劳动模范和先进工作者评选、享受市政府津贴选拔等推荐、选拔工作。年内,2人获"上海市三八红旗手"称号,2人获"第二届静安区杰出技术能手"称号,2人获"第二届静安区技术能手"称号,1人获"静安区首席技师资助项目带头人"称号。另有1人享受市政府津贴,1人被评为全国劳动模范。组织国资系统团员青年开展岗位建功,3家组织获"静安区五四红旗团组织"称号、3人"静安区优秀团干部"称号、4人获"静安区青年岗位能手"称号。 （曹晨曦）

十一、商贸服务业

编辑 顾瑞钧

（一）综述

2020年，静安区社会消费品零售总额1367.46亿元，比上年增长21.15%，为全市增幅最高的区。商品销售总额累计完成9417.01亿元，比上年增长5.64%。全区税收总额685.85亿元，比上年下降2.45%，其中外税总额360.84亿元，比上年下降5.65%，占全区税收比重52.6%，外税降幅继续收窄。新增6家跨国公司地区总部，累计引进跨国公司地区总部88家。海关进出口总额390.61亿元，比上年上升1.27%，引进合同外资15.95亿美元，比上年增长32.73%，提前完成全年目标。

年内，区商务委立足打赢新冠肺炎疫情防控阻击战，完善和发挥应急联动响应机制，通过市属、区属国企多方组织货源，发动区内外资、外贸企业进行防疫物资海外购买。依据"社区联防联控优先、与市民密切相关的优先、城市管理需要的优先、应急保障相应的优先"原则，向一线科学分配发放防疫物资，统筹保障民用物资供给。跟踪协调推进全区52家定点药房居民口罩预约销售，为复工复产企业搭建口罩、消毒液、额温枪等防疫物资采购信息平台，上线运行"静安区企业口罩预约系统"。至9月30日，共向2936家复工复产企业发放口罩500万余只，向14个街镇发放口罩676860只，向区公安部门发放口罩414550只。

区商务委有序推进行业企业复工复产。制订菜市场、商场等行业复工指引，引导市场主体一边落实疫情防控措施，一边有序开展复工。对外资总部企业、文创和都市型园区进行全覆盖走访，梳理企业复工复产复市遇到的各类问题。加快推进"沪28条"等援企政策落地见效。坚持"点对点"联络服务，打通人流、物流、资金流堵点。协调解决外籍企业人员入境。

年内，区商务委打造国际消费城市示范区，制订《静安区促消费工作方案》，推出"嗨购静安"系列主题营销活动，联动12家商业企业开展"云逛街潮我看·静安嗨购站"直播；与口碑网合作"静安直播美食节"；聚焦美妆领域，实现线上线下同步销售。鼓励消费新业态，久光百货推出"非常治愈大街"等品质市集。国庆节期间芮欧百货推出X% Arabica与喜茶联名快闪活动、开出Maison Margiela香氛与Seesaw Coffee合作的快闪店；嘉里商务中心联合一米市集、挪威领事馆开展"有态度的食物市集活动"及"尖叫北极"沉浸式体验快闪。发展首店经济,引入日本女装 NOLLEY'S 中国首店、美宝莲纽约全球首家潮玩概念店、LAVAZZA 亚洲首家旗舰店、全国第一家 Polo Ralph Lauren Family 集合店、三宅一生旗下品牌 HOMME PLISSÉ ISSEY MIYAKE(三宅褶男仕)中国内地首家独立精品店、意大利街头时装品牌 GCDS 上海首店等 111 家首店。推动全球新品首发,举办"2020 上海全球新品首发季暨上海国际美妆节启动仪式",欧莱雅、娇兰、希思黎等 7 家国际美妆品牌联袂发布超 9 款美妆美肤新品。促进品牌经济,组织"老字号"企业参加上海五五购物节,2020 上海特色伴手礼评选、开发进口博览会联名衍生品、"把上海味道邮回家"、2020 中华老字号博览会等活动。协调推进吴江路休闲街改造项目,推进四季坊招商工作;西康路跑者之家"跑百巷"于 1 月 1 日开张营业;丰盛里推出 Gucci Off The Grid 为主题的全新古驰艺术墙(Gucci Art Wall),举办丰盛里"夏日里的清凉"——鹅岛酒花农产派对,"800 秀"举行"一起来练摊儿"文创市集。成立丰盛里—吴江路、陕西北路—铜仁路以及巨富长等 3 个商圈商户自治委员会。劳动节期间,全国首个离境退税即买即退退中退付点在恒隆广场揭幕。

年内,区商务委加大招商引资力度,制订方案,明确全员招商机制,细化投促专题例会制度、项目信息周报制度。招大引强,结合外资管理和外资服务,发展总部经济,挖掘区内潜在总部项目,引导企业增能升级,扩大总部项目储备库。组织推荐集中签约,陆续推荐外资项目、总部企业参加上海市各项重大项目集中签约活动。开展线上招商,5 月,上海市—新加坡经贸合作圆桌座谈会在静安区举行,在线向新加坡企业推介苏河湾区域现状及发展规划。

区商务委推进静安监管点建设以及新一轮合作协议相关工作,完成监管点装修,车站海关年底前入驻。调研企业发展需求,探索贸易便利化举措突破点。与车站海关合作,向企业解读海关支持政策及防疫物资出口等关务,帮助中服免税店与海关搭建交流平台。支持服务外贸企业出口转型,服务指导相关企业开展医用口罩生产出口,支持有意愿的外贸企业发展出口转内销业务。推荐 5 家外贸企业入驻拼多多、i 百联和 i 库存等电商平台。

区商务委开展第三届进口博览会招展工作,对接区内重点外资企业、品牌企业。为尤尼克思、爱特思等企业搭建与进口博览会交流平台,邀请美诺、伟亚安、声科影像、艾尔建、艾伯维等参加公共卫生防疫专区宣介会。做好区内参展企业、专业观众沟通解释工作,指导协助企业和专业采购商落实疫情防控要求。

年内,区商务委加快落实市文创专项资金拨付工作。落实拨付文创扶持资金 507.6 万元,完成 8 个文创项目验收。启动 2020 年市文创项目申报工作。组织线上政策培训会对项目申报进行讲解,25 个项目获市级资金支持,共计 1809 万元。发布《静安区关于促进电竞产业发展的实施方案》。完成 23 家电竞企业注册及税收落地。在文创协会中设立电竞专委会,为企业成长与发展搭建资源对接平台。完成 2019 年 18 个电竞项目 852 万元资金支持拨付。

区商务委为帮助中小企业复工复产,号召国有园区及多媒体谷等部分民营园区对企业进行租金减免。做好有关扶持政策咨询解答和指导服务,组织 8 家企业申报上海市民营企业总部,推荐 3 家单位申报"创客中国"项目,组织 7 家企业申报市民营经济百强计划,组织汇智园满星空间申报国家中小企业公共服务示范平台,26 家企业申请上海市中小企业发展专项资金,其中 13 家获批。完成 2019 年文创园区星级评定评审。

年内,区商务委深化"放管服"改革,推进服务业综改试点,关注专业服务业各细分行业发展动态,将探索复制推广上海自贸区关于外资拍卖企业文物拍卖资质改革试点列入2020年区服务业综改试点工作。成品油零售企业审批权下放后,区商务委完成34家加油站的2019年度年检工作和31家加油站到期换证。办结"12345"市民服务热线478件,为企业解答复工复产申请、备案、政策、补贴等各类咨询。严抓安全生产,开展安全隐患大排查大整治和日常巡查检查。深化"扫黑除恶"专项斗争,对重点行业领域突出问题进行整治,打造平安营商环境。

年内,区商务委推进民生保障,做好保供稳价,春节、疫情期间全区平价菜、平价猪肉供应摊位翻番,摊位供应量增加50%。发放春节惠老购肉券2万张。劳动节、中秋节、国庆节保供稳价、平价猪肉执行期延长。创新采取"地产直供、线上订购、社区无接触配送"的社区直供模式,为近30个社区直供农副产品200余种。推进标准化菜场改建,康定菜市场完成改建,万荣市场改造进入验收阶段。完成"白领午餐"满意度测评,举办白领午餐单位厨艺大赛活动。部署早餐工程,"便利店+早餐"项目装修中有3家、洽谈中2家、签约中2家。1辆流动餐车落地大宁音乐广场。31家"白领午餐"网点单位提供早餐服务。开展42场"老字号服务进社区"活动。推进再生资源回收利用。做好单用途预付卡管理,通过协同监管平台查看预警、违规名单,督促7家名单上企业尽快整改。开展家政服务业调研,进行家政服务条例宣贯,共发放宣传海报30余份,宣传册2500多册。开展防范"李鬼"家电宣传,对家电维修服务企业进行排摸,最终确认29家家电维修推荐企业名单、14家信得过空调维修清洗服务推荐企业名单。　　（黄鹏程）

（二）商业活动

【区中小微企业运行监测工作会议】 1月17日,区商务委、区中小企业服务中心召开2020年度静安区中小微企业运行监测工作会议。区内相关园区、部分专精特新企业、小微企业等相关工作负责人员近50人参加会议。会议介绍国家、上海市中小微企业运行监测工作背景和相关要求,总结2019年静安区运行监测工作情况,对运行监测数据上报要求、数据上报系统使用等实务操作进行现场培训,要求相关园区、企业积极参与,及时、准确上报数据。　　（黄鹏程）

【市商务委到静安区跨国公司地区总部调研走访】 2月25日,市商务委副主任刘敏一行根据市商务委《关于疫情期间开展在沪跨国公司地区总部全覆盖调研的通知》要求,到静安区现场指导对接跨国公司地区总部全覆盖调研走访工作。区商务委主任林晓珏介绍静安区开展跨国公司地区总部全覆盖调研的实施方案。通过领导重点走访企业+总部企业调研会+职能部门托底+园区街镇辐射的点面结合形式,市、区两级多部门对区内总部企业全覆盖调研并对3000多家外资企业开展全方位联络沟通服务,了解外资企业防控疫情情况,解决外资企业在经营方面的困难和问题。　　（黄鹏程）

【于勇走访调研区内总部企业】 3月6日,区委副书记、区长于勇一行分别赴区内总部企业嘉吉投资（中国）有限公司、迈克尔高司（商贸）上海有限公司走访调研,倾听企业意见建议,帮助解决实际困难,推动企业防疫工作和复工复产两手硬、两不误、两促进。区商务委主任林晓珏等陪同调研。　　（黄鹏程）

【市复工复产复市工作协调机制办公室巡视督导静安工作】 3月11日,督导组由市经信委副主任张建明带队,市经信委、市文化旅游局联合组成。副区长张军参加调研,区商务委、区建设管理委、区文化旅游局、区应急局等部门领导及市北高新集团主要负责人陪同调研。督导组一行首先到市北高新技术服务业园区,实地查看静安市北国际科创社区22-01地块项目复工建设情况,走访上海风语筑文化科技股份有限公司和北上海大酒店,并召开专题会议听取复工复产复市工作情况汇报。市北高新集团就园区疫情防控工作和企业复工运行情况作介绍。随后,区商务委就静安区复工复产复市情况作专题汇报。自2月10日正常复工以后,企业逐步回归经营轨道,全区194幢重点楼宇中,已复工企业9754家,复工比例91.53%,累计复工16.58万人,复工比例58.51%。107个园区(含众创空间)中,已复工企业2956家,复工比例65.95%,累计复工4.45万人,复工比例71.06%。张建明对静安区复工复产复市工作给予肯定。

(黄鹏程)

【上海首个离境退税即买即退集中退付点揭幕】 5月1日,首个离境退税即买即退集中退付点在南京西路恒隆广场揭幕。是日起,符合条件的境外旅客在恒隆广场内所有离境退税"即买即退"定点商户购物后,可凭相关证明至商场内集中退付点办理"即买即退",并当场领取现金退税款。与此前上海推出的离境退税即买即退模式相比,集中退付模式为店铺规模较小、现金管理有难度的离境退税定点商户提供便利。境外旅客在商场内就能拿到退税款,到机场离境口岸也只需确认离境,将退税表格投送至指定邮筒,无须再办理其他手续。

(黄鹏程)

【上海全球新品首发季暨上海国际美妆节启动仪式】 于5月5日在兴业太古汇多功能厅举行。副市长许昆林、市政府副秘书长尚玉英;市商务委主任华源、副主任刘敏、孔福安;静安区区长于勇、副区长张军等领导出席启动仪式。仪式上由天猫美妆×CGCGirls带来的未来美妆妆容趋势秀为启动仪式开场。LVMH集团大中华区总裁吴越、欧莱雅(中国)有限公司副总裁兰珍珍、阿里巴巴集团副总裁古迈、上海应用技术大学国际化妆品学院院长刘玉亮博士在"时代新生,领美未来"行业论坛发言。上海国际美妆节在亮屏环节之后正式启动。欧莱雅、娇兰、希思黎、佳丽宝、丝芙兰、玫琳凯、多特瑞发布各自的新品。压轴节目是一场"最美笑容公益"互动,由活动品牌代表向静安区抗疫一线的医务代表馈赠公益礼包,向疫情下的逆行者致敬。

(黄鹏程)

【"Coach基金会,驰梦而行"公益项目启动仪式】 7月2日,Coach(蔻驰)携手中国青少年发展基金会的"Coach基金会·驰梦而行"公益项目启动仪式在国家会展中心举行。Coach中国区总裁兼首席执行官杨葆焱、中国青少年发展基金会副秘书长梅峰,以及中国国际进口博览会副局长孔福安、区商务委主任林晓珏等嘉宾共同出席。该公益项目旨在通过助学、奖学等多种方式,助力定点高校发掘和培养优秀大学生,在鼓励专业创新和学术突破同时,激励高校学子热爱生活,用热情、行动与责任实现自己的人生理想。签约仪式现场,Coach新晋品牌代言人——国际著名篮球运动员林书豪,通过视频形式和与会嘉宾分享自己成长经历,鼓励年轻一代勇于开拓,实现自己梦想。

(黄鹏程)

【区"十四五"产业发展专题研讨会】 于8月7日举行,会议由区商务委牵头,邀请市商务委总经济师张国华、市政府发展研究中心副主任严军、市文创办副主任强荧、市商务发展研究中心主任黄宇、市经济和信息化发展研究中心主任熊世伟、罗兰贝格国际管理咨询（上海）有限公司全球合伙人兼大中华区副总裁江浩等市级部门领导和各相关领域的专家学者，就"十四五"规划期间影响和制约区经济社会发展的重大问题和瓶颈难题，广泛听取各方意见和建议。区领导于勇、王华、梅广清、张军、王叶庆出席会议，区相关委办局等20多个相关部门和企业参加会议。会上，区商务委主任林晓珏就静安区产业发展"十四五"规划主要内容作汇报。

（黄鹏程）

【宝尊电商登陆香港联交所二次上市】 9月29日，宝尊电商在香港联交所主板上市，继2015年5月21日在纳斯达克上市成为品牌电商第一股之后，成功实现回港二次上市。此次上市向全球发售，募集资金总额约为33.16亿港元。作为中国品牌电商服务行业的领导者和先行者，宝尊电商创立、发展于静安区。公司业务主要为品牌提供IT解决方案、网店运营、市场营销、客户服务及仓储配送等电商服务。根据艾瑞咨询统计，按2019年GMV计算，宝尊市场占有率7.9%，排名第一。至2020年，其品牌合作伙伴总数达到250个，其中不乏飞利浦、耐克和微软等各行业品牌。

（黄鹏程）

（三）社区商业

【文创市集"一起来练摊儿"落幕】 6月24—27日，为期4天的首期"800秀"×伽作设计节系列活动——文创市集"一起来练摊儿"落幕。市集汇聚6个上海"老字号"、20多位独立设计师、20多个原创品牌、2个公益团队，共吸引4000多人次参与体验。"一起来练摊"文创市集作为"800秀"×伽作设计节系列活动，以每月一次的频率持续到10月，在为市民提供多样性消费选择同时，推动生活美学产品、"老字号"更新产品落地，为文创企业创新发展提供平台。

（黄鹏程）

【宜家静安城市店开业】 7月23日，宜家在中国市场的首家城市店——上海静安店在南京西路1728号开业。相比其他宜家标准店，该店总面积仅约3000平方米，营业区域共3层，陈列有3500种商品，每一种商品标签上都印有一个二维码。其中1200余种可以付款后直接提走，其余的陈列商品以及9500种宜家全品类商品，都可以通过扫描商品对应的二维码，进入官方小程序下单。完成购买后，商品将直接快递到家。位于一楼的首个宜家轻食集内，不仅可以买到2元一个的热门"双色冰淇淋"，还可以品尝到冰狗、意面肉丸热狗等创新美食。

（黄鹏程）

（四）商务合作交流

【静安区与凯誉管理咨询、澳汰尔工程软件、信德集团签订投资合作框架协议】 7月22日，市政府举行外资项目签约仪式。54个外资项目在会上进行集中签约，投资总额达80.9亿美元。市委副书记、市长龚正，副市长许昆林，市政府秘书长陈靖，市政府副秘书长尚玉英，市政府副秘书长杭迎伟，静安区委副书记、代区长王华等领导出席仪式。签约仪式上，王华代表静安区与澳汰尔工程软件（上海）有限公司大中华区总经理刘源、凯誉管理咨询（中国）有限公司财务总监江玮旼、香港信德集团苏河湾项目副总经理夏军在市领导共同见证下,签署投资合作框架协议,三个项目共涉及投资总额6.85亿美元。

(黄鹏程)

【第14届福布斯·静安南京西路论坛】 于11月27日在静安瑞吉酒店举办。由市商务委和静安区政府指导,上海现代服务业联合会、福布斯中国、静安区商业联合会和九百(集团)有限公司共同主办。副市长宗明出席论坛,市有关部门负责人,区领导于勇、王华等参加。论坛以"后疫情时代全球商圈创新发展"为主题,通过线下办会与线上直播形式同步展开,邀请来自世界各地的企业领袖、权威专家及国际组织代表以不同方式参会,畅谈疫情之下全球商圈应对策略及创新变革,共同探寻未来城市商圈可持续发展之道。静安区以"全球服务商计划"为引领,在活动现场举行三轮签约仪式,包括区政府与全球知名房地产咨询顾问公司签订战略合作协议、品牌首店入驻南京西路商圈签约仪式以及互联网新零售战略合作协议。

(黄鹏程)

(五)涉外经济

【区内5个项目参加市重大外资项目集中签约仪式】 1月10日,静安区5个外资项目参加上海市重大外资项目集中签约仪式,分别为海斯坦普(中国)投资有限公司增资扩能项目和英国Improbable集团、美国UL集团、法国Clarins集团、美国Wish公司拟设立地区总部项目,涉及投资总额超7亿美元。副区长张军受邀出席参与见证,区商务委主任林晓珏和副主任高能与项目代表签约。

(黄鹏程)

【区外资企业以多种方式助力抗击疫情】 1月22日,随着新冠肺炎疫情持续发酵,静安区多家外资企业纷纷伸出援手,辉瑞、星巴克、勃林格殷格翰、武田制药、多特瑞、飒拉商业、玫琳凯、阿斯利康等外资企业捐款、捐物,支持疫情防控工作。飞利浦中国第一时间成立应急指挥团队,调动全国各项资源,为医院输送各项救援

11月27日,第14届"福布斯·静安南京西路论坛"在静安瑞吉酒店举行 (区商务委 供稿)

物资,支援医疗前线,向深圳及成都紧急输送呼吸机等救援设备,共计2000余件,并全面保障疫情诊断设备正常运转。据不完全统计,静安区共有12家外资企业捐款、捐物,价值超过2100万元。 （黄鹏程）

【Gen.G中国总部落户静安区】 8月13日,电子竞技俱乐部Gen.G中国总部在宏慧·视界BOX产业园区举行揭幕仪式,正式落户静安区。市电竞协会、区商务委、团区委以及相关合作方代表出席。成立于2017年的Gen.G是一家连接美国和亚洲的领先电子竞技公司,于2018年、2019年相继在韩国首尔和美国洛杉矶设立地区总部。除战队运营之外,Gen.G中国主要负责俱乐部在中国市场的商业合作、内容及数字媒体分发、品牌推广等。 （黄鹏程）

【第三届中国国际进口博览会上海交易团静安分团集中签约仪式】 11月8日,在第三届中国国际进口博览会签约厅现场,静安区举办上海交易团静安分团集中签约仪式。副区长、静安交易分团团长张军,中国银行上海分行副行长张欣园,市商务委外贸发展处副处长、上海交易团秘书处办公室副主任于玲出席仪式。法国欧莱雅、美国蔻驰、美国嘉吉、美国多特瑞等多家参展商,以及百佑佳、热巢等重点采购商参加静安分团集中签约仪式。签约涉及个人护理及美妆产品、箱包、食品及农产品、健康及保健品等多个领域。该届进博会静安区共有48家企业海外母公司报名参展,较上届增长26%;其中历峰集团、爱特思集团、尤尼克斯、特思达等企业首次成功牵手进口博览会。有不少企业与进博会达成长期合作意向。成功报名专业观众的单位总数达457家,提交办证专业观众人数达4028人。 （黄鹏程）

十二、金融业·专业服务业

编辑 顾瑞钧

（一）金融服务业

【概况】 2020年，静安区金融服务业累计实现总税收108亿元，比上年增长6.86%，税收占比15.76%，比上年增长1.37%；实现区级税收25.9亿元，比上年增长4.87%，税收占比12.04%，比上年增长0.89%。全年共引进金融企业42家，包括信达资管、城堡投资、联博投资等重点项目。年内，区金融办做好金融机构服务工作。年初以实地走访和远程沟通相结合方式，指导区内各类金融机构做好防疫措施，倡导有序复工；协调相关部门，帮助区内金融机构调配防疫物资，累计协调联系约2万个口罩，为企业复工复产提供物资保障。为区内11家金融机构的高管及家属33人申请办理来华邀请函，帮助符合条件金融机构外籍员工及家属返沪。结合大调研工作，对区内各金融机构开展调研走访工作，关注企业发展动态，分析税收异动原因；回应企业在疫情防控期间面临的各项困难，做好与市场监管、税务等相关部门沟通，协助金融企业办理名称核准、牌照申请等事宜。开展自由贸易账户拓展工作，全年梳理35家企业申报自由贸易账户。至年底，全区共有740家企业获开设自由贸易账户资格，在跨境结算和境内划转业务等方面享受快捷化服务。开展2020年静安区金融行业银行窗口劳动竞赛，动员银行做好全国文明城区测评迎检工作及进口博览会宣传工作。为区内金融企业间互动交流搭建平台，吸引更多金融企业关注静安区、了解静安区、集聚静安区。开展全球财富管理论坛·上海苏河湾峰会、静安金融讲坛、政策解读会、参展第十四届金洽会等活动。开展金融人才服务工作，完善人才奖励，协助企业及金融人才参加市、区级人才评选活动，如文明单位、青年联合会、青年企业家协会等报名及后续评选工作。

（元斌）

【全球财富管理论坛·上海苏河湾峰会】 于9月26日在上海总商会旧址（山西北路108弄）举行。会议由全球财富管理论坛组委会、市金融工作局、静安区政府主办。国内知名外资资产管理机构等金融机构与政府部门代表以及金融业专家学者齐聚一堂，共同探讨资产管理、财富管理行业的发展与未来趋势。全球财富管理论坛理事长、全国政协外事委员会主任楼继伟，市委常委、副市长吴清，中共静安区委书记于勇及静安区区长王华出席峰会并致辞。贝莱德董事长兼首席执行官 Larry Fink 及亚洲基础设施投资银行行长金立群分别通过视频或现场作主题演讲。财政部部长助理欧文汉、中国银保监会副主席曹宇中、国家外汇管理局副局长陆磊及中国证监会机构部主任邱勇发表主旨演讲。各项主题演讲完毕后,与会嘉宾分别就"新形势下金融行业的挑战与机遇""金融开放下的资产管理行业新格局"开展高峰论坛与圆桌论坛,围绕资管行业发展及静安区打造高端资管机构集聚区进行交流发言。该活动全程图文直播论坛开展情况,中新社、《金融时报》《中证报》《证券时报》《中国银行保险报》《经济观察报》《文汇报》及新浪网等诸多媒体对论坛活动作专题报导。 （元斌）

【参展第十四届金洽会】 10月22—24日,第十四届上海金融服务实体经济洽谈会暨论坛在上海世博展览馆召开。静安区金融办作为主办方之一,以"开放、生态、创新"为主题,设置全球服务商、金融科技、普惠金融3个板块,邀请毕马威、银联智策、晶赞融宣、国金租赁和平安金服等区内10家具有代表性的企业参展。该活动集中展示静安区金融服务实体经济综合实力,为区内优质企业提供一个交流、洽谈和合作平台。 （元斌）

【2020年静安区金融行业窗口劳动竞赛】 10月26日,区金融办举办"窗口创文明,岗位建新功"——2020年静安区金融行业迎进博劳动竞赛。区委宣传部、区文明办、区金融办、区总工会、区商务委有关负责人,承办方嘉宾工商银行闸北支行行长糜良、纪委书记魏淑宝以及区内各银行代表、工会干部、市民巡访团代表等百余人出席活动。该劳动竞赛立足于展示进口博览会背景下银行窗口的服务风采,通过强化金融行业服务规范,以"窗口创文明,岗位建新功"为目标,提升银行窗口服务质量,迎接第三届进口博览会。大赛围绕点钞技能比拼、翻打传票、知识竞赛以及银行窗口特色展示4个项目展开,参与劳动竞赛的18名选手分别来自中国银行静安支行、邮储银行静安支行、上海银行静安支行、上海农商银行静安支行、农业银行静安支行及交通银行静安支行。最终交通银行静安支行的"交·阳队"以团队总分第一的成绩获劳动竞赛一等奖。交通银行静安支行的虞海燕获点钞技能尖兵奖。上海银行静安支行的许伟琼选手获翻打传票技能尖兵奖。 （元斌）

（二）金融监督管理

【概况】 2020年底,静安区内共有小额贷款、融资担保、融资租赁、商业保理及典当行五类机构57家。区金融办加强对五类机构监管,做好经营数据定期上报监测。对辖内10家小额贷款及1家融资担保两类机构开展2019年度审计及合规性事项审查,2020年度专项现场检查及信用等级评定等工作。建立地方金融组织监管评级制度,开展监管评级。促进区五类地方金融组织合规、稳定经营运作。将小额贷款和融资担保机构监管事项清单纳入"互联网+监管"平台,促进区五类机构合规、稳定经营运作。防范涉非金融风险。召开防范非法集资风险排查等专题工作会议,推动多部门联合协作。根据涉非风险提示、大数据平台预警、负面舆情通报、银行账户异动等信息做好50余家相关涉非风险企业排查,联合区公安、市场监管等部门约谈各类企业40余次。攻坚网贷整治,推进市场出清。压实机构主体责任,有序开展清零工作,至12月22日,已停业未清零网贷机构首山金融信息服务(上海)有限公司通过提存公证方式完成存量业务清零,静安区完成辖区内所有P2P网贷机构整治清退清零工作目标。区金融办在注册登记环节做好风险源头防控。与区市场监管局等部门建立健全联合审查工作机制,严格类金融企业准入管理,强化新设及迁移类金融企业预审制度,全年对有意向落地静安区类金融企业项目开展风险调查近百家,阻止风险企业迁移或引导变更经营范围15家。并从企业租赁场地环节有效防控风险。提升重点产业园区、商务楼宇、相关职能部门金融风险防范意识,加强工作指导,利用楼宇园区工作例会、招商培训会开展金融风险防范培训,在各街镇设置金融风险防范安全员,做好高风险企业入驻预警与防范工作。区金融办化解涉众金融矛盾,做好属地维稳工作。依托涉众型投资受损群体矛盾化解工作专班机制,一事一案一专班运作,与区检察、公安、法院、信访等部门建立联防联控工作机制,化解涉众型矛盾。畅通群众正当诉求渠道,回复"12345"市民服务热线、市地方金融监管局、人民银行上海总部、市证监、市银保监转来以及群众来电来信咨询的问题80余起。

(元斌)

【"金融巡讲进社区"活动】 9月4日,由区打击非法金融活动领导小组主办,区金融办、彭浦镇政府、上海大宁资产经营(集团)有限公司承办的2020年金融巡讲进社区启动仪式在大宁郁金香公园举行。副区长、区打击非法金融活动领导小组组长张军,市地方金融监管局稳定处、区打击非法金融活动领导小组成员单位、各功能区及彭浦镇社区居民代表参加。活动中,区金融办向现场群众发放宣传手册并开展交流咨询等互动活动。该巡讲线下讲课场数40场,于12月结束。

(元斌)

(三)金融服务

【概况】 年内,区金融办推进区域内企业上市服务工作,支持企业对接多层次资本市场,推动实体经济高质量发展。挖掘区内有条件上市及拟上市培育企业信息,完善上市企业培育库。拟上市培育企业库新纳入9家企业,包括社宝信息科技、微领地创客空间运营管理等,库内共有上市培育企业46家。召开5次上市专题培训活动,针对企业关心的资本市场最新资讯、企业管理及上市等相关主题,邀请专家作专题分享。帮助博科资讯、新湖期货、灿瑞科技等区上市培育库内企业协调相关单位开具合规证明,帮助合合信息、热像科技等协调通管局和网安办,沟通企业合规经营事宜。全年为区内拟上市企业、上市主体关联企业出具相关协调函14份。全覆盖走访上市培育企业,了解企业最新动态。深交所已受理天好信息创业板上市申请并进入问询阶段。新湖期货、热像科技、合合信息、银欣高新、凯盛融英、灿瑞科技拟于2021年上半年递交上市申请。博科资讯因引入战略合作者拟于2021年下半年重启上市申请。为缓解新冠肺炎疫情带来的企业资金紧张问题,区金融办搭建银企对接平台,引导企业与银行间对接交流。疫情防控期间,指导区内金融机构结合自身业务特点,提供多样化、个性化、差异化信贷支持政策信息,并编制《静安区加强金融信贷服务政策汇总》向园区发放,使园区和企业了解银行信贷支持政策。与区内20家银行签署静安区《支持企业复工复产专项信贷计划》,共同推出首期共计60亿元专项信贷计划。并针对专项信贷计划,与区商务委共同开展线上对接系列活动,先后邀请工商银行、农业银行等6家银行与园区内企业进行交流对接,帮助受疫情影响较大的行业及防疫重点企业缓解资金紧缺。会同中国银行等举办"金融助力中小企业共抗疫情云课堂"活动,提供多样化信贷产品和融资服务。会同区商务委举办线上银企对接活动文创专场,为区内文创企业解决资金需求,其中天好信息获中国银行500万元担保基金与300万元科保通贷款,南柏科技在建设银行成功申请50万元云税贷。 (元斌)

【静安区支持复工复产专项信贷计划签约仪式】 于4月7日在巨鹿大厦2楼第一会议室举行。副区长张军,区内重点银行代表及区相关职能部门、产业园区代表出席签约仪式。区金融服务办公室代表静安同区内20家银行签署支持复工复产专项信贷计划,为区内新冠肺炎疫情防控企业、复工复产企业提供便利化金融服务,精准帮扶区内企业应对疫情带来的不利影响,打通金融服务实体经济的"血脉"。签约仪式上,建设银行静安支行行长程昊、上海农商银行静安支行行长顾煜硕代表与会银行作交流发言。 (元斌)

【"融无限,创未来"静安区企业资本对接路演活动】 于5月28日通过线上模式举办。全年围绕人工智能、数字科技、企业服务等主题,以线上线下相结合形式,共举办4期(1期线下、3期线上)。依托钉钉、今日头条、哔哩哔哩、抖音等直播平台,为19个创业项目搭建投融资对接平台。其中区内企业众壹云科技成功获得规模数千万元人民币的融资,网商电子商务进入投资机构尽调阶段,易清智觉自动化获"中国创翼静安区选拔赛创业组二等奖"。 (元斌)

(四)专业服务业

【概况】 2020年,静安区全年实现专业服务业税收收入108.23亿元,比上年下降11.2%,占全区税收总收入15.8%,比上年减少1.6个百分点。其中企业管理服务实现税收57.04亿元,比上年下降15.8%;商务咨询服务实现税收51.19亿元,比上年下降5.5%。 (叶供发)

【法律服务】 2020年底,静安区有区属律师事务所257家;区属律师6012名,其中硕士及双学士以上学历占比超40%,党员律师占比39.2%,民主党派律师占比约4%。有全国优秀律师事务所4家、全国优秀律师7名、东方大律师4名,中华全国律师协会副会长1名,上海市律师协会会长1名、副会长1名、理事8名、监事1名,市律协专门委员会与业务研究委员会主任4名、副主任21名、委员151名。在《法律500强》(The Legal 500)、钱伯斯、ALB等全球权威法律评级榜单中,多家静安区律所榜上有名。 (谢颖琦)

【全面掌握行业复工情况】 年内,针对律所、司鉴机构复工过程中遇到的困难,区司法局推送市政府、市局、律协、区政府等相关规定,帮助其了解政策知晓途径。结合《新型冠状病毒肺炎疫情影响下的静安区企业发展情况的调查问卷》《上海青年律师受疫情影响调查问卷》等调研工作,调研律师、公证、司法鉴定行业面临的短期困难及中长期担忧,研判疫情对三大法律服务行业创收能力、业务结构的影响,听取其对疫情后如何攻坚克难恢复产业良性发展的建议,初步形成《新冠肺炎疫情对静安区律师、公证、司法鉴定行业发展影响分析报告》。 (谢颖琦)

【开展两公律师问卷调查工作】 年初,区司法局制订《关于推行公职律师公司律师制度的通知》,明确公职律师、公司律师的申请主体、申请范围、任职条件、申请材料及申请流程。3月,向区各委办局、各街镇及区属国有企业发放《关于推行公职律师、公司律师制度情况问卷调查》,对各单位推动相关工作的进展及存在难点进行摸底。 (谢颖琦)

【推进合作制公证机构试点工作】 3月,为贯彻司法部和相关国家部委联合制定的《关于推进公证机构改革发展有关问题的通知》,根据市司法局《打响"上海公证"服务品牌行动方案(2019—2021年)》工作部署,区司法局按照精细严谨、稳妥推进的工作要求,做好合作制公证机构设立的第一次报名工作。 (谢颖琦)

【"云启动"——2020年度"一带一路高端经贸法律人才实践基地"项目线上主题研讨会】 6月10日,2020年度"一带一路高端经贸法律人才实践基地"项目通过网络在线形式,举办以"一带一路国家在重大紧急公共卫生事件背景下加强经贸法律实务的合作"为主题的会议,项目正式启动。华东政法大学副校长陈晶莹,研究生教育院党委书记刘丹华、国际交流处处长、国际文化交流学院院长伍巧芳,区司法局局长凌淑蓉以视频形式参会。8名外籍学员以及8家带教律师事务所代表通过"云连线"方式参加。 (谢颖琦)

【2020"台湾青年法律人才"上海—台北视频研讨会】 7月25日,静安区"台湾青年法律人才实践基地"系列活动——2020"台湾青年法律人才"上海—台北视频研讨会在上海君伦律师事务所举行。市台办副主任王立新、区委常委凌惠康等领导出席,华东政法大学党委常委曲玉梁、区司法局局长凌淑蓉、区台办主任王立萍以及历届参与项目的11家律所负责人和带教律师汇聚上海会场,台湾参与高校教授、律师、历届学员及有意向参与项目的新学员云集台北会场。研讨会上,各参与律所代表围绕"当前法律热点话题"发表观点,"台青基地"历届学员分享在大陆的学习收获和在上海实践的心得感悟,提出学习和工作中感兴趣的论题以及择业就业过程中遇到的困惑和想法,有意向的新学员提出关于"台青基地"的想法及需求,得到项目组成员一一回应。 (谢颖琦)

【公证执业专项检查工作推进会】 7月,区司法局召开静安、闸北两家公证处半年工作会议暨公证执业专项检查工作推进会。会上,静安公证处主任和闸北公证处主任分别汇报检查工作开展以来各项工作情况。在听取两家公证处汇报后,区司法局局长要求两家公证处领导班子带头团结好公证员队伍共同奋进;对下阶段《民法典》学习进行统一部署;两家公证处要结合巡察中发现的问题,引以为戒,即知即改,规范公证执业和公证管理。 (谢颖琦)

【2020"台湾青年法律人才实践基地"系列活动第二场】 8月20日,2020年静安区"台湾青年法律人才实践基地"系列活动第二场——"台商台青创业成长"上海—台北视频研讨会在国浩律师(上海)事务所和台北101大楼同步举行。市台办副主任李骁东,区委常委、统战部长凌惠康等领导出席活动,区司法局局长凌淑蓉、区台办主任王立萍、华东政法大学机关党委副书记栾绍兴等参加活动,台商代表、历届参与活动的11家律所的带教律师和学员代表通过视频连线的方式交流发言、交换看法。 (谢颖琦)

【第三届"沪港两地法律人才交流项目"线上研讨会】 9月17日,第三届"沪港两地法律人才交流研讨"项目举办线上研讨会。区委常委、统战部部长凌惠康,区司法局局长凌淑蓉,区侨办主任周玉鸿线上出席。研讨会上,澳大利亚新南威尔士州高等法院律师杨凌,国际争议解决及风险管理协会主席罗伟雄博士,香港和解中心副会长、联合国国际贸易法委员会观察员陈颢文博士分别以"投融资领域法律实务及风险控制研究""国际商事争议解决的魅力""联合国国际调解公约和国际仲裁公约的比较"为题作主题发言。陆胤、黄培明、邵开俊等静安律师代表作交流发言。

(谢颖琦)

【首届静安律师电竞赛暨"律师＆电竞"行业交流活动】 9月20日,该活动在静安区 NICE 电竞馆举行。活动由上海市律师协会静安律师工作委员会主办,上海瀛东律师事务所协办,并得到区司法局、区商务委以及市电竞协会支持。交流赛共有25支队伍150名选手参赛,所有参赛选手均为区内执业律师或实习律师。经过两天线上预赛、一天线下决赛,赛事取得成功。获得冠军的盈科律师事务所的队伍还与 eStar 职业战队进行表演赛。活动中,区商务委详细介绍静安电竞行业现状、产业政策等情况。

(谢颖琦)

【开展律师违规兼职等行为专项清理活动】 年内,根据司法部、市司法局关于在律师队伍中开展专职律师违规兼职和律师丧失中国国籍后仍然执业违规行为专项清理活动工作要求,区司法局专业服务业管理科在前期完成动员部署和律所自查自纠阶段的工作基础上,对全区5000余名律师自查情况进行汇总、调查、核实,对相关问题开展督促整改。区司法局专业服务业管理科组织全区律师事务所执业律师对本人执业期间无违规兼职和丧失中国国籍情形签署承诺书。

(谢颖琦)

【对鉴定机构开展亲子鉴定业务专项检查】根据《司法部办公厅关于规范司法鉴定机构开展亲子鉴定业务有关工作的通知》《关于对本市鉴定机构开展亲子鉴定业务情况进行专项检查的通知》要求,区司法局专业服务业管理科于9月27日对区内唯一一家开展亲子鉴定业务的润家司法鉴定所开展专项检查。检查邀请司鉴中心法医物证专业委主任周怀谷作为技术支持共同开展。检查中共抽阅2020年以来亲子鉴定业务卷宗19卷,采样录音录像20份,并实地查看实验室运行情况。针对检查中发现问题,提出整改意见,并要求润家司法鉴定中心自查2020年以来全部亲子鉴定业务卷宗,形成书面整改报告。

(谢颖琦)

【开展律师工作问题清理线索排查】 年内,根据司法部司法行政系统队伍教育整顿试点工作精神及市司法局《关于对本市律师队伍开展教育整顿清理工作的通知》要求,区司法局专业服务业管理科对照工作目标和主要任务,开展自查及排查工作。向全区律师事务所发放"律师工作问题清理线索排查表",收集有无违反"三个规定""七条禁令"等问题的线索,为全国政法队伍教育整顿工作打好基础。

(谢颖琦)

十三、房地产开发和管理

编辑 顾瑞钧

(一) 综述

2020年,静安区内商品住宅新开工面积29.52万平方米、施工面积22.53万平方米、竣工面积22.53万平方米。住宅供应2265套,供应面积25.82万平方米;成交1940套,成交面积24.93万平方米,成交金额259.54亿元,网签均价每平方米10.41万元。主要住宅可售563套、10.14万平方米。在建住宅全装修建筑面积81万平方米,交付住宅全装修建筑面积21.87万平方米。商业项目新增供应面积2.64万平方米(不含自持),网上可售面积24.19万平方米。办公项目新增供应面积18.47万平方米,网上可售面积40.53万平方米。新增租赁住房2763套。核发商品房预售许可证19张,包括9个住宅项目和5个商办项目,总套数2526套,总建筑面积46.41万平方米。核发商品房销售方案备案证明9张,以商办项目自持为主,总建筑面积24.25万平方米。核发住宅交付使用许可证9张、总建筑面积21.87万平方米。房地产开发企业暂定资质新办10件、延期34件、变更5件,三级资质延期3件、变更1件,二级资质延期1件,办理仅作销售使用4件。销售人员上岗证备案44件、注销20件。区内注册且资质证书在有效期内的房地产开发企业47家(一级1家、二级4家、三级6家、暂定资质36家)。房地产经纪机构备案148件,注销14件、变更、换证67件、经纪人确认30件、注销36件。区内备案的房地产经纪机构667家(独立机构369家、分支机构298家),全国资质注册执业经纪人87人。存量房合同备案3210件、撤销122件、变更95件。房屋建筑面积实测30件、建筑面积132.5万平方米,预测14件、建筑面积123.5万平方米,房屋变更调查测量7件、建筑面积0.096万平方米,房屋灭失调查17件、土地面积27.86万平方米,房屋进度签证18件、房屋征收测绘3件。受理优秀历史建筑修缮(装修改造)项目10件,完成设计方案审批14件。受理优秀历史建筑简易装修备案申请126件,完成装修施工备案103件。物业服务企业招投标9家,物业区域项目核定7个,物业管理用房项目核定7个。维修资金归集2924.48万元,划转7312.07万元。发放系统公房凭证111件,其中换发证108件、补发证2件、新发证1件。为物业服务企业办理公房系统账号业务7件(修改账号1件、查询账号密码

1件、创建账号5件）。注销公房租赁信息2件。区"962121"物业服务呼叫中心受理维修8.38万件，受理投诉3633件，接待咨询4万件。区房屋应急维修中心维修5468件（含险单315件），处置老干部、劳模特约服务维修73件。对1325户、15.1万平方米老私房开展安全巡查，发放"私有房屋督修通知书"427份，督促产权人做好房屋维护工作。对2户修缮困难的私房业主实施房屋修缮或加固。出具房屋权属来源证明核查意见39件，受理业主共有和公益性公共服务设施房地产认定18件。对巨鹿路735弄3号、巨鹿路858号、延安中路1111号3处房屋的权属情况进行核查并完成军产移交及认定。处置5户落政代经房产、2户社会主义改造补留房落政。调拨公建配套用房10877平方米。公建配套费征收4131.63万元。完成24个项目国有土地招拍挂房管意见征询，12个新建项目规划设计方案审核、并联审批。加强新建住宅公共服务设施管理，签订4个项目公共服务设施配套合同，完成15个项目公益性公共服务设施证明认定和6个公共服务设施房屋移交工作。受理行政审批、许可等申请529件。行政复议61件，无撤销。行政应诉357件（一审160件、二审115件、再审51件、庭前调解17件、行政监督案件14件），比上年上升8.51%，败诉0件。行政首长出庭率70%。一审案件协议补偿类案件调解撤诉率28.38%。受理信息公开申请884件，作出答复800件。房地产限制交易、解除限制审核34件。审核责令改正1件、行政处罚决定4件、结案1件（1月1日—3月1日，后相关行政执法事项划转至区城管执法局）。处置信访978件，接待来访1250批（次）、来电2130人（次）。信访复查31件。区政府民生专场接待1490批（次）。处置"12345"市民服务热线、"12319"城建服务热线、"962121"物业服务热线（非物业应急维修类）工单5689件，比上年上升59%。其中退单1797件，占总量31.59%。有效工单先行联系率和办结率100%；抽检不满意工单40件，占区城运中心派转件总量1.19%。汇总、整理文书、专业及会计等档案10128卷、2020年新冠肺炎疫情防控专项工作材料84件。向区档案馆移交"撤二建一"前档案7097卷、16231件。接待档案查阅8185人（次）、22593卷，借阅131人（次）、435卷。 (张川)

（二）房地产市场

【商品住宅市场销售情况上涨】 年内，静安区内商品住宅市场供应2265套、建筑面积25.82万平方米，成交面积比上年上涨71%；成交1940套，建筑面积24.93万平方米，成交面积比上年增长25%，仅次于普陀区，位列中心区第2位；成交259.54亿元，位列中心区第4位；网签均价每平方米10.41万元，位列全市第4位，比上年上涨5.46%。全年新增供应9个住宅项目，分别是融创映然都5.3万平方米（518套）、仁恒璟安悦庭5.8万平方米（522套）、静安华邸1.9万平方米（169套）、宝恒名邸3.4万平方米（193套）、铭德漪景庭2.9万平方米（250套）、华合汇都2.3万平方米（224套）、万科静雅名邸2.3万平方米（229套）、静安福邸0.1万平方米（8套）和新湖青蓝国际城二期第一批3.3万平方米（278套）。成交面积段在90—100平方米最为突出，代表项目有融创映然都和静安华邸的90—100平方米的3房主流户型，市场接受度最高；800—1000万元总价段房源最多，代表项目有融创映然都、仁恒璟安悦庭、华润华发静安府；1000—1400万元总价段房源次之，代表项目有华合汇都和静安府。 (张川)

【商办市场销售量价上涨】 年内,区内商业市场整体供应(不含自持)建筑面积 2.6 万平方米、45 套,供应面积比上年大幅上涨 194%;成交建筑面积 1.8 万平方米、48 套,位列中心区第 2 位,成交面积比上年上升 19.4%;成交总金额 11.2 亿元,位列中心区第 2 位。成交量主要来自华侨城苏河湾 13 套、绿地中央广场 7 套、九龙仓静安花园和新湖青蓝国际各 6 套等。成交均价为每平方米 61356 元,位列全市第 2 位,比上年微增 0.4%。办公物业与上年相比有较大幅度上涨,年内整体供应(不含自持)建筑面积 18.5 万平方米、144 套,供应面积比上年上涨 56.59%;成交建筑面积 12.5 万平方米、116 套,位列中心区第 2 位,成交面积比上年上涨 82%;成交总金额 47.6 亿元,位列中心区第 3 位。成交主要来自静安华邸 39 套、大宁商务中心 20 套、市北高新办公项目 32 套、金融街北广场 C1 地块办公项目 10 套;成交均价为每平方米 38067 元,位列全市第 5 位,比上年下降 31%。

(张川)

2020 年静安区商品住房网签情况表

月份	成交面积 (万平方米)	成交套数	成交均价 (元/平方米)	成交均价 全市排名
1	16559	125	93734	6
2	4824	37	99029	5
3	9021	59	99470	4
4	8645	54	98040	5
5	25826	213	93678	8
6	38127	338	102918	4
7	24149	184	107832	4
8	26032	194	113073	3
9	31786	236	108288	3
10	30702	251	103962	3
11	16296	117	106916	3
12	18936	143	109101	3

注:网签情况因交易状况的变化而变化,本表仅反映年内各月网签的实际情况。

(张川)

2020年静安区新建商品住宅可售量情况表

项目名称	地址	总套数	总面积（平方米）	剩余套数	剩余面积（平方米）	备案均价（元/平方米）	已售套数	去化率
新湖青蓝国际一期	青云路350弄	724	90734	32	5097	82031	692	96%
万科翡翠雅宾利三期	中华新路199弄	777	151323	9	2039	83000	768	99%
明园二期联列	广延路1099弄	116	30966	105	28057	100000	11	10%
明园森林都市四期	广延路1199弄	662	103069	97	25785	88550	565	85%
静安豪景苑9-10号	西康路501弄	106	28759	6	1949	107956	100	94%
协和城丽豪酒店公寓	南京西路2068号2066号	225	20094	77	7171	96000	148	66%
静安福邸	平陆路999弄	1232	154537	1	65	86023 高层 98810 叠拼	1231	99%
静安华邸	万荣路1199弄	1470	180758	23	3409	85163 高层 98810 叠拼	1447	98%
金茂雅苑东区	平型关路1288弄	742	120451	11	2123	93852 高层 127581 叠拼	731	98%
静安康鑫家园	海防路58弄	164	17329	0	0	88900	164	100%
静安花园二期	万航渡路388弄	76	21060	0	0	129000	76	100%
泰府名邸	泰兴路625弄	73	16470	4	850	121800	69	95%
凯德星贸邸	长安路386弄	138	27222	4	1020	121800	134	97%

(续表)

项目名称	地址	总套数	总面积（平方米）	剩余套数	剩余面积（平方米）	备案均价（元/平方米）	已售套数	去化率
铭德漪景庭第一批	永兴路358弄	125	13449	21	2259	106813	104	83%
静雅名邸	鸿兴路177弄	229	22776	104	10343	129800	125	55%
宝恒名邸	光复路1399弄	193	33746	50	8742	125800	143	74%
映然都一期	寿阳路158弄	314	30434	0	0	91200	314	100%
华合汇都	福建北路228弄	224	23135	1	288	126800	223	99%
璟安悦庭一期	云飞东路518弄	354	39645	0	0	92000	354	100%
铭德漪景庭第二批	永兴路358弄	125	15062	18	2169	106831	107	86%
映然都二期	寿阳路158弄	204	22036	0	0	91200	204	100%
璟安悦庭第二批	云飞东路518弄	168	18696	0	0	92000	168	100%
合计		8441	1181751	563	101366		7878	93%

注：动态数据，表内数据为2020年12月31日的数据。5套以内的尾盘不计。

（张川）

2020年静安区商品住房楼盘成交情况表

项目名称	所在街镇	成交面积（万平方米）	成交套数	成交总价（亿元）	成交均价（元/平方米）
融创静安映然都	大宁路街道	36611	368	3348665486	91465
静安华邸	大宁路街道	31050	240	2801535719	90228
静安苏河湾中心	北站街道	22568	221	2926682308	129683

（续表）

项目名称	所在街镇	成交面积（万平方米）	成交套数	成交总价（亿元）	成交均价（元/平方米）
静安福邸	大宁路街道	21551	174	1970335463	91427
仁恒·静安世纪	大宁路街道	18578	167	1693527283	91159
民德花苑二期	宝山路街道	16393	144	1774245563	108230
苏河洲际中心	天目西路街道	18145	122	2299125898	126708
明园森林都市	大宁路街道	20036	121	1717124025	85701
凯德星贸中心	天目西路街道	23557	120	2840986914	120601
万科中兴路一号	宝山路街道	9398	107	1103332516	117398

注：按成交套数取前10位。

（张川）

2020年静安区新建商品住房交付情况表

建设单位	项目名称	坐落	交付面积（平方米）	许可证核发时间
上海东北明园实业发展有限公司	明园森林都市叠翠苑（8—10幢）	广延路1199弄1—5号	26532.1	2020.1.6
上海华泓尚隆房地产开发有限公司	静安华邸（2、6、9幢）	万荣路1199弄245、246、240、241、235、236号	50591.53	2020.3.26
上海华泓钜盛房地产开发有限公司	静安福邸（23、24幢保障房）	平陆路999弄1—4号	8810.24	2020.4.30
上海华泓尚隆房地产开发有限公司	静安华邸42幢	万荣路1199弄1号	10339.44	2020.5.13
上海华泓尚隆房地产开发有限公司	静安华邸（15幢）	万荣路1199弄228号	4773.74	2020.8.20
上海华泓尚隆房地产开发有限公司	静安华邸（3、7、10幢）	万荣路1199弄232、233、243、239号	26970.64	2020.8.20

(续表)

建设单位	项目名称	坐落	交付面积（平方米）	许可证核发时间
上海龙申房地产发展有限公司	静安花园（R1、R2、R3、R4幢）	万航渡路388弄	47119.73	2020.9.27
上海上投置业发展有限公司	泰府名邸6号楼	泰兴路625弄11、12号	16470.17	2020.11.10
上海广川置业有限公司	凯德星贸邸	长安路386弄1—10号，长安路370、392、396、398号	27082.95	2020.12.22

(张川)

2020年静安区地下车库(位)交易价格表

项目名称	成交数量（个）	最高销售价格（万元）				最高租赁价格（元/月）			
		标准	子母	微型	无障碍	标准	子母	微型	无障碍
静安府	1644	47-48	80	38	—	1000	1000	800	—
嘉天汇御苑	172	77	112	62	—	1500	2500	—	—
金茂雅苑	99	51	78-79	29	55	800	1200	600	800
明园森林都市	97	48	75	43	53	1000	2000	1000	1000
和玉苑	38	40	—	38	—	400	—	380	—
金融街融庭	26	56	84	45	—	1200	1800	1000	—
新湖青蓝国际城一期	7	51	88	40	58	1000	1300	800	1300
中粮天悦澜庭	2	58	110	35	55	1200	1200	1200	1200

注：仅包含经备案的车位交易价格。

(张川)

2020年静安区房屋交易情况表

项目	2019年	2020年	比上年
新建商品房交易(含预、销售)			
成交套数(套)	4220	4418	5%
其中：住宅	1288	1939	51%
商办、其他	2932	2479	-15%
成交面积(万平方米)	42.08	49.23	17%
其中：住宅	19.9	24.92	25%
商办、其他	22.18	24.31	10%
成交金额(亿元)	274.46	329.36	20%
其中：住宅	196.41	259.42	32%
商办、其他	78.05	69.94	-10%
二手存量房交易			
成交套数(套)	11346	10101	-11%
其中：住宅	10311	9193	-11%
商办、其他	1035	908	-12%
成交面积(万平方米)	77.82	69.44	-11%
其中：住宅	68.87	62.31	-10%
商办、其他	8.95	7.13	-20%
成交金额(亿元)	415.92	351.29	-16%
其中：住宅	387.79	326.93	-16%
商办、其他	28.13	24.36	-13%

(张川)

(三) 住房保障和房屋管理

【市人大督办"既有多层住宅加装电梯"情况】5月19日,市人大常委会副主任肖贵玉率城建环保工委负责人、部分市人大代表和市有关部门负责人到静安区开展督办。区人大常委会主任顾云豪、副区长李震、区房管局局长等陪同。督办团踏勘临汾路375弄加装电梯项目,听取临汾路街道加装电梯工作介绍,参观街道"加梯工作室"。在随后的座谈会上,市房管局局长王桢就全市老旧多层住宅加装电梯工作和代表建议办理情况作汇报。市人大代表围绕解决

管线配套移位、居民意见征询比例政策风险,总结成功经验等方面提出建议。　　　　　(张川)

【新冠肺炎疫情防控】 2月,区房管局成立疫情防控领导小组,设置5个专班和7个检查组就主管项目、工地开展全覆盖排查和督导,制作"防疫工作提醒"等宣传板张贴于各项目工地。局主管的15个公租房项目、18个租赁房项目和9个类住宅项目采取封闭式运营,对租客、住户实行出入核查、测温,对公共空间实施定时消杀,对外来人员严格落实居家隔离管控。66处旧住房综合改造、建筑拆除工地全部停工,临房封闭。3月,逐步复工复产。3月10日,彭三小区(五期)成套改造工程复工,是全区第一个复工的旧住房综合改造项目,落实每日测温、消杀,并全天公示施工人员健康码。年内,各项目、工地均未发现确诊病例。区房管局还会同街镇和街镇房管办事处就812个住宅小区疫情防控实施10天一轮的全覆盖督查,将防疫工作纳入居住物业履职评估、达标考核和诚信建设,对不符合防疫要求的物业公司开展谈话、督促整改,约谈12家,书面督改8家。区房地产交易中心会同区自然资源确权登记中心组建防疫联合工作组,通过单通道管理、轮值上岗、定时消毒、加强宣传等举措,保障运城路99号受理大厅运行。受疫情影响,上半年房屋交易量比上年降幅明显,网上二手房交易合同窗口备案数下降22.9%,新建商品房交易量下降8.17%,存量房交易量下降14.08%;下半年交易量比上年回升,网上二手房交易合同窗口备案数上升43.81%,新建商品房交易量上升148.3%,存量房交易量上升38.86%。"962121"物业服务呼叫中心处置含疫情信息工单127件,处置和反馈率100%。　　　　　(张川)

【彭一小区旧住房成套改造项目签约生效】该小区建于20世纪50—60年代,建筑面积8.59万平方米,有非成套住宅38幢、成套住宅2幢,居民2110户,是区内最大的非成套住宅小区,经5次扩建和居民自改,房型达282种,为全市体量最大、受益最多、情况最复杂的旧住房成套改造项目。10月1日,成套改造签

10月7日全市体量最大的成套改造项目彭一小区签约生效　　　　　(区房管局　供稿)

约启动，10月7日签约率达99%（租赁户99.08%、产权户99.17%），项目生效，创全市同类项目签约期生效最快纪录，标志彭浦新村成为全市首个成套改造全覆盖的成片非成套住宅区。至12月31日签约期满，362户产权户100%签约，1748户租赁户99.88%签约。改造后计划新建17幢8—19层多、高层住宅，1层和局部2、3层配建公共用房及地下2层车库，并单独建设1个KT站（开关站，户内配电站的一种类型）、1个垃圾压缩站和3个生活垃圾分类收集房。同步新建建筑面积2.95万平方米的社区文化活动中心、体育中心和生活服务中心。

(张川)

【住宅小区综合治理"美丽家园"建设】 年内，区财政投入1.9亿元，完成屋面及相关设施改造、综合整治18个项目、44.4万平方米，受益7808户；完成1.2万平方米老旧住房安全隐患处置。完成43个小区电动自行车充电设施建设。归并7个物业管理站，劝退10个物业管理站。新增2个农民房小区纳入物业一体化管理，全区13个农民房小区物业一体化管理实现全覆盖。新组建业委会7个。区内有业委会719个，组建率97.29%，为全市第一。南京西路、共和新路、临汾路、大宁路、彭浦新村等街道业委会组建率100%。业委会按时换届改选率50%，规范运作率85%。组建全市第一支区级物业督办队，对物业突出矛盾和疑难问题实施分类分级督办制度。对标市物业管理中心ISO9000质量体系，制订区级服务标准，并首创疑难案件24小时处置机制，处置疑难案件180件。

(张川)

2020年静安区"美丽家园"建设进展情况表

项目名称	计划指标	完成情况
屋面及相关设施改造	完成21万平方米	31万平方米
多、高层住宅综合整治	完成10.3万平方米	12.7万平方米
直管公房全项目修缮（含里弄房屋内部整体改造）	完成0.2万平方米	0.7万平方米
老旧住房安全隐患处置	完成1.2万平方米	结合屋面改造和综合整治完成1.2万平方米
既有多层住宅加装电梯	开工50台	开工59台

(张川)

【防台防汛综合演练】 6月10日，区防汛办、区房管局、置业集团、城发集团等单位的6支队伍在成都北路879弄拆房工地开展演练。演练以暴雨橙色预警信号、防汛防台Ⅱ级应急响应为背景，分拆房安全维护、房屋应急加固、建筑垃圾清运、场地安全维护、积水应急排涝、淤泥

清扫冲洗6个科目开展抢险救援。　　（张川）

【静安区获市居住物业管理行业公众满意度调查第一】　11月,《2020年度上海市居住物业管理行业公众满意度调查报告》发布,静安区以84.92分排名各区第一,比上年度提高0.16分,继2016年来连续5年获得该项调查第一。其中"售后房"85.12分,比上年度上升2.13分;"商品房"84.83分,比上年度下降0.36分;"公房"84.81分,比上年度下降0.64分。14个街镇均得80分以上,前三名为宝山路街道(87.01分)、大宁路街道(86.29分)和临汾路街道(86.21分)。全市参评的1860家物业服务企业中,在静安区有管理项目或注册地在静安区的企业109家,排名最高第7位、最低1835位,前100名内9家,末200名内6家。
　　（张川）

【《上海市优秀历史建筑相关文献资料摘录汇编——静安篇》编纂完成】　全书分上下2册,由区房管局主编,区历保委大师工作室、置业集团和静安装饰公司参编。2019年启动编纂,2020年完稿付梓。编纂小组以旧版丛书、历史文献、档案台账等资料为依据,以区为面,以路为线,以房为点,搜集、摘录区内优秀历史建筑的基本概况、名人轶事、文化故事和相关照片。全书共录45条道路、159处建筑信息,凡58万字。　　（张川）

【"老房装电梯,品质好'升'活"大型媒体行动在静安区举行】　7月14日举行。该活动由市住建委、市房管局、市民政局、上海广播电视台共同主办,首站设在临汾路街道社区党群服务中心。活动先以短片形式回顾静安近10年加装电梯的历史,后由区主要领导于勇、上海广播电视台台长宋炯明致辞,并与市、区领导嘉宾共同点亮象征电梯的光柱。活动中,全市首个居民自筹款完成电梯加装的美丽园小区1号楼推进者、原区人大代表陆纯,全市首个1次性加装电梯全覆盖的远龙公寓的装梯联建小组代表姚爱珠和临汾路街道社区自治办公室主任陈黛静接受采访,畅谈装梯心路历程和实践过程,区房管局副局长介绍全区加梯工作规划。　　（张川）

【开展既有多层住宅电梯加装评估】　8月3日,《上海市既有多层住宅加装电梯前期调查与可行性评估技术导则(试行)》发布后,区房管局委托第三方,在全区开展既有多层住宅电梯加装可行性评估,通过研判小区总体概况、建筑物基本信息、拟加电梯单元基本信息、影响加梯的客观条件等因素,并综合考虑规划红线、周边道路和绿化、临近建筑等要素,给予加梯可行性评级,明确全区有6521个门洞符合加装条件,在全市率先依照《导则》完成区级电梯加装地图并对外发布。地图分别用绿色、紫色和红色表示适合加装、较难加装、不适合加装等不同等级的评估结果,对于已完成加梯的门洞插橙色三角形旗帜,对于已立项和正在施工的门洞采用红色五角星标识。　　（张川）

【5个旧住房改造项目获市方案征集评选活动奖项】　7月20日,经实地踏勘、集中答疑、专家评审等环节,全市首届"旧住房改造设计方案征集评选活动"奖项揭晓,区内5个项目获奖。赵家桥小区改造方案获综合铜奖,德义大楼、同孚大楼、永兴路37弄优秀历史建筑改造设计方案获优胜奖,永灵小区"美丽家园"改造设计方案获综合经济技术奖。　　（张川）

【房屋征收工作】　1月6日,武定路930弄推开征收工作,涉10证居民,全部签约。4月18

日,区内最后成片二级旧里宝山路街道39、149、150、152街坊("四合一"地块)启动二轮征询,涉1275证居民、32证单位,4月28日生效,标志静安区提前8个月完成成片二级旧里改造全覆盖的"十三五"规划指标。10月,光明小区绿地项目征收启动。11—12月中华新路1007弄、余姚路331弄、安远路125弄、共和新路730弄4幅零改地块先后启动,至12月31日前3幅地块完成居民签约。收尾武定路930弄,北宝兴路地块,中兴城8、9、10地块,115街坊,永兴路649基地,桥东二期,237地块,宝丰苑,张园,洪南山宅,余姚路331弄地块;北站新城完成居民收尾。年内,权籍和房屋面积摸底516证,居住困难审核134证,房屋面积认定169证,房屋征收补偿决定申请受理41件、作出38件,召开审理调解会56场,经调解签约3证,审核征收补偿协议1780件,办理安置房入户审核1546件,办理退税审核196件。申请司法强制执行38件、实施28件、执前和解10件,受理拆除项目开工前建设单位报备和施工单位报监18件,配合完成7幅地块移交工作。完成92富民路地块,桥东二期,237街坊,永兴路649弄,中兴城(一期)8、9、10地块拆平验收认定。

(张川)

2020年静安区征收地块情况表

名称	街道	启动(征收决定发布日)	计划(证) 居民	计划(证) 单位	剩余(证) 居民	剩余(证) 单位	当年进展
92富民路地块	静安寺	2016.6.2	82	4	0	0	拆平
桥东二期	芷江西路	2016.9.5	1	0	0	0	交地
宝丰苑	宝山路	2016.9.26	2400	66	0	0	完成签约
中心医院西块(237街坊)	芷江西路	2017.8.29	628	14	0	0	拆平
永兴路649弄	芷江西路	2017.9.26	225	11	0	0	拆平
北站新城	北站	2017.12.2	2386	99	0	5	完成居民签约
南北通道二期	天目西路	2017.12.8	757	15	0	0	在拆
115街坊	曹家渡	2018.6.20	536	33	0	0	完成签约
电影技术厂	宝山路	2018.11.20	1377	55	3	5	居民补偿决定全覆盖
张园	南京西路	2018.12.14	1122	41	0	0	完成签约

(续表)

名称	街道	启动(征收决定发布日)	计划(证) 居民	计划(证) 单位	剩余(证) 居民	剩余(证) 单位	当年进展
中兴城(一期)8、9、10地块	宝山路	2019.3.6	102	0	0	0	拆平
洪南山宅	芷江西路	2019.5.31	1342	31	0	2	四季度完成居民签约
257、258街坊	宝山路	2019.9.5	1849	38	5	8	居民补偿决定全覆盖,计划2021年收尾
241、242街坊	芷江西路	2019.11.1	359	6	2	2	计划2021年收尾
北宝兴路	共和新路	2019.11.28	136	0	0	0	完成签约
育群中学西块	芷江西路	2019.12.11	308	9	0	5	居民签约100%,计划2021年收尾
武定路930弄(中央特科)	江宁路	2020.1.6	10	0	0	0	完成签约
四合一地块	宝山路	2020.4.18	1275	32	6	10	计划2021年收尾
光明小区	石门二路	2020.10.9	349	6	24	2	计划2021年收尾
中华新路1007弄	天目西路	2020.11.30	71	2	0	2	居民签约100%
余姚路331弄	江宁路	2020.12.7	25	0	0	0	居民签约100%
安远路125弄	江宁路	2020.12.17	16	0	0	0	居民签约100%
共和新路730弄	芷江西路	2020.12.17	10	0	0	0	12月31日签约首日签约率90%

(张川)

2020年静安区住房配套道路建设情况表

工程	长度(米)	开工	竣工	进展
平陆路(北段)	480	—	竣工	完成移交接管
山西北路(天潼路—北苏州路)	287	—	竣工	处于移交接管阶段
光复路(普济路—天目西路)	520	—	竣工	处于移交接管阶段
长安西路(长安路—光复路)	106	—	竣工	处于竣工验收阶段
七浦路(西藏北路—浙江北路)	463	—	竣工	处于竣工验收阶段
中华新路(西藏北路—宝昌路)	755	—	—	完成项建书报送
止园路(天通庵路—中华新路)	410	—	—	完成项建书报送
公兴路(中华新路—中兴路)	101	—	—	完成项建书报送
新疆路(乌镇路—规划兖州路)	90	—	—	完成项建书报送
规划兖州路(新疆路—蒙古路)	90	—	—	完成项建书报送
云秀路(江场路—汶水路)	564	—	—	完成项建书报送

(张川)

【推进住房保障工作】 年内,全区廉租房受理528户,新增配租456户,发放租金补贴10056.902万元;复核750户,清退不符合条件316户。发放市筹公租房准入资格确认书306份,区筹公租房审核通过672户、新增受益454户。公租房面积核查1267户。落实区内优秀人才安居保障政策,租金补贴53户,人才公寓入住192户。将市北高新09-03配建项目中的96套房源改成216床位的宿舍,保障公共服务类重点行业企业一线职工居住,入住104户。年内新增公租房房源368套,对外供应206套。对全区8处公租房集中项目1027套房源实施智能化管理,全部安装身份识别门禁系统(人脸、指纹、身份证)。建立公租房整体租赁第一批重点单位名录。新增租赁房2689套,"十三五"规划期间累计新增12359套,完成指标的102.99%。新增代理经租房3300套,"十三五"规划期间累计新增5225套,完成指标的158.3%。

(张川)

2020年静安区新增租赁住房项目情况表

类型	运营状态	项目主体	项目地址	套数
非居存量建筑改建（非改租）租赁住房	在建	上海宝地杨浦房地产开发有限公司	安远路501弄2号	9
	在建	上海灏吉公寓管理有限公司	南山路100号	250
	在建	上海嘉荣环保科技有限公司	柳营路610号	50
	运营	魔方公寓	沪太路1228号	226
	在建	上海新静安建筑装饰材料有限公司	永兴路535、545、555号2—3楼	70
	在建	冠寓公司	北宝兴路624	170
R4项目	在建	上海云汇企业发展有限公司	洛川中路658号	580
	在建	上海云宏企业发展有限公司	汶水路400号	257
商品房配建	在建	市北高新集团	市北高新技术服务园区N070501单元22-02	55
集体土地试点租赁住房	在建	上海塘南实业公司	江场西路1577弄1—16号	600
(307项目)转化租赁住房	在建	上海华康房地产有限公司	兴亚广场二期	422
合计				2689

(张川)

【开展廉租房申请"一件事"改革】 年内，区住房保障中心按照《关于以企业和群众高效办成"一件事"为目标全面推进业务流程革命性再造的指导意见》（沪府办〔2020〕6号文）要求，牵头街镇开展廉租房申请"一件事"改革，改革内容主要是在廉租住房管理信息系统中新增廉租申请人证照数据库，能通过电子证照调取、数据核验、历史材料共享等方式可以归集的信息，不再要求申请人提供。5月，临汾路街道作为全市改革试运行的2个街道之一，重点就库内信息的准确性和完整性开展验证，提出建议。7月13日全市试运行，区内受理31户。10月28

日起正式运行,一般家庭正式受理后的审核期限由以往约2.5个月减至约1.5个月。至12月31日,共受理98户。　　　　　　　　　(张川)

【完成共有产权保障房年度供应任务】 6月8—17日,区沪籍第七批次选房现场会在云峰剧院举办,全市9幅基地2961套房源供选,具选房资格的2221户有1583户现场选房,选房率71.27%。6月30日—8月14日,区内启动沪籍第八批次和非沪籍第二批次受理工作,沪籍家庭咨询7538人(次)、受理814户,非沪籍家庭咨询114人(次)、受理17户。9月4日,区第一批次非沪籍摇号选房现场会在区文化馆举办,选房采取抽签揭牌方式进行,闸北公证处全程公证,15户家庭全部选定住房,选房率100%。12月29日,在斜土路2567号东方网1楼视频演播室举办第八批次摇号排序现场会,东方网视频直播,东方公证处全程监督,926户家庭参加摇号。　　　　　　　　　(张川)

【应对蛋壳长租公寓经营困难资金链断裂事件】 11月,各地蛋壳长租公寓资金链断裂导致的矛盾频发。区内同蛋壳公司签约的房东有332户(涉房332套、租客936户),分散在11个街镇中(除静安寺、石门二路、南京西路街道)。区房管局组建应急处置小组,全面排摸,联合做好信访投诉、热线工单和现场维稳工作。至12月31日,租客与房东直接建立租赁关系199户,解除租赁关系214户,在商523户,矛盾化解率44.12%。　　　　　　(张川)

【推进"一网通办"改革】 年内,区公租房在线申请时限从20个工作日压缩至8个。区房管局简化房屋租赁、限购查询、差价换房等业务流程,压缩办事时间,租赁网签备案当场办结,限购查询1个工作日。完成房屋交易"好差评"系统上线,实现"三对应"精准评价。推出部分业务自助取号、网上预约、短信推送等服务。在差价换房业务中使用电子证照。针对1万平方米以下的社会投资产业类项目实施线上线下"一站式中心"改革,并推进"一次委托、统一测绘、成果共享"的测绘服务领域"多测合一"改革。认领市级部门统一设置的区级公共服务事项,并梳理新增20个静安区特色的区级公共服务事项,按时完成平台办事指南新增填报工作。95%行政许可事项零跑动,行政许可事项审批时限减少80%,"两个免交"在区政务服务平台全部落地。区房管局"一网通办"涵盖6个行政许可(12个办理情形)、2个行政确认、2个其他事项和27个公共服务事项。　　　　　　　　　(张川)

【深化机构改革】 年内,区房管局撤权籍管理科建信访办公室,将权籍管理职能并入建设市场科。剥离房地产登记职能到区规划资源局,将房地产测绘中心整建制归入交易中心,新交易中心内设7个科室。将零星旧改牵头职能和"东八块"重点信访对象维稳职能分别划转至区旧改总办和石门二路街道,将房屋管理领域执法事项整体划转至区城管部门。从北方集团收回物业服务呼叫平台管理权。南片房屋应急中心办公新址泰兴路528号投入使用,面积比原办公点扩大150%。

(张川)

十四、旅游业·会展业

编辑 顾瑞钧

(一) 综述

2020年,静安区旅游、宾馆实现营业总收入42.84亿元,宾馆、旅行社共缴纳税金3345.23万元,旅行社、旅游饭店和A级旅游景区共接待境内外游客508.44万人(次),星级旅游饭店平均出租率39.32%,平均房价552.55元。举办各类会展1673场(次),接待参展人数7.47万人(次),营业收入2615.65万元。至年底,静安区有星级旅游饭店18家(五星级旅游饭店5家、四星级旅游饭店9家、三星级旅游饭店3家、二星级旅游饭店1家),客房5977间,床位8550张;一般旅行社171家、出境旅行社52家、旅行社分社74家。A级旅行社38家(5A级旅行社4家、4A级旅行社17家、3A级旅行社17家),3A级旅游景区3家。

年内,面对新冠肺炎疫情,区文化旅游局迅速响应,第一时间贯彻落实区委、区政府要求,成立防控工作领导小组,部署分工、明确职责。由领导班子带队,对区内各文化旅游场所开展联防联控检查。根据市、区相关文件精神,统筹做好疫情防控和安全有序开放工作。结合元旦、春节、劳动节、国庆节等重要假日节点,狠抓假日旅游安全,实地走访区内文化旅游企业,开展节前安全检查,排查各类安全隐患,督促企业做好各项安全生产和消防安全工作。全面做好外防输入,内防反弹工作,坚持常态化精准防控和局部应急处置有机结合,抓紧抓细文化和旅游系统行业疫情防控工作。

年内,区文化旅游局推进旅游市场规范管理工作。落实电子证照信息录入、"一件事"改革、"无人工干预自动办理"试点等"一网通办"审改工作,提升行政审批服务效能。做好"扫黑除恶"专项斗争各项工作。开展联合检查、三级联动巡查和专项抽查,及时排查问题和线索。将"扫黑除恶"专项斗争与行业综合治理、监管执法同部署同推进,与日常安全检查及调研走访企业有机结合,排查本行业本领域是否存在涉黑涉恶涉乱问题。

实施"党的诞生地"发掘宣传工程。区文化旅游局联合中旅上海公司,设计推出以红色初心为引导,以"四史"教育为内容,以品游静安为载体的"秉初心、学四史、游静安"5条红色现场教学线路,讲活历史故事,用活红色资源,让市民游客更生动、更深刻地了解上海承载的红色底蕴,以及静安区的红色基因。围绕打响静安区红色文化品牌总目标,根据区委开展"红色遗址保护、红色基因传承、红色品牌打造"三大行动要求,对区内革命遗址基本情况进行梳理,与区委党研室合作完成文字、图片材料的收集,推出"云游静安·红色印记——99处静安区革命遗址、旧址"云阅读,完成区重要革命遗址二维码导览设置工作。

打造"建筑可阅读"示范区。区文化旅游局连续2年承办上海市"建筑可阅读"文创市集活动,活动纳入上海市旅游节九大重点活动之一,由全市16个区文化旅游局及上海文物交流中心共同参与,集中展示上百种与"建筑可阅读"相关的文创产品,向市民游客展示全市"建筑可阅读"工作成果;推出"建筑可阅读"线上线下新模式,开展建筑可阅读网络直播活动,在线参与人数近30万人(次)。举办"夜行陕西北路"微旅行活动,举办12场"阅读静安"公益微游活动,参与人数达上万余人。成功打造"一部手机'读'静安"文化旅游融合新名片。完成222处不可移动文物、优秀历史建筑和历史风貌区设置二维码,新增6个乐游"移动驿站",以"全景图片+VR全景+VR全媒体阅读"等方式实现"建筑可阅读",形成"智能阅读+文化+旅游+商业+互联网"等文化旅游融合模式,逐步实现全域旅游功能。

年内,区文化旅游局举办"2020新湖郁金香花博会"公益派送活动,共派送20万株郁金香。举办2020年第二十七届上海国际茶文化旅游节及"静安—文山号"扶贫旅游专列首发仪式。作为全国唯一的国际茶文化旅游节,上海国际茶文化旅游节以"茶,品味高品质生活"为主题,坚持品牌创新,聚焦打赢脱贫攻坚战,打造人人享有品质生活、人人切实感受温度的文化品牌。举办2020年上海旅游节静安金秋都市游系列活动,以"乐游静安,精彩无限"为主题,发挥旅游节从城市庆典到"为城市赋能"平台作用,为建设温暖祥和、人人向往的美好城区增强文化软实力。举办第十届市北啤酒节、"学做一天上海人"弄堂风情游、老上海弄堂工业展等13项特色鲜明、丰富精彩的活动。

年内,区文化旅游局参加2020年中国国际旅游交易会;组织区内旅游企业参加温州、天台山旅游推介会;举办2020泰州文化旅游产品(上海)推介会暨沪泰"动车之旅"旅游体验活动。泰州市文化广电和旅游局与静安区文化旅游局签署旅游战略合作协议。推进安义路63号区旅游服务中心新址功能设计;开发特色文创宣传品,包括《静安历史建筑》一游卡、《建筑可阅读》书签、《建筑可阅读——漫步静安》文化旅游护照以及配套印章。

年内,静安区获评首批"国家文化和旅游消费试点城市"。

(王玲)

(二)旅游活动

【"2020新湖郁金香花博会"公益派送活动】3月,受新冠肺炎疫情影响,2020年花博会原定活动方案调整,打破以往形式,第一次"走出公园",将20万株郁金香送到静安区域内的派出所、医疗机构、社区、车站以及部分商圈等近100个点位,用这种公益配送方式表达对抗疫一线医护人员、基层民警、文明志愿者的敬意,取得良好社会效应。

(王玲)

【"秉初心、学四史、游静安"四史教育现场教学活动】于6月10日在上海铁路博物馆启动。活动发掘汇总静安区红色历史资源和红色旅游资源,以红色初心为引导,以"四史教育"为内容,以品游静安为载体,串联起静安区红色文脉。以此为基础，静安区制订推出五条红色现场教学线路，让参与者通过寻访红色足迹、参观红色景点、聆听红色历史，更生动、更深刻地了解上海所承载的红色底蕴，了解静安区所镌刻的红色基因。

（王玲）

【"静安—文山号"扶贫旅游专列首发】 9月16日，2020年第二十七届上海国际茶文化旅游节开幕式暨"静安—文山号"扶贫旅游专列首发仪式在国际贵都大饭店举办。当晚，专列从上海首发，驶向静安区对口支援的云南省文山州。该趟专列是上海、文山两地首次开通的铁路旅游专列，也是年内跨省旅游政策放开后，全国首趟成功开行的铁路扶贫旅游专列。

（王玲）

【第二届"建筑可阅读"文创市集活动】 于9月13日在静安嘉里商务中心开幕，现场集中展示944种与"建筑可阅读"相关的文创产品。2020年的活动在规模上从原来的6个中心城区扩展到全市16个区，第一次实现全市覆盖；在形式上第一次实现从"只能展示"到"既可展示，又可销售"的跨越，有132种产品首次实现现场售卖；尝试把建筑可阅读文创市集和商业空间、夜市经济相融合，实现文商旅联动；在产品上已从最初的扫二维码呈现出的建筑人文历史，逐步向根据资源特色开发文创产品发展。画家张安朴现场签售并首发的"城市记忆，岁月华章"手绘静安明信片，成为市集最大热点之一。这套由12张静安区建筑地标水彩画组成的明信片，都有与该地标建筑相应的VR码，手机扫码即可享受实景体验。当晚，还首次举办"夜行陕西北路"微旅行活动，特邀文物建筑专家讲述文物建筑的历史、建筑风格、修缮过程等，让市民游客用脚丈量上海这座"人民城市"，聆听历史建筑的前世今生，

探访中国历史文化名街的夜间魅力。在线参与人数近30万人（次）。

（王玲）

【第十届市北啤酒节】 于9月15—20日举行。啤酒节以"数智赋能乐活市北"为主题，开展丰富多样现场互动活动与美食大餐，揭开"市北夜经济"序幕。啤酒节丰富园区白领"8+1小时"的工作生活新形式，不但吸引更多数智企业的白领前来，还开设数智企业专场，为行业内的中外人士搭建联谊、交流、互助和共赢平台。

（王玲）

【弄堂风情游活动】 9月19日，"学做一天上海人"弄堂风情游在静安公园举办启动仪式。活动线路融合海派建筑、时尚街区与名人故居、红色景点等，红色资源通过"弄堂风情游"项目转化成为看得见、摸得着、感受得到的文化旅游活动，甚至是"感动得了"的浸入式情感交流。针对疫情后境外游全面暂停现状，将活动重点聚焦到"新上海人"，以"做客居民家，学说上海话"形式，鼓励弄堂里的社区名人、普通居民作为接待主体，让"新上海人"零距离、零门槛走进弄堂和居民家中，领略石库门风情。

（王玲）

【静安金秋都市游——《春江花月夜》主题音乐会】 于9月23日举行。是昆曲表演艺术家张军基于原剧为"1+1+1的力量"影响力行动量身打造的一场"传统文化创新学堂"示范演出，也是旅游节的一次特别专场。演出挑选剧中主要角色的重要唱段串联起整场音乐会。弦乐四重奏为代表的西洋乐形式与笛子、笙等中国民乐的交融对话，是音乐会的亮点之一。近百名市民游客在"不知乘月几人归，落月摇情满江树"的余韵里，共赏中华优秀传统文化与现代艺术交辉的意境。

（王玲）

【老上海弄堂工业展】 于8—9月举办。文化创意园区同乐坊,是全市唯一以园区面貌保留下来的弄堂工业遗存。"老上海弄堂工业展"再现上海制造的起步、上海名牌的形成和上海服务的精细,让市民游客了解弄堂工业作为老上海民族工业一部分的发展脉络,同时还举办江宁社区节,"一节一展"唤起市民对街坊的温暖记忆。 (王玲)

(三)旅游宣传与市场开发

【2020泰州文化旅游产品(上海)推介会暨沪泰"动车之旅"旅游体验活动】 于7月3日在静安区举行。市文化旅游局副局长程梅红出席活动,区委常委、宣传部部长姜鸣致欢迎辞。中国戏剧梅花奖得主傅希如,静安、黄浦、徐汇区等文化旅游部门负责人,上海知名美食作家、旅游达人,在线旅行商负责人及相关媒体出席推介会,泰州各市(区)相关负责人、文化旅游部门及重点旅游企业负责人参会。作为泰州"走进大上海,融入长三角"的一项重要活动,泰州文化旅游产品推介会以"泰州太美"为主题,紧扣静安区、泰州市友好市区深度合作,围绕美的风光、美的人文、美的味道和美的生活4个方面,推介泰州文化旅游资源。在沪苏通铁路开通、沪泰动车直达之际,泰州市专门针对上海旅游市场制订团队旅游政策,投放1000万元旅游消费券。推介会上,泰州市与静安区文化旅游部门签署旅游战略合作协议。 (王玲)

【更新"乐游移动驿站"】 年内,区文化旅游局在静安区图书馆(新闸路馆)、沪北电影院、陕西北路中国历史文化名街展示咨询中心、上海波特曼丽思卡尔顿酒店、上海静安洲际酒店、梅龙镇酒家6处设置"乐游移动驿站",游客通过扫码进入乐游移动驿站文化旅游公共服务平台,在平台上可体验VR导游、AR游览等移动文化旅游公共服务。驿站内志愿者担任乐游移动驿站的"移动导游"和"移动讲解员",为游客提供线上导游、线下漫游、线上线下共享游的移动文化旅游公共服务。对2019年推出的6处移动驿站进行了更新和维护。 (王玲)

【静安区入选首批"国家文化和旅游消费试点城市"】 12月,文化旅游部、国家发展改革委、财政部公布第一批国家文化和旅游消费示范及试点城市,静安区入选首批60个"国家文化和旅游消费试点城市"名单。 (王玲)

(四)旅游管理

【新冠肺炎疫情联防联控工作】 年内,面对突如其来的新冠肺炎疫情,区文化旅游局第一时间成立防控工作领导小组,下设8个专项组共100余名组员,落实专人24小时值班制度,做好信息上报和突发事件上报等工作。由领导班子带队,对区内300余家住宿企业、影剧院、网吧、棋牌室等全面开展联防联控检查,共出动检查8613人(次),检查区内文化旅游企业22593家(次)。指导酒店做好物资供应及服务质量保障工作;排摸汇总辖区内可以作为集中隔离点的宾馆酒店信息,与区卫健部门联手,为做好防控境外疫情输入工作打下基础。 (王玲)

【推进复工复产复市】 3月26日,区文化旅游局党委书记、局长率队走访国旅集团上海有限公司、中国旅行社总社(上海)有限公司,实地了解新冠肺炎疫情对企业影响、企业目前存在困难以及企业完善应急和常态化防控结合的措施与机制,有序推进复工复产情况,同国旅集团上海有限公司、中国旅行社总社(上海)有限公司的领导班子进行座谈。区文化旅游局按照复工复产阶段性要求,建立行业复工复产全覆盖检查机制,开展全行业、全地域、全时段明察暗访、查遗补漏。研究制订贯彻落实上海"惠企"28条政策的实施办法和操作细则,帮助企业渡过难关,确保文化旅游行业复工复产有序、规范推进。 （王玲）

【规范管理旅游市场】 年内,区文化旅游局受理行政审批共计210件。完成辖区内35家歌舞娱乐场所、10家游戏游艺场所、56家棋牌场所年检换证工作。完成119家印刷企业及122家出版物经营单位年检年报工作及36家文艺表演团体年检工作。对辖区内74家旅行社开展业务指导。查处"非法一日游""黑导""黑社"和"僵尸"企业退出机制,依法办理吊证、非旅游目的地等4起旅游案件。 （王玲）

(五)会展业

【随物生心——芬兰艺术家组合中国首展】
5月30日,芬兰艺术家组合Tommi Grönlund与Petteri Nisunen的大型个展"随物生心"在民生现代美术馆开幕,展出包括装置、影像及摄影等不同媒介材质共21组(件)作品。该展览作为多学科研究国际艺术项目,是中芬建交70周年系列活动中的重要项目,获芬兰国家艺术基金支持。 （王玲）

【2020上海设计之都活动周】 该届上海设计周从8月16日开场,持续3个月的线上线下活动,突破往届3天主场展览的短期时限,以一场"设计共同体"城市艺动联展致敬带来美好生活的"大设计",触发链接城市艺术共同体的始发键。设计周活动首次走出上海展览中心,打破空间的界限走向商圈、街区和交通枢纽等公共空间,将艺术与设计融入生活场景,重新定义城市、空间、商业和人文,开启一场别开生面的城市与设计对话。 （王玲）

【第八届ART021上海廿一当代艺术博览会】 于11月12—15日在上海展览中心举行。ART021上海廿一当代艺术博览会创立于2013年,是中国上海国际艺术节的参展项目,博览会汇集来自全球顶级画廊与机构,以精选品质、专业水准、本地资源、国际视野为其创办宗旨。2020年有114家来自18个国家43个城市的顶尖画廊参展,呈现国际知名及新晋艺术家的当代艺术与设计佳作。 （王玲）

十五、国有重点企业

编辑 李佳丽

(一)上海市北高新(集团)有限公司

【概况】 2020年,市北高新集团实现营业收入2063亿元,主营的市北高新技术服务业园区纳税企业上缴税金86.53亿元,对静安区整体税收贡献率为12.62%。至年底,园区累计吸引大数据企业385家,其中通过市经信委认定的大数据企业173家,占全市总数近三分之一,成为上海数据资源最丰富、数据类企业最集中、数据应用场景最广泛的区域。 (王纾予)

【市北高新集团新冠肺炎疫情防控工作】 1月,市北高新技术服务业园区第一时间成立新冠肺炎疫情防控临时领导小组,通过制订疫情防控专项方案、发布《防范新型冠状病毒感染倡议书》,建立工地人员进出登记管理制度、完善紧急应急隔离机制、优化调整项目工序时序等一系列措施,确保疫情防控与复工复产"两不误""双胜利"。园区组织550余名工作人员和党员志愿者,对办公楼公共区域和楼道设施进行定时定点消毒,对部分道路采取局部封闭管理措施,设立139个测温点,对每一名进出人员进行体温测量和信息登记,形成全覆盖、无疏漏的常态化管控。针对复工复产,按照区政府疫情防控工作标准,园区编制作业指导文件(范本),订制节后上班防疫应急预案。并通过发布《助力市北高新技术服务业园区中小微企业抗击疫情租金减免申请办法》,主动减免企业2个月房屋租金;举办银企对接系列活动,联合20余家金融机构提供面对面的金融产品和服务。 (王纾予)

【静安市北国际科创社区人工智能产业中心正式开工】 4月11日,静安市北国际科创社区人工智能产业中心项目正式开工建设,项目集办公、五星级酒店、近代工业风貌建筑等为一体,总建筑面积约27万平方米,局部建筑高度130米,总投资70亿元,预计2024年底交付使用。该中心积极释放市北高新在云计算、大数据、人工智能、区块链、超高清视频等重点领域的先发优势、平台优势以及功能优势,瞄准最尖端的前沿技术,形成最丰富的应用场景,吸引顶级的全球企业,打造创新企业、创新主体、创新平台赖以集聚的全天候创新中枢。 (王纾予)

【上海市北区块链生态谷正式开园】 6月13日,上海市北区块链生态谷正式开园,华为、万向、中信信息发展、矩阵元、信医科技等20余家区块链行业龙头、创新企业入驻办公。生态谷通过联合华为上海区块链生态创新中心、万向区块链+大数据联合创新中心、信息发展区块链技术研究中心以及上海科学院区块链技术研究所,针对区块链行业"卡脖子"关键技术突破、"牛鼻子"应用推广及区块链安全评估验证等方面开展各项关键共性技术研究、行业应用转化和技术服务,成为静安区乃至上海在寻求达成区块链技术自主创新突破方面的"桥头堡"。 （王纾予）

【沪上首批持证大数据技能人才在市北高新技术服务业园区诞生】 11月28日,市北高新技术服务业园区举办首期大数据加工课程培训班学习。合格者获得由上海市人力资源部和社会保障局颁发的"专项职业能力"证书,成为全市首批具有任职资格的大数据技能人才,还可享受被优先推荐至静安区大数据重点企业、大数据培育企业以及其他中外大数据领域企事业单位任职的待遇。作为以大数据为特色的市高技能人才培养基地,市北高新集团依托市北高新(上海)数据智能创新管理学院,携手复旦大学、上海交通大学和上海宽带技术及应用工程研究中心组成战略联盟,推出"大数据加工、大数据分析和大数据平台构建"三大板块系列课程,授课专家来自上海交通大学、复旦大学、上海超算中心和同济大学等高等学校和科研机构。 （王纾予）

【市北高新通过国家级生态工业示范园区复评】 12月16日,国家生态工业示范园区建设协调领导小组办公室发布2019年度国家生态工业示范园区复查评估结果,市北高新以"总分第一"的成绩,从全国13家入围园区中脱颖而出,获评"优秀"。 （王纾予）

（二）上海九百(集团)有限公司

【概况】 2020年,九百集团全年实现营业收入27.51亿元,归母净利润8130.10万元,上缴税

6月13日,"上海市北区块链生态谷开园仪式"举行　　　　　　　　　　（市北高新集团　供稿）

金5.14亿元。年内,九百集团认真落实区委、区政府工作部署,统筹推进疫情防控和改革发展稳定各项工作,聚焦提升企业能级、服务区域发展、深化国企改革,着力提升企业核心竞争力,不断推升南京西路功能区投资服务水平。积极落实非国有中小企业房屋租金减免政策,对中小企业减免2—4月房租。累计服务租金减免的非国有中小企业370余户,涉及经营性房产约8.5万平方米。成立南京西路功能区投资服务中心,明确中心组织架构与权责任务,吸引融通物管公司、迪岸双赢集团、亚朵集团等一批优质企业入驻。联合复旦大学管理学院,完成九百集团"十四五"规划编制工作。完成市专业服务业联盟空间载体建设,实现展示中心、会务中心和活动中心三个功能定位。启动九百世纪食品商城改造升级。实现与机场集团达成商业战略合作,参与机场航站楼整体改造。完成汇银大厦LED经济金融信息屏建设。引入宜家全新城市店入驻百乐门大酒店,打造国内宜家品牌生活馆"首店"。开展"有你'九'购"等主题系列活动,举办"致敬最美逆行者"主题营销、景德镇瓷器创意手绘等特色活动。组织"老字号"品牌和知名品牌开展"九百惠生活·年货带回家"活动,参加静安区"两会"服务保障活动与2020中华老字号博览会。白玉兰旗下"品味上海(一)"产品获2020上海优选特色伴手礼金奖。成立资国企综合改革工作小组。完成百乐门大酒店增资1.5亿元。收购锦都房地产全部自然人股权与申一百货8名自然人股权,加快推进锦久物业股权处置、九百家居破产清算、九百购物中心清算整理等,确保国有资产保值增值。中糖酒业清零库存品种10个,收回账款近百万元。

(金鑫)

【新冠肺炎疫情防控工作】 1月23日,集团党政领导班子迅速响应区防控会议要求,成立疫情防控工作领导小组,建立覆盖全部子公司负责人和联络员的工作联络群。1月31日起,形成值班制度,累计组织走访排摸760次,人员值守366人,值班近957人(次),涉及网点216个,424名一线员工坚守岗位。集团及下属九百股份、中安发展、静安商投、中安商贸、久昌等企业进一步加强对商业网点,特别是重要商街、商圈网点的人员排查和疫情防控,定期对各经营网点开展巡检,参与并督促网点加强联防联控。九百食品、九百股份要求旗下一线经营店铺、生产企业,严格开展员工体温检测和消毒通风措施,确保生产经营秩序和环境良好稳定。久光百货在地下超市全力保障蔬菜水果供应基础上,调整营业时间,建立各楼层、各部门每日体温测量登记制度,开展全员工摸底排查,加强公共区域消毒。百乐门大酒店和美丽园大酒店做好住店人员登记、体温测量,加强电梯等公共区域日常消毒工作,并将自助餐调整为分餐制,避免交叉感染。两家酒店做好重点地区住店旅客的集中分层、隔离住宿的专项预案,采取送餐上门、健康告知、定期消毒等防控措施。

(金鑫)

【推动复工复产有序返岗】 2月10日企业复工首日,集团召开党政班子会和疫情防控工作领导小组会议,第一时间根据全市和静安区疫情防控工作有关要求和精神,向集团各部门、各子公司下发《九百集团关于各部门、各公司有序复工的通知》,要求采取弹性工时、错峰上班、轮流到岗、居家远程办公、变通考勤管理等方式,避免人员集聚。集团下属公司在遵循属地化管理基础上递交"复工申请"。 (金鑫)

【九百志愿者参加抗疫】 至2月11日,集团共有186名员工响应组织号召,签署"请愿书"。发挥九百集团"党—团—群"三级志愿服务体系作用,集团各级党组织在一线组建15支抗击疫情突击队,有20个党组织和百余名党员、团员青年奋战在疫情防控一线。百乐门大酒店和美丽园大酒店20名志愿者到铁路上海站,进行每天24小时为期7天的站点值守。集团派6批(次)18人到南京西路街道、静安寺街道社区联防。

(董路易)

【九百团员集结静安青春快闪集市】 5月,九百集团旗下5家品牌参与由静安区委牵头主办的"静安青春快闪集市概念店",成立九百集团"国潮"青年突击队,开展九百品牌风尚节,共参加16场专场市集,56名青年英才参与,打开国有企业品牌新零售通路。

(董路易)

【南京西路党建联建新空间启动】 6月30日,"九百智汇谷·南京西路党建联建新空间"启动仪式在南京西路818号8楼举行,区委副书记王华出席,并为新空间揭牌。九百集团党委与区商务委党委、石门二路街道党工委和"白领驿家"党总支共同签订党建联建协议。会上,区国资委、区商务委、石门二路街道、九百集团、"白领驿家"和国泰君安等6家单位以论坛方式,共话南京西路功能区党建联建未来。

(董路易)

【区委副书记王华调研九百集团】 7月5日,区委副书记王华到南京西路功能区和九百集团调研,了解九百集团在加强企业自身建设和促进区域经济发展情况,并对下阶段工作提出要求。

(董路易)

【九百集团与崇明区庙镇开展结对共建】 9月,九百集团组织43名青年干部到结对共建单位崇明区庙镇开展为期3天的全脱产培训,集团党委与庙镇党委成员共同为"青春驿站"实训基地揭牌,集团团委与庙镇团委签订团建共建协议,与庙镇团员青年开展"学'四史',守初心"经典红色电影配音活动和"党团联建聚合力、人才共育谋新招"主题交流。

(董路易)

【中国共产党上海九百(集团)有限公司第一次党员大会】 于12月29日在美丽园大酒店召开。会议确定九百集团党委未来五年奋斗目标和总体要求,选举产生新一届集团党的委员会和纪律检查委员会,许骅当选为集团党委书记,童臻元当选为集团纪委书记。

(董路易)

【上海机场城市航站楼商业合作项目】 该项目以机场集团作为城航楼改建主体,九百集团租赁其1—4层作为商业运营,双方于5月签订"商业战略合作框架协议",12月底签订"房屋租赁协议"。

(贡献)

【完成上海申一百货公司自然人股权收购项目】 年内,探索股份合作制与国资权益平衡关系,通过收购上海申一百货公司自然人股权,理顺国有资产管理关系,实现对该公司从托管转向对优质资产的实际控制地位,对集团落实区委、区政府赋予的"南京西路运营服务商"功能,充分盘活现有资源,提升商业运营能级提供进一步拓展的载体与空间,提高资产保值增值水平。

(贡献)

【投资设立上海景煌企业管理有限公司】 年内,由下属企业上海百富网络信息技术有限公司出资人民币900万元,占股15%,与上海中城展理财富投资管理有限公司、上海熙麟房产咨询有限公司共同成立合资公司上海景煌企业管理有限公司,对宝山区沪太路1618号进行长期租赁,就"九百大华项目"实行升级改造并进行后续运营管理。通过引入战略投资者,进行企

业综合制经营试点。　　　　　　（贡献）

【**九百股份收购 4262 平方米万航渡路沿街商铺**】　年内,九百股份完成该项目立项、尽职调查、资产评估、咨询报告、协议签订,经审委会、董事会和临时股东大会等审议,报批国资委、报审上交所并公告,产交所协议转让,产权过户、产权交易等各项工作,以自有资金 24945 万元收购 4262 平方米的万航渡路沿街商铺。

（彭滢）

【**九百世纪食品商城改造**】　九百世纪食品商城于 3 月 21 日启动整体升级改造工作,5—9 月做好商户清退,将场地交付工程队。年底前对招商制度和流程重新梳理并制订完毕,对有合作意向的商户建立一户一档,做好商户储备工作等。商户储备涵盖食品零售、甜品烘焙、咖啡茶饮、餐饮酒吧、体验娱乐等。　（王威）

【**静安商投妥善处理锦久物业 50% 股权的转移**】　为配合九百家居破产、限产清算工作推进,进一步理顺股权关系,于 12 月将锦久物业持有的 50% 装饰公司的股权以联交所挂牌方式进行转让,计划由商投公司收购该股权。

（朱佩君）

【**百乐门引进"宜家"品牌并落税静安**】　1 月,百乐门大都会对租赁单位憬泰百货 1—3 层进行业态调整,筹措协调引进瑞典家居品牌宜家(IKEA)进驻,完成对宜家公司苏州分公司招商引资,注册并落税静安区,促成宜家食品贸易(中国)有限公司在百乐门注册(注册资本金 8800 万元)。为九百集团"南京西路功能区投资服务中心"招商引资工作添砖加瓦。7 月 23 日,宜家国内首家城市店正式对外营业,成为静安寺商圈新地标。　（金玮）

【**百乐门大酒店完成增加注册资本金及工商信息变更**】　经公司股东上海九百(集团)有限公司决定,对上海百乐门大酒店有限公司增加注册资本 1.5 亿元,注册资本由 1.5 亿元增加到 3 亿元,并分别于 2019 年 11 月、2020 年 3 月和 6

1 月,百乐门引进宜家品牌并落税静安　　　　　　（九百集团　供稿）

月分3次完成注册资本增加,并完成工商信息变更。　　　　　　　　　　　　　　(金玮)

(三)上海北方企业(集团)有限公司

【概况】 2020年,上海北方企业(集团)有限公司(简称北方集团)、西藏城市发展投资股份有限公司(简称西藏城投)实现房产销售收入18.03亿元,房产租赁收入2292.87万元,直管公房物业租金收入1810万元,收到奥莱销售收入2533.40万元,客房餐饮收入4594.86万元,上缴全税(含北万置业、静安更新及外地项目)5.45亿元,净利润1.17亿元。　　(王永莹)

【广富林项目竣工交付】 上海广富林二期2-2、2-3共471套房屋,地下2层,项目体量较大,单体多,交叉施工多,现场建设工作在项目部推进下于9月中旬全部完成竣工备案和交付。年内,广富林项目一期累计销售9套,总销金额约1.06亿元,到账1.14亿元;二期累计销售203套,总销金额约13.08亿元,至年底实现到账10.98亿元。　　　　　　　(王永莹)

【桥东项目按期进行】 年内,桥东二期商办楼及中兴消防站项目完成增加消防站后的设计方案调整,主要涉及1号楼(增加约3000平方米的面积调整)、5号楼(商办楼性质变更为消防站)及新增一个单体7号楼训练塔。完成设计施工图出图、重新审图、规划许可证调整、施工许可证调整。徐家宅110KV变电站项目为全地下站,地下深度超过20米,基坑四道支撑,该项目结构施工基本完成,计划2021年前完成室内粉刷和安装、室外总体配套。
　　　　　　　　　　　　　　(王永莹)

【陕西西安和润项目推进】 11月中旬,陕西西安和润地块DK3商业综合体完成电梯安装验收工作,12月初,电力配套工程正式送电。至12月底,幕墙、真石漆、室外工程、室内主体土建工程完成达到竣工验收条件并上报第一次消防验收手续。DK1地块住宅C-1标段5号、8号楼施工至16层主体结构。6号、7号楼施工至5层主体结构,C-2标段完成3号、4号楼土方开挖和打桩工程。　　　(王永莹)

【福建泉州项目竣工】 福建泉州C-3-1地块二期项目于12月17日竣工验收完成并取得备案合格证明书,12月19日起交房。泉州海宸尊域·九龙居(二期)创新采用线上认筹方式,开盘后即全面售罄,住宅部分到账总金额12.5亿元,车位及商铺等其他部分到账总金额0.87亿元。C-3-2地块项目住宅及商业地下车库主体结构已出地面,达到预售标准,住宅施工至地上5层,商业施工至地上4层。B-1地块项目内外墙装饰、屋面及公共部位装饰施工完成,进行室外总体土方回填、消防车道、雨污水管网、绿化硬景、围墙、沿街商铺石材等施工。B-1地块项目全年完成销售金额约11亿元,资金回笼10.7亿元。　　　　　　　(王永莹)

【陕西西安"静安荟奥莱公园"销售逆势增长】 年内,西安"静安荟奥莱公园"项目在新冠肺炎疫情影响下,商管团队采取措施,开发拓展线上销售渠道,在做好疫情防护同时,客流及销售稳步提升,在2个多月未正常营业情况下,全年销售比上年增长17%。　　　(王永莹)

【旧区改造突破创新】 洪南山宅240街坊项目占地面积约5.48万平方米,房屋总建筑面积约6.42万平方米,共有居民1340证,至年底,洪南山宅地块签约证数1339证,同意率

99.93%;全年累计拨付资金7.94亿元,配合推进征收收尾及拆房工作,加快推进规划方案及土地出让准备工作。中兴城三期257街坊地块旧区改造项目共有居民约1532证,至年底签约1528证,同意率99.74%;全年累计拨付资金93.11亿元,配合推进旧区改造征收及方案研究等相关工作。（王永莹）

【推进成套改造项目】 彭三小区五期拆除重建项目加快推进工程建设,至年底完成桩基施工、土方开挖清运、地下结构施工,部分地上结构施工。中华新路817弄综合改造项目完成立项审批、方案审批、施工图出图及审图、规划许可证审批、施工招标,12月底完成基础施工。彭一小区拆除重建项目配合街道完成99.9%的高比例签约率,完成可行性研究报告编制工作。谈家桥拆除重建项目完成方案各部门征询、行政协助,启动方案公示工作,住宅地块项目建议书批复。（王永莹）

【直管公房房屋修缮】 年内,芷江西路345弄等综合整治(加装消防喷淋)项目对无简易消防喷淋设施的里弄房屋申请加装消防喷淋设施,完成施工招标、开工审核、现场施工等全部工作,11月中旬经验收测试,喷淋出水效果较好,为里弄房屋消防安全又增加一道屏障。广延路49弄共11幢房屋,居民231户。广延路49弄全项目修缮工程主要包括结构安全修缮、屋面翻新、厨卫改造、供水和排水改造等内容。完成招标等前期手续,现场施工于11月完成。修缮过程中采取额外增加监控系统;管理人员24小时,尤其夜间值班值守及巡逻;夜间居民休息后小区电动车充电由管理人员统一全部拔掉电源等措施,确保施工安全。（王永莹）

【盐湖矿业与新材料开发取得新突破】 年内,西藏盐湖矿业通过全流程生产调试,以两湖(结则茶卡、龙木错)协同开发、结则茶卡独立开发提出锂盐的工艺全线贯通,完成现有工艺定型,锂盐提取收率达到50%以上,各环节按照操作流程手册运转。在总的工艺路线逐步稳定基础上,开展铝系造粒吸附实验、锰系造粒吸

年内,北方集团推进旧区改造项目。图为中兴城三期房屋拆除　　　　（北方集团　供稿）

附实验、铝系粉体龙木措实验、萃取结则茶卡实验并取得一定进展。推进新材料项目。加强内部管理及团队建设，做好销售前期宣传及准备工作。建立完善独立的单壁碳纳米管（产品编号GNH1000）技术管理体系，通过优化实验提升单壁管技术性能。 （王永莹）

【落实新冠肺炎疫情防控】 年内，集团全面落实内部防疫措施，拓展渠道购买测温仪、消毒水和口罩发放到各个基层物业；集团管辖范围内小区物业公司及应急维修中心全体员工全部坚守工作岗位，落实小区封闭管理、公共区域消杀等一系列防控措施，确保管辖范围安全可控，未发生管理人员被感染和由于管理不善而导致的疫情蔓延情况。做好租金减免政策落实以及复工复产工作，完成因疫情政策租金减免共276万元，通过国资委专项审计要求。公司旗下藏投酒店自3月23日起成为静安区第一批定点隔离宾馆，接到任务后，酒店做好准备工作，包括建队伍、明分区、强培训、购急需等；做好餐食筹备、客房打扫、客人入住过程各种问题协调解决等工作，经过9个月的高强度运转，酒店防疫隔离工作流程理顺，能够有效承载临时留验点与集中隔离点的双重功能需求，并为所有隔离人员和工作人员提供全方位服务，为打赢疫情防控阻击战作出贡献。12月24日，藏投酒店被上海市公安局治安总队、上海市企事业单位治安保卫协会评为2020年度抗击新冠肺炎疫情工作"先进集体"称号。 （王永莹）

（四）上海开开（集团）有限公司

【概况】 2020年，开开集团实现营业收入17.63亿元，社会消费品零售额16.61亿元。面对突发疫情的巨大考验，集团公司统筹抓好疫情防控和改革发展稳定工作，深入推进主业转型、加快拓展品牌经营、稳步实施重点项目、持续开展创新工作、内控管理不断健全，企业经营发展总体稳定。全力以赴坚决打赢疫情防控阻击战。集团党委提出"疫情当前，党员靠前"倡议，成立防疫工作领导小组，组建一线突击队16支，发动24个党组织近3000人（次）投入疫情防控攻坚战。落实抗疫物资保障、民生商品供应、企业志愿服务、城市安全管理等各项任务。雷允上公司承担全区防疫物资供给保障重任，百余名职工主动放弃春节休假，在关键阶段成功组织到口罩、额温枪等20余类225个品种的急需物资。静安制药作为上海市储备药品生产定点企业，在除夕夜投入紧急生产，按时完成重点保障药品生产任务。东亚公司肩负起11家菜市场保供稳价和防疫任务，保障副食品基本品种充足，平价菜肉供应不断，维护市民"菜篮子"稳定安全。红宝石中央工厂和70家经营网点，在落实严密防护同时，不停产、不停业、服务市民早餐。依法有序落实租金减免政策，对符合条件商户全部按时兑现政策，支持小微实体经济稳定。加速转型，积蓄大健康产业发展后劲。加大与区卫生健康委签约合作力度，以"健康静安"平台为枢纽，参与全区"智慧医疗"、互联网医院、区域医疗中心、特色医联体等创新工作。启动雷允上"全渠道经营管理平台"建设项目、云药房建设项目，为转型大健康深度布局、信息赋能。成立雷西新特大药房，启动月子餐、养老餐等服务项目，探索国资国企改革和体制创新发展、新亮点。在闸北中心医院建成全区第二座中医药健康服务文化基地，服务周边居民医疗健康养生需求。推进健康产业房产资源落地、永和路养护院项目合作和前期工作。拥有空气清洁度达到10万级的净化车间的雷允上煎膏中心新址落成。在大健康领形成"三横三纵"产业发展思路,横向打通医药健康、医疗健康、医养健康产业链核心板块,纵向发挥"品牌+""资本+""互联网+"引擎驱动作用。紧盯国潮风向标,争当国货新势力。联手市交运集团、浦江游览,在浦江之上举办"申城之光·龙凤SHOW",展现"不一样的潮,一样的潮动",开启国货品牌商文旅互动。老字号传统与新潮花样结合,线上线下优势互补,创新开展"King视播"带货、"致敬战役坚守者"品牌特惠、"宅经济"无接触服务等,促进消费回补。重视首发经济,加快产品研发。雷允上推出防疫香袋、养生茶、香韵沉香等新品,开开、鸿翔、龙凤、亨生等服饰品牌纷纷推陈出新,4款文创产品再次入选市级优选和特色伴手礼。陕西北路老字号专业街入围"2020体验上海"消费体验馆名录、春秋"城市微游"指定接待点。适应新商业,打造增长点。静安粮油建成"三位一体""古寺"品牌综合基地。红宝石与外卖平台合作,线上销售比上年增长70%,营收、利润双突破。启动开开制衣综合改革工作,加快团购业务开发。新镇江推进"富春小笼"规模化经营,跨界开设富麦咖啡小馆。以全新理念、最高标准,实施新镇宁菜市场二次改造,在购物环境、服务能级、数字管理、早餐服务等方面实现全位提升,打造在全市具有标杆意义和特色亮点的示范性、智慧型菜市场。在标准化管理基础上,推进菜场"一场一品"建设,接待龚正、许昆林、陈通等市领导调研,保供稳价和食品安全工作,得到领导肯定和市民赞誉。参与市区"两会"服务保障,全年开展社区服务活动168场(次)。加强党的建设,召开中国共产党上海开开(集团)有限公司党员大会,完成集团党委、纪委换届选举工作,确定未来五年奋斗目标和总体要求。围绕"四史"学习教育,邀请市委讲师团、专家宣讲团宣讲,瞻仰中共一大会址、参观上海防疫主题展览,举办"我在岗位上,使命担肩上,初心放心上"庆祝中国共产党成立99周年活动。坚持党管干部,持续加强人才队伍建设,引进大专及以上人才约50人。年内获"上海市模范集体""静安区新冠肺炎疫情防控志愿服务先进集体"等集体荣誉,"静安工匠"等个人荣誉。深化国企综合改革,健全法人治理结构,严格执行"三重一大"集体决策,确保"三会一层"协调运转。服务全区招商引资大局,提供有效信息27条,落地静安企业21家。落实集团2020—2022年综合改革工作,推进上海汇丰粮油食品有限公司与上海市静安区第六粮油食品有限公司重组改制,完成蓝棠—博步对大美华托管。自觉接受经济责任审计,强化集团内控制度执行。深化全面预算平台建设,投资、房产模块通过验收。静安粮油财务中心揭牌成立,完成鸿翔百货服饰、鞋业板块财务统一管理。制订实施《安全生产专项整治三年行动实施方案》,安全生产、信访维稳工作平稳可控。

(曹韵春)

【静安区中医药健康服务文化基地落户闸北中心医院】 1月2日,静安区中医药健康服务文化基地暨闸北中心医院中医科改建启用仪式举行,基地项目由静安区闸北中心医院和雷允上药业西区公司联合承接建设,旨在促进区域优质中医资源联动,优化中医药公共服务,加强优秀中医药文化传播,可为静安中部地区居民群众提供优质、全面、便捷的中医药诊疗与高质量健康文化服务。

(曹韵春)

【赵祝平调研红宝石公司疫情防控和复工复产情况】 3月9日,上海市政府副秘书长赵祝平到开开集团,调研所属红宝石公司疫情防控和复工复产情况。肯定红宝石公司在开开集团带领下,第一时间落实严格防疫措施和主体责任,不停产、不停业,保障市民群众生活需求。并强

调要把疫情防控和安全工作贯穿复工复产始终，统筹下好疫情防控和复工复产"这盘棋"，努力取得"双胜利"。（曹韵春）

【陕西北路老字号专业街亮相"五五购物节"开幕式】 5月4日，上海国际消费城市全球推介大会暨上海"五五购物节"开幕式举行，陕西北路老字号专业街与静安芮欧百货、世贸广场、徐家汇美罗城等72家购物中心以"云直播"方式，共同亮相"五五购物节"启动仪式。（曹韵春）

【陕西北路老字号专业街城市微游启动】 6月20日，由开开集团和春秋旅游首次携手打造的陕西北路老字号专业街城市微游启动。微游由专业导游、非遗匠人引领数十位游客对龙凤、亨生、雷允上等老字号品牌文化、非遗技艺进行全方位了解和体验，让游客实地探访承载上海百年发展记忆的老字号专业街。（曹韵春）

【开开集团党委开展庆祝中国共产党成立99周年主题活动】 7月17日，中共上海开开（集团）有限公司委员会在集团本部举行"我在岗位上，使命担肩上，初心放心上"庆祝中国共产党成立99周年主题活动。会上，集团对抗疫先进集体和个人、抗疫优秀志愿者进行表彰。
（曹韵春）

【开开、雷允上、龙凤获评"2020年上海优选特色伴手礼"】 10月30日，上海市消保委举行"2020年上海特色伴手礼"公开评测会，甄选出30件"上海优选特色伴手礼"，"雷允上"香意香韵沉香和香意香韵香珠伴手礼、"开开"真丝香云纱共3件产品当选。"龙凤"甲秀里和海上光影盘扣伴手礼当选"2020上海特色伴手礼"。（曹韵春）

【"申城之光·龙凤SHOW"举行】 12月9日，全新游船"申城之光"轮在国客中心码头解缆首航。活动发布"龙凤旗袍"与知名设计师Grace Chen联名的10款秋冬新品。开开集团与浦江游览集团达成战略合作协议，促进老字号品牌和浦江游览服务品牌深度合作，实现商

12月9日，"申城之光·龙凤SHOW"在"申城之光"游轮举行　　（开开集团　供稿）

业、旅游、文化相互依托、融合发展,助力上海"四大品牌"建设。

(曹韵春)

(五)上海大宁资产经营（集团）有限公司

【概况】 2020年,大宁资产经营(集团)有限公司(以下简称"大宁集团")围绕区"一轴三带"发展战略,立足"大宁区域运营商—城市服务综合体"企业定位,抗击新冠肺炎疫情,全力恢复经济运行,推动大宁区域发展,为支持国家服务业综合改革试点建设、推进"全球服务商计划"落地、服务长三角区域一体化发展作出贡献,做好"十三五"规划收官。完成《大宁集团"十三五"规划纲要全面评估报告》《大宁集团"十四五"战略规划》《中环南翼"十四五"专项规划》等编制工作。年内,大宁集团资产总额244.3亿元,全年营业收入约7.09亿元。

(魏丽娜)

【抗击新冠肺炎疫情】 新冠肺炎疫情发生后,大宁集团党委建立联防联控工作机制,做到决策体系快速响应,执行体系高效运转,干部职工勇挑重担,团结一致筑牢所属园区、商业广场、商务楼宇、人才公寓、菜市场、建筑工地、公园及体育场馆等各处防疫"铁壁"。所辖菜市场在确保食品供应充足、价格稳定、市场井然有序同时,通过平价菜摊位设置、平价猪肉券发放等,做好保供稳价等民生保障工作。1月30日,上海市委副书记、市长应勇现场视察集团所属北盛菜市场和盒马鲜生大宁音乐广场店市场供应工作。在落实落细常态化疫情防控工作同时,推进复工复产,大宁集团复工新模式成为上海企业复工复产学习案例,园区防疫举措得到区有关部门肯定。

(魏丽娜)

【"电影+电竞"融合发展】 年内,加速助推文创资源集聚,新引进影视企业23家,电竞企业14家,累计引进影视企业294家,电竞企业27家。7月26日,第23届上海国际电影节露天电影放映启动仪式在大宁音乐广场举行,因新冠肺炎疫情而停摆近半年的电影产业开始"复

12月2—6日,"2020电竞上海大师赛"在静安体育中心举行　　　　　　　　　　　（大宁集团　供稿）

苏"。12月2—6日,"2020电竞上海大师赛"在静安体育中心举行,成为一年一度的国际性常规赛事活动,为打造国家级电竞中心奠定持续发展基石。集团通过基金投资等方式不断为产业发展赋能,与云澜实业成立孵化器公司,布局孵化器产业链。继2019年与清控人居集团合作成立基金管理公司后,于10月27日在中国基金业协会完成基金管理人备案。 （魏丽娜）

【大宁商圈商旅文融合发展】 年内,联动区域内商场、文化、旅游景区、体育健身场馆等资源,实现商旅文体融合发展,进一步推动区域经济发展。大宁音乐广场在落实疫情防控常态化同时,积极促进消费,联合口碑、"静安十二时辰"等开展线上直播,响应市商务委"五五购物节"号召,举办露天电影节、三电潮流节、第三届市全民运动会NBA2K0L2电竞精英赛等系列活动,并承办街艺节开幕式,获市文化旅游局与市演出协会颁发的上海街艺流动剧场铭牌。大宁商务中心、大宁中心广场二期、三期(宁汇广场)、大宁星光耀办公楼等重点商办项目出租率稳中有升。静安体育中心自3月24日起,以限流方式陆续恢复开放,全年接待运动健身者26.8万人(次),承接各类体育赛事、文化活动71场。大宁公园关闭48天后,于3月14日恢复开放,于5月20日恢复"夜公园",日均客流量达1.2万人(次)。11月22日,2020年第一场马拉松赛事"大宁资产杯上海静安女子半程马拉松"举办。 （魏丽娜）

【重点工程建设】 年内,大宁集团不断深化完善中环南翼地区综合配套环境,加速推进项目建设。大宁中环广场办公楼、沪太路1111弄5号房屋装修工程(星光耀人才公寓)、静安体育中心静安区第二青少年业余体育学校训练办公场地装饰装修工程、止园路401号青年公寓等项目完工,集团首次承接的中心城区居住项目静安区天目社区C07-0102单元20B-01地块住宅项目进入施工阶段,鼓风机厂地块、自仪厂(681)地块、大宁公园改造和地下空间(含地下停车设施)等建设项目稳步推进。 （魏丽娜）

【盘活低效用地潜力】 2019年10月,集团正式启动上海电气集团资产包收购工作。年内,在区委、区政府支持下,集团克服疫情困难,先期启动评估工作,并形成"空转工业用地转让"创新模式。在确保区属国企为受让主体条件下,探索形成空转用地土地出让金补缴、联交挂牌交易的操作路径,为静安区内产业用地提质增效提供全新方案。集团摘牌大宁中心广场二期、三期(宁汇广场)及灵石路人才公寓等3处资产,与上海电气就其余23处房产签订"合作备忘录"。 （魏丽娜）

【人才公寓运营管理】 年内,持续推进长租公寓管理规范化、精细化、智能化,形成"宁家公寓"自有品牌。该品牌整合9处长租公寓项目,以连锁模式推广经营,并组建自有管家团队,不断扩大载体品牌和服务品牌影响力。其中星光耀店于5月1日开业,是集团最新的中高端人才公寓。年内,集团运营的"宁家公寓"达到880间,平均出租率超82%。 （魏丽娜）

【构建"科创+文创"双引擎格局】 11月2日、11日,区委书记于勇、区长王华分别对大宁功能区进行调研,听取集团关于"十四五"期间产业发展设想。在区委、区政府认同和支持下,集团确立在做强文创同时,大力发展科创的思路,布局集成电路、芯片设计、新材料、智慧健康战略性新兴产业,建设创新人才、科技要素和高新技术企业集聚度高、科技创新成果转化转移效能高、科技创新基础设施和服务体系完善的综合性、开放型科技创新中心。通过"招投联动"新模式,以参与科创产业投资基金为契机,吸引芯片、集成电路、电子信息等高科技企业集聚,吸引健康科技创新企业研发中心落地,打造大宁科创产业全新名片,推动区域产业全面升级。与国际半导体产业投资基金华登国际开展长期战略合作,参与投资"华芯三期"人民币基金标志着集团正式启动科创引擎。 (魏丽娜)

(六) 上海静工(集团)有限公司

【概况】 2020年,静工集团围绕园区经济效益、产业集聚、税收落地与品牌打造,持续优化营商环境,提高经济密度,提升载体利用绩效,打造优质产业生态,不断扩大区域文化创意产业集聚度与辐射面,将静工集团打造成为具有影响力的文化创意产业园区开发运营企业。静工集团对标上海"四大品牌"建设与南京西路后街经济发展,有序推进城市更新,完善园区功能服务,不断优化营商环境。"800秀"克服疫情不利形势,继续举办"上海时装周"分会场活动与2020静安国际设计节活动等,获评2020年上海品牌园区称号,进一步扩大"800秀"在文创领域影响力。"智社688"项目完成改造与招商工作。园区业态高端,运营情况良好。"H951"园区通过业态调整、加强管理,不断提升园区效能。静安盛达加强招商力度,集聚更多优质商业客户,点亮静安"夜间经济"。现代产业园克服周边环境改造影响,做好稳商留商工作。"176空间"项目完成竣工验收,项目打造成集商业与办公为一体的综合性项目。众多小精品项目凸显城市更新理念,优化街区品质功能,不断增添新亮点。维客空间坚持"孵化+创投"模式,基本完成招商工作,运营情况平稳有序。把握区域发展特点与趋势,采用多样化经营模式拓展市场载体,加大"走出去"力度,拓宽项目获取渠道。推动托幼园所向高端幼教事业转型,在部分园所开展蒙氏教育和外语教学,同时增派安保力量,更新监控设施,提升校园安全等级。推进全面预算管理,开展全面预算分中心六大模块建设,建立更加专业化、智能化的综合管控平台。完善企业制度,制订工程建设项目招标采购管理办法、房屋管理办法、工资决定机制改革,持续提升企业效能。开展园区提质增效综合改革工作。新中厂积极拓展国内、国外两个市场,做好财务与法律方面风险防控,经济效益实现大幅度增长。推进方宵公司转型升级工作,开展钧创项目日常管理,园区运营正常,转型升级成效逐步显现。持续完善标准化和信息化工作,实行统一管理服务标准,打造高效综合信息平台。加强安全生产与信访稳定工作,切实保障企业正常运转。 (章维佳)

【"800秀"启动5G园区打造项目】 年内,"800秀"作为上海市示范文创园区,在静安区文创园区内率先启动5G园区打造项目。通过园区与中国移动合作开发的"静安区八佰秀5G智慧园区综合信息化项目",园区将实现5G信号全覆盖。项目全部完成后,完善的视频会议室系统、温度监控系统及3D智慧园区管理平台投付使用。该项目被"中国移动"列为省级示范评选项目之一。 (章维佳)

【800秀—秀中国|万博伽作2020静安国际设计节】 年内,"800秀"与"伽作原创设计师平台"合作举办"800秀—秀中国|万博伽作2020静安国际设计节"系列地摊市集活动,联合区内老品牌及原创品牌设计师,举办两次"一起来练摊儿"设计节系列活动之文创市集,将自身文创聚集地优势升级展示,将潮流与复古、时

年内,"800秀—秀中国|万博伽作2020静安国际设计节"举办　　（静工集团　供稿）

下文化与区域经济串联融合,在秀场不能承接商业活动情况下,以自主创办的活动为载体,为复工复产提振信心,为区域经济复苏贡献力量,持续打造"800秀"品牌在区域内外知名度。

（章维佳）

【走访慰问离退休干部职工】　年内,区委常委、副区长刘燮走访慰问集团系统101岁老人严菊宝。区总工会党组书记、副主席郑志勇,区总工会副主席李昍一行走访集团系统104岁老人谭淑琴。集团领导班子开展春节前慰问活动,走访慰问集团退休老干部。　　（章维佳）

【崇明"助学助农"活动】　8月20日,静工集团团委开展崇明"助学助农"活动。结对共建活动由集团团委牵头,党委书记荣烨带队,团员青年20余人参与。结对座谈会在结对村之一的新光村召开。年内,为做深、做实崇明城乡结对共建工作,立足于结对村内贫困家庭、单亲家庭、外来务工人员家庭等弱势家庭子女的需求和特点,集团团委牵头开启"幼苗成长"关爱项目。　　（章维佳）

【"十四五"战略规划编制】　年内,成立"十四五"规划编制工作组,走访区相关部门,收集汇总各类政策资源,做好顶层设计,结合企业实际情况,确立集团"十四五"期间战略目标,编制完成《"十三五"规划全面评估报告》《"十四五"战略规划》。　　（章维佳）

【企业内控制度建设】　年内,集团公司不断完善内控组织架构与制度建设,有效控制重要业务领域经营风险,持续加强投资企业日常管控。严格执行企业事中、事后监管制度,建立专门工作小组对企业投资、产权管理、担保及借款行为开展自查。加强建章立制,围绕人事、工程、财务、法务等条线建立相应内控制度,完善制约机制,制订5个条线11部管理办法和制度,完成保安、保洁、保绿公开招投标及各子公司二级合格供应商管理制度备案工作。全面落实工资决定机制改革实施方案,结合集团全面预算管理工作要求完善集团薪酬管理体系。全面掌握投资企业运营情况,确保资产管理有序规范。

（章维佳）

【探索职业经理人制度】 年内,集团公司通过开展职业经理人选聘方式,录用具有专业经验和资质的职业经理人担任静工物业公司总经理,并按照集团职业经理人管理办法、绩效考核管理办法和薪酬管理办法对其进行评价考核与规范管理。利用职业经理人制度,帮助静工物业公司建立科学高效管理机制,提升企业市场竞争力与品牌影响力,全面提升企业经营效益。

（章维佳）

（七）上海苏河湾投资控股有限公司

【概况】 2020年,上海苏河湾投资控股有限公司(以下简称"苏河湾公司"或"公司")贯彻落实"一轴三带"发展战略,推进国资国企综合改革,细化分解公司年度工作目标,克服新冠肺炎疫情不利影响,全力推进全年各项工作任务。围绕产业集聚、项目代建、城市更新、地产开发等主营业务,各项指标总体完成情况良好,重点任务进展顺利。公司全年共引进企业170家,引进企业总注册资本金约12.7亿元,含亿元注册资本金企业5家。其中总部企业2家、税收规模千万级企业4家、人力资源产业企业35家。根据区重大办要求,推进道路代建和房屋代建项目工作,其中场中路静安段年内正式通车,苏州河静安段实现贯通;466街坊配套幼儿园工程、新建静安区档案馆工程、迁建上海棋院实验小学工程等均严格按区委、区政府要求落实项目建设进度。发挥苏河湾区域"服务商""运营商"功能,统筹协调推进苏河湾中心、大统基地、闸北广场等区域重大功能性开发项目共14个,总量约207.28万平方米。积极投入城市更新建设,做好天星大厦改造、新业坊园区以及福新面粉厂、会审公廨等历史建筑保护利用等。全年主营收入6485万元,归属于母公司净利润736.74万元,上缴税金2124.95万元。11月,公司通过"全国文明单位"复评。

（王乙静）

【新冠肺炎疫情防控工作】 年内,公司高度重视、加强领导,统筹部署疫情防控工作。第一时间成立公司疫情防控领导小组,制订多层级防控预案。号召党员发挥战斗堡垒作用,组建志愿者服务队到铁路上海站一线参与防疫工作,并号召自愿捐款支持防疫工作。贯彻落实防控措施,做好预防监控,为全体职工配发医用口罩等防护用品。加强培训宣传工作,下属物业公司组织开展防疫知识培训,切实增强人员防护意识。落实消毒防护工作,包括园区、楼宇、工地等处定时通风、严格消毒、分时用餐、体温检测等各项防控措施。协调服务、联防联控,确保安全有序复工复产。联系园区归口企业,助力辖区内企业平稳复工。全方位、多渠道开展防疫物资供应保障工作。累计减免35家中小企业房屋租金,涉及租赁面积10212.88平方米,减免金额331.34万元。发挥功能区管理者优势,协调区域内企业间需求对接。

（王乙静）

【企业预算管理】 年内,公司制订并执行全面预算管理、工资总额管理、事中事后报告等监管机制。根据区国资委统一部署,启动全面预算综合管理平台分中心系统建设,涵盖房产管理、工程管理、费控管理、合同管理、投资管理、人事管理等六大管理系统。9月30日,全系统正式上线运行。形成预算管理"事前、事中及事后"管理闭环,实现业务、财务数据融合和穿透。有效提高业务运转效率、提升业务风险管理水平,全面提升企业管理能级。

（王乙静）

【编制苏河湾地区和公司"十四五"规划】 年内,根据区委、区政府要求,成立公司规划编制小组,会同编制单位总结和全面评估苏河湾地区"十三五"发展成就,集思广益,广泛听取各部门、街道和企业意见,科学编制苏河湾地区"十四五"发展规划。明确"十四五"时期加快建设总部经济集聚区,推进金融服务、商贸服务、专业服务以及科技创新和文化创意等重点产业,打造世界级滨水商务活动区的区域发展定位。并根据苏河湾地区"十四五"发展规划,制订苏河湾公司改革发展"十四五"战略规划。

(王乙静)

【公司党委成立】 经上级党委批准,6月28日,召开全体党员大会,会上选举产生中共上海苏河湾投资控股有限公司第一届委员会、中共上海苏河湾投资控股有限公司第一届纪律检查委员会。同日召开中共上海苏河湾投资控股有限公司第一届纪律检查委员会第一次全体会议、中共上海苏河湾投资控股有限公司第一届委员会第一次全体会议。经公司党委会专题研究,规范设置下属二级党支部,于10月完成3个党支部设立、选举工作,进一步夯实党支部基础工作,加强基层组织规范化建设。 (王乙静)

【"全球财富论坛上海峰会·苏河湾"举行】 9月26日,以"全球经济复苏与金融业合作"为主题的"全球财富管理论坛上海峰会·苏河湾"在上海总商会旧址举行。国内外金融机构代表、政府部门代表以及金融业专家学者出席论坛,共同探讨资产管理、财富管理行业发展与未来趋势。会议由全球财富管理论坛组委会、上海市金融工作局和静安区人民政府共同主办,中国人民银行上海总部、上海银保监局、上海证监局特别支持,国研财富管理研究院、上海苏河湾投资控股有限公司共同承办。全球财富管理论坛理事长、全国政协外事委员会主任楼继伟,市委常委、副市长吴清,区委书记于勇,区委副书记、区长王华,全球财富管理论坛组委会总干事、孙冶方基金会理事长李剑阁出席并发表致辞。贝莱德董事长兼首席执行官 Larry Fink、亚洲基础设施投资银行行长金立群、财政部部长助理欧文汉、中国银保监会副主席曹宇、国家外汇管理局副局长陆磊、中国证监会机构部主任邱勇发表主题演讲。瑞银集团董事长 Axel Weber,东方汇理集团全球副主席、法国总统前经济顾问 Jean-Jacques Barbe'ris,标准人寿安本集团主席 Douglas Flint,野村控股中国委员会主席、野村证券全球副总裁饭山俊康,罗素投资全球主席兼首席执行官 Michelle Seitz 进行线上视频演讲。

(王乙静)

【中国人力资源服务产业园峰会暨中国上海人力资源服务产业园区十周年系列活动仪式】于12月4日在上海静安国际会议中心召开。活动由人力资源和社会保障部指导,上海市人力资源和社会保障局、上海市静安区人民政府主办,上海市人才服务中心、静安区人力资源和社会保障局、苏河湾投资控股有限公司、上海市人才服务行业协会共同承办。市政府副秘书长赵祝平出席致辞并向"伯乐"奖获奖机构颁奖,人力资源社会保障部人力资源流动管理司司长孙建立作峰会主旨报告,市人力资源社会保障局局长赵永峰、区委书记于勇、区委副书记、区长王华、区委常委、副区长刘燮出席峰会,市人力资源社会保障局副局长余成斌主持会议。相关行业企业代表和专家受邀参加。会上,《中国上海人力资源服务产业园区推进人力资源服务业高质量发展的若干举措》(简称"上海产业园20条")正式发布,从实施简政放权、加大人才引进、强化财政支持和优化政府购买服务等四方面实施更大力的制度创新。中国上海人力

12月4日,中国人力资源服务产业园峰会暨中国上海人力资源服务产业园区十周年系列活动仪式在上海静安国际会议中心召开。图为园区重大项目签约仪式 （苏河湾公司 供稿）

资源服务产业园分别与上海外服集团、任仕达集团、科锐国际等企业签订战略合作协议,将合作共建"全球人力资源服务创新中心""职业转换服务项目""人力资源伙伴平台",聚焦国际化人才选用育留,指导员工规划职业发展,共享商机、人才资源,推动人力资源服务能级提升。

（王乙静）

【上海市—新加坡经贸合作圆桌座谈会举行】
5月29日,上海市—新加坡经贸合作圆桌座谈会在上海总商会旧址举行,许昆林出席会议并发表讲话。新加坡驻上海总领事馆总领事蔡簦合、新加坡企业发展局副局长尤善钡、市政府副秘书长尚玉英、副区长张军等出席。尤善钡和张军在座谈会上致辞。新加坡企业代表分享在沪投资发展经历,并就上海金融、医疗、教育、零售、餐饮、地产和长三角一体化等方面提问,上海市商务委等相关政府部门现场解答交流。副市长许昆林在座谈会上发言指出,上海市—新加坡全面合作理事会成立1年多以来,沪新合作程度持续深化,合作范围持续扩大,合作交流日益密切。作为双方首次举办的经贸方面圆桌座谈会,体现上海对包括新加坡企业在内的外资企业在上海发展的重视。希望新加坡企业一如既往坚定投资中国、投资上海的信心,继续在参与上海城市建设中实现企业自身更大发展。该会议由上海市商务委员会、新加坡企业发展局及静安区人民政府担任指导单位,由上海市外国投资促进中心和新加坡企业中心联合主办,上海市静安区商务委员会、苏河湾建设管理委员会共同承办。座谈会后举行"上海云见"新加坡专场,上海市外国投资促进中心主任薛锋对上海投资环境及促进政策进行宣讲,苏河湾作为典型园区代表,在会上就苏河湾区域现状及发展规划情况作区域推介。专场活动后新加坡企业嘉宾在主办方和承办方陪同下,考察苏河湾区域内重点项目。

（王乙静）

【美守安（上海）管理有限公司落户静安苏河湾】 11月18日,美守安（上海）管理有限公司

(以下简称"美守安")完成营业执照登记,正式落户静安苏河湾。美守安系外商独资持牌金融机构三井住友海上火灾保险(中国)有限公司的全资子公司,注册资本3000万元人民币,经营范围为信息技术开发和支持、集团内共享服务等。

(王乙静)

【静安新业坊园区开发】 年内,公司投资的静安新业坊项目克服疫情影响有序复工。按区国资委要求,配合业主方上海电气集团,积极落实疫情防控期间中小微企业房租减免工作。园区围绕上海市及静安区重点发展产业,突出抓好高质量产业项目招商,持续推进重点项目落地。拓展招商渠道,与招商中介、四大会计师事务所和咨询公司等专业服务机构联系,广泛收集优质项目信息。至年底,跟进项目74家,完成新注册企业19家,正在办理注册企业7家,其中摩登系下属摩登汽车销售公司等9家企业全部落户新业坊。年内,园区内举办S10英雄联盟预选赛和半决赛等多场电竞活动、民生现代美术馆"随物生心"展览开幕、"新夜Fung"夏祭花火大会等,丰富区域文创氛围。市政协副主席方惠萍,国家体育总局及市体育局、市文化和旅游局分管领导,区委书记于勇、区人大常委会主任顾云豪、副区长张军等领导考察调研园区运营情况。

(王乙静)

【场中路静安段东部正式通车】 7月30日,场中路(共和新路—阳泉路)道路改扩建工程主干道完工并恢复通车。该路段由下属子公司上海苏河湾市政配套建设有限公司承担代建,于2019年5月开工。全长1372.28米,路幅由原先18米左右拓宽到28米至40米,并以双向6根快车道2根慢车道设置为主;同步实施排水管道改造、架空线入地等工程。年初受疫情影响,道路拓宽工程暂缓,在区建设管理委、区道路指挥部指导下,于3月中旬复工。为抢建设进度,建设者实施多断面、多管线穿插、24小时不间断的施工方法,并将南北两侧建设同步推进。工程建设管理方在较短时间内完成全线电力架空线入地、各类管线并杆立杆、路灯亮灯等工程。东部道路改扩建工程按规定时间节点完成改扩建,并恢复通车,使场中路静安段全线由拥堵点变为畅通快捷大道。

(王乙静)

【苏州河岸线静安段实现贯通】 年内,苏州河静安段重点做好700米断点段贯通及其余沿线景观提升工作。下属子公司上海苏河湾市政配套建设有限公司为苏州河岸线贯通工程静安段北岸代建单位,主要负责长寿路桥以北各单位腾地工作洽谈推进。9月,各地块洽谈工作完成,现场启动施工。施工中不断优化方案,按时间节点要求,如期实现苏州河岸线贯通。

(王乙静)

【首届全球技术转移大会】 10月28日,2020浦江创新论坛·首届全球技术转移大会在上海展览中心开幕,上海技术交易所在开幕式上鸣锣开市。大会由科技部成果与区域司和科技部火炬中心指导,上海市科委主办,国家技术转移东部中心与苏河湾建设管理委员会联合承办。在10月29日的"2020浦江创新论坛之科技金融论坛"上,副区长张军代表静安区政府致辞。该全球技术转移大会为期3天,是国内首个以"创新需求"为主题的科技展览,集中展示全国1万余项技术创新需求、500余项国际国内待化成果、200余项中小企业创新产品、100项共性需求解决方案和50余家科技服务机构。

(王乙静)

【市商务委一行到苏河湾区域调研指导】 4月7日,上海市商务委副主任杨朝带领外资处、促进处、促进中心相关部门代表到静安区苏河湾区域调研指导工作。区商务委主任林晓珏、苏河湾公司董事长朱明胜、总经理林巍及相关负责人陪同调研并交流座谈。杨朝一行参观苏河湾区域内优秀历史保护保留建筑上海总商会旧址、福新面粉厂旧址,在宝格丽酒店俯瞰整个苏河湾区域东部建设情况,并沿途了解苏河湾西部区域重点楼宇复工复产情况。 （王乙静）

【昌平路桥正式通车】 12月6日上午10时,昌平路桥正式通车。昌平路—恒通路跨苏州河桥新建工程全长约853米,设6车道,设计速度40千米/小时。桥梁跨径约60米,河中不设墩并一跨过河。昌平路桥兼具功能与美观两种特性,连接新静安南北的生活与经济轴线,打通昌平路—恒通路路网交通,使得"昌平路—恒通路—曲阜路—天潼路"形成一条完整的东西向次干路网,为静安区新增城市快速联络线,缓解周边交通拥堵问题,还能分流北横通道建设期间的车辆流量。昌平路桥也是苏州河上首个完全实现人车分流的桥梁。 （王乙静）

（八）上海新静安(集团)有限公司

【概况】 2020年,上海新静安(集团)有限公司(简称新静安集团)围绕企业"凝心聚力、改革创新、推动企业新发展"指导思想,全面落实全年各项经济目标和工作任务。全年完成营业收入11.91亿元,利润总额3.88亿元,税后净利润2.44亿元,全年累计上缴税金8.17亿元,其中区内上缴税金7.17亿元。集团获评2020年度上海市重点工程实事立功竞赛优秀公司称号。 （刘文炜）

【抗击新冠肺炎疫情】 年内,统筹安排人员和资金,采购调度防疫物资,严格落实"管好门、管好人、管好车、管好重点部位"的"四管"工作措施,确保管理的250万平方米物业疫情防控和集团各项业务平稳运行"两不误"。响应上级部门号召,组织召集一支20人的铁路上海站疫情防控志愿者服务队。为进一步加快复工复产,组建一支疫情防控驻点督查志愿服务队,对集团物业管理的各住宅小区、商务楼宇、园区、商场等43个管理处的疫情防控工作落实情况开展每天不定时的督查、督导。按照减免中小企业和个体工商户2—4月房租政策规定,集团对符合减免条件的最终承租人减免房租共4441.98万元。 （刘文炜）

【旧区改造征收工作】 年内,集团所承担旧区改造征收工作有序推进,完成115地块和73街坊(北块)征收收尾,完成后期进入的张园城市更新项目基地前期征收收尾。 （刘文炜）

【静安区光明小区基地启动征收工作】 光明小区基地征收范围:东起南北高架和成都北路,西至67号地块,南起67号地块,北至良友大厦高层、上海城市排水有限公司和054A-3地块。被征收房屋建筑面积8268.47平方米。基地共有居民171证,单位4证。10月31日开始征询签约工作,签约期内居民签约160证,签约率93.57%,单位4证100%签约。至12月31日,该基地尚有10证居民未签约,1证居民签约未搬。 （刘文炜）

【静安区余姚路331弄零改项目完成征收工作】 余姚路331弄零改项目征收范围:东起胶州路、西至延平路,南起昌平路、北至余姚路。被征收房屋建筑面积529.3平方米。基地共有居民16证。9月19日,第一轮意愿征询居民

以100%同意率通过。12月19日开始二轮征询选房和签约工作,签约期首日,16证居民100%签约并达成生效。（刘文炜）

【静安康鑫家园实现全部销售】 年内,对静安康鑫家园项目剩余房屋开展销售调研、优化房型,7月1日起开展中介分销联动模式销售,全年完成销售32套,签约总价3.3亿元,至此项目住宅实现全部销售。（刘文炜）

【崇明住宅项目地下车库停车位完成首期销售】 崇明城桥新城海上壹街区项目8月20日取得地下车库停车位销售许可证,9月16日取得车位大产证。10月底完成车位集中选购及定金合同签订,共销售车位178个,超过交房户数的50%,回笼资金2188.73万元。（刘文炜）

【宝山顾村配套商品房项目收尾】 年内,与上海市住宅建设发展中心签订"上海市大型居住社区宝山区顾村原选址基地5号地块建设项目协议书补充协议(清算)"和"上海市大型居住社区宝山区顾村原选址基地6号地块建设项目协议书补充协议(清算)",项目基本收尾。（刘文炜）

【昌平路桥交付使用实现通车】 集团与上海公路投资建设发展有限公司共同建设的昌平路桥(昌化路—江宁路段)工程道路总长约853米。昌平路桥连接静安区苏州河两岸,呈东西走向。10月底完成全部土建工程,11月20日完成通车条件验收,12月6日通车。（刘文炜）

【苏州河南岸全线步道实现贯通】 12月25日,集团承担的苏州河南岸全线步道贯通建设任务完成建设要求,实现南岸全线步道贯通。12月28日,2018年启动的途经黄浦、虹口、静安、普陀、长宁5区的苏州河两岸42千米滨水岸线基本实现贯通开放。（刘文炜）

【新丰路(陕西北路—昌化路)西段基本建成】 3—12月,集团承担的新丰路(陕西北路—昌化路)建设任务完成项目报建、规划方案审批等20个环节的行政审批流程,12月8日取得施工许可证,年底新丰路(陕西北路—昌化路)西段基本建成。（刘文炜）

【海防路440号余姚路幼儿园分部建设项目交付使用】 项目位于静安区海防路440号,东起人和街,西至西康路,南起海防路,北至海康大楼、居民小区,用地面积2890平方米,总建筑面积4023平方米(其中地上建筑面积3833平方米,地下建筑面积190平方米),建筑容积率1.22。项目被列为2018年度区重大办重点推进的项目之一。项目于2018年11月28日取得建设工程规划许可证,12月11日取得建设工程施工许可证。2019年3月12日正式试桩开工,2019年9月29日结构封顶。2020年5月底完成全部实物工作量。根据业主要求,于2020年8月底交付使用。（刘文炜）

【静安区80号地块新建静教附校建设项目交付使用】 由新静安集团承担的该项目东起江宁路,西临静安区财政局及陕北苑,南起海防路,北至规划道路新丰路,用地面积14439.7平方米,总建筑面积44526.97平方米。项目被列为2017年度区重大办重点推进的项目之一,同时也是静安区深化行政审批改革、提高行政效率的试点项目。项目于2017年3月20日启动,9月28日取得施工许可证,进入桩基施工阶段。2019年1月完成±0.00,5月25日结构封顶。2020年5月底完成全部实物工作量。根据业主要求,于2020年8月底交付使用。（刘文炜）

年内，静安区80号地块新建静教院附校建设项目交付使用 （新静安集团 供稿）

【静安区86号地块静安老年健康中心项目实现开工】 静安老年健康中心项目位于昌化路安远路路口，项目总用地面积15743.5平方米，地上部分建筑面积56672平方米，被列入2020年区重点工程。12月18日以公开招投标方式取得该项目代建管理资格。12月18日取得项目建设用地规划许可证，12月25日取得项目方案批复意见，12月28日项目取得桩基施工许可证。 （刘文炜）

（九）上海静安城市发展（集团）有限公司

【概况】 2020年，城发集团践行"人民城市人民建，人民城市为人民"重要理念，严格执行新冠肺炎疫情防控措施，积极推动复工复产，持续深化环卫改革，稳步推进企业综合改革，完成区政府、集团各项年度重点工作任务。年内，集团资产总额36.30亿元，实现经营收入12.05亿元。年内，举办"2020中国·静安国际雕塑展"，共安装雕塑作品33组55件，并举办"花·艺空间"室内展，游客超75万人(次)。完成胶州路安远路"音花园"绿地等一批高品质街心绿地建设及中环公园等绿地景观改造。承接21项道路大、中修工程，完成11项道路中修工程及11项配套工程。 （胡亦斌）

【新冠肺炎疫情防控工作】 年初新冠肺炎疫情发生时，城发集团迅速行动，严格执行各项防疫要求。环卫垃圾清运、转运严格落实"五次消毒"等防护措施，加强作业车辆和场地消毒清洗保洁。紧盯重点区域防控，铁路上海站区采取加强车辆检查、旅客高频接触区域及隐蔽区域定时定点消毒等防控措施，并通过广播、指示牌等方式疏散人流，减少旅客滞留情况。集团在管基地实行全面封闭管理，施工工程全部停工，增加值守人员防护设备，落实返沪人员集中隔离等措施。公租房项目排摸联系租户676户，接待返沪与新入住租户586户724人，累计隔离78户100人。 （胡亦斌）

【征收基地综合管理】 年内，城发集团在管基地17幅，占地面积约36万平方米，投入管理人员及保安、保洁等近450人,清运建筑垃圾11万吨,封堵门窗4万平方米,确保基地管理平稳、有序。

(胡亦斌)

【全国文明城区创建复评工作】 年内,城发集团按照区委、区政府统一部署,制订集团全国文明城区复评工作方案,对标创建标准,打造精品环境,提升保障能级,完成全国文明城区创建复评各项保障工作。

(胡亦斌)

【创建高标准保洁区域】 年内,结合市绿化市容局"席地可坐"高标准保洁区域创建活动,坚持"高、精、专"工作思路,完善推广"一轴、三段、全项目"管理模式、"一点多管"保洁模式、"三适三配"(即适应不同的路段、时段、业态,配置不同的洗刷模式:涮洗、冲洗、磨洗)清洗模式、"白天维护、夜间作业"养护模式和"智慧环卫"信息化监管模式。完成《南京西路示范街区"精细化"保洁标准化项目》贯标终审。按照"一站一方案"要求,推进共和新路沿线7个轨道交通站点及周边区域个性化保洁。

(胡亦斌)

【深化环卫信息化监管】 年内,开展环卫车辆全面监管筹备工作,扩大监管深度和广度,对31辆小型环卫作业车辆通过安装车载全球卫星定位系统(GPS)纳入监管体系。依托环卫作业车辆车载GPS和一体机设备,探索引入区块链相关技术,使管理人员及时掌握垃圾收运工作进度。配合区城运中心南京西路商业街精细化管理项目具体要求,完成南京西路区域基础设施(市政养护和环卫作业)基础数据、一线人员基础数据、车辆及相应排班基础数据收集与汇总。

(胡亦斌)

(十)上海静安置业(集团)有限公司

【概况】 2020年,静安置业集团实现营业收入10.96亿元,归属母公司净利润3.97亿元,主业

年内,举办"2020中国·静安国际雕塑展"。图为郭立娟拍摄的《立体的诗》

(城发集团 供稿)

利润5.73亿元,归属母公司净资产收益率12.33%。年内,获"第六届全国文明单位"、"上海市重点工程实事立功竞赛"金杯公司、上海市房地产开发企业50强及商业用房开发总量10强等称号。年内,加大物业管理业务拓展力度,通过"物业+科技"和"一小区一台账"管理模式推动物业板块整体降本增效。至年底,新接管北部居住小区4个,新增管理面积32.4万平方米、居民3056户;"易享家"物业管理信息化平台居民注册率提升至80.36%,实现管理小区巡航管理、报修全覆盖,北部小区线上缴费率超过90%。房产开发置换板块进一步加强自有房产整合,完成永兴路房产及国盛集团、静工集团资产包收购,集团自有房产总面积超过20万平方米,跻身上海市房地产开发企业50强商业用房开发总量10强;推进上海静岑淀山湖职工培训中心转型工作,通过比选确定光华教育集团为正式合作方。商业地产运营依托丰盛里和市特色商业街区发展联盟等载体平台,举办"丰盛嘉集—国际啤酒节""丰盛嘉集—摩登弄堂""潮流集市节""深夜食堂节"等活动,大幅提升人气和关注度。年内,承接建筑装饰项目35项,其中保留保护修缮项目18项,完成康定东路85号、南京东路353号、茂名北路200弄、张园99等历史保护、文物保护建筑修缮工程,并在上海市"2020年度优秀历史建筑保护修缮立功竞赛"中获一等奖。继续聚焦区域城市更新重点项目,做好张园城市更新项目作为全市首个历史风貌区保护性征收基地的日常看护管理,并推进项目规划建设;谋划愚园路历史风貌保护区更新改造项目。　　　　　(胡逸雯)

【新冠肺炎疫情防控工作】　年内,在统筹推进疫情防控和复工复产复市工作中,集团成立防疫先锋队、党员先锋队、青年突击队等12支队伍,参与铁路上海站和南京西路街道社区的防疫值守、巡查工作,获静安区防疫志愿服务先进集体等称号。设立5000万元防疫抗疫专项资金,并实施多项针对性企业帮扶措施。至年底,共减免中小企业租金1722.04万元,租户147户,涉及经营面积3.71万平方米。　(胡逸雯)

【超额完成招商引资目标任务】　年内,通过建立招商引资立体工作模式,完善招商工作推进机制,构建招商引资人才队伍等措施,新引进企业共47家,注册资本3.39亿元,年底实现新引进税收百万级以上企业8家,其中税收规模500万级企业2家,引进企业税收规模累计达2300万元,超额完成该项指标。属地率因计算口径调整,集中注册地不纳入计算范围内,故2019年属地率为68.02%,2020年完成72.77%,提升6.98%。　　　　　　　(胡逸雯)

【推进完成政府重点项目】　年内,完成轨道交通14号线静安区段武定路站配套大楼拆除工程及相关交地手续,协助项目公司做好各项工作,确保轨道交通14号线静安区段三站建设有序实施。静安寺广场项目根据设计图纸要求和轨道交通监管要求,完成全部施工内容并实现竣工验收。推进巨富艺术博物馆建设,适应功能设施要求调整(原新建建筑仅地下部分,现调整为地下地上均需设置新建建筑),推进设计方案征集工作。完成区图书馆(海关楼)修缮工程。
(胡逸雯)

【完成民生实事项目】　年内,推进"美丽家园"建设,完成四明邨小区厨卫及相关设施改造工程和模范村小区综合整治工程,合计竣工面积4.001万平方米,受益户数1011户。旧区改造征收工作方面,完成张园征收工作收尾。完成武定路930弄14号基地征收工作,实现"当天启动、当天完成"签约、搬迁"双百"目标。启动安远路125号零星基地签约工作并实现当天100%签约。推进光明小区征收项目,完成居民签约165证(签约率92.69%,剩余13证未签约)、单位签约1证。　　　　　　　(胡逸雯)

【**推进张园城市更新项目**】　年内,完成《张园地区历史建筑保护导则》编制并通过专家预评审,启动并完成控规规划调整工作。有序推进分区地块建设,西区一季度启动保护性修缮,二季度开工,年内完成样板段工程及茂名北路风貌立面修缮工程;北区完成地下空间开发方案及换乘通道概念设计初步方案并深化;东区《轨道交通三线换乘通道及配套工程项目》项目建议书获批复,在市、区相关部门明确卸解方案及建设方式后,启动建设;南区完成598地块拆房工作,同步进行围墙施工,并确认架空线落地临时电力设置施工方案。有序推进保护性看护工作。做好疫情防控和常态化看护工作,确保基地房屋安全和重点保护部位完好,并要求将相关制度及办法进行交流、共享,贯彻至上海其他征收看护基地。有序推进"一幢一档"工作。完成静安别墅"一幢一档"(一期)的查勘、测绘、人文、影像资料建档工作。　　　　　　　(胡逸雯)

【**不断深化推进标准化建设**】　由集团编制的《历史风貌区保护性征收基地保护管理指南》被列入《2019年度第四批上海市地方标准制修订项目计划》(沪市监标技〔2019〕544号)。年内,集团根据上海市地方标准制修订的要求和程序,对其进一步充实、完善,标准制订文件通过专家审定,待市质监局审核通过后,将作为全市该领域首个地方标准发布。同时,发挥上海市特色商业街区发展联盟和上海大学世界商业街区研究院作用,完成新一轮上海特色商业街区标准体系初稿编制。　　(胡逸雯)

【**课题调研成果**】　年内,完成市房地产管理局研究项目"静安区石库门保护修缮工艺手册""张园历史风貌区保护性征收基地保护管理指南"两个课题并结题。依托上海市特色商业街区发展联盟及上海大学世界商业街区研究院,形成《新冠肺炎疫情对上海商业街区经营的影响及政策建议》专报,被上海市委宣传部采纳;参与中国步行商业街工作委员会编纂《关于新冠肺炎疫情对步行街的影响及对策》报告,被刊登在内参上呈送至国务院研究室、商务部等相关国家部委参阅。　　　　　(胡逸雯)

(十一)上海凯成控股有限公司

【**概况**】　2020年,上海凯成控股有限公司(简称凯成公司)围绕静安区发展战略,坚持"精锐、善、和"的企业文化,聚焦"动力凯成,跨越发展"。年内,完成收尾基地8块,代建项目49个,做好7家养老机构运营工作。全年公司实现营业总收入3.36亿元,实现净利润0.06亿元。　　　　　　　(洪艳丽)

【**全年代建项目49个**】　年内,公司承担代建项目49个,其中卫生系统29个、公安系统9个、区文化局2个、区民政局2个、区档案局2个、街道5个。以上项目完工9个、在建3个、开工3个、办理审批手续2个、办理结算审价27个、审计5个。2020年列入区重大办考核的重点工程为大宁路街道社区卫生服务中心改扩建工程、上海市第三康复医院改扩建工程、新建上海市静安区中医医院平型关路院区(暂名)工程和宝山路派出所新建工程。其中使用国家疫情防控专项基金的特别国债项目静安区区域医疗中心改扩建工程开工。　　(洪艳丽)

【8块旧区改造基地收尾】 年内,完成静安区最后一块成片二级以下旧里地块,宝山路街道31、149、150、152街坊旧区改造基地(四合一基地)征收工作。宝丰苑基地与161、262街坊完成居民征收任务,如期交地。237街坊与永兴路649弄地块完成全部居民单位征收工作,提前4个月拆平交地。北站新城基地完成居民征收工作。洪南山宅地块清盘。育群中学西块旧区改造基地最后一户搬场交房,居民签约率、搬迁率100%。 (洪艳丽)

【养护院运营】 7月,上海和养临汾养护院通过上海市市场监督管理局组织的"养老服务标准化试点"项目验收审核工作。在宝华养护院内设立"认知障碍症服务专区",旨在提高认知症老人及其家庭照顾者生活品质。公司下属7家养老机构收住长者总数1279名,占总床位数88.7%。爬楼机各服务站全年服务12612人(次)。护理站居家养老服务对象全覆盖回访,护理站长护险申请人数1.5万人,通过评估并制订护理计划7966人,持续服务人数5270人。养老评估中心全年完成评估17726人(次)。推进285街坊养老院、华兴新城养老院装修和三普养老院等项目。 (洪艳丽)

(十二)上海静安投资(集团)有限公司

【概况】 2020年,上海静安投资(集团)有限公司资产总额107.4亿元,经营性收入1.3亿元,上缴税金1.5亿元。集团获第六届全国文明单位、上海市爱国拥军模范单位称号。10月,经区国资委报请区政府审批同意,组建成立上海静安投资(集团)有限公司。 (叶良)

【区国有资本投资平台建设落实落地】 年内,打造区国有资本投资平台系列工作取得重大进展。7月,根据区委、区政府赋予公司的区国有资本投资平台定位和职责,推进并完成政府产

年内,宝山路街道31、149、150、152街坊旧区改造基地(四合一基地)集体搬迁

(凯成公司 供稿)

业引导母基金——上海静安产业引导股权投资基金有限公司设立工作。基金团队专业、规范运作,协助制订《静安区政府产业引导基金管理办法(试行)》《静安区政府引导基金管理办法实施细则》等规范性文件。下半年基金项目推进有序,9月,完成市北高新大数据基金、国泰君安母基金2支子基金项目尽职调查后,通过引导基金管委会决策,获批签约投资。扎实推进投资项目落地,及时跟进海通全媒体基金、摩登基金项目等重点储备项目,为集团"十四五"战略规划启动及实现以投资为主业的发展目标奠定基础。　　　　　　　　(叶良)

【投融资工作】 9月,公司完成20亿元中期票据注册,并发行首期10亿元中期票据(发行利率3.5%,认购倍数2.76倍)。作为公司在直接融资市场首次尝试,也是银行间债券市场首单以城市更新项目发行的债券,进一步节约运营成本,优化债务结构。10月,经区国资委审核批复,静实公司成为静安投资集团下属全资子公司。12月,退融资平台获批,集团以新的资本市场参与主体身份,为进行多层次的资本市场融资提供保障。　　　　　　　　(叶良)

【推进城市更新项目72号地块开发建设】 年内,静投集团城市更新重点项目72号商住办综合体建设稳步推进。1月,实现开工建设,致力于打造为静安区苏州河人文休闲创业集聚带南岸精品力作。静投城建公司面对疫情,落实复工复产要求,3月初工地复工,至年底,项目设计取得历史保留及复建建筑、围护结构及地下结构施工许可证,项目主体完成第三层土方开挖和第三道支撑浇筑,较预期进度提前一个多月。　　　　　　　　(叶良)

【招商引资工作】 8月,区委副书记、区长王华到集团开展调研,对集团成立11年来的发展进程和工作成绩给予肯定,并要求集团用好"物业、基金"两项抓手,发挥好"城市更新、静安后街改造"等多个项目招商载体作用和政

年内,静投集团城市更新重点项目72号商住办综合体项目稳步推进。图为施工现场图
(静投集团　供稿)

府引导基金的资金虹吸效应,落实好区域招商引资工作。年内,集团根据区政府招商引资任务要求,深入挖掘自身潜力,推进企业引进、稳商留商、企业服务和税收落地等相关工作。至年底,挖掘经营性载体33处,涉及入驻企业52家,完成新增20家企业落户静安,续签租约企业属地率达到100%,完成全年招商引资任务目标。集团通过与区内相关部门就招商引资工作政策和经验进行沟通,在区政府指导和区市场监管局支持下,静投集团集中注册园区获批落地,对集团开展招商引资工作、完成区政府下达的招商引资倍增任务目标起到推进作用。

(叶良)

【区土管中心移交工作】 年内,根据区政府相关会议精神,落实区土管中心房源移交工作。通过与区建设管理委、区旧改总办、区规划资源局、区土地储备中心沟通,达成共识,于年内向区建设管理委(区征收房源管理中心)移交南片旧区改造基地(待使用)房源690余套。至12月底,配合协助区土地储备中心完成2009—2020年期间静安南片旧区改造征收全面审计工作,完成南片历年33处旧区改造基地2.5万余套旧区改造房源管理职责移交区旧改总办工作。

(叶良)

【公租房管理工作】 年内,集团下属静安公租房公司做好政府公租房投资运营管理及新冠肺炎疫情防控,主动对接落实配建房源项目,供应公租房328套,在建公租房368套,廉租房350套,高质量做好公租房管理工作。不断提升窗口服务和智能化管理水平,开展公租房推介活动,完成政府住房保障实事工程,为吸引高端人才入驻静安、稳商留商打造良好营商环境提供服务保障。至12月底,接待政策咨询1748户,受理555户,审核通过546户,不通过8户,受理人才住房保障申请34户。房屋出租率99.39%。

(叶良)

十六、城区建设

编辑 李佳丽

(一) 规划和土地管理

【概况】 2020年是"十三五"的收官之年,也是布局"十四五"的重要一年。静安区规划和土地管理工作围绕2035年远景目标、"十三五"目标任务展开谋划,紧密围绕市、区重点工作目标安排,通过细化目标管理,贯彻思想,压实责任,紧扣时间节点,推进年度重点工作。完善规划编制、加快土地出让、不断深化土地高质量利用、优化行政审批制度改革、提高行政效能,服务区域经济发展。开展"十四五"城区功能和土地利用专项规划研究编制工作。落实单元规划,通过对南西集聚带、苏州河两岸慢行空间网络、中环两翼创新创意集聚区三大片区展开规划研究,形成多维度规划方案成果。完成18个项目控制性详细规划批复,包括彭一小区、宝丰苑、北站街道73街坊、兖矿城市更新、晋元南一地块、东斯文里、安康苑、新中动力厂、闸北中心医院、常德书法幼儿园、洪南山宅、四季酒店、万科配套、张园、华山医院、塘南租赁房、国盛蔬菜公司租赁房、681-自仪厂地块商办项目。完成10幅地块收储,收储土地面积19.7公顷(295.57亩)。完成市北22-02地块、黄山路二期、103地块、洛川中路658号、汶水路400号、晋元南一南二等6幅地块的出让工作。深化土地高质量利用课题研究成果,识别低效产业,搭建产业空间信息平台。完善土地收储和供应计划,协调推进土地督察挂账项目整改工作,完成72街坊等地块补充合同签订。完成第三次全国国土调查收尾工作。依托"多规合一"业务平台和"一张蓝图",持续深化审批制度改革,简化流程,推出试点项目和试点措施。开展规划、土地、地名等行政审批许可工作,促进确权登记提质增效。围绕公众参与、深入街道社区走访,细化落实社区规划师制度,精准服务,确保街镇规划参与权的有效落实。

(金康然)

【推进竣工验收、不动产登记合一制度】 年内,配合静安区社会投资项目审批审查中心建设与运行,区规划资源局制订《静安区社会投资低风险产业类项目竣工验收、不动产登记改革实施意见》,将竣工验收及不动产登记全流程审批时间从1个月压缩至5个工作日,受理材料精简70%。选取汶水路451号二期改扩建工作作为试点项目,该项目用地面积9382.2平方米,用地性质为工业用地,该次验收内容为公共租赁住房(单位租赁房),总建筑面积3244.9平方米,地上建筑面积2257.4平方米,地下建筑面积987.5平方米,4个工作日完成竣工验收及不动产登记办理。

(银蕾)

【完成中环北翼产业用地高质量利用课题】 年内,在2019年"静安区产业空间高质量利用提升策略和路径"课题初步成果基础上,持续深化"一园一地一楼一策"的规划土地政策与实施路径研究,推进产业空间高质量利用,做好低效用地转型提升工作。通过实地调研、召开座谈会、发放调查问卷等多种形式盘摸中环北翼土地权利人(百联集团、上海电气、上海纺控、服装集团、信谊药厂等10家企业)更新意愿,完成40个地块测算工作,形成中环北翼0.6平方千米的规划和土地策略(一地一策),结合产权人开发意愿对地块近远期建设时序进行初步安排。年中完成课题成果报告并专题汇报区委、区政府。

(银蕾)

【完成市北高新N070501单元01-06地块办公项目竣工验收】 市北高新N070501单元01-06地块办公项目建设主体为上海聚能湾企业服务有限公司,东至01-11地块,西至01-03、01-04地块,南至江场西路,北至走马塘,用地面积14613.7平方米,用地性质为商务办公用地,由两幢塔楼(分别为56米、60米)和裙房组成,总建筑面积68226.3平方米(地上建筑面积44159.9平方米,地下建筑面积24066.4平方米),计容面积43388.2平方米。区规划资源局于12月31日核发竣工规划资源验收合格证。

(银蕾)

【苏州河驳岸及挡墙迎水面品质提升工作】 年内,区规划资源局启动苏州河驳岸及挡墙迎水面品质提升工作,根据建设及规划情况,对静安区两岸总长约6.3千米岸线迎水面进行提升改造方案设计。基于对现状驳岸形式的梳理,将驳岸改造设计分为后退式和直立式两种。滨水区条件较好段采用后退式驳岸,设置二级驳岸,主要根据已有设计方案优化。滨水区较窄段采用直立式驳岸,采取保持原防汛墙位置不变,从驳岸和挡墙形式、材质、色彩、绿化、艺术装置等方面,创新技术方法,提升环境品质。

(杜艳佩)

【铁路上海站南北广场深化方案研究】 年内,区规划资源局启动《铁路上海站南北广场深化方案研究》。南北广场深化方案研究针对南北广场交通流线混行、慢行空间不友好、周边空间环境品质较低、"南热北冷"及周边楼宇联系不畅等问题,注重区域环境品质提升。规划方案内容包括:对外部车行交通优化,实行公交"北向线路北广场进出,南向线路南广场进出";车站内部人行流线优化,实行"地面进,地下出"的同层换乘方式;南广场功能布局调整,扩大南北广场进站前厅,改善安检空间,秣陵路南广场段由机动车道改为步行街(保留消防应急车道功能),打通封闭的东南出口;南北广场外观形象重塑,提升广场环境、外立面整体景观。火车站南北广场提质更新注重"中心性""市民性""功能性"。

(彭韵琳)

【开展静安区农村建房专题调查工作】 年内,根据党中央、国务院有关工作部署和市委、市政府2020年乡村振兴重点任务安排,全市开展农村建房状况全面调查。静安区规划资源局按照市局要求积极开展工作部署,拟订《静安区农村建房专题调查工作实施方案》,并获区政府批示。同时根据市局下发的《农村建房专题调查表》和工作底图,静安区涉及集体土地上疑似建筑物的图斑共198块,由区规划资源局建管科牵头,会同大宁路街道、临汾路街道、彭浦新村街道、彭浦镇相关负责人,建立静安区农村建房调查工作小组,根据专项调查和农村乱占耕地建房的相关要求,组织技术力量配合相关街镇开展表格试填工作,对市局下发的核查表进行填报,对新增和变化图斑进行勾绘,形成数据汇总表格和工作底图上报市规划资源局。

（姜维娜）

【新建静安老年健康中心项目】 静安老年健康中心项目为2020年重大工程开工项目,位于静安区江宁路街道86号地块,东至句容路,西至昌化路,南至新丰路,北至安远路。用地性质为医疗卫生、社区养老福利用地,用地面积15743.5平方米,总建筑面积约为8.7万平方米（其中地上建筑面积约5.7万平方米）。建筑主要功能为第四康复医院（公惠医院）、中医医院、养老院及垃圾房等配套建筑。该项目历时十余年,紧邻居民区,历经规划调整、土壤污染治理、设计方案调整等众多关注度较高的事件。2020年列入国债项目,为推进项目按期于年内开工,经过各相关管理部门共同推进协调,区规划资源局于8月4日核发该项目选址变更,11月27日进行方案调整公示,12月25日核发方案批复,并于年底前开工。 （林琳）

【静安区推进土地出让工作】 年内,由于国内、外疫情影响,土地市场产生较大不确定性,整体处于调整通道,土地出让招商压力较大,难度较高。为落实"继续宏观调控房价,做到合理、平稳、有序"房地产调整政策,上海市土地供应上进一步完善住宅地块、含住地块和商办地块出让管理方式。年内,静安区总计出让经营性用地4幅,出让总面积12.57公顷,建筑面积35.92万平方米,土地出让总价175.5亿元,其中住宅类2幅（静安区天目社区C070102单元38-01、39-01地块、静安区中兴社区C070202单元268-01地块）,商办等综合类2幅（静安区市北高新技术服务业园区N070501单元22-02地块、静安区江宁社区C050201单元023-7地块）。按照"加快发展我区住房租赁市场,建立租购并举的住房制度"的要求,两幅租赁住宅用地出让实现静安区对租赁住房工作"十三五"既定目标。9月2日,上海市北高新（集团）有限公司与上海电气集团股份有限公司下属上海云汇企业发展有限公司以总价3.4475亿元竞得静安区大宁社区N070302单元117b-01地块租赁住宅用地,建筑总面积35178平方米;10月10日,上海市北高新（集团）有限公司与上海电气集团股份有限公司下属上海云宏企业发展有限公司以总价6.0982亿元竞得静安区灵石社区N070402单元081b-03地块租赁住宅用地,建筑总面积67837平方米。年内,完成静安区大宁社区N070303单元142-01-01地块动迁安置房用地的出让工作,出让面积1.5公顷,建筑面积43504平方米。

（宋颖）

【上海市静安区第三次全国国土调查基础数据库通过检查】 年内,开展统一时点更新成果的国家级核查和数据更新入库工作。统一时点更新工作正式开展前是质量提升阶段,明确中心城区任务为行政区接边、权属完善、单独图层检查及补充上海地类。对三调初始调查成果开展2轮质量提升工作,3月下旬上报全区修改图斑共3013个。7月初将通过核查的全部图斑上报市级检查,7月中旬通过市检审核后进入数据库建设及审核阶段。区数据库建设工作主要按照国家三调办统一时点更新成果汇交要求,形成区基础数据库及举证成果包。成果于7月24日通过市级检查并上报国家第三次土地调查领导小组办公室，获反馈意见后于9月底完成修改工作并上报最终成果，且无一例错误全部通过。

（郭佩丽）

【推进社区规划师工作机制】 年初，根据局重点工作、"两会"议案、信访存量矛盾等，制订实施计划，梳理形成"项目清单"，明确专职联络人。4月底，完成14个街镇集中走访工作，走访共142人(次)。根据集中走访反馈的问题，形成问题清单，主要涉及缺少绿地、公共活动场所、文化活动场所、加装电梯需指导支持、规划方案提前告知街道、建设项目需统筹考虑公建配套用房、居委会办公空间紧张、老旧小区亟须改造提升等各方面问题和需求。结合"任务清单"，社区规划师进行精准走访。至12月底，任务清单共161项目中走访解决项目140个，未解决项目21个，解决率86.96%；任务清单中问题清单项目24个，解决15个，解决率为62.5%。同时，做好社区规划师宣传工作，于"上海静安"微信公众号头版推送《静安"Plus版"来了！别不信，这将是你家小区未来的样子!》及《加装电梯加速，行政审批流程全面升级》，市规划资源局也同步推送以上稿件，并得到上观新闻、澎湃新闻等多个媒体关注转发。

（唐家庆）

【政务公开工作】 年内，区规划资源局全年共受理依申请公开572件，作出答复600件，并在局办公自动化系统流转，实现派件、经办、审核全流程线上无纸化办理，提升效率。全年主动公开公文80件，行政许可决定279件，行政处罚决定5件，通过区政府门户网站、市规划资源局官网、市"一网通办"进行线上发布。做好历史政府信息转化主动公开工作，认定41条原属性认定为依申请公开的公文具备主动公开条件，经审定予以转化公开发布在上海静安门户网站。全年共办理信访178件，并制订《静安区规划和自然资源局信访办理工作实施方案》及建立新增矛盾预防机制，结合信息公开、热线办理、窗口咨询、居委约请、城管协助调查等发现机制，及时发现新矛盾和隐患，切实做到发现在早、预防在先、进而处置在小。年内，收到人大建议12件，政协提案12件，均在"上海静安"门户网站公开办理结果。

（唐家庆）

【不规范地名排查摸底】 年内，为加强和规范地名管理工作，传承弘扬中华优秀地名文化，落实上海市第二次全国地名普查成效，按照上海市地名办工作要求，区规划资源局开展全区范围内不规范地名排查摸底工作。清理整治对象主要是居民区、大型建筑物和道路、街巷等地名中违反《地名管理条例》《地名管理条例实施细则》和《上海市地名管理条例》的地名命名原则，违背社会主义核心价值观的不规范地名，重点是对"大、洋、怪、重"等不规范地名进行进一步全面排摸，并开展规范化、标准化处理。根据工作要求，结合静安区第二次全国地名普查成果，区规划资源局对静安区不规范地名情况进行摸底排查，详细掌握区不规范地名详情，形成《不规范地名摸底排查情况备案表》上报市地名办，为后续实施清理整治奠定工作基础。

（陈晓华）

【改革建设项目竣工档案管理】 年内，根据推进政府职能转变，深化"放管服"改革，优化营商环境的要求，将建设项目竣工验收阶段一次性提交城建档案资料、开展档案验收的方式，调整为项目建设过程中全程归集、一键归档，验收阶段限时承诺、容缺受理，验收结束后按期移交的管理方式。完成在线归集资料，建设单位无须另行上传。未按要求完成档案报送，应在申请竣工验收时出具《竣工档案限时办结归档承诺书》，并在承诺时限内完成建设项目竣工档

案移交。 (陈晓华)

【完善规划执法制度建设】 年初,根据市局执法总队制订的《上海市规划自然资源执法巡查工作规程(试行)(征求意见稿)》和《上海市建设工程规划实施行政检查工作规程(试行)(征求意见稿)》,并结合区实际情况,制订《上海市静安区规划自然资源执法巡查工作规程(试行)》和《上海市静安区建设工程规划实施行政检查工作规程(试行)》(以下简称"区两规程"),作为巡查和检查依据。经过6个月工作实践,对两规程进行梳理和归并,同时对巡查检查适用范围、事中事后监管记录单等内容进行细化,形成《上海市静安区规划资源执法巡查和建设工程检查实施方案(试行)》。

(江元宏)

【开展区单元规划(草案)公示及方案优化工作】 上海市静安区单元规划(草案)于2020年6月1—30日在区政府网站和市规划资源局网站进行公示听取公众意见,根据公众意见、市级部门反馈意见、市规委会专家意见和技术审查意见进行方案优化,进一步增补公共绿地、基础教育设施用地规模。 (高方萍)

【完成《"十四五"城区功能和土地利用专项规划(送审稿)》】 年内,立足上海2017—2035年总体规划,以全面建设"国际静安、卓越城区"为总目标,以静安区单元规划为指引,完成《"十四五"城区功能和土地利用专项规划(送审稿)》,全面评估"十三五"成绩与问题,谋划"十四五"城区能级提升、土地资源盘活,提出能级提升行动、文化魅力行动、品质城区行动、公共空间网络行动、土地保障行动五大任务。聚焦三大功能带能级提升,突出文化引领,完善公共服务质量,提升公共空间品质,盘活存量土地。加强土地保障,编制"十四五"土地供应计划和区重大建设项目清单。 (冯娜)

【完成南京西路集聚带城市公共艺术策划与空间设计】 年内,基于南京西路集聚带空间特征、发展定位及规划可实施性开始规划研究,提出围绕城市公共空间及环境的空间环境活化计划、结合雕塑艺术点位的公共艺术化计划和街区特色亮化计划等三大行动计划,选取片区内六大核心改造区、N个活力提升节点提出景观提升计划,制订"十四五"期间分街道实施重点和项目列表,指导街道进行社区微更新,推进项目实施。 (冯娜)

【完成苏州河慢行空间网络规划研究】 年内,对接公共交通规划与苏河湾贯通规划,通过苏河湾片区公共交通现状研究及大数据分析,分解慢行空间网络构建目标与任务,确定慢行道路系统网络,选定重点慢行街道空间段落与节点,开展示范段、示范点慢行空间与品质提升方案设计。 (冯娜)

【完成中环两翼创新创意集聚区(市北西片区)规划研究】 年内,立足区域视角,对功能定位、开放空间体系等内容开展分析,形成合理规划结构。引导产业园区向城市社区转型,以服务双创为目标构建十分钟创新圈,明确混合用地比例,制订走马塘区域整体转型规划土地策略研究。开展空间形态设计,形成中环两翼创新创意集聚区(市北西片区)规划研究。 (冯娜)

【做好土地收储工作】 年内,按照区委、区府"应收尽收"要求,紧紧围绕土地督查、"美丽城区"建设、民生工程、科教文卫以及"十三五"规划等项目做好土地储备各项工作。完成344街坊5丘电气鼓风机厂、313街坊13/2丘电气自仪股份公司、465街坊新中动力机厂彭浦村农机组地块、彭浦村大宁公园蚂蚁浜地块、长滩路绿地大原康物业地块、长临绿地原庙行房产地块、394街坊1丘(铁路通信信号)、福新面粉厂(上服厂)、383街坊9丘彭浦新村街道第二卫生中心、67街坊地块第三中心小学等10个地块收储工作,共收储土地面积19.7公顷(295.57亩),收储建筑面积140629.83平方米,土地收储资金约为35.74亿元。收储重点围绕公共服务设施、产业园区、租赁住宅,为重点建设中环两翼产城融合发展集聚带,打造影视产业基地,推进住房租赁市场体系建设工作,加快土地出让工作打下坚实基础。 (董晨洁)

【做好土壤污染防治及修复工作】 年内,根据土壤(地下水)污染防治专项工作要求,完成计划内土壤污染状况初步调查15幅;66街坊、80号北、7街坊、443街坊信谊药厂、中医医院、237中心医院西块、73街坊、宝丰苑、安康苑、华兴地块出让土地、407街坊蔬菜公司、张园东区、张园地块、59和67号地块、富民路92号地块。完成计划内黄山路、晋元地块、285地块堆土应急修复效果评估,和计划外中医医院地块1幅土壤修复效果评估。同时完成电力用地土壤初步调查地块2幅;285街坊变电站地块、楔形绿地地块。 (董晨洁)

【建立不动产登记联席制度】 年内,静安区确权登记事务中心为提升业务流转速度,建立不动产登记联席制度。与交易、税务理清责任,优化业务流程,将客户办理登记步骤从三四步压缩为最多两步,将联办类非公证类办证业务办结时间从41天缩短至5个工作日,将联办类收件材料由三套减少为两套。减免材料,所有业务能提供身份证明原件或通过"随申办"手机应用软件(APP)亮证的免收复印件。提供EMS寄递服务,上海市范围内客户可申请通过EMS寄递"不动产权证书"和"不动产登记证明"。与税务部门协同作业,合并申请、缴纳税费和发证环节,确保企业间转移登记90分钟内完成办结。利用"随申办"及相关小程序,开通商品房转移等4类业务在线预约服务及产权人名下不动产登记信息查询业务,增设通过"一网通办"进行名下不动产信息查询结果下载打印的渠道。在公布监督电话基础上完成好差评系统硬件及软件布设,方便办事主体多渠道对不动产登记业务进行精准监督评价。 (杨爱琳)

【提升区确权登记事务中心服务】 年内,静安区确权登记事务中心为提升服务水平,进行设施及服务更新升级。改造中心卫生设施,设置无障碍卫生间、开辟母婴室,配置母婴基本用品。调整叫号系统,将税务、公证等进驻单位窗口叫号服务纳入中心统一系统,将窗口设置为引导、受理、发证、企业服务专区,且均显著标识标记。将下午受理大厅开门时间提前15分钟,安排专人引导分流,消除人员集中进场的安全隐患。在受理大厅放置8台信息化触摸屏服务终端,在方便群众办事的同时拓展政策宣传阵地。落实领导巡岗制度,加强领导日常巡岗,及时发现问题并督促整改,确保窗口服务质量。不断做精做强诸如绿色通道、延时服务、双语服务等特色服务。 (杨爱琳)

(二)建设和交通管理

【概况】 2020年,区建设管理委组织工地防疫防控工作,完成成片二级及以下旧里旧区改造,推进重点房建类项目和市政路桥建设,实施苏州河静安段两岸贯通提升综合整治,编制《静安区城市建设和交通水务管理"十四五"规划》,常态化开展建筑业、交通、水务、防汛防

台、燃气等行业管理和应急管理。　　（蒋伊铿）

【工地疫情防控】　年内,成立静安区工地疫情防控工作小组,专人对口跟踪区内建设项目疫情防控情况,每日跟踪区内各类工地人员和防疫情况。发布《静安区建筑工地疫情防控工作要点》《建筑工地疫情防控工作提示》《静安区疫情期间建筑工地检查表》《四个协助做好工作通知》等,引导工地做好疫情防控、物资储备、交通保障、方案预案和教育培训。联合区疾控中心、街道等相关单位,对区域内在建新改扩建房屋建筑工地进行集中检查,检查涉及工地人员健康信息、发热应急处置、工作场所消毒设施配备、人员用餐管理、人员个人防护等内容。

（蒋伊铿）

【停车场(库)管理】　年内,受理新增公共停车场(库)备案8个,临时停车场备案3个,换证停车场库243个。推进公共停车场库收费改革试点工作,累计推进试点收费停车场库挂牌62个、停车泊位10330个。完成上海市公共停车平台信息数据对接,公共停车场(库)276家、收费系统供应商44家实现联网升级。辖区内道路停车场全部接入上海市停车管理平台,实现电子支付订单上传,共86个路段、2306个泊位。

（蒋伊铿）

【推进充换电设施建设】　年内,建成140个上海充换电设施公共数据采集与监测市级平台经营性快充桩。临汾路1040号新能源充电桩示范建成启用,该充电示范站占地面积约1700平方米,配备40根60千瓦大功率直流快充充电桩,平均每天每根充电桩可服务10余辆新能源出租汽车,每天可为400余辆新能源车提供服务,为新能源出租车和新能源社会车辆提供充电一站式服务。

（蒋伊铿）

【实施苏州河两岸公共空间贯通提升综合整治工程】　年内,长寿路桥以北700米断点段通过栈桥+步道方式完成结构贯通。上海总商会旧址、四行仓库抗战纪念馆及蝴蝶湾公园3个景观节点基本建成并对外开放。其余沿线防汛墙

临汾路1041号停车场充电站　　　　　　　　　　　　　　　　　　（区建设管理委　供稿）

压顶、滨河步道和景观绿化基本建成。

（蒋伊锃）

【推进"停车共享"项目】 年内,完成错峰停车共享项目12个,共享泊位725个。初步建成"静安苏河湾停车共享系统",汇聚凯德星贸、达邦协作广场、长安大厦、地铁恒通大厦等共13家停车资源信息,基本实现信息查询、泊位预订、场内导航等功能,在此区域内的居民可通过平台网址预约服务,查询苏河湾周边停车场,选择停车场进行导航。

（蒋伊锃）

【推进出租汽车候客站建设】 年内,15个出租汽车候客站建设投入使用,并与"一键叫车"平台对接信息数据。通过大数据分析和热力图对比,选取打车需求较为集中的区域作为候客站覆盖点位,如静安寺地区、恒丰路商圈、大宁地区等,引导出租车叫车模式从传统以"路边扬招"为主逐步向"网络预约、电话预约+站点候车"为主转变。

（蒋伊锃）

【完成机场二线城航楼站点迁移】 10月11日起,机场二线静安寺城市航站楼终点站迁移至上海国际贵都大饭店广场内,站点公示于9月28日起在机场二线城航楼原站点、浦东机场T2公交站点、机场二线营运车辆车厢内、机场二线国际贵都大饭店广场内发布。机场二线起讫站调整为:浦东机场—上海国际贵都大饭店。（蒋伊锃）

【燃气安全管理】 年内,完成广中西路999弄及洛川东路140弄3号两处燃气管道占压整治。开展液化石油气钢瓶工商用户"一户一档"登记工作,登记工商用户300余户。完成老旧燃气立管改造15879户。对液化气供应站和车辆加气站进行安全检查,共检查8次,达到检查全覆盖。开展燃气安全宣传培训一次,社区设摊宣传活动一次,共发放宣传品3万余份。

（蒋伊锃）

【推进绿色建筑发展】 年内,新建且在监在建绿色建筑一星项目3个,建筑面积共295953.08平方米。二星项目6个,建筑面积共798672.4平方米。

（蒋伊锃）

2020年新建且在监在建项目装配式建筑项目情况表

项目名称	建筑面积（平方米）	单体预制率(%)	单体装配率(%)	建设单位	施工单位
静安区72号街坊旧改地块商办住新建项目	199000	40	60	上海静投城市建设发展有限公司	上海建工二建集团有限公司
静安区市北高新技术服务业园区NO70501单元02-16-B地块租赁住房项目	19317.92	40	60	上海名新投资管理有限公司	上海申创建筑工程有限公司

(续表)

项目名称	建筑面积（平方米）	单体预制率(%)	单体装配率(%)	建设单位	施工单位
南西社区C050401单元115-12地块项目	118966	40	60	上海润泓盛房地产开发有限公司	上海建工一建集团有限公司
安康苑一期项目	259110	15	35	上海超盛房地产开发有限公司	中国建筑第八工程局有限公司
新建上海市静安区中医医院平型关路院区(暂名)工程	18385.3	40	60	上海市静安区中医医院	上海建工二建集团有限公司
新建市北高新技术服务业园区N070501单元21-02地块商办项目	270905	40	60	上海云盟汇企业发展有限公司	中国建筑第八工程局有限公司
静安区天目社区C07-0102单元20B-01地块住宅项目	27400.46	40	60	上海宁嘉房地产开发有限公司	上海八润建筑有限公司

(倪飞飞)

2020年新建且在监在建项目绿色建筑项目情况表

项目名称	绿建星级	建筑面积（平方米）	建设单位	施工单位
新建上海市静安区中医医院平型关路院区(暂名)工程	一星	18385.3	上海市静安区中医医院	上海建工二建集团有限公司

(续表)

项目名称	绿建星级	建筑面积（平方米）	建设单位	施工单位
静安区72号街坊旧改地块商办住新建项目	一星	199000	上海静投城市建设发展有限公司	上海建工二建集团有限公司
新建平型关路民和路征收安置房项目	一星	78567.78	上海晟宇置业有限公司	江西恒伟建设工程有限公司
静安区市北高新技术服务业园区NO70501单元02-16-B地块租赁住房项目	二星	19317.92	上海名新投资管理有限公司	上海申创建筑工程有限公司
静安区区域医疗中心改扩建工程	二星	102973.02	上海市静安区闸北中心医院	上海市机械施工集团有限公司
新建市北高新技术服务业园区N070501单元21-02地块商办项目	二星	270905	上海云盟汇企业发展有限公司	中国建筑第八工程局有限公司
静安区天目社区C07-0102单元20B-01地块住宅项目	二星	27400.46	上海宁嘉房地产开发有限公司	上海八润建筑有限公司
南西社区C050401单元115-12地块项目	二星	118966	上海润泓盛房地产开发有限公司	上海建工一建集团有限公司
安康苑一期项目	二星	259110	上海超盛房地产开发有限公司	中国建筑第八工程局有限公司

(倪飞飞)

（三）旧区改造

【概况】 2020年,静安区旧区改造受益居民2803户。提前8个月完成"十三五"成片二级及以下旧里改造任务,启动6个零星改造项目,实现13个地块收尾。　　　　（肖旭峰）

【成片旧区改造项目房屋征收工作】 4月,完成辖区内最后一幅成片地块——宝山路街道31、149、150、152街坊项目征收工作,提前8个月完成"十三五"成片二级及以下旧里改造目标。　　　　　　　　　　　（肖旭峰）

【零星旧改项目房屋征收工作】 年内,启动6个零星旧区改造项目房屋征收,其中中华新路1007弄、余姚路331弄、安远路125弄二轮征询签约率100%。　　　　　　　　（肖旭峰）

【旧改项目收尾工作】 年内,完成13个旧区改造地块收尾,包括中兴城8、9、10地块,北宝兴路115街坊,永兴路649弄,中心医院西侧,73街坊,张园,南北通道二期,宝丰苑,洪南山宅地块,武定路930弄14号中央特科旧址,芷江西路街道181街坊36丘,余姚路331弄。　　（肖旭峰）

（四）重大项目推进

【概况】 2020年,区重大办坚持落实每周推进制度、重要节点协调制度、项目催办督办制度等,牵头各部门协调解决问题,全力确保区重大项目有序推进,市北园区21-02地块、市北园区02-16-B地块租赁住宅、久隆模范中学、南西社区115-12地块、安康苑一期等实现开工,静安花园、大宁社区卫生服务中心、金融街C1地块（A、E楼）楔形绿地商办、市北园区01-16地块、新业坊（5、11、12、13号楼）等项目实现竣工,全年完成开、竣工面积分别为102.3万平方米、100.4万平方米,工程质量安全处于总体受控状态。 （赵慧敏）

11月23日,旧区改造项目张园基地收尾　　　　　　　　　　（区建设管理委　供稿）

2020年静安区重大工程房建项目开工情况表

项目名称	分类	面积（平方米）
安康苑一期项目	住宅项目	255610.00
静安区72街坊旧改西块商办住新建项目	商办住项目	199000.00
新建市北高新技术服务园区N070501单元21-02地块商办项目	商办项目	270905.00
苏河湾42街坊（42B、42D楼地上工程）	商办项目	13647.50
市北高新02-16-B租赁住宅	住宅项目	19259.69
上海市静安区南西社区C050401单元115-12地块项目	商办项目	130324.10
上海市静安区中医医院	公共服务和民生保障	17622.40
天目社区20B-01地块住宅项目	住宅项目	26595.00
久隆模范中学改建项目	公共服务和民生保障	7329.54
天目西派出所改建工程	公共服务和民生保障	4303.31
新建平型关路民和路征收安置房项目	公共服务和民生保障	78672.04

2020年静安区重大工程房建项目竣工情况表

项目名称	分类	面积（平方米）
东海广场二期	商办项目	30756.00
市北高新技术服务园区N070501单元09-03地块住办商品房	住宅项目	80619.44
市北高新10-03地块住办商品房	商办项目	45496.30
万航渡路398地块（静安花园）	住宅项目	70395.50

(续表)

项目名称	分类	面积(平方米)
新建466街坊配套幼儿园	公共服务和民生保障	5980.50
闸北区312街坊33丘商办项目(利福上海闸北项目)一至四期工程	商办项目	346842.90
苏河湾41、42街坊项目41D	商办项目	4552.20
大宁路街道社区卫生服务中心改扩建工程	公共服务和民生保障	2701.10
92街坊住宅楼	住宅项目	49957.60
新建共和新路街道271街坊征收安置住房	公共服务和民生保障	25944.80
静安区图书馆(天目路馆)改建项目	公共服务和民生保障	3122.70
汶水路451号公共租赁住房(单位租赁房)项目	住宅项目	3249.66
北广场金融街C1地块(A、E楼)	商办项目	105832.68
苏河湾41、42街坊项目(42B、42D)	商办项目	13647.00
市北园区N070501单元01-06地块(轻工地块)	商办项目	68226.30
新业坊(5、11、12、13号楼)	功能产业项目	23606.77
彭越浦楔形绿地商办	商办项目	122588.70

(赵慧敏)

(五)市政道路建设和配套管理

【概况】 2020年,静安区推进市属路桥工程建设,北横通道天目路立交结构、昌平路桥建成通车,启动安远路桥建设项目。推进区属道路项目建设,完成场中路东段、光复路、七浦路等工程建设,启动寿阳路、南北通道二期、平陆路南段等道路建设项目。实施7条道路大修工程、27条道路中修工程。完成3项道路积水改善工程。完成架空线入地和合杆整治工程约7.694千米。

(蒋伊铿)

【昌平路—恒通路跨苏州河桥新建工程建设】该工程西起昌平路江宁路路口，东至恒通路恒丰路路口，与恒丰路、长安路、光复路、西苏州路、昌化路平交，全长约853米，设计车速为每小时40千米，双向6快2慢，于2018年开工建设，2020年建成通车。 （蒋伊铿）

【场中路东段（共和新路—阳泉路）道路改建工程建设】该工程西起共和新路，东至阳泉路，长约1.37千米。其中场中路（共和新路—平顺路）按"28米宽度、4快2慢"实施，场中路（阳曲路—阳泉路）按"35米宽度、6快2慢"实施，其余路段按"40米宽度、6快2慢"实施。该工程于2019年开工，2020年基本建成。
（蒋伊铿）

【光复路（天目西路—普济路）新建住宅市政配套工程新建工程建设】该工程南起普济路，北至天目西路，全长519.72米，双向2快2慢车行道和人行道，设计车行速度为每小时30千米，于2019年开工，2020年基本建成。 （蒋伊铿）

【七浦路（西藏北路—浙江北路）新建住宅市政配套工程新建工程建设】该工程西起西藏北路，东至浙江北路，全长约462.719米，设计车行速度为每小时30千米，于2018年开工建设，2020年基本建成。
（蒋伊铿）

【市政道路养护维修工程】年内，完成34项市政道路养护维修工程，维修路段34个，维修道路18721米，维修面积36.19万平方米，完成投资27850万元。完成1项交通缓拥堵工程和7项慢行交通改善工程。经专业机构检测，静安区道路路面平整度达到良级水平。
（杜莉敏）

【积水点改善工程】8—10月，完成中华新路（共和新路—西藏北路）、和田路（柳营路—洛川东路）、保德路（共和新路—平顺路）道路积水改善工程，累计敷设合流管428米，改建合流管382米，敷设雨水管752米，改建街坊支连管801米，翻建雨水检查井113座、雨水进水口70座。 （杜莉敏）

12月6日，昌平路桥通车 （区建设管理委 供稿）

【完成架空线入地和合杆整治三年行动计划】
年内,完成17项架空线入地和合杆整治工程,合计7.69千米。2018—2020年,静安区累计整治架空线30.26千米,完成架空线入地和合杆整治第一个三年行动计划。　　　　(杜莉敏)

【创建城市道路精品示范路】　年内,创建精品示范路7条,分别是铜仁路、安义路、安业路、宜川路、运城路、汾西路和西藏北路。实施车行道铣刨加罩5580平方米,翻排人行道透水砖4399平方米、花岗岩660平方米、沥青混凝土1059平方米,侧平石110米,整治井盖83座,漆画盲道141米。　　　　　　　　　(杜莉敏)

【排水设施管理】　年内,疏通下水道832630米,清捞检查井35236只,清捞进水口34691只,清理污泥984.1立方米。实施高平路(灵石路—阳城路)、昌平路(胶州路—江宁路)2项排水管道预防性修复工程,修复排水管道632米,检查井42座。对排水设施基础属性数据库中排水设施的坐标、标高、流水方向等属性数据进行复核整改,累计校核合流管道91.09千米,雨水管道74.4千米,污水管道55.7千米,新增合流管道1.11千米,调整各类管道14.36千米。
　　　　　　　　　　　　　　　(杜莉敏)

【道路交通设施管理】　年内,开展道路路面平整度及人行道专项整治。完成25项整治工程,累计整治车行道232019平方米、人行道95672平方米。完成井盖高低差专项整治147处,处置盖框差等病害1050处,调换防沉降井盖2209处。　　　　　　　　　　　　(杜莉敏)

【道路病害维修】　年内,依托病害巡查、养护勘查、巡检抽查等多级巡查体系,及时发现、快速处置市政设施病害。累计完成车行道133095米,人行道80718米,侧平石4508米,维修、保洁、油漆护栏125722米(次),维修保洁、调换路名牌15228块(次),日常养护小修率达到4.11%,完成投资6602.76万元。　(杜莉敏)

【桥梁设施管理】　年内,开展张家桥、平江桥、灵石路2号桥、鲍家桥等8座桥梁专项养护维修。主要修复桥梁梁板裂缝、墩台和立柱裂缝、露筋、锈蚀、砼剥落破损等病害。经专业检测,区域城市桥梁处于良好、完好状态,评分为91.9分。规范下立交视频监控和桥孔安全管控,发挥下立交视频监管系统与市级平台对接联动,确保汛期下立交设施安全运行。在三泉路、万荣路、西藏北路、大统路地道入口处增设电子显示屏,应对突发事件与灾害性天气,提醒过往车辆安全通行。加强桥孔安全管理,对区域内桥孔进行全覆盖巡查,年内开展重点检查147次,确保安全受控。　　　　　　　(杜莉敏)

(六)水务管理

【概况】　2020年,静安区推进河长制建设,实施河道综合治理、水质提升等工程项目建设,完成夏长浦底泥修复项目,完成22条(段)合10.1千米供水管网改造,完成徐家宅河三星级和彭越浦样板段一星级创建。年内,制订并印发《静安区水资源调度实施细则》《关于印发〈静安区海绵城市建设规划(2018—2035年)〉的通知》《关于印发〈静安区水务局水土保持工作办法(试行)〉的通知》。9月29日,《静安区生态清洁小流域建设规划与实施方案》通过专家评审。10月29日,区水务局、区发展改革委联合印发《静安区节水行动实施方案》。
　　　　　　　　　　　　　　　(蒋伊铿)

【河长制工作】 年内,区总河长、副总河长巡河14次;街镇、部门、企业总河长巡河628人(次);民间河长巡河5760人(次)。组织召开二级河长办联络员培训会议2次,培训人员26人;将市排水公司纳入区河长办成员单位,区内沿河22个泵站均设立排口企业河长,聘任民间河长48人,其中企业河长8人,"五老"人员(老党员、老干部、老模范、老教师、老退伍军人)4人。指导共和新路街道、大宁路街道、临汾路街道、彭浦镇河长办开展第二批河长制标准化街镇创建工作。5月,制订《静安区河长制约谈办法(试行)》,将各级河长履职情况纳入干部年度考核述职内容。12月完成对各街镇、部门、企业"河长制"工作考核。 （白冰）

【河道综合治理】 10月12日,完成彭越浦—东茭泾、走马塘河道疏浚及局部防汛墙改造,整治河道总长10.43千米。实施市北园区走马塘南岸(共和新路—彭越浦)、彭越浦东岸(走马塘—江场西路)防汛墙改造工程,整治河道总长1.15千米,12月底基本完成建设。

（陈琦晟）

【水质提升项目】 4月,完成夏长浦提升项目,主要内容为沉水式鼓风机6台,沉水植物27341平方米,浮叶植物170平方米。5月,完成西泗塘—俞泾浦水质提升项目建设,主要内容为超饱和溶解氧设备4台,沉水植物种植3000平方米,浮动湿地1000平方米,碳素纤维20000根等。10月,完成东茭泾—彭越浦(永和南泵站段)汛期水质改善试验项目和走马塘(共和新路段)汛期水质保障项目。11月2日,经市河长办复核认证,完成全面消除劣Ⅴ类水体年度目标,西泗塘—俞泾浦、走马塘及东茭泾—彭越浦总体水质考核断面年均值达Ⅴ类水以上,江场河、先锋河及中扬湖水质达地表Ⅲ类水以上,徐家宅河水质达地表Ⅳ类水以上,夏长浦水质提升至Ⅳ类水以上。 （陈琦晟）

【陆域景观建设】 年内,完成西泗塘西岸环境改造(二期)工程,包括新建护栏1597米,新建绿化8423平方米,防汛通道2868.8平方米,排水管1364.7米,景观小品若干等。12月,完成蚂蚁浜河道(泵站至广延路)景观提升工程,包括陆域改造2411平方米,种植水生植物733平方米。 （陈琦晟）

【河湖面积管控】 按照静安区与市政府签订的目标责任书,2020年静安区河湖面积应达到0.6602平方千米,水面率应达到1.8%。年内,静安区河湖面积已达0.6962平方千米,水面率达1.89%,提前完成河湖面积任务。 （陈琦晟）

【水利设施管理】 年内,完成清洁、勾缝防汛墙500920米,养护防汛通道415017.5米,养护河道绿化3086714.35平方米,油漆除锈除尘护栏387628.75米,养护各类河道标识标牌12296块(次),养护水闸、泵站60座(次),养护水处理设施24座次。对水域进行日常保洁,出动打捞船只11328艘(次),出动打捞人员21384人(次),打捞水面垃圾721.399吨。苏州河共巡查1018人(次),总里程13425.58千米。清除堤防设施杂草4750米、修复防汛墙贴面87.26平方米。 （陈琦晟）

【开展河道专项整治】 年内,对河道整治范围内"四乱"进行摸底调查、分类依法合规整治。针对沿河公益设施,建立格式相对统一的表格,对所有河道沿河"四乱"情况建立一河一档。年内,未发现区内有任何"四乱"现象。加强非法矮围整治,对区境内10条段河道开展情况排摸,未发现有非法矮围捕鱼等情况。 （白冰）

【行政执法】 年内,开展水利执法巡查54次、111人(次),立案并办结2起,收到罚款3.5万元。开展"捕鱼清网"工作,清理捕鱼网具52个。开展排水执法检查73次,出动执法280人(次)。其中市区联合检查2次,出动执法20人(次)。开展水土保持执法检查7次,出动执法14人(次),完成对30个生产建设项目扰动图斑现场复核,对其中8个未批先建的生产建设项目下达责令整改通知书。　　(白冰)

【行政服务】 年内,受理行政许可58件,其中河道部门受理6件,包括河道管理范围内建设项目审核1件、河道管理范围内施工方案审核2件和河道管理范围内从事有关活动审批3件。市政部门受理22件,包括核发施工临时封堵排水管道3件、临时排水许可19件。水务科受理生产建设项目水土保持方案审批30件,防治责任范围面积75.87公顷,其中告知承诺制项目8件,审批制项目22件。　　(白冰)

【水环境保护宣传工作】 3月22—27日,为纪念第28届世界水日和第33届中国水周,区河道水政管理所以"疫去春来,幸福河湖在静安"为主题,开展"沪水云课堂"视频科普、线上知识竞赛、河道摄影作品征集等宣传活动。6月9日,为纪念第49届世界环境日,区河道水政管理所与彭浦镇联合主办的2020年静安区彭越浦河畔定向赛。9月10日—10月10日,区河道水政管理所开展静安区第四届中学生水环境治理科普活动。　　(陈琦晟)

【"清清"护河志愿者工作】 年内,"清清"护河志愿者服务队扩展至40支分队,注册人数达500余人。11月,组织护河志愿者服务队到金山区水库村生态湿地公园及南社纪念馆开展"水之旅"学习参观活动。11月24—26日,开展志愿者培训5次。　　(陈琦晟)

【汛情监测】 年内,区境内汛期总降雨量为969.5毫米(防汛办基准点测得雨量),全区23个雨量监测点观察到雨量分别是:800毫米1处、900毫米10处、1000毫米12处。区域内测得最大降雨量是延中绿地,为1137.9毫米。入汛后,出现局地暴雨8次、大暴雨3次,局地大暴雨次数超过常年。梅雨期42天(6月9日—7月21日),梅雨季节降雨量为442.5毫米(防汛办基准点测得雨量),最大梅雨量出现在铁路上海站地区,新客站泵站测得雨量为583.3毫米。梅雨期内出现局地暴雨5次,局地大暴雨1次,另有2次局地大雨过程。汛期内遭遇4号台风"黑格比"外围影响,8月3—5日连续出现降雨,其中4日普降暴雨、局地大暴雨,5日普降大雨。汛期出现25个高温日,7月3天、8月21天、9月1天,其中8月13日,最高气温达到38.6度。整个汛期有8次天文大潮,超警戒水位5次。　　(张伟权)

【开展防汛检查】 是年汛期前,区防汛部门修编《静安区防汛防台专项应急预案》《防汛排水和突发事件应急处置预案》,制订铜仁路、静安寺、西藏北路、大统路地下立交防汛专项应急处置预案。5月12日,举办静安区2020年防汛业务知识专题培训班。6月10日,区防汛办会同区房管局、城发集团和置业集团联合开展防汛防台综合演练。开展安全检查,累计检查疏通下水道48.4万米,清捞窨井3.09万个(次),检查防汛墙32.1万米次、防汛泵闸114个(次)、堤防4.76万米(次)、在建工地931个(次)、玻璃幕墙1220幢(次)、地下空间3444个(次)、老旧房屋10920幢(次)、拆迁基地177个(次)、高空广告牌1407块(次)、广告设施和店招店牌块3.85万块(次)、灯箱道旗8075个

（次）、旅游景点46个（次）、体育场馆156个（次）、空调外机等高空构筑物7.09万个、修剪加固树木2.3万棵，发现和整改隐患1174个。

（张伟权）

【迎战"黑格比"台风】 第4号台风"黑格比"期间，全区落实抢险队伍28支、3756人，包括专业抢险队伍9支、2268人。储备各类水泵62台、抢险车辆88辆、管道疏通机6台、固定桩1026根、草包5000只、编织袋1.5万只等物资器材，对在建工地、地下空间、店招店牌、绿化树木、老旧房屋、易积水道路等开展隐患排查和整改工作。该次台风未造成重大灾情。 （张伟权）

（七）建筑建材业管理

【概况】 年内，静安区建管中心依法履行建设工程行政审批、招投标、安全质量监管等职责，受理监督工地375个，完成招投标备案项目102项。 （解圆）

【工程安全质量监督】 年内，全区在建工地375个。受理各类信访投诉2249起，比上年上升16.23%，涉及金额1918.37万元。完成信访投诉处理2249起，完成率100%。办理安全生产许可证67家。 （解圆）

【工程项目审批管理】 年内，通过联审平台，发放352张施工许可证，完成竣工备案206个，其中土建27个、装修154个、市政25个。

（解圆）

【招投标备案管理】 年内，完成招标项目102个（全部为政府及国有资金公开招标项目），合计中标价61.6亿元，其中勘察招标1个、设计招标9个、施工招标61个、监理招标11个、设计施工一体化8个、设计勘察施工一体化2个、设计勘察一体化1个、总承包3个、暂估价6个，基本涵盖所有招标项目类型。调整招标方式1个，涉及招投标串围标行政处罚0起。

（解圆）

【工程消防审验】 年内，共办理建设工程消防设计审查项目31个，消防设计备案项目18个。完成建设工程消防竣工验收项目144个，完成消防竣工备案项目83个。 （解圆）

【加强建筑市场稽查】 年内，落实专项检查共122个，在建工程项目（含3次专项巡查）共出动检查人员505人（次）。开展基坑工程专项检查，对区现有17个处于基坑施工阶段工程项目从参建各方质量安全责任落实、承发包管理、项目负责人到岗履职以及实体质量和安全生产、文明施工等方面进行全数检查。签发整改通知单410份、局部暂缓单43份、停工单19份，动态记分23人（次），约谈24人（次）。行政处罚结案154件，罚款金额220.923万元。

（解圆）

2020年静安区创优工程情况表

申报创优工地(市级)	数量(个)	申报创优工地(区级)	数量(个)
市优质结构工程	2	区文明工地	6
白玉兰工程	6	区优质结构工程	7
申安杯工程	1	区优质工程"静安杯"	10
市文明工地	8		

(解圆)

2020年静安区文明工地情况表

工程名称	施工单位
天目社区C070102单元33-02地块商住办项目	江苏广宇建设集团有限公司
徐家宅110千伏变电站土建工程	舜元建设(集团)有限公司
汶水路210号厂房综合改造项目(一期)	上海公路桥梁(集团)有限公司
上海三普养护院总体项目	浙江舜杰建筑集团股份有限公司
江宁路街道78街坊新建项目	江苏省中南建筑产业集团责任有限公司
静安区72街坊旧区改造地块商办住新建项目	上海建工二建集团有限公司

(解圆)

2020年静安区优质结构工地情况表

工程名称	施工单位
上海大悦城二期北地块商办项目1号办公楼	中国建筑第二工程局有限公司
宝山路派出所新建工程	上海中亚建设工程有限公司
苏河湾大统基地63-66街坊地块旧区改造项目1号楼	江西恒伟建设工程有限公司
苏河湾大统基地63-66街坊地块旧区改造项目2号楼	江西恒伟建设工程有限公司
新建静安区档案馆、大宁社区配套服务用房及公共绿地项目	上海建工七建集团有限公司
静安区江宁路街道78街坊新建项目3号楼	江苏省中南建筑产业集团责任有限公司
静安区江宁路街道78街坊新建项目4号楼	江苏省中南建筑产业集团责任有限公司

(解圆)

2020年静安区优质工程(静安杯)工地情况表

工程名称	施工单位
市北高新技术服务业园区N070501单元09-03地块住办商品房项目2标7号楼	上海建工二建集团有限公司
市北高新技术服务业园区N070501单元09-03地块住办商品房项目2标9号楼	上海建工二建集团有限公司

（续表）

工程名称	施工单位
市北高新技术服务业园区 N070501 单元 09-03 地块住办商品房项目 2 标 10 号楼	上海建工二建集团有限公司
广川 A 地块商品房项目 T3 塔楼	上海建工一建集团有限公司
永和社区 N070601 单元 076f-02076c-04 地块商办项目(含养老院)1 号楼	舜杰建设(集团)有限公司
永和社区 N070601 单元 076f-02076c-04 地块商办项目(含养老院)3 号楼	舜杰建设(集团)有限公司
永和社区 N070601 单元 076f-02076c-04 地块商办项目(含养老院)4 号楼	舜杰建设(集团)有限公司
永和社区 N070601 单元 076f-02076c-04 地块商办项目(含养老院)7 号楼	舜杰建设(集团)有限公司
上海市第十人民医院急诊综合楼	上海建工二建集团有限公司
闸北八中修缮工程	佳伟建设集团有限公司

（解圆）

十七、市容环境

编辑 李佳丽

（一）绿化和市容管理

【概况】 2020年，静安区新增各类绿地7.03万平方米，其中公共绿地2万平方米、附属绿地5.03万平方米；新增市北医院、静华大厦、闸北中心医院二期等处立体绿化1.5万平方米；新建绿道2千米。年末，全区公共绿地面积318.78万平方米，人均公共绿地面积3.01平方米，绿地面积813.14万平方米，人均绿地面积7.69平方米，绿地率22.05%，绿化覆盖面积908.36万平方米，绿化覆盖率24.63%。完成第三届中国国际进口博览会市容环境保障工作，开展"美丽街区"建设、垃圾分类减量、苏州河静安段沿线整治提升项目推进，以及"2020中国·上海静安国际雕塑展"举办和市容、景观、绿化、环卫建设管理工作。创建曲沃路（保德路—闻喜路）为2020年市级林荫道，创建恒通东路（共和新路—晋元路）为市绿化特色道路，大宁四方公园、白遗桥公园新纳入城市公园（绿地）名录。静安区获2020年上、下半年度上海市市容环境卫生状况社会公众满意度测评全市第二、第三名，上海市绿化行业文明指数测评第三名。区绿化市容局环卫管理科获2020年"上海市模范集体"称号。区绿化市容局属事业单位区绿化管理中心被授予2019年中国风景园林学会优秀管理奖（综合管理类）。

（余青）

【新冠肺炎疫情防控】 年内，制订《静安区绿化和市容管理局应对新型冠状病毒防控工作方案》，结合疫情防控进展，加强对道路、社区、公园环境清扫消毒，强化人流控制。做好垃圾全程管控，规范定点医疗机构和居家隔离住宅小区的生活垃圾专运工作。

（余青）

【保障第三届中国国际进口博览会市容环境】 年内，明确涉及静安区保障任务，完成市容环境整治和外墙立面整治、整新和整容点位113个，绿化整治、绿地调整改造、花箱花坛花境布置，招牌广告整治和灯光维护，以及市级督办件的整改615件。

（余青）

【"美丽街区"建设】 年内，完成市级"一区四路"（不夜城区域，武宁南路、海宁路、天目中路和天目西路）建设任务和区级建设项目281个。完成架空线入地、30条市政道路大中修项目相匹配的绿化、灯光和立面景观提升工作。

（余青）

【推进苏州河沿线整治】 年内,根据苏州河沿岸公共区域市容环境整体提升要求,结合静安6.3千米苏州河岸线贯通任务,完成昌平路桥"苏河之眼"景观灯光建设项目,完成苏州河沿线建筑立面景观提升方案和景观灯光设计方案。 (余青)

【垃圾综合治理】 年内,推进生活垃圾分类全程体系建设,实现各类场所全覆盖,居民区累计覆盖38.8万户,推进强制分类的机关73个、企事业单位546家、菜场35个、学校169所、医院47所、公园10座,两网融合点、站、场收运体系运行有序。全区每日湿垃圾分出量481.73吨、可回收物回收398.50吨、干垃圾产生量605.44吨。全区14个街镇均创成上海市生活垃圾分类示范街镇。 (余青)

【门前责任区管理】 年内,加强全区791个小区、14661个门责单位管理,门责书上墙率95%以上。做好8个市容环境示范街镇和6个市容环境达标街镇的复评工作,建立自律自治组织20个,年内创建成功9条(段)门责示范道路。 (余青)

【环境卫生保洁监管】 年内,做好全区246条、1269段(约584万平方米)道路及1966个垃圾收集点、132个压缩站、121个公厕、145个倒粪站的保洁监管。在南京西路基础上,完成愚园路、广场公园(静安段)、静安寺地区、铁路上海站区、大宁商业中心等重点道路和区域"席地可坐"目标。 (余青)

【景观灯光建设】 年内,全区有财政投入灯光项目235个。完成苏河湾华侨城42街坊、大悦城二期、常德路PAC、金融街C1地块等社会景观灯光项目评审工作。完成长安大厦大修和武泰公寓项目验收工作。完成石门二路架空线入地、南北高架楼宇灯光等项目标段结算审价工作。 (余青)

【户外设施管理】 年内,全区有户外广告固定点位约536块,店招店牌约17364块,完成《静安区户外广告实施方案(修编)》增补、调整、撤销工作。落实全区已有设施的结构安全检测,涵盖户外广告300余块、店招店牌17000余块和楼顶标识20处。全年受理审批固定广告140件、临时广告199件、店招店牌69件。 (余青)

【全民义务植树和群众绿化活动】 4月9日,副区长李震、区部分绿化委员会委员在苏州河贯通工程(宝矿地块)参加义务植树活动,种植大树32株。社会各界通过"绿博士"认建认养平台参与树木认养活动,认养大树200株、古树19株。全年开展绿化"六进"(进单位、学校、社区、楼宇、部队、园区)活动8次,盆花进社区活动55次。通过"静安绿化"公众号定期发布园艺活动信息,举办"公园园艺大讲堂"16期。推动彭浦新村街道社区园艺师示范点建设,招募社区园艺师领头人34名,志愿者7000余名。 (余青)

【2020中国·上海静安国际雕塑展】 于9月26日开幕,12月31日闭幕。展品共33组、55件,共10个国家29名艺术家参展。除主展区静安雕塑公园外,延伸展区覆盖至吴江路步行街广场、丰盛里、上海恒隆广场、凤阳路石门二路绿地、上外静安外国语小学。展期内还举办草地音乐节、摄影大赛、青少年主题绘画征集等活动8场。展期公园游客总量达45万人(次)。 (余青)

【彭浦四季公园开园】 彭浦四季公园位于静安区临汾路1568号,在共康三村、四村和临汾路1564弄居住区内的高压线走廊下,北近共康

9月29日，彭浦四季公园建成开园　　　　　　（区绿化市容局　供稿；张龙　摄）

路，南至临汾路，总面积9.1公顷。公园原址为共康林带及社会苗圃，于2017年纳入静安区"美丽街区"项目，当年年底开工建设。9月29日全园对外开放，为一座集生态保护、休憩健身、海绵城市、园艺文化为一体的综合性公园，日均游客量达1万人（次）。　　　　（余青）

【音花园建成开放】　音花园（安远路新建临时绿地）位于胶州路安远路东侧，绿地面积971平方米，于4月启动建设，10月建成开放。绿地以"音花园"为理念，通过音乐互动装置、跌水装置以及不同植物打造自然空间中的风声。（余青）

（二）城市"一网通管"

【概况】　2020年，静安区城市运行管理工作紧紧围绕上海市下达的"三年行动计划"任务要求，紧扣"一屏观全域、一网管全城"目标，强化"应用为要、管用为王"价值取向，固化"三级平台、五级应用"基本架构，牢牢把握数据汇集、系统集成、联勤联动、共享开放4个方面，持续推进"一网统管"工作。不断完善和优化"12345"市民服务热线运行机制，确保实际解决率、市民满意度等关键性指标始终保持在"双八十"以上，市民合理诉求能够及时得到响应和处置。

（方顺）

【加强网格化管理工作】　年内，区城运中心重新梳理网格派单方向，制订并下发《静安区网格简易流程案件质量抽查评分标准（暂行）》，制订并部署线索流程案件有关工作。7月1日转城运网格系统流转后，针对《上海市城市网格化综合管理评价方案》，重新调整优化监督员上报网格案件和结案质量测评标准。1—6月底，全区发现并立案网格案件411857件。7月，上海市首次适用新规则对"一网统管"开展考核（将区和街镇两级城运平台深度使用情况纳入网格化综合管理考核体系），静安区连续多个月保持在全市前列，其中7月位列全市第一，8、9、10月均位列全市第三，11月位列全市

第二。　　　　　　　　　　　　（方顺）

【提升"12345"办理绩效】 年内,区城运中心严格把好受理派遣、退单延期、结案审核3个关键环节,强化派遣前的粗筛研判和办结后的总结研判,推进工单办理精准化。继续坚持结案前审查,严格结案要素和真实性审核,逐步扩大"回访复核"抽查范围。重点加强疫情工单办理。及时调整加强热线受理派遣人员,保证工作力量。围绕提高工单响应度和实际解决率、市民满意度等关键指标,重新调整热线及时办结情况考核口径,进一步提高工单响应速度和办结效率。2020考核年度,全区共受理市民服务热线工单59506件,诉求解决率为85.68%,市民满意度为84.63%。 （方顺）

【完善"一网统管"基本框架】 年内,区城运中心进一步完善"一网统管"工作推进组织架构,成立"两网"工作领导小组,由区长王华担任组长,全区相关领导与各部委办局、各街镇主要领导担任组员,统筹推进全区"一网统管"工作。设立"两网"工作专班。领导小组办公室设在区政府办公室,并由区政府办公室、区科委、区城运中心、区政务数据中心等部门抽调力量组成工作专班进行实体化运作,推进市下达各项工作任务和区里自选项目的具体落实。设立"一网统管"工作推进目标。对照市城市运行"一网统管"建设三年行动计划要求,制订《静安区"一网统管"主要任务清单》,坚持对标对表、挂图作战、逐个销号,确保"一网统管"各项工作落到实处。 （方顺）

【优化"一网统管"基础设施】 年内,区城运中心继续推进和优化基础设施建设。落实移动处置终端全覆盖,按照所有网格全兵种配置标准,推动相关部门和街镇、居村管理服务力量开通政务微信,并且推动日常使用。年内,区共开通政务微信账号4201个,基本实现区相关职能部门、街镇内设科室、区属职能部门派出机构、居村和物业公司全覆盖。加大智能设备布局与应用,在重点区域布设物联感知网络,形成五大热点领域感知应用场景,实现对静安城市"7×24小时"全天候动态运行数据的感知,有26142个与城市运行有关的感知器数据接入区城运平台,平均每月有4500余个问题通过城运平台实现自动预警、工单形成、自动派发到处置结案的闭环管理。实现视频探头全量接入,加快街面和居民区视频资源整合,全区近2.5万条视频资源整合进区和街镇两级城运平台进行实时查阅。 （方顺）

【开发上线特色应用场景】 年内,区城运中心在市城运中心指导下,以区级层面和街镇层面管理重点为切入点,加大调研力度,认真研究并积极落实区级业务系统、应用场景建设和接入方案。区级平台开发"疫情防控""民族宗教""生态环境""建筑工地""违法建筑"等10个应用场景。街镇层面试点"垃圾分类""公共服务""智慧社区""商业楼宇"等28个应用场景,并实现相关数据和工单在两级城运平台的汇聚和共享。6月30日,全市首创开发城市运行"一网统管"民族宗教应用场景上线仪式在静安区城运中心举行。市委常委、统战部部长郑钢淼专门作出批示,市民宗局局长花蓓出席平台上线启动仪式。10月18日,全国政协民委"贯彻十九届四中全会精神推进宗教治理现代化"专题调研组到静安区考察,实地调研区民族宗教"一网统管"平台建设。 （方顺）

【做深做实南京西路商业街城运分中心建设】 年内,区城运中心围绕"干净、安全、有序"总体目标,对南京西路商业街沿线所有管理要素进行排摸,做到"底数清"。发挥南京西路商业街城运分中心平台作用,开发精细化保洁应用场景,坚持线上和线下联动,确保城市"会客厅"始终保持"席地而坐"标准。南京西路商业街城运分中心作为区跨区域一体化、精细化管理的试点区域,《文汇报》《光明日报》分别进行宣传报道,相关案例被评选为首届上海城市治理最佳实践案例,参展2020年城市与建筑博览会,受到各界好评。12月初,上海电视台到区城运中心进行专题报道。　　　　(方顺)

【加强数据汇聚、治理与共享】 年内,区城运中心在市城运中心、市大数据中心支持和指导下,基本完成区数据资源管理平台建设,累计共享交换2.89亿条数据。持续推进数据目录编制、数据归集,截至12月底,中心共提交包括网格案件信息表、历史保护建筑案件信息、拆除进度统计等20条数据资源目录。接入"12345"市民服务热线、网格化管理、智能感知等工单流转系统,日均流转工单指令约5000件,处理信息数据1Tb以上。　　　　　　　(方顺)

【参与市级部门下达的4项试点任务】 年内,推进非警务类"110"分流试点工作,制订《静安区非警务类"110"分流试点工作运行方案》。在前期试点"挪车"和"失物求助"基础上,按照"应分尽分"原则,扩大至5个大类27小项,自试运行以来共立案1638件,结案1441件。推进数据赋能基层管理试点工作,成立专项试点工作专班,落实5个试点街道,通过走访调研、交流学习,梳理两批次"数据需求清单",共向市级部门申请100余条数据一级目录,为下一步数据服务应用场景建设、数据赋能基层线下业务管理等提供支撑。推进"警力牵引下的联勤联动机制"试点工作,结合警务责任区调整和"三网合一"工作落地,形成初步方案。积极落实"实有人口管理"等试点工作,在个别街道试点基础上,推进整区域"实有人口管理"试点工作,为各街镇人口采集人员开通政务微信,明确不同人员管理权限,为全面采集做好基础工作。　　　　　　(方顺)

【推进完成"三网合一"工作】 年内,区城运中

11月26日,"南京西路商业街智慧保洁项"目亮相2020城市与建筑博览会 (区城运中心 供稿)

心围绕"高效处置一件事"要求,以政务微信为移动终端,推进并基本完成85个城运网格、综治网格与44个公安责任区的"三网合一"工作。在城运网格内按照"1+13+N"模式进行管理、执法、作业、固守等力量的全兵种配置,整合条块力量。9月中旬,完成基础网格、警务责任区和综治网格合并工作,并按照市公安局对公安派出所警务责任区划分最新要求,进行第二轮次调整和优化。积极对接党建网格、其他管理执法网格,逐步推进"多格合一"。　　(方顺)

【"人防+技防"助力疫情防控工作】　疫情期间,区和街镇平台分别上线"疫情防控"应用场景,以工单闭环处置形式,做好人员、场所防控工作,共处置居民区、楼宇、园区、沿街商铺各类相关信息指令17184条,使防疫工作做到数据可查、问题溯源、整体情况一目了然。随着年内疫情防控形势再次严峻,静安区坚决贯彻落实好市里部署的"一码到底"工作,成立隔离管控信息化工作专班,上线"静安区公共卫生隔离管控智能预警平台",做好居家隔离人员门磁、视频等技防设施安装和管理工作,实现居家隔离新技防措施全覆盖、被隔离人员全天候可控、居家隔离情况全过程可查,更好服务于常态化疫情防控。　　(方顺)

(三)城市管理行政执法

【概况】　2020年,静安区城管执法工作紧紧围绕"中心城区新标杆、上海发展新亮点"定位,以系统思维统筹规划全局发展,坚持疫情防控和专业执法两手抓,坚持以城市管理精细化为主线,提升执法效能,加强队伍建设,各项工作取得新成效。　　(余佳)

【新冠肺炎疫情防控】　年内,区城管执法局积极响应区委、区政府工作部署,第一时间组建疫情防控突击队"53人团",负责铁路上海站南广场2个出入口的防控工作。"53人团"连续奋战36个日夜,累计登记到沪人员63.8万人(次),完成防疫任务,获"全国住建系统抗击新冠肺炎疫情先进集体"称号。持续抽调精干力量积极支持机场口岸联防联控工作。对辖区内沿街商铺、楼宇开展全覆盖巡查,加强"安义夜巷"等夜市经济执法保障,紧盯辖区内工地文明施工情况。依托"一人一居"城管社区工作室,各中队累计21支党员突击队、260余名队员在居民区参与口罩登记、返沪人员排查、防疫知识宣传、居家隔离保障等工作。　　(余佳)

【执法办案】　年内,办理行政处罚案件13161起,比上年上升35%,罚款总金额592.2万元,比上年上升59%,一般程序执法办案在中心城区位列第二。起草新划转事项"备忘录",办理新划转事项案件163起,罚款46.7万元。全面推行行政执法"三项制度",提高依法行政水平及应诉能力,全年行政诉讼15起,做到零败诉。　　(余佳)

【拆违工作】　年内,拆除违建点位785处,拆除违建面积8.7万平方米,列中心城区第二。拆除新增违建134处,面积3535平方米;消除经营性点位195处,面积2.9万平方米,实现清库。6家"无违建创建先进街镇"满分通过复评考核,完成江宁路街道无违先进街镇创建,实现区无违建先进街镇创建100%的目标。开展"一江一河"两岸空间专项治理行动,完成沿岸16处点位整治、31处点位美化和8处违法屋顶招牌拆除工作,完成率100%。　　(余佳)

【投诉工单处置】　年内,严格落实"3个2"(即20分钟接单、2小时到现场、2个工作日给出初步处理意见）工单处置要求，依托"一人一居"城管社区工作室，提升服务意识，变"问题找上门"到"上门找问题"，有效减少投诉量。坚持工单审核回访100%全覆盖，重点攻坚重复诉件和"不满意"工单。自2017年以来，投诉量年均下降30%以上；2020年，投诉工单比上年下降10%以上，总体投诉诉件处置实效评分位列中心城区前三；诉转案率54%，位列中心城区前三。

（余佳）

【专项治理】 年内，保障创建文明城区复评工作，提升小区、街面勤务实效。开展保障迎进博专项整治行动，拆除违法户外广告、招牌设置278块，完成率列全市第一。推进垃圾分类专项工作，加大宣传力度，加强管执联动，办理垃圾分类案件757件，比上年增加3.5倍；罚款91.1万元，比上年增加近4倍。

（余佳）

【"智慧城管"建设】 年内，升级数字智能化综合调度管理系统，完成勤务管理、执法办案、诉件处置三大业务模块线上运营及执法装备数据实时接入，基本实现全过程监管。安装执法车辆车载视频和会议视频系统，配备新增便携式打印机。加大数据共享力度，探索"非现场执法"。完成"监管对象排摸"信息比对，积极推行"网上办案、线上缴罚"新功能。

（余佳）

【人才培养】 年内，开展"大练兵大比武"活动，围绕体能、技能、智能"三能"建设，研究制订8个专场、20项练兵比武项目，426人报名参加，报名率90.4%。年内，挂职锻炼24人，轮岗43人，干部任免49人，其中职级晋升43人、提任科级实职干部4人。

（余佳）

【基层建设】 年内，完成"1+3+1"创建目标（1家标准化大队：静安区城市管理行政执法局执法大队，3家示范中队：宝山路街道城管执法中队、曹家渡街道城管执法中队、彭浦镇城管执法中队，1家规范化中队：静安寺街道城管执法中队），发挥示范中队创建引领和辐射作用，提升队伍标准化、专业化水平。

（余佳）

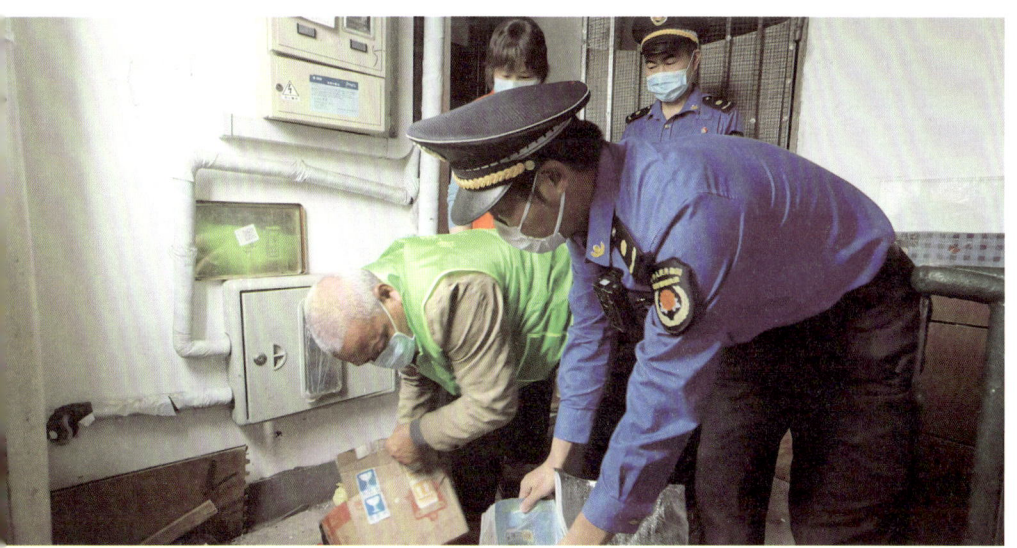

区城管执法局工作人员帮助居民清理公共空间堆物　　　　　　　　　　（区城管执法局　供稿）

十八、环境保护

编辑 李佳丽

（一）综述

2020年是打赢疫情防控阻击战和污染防治攻坚战的关键年，是全面完成"十三五"规划和第七轮环保三年行动计划的收官年，也是谋划布局区生态环保"十四五"规划和第八轮生态环保三年行动计划的编制年。面对新冠肺炎疫情的严峻考验，静安区生态环境局主要工作任务进展顺利，城区生态环境质量稳步改善，主要环境指标提前实现"十三五"规划目标。全年静安区6个地表水环境质量考核断面中，达标断面数为6个，其中江场河—江场西路1550号、中扬湖—中扬湖桥、徐家宅河—徐家宅河桥和夏长浦—物华苑桥断面考核达到Ⅱ类水质，走马塘—共和新路桥断面达到Ⅲ类水质，彭越浦—汶水路桥断面达到Ⅳ类水质。环境空气质量指数（AQI）优良天数为327天，优良率为89.3%；细颗粒物（PM2.5）年均浓度为每立方米31μg；可吸入颗粒物（PM10）、二氧化硫、二氧化氮、臭氧、一氧化碳等指标均达到国家环境空气质量二级标准。加大执法检查力度，依法查处群众反映强烈、环境管理不力的排污单位，全年出动执法人员1144批（次）、3178人（次），检查2558户（次），开展"双随机"抽查241户（次），对2家特殊污染源开展三监联动（生态环境保护监管、监察、监测联动协作）突击抽查执法，重点污染源开展联动监测检查。对违反环保法律法规的行为作出行政处罚决定23件（其中简易处罚8件），罚款24.6万元（其中简易处罚金额0.8万元），对4起轻微违法行为免予处罚。发出责令改正通知书87份，有效督促环境违法行为整改。发出行政决定催告4件，申请法院强制执行5件。扎实推进环评制度改革工作，审批实验室、宠物医院、洗车、土壤修复等环评项目30个，完成1022个建设项目备案。定期开展12个环境空气、17个地表水环境、38个声环境监测点位环境质量监测，做好污染源监督、移动源、信访投诉等监测工作，共取得287913个环境质量监测数据，为摸清环境质量现状和进一步加强环境监管提供技术支持。全年受理各类环境信访及热线投诉1491件，其中"12345"市民服务热线投诉1392件，其他投诉举报99件，均全部办结。年内共收到锦旗4面，表扬信8封。及时办理答复2件区人大代表建议和3件区政协委员提案，落实领导包案制，办结率和满意率保持在100%。年内，共完成环境保护投入6.0479亿元,其中区财政投入5.4822亿元,市财政投入0.2457亿元,其他投入0.32亿元。其中用于污染源防治0.7609亿元,用于生态保护和建设0.0823亿元,用于城市环境基础设施建设4.9546亿元,用于环境管理能力建设0.0758亿元,用于环保设施运转费0.1695亿元,用于其他(包括清洁生产、循环经济等)0.0048亿元。 (吴滨)

(二)环境管理与监察

【做好疫情防控保障】 年内,切实履行疫情防控环保职责。做好疫情防控期间医疗废物环境管理、医疗废水监管、生态环境应急监测等工作,开展废水消毒处置调度190余批(次),加强实地检查指导,确保疫情期间静安区医疗废物和医疗污水消毒处置符合相关要求,无数据超标等异常情况。全天候实时监测空气及地表水常规数据,守好在线监测审核"数据关口",保障区域环境安全。多措并举助推复工复产复市。落实环境监督执法正面清单,探索开展"非现场执法+现场指导服务+轻微违法行为免予处罚"协同机制,减轻企业负担。结合疫情防控形势,主动将民生保障类、污染小、吸纳就业能力强的行业企业等六大类企业纳入生态环境监督执法正面清单范围,在正面清单执行期间内,尽量以网络、电话随访及查阅在线平台数据等方式开展非现场执法工作,减少现场监督执法频次。现场执法中尽量采用指导、帮助形式,督促企业整改,对3件及时完成整改的轻微违法行为免予处罚。简化行政审批,实行告知承诺、豁免和容缺办理机制,对环境影响总体可控、受疫情影响较大、就业密集型等与民生相关部分项目类别实施告知承诺管理;对10个行业、30个项目类别中填报环境影响登记表的项目豁免环评手续;对2家企业辐射许可申请,经网上审核和告知后,实行容缺办理审批;对1家企业重新申领辐射安全许可证的核查,取消事前审批环节的监督检查,改为事中事后监管。局领导带队主动走访企业。年内下达走访单位为27家,完成率100%,共收集问题17个,及时转交相关部门处理,办结并反馈13个问题。支援基层开展疫情防控工作,抽调骨干力量支持一线疫情防控工作,累计支援社区开展疫情防控工作200余人(次),支援机场防疫工作10批11人。加强条块结合,及时响应街镇需求,协同开展街面联合整治。 (吴滨)

【持续推进生态环境保护工作及环保督察整改】 年内,健全完善工作机制,成立区生态文明建设领导小组,下设领导小组办公室和区生态环境保护督察办公室,进一步强化对全区督察整改的统一领导。积极发挥领导小组办公室和督察办公室作用,制订《关于进一步落实生态环保督察整改,加强生态环境治理条块结合、联勤联动的意见》,进一步夯实街镇环保工作责任,构建条块结合、联勤联动的区域环保治理格局。加强环保督察整改,中央环保督察方面,牵头编制《静安区中央生态环境保护督察反馈意见整改方案》和整改措施清单。继续抓好中央督察交办信访件阶段性办结件办理,共140件,办结139件,1件处于阶段性办结(环卫设施改造类)。市环保督察方面,继续抓好对1个未完成事项(区绿化市容局淮安路固体废弃物流转中心改造)调度督促工作。 (吴滨)

【完成第七轮环保三年行动计划】 年底,第七轮环保三年行动计划收官。该轮计划继续以改善环境质量为核心,覆盖水、气、土壤、固体废物等环境要素,综合推进完成产业污染防治、生态环境建设、循环经济与绿色生活等领域共61个项目任务。生态环境质量显著改善,至年底,全面稳定消除河道黑臭及丧失使用功能(劣于V类)的水体,6个地表水环境质量考核断面全部达标。2020年环境空气质量指数(AQI)优良率比2017年上升8.5个百分点,细颗粒物(PM2.5)平均浓度下降18.4%,均达到计划指标要求。[注:2019年起,环境空气质量监测执行《环境空气质量标准》(GB 3095-2012)修改单,2017年环境空气质量指数(AQI)优良率修正为80.8%,细颗粒物(PM2.5)平均浓度修正为每立方米38微克。]城区生态品质切实改善。聚焦补短板强弱项,围绕"更安全、更有序、更干净",有力有序推进"美丽家园""美丽街区"建设,城区人居环境品质显著改善,环境面貌"有了让人眼前一亮的变化",至年底绿化覆盖率达24.63%;生活垃圾分类减量基本实现全覆盖,无害化处理率100%。成立区生态文明建设领导小组,区委、区政府主要领导分别担任组长和常务副组长,生态环境保护统筹协同能级能力不断提升。修订完善《静安区生态文明工作考核评分细则》,梳理明晰各部门职责,细化考核内容,明确考核导向。制订《静安区生态环境损害赔偿制度改革实施方案》,启动处理全区首例生态环境损害赔偿案件。以城市综合管理信息化平台为枢纽,建立健全城区精细化管理机制,城市运行精细化管理水平不断提升;运用科技成果助力治污攻坚,依托"城市大脑"建设,在扬尘、餐饮油烟、河流水质等方面强化智能监测,实现精准溯源、精细管控。聚焦"一轴三带"发展战略,着力提升功能区绿色生态品质。南京西路集聚带高端商务商业形象和地位突出,绿色节能成效显著,兴业太古汇获评商务部2019年"绿色商场"。苏州河两岸努力打造城市更新示范区,推动绿色低碳发展实施意见。中环两翼加快转型升级,市北高新技术服务业园区"国家生态工业示范园区"通过复查评审。全区万元国内生产总值综合能耗逐年下降,提前完成市下达目标。 (吴滨)

【空气污染防治】 年内,制订《静安区2020年清洁空气行动计划工作方案》,梳理并全面完成42项重点任务。推进生活源治理,结合"绿盾通"手机应用软件(APP)试点运用,与街镇共同推进餐饮闭环管理,完成餐饮专项执法57家次,现场巡查650余家(次)。落实源头减排,组织30余家企业开展大气污染源排放清单编制工作;启动挥发性有机物(VOCs)攻坚治理,完成5家企业综合治理"一厂一方案(2.0版)"编制和技术评估工作;完成秋冬季应急减排清单编制,制订秋冬季分级管控名录及重污染天气应急减排清单。每月和交警支队开展联合执法,深化移动源和非道路移动机械管理。深化扬尘污染防治,会同区建设管理委、区城管执法局开展工地扬尘联合执法,每月对全区近60家工地进行现场巡查管理,对1家工地在线监测数据超标情况依法查处。推进油品质量管理,开展黑加油点和油品质量专项执法,推进完成16家加油站尾气回收装置在线监测安装和联网。 (吴滨)

【水污染防治】 年内,研究制订《静安区水污染防治行动计划2020年工作方案》和项目清单,完善协调联络机制,推进完成22个重点项目。加强对河道地面及河面巡查跟踪管理,监测数据每周分析研判,确保水质稳定达标。开展河道现场巡查268次,出具水质监测周报51次,协调处置在线监测黑臭预警110次。推进完成防汛泵站污染物排放监管能力提升项目,开展部分泵站现场踏勘和水质模型研究,建成24座泵站基础数据库。开展工业园区污水处理设施专项整治。配合开展重点流域水生态环境保护"十四五"规划,深入推进中央水资金项

目实施。 （吴滨）

【土壤污染防治】 年内,编制《静安区2020年土壤污染防治行动计划工作方案》,逐步推进年度土壤污染防治各项工作。做好建设用地全生命周期管理,加强建设用地储备、出让、收回、续期、划拨等环节场地调查评估和治理修复监督管理。完成地块场地环境调查评审62场(初调37场、详调7场、风评6场、修复方案6场、效果评估6场)。督促区内2家重点监管企业落实搬迁拆除企业残留污染物清理及安全处置工作。开展2019—2020年土壤污染环保专项检查工作。基本完成区污染地块安全利用率核算工作,污染地块面积92102.2平方米,安全利用的污染地块面积92102.2平方米,污染地块安全利用率100%。 （吴滨）

【环境安全风险防控】 年内,研究制订《静安区生态环境局安全隐患大排查大整治工作方案》,全面开展区域环境安全隐患大排查大整治,由局领导班子成员分批带队,排查19批(次)30家企业,消除环境安全隐患。对内抓好所属人员现场执法检查、监测中的职业危害防范,重点落实监测设备安全运行、实验室安全运行等制度。对外着重检查危险化学品和危险废物产生、储存、回收、运输等环节环境风险防控情况,督促重点企业做好环境安全工作,严防突发环境事件发生。做好环境应急响应和危险废物管理。快速响应突发环境应急事件,妥善处置2起异味情况,避免事态升级。制订《静安区危险废物等安全专项整治三年行动实施方案》,严格落实重点整治内容、方法和时间安排,专项检查共出动执法人员685人(次),检查各类危废产生及风险企业220户(次)。做好危险废物日常监管,共安全处置医疗废物5095.35吨,完成141家单位1118.74吨危险废物转移工作。 （吴滨）

【深化"一网通办"服务】 年内,全面落实"零跑动""不见面审批"等要求,提高政务服务水平和便民服务质量。积极对接区"两网"建设专班、区审改办、区行政服务中心等部门,规范部门政务事项进驻窗口基本目录。推进夜间施工"一件事"审批,进一步提升部门业务协同能力,基本实现智能预审、全程网办和无人工干预审批。推进行政审批事项和公共服务事项"一网通办",认领并新增公共服务事项18项,其中17项接入"一网通办"平台;标准再对标、再提升,实现部门行政许可事项"零跑动"和"全程网办"比例100%,承诺办结时限压缩率75.75%。积极落实电子证照,完善电子证照基本信息,完成电子印章制作申请。完成"互联网+系统"监管检查事项认领及指南要素编制。 （吴滨）

【推进"一网统管"创新探索】 年内,深化生态环保智能化建设,结合"一网统管"工作,以深化环保数据中心应用为基础,开发建成"绿盾通"手机应用软件APP精细化管理,将道路和工地扬尘、餐饮油烟等环保管理内容纳入街镇使用范围,率先在部分街道开展示范应用,创新推出企业"环保健康码"应用。会同区城运中心积极推进"一网统管"生态环境管理平台建设,年内平台建设基本完成,生态环境管理率先接入区"一网统管"总平台,环保精细化管理能力进一步得到提升。 （吴滨）

【环境保护宣传】 年内,开展环境保护宣传系列活动。6月5日,区人大常委会副主任宋震出席环境日宣传部分现场活动,观看环境日主题宣传展板并体验参与线上互动。同日,在《静安报》刊登"决胜污染防治攻坚战,加快建设美丽静安"专版。组织拍摄"美丽静安,我们

6月5日,区人大常委会副主任宋震参加环境日"美丽静安,我是行动者"主题宣传活动并观看宣传展板 （区生态环境局　供稿）

在行动"环保宣传短片,通过线上展播短片、制作宣传展板,充分展示区域生态环保建设成果,宣传环保科普知识等内容。开展"低碳行动,绿色梦想"环保短视频征集评比活动,共征集71件作品,经组织评审,共有9件优秀作品获一、二、三等奖,20件作品获优秀作品奖。6·5环境日期间相关获奖作品在"静安环境"和静安"微科普"、静安科协微信公众号进行展播,并进行线上投票选出网络人气奖作品3件,通过短视频征集评比活动的开展,进一步在全社会倡导绿色、低碳、节能、科学可持续的环保生活理念。会同区文化旅游局、区图书馆积极探索和推进生态文明宣传阵地与区智慧文旅服务平台融合对接。联合区河道水政管理所共同举办静安区第四届中学生水环境治理科普活动暨蓝色联盟科普活动线下讲座,让水环境治理科普知识和普法等内容走进校园。建设"生态环保科普知识库",加强"静安环境"微信公众号、微博宣传和运行管理,开展6·5环境日线上环保知识趣味问答,吸引社会公众积极参与。确定7个环保宣传教育科普点,对其中3个策划拍摄线上"云参观"短片,6·5环境日期间开展环保科普场馆"云参观"活动,进一步扩大生态环保宣传覆盖面和社会影响力。发挥环保志愿者及社团作用。积极推荐申报国家"美丽中国,我是行动者"十佳公众参与案例和最美志愿者事迹,其中1例入选"2020年国家百名最美志愿者",制作拍摄入选案例的事迹宣传片并进行线上展播和宣传。进一步发挥区环境科学学会在环保知识传播、政策法规培训、专题调查研究、学术交流讨论、工作动态宣传等方面的积极作用,成为区生态环境工作联系社会、对接基层、服务企业的枢纽。

（吴滨）

（三）环境监测

【空气、地表水、噪声监测】　年内,切实落实各项新冠肺炎疫情防控措施,协调做好空气、地表水环境质量自动监测运维保障工作,加强环境质量自动监测数据审核与巡查,充分发挥自动站监测数据应急预警作用,同时有序开展地表水手工监测工作,实时掌握疫情期间区域环境质量变化情况,确保环境质量安全。完成静安区3个功能区噪声自动监测站的整体验收。根据不同监测周期和频次分别在12个环境空气、17个地表水环境、38个声环境监测点位开展环境质量监测,共取得287913个环境质量监测数据。(吴滨)

【污染源排放监督监测】 年内,编制完成《2019年静安区环境质量报告书》,定期编制并公示静安区环境质量月报、静安区空气质量月报、静安区地表水水质状况月报,为摸清区域环境质量现状和进一步加强环境监管提供技术支持。根据辖区内污染源排放特点和环境质量现状,采取"三监联动""随机抽查"及专项检查方式,完成34家次"双随机"监督性监测、8家通信基站的电磁辐射监督监测、8家电离辐射监督监测、12家建设项目事中事后监管、监督、监测;完成燃油、燃气锅炉监管企业的监督性监测13家、一类污染物排放监测3家次、排放量10吨以上的VOCs排放单位监督性监测3家,为管理部门对这些企业的监督管理提供技术依据。(吴滨)

【机动车污染监督监测】 落实《柴油货车污染治理攻坚战行动计划》各项监测任务,加大监测力度,打好柴油货车污染治理攻坚战。按照市监测中心统一部署,在洋桥道口开展路检3周,完成机动车路检路查7296辆;对辖区内的非道路移动机械开展监督监测,掌握非道路移动机械排放状况,共完成50台;自4月起,开展机动车路检及入户抽检,共开展20次机动车路检,监测301辆,超标27辆,对路检超标的柴油车均由交警进行处罚;对49家次企业的512辆次柴油车开展入户监测;对14家加油站油气回收治理设施进行监测。(吴滨)

【应急监测工作与信访件监测】 年内,结合疫情防控工作实际,进一步完善疫情环境应急监测预案,做好应急准备工作。组织应急人员开展应急监测演练,加强应急监测物资储备,努力提升应对能力。24小时待命做好各节假日和第三届中国国际进口博览会期间的应急监测工作。完成58户(次)噪声、44户(次)餐饮油烟、3户(次)废气、2户(次)辐射投诉信访件监测。为促进区域环境管理水平全面提升及环境质量不断改善提供技术支撑。(吴滨)

2020年静安区环境空气质量综合评价情况表

项目		指标
AQI	优良天数(天)	327
	优良率(%)	89.3
环境空气质量综合指数		3.62
二氧化硫(SO_2)年平均浓度($\mu g/m^3$)		5

(续表)

项目	指标
二氧化氮(NO_2)年平均浓度($\mu g/m^3$)	37
可吸入颗粒物(PM10)年平均浓度($\mu g/m^3$)	40
细颗粒物(PM2.5)年平均浓度($\mu g/m^3$)	31
一氧化碳(CO)24小时平均第95百分位数(mg/m^3)	0.6
臭氧日最大8小时滑动平均值(O_3-8h)第90百分位数($\mu g/m^3$)	144

注：依照《环境空气质量标准》(GB3095-2012)评价。　　　　　　　　　　　　　　　　　　　(吴滨)

2020年静安区地表水市考断面水质类别评价情况表

河流名称	走马塘	彭越浦	夏长浦	徐家宅河	江场河—先锋河	中扬湖
监测断面	共和新路桥	汶水路桥	物华苑桥	徐家宅河桥	江场西路1550号桥	中扬湖桥
水质类别	Ⅲ类	Ⅳ类	Ⅱ类	Ⅱ类	Ⅱ类	Ⅱ类

(吴滨)

2020年静安区功能区声环境质量评价情况表

时段	二类	三类	四类
	武定西路1480号	江场三路280号	昌平路658号
昼间	58.4	52.8	60.4
夜间	48.5	48.0	54.3

注：噪声值为年均值。　　　　　　　　　　　　　　　　　　　　　　　　　　　　　　(吴滨)

十九、现代交通

编辑 李佳丽

(一)铁路上海站地区建设与管理

【概况】 2020年,在市区两级政府和铁路上海站地区管理委员会(以下简称"站区管委会")领导下,上海站管委办认真履行组织、协调、监督职能,紧密结合新冠肺炎疫情防控工作实际,坚持贯彻落实市区决策部署,深化合作机制,依托联动指挥中心,全面联防联控,警惕输入性风险,落实测温和健康信息核验工作,完成口岸疫情防控工作及日常相关工作。年内,上海市铁路上海站地区管理委员会办公室被上海市拥军优属拥政爱民工作领导小组评为上海市爱国拥军模范单位。铁路上海站地区被上海市市场监督管理局评为上海市诚信计量示范社(街)区。上海市铁路上海站地区管理委员会办公室督查办调科获2020年春运工作优秀集体称号。上海市铁路上海站地区管理委员会办公室党组书记、常务副主任黄翔获全国抗击新冠肺炎疫情先进个人、全国优秀共产党员称号。 (姚琼艳)

【国家督导组到站区检查新冠肺炎疫情防控工作】 1月28日,国家新冠肺炎疫情督导组组长、国家卫生健康委人口家庭司司长杨文庄一行在副区长、铁路上海站管委办主任李震陪同下至上海市长途客运总站对站区疫情工作进行督导检查。杨文庄听取李震对站区及长途客运总站疫情防控工作的情况汇报,并对上海站地区相关工作给予肯定,对长途客运总站以大局为重主动关闭运营表示认可。 (姚琼艳)

【新冠肺炎疫情口岸联防联控工作】 1月27日,静安区成立区新冠肺炎疫情防控工作领导小组,下设口岸工作组,负责铁路上海站口岸疫情防控工作,副区长李震担任口岸工作组组长。1月28日,副区长李震召集上海站管委办、上海站、团区委、站区治安派出所等单位,主持召开上海站返程客流疏导及疫情防控会议,针对新冠肺炎疫情严峻态势,调整返程客流疏导模式,取消地下车库夜间客流集中安置区域,以不聚集、快疏散的原则进行疏导。1月29日,上海站管委办全体工作人员正式上班,当晚22时,副区长李震到站区联动指挥中心调度指挥,区政府办公室副主任徐忠柱陪同,上海站管委办、区卫生健康委、上海站、站区治安派出所、铁路上海站派出所、轨交火车站派出所、武警执勤五中队、综合管理大队、世缘集团、天目西市场监管所、市交通委执法总队一支队、静安区交警三大队、铁路交警一中队等单位约500人开展夜间疏导工作。1月29—31日，为补充春运专线运力不足，每日夜间23时至次日凌晨4时30分在站区南广场930路站点北侧增加10辆临时备用车。轨道交通1、3、4号线头班车始发时间提前至早晨5点，末班车延长至次日凌晨1点。增加夜宵车及线路，加强对上海站地区夜间出租车调度。根据市委、市政府相关要求，自2月1日起，铁路上海站全面推进上海"健康云"APP对到沪旅客个人信息进行填报。2月2日，区长于勇、副区长李震到现场指导信息填报工作。当日，因客流集中，上海站管委办又从各个战线紧急抽调6名青年干部支援出站口。2月3日，上海站地区疫情防控指挥部成立，负责铁路上海站疫情防控的现场指挥。副区长、区公安分局局长潘子罕，副区长、上海站管委办主任李震担任总指挥长，上海站管委办常务副主任黄翔担任总协调。当日，上海站管委办成立防控工作组，下设综合协调组、后勤保障组、医疗救治组、环境整治组、信息宣传组和志愿支援组等6个工作小组，加强对站区疫情防控工作的统一指挥。至此，全员至一线开启"白加黑""5+2"工作模式，力保站区疫情防控工作万无一失。1月29日至3月10日，市建设管理委、市民防办及区委分别组织机关干部志愿者、公安民警共200多人在上海站各出口处开展旅客健康云信息登记工作，为上海北大门把好第一道关。区商务委优先供应防控应急物资，区卫生健康委在上海站进出口设立5个医疗服务点，区文明办、团区委组织60名专业志愿者入驻上海站医疗服务点，区建交委在站区搭建10座发热留置棚，区民政局派出一辆救助车长期停在站台上，用于转运高温旅客。自愿报名的大益服务社8名志愿者担任运送发热病人的高危工作。上海站管委办深入站区宾馆、酒店等单位进行排查，重点检查防控措施落实情况，并督促各客运单位、站区单位加强清洁消毒，落实疫情防控工作。3月11日，根据口岸工作组工作会议要求，上海站管委办及时通知各市、区志愿者及公安即时撤岗，并撤离相关登记核验设施设备，恢复上海站出口正常秩序，同时对接区卫生健康委、上海站继续保留站内旅客测温工作和留验站，继续保留6个工作小组开展相关后续工作。

(姚琼艳)

【完成区年度春运任务】 1月10日—2月18日为期40天，铁路上海站、长途客运总站、沪太路客运站、中山客运站、沪铁客运站和长途客运北站等6家客运单位累计接送旅客472.13万人(次)，比上年减少45.82%。其中铁路上海站接送旅客400.29万人(次)，比上年减少45.01%；5家长途客运站累计接送旅客71.84万人(次)，比上年减少49.91%。另外，轨道交通1号线累计接送229.39万人(次)，比上年减少51.67%；轨道交通3、4号线累计接送193.97万人(次)，比上年减少53.17%。春运期间，铁路上海站派出所抓获网上逃犯46人，查处扰序案件6起，破获逃票案件34起；站区治安派出所刑事拘留2人(次)，治安拘留2人(次)，法治教育45人(次)。查获四轮机动车非法客运车辆13辆，查获二轮摩托车1辆、残疾车拆棚17辆，查获电动自行车1033辆，查扣"五类车"230辆。整治机动车违法行为1756次，非机动车违法行为1435次，行人违法行为319次。取缔无证设摊29个。清理违规停放自行车400余辆、助动车100余辆。春运期间，全区未发生一起因处置不当而出现的旅客滞留现象，也未发生长时间大面积交通拥堵的情况。

(姚琼艳)

【复工复产】 3月10日,上海站管委办常务副主任黄翔等领导会同天目西市场监督管理所至中兴国际眼镜城,检查指导复工工作。要求相关单位设置测温点、控制好客流、加强通风消毒,并核对入驻商户登记信息,经有关部门审批同意后方可复工运营。3月11日,上海站管委办副主任余建清、贾振宇至长途汽车客运总站,现场检查指导长途客运总站的复工准备情况,要求长途客运总站根据通知要求,及时向上海站管委办、天目西路市场监管所报备复工营运方案,做好出站旅客测温、客运车辆消毒与清洁,严格落实实名登记,确保乘客信息可溯源。

(姚琼艳)

【查验全国高风险地区到沪旅客健康码】 6月18日,上海站管委办根据市防控办对机场和火车站精准做好国内高风险地区到沪人员疫情防控工作的相关要求,组织全办干部对重点地区到沪旅客的健康码进行查验。至12月3日,累计查验高风险地区到沪列车261班(次),查验旅客健康码66300人,其中查验黄码1人,红码0人。

(姚琼艳)

【站区消防安全工作】 8月8日,根据区政府紧急会议精神,上海站管委办第一时间启动站区消防安全隐患排查工作,成立站区消防安全专项督导组。上海站管委办班子成员定期带队对站区在建工地、商场、车站、商务楼宇等重点区域开展专项检查,对个别单位存在检查台账记录不完备、消防通道堆杂物、视频监控有故障等问题要求立即整改,并确保整改落实到位。要求站区内24家重点单位全面自查,并每周向督导组反馈自查结果。8月25日,上海站管委办邀请上海市消防协会专家,开展消防安全知识专题培训,进一步增强各站区单位安全意识,提升火灾发生时的应急能力。

(姚琼艳)

【非法客运整治工作】 8月13日上午5时,市交通委执法总队一大队、站区治安派出所、铁路上海站派出所、静安交警二大队二中队、铁路交警一中队与站区综合管理大队联合开展非法客运"8·13整治行动"。在铁路上海站南广场开展临检设卡,重点查处网约车非法客运、残疾车非法客运、机动车违停等违法行为。8月20日由上海市整治非法客运联席办和上海站管委办共同牵头,市交通委执法总队联合静安交警支队在上海长途客运总站的一楼大厅内开展"拒乘黑车、平安出行"主题宣传活动,扩大非法客运整治工作的宣传影响力。11月5日,上海站管委办牵头市交通执法一大队、站区治安派出所、静安区交警二大队二中队和综合管理大队在铁路上海站地区白玉兰广场、友谊服饰门前,联合开展以"珍爱生命、远离非法客运"为主题的宣传活动。共向旅客市民、友谊服饰商场内的工作人员小业主发放手册230余份。

(姚琼艳)

【创建复评全国文明城区迎检工作】 8月26日,上海站管委办召集站区各单位,召开2020年铁路上海站地区创建全国复评文明城区迎检工作会议。按照工作责任区域,上海站管委办成立4组创建复评全国文明城区工作巡查小组,由班子成员带队。明确各组巡查范围和责任科室,细化工作职责和测评指标体系,并建立每日巡查汇报机制。每日召开巡查汇总会议,加强各组沟通协调,密切协作配合。期间,中央测评人员3次到上海站进行检查。上海站管委办依托站区联动指挥中心,通过视频巡查,动态发现站区情况。上海站管委办各巡查小组主动配合,第一时间解决问题,完成创

城复评迎检工作。 （姚琼艳）

【做好低温寒潮天气应对工作】 12月29—30日，上海站管委办全力做好低温寒潮天气应对工作。加强值班值守，确保人员及物资保障充分。加大对站区各类管道、设备设施检查力度，做好防冻、防凝、防泄漏工作。加强道路防冻、防滑，对个别区域出现的水管爆裂、路面结冰等情况及时组织抢修，并做好低温天气安全防护宣传和工作提示，防范意外事故发生。29—30日每晚21时，由上海站管委办常务副主任黄翔现场指挥，站区治安派出所、铁路派出所、天目西路城管中队、区救助站、综合管理大队、环卫所协同配合，对站区内盲流及露宿人员开展联合集中救助行动。共救助露宿人员14人，送救助站9人，送闸北区中心医院1人，劝离4人。

（姚琼艳）

（二）铁路运输

【概况】 国铁上海局集团公司地址：上海市静安区天目东路80号。2020年，国铁上海局集团公司受新冠肺炎疫情和汛情影响，至年末，完成旅客发送量47901万人，较国铁集团调整目标增运5712万人，占全路旅客发送量22.1%，比上年提高1.7%。货物发送量18787万吨。盈亏总额较国铁集团下达目标减亏30亿元以上。杜绝一般B类及以上责任行车事故，实现连续安全生产2424天。年内，国铁上海局集团公司发文调整机构设置，对集团公司机关科室、集团公司所属单位、合资铁路公司以及新线运营维修管理机构和管界进行调整。

（孔令贵）

2020年国铁上海局集团公司运输经营主要指标完成情况表

项目名称	计量单位	年度预期值	年末实绩	完成（%）	上年同期实绩	比上年同期增减（±%）
换算周转量	百万吨千米	265920	287402	108.1	386301	-25.6
旅客周转量	百万人千米	139480	159095	114.1	254718	-37.5
货物周转量	百万吨千米	126440	128307	101.5	131583	-2.5
旅客发送量	万人	42189	47901	113.5	73268	-34.6
货物发送量	万吨	18781	18787	100	18403	2.1
上海市内车站旅客发送量	万人	—	7605	—	12834	-40.7
安徽省内车站旅客发送量	万人	—	9455	—	13364	-29.3
江苏省内车站旅客发送量	万人	—	15038	—	22534	-34.3
浙江省内车站旅客发送量	万人	—	15711	—	24058	-34.7

(续表)

项目名称	计量单位	年度预期值	年末实绩	完成(%)	上年同期实绩	比上年同期增减(±%)
动车组发送旅客	万人	—	38966	—	56234	-30.7
货物发送量	万吨	18781	18787	100	18403	2.1
货车周转时间	天	2.43	2.34	压缩0.9	2.33	延长0.01
货车中转时间	小时	5.0	4.8	压缩0.2	4.8	持平
货车停留时间	小时	19.2	18.4	压缩0.8	18.8	压缩0.4
货车旅行速度	千米/小时	—	44.8	—	42.3	5.9
日均装车数	辆/日	10400	10392	99.9	9945	4.5
日均卸空车	辆/日	—	13233	—	12175	8.7
货车静载重	吨/辆	—	49.4	—	50.7	-2.6
客车出发正点率	%	—	100	—	100	0.0
客车运行正点率	%	—	100	—	100	0.0
货车出发正点率	%	—	98.2	—	98.2	0.0
货车运行正点率	%	—	97.4	—	97.4	0.0
货机日产量	万吨千米	116.3	122.0	104.9	118.9	2.6
货机日车公里	千米	461	490	106.3	473	3.6
货机列车平牵	吨	2770	2793	100.8	2808	-0.5
内燃机车单耗	千克	—	31.9	—	30.0	-6.0
电力机车单耗	千瓦时	—	195.7	—	202.9	3.7
货车运用车	辆/日	56000	53940	96.3	52438	2.9
部属现在车	辆/日	—	57830	—	56656	2.1
集装箱发送量	万TEU	284.0	278.0	97.9	207.3	34.1
运输收入	亿元	—	763.94	—	—	-28.8
客运收入	亿元	—	567.02	—	—	-34.9
货运收入	亿元	—	196.92	—	—	2.7
非运输业营业收入	亿元	—	218.20	—	—	-11.77

(续表)

项目名称	计量单位	年度预期值	年末实绩	完成(%)	上年同期实绩	比上年同期增减(±%)
运输业劳动生产率	万吨千米/人	—	198.2	—	259.6	−23.6
行车责任重大、大事故	件	—	0	—	0	
安全天数(无A类及以上责任行车事故)	天		2424			
盈亏总额	亿元	—	−70.55	—	102.03	

注:1.受新冠肺炎疫情影响,相关指标属于年度调整指标;2.资料来源于《上海局集团公司2020年统计公报》,上海局集团公司运输部、客运部、货运部、工务部、劳卫部、财务部(收入部)等相关部室。

(孔令贵)

【安全生产保持总体稳定】 年内,国铁上海局集团公司推进标准化、规范化建设,精简优化各类考评标准,开展作业达标率评价,规范管理和作业行为。以安全双重预防机制防风险、除隐患、盯关键,组织开展安全隐患大排查大整治、普铁环境整治以及高铁道岔、信号串码、隧道、动车组源头质量等专项整治,汛期经受了百年一遇的雨情水情考验,年内完成各类施工1.7万项。推动铁路安全地方立法工作,《上海市铁路安全管理条例》(2020年12月30日上海市第十五届人民代表大会常务委员会第二十八次会议通过)率先出台。在经营困难情况下持续加大安全投入,年内安排大修、技改和专项整治费用104.9亿元。加强安全责任落实,严格安全生产过程管理履职督查,加大安全质量奖惩力度。实现连续第六个安全年。 (孔令贵)

【新冠肺炎疫情防控】 年内,国铁上海局集团公司新冠肺炎疫情防控工作按照国铁集团和三省一市属地管理要求,根据疫情变化,依法依规、内外同防、人物同防、联防联控,保障重点物资运输,守住铁路防疫关口和职工生命健康防线,助力社会经济秩序恢复,确保铁路运输大动脉畅通。疫情初期8名确诊员工2月28日治愈后,一直保持"零新增"。加强货物运输管控工作,严格落实各货运车站进口冷链食品证明查验制度和工作人员分级管控要求,优化业务流线、规范防控流程,坚持健康筛查,防止人与人、人与货物之间的交叉感染,杜绝疫情借铁路传播和内部聚集性传播。全年运送疫情防控物资设备2911批(次)8378吨。国铁上海局集团公司获评国家级、交通运输部、国铁集团和三省一市表彰的抗疫先进集体17个、先进个人35人。 (孔令贵)

【铁路建设】 年内,国铁上海局集团公司建设系统围绕"五个确保、五个见实效"目标任务,保开通、保在建、保开工,合杭、沪苏通、合安、盐通等项目开通运营,沪苏湖、合新等8个项目新开工,湖杭等16个续建项目有序推进。苏北高铁网基本建成。年内,集团公司完成基建投资873.6亿元,超过上年水平,保持全路第一,年开通里程创集团公司历史新高,发挥铁路投资拉动作用。投产新线1234.7千米、复线1007.9千米、电气化铁路1305.4千米。 (孔令贵)

【科技创新与职工队伍建设】 年内，国铁上海局集团公司完善科技信息化管理制度机制，加强科教人才工作。召开集团公司科技创新大会。落实网络强国建设行动，制订加快"数字上铁"建设工作方案。投入 2065 万元，立项科研课题 226 项，评审验收成果 179 项，均创历史新高。获上海局集团公司优秀成果 168 项，获省部级科技奖 7 项。牵头研究国铁集团课题 11 项，结题验收 1 项。实施铁网护栏等网络安全专项工程，优化整合信息系统 272 个，动车组健康管理、机车运用管理等一批重点信息化和大数据应用项目有序推进。鼓励职工创新创造，表彰金点子、优秀合建和技改成果 128 项。推进人才培训培养计划落实及平台建设，挂职锻炼年轻干部 159 人，优化调整领导人员 335 人，其中提拔使用抗疫防汛表现突出人员 18 人。新增选树铁路工匠 5 人、上铁工匠 20 人，考核晋升专业技术人员 1717 人，技能人员 12611 人，获詹天佑铁路科学技术奖 18 人。深化真培、真学、真考，完成各类培训 9005 期 85.7 万人（次），首次开展高铁岗位自培，常态化组织各级抽考，举办首届青年创新创效大赛，上海局集团公司在第六届全国铁道行业职业技能大赛中获团体一等奖。

（孔令贵）

（三）铁路上海站

【概况】 上海直属站管辖上海站、上海南站、上海虹桥站 3 个大型客运站及上海西、南翔北、安亭北、安亭西 4 个城际中间站，共 7 个营业站。管辖客技站、光新路站（存车场）、上海南动车所、虹桥动车所 4 个客车、动车整备、存放场（所），另管辖 4 个高铁线路所。作为京沪、沪昆两大铁路干线的交汇点，以及京沪、沪宁、沪杭、沪苏通 4 条线路的终到始发站，上海直属站是东部铁路重要的客运枢纽站。车站下设安全科、营销科等 10 个职能科室，售票车间、客运车间、运转车间、综合车间、行包车间、上南客运车间、上南运转车间、上南行包车间、虹桥车间、上西车间、利民公司等 11 个车间，共设置 68 个工班。上海站地址为上海市秣陵路 303 号，占地面积 43 公顷，其中主站房建筑面积 4.5 万平方米，候车室总面积 2 万平方米，南北广场总面积 9.3 万平方米，采用"高架候车，南北开口，高进低出"布局。设有长 500 米的高站台 13 座 15 股道。电梯 56 部，其中有 35 部自动扶梯，21 部垂直电梯，有 10 吨锅炉 2 台、6 吨锅炉 1 台，250 万和 200 万大卡溴化锂机组 3 台，250 千瓦热泵机组 2 台、400 千瓦热泵机组 3 台等大型设备。车站共设售票房 2 个、人工售票窗口 48 个、自助售取票机 117 台、取票专机 46 台、自助临时证件办理设备 2 台。共设自助实名制验证设备 28 台，进出站检票闸机 134 台。设置上水设备 147 套、三品检查仪 22 台。

（彭潇潇）

【安全生产保持稳定】 年内，认真学习贯彻习近平总书记关于安全生产工作的重要论述，扎实开展敬畏规章、执行标准、夯实基础专项教育，以及各类事故案例警示教育，增强干部职工安全红线底线意识。扎实推进标准化、规范化建设，完善考评体系、精简考评标准、优化考评运作，推行岗位作业达标率评价，从严管理、按标作业水平得到全面提升。强化安全双重预防机制运作，聚焦防风险、除隐患、盯关键、抓落实，深入推进安全生产专项整治三年行动、铁路外部环境安全综合治理、安全隐患大排查大整治，扎实开展调车、防错办、安检查危、消防用电、信息网络和严重故意违章等安全专项整治，全面排查消除各类安全隐患，解决各类问题 140 余件。严格干部安全生产过程管理履职督查,落实"一事三查"问责机制,全年共考核问责91人(次)。加大安全质量奖惩力度,全年兑现奖励2966万元,考核51.7万元。

(彭潇潇)

【经营效益好于预期】 年内,认真研判疫情影响,以变应变,在客流低迷情况下精准安排运力,坚持有流开车、无流停运,及时向集团公司提报减编停运申请,全年共减编停运列车33883趟,针对通勤客流等刚性需求,积极做好早晚时段、重点区段运力保障。持续关注疫情变化,围绕周末、暑运、节假日客流等重点,加强分析预测和运能配置,促进客流回升,努力增运补欠。以沪苏通、连镇、合安、盐通等新线开通为契机,深入开展市场调查,准确把握沿线客流结构特征,持续优化列车开行方案,动态实施票额策略调整,提高新线、新车效益。车站全年累计完成旅客发送7037.56万人,超调整后目标525.56万人;完成运输收入112.36亿元,超调整后目标7.02亿元;完成其他业务收入5109.36万元,超任务指标109.36万元。实现利润819.07万元,比上年增长27.1%。

(彭潇潇)

【客运服务加速提质】 年内,深入推进客运提质三年行动计划,坚持高普并重、软硬并举,全面提升服务品质。完成上海站重点旅客候车室、上海南站导向标识、虹桥站商务座候车区改造升级,建成上海南站和上西车间4个小站12306服务中心,改进加强各类客服设备、设施维保,提升服务保障水平。推进普速车站达标提质,全面实施电子客票,推广E卡通、计次票等,开展行李搬运线上预约、站区广告和店招亮度整治,增设站内便捷换乘点、应急退票专窗,不断改善旅客出行体验。进一步落实重点旅客"主动发现、主动服务"要求,有针对性地推出适老服务举措,用心改善老年旅客服务,实施虹桥站商务座服务提质试点,满足商务座旅客出行需求。高标准做好第三届中国国际进口博览会服务保障,完成全年重点运输任务。强化服

11月18日,铁路上海站2件抗疫物品被上海市历史博物馆(上海革命历史博物馆)收藏展出

(铁路上海站 供稿)

务质量问题分析和闭环管理,有责投诉得到进一步控制。

（彭潇潇）

【完成春运任务】 1月28日至3月8日春运40天,车站共完成运输进款8.49亿元,比上年下降52.1%;完成旅客发送546.53万人,比上年下降28.4%,其中上海站144.53万人、上海南站75.43万人、上海虹桥站及三小站326.57万人。3月6日为旅客出行最高峰,当日客发达25.09万人。各类媒体对铁路上海站进行正面报道2204篇(次),其中中央级媒体报道809篇(次)。

（彭潇潇）

（四）轨道交通

【概况】 2020年,经区境内运营的轨道交通有1、2、3、4、7、8、10、12、13号线。其中轨道交通1号线有8座车站,全年进站客流58120310人(次);轨道交通2号线有2座车站,全年进站客流21388923人(次);轨道交通3、4号线在区境内共线运营,设有2座车站,全年进站客流12335768人(次);轨道交通7号线有2座车站,全年进站客流14128658人(次);轨道交通8号线在区境内设有3座车站,全年进站客流14162537人(次);轨道交通10号线有1座车站,全年进站客流5953871人(次);轨道交通12号线设有4座车站(包括天潼路站),全年进站客流10502328人(次);轨道交通13号线设有4座车站(包括武宁路站),全年进站客流13975990人(次)。轨道交通1、12、13号线在区境内的汉中路站实行同站换乘。轨道交通2、12、13号线在区境内的南京西路站实行同站换乘。轨道交通2、7号线在区境内的静安寺站实行同站换乘。轨道交通8、12号线在区境内的曲阜路站实行同站换乘。轨道交通10、12号线在区境内的天潼路站实行同站换乘。

（张君龙）

2020年静安区境内轨道交通客流情况表

轨道交通线路	站名	进站人数（人次）	线路进站人数合计（人次）
1号线	汉中路站	3631978	58120310
	上海火车站站	12142616	
	中山北路站	5201805	
	延长路站	7940447	
	上海马戏城站	6435879	
	汶水路站	7069557	
	彭浦新村站	8953412	
	共康路站	6744616	

(续表)

轨道交通线路	站名	进站人数（人次）	线路进站人数合计（人次）
2号线	南京西路站	8508753	21388923
	静安寺站	12880170	
3、4号线	上海火车站站	9634118	12335768
	宝山路站	2701650	
7号线	昌平路站	5526577	14128658
	静安寺站	8602081	
8号线	曲阜路站	4706891	14162537
	中兴路站	3924390	
	西藏北路站	5531256	
10号线	天潼路站	5953871	5953871
12号线	天潼路站	735869	10502328
	曲阜路站	830648	
	汉中路站	2940186	
	南京西路站	5995625	
13号线	武宁路站	4062380	13975990
	自然博物馆站	2606203	
	南京西路站	5232011	
	汉中路站	2075396	

（张君龙）

（五）道路运输

【概况】 1月26日起，上海市省际客运站发送与到达所有班车（含外籍班车）、省际包车（含外籍包车）停运。3月25日起，全面恢复除武汉外的省际客运班线。 （李佳丽）

【上海沪铁长途客运有限责任公司】 位于恒丰路785号。公司拥有全国道路旅客运输二级经营资质，为中国道路运输协会、上海市交通运输协会、市旅专会、市道路交通安全协会会员单位。隶属于上海铁路国际旅游（集团）有限公司，是上铁国旅公司全资控股子公司，独立法人单位，注册资金3690万元，员工70余人。公司下设综合管理部、经管安质部、客运站及旅游车队。年内，着力实现"六杜绝、一实现"安全目标，被评为"四星级"平安单位。公司拥有9条线路、10辆班线车及15辆旅游包车。紧紧围绕铁路集团公司职代会精神要求，结合"节支降耗做贡献，改革创新立新功"主题教育活动，以抓疫情防控工作为前提，积极开展班线业务复工复产、安全管理、客运站转型等经营管理工作，确保实现年度保平增收目标任务。

（方洪钢）

【上海交运巴士客运(集团)有限公司沪太长途站】 位于闸北区中山北路1015号。北至柳营路，南至恒丰路，东至谈家桥路，西至骊山路。站西侧为内环中山北路上匝口、东边为内环中山北路下匝口。总面积12908平方米，停车场5100平方米、候车大厅2833平方米（候车大厅A厅1000平方米、B厅833平方米、C厅1000平方米）、站前广场455平方米。2020年，沪太站共发42245班（次）、发送276201人（次）。

（王娟）

（六）公共交通

【概况】 静安区地处上海市中心区域，境内公共交通发达，有铁路上海站、上海长途汽车站等重要交通枢纽。2020年底，区域内有公交始发站和过境线路172条。 （叶供发）

【公交206路单向调整走向】 8月29日头班车起，为配合电力公司隧道永和路（万荣路—共和新路）施工，公交206路将单向调整走向：自西康路起循原线至岚皋路、灵石路、共和新路、闻喜路循原线至临汾路阳泉路止。回程不变。往临汾路阳泉路方向撤销站点永和路万荣路、永和路共和新路，新增站点灵石路共和新路（与79、951共站）。 （叶供发）

【9月5日起静安区2条道路禁止机动车通行】 根据上海市"一江一河"发展战略，配合"2020年苏州河沿岸全面贯通及品质提升"工程，9月5日起，静安区苏州河北岸光复路（共和新路—西藏北路）及北苏州路（西藏北路—河南北路）、虹口区北苏州路（河南北路—吴淞路），实施禁止机动车通行管理措施。

（叶供发）

【公交502路、723路缩线经营不再经过静安区】 5月，久事公交集团及下属公交营运公司制订线路优化方案，公交502路、723路入驻虹口足球场交通枢纽。将502路原先从淞南十村到梅园路共和路调整为淞南十村到虹口足球场；将723路原先从香山新村到上海火车站调整到香山新村到虹口足球场。 （叶供发）

【公交948路缩线运营】 5月9日起，巴士三公司所属948路缩线运营。从原北海宁路吴淞路到新郁支路新郁路调整为谈家渡路武宁支路到新郁支路新郁路。不再经过静安区。

（叶供发）

【公交63路、319路车站迁移】 5月，为配合北横通道相关工程，63路、319路天目西路大统路站（由西向东）自5月10日起将西移100米。

（叶供发）

二十、科学技术·信息化

编辑 顾瑞钧

(一)综述

2020年,静安区科技工作聚焦对接上海科创中心建设、打响"上海制造"品牌、推进智慧城市建设等任务部署,以推进科技产业集聚发展为核心,以推进打造良好创新创业环境、先进技术场景应用落地为两翼,以大数据、人工智能、云计算等战略新兴产业发展为引领,推进新型基础设施建设,加快发展在线新经济,发挥科技创新对当前复工复产和经济平稳运行的支撑保障作用,优化科技创新发展环境,推动区域科技创新工作健康快速发展。

重点聚焦大数据、云计算、区块链、人工智能及其产业链,依托上海数据交易中心、上海大数据应用创新中心、大数据流通与交易技术国家工程实验室等功能型平台,推进大数据产业示范基地建设,按照工信部要求开展国家大数据产业示范基地质量评价工作。推动数据智能产业协同创新、融合发展,打造产业集群,提升大数据产业发展能级。全年引进大数据企业94家,根据全市大数据产业发展报告显示,大数据企业数量列各区之首。推动上海灿瑞科技股份有限公司、上海天好电子商务股份有限公司等企业冲击科创板及创业板上市。上海晶赞融宣科技有限公司、上海浪潮云计算服务有限公司连续入选中国大数据企业50强;卡斯柯无人驾驶工程技术研究中心和华院数据认知智能研究中心项目入选2020年上海世界人工智能大会线下签约项目。

推进上海数字经济创新实践基地建设,启动数字经济技术验证平台建设,整合基于数信络谱区块链平台的数字生态合作,实现安心社区云项目、IP交易平台设计研发等若干应用落地。加强院校合作,与中科院上海分院在区块链技术创新方面开展战略合作,推动"上海学院区块链技术研究所"落地静安区,支持并争取市北高新区块链生态谷项目获批上海科创办重大项目立项。在市科委指导下,谋划推进联合国开发计划署上海金融科技创新中心项目(UNDP)落地静安区。继续举办长三角国际创新挑战赛数据智能区块链专场赛,帮助企业实现技术对接,推进科技成果转移转化。推动国际数据管理协会(DAMA)落地静安区,以国际先进理论和最佳实践,助力数字化转型浪潮下的人才发展与知识提升。

推进高新技术企业认定申报加强精准辅

导,以科技园区为辐射点,开展申报高企宣传解读,联手区人力资源社会保障局、区投资办,以网络直播、在线课堂等形式举办相关培训9场。共有231家企业申报高新技术企业,191家企业获得认定,双双创历史新高。

广泛发动中小型科技企业、创业团队参加"创业在上海"创新创业大赛,组织大赛培训7场(次),覆盖科技企业人员近8万人,有52家企业获科技型中小企业技术创新资金立项。支持企业开展技术转让、技术交易活动,提高企业科技成果转移转化能力。开展技术合同认定登记工作,服务企业创新研发活动,认定登记技术合同170项,技术合同成交额4.12亿元。开展张江专项发展资金重点项目申报推荐工作,共有3批166家企业的182个项目通过立项并获资助,获市级资助资金8146万元。开展2019年度上海市科技进步奖推荐申报工作,卡斯柯信号有限公司、上海自动化仪表有限公司参与研发的项目获市科技进步奖特等奖,上海文化广播影视集团有限公司等4家企业获市科技进步奖一等奖,上海岩芯电子科技有限公司等3家企业获市科技进步奖二等奖。

推进实施大数据产业专项政策,申报149个项目,项目申报数比上年度大幅增长,大数据产业集聚态势良好。落实科技创新配套政策,资助区级科创政策项目资金1800余万元,涉及企业项目130余家。拟定在线新经济和新基建工作计划。落实《上海市促进在线新经济发展行动方案(2020—2022年)》和《上海市推进新型基础设施建设行动方案(2020—2022年)》文件精神,起草《静安区推进新型基础设施建设全力打造在线新经济卓越城区发展行动计划(2020—2022年)》。

推进市、区联动项目,依托市、区联动项目开展各类线上和线下创新创业服务活动30场,扩大静安众创空间的品牌影响力和辐射带动力,提升众创空间服务能级。推进闸北园和静安园合并,经市政府批复,张江高新区原静安园和原闸北园于7月正式合并为新的张江高新区静安园,园区各类资源得到整合,服务效率得到提升。

年内,区科委指导服务科技企业申报各类人才项目共57人(次),上海中铁通信信号测试有限公司的赵晓蓉获2019年"上海领军人才"称号,上海聚水潭网络科技有限公司的骆海东入选科技部2019年度"创新人才推进"计划、"科技创新创业人才"计划。推进海外引才引智工作,承接外国人来华工作许可,落实外国人来华工作许可及居留"单一窗口"建设工作,全面承接外国人来华工作许可事项。11月2日,"外国人工作、居留单一窗口"在公安静安分局出入境接待大厅正式启用。在业务流程方

11月2日,"外国人工作、居留单一窗口"在公安静安分局出入境接待大厅正式启用

(区科委 供稿)

面将申请来沪工作许可、居留两项政务从原来的"至少跑两次、历时17天"缩减到了"只需跑一次、7天即办成","单一窗口"在"不见面"审批基础上打破部门壁垒。

区科委落实政务服务"一网通办"各项要求,开展部门公共服务事项梳理,为科技创新创业提供更多便利服务。加强科技企业信用管理,推进查信用信,把企业信用状况作为科技项目立项、财政资金支持重要依据,累计完成各类事项共116人(次)自然人查信,推进守信激励、失信惩戒的信用激励约束机制。加强科技政策咨询服务,开展政策汇编梳理,为中铁信号测试、芮视智能、华辰生物科技等143家初创期企业提供科技创业政策咨询与资源对接服务。落实75家对口服务企业任务。助力企业招才引智,组织辖区各园区、科技企业参加张江示范区"网上人才招聘会"、区政协云招聘会等,通过"云招聘"等方式帮助企业解决新冠肺炎疫情期间人才招聘难问题。

年内,区科委成立新冠肺炎疫情防控工作小组,确保40个科技园区和众创空间场所疫情防控有力有序。发挥科技支撑,开发全区企业走访调研系统,对获取的9000多家企业信息进行大数据分析,多维度掌握企业受疫情影响情况。走访全区386家重点科技企业,鼓励有新技术、新产品、新应用的企业主动参与防疫工作,并推荐申报市经信委专项。支持企业开展防疫相关的研究开发、检验检测认证、科技咨询、技术转移活动,以科技创新券形式给予补贴。加强产业政策倾斜扶持,提前开展科创配套资金操作,对符合各类扶持补贴奖励资金兑现条件的项目加快兑现。

聚焦对接上海科技创新中心建设、打响"上海制造"品牌、智慧城市建设、张江静安园建设等重点任务,对接市级规划,全面分析"十三五"规划时期科技、信息化工作、张江静安园现状及存在的主要问题和瓶颈,提出"十四五"规划期间科技、智慧城区、张江静安园发展目标、总体思路和重点任务,完成科技、智慧城区及张江静安园"十四五"规划编制工作并形成初稿。

(朱蒨)

(二)科技创新

【华为上海区块链生态创新中心成立】 年内,区科委推动华为上海区块链生态创新中心建设。推进创新中心内展厅装修、项目征集、对外展示等工作。联合举办创新中心项目招募会等推介活动,推进华为生态伙伴、创新企业、创新团队入孵入驻。引进华海智慧(上海)信息系统技术有限公司落地静安区,作为中心的辅助运营方。6月,该中心挂牌成立。 (朱蒨)

【2020上海静安国际大数据论坛】 于10月22日在上海展览中心举行。论坛以"集聚数据新要素,赋能数字新基建"为主题,以数据新要素为核心,持续关注新基建、隐私计算、区块链与医疗大数据等诸多具有产业落地价值的议题和话题,打造静安大数据品牌活动。论坛采用线上线下相结合的方式与大数据、人工智能等领域从业者见面,共计吸引600余人现场参会,在线观看人数超235万人(次)。

(朱蒨)

【推进上海数字经济创新实践基地建设】 年内,区科委启动数字经济技术验证平台和数字经济技术验证平台建设;推进基于数信络谱区块链平台的数字生态合作,实现安心社区云项目、IP交易平台设计研发等5个应用落地。推进静安"科技大市场"建设,在静安区搭建数字经济产业方向的技术需求库,为静安区的企业提供技术验证服务,挖掘和分析企业的创新需求,提供展示与对接服务平台。并对接长三角技术需求库,完备其数字经济产业领域的技术需求库,调动静安区科技创新力。搭建技术服务商库,引入全国的数字技术服务商企业,扩大和完备静安区技术服务企业数量和技术丰富度,对技术服务和产品进行分类和展示。

(朱蒨)

(三)信息化建设

【推进全区性、跨部门应用项目建设】 年内,区科委加快推进政务信息系统整合,推进跨部门"大系统、大平台"建设。协调推进"151项目"(经国家发展改革委审批立项的"大数据与城市管理工程"项目的简称。"1"是指一个智能感知网;"5"是5方面的应用领域,包括交通、医疗保健、食品安全、环保、公共设施;还有一个"1"是在跨部门、跨领域、跨系统的城市综合管理运行平台)的政府购买服务流程和感知设备安装部署。组织2021年度静安区信息化项目预算申报,开展全区性申报培训,完成全区50个部门270个信息化预算项目部门会审、专家评估和技术初审工作。

(朱蒨)

【推进网络基础设施建设】 年内,区科委推进业务专网整合和接入工作,完成所有区级接入单位政务网光纤和网络接入工作。根据《上海市电子政务外网建设和运行管理指南》要求,开展区政务外网升级改造工作,初步制订区政务网升级技术方案。完成机房撤并项目的可行性研究,该项目完成立项审核,进行公开招标。重点支撑"一网通办""一网统管"等重要业务,加强与市大数据中心、区政务数据管理中心、区城运中心沟通联系,提供技术支持,根据新情况建立起新运行保障机制。推进5G网络建设及场景部署和应用,移动、电信、联通等三大运营商和铁塔公司累计完成1121个5G基站部署。

(朱蒨)

二十一、教育

编辑 顾瑞钧

（一）综述

2020年，静安区有教育系统所属机构168所，其中高中9所、完中8所、初中26所、九年一贯制学校7所、小学42所、幼儿园58所、中级职校2所、区属高级职校1所、业余大学1所，其他教育单位14所。基础教育在校学生96140人，其中幼儿园22085人、小学37370人、初中25933人、高中10752人。在职教职员工11557人，其中教师9880人，在职上海市特级教师38人。

深化教育综合改革。参与上海市对静安区政府开展依法履行教育责任的综合督政。推进全国教育科学"十三五"规划教育部重点课题"深化教育个性化：发达城区提升学生核心素养的实践性循证研究"，完成课题总报告，召开成果报告会，编制研究动态1期。开展紧密型学区化集团化创建，区义务教育阶段有教育集团13个、教育学区1个，学区化集团化办学共涉及学校57所，覆盖率66.3%。应对中考改革，做好教研和监测指导。推进区域中、高考综评改革。举办以"务实突破创新"为主题的"静安教育学术季·第五季"。开展"铭记·传承·致敬"静安区中小学红色文化主题教育活动，举办"新时代好少年（美德少年）"宣传表彰活动，组织"红色静安展风采，学史明志育新人"静安区教育系统"四史"学习教育主题展示活动。完善区中小幼课程育人联席会议制度，推动以思政课为重点的区校两级学科德育建设，完善区域一体化德育体系建设，召开"创新机制提升品质"静安区大中小学思政课一体化建设推进会。居家防疫期间，开展学生心理防疫和家庭教育指导工作。对全区中小学班主任开展分学段专题培训。推出"文明食尚小达人，快乐光盘践行动"静安区新时代好少年"节粮爱粮，厉行节约"倡议书。

提升学生综合素养。开展医教结合工作，加强中小学食品安全工作，举办静安区学校近视工作研讨交流会。实施静安青少年运动技能等级标准测试，形成《静安区青少年运动技能等级测试实施方案》。开展2020年学生体质健康区级抽测。加强静安区校园戏剧联盟建设，做好线上培训，开展"美育云端课堂"活动。组织线上科技竞赛，参加第二十二届中国国际工业博览会。完善队伍建设。聘任129名教师为新一届区学科带头人。选派援疆干部及教师

56人，援滇教师4人。8名教师获评"上海市特级教师"称号，上外静小校长周云燕获评上海市"四有好老师（教书育人楷模）"提名奖。

各类教育协调发展。启动静安终身教育发展"十四五"规划编制工作。开展"e读静安与爱同行"世界读书日活动。优化"人文行走"项目"红色静安"线路，推出"科普静安"新线路。举办静安区"乐学静安品质生活"全民学习活动周、市民诗歌节、老年教育艺术节等学习展示活动。完成"静安阅读公共平台"5台电子借阅机布置。召开区学习型城区建设推进大会，总结"十三五"规划期间工作，展示终身教育成果。召开静安区培训市场综合治理工作联席会议第一次工作例会。　　　　　（万翰杰）

（二）教育行政

【"静安教育学术季·第四季"活动】　于1月8日在市西中学闭幕。活动覆盖全区170多所中小学、幼儿园及其他教育单位，开展各级各类学术活动90余场，其中具有示范引领性的区域教育主题论坛5场，涵盖国家级教学成果展示、职初期教师培养主题研讨会、教育个性化区域实践展示、提升教师核心素养教学能力论坛、学科德育展示等内容；跨校联合区级展示活动26场；学校申报自主开展的各类活动60余场。在此期间，静安学促办举办"市民摄影展"、"静安人文行走"主题活动、"静安国学与文化精品讲座"等系列学习活动。　　（万翰杰）

【上海市对静安区开展依法履行教育责任综合督政】　6月16—18日，督政组与分管副区长、区教育局局长、区人大教科文卫工委和区政协教科卫体委员会领导、区相关委办局分管领导、人大代表和政协委员、区教育局分管局长、学校校长和教师代表进行座谈访谈，并实地走访调研学校、查阅相关资料，深入了解静安区教育发展整体情况，对静安区教育发展进行指导。

（万翰杰）

【区教育系统举行庆祝第三十六个教师节座谈会】　于9月10日在静安区青少年活动中心举行。区委书记于勇、区人大常委会副主任吴丽萍、副区长龙婉丽、区政协副主席鲍英菁等四套班子领导以及区教育局领导班子、部分学校党政领导、优秀教师、新教师代表等出席会议。会上，市西中学董君武、静安区实验中学徐亭、共康中学吴晓云、风华初级中学王以新、一师附小鲁慧茹、大宁国际小学徐晓唯、安庆幼儿园温剑青、教育学院王俊山等8名优秀教师代表作交流发言。　　　（万翰杰）

（三）基础教育

【静安区中小学教材选用管理委员会成立】　7月6日成立。办公室设在区教育学院教研室，负责全区教材选用管理组织实施和相关任务，指导和监督全区中小学教材选用、管理工作。研究解决教材管理中的重大问题，研究建立区域教材审核机制，组织协调各部门做好教材相关工作。　　　　　　　　　（万翰杰）

【区教育系统"四史"学习教育主题展示活动】　10月28日，由区教育党工委主办的主题为"红色静安展风采，学史明志育新人"展示活动在新中高级中学举行。该活动既是教育系统"四史"学习教育专题回顾与展示，也是全区"党课开讲啦"系列活动的教育主题专场。（万翰杰）

【区大中小学思政课一体化建设推进会】 于10月30日在风华初级中学举行。全区大中小学100余名校长、部分思政课教师、语文教师、历史教师和骨干班主任等参加会议。会上,"静安区大中小学思政课一体化建设中心"正式揭牌。 （万翰杰）

【全国教育科学"十三五"规划教育部重点课题结题成果报告会】 11月11日,全国教育科学"十三五"规划教育部重点课题"深化教育个性化:发达城区提升学生核心素养的实践性循证研究"结题成果报告会,暨以"务实突破创新"为主题的"静安教育学术季·第五季"开幕式在新中高级中学举行。 （万翰杰）

【静安父子阅读联盟十周年主题活动】 11月16日,由区教育局指导,区家庭教育指导中心与上海译文出版社共同主办,以"共读一个新十年"为主题的2020静安父子阅读联盟十周年主题活动在上海青少年国际交流中心举行。2011年,区家庭教育指导中心与区内14所小学合作,成立静安父子阅读联盟,是上海唯一一家以"出版+教育"融合发展为特色,推动青少年阅读和家庭亲子阅读为目标的公益组织。2018年,联盟新增7所小学。2020年,南阳实验、南西、威海路等12所幼儿园加入,4家出版机构成为联盟新合作伙伴。主题活动公布"十年十本——静安父子阅读联盟十周年特别书单"和"2020冬季阅读推荐书单"。 （万翰杰）

【区儿童青少年近视防控工作研讨会】 11月17日,由区教育局和区卫生健康委联合召开的"抓规范,重宣传,求实效"——静安区儿童青少年近视防控工作研讨会在三泉路小学举行,邀请市疾控中心儿少所副所长罗春燕博士和市眼病防治中心、市儿童青少年近视防治技术中心办公室主任何鲜桂博士出席,区教育局、区卫生健康委、区疾控中心相关负责人、全国防近监测点学校以及精准干预试点学校校长和相关负责老师60多人参会。4所学校作交流发言:广

11月16日,静安父子阅读联盟10周年特别活动"我们的家庭阅读故事"获奖代表分享家庭阅读经验 （区教育局 供稿）

中新村幼儿园《"目"浴阳光,护眼前行》、大宁路小学《共护心灵之窗,同筑"睛"彩未来》、三泉路小学《"小水滴"牵手"大眼仔",保护视力我先行》和向东中学《家校协同,科学防控,放眼未来》。2位专家对4所学校的交流作点评。

(万翰杰)

【公办初中强校工程中期评估会】 于12月14日在市北初级中学北校举行。市教委基教处副处长周勤健,市教委专家组瞿钧、徐虹、陈效民、王懋功、朱怡华、刘莉6名专家,区教育局副局长邱中宁、强校工程实验校校长、支援校校长,以及实验校区级指导专家代表出席。

(万翰杰)

【"防范安全风险,加强法治思维"主题活动】 12月14日,区教育局和公安静安分局围绕"防范安全风险,加强法治思维"联合开展静安区首个宪法宣传月主题活动。区教育党工委副书记、公安静安分局副局长,教育局政策法规科、公安静安分局治安支队、静安区青少年活动中心相关负责人,以及部分学校校长代表,《道德与法治》课程教师代表、青保教师代表出席活动。与会人员参观静安区公安博物馆,开展主题活动大会。

(万翰杰)

【制订优秀成果推广应用计划】 12月28日,区教育局制订优秀成果"静安区三年推广应用计划"。静安区在2014、2018年连续获得基础教育国家级优秀教学成果9项一等奖。区教育局将在2020—2023年,通过课程、研修、培训、平台、论坛5种形式,推广应用"以幼儿自主学习为核心的幼儿园低结构活动探索""后'茶馆式'教学——走向'轻负担、高质量'的实践研究"和"研究型课程大规模实施智能支持平台研发及实施模式探索"3项基础教育国家级优秀教学成果。

(万翰杰)

【新一轮法治副校长聘任仪式】 于12月30日在静安区人民法院举行。区委常委、宣传部部长、区守法普法协调小组组长姜鸣出席并讲话。至2020年底,全区中小学配齐配足由法官、检察官、公安民警担任的兼职法治副校长。

4月22日,"e读静安,与爱同行"线上主题论坛开幕　　　　　(区教育局　供稿)

2020年新增申报依法治校标准校15所、依法治校示范校11所，其中4所学校由标准校升级为示范校。自2017年开展创建工作以来，全区45所中小学、幼儿园被认定为"上海市依法治校示范校"，112所中小学、幼儿园被认定为"上海市依法治校标准校"。作为依法治校创建工作收官年，实现全区176所学校依法治校创建全覆盖。

（万翰杰）

（四）终身教育

【纪念"4·23世界读书日"活动】 为纪念"4·23世界读书日"，区学习型城区建设与终身教育促进委员会办公室开展一系列活动。4月22日，举办"e读静安，与爱同行"线上主题论坛，复旦大学图书馆原馆长葛剑雄、市作家协会副主席赵丽宏、区家庭教育指导中心主任陈小文和钟书阁静安芮欧店店长原扬参与。主办方邀请清华大学、中国人民大学、华东师范大学等单位的教授学者推荐丛书，推出"e读静安"小程序，方便市民在新冠肺炎疫情特殊时期学习。

（万翰杰）

【2020年全民终身学习活动周开幕式】 于11月18日在海上文化中心举行。活动以"乐学静安品质生活"为主题，区委常委、宣传部部长、区学促委副主任姜鸣致辞。副区长龙婉丽，上海开放大学副校长王宏，区委宣传部副部长、区文明办主任，区教育党工委书记，区教育党工委副书记，区文明办副主任，市终身教育研究院执行副院长李家成，市教科院职成教所党支部书记顾晓波，市学习型社会建设服务指导中心办公室主任彭海虹，市教委终身教育处副处长韩崇虎分别为终身教育工作先进个人、内涵建设合格校、终身教育社会学习点与终身学习体验基地、短视频征集活动获奖者颁奖授牌。

（万翰杰）

（五）上海戏剧学院

【概况】 2020年，上海戏剧学院招收本科新生543人，硕士生222人，博士生31人，留学生92人，成人本、专科教育345人。全日制在校本科生1952人，硕士生569人，博士生137人，留学生120人，成人本、专科教育1230人。2020届毕业本科生423人，硕士生84人，博士生17人，成人本、专科教育267人，留学生14人。全校教职工共550人，其中专任教师320人，外聘教师201人。年内，面对新冠肺炎疫情，学院把守护校园安全和全体师生健康放在最重要位置，第一时间成立疫情防控领导小组，发布《疫情防控告知书》《告全体同学书》《致全校各级党组织、全体师生党员书》等，紧急开展疫情防控知识宣传和校园安全管理工作提示，号召全体师生党员发挥战斗堡垒和先锋模范作用，明确疫情防控政治、思想、纪律及工作要求。全体师生员工党员捐款率达93.4%。学生党团员主动参加道口监测、社区排查、消毒防疫、环境整治等志愿服务工作；多名学生分批有序参加无偿献血。各院系师生创作视频、美术、音频、文字等作品，用各种志愿行动践行为"奉献者"奉献，为"守护者"守护的志愿精神，用实际行为书写上戏师生大爱。创意学院官微第一时间展示30余幅由数字媒体艺术专业、动画专业师生创作的绘画作品。舞美系官微集中展示26幅由舞台、服装、化装、绘画不同专业方向师生创作的绘画作品，致敬逆行勇士，描摹抗疫场景，宣传科学防疫。学校师生校友隔空录制诗朗诵

《2020，这一个春节》《我是湖北人》《生命的逆行者——致援鄂医疗队》在线发布助力武汉抗疫。舞美系教师创作的篆刻《众志成城》、《不忘初心》、草图《致敬逆行者——白衣天使》、速写《奋战·会诊》、木刻版画《白衣英雄》等作品在学校官网线上展示。学校辅导员发挥自身专业所长，在线推出短视频《宅必胜》、快板《同心并肩共克时艰》、绘画《三山镇瘟疫》等作品，引领学生艺术"战疫"，共克时艰。学校召开重大创作领导小组会议，立项抗疫题材话剧《护士日记》为2020年学校重点创作剧目。电影电视学院教师联合创作的抗疫题材广播剧《目标：武汉》登录喜马拉雅专业音频分享平台。至3月16日，学校师生共创作各类不同规模艺术作品260部，类型包括视频、音频、美术、文学等，其中音频作品24项，视频作品78项，美术作品121幅，文学类作品37篇。制订学院事业发展"十四五"规划。以"办人民满意的艺术教育"为宗旨，本着坚持党的领导、践行立德树人、深化内涵发展、注重科研创作、增强办学活力和涵养校园文化六大原则，在广泛征求意见建议基础上，制订《上海戏剧学院事业发展"十四五"规划》，从构建大思政格局、优化学科专业布局、教育教学改革等7个方面确立20项重点任务、57项具体措施。学院在新冠肺炎疫情期间实行"开学不返校"线上教学，学期内在线学习人数1832人，在线学习学生348501人（次），在线教学开课门数436门，在线教学教师人数447人，在线教学教师33537人（次）。开展线上答辩、线上毕业活动展示、云毕业等教学工作。7个专业入选国家级一流本科专业，2个专业入选上海市一流本科专业；6门课程获批首届国家一流本科课程；4门课程获评2020年市级一流本科课程；7门课程获评2020市级本科重点课程；13门课程获评2020校级重点课程；15门在线课程顺利立项建设。完成21本讲义结项工作，并组织首届全国教材建设奖校内评选工作，推荐2本教材到教育部参评；3个项目获评2020市级本科教改项目，2个2019市级教改项目结项。通过"本科教学教师激励计划"组织教师培训41人（次）。制订《上海戏剧学院教育教学三年行动计划》并召开全校教育教学大会。在通识课程建设方面，开设72门（次）线下通识选修课程，课程模块与内容不断优化。戏剧影视导演、戏剧影视美术设计、戏剧影视文学、艺术管理4个专业第二学士学位申报，首届录取19名学生。产教直通的学生艺术实践项目"一柒花开"展演季在校内外公演；推出"2020特别版上戏艺术季"，运用线上平台，连续6天推出16部优秀展演与展览作品；2020年大学生创新创业计划立项答辩项目54个；承办第五届"汇创青春"——上海大学生文化创意作品展示活动戏剧舞蹈类优秀作品展演。年内，学院科研工作获省部级及以上科研项目共13项，其中国家社会科学基金艺术学项目（一般项目）2项，国家社会科学基金后期资助项目（艺术学项目）1项，国家广电总局项目1项，文化和旅游部国家文化创新工程项目1项，上海市哲学社会科学规划课题4项，上海市人民政府决策咨询项目1项。科研成果方面，出版《导演的手记：2010—2019》（当代戏剧导演艺术与导演艺术人才培养国际论坛文集）、《国际导演大师班（2018文明古国）》《中国现代独幕剧精品鉴赏》《外国经典独幕剧鉴赏》《海派京剧剧目选》等13部编著或教材，出版《卢昂导演创作文集（三卷）》《"后戏剧剧场"研究方法新探——基于中国当下戏剧研究现状的思考》《越剧电影研究》等13部专著，出版2部工具书或参考书，发表126篇论文、1篇研究或咨询报告。学生工作通过党建育人，创新学生党员教育形式与内容，依托互联网+党建新媒体平台，开展辅导员微党课等党建创新活动。优化学生党支部组织架构,实施学生联合支部方案。对标完成近50名学生党员发展工作,开展共计4期入党积极分子培训班和预备党员培训班。组织学生开展"青年大学习"网上主题团课学习;1名团员参加"青春心向党,建功新时代"上海青年说暨上海团员青年学习习近平新时代中国特色社会主义思想演讲比赛决赛获优胜奖;评奖评优方面,2019—2020学年本科学生获国家奖学金3人,上海市奖学金4人,校综合奖学金451人,专业奖学金214人(次),新生奖学金132人,京昆艺术传承保护专项奖学金8人。合计获奖学生数812人(次)。设立新冠肺炎疫情期间专项资助经费,为74名同学提供疫情专项资助,100名同学提供网上学习流量资助,疫情资助金额累计达11万元。9月开学后,学校累计为79名因疫情及洪涝灾害等家庭学生提供生活慰问大礼包,针对建档立卡、低保家庭学生提供"冬季送温暖"工作。2名同学在2020年上海市"青春力量·责任担当"志愿抗疫优秀案例评选中分别获二等奖和三等奖,学校获"优秀组织奖";1名同学在2020年上海高校资助宣传大使评选活动中获一等奖,学校获"优秀组织奖"。队伍建设不断深化"戏剧+思政"辅导员工作室内涵建设。2个课题入选校德育课题,1个课题入选2020年度上海学校德育创新发展专项研究项目,1个课题入选上海市"晨光计划"项目资助,1篇论文获上海市辅导员论文二等奖。承担5个教育部和上海市德育创新发展专项研究课题。工作室所集体凝练的"大学生成长剧场工作法"入选2020年上海市辅导员特色工作法。至8月31日,毕业生共560人,总体就业率92.86%,其中博士生就业率为90.32%,硕士生就业率为92.38%。年内,为毕业生提供线下招聘岗位1100个,线上岗位2729个,通过"上戏就业"官方微信公众号、上戏就业官网及时发布就业政策、招聘信息、求职攻略等,共推送文章近500篇。推动"以创业带动就业"工作,通过"线上+线下"方式举办2020年大学生创业实战营及创业大赛,共发放创业奖金15万元。获第六届"互联网+"比赛上海市铜奖1个,获"中国创翼"创业创新大赛上海选拔赛静安区创新组二等奖1个、三等奖1个、"最具人气奖"1个,学院收到组委会感谢函。2支创业团队获上海市大学生科技基金会雏鹰计划95万元天使资金支持,学校获觉群大学生创业基金会"优秀组织奖"。演出实践配合、创新线上演出模式,抓好日常教学实践演出工作,提升实习剧目和毕业剧目演出质量。年内共上演实习剧目5台、毕业剧目5台。完成的重大创作演出剧目:原创抗疫话剧《护士日记》、大师剧《熊佛西》、原创话剧《军歌》,合作类项目《董其昌》。原创话剧《前哨》《黄炎培》《邬达克》付诸制作。面对疫情,校园管控采用"线上—线下"相结合模式,重点抓好学院两大展演艺术季——"2020特别版上海戏剧学院艺术季""2020特别版青年艺术创想周"。"2020特别版上海戏剧学院艺术季"运用线上平台,连续6天推出16部优秀展演作品。"2020特别版青年艺术创想周"以3台研讨会、3台展览以及4台剧目演出为主,进行"线上线下"等互动交流。学院外事工作年初完成线下国际交流项目:第九届冬季学院、与国际戏剧协会共同举办的2020年"一带一路"传统表演艺术论坛。受新冠肺炎疫情影响之后改为线上举办项目:第十届国际小剧场戏剧展演及研讨会(线上),由10个国家参与13台演出,并举办学术研讨会;配合校庆系列活动举办"世界艺术院校校长论坛"(线上),由6个国外艺术院校和8个国内艺术院校16位中外嘉宾参与国际研讨会发言;组织导演系师生参加在俄罗斯举办的"金砖国家戏剧节"(线上);参加在菲律宾举办"亚太戏剧院校联盟会议和工作坊"(线上)。推动国际戏剧协会注册登记工作,并配合由联合国教科文组织和国际戏剧协会联合发起"世界表演艺术之都"2021年授牌活动。全面改版学校英文网站和国际交流网站版面。　　　　　　(李莉)

【承办上海高校国际青年学者论坛戏剧影视专场】 5月30日,由上海戏剧学院承办"上海高校国际青年学者论坛"戏剧影视专场,因受新冠肺炎疫情影响,论坛采取"云"连线方式,最终选定百余人作为会议代表,参与云端连线。联合国国际剧协总干事托比亚斯、上海戏剧学院院长黄昌勇、上海戏剧家协会主席杨绍林、青年表演艺术家徐峥等为论坛专场致辞。上海戏剧学院副院长杨扬、表演系主任何雁分别主持"表演教育"和"表演教学方法专场"两个专题,来自近10个国家的30多位艺术学院院长、系主任、表演教学专家和艺术家进行大会交流。中国戏剧家协会主席濮存昕、国际哑剧表演协会主席马尔科、上海戏剧学院党委书记谢巍等发言。　　　　　　　　　　　　(李莉)

【抗疫题材话剧《护士日记》上演】 6月13日,因新冠肺炎疫情而关闭145天的上戏实验剧院重新开启,演出首部抗疫题材话剧《护士日记》。该剧由上海戏剧学院和中共松江区委宣传部联合出品,该剧在疫情期间在线建组并远程排练,最后线下合成。首演期间,参加抗疫工作的上海医护工作者、医学科研工作者、社区一线志愿者和生产防疫物资企业代表等受邀前来观看。华山医院感染科党支部书记、主任张文宏到场观看演出。　　　　　　(李莉)

【2020届"云"毕业典礼】 6月23日,2020届"云"毕业典礼暨学位授予仪式在新实验空间举行。全体校领导和教师、家长、校友、优秀毕业生代表与线上500多名毕业生共同参加典礼。典礼上宣读优秀毕业论文、校级和市级优秀毕业生表彰决定。本科毕业生代表栾小钧、研究生代表王佳绮、毕业生家长代表木亚赛尔·托乎提、校友代表迪丽热巴·迪力木拉先后发言。1973级优秀校友、上海市文联主席、著名表演艺术家奚美娟,戏文系主任陈军作为校

6月13日,抗疫题材话剧《护士日记》上演　　　　　　　　　　　　(上海戏剧学院　供稿)

友和教师代表发言。党委副书记、院长黄昌勇发表题为《我和我们》的演讲。典礼还举行校旗传递仪式、毕业生宣誓仪式和学位授予仪式。

(李莉)

【上海戏剧学院教育教学大会】 于10月22日在上戏实验剧院召开,大会表彰2020年教学成果奖·学院奖获奖项目,介绍《深化教育教学改革培养卓越艺术人才——上海戏剧学院教育教学三年行动计划(2021—2023)》内容。党委副书记、院长黄昌勇回顾"十三五"规划时期教育教学取得成绩,分析会议召开背景和面临形势,从人才培养理念、教师队伍、学科专业、课程教材、资源保障等方面报告工作思路和举措。党委书记谢巍发表讲话,提出"品德正、基础厚、专业精、实践强"的艺术人才培养目标,强调人才培养人人有责、人人不能缺位。3名教师代表交流发言。

(李莉)

【庆祝建校75周年校庆主题活动】 于12月1日在上戏实验剧院举行,1955级校友、著名表演艺术家焦晃和1986级校友、演员于慧代表毕业生发言。市政府副秘书长虞丽娟、市教卫工作党委书记沈炜上台为上海戏剧学院教育基金会揭牌。红星美凯龙控股集团有限公司总裁潘平向教育基金会捐赠。部分上戏老领导、老教授、学校领导、各院系师生集体朗诵《我是上戏人》。当晚上演新版大师剧《熊佛西》。(李莉)

【纪念熊佛西诞辰120周年系列活动】 12月1日,"戏剧岗位"——纪念戏剧家、戏剧教育家熊佛西诞辰120周年展览在上海戏剧学院华山路校区图书馆开幕。展览以图文为主要方式,配合早期出版物、复原舞台模型等实物展品,回顾熊佛西40多年的戏剧艺术生涯。由上戏中国话剧研究中心编纂的《熊佛西研究资料汇编》,辑录1934年以来有关熊佛西研究文章33篇。同日,位于昌林路校区的佛西书院揭幕,曾在上海市立实验戏剧学校任教的戏剧家杨村彬的女儿杨乡,带着部分父亲的著作和研究杨村彬先生的书籍,捐赠给佛西书院,以纪念父亲与熊佛西先生的友谊。12月4—5日,大师剧《熊佛西》在江西省丰城市丰城文化大会堂演出,宜春市、丰城市有关领导莅临观看。公演进行实时同步网络高清直播,在线观看人数超13万人(次)。12月4—6日,由上戏与江西省丰城市人民政府联合主办,戏文系、中国话剧研究中心等承办的"纪念熊佛西诞辰120周年学术研讨会"在丰城举行。60多名来自浙江大学、南京大学、武汉大学、厦门大学、中国传媒大学、中央戏剧学院、中国艺术研究院、扬州大学、杭州师范大学等高校和科研机构的专家参加会议。会议共收到论文60余篇,近30万字。12月5日,"戏剧岗位"——纪念戏剧家、戏剧教育家熊佛西诞辰120周年主题展在丰城开幕。

(李莉)

【上海戏剧学院电影学院成立】 12月1日,上海戏剧学院电影学院揭牌成立,召开电影教育国际咨询委员会成立仪式暨第一次全体会议。上海戏剧学院院长黄昌勇、中国电影家协会副主席任仲伦、电影学院院长厉震林、市委宣传部电影处副处长陈晓达共同揭牌。19名国内外电影专家受邀担任国际咨询委员会委员。麦克·麦德沃、阿德里亚诺·德桑蒂斯、杨·舒特、基斯·范·奥斯特鲁姆、江平、芦苇、龚宇、江海洋、饶曙光、唐季礼等国内外电影专家通过线上线下方式出席会议,为电影学院未来发展出谋划策。校领导周银娥、张伟令、杨扬出席会议并为咨询委员会委员颁发聘书。电影学院院长厉震林汇报学院"十四五"规划发展纲要。同日,举行电影学院PT计划专家聘任仪式暨2020年电影学院教育论坛,党委书记谢巍到会致辞,并为PT计划专家任仲伦、江海洋、曹可凡、金炜、陈蓉、骆新、程雷、何婕颁发聘书。同日,举行芦苇电影编剧工作室、王星军导演艺术工作室揭牌仪式和吴贻弓导演赠书仪式。 (李莉)

(六) 上海大学

【概况】 上海大学在区境内有延长校区和新闻路校区。延长校区占地面积为24.07万平方米,现有校舍等建筑面积约27万平方米。延长校区的主要学院及研究机构有上海电影学院、新闻传播学院、上海美术学院、国际部国际教育学院、MBA教育管理中心、继续教育学院、上海市应用数学和力学研究所、上海温哥华电影学院、上海研究院等。延长校区共有全日制本科生1500余人、研究生2000余人,留学生4100人(次)。2020年,上海电影学院聚焦重点,围绕MFA艺术专业硕士点复评工作、戏剧与影视学学科评估、"双万"专业评估等专项工作进行冲刺,其中MFA艺术专业硕士点通过复评。在数字媒体技术专业2019年获批"双万"建设专业基础上,学院优化该专业建设、提升人才培养质量,推进广播电视编导专业和动画专业"双万"专业申报建设工作。院长陈凯歌总导演的《我和我的祖国》获第35届大众电影百花奖最佳影片。社会服务取得新突破,在南安市和上海大学全面合作框架下,达成一揽子工作协议,携手缔结一系列合作项目,开拓实践基地,进行实践创作。在国际交流合作中与温哥华电影学院联合成立由世界著名电影制片人马可·穆勒领衔担任总监的"上海大学电影艺术研究中心"。并搭建国际化的各类宣传推广平台。在党建围绕中心工作上创新方法,推进"光影中国"课程思政建设工作,获批2020年度上海高校重点建设课程。推动《红色学府》的排演和再创作工作以及《钱伟长》大师剧两部"重量级"舞台剧。筹备大型原创朗诵剧《渔阳薪火》,向中国共产党成立100周年献礼。上海大学新闻传播学院建有新闻传播学系、广告学系、智能媒体系;现有教师102人(含博士后),其中教授26人、副教授23人;有在校本科生540人、硕士研究生370人、博士研究生67人、留学生人数117人。年内,主办或者承办上海国际大学生智能媒体节、上海国际大学生广告节、全国大学生会展创新大赛、马克思主义新闻观新闻实践创新项目。学院建有多个上海市级重点和上海大学校级重点研究基地。有上海市政府决策研究基地、上海会展研究院、上海市舆情监测与分析中心、全球人工智能媒体研究院、上海广告研究院、上海大学马克思主义新闻观研究宣传教育基地和马克思主义中国化话语体系研究协同创新中心。上海大学上海美术学院拥有美术学、设计学、艺术学理论、建筑学、城乡规划学5个一级学科,其中美术学、设计学、艺术学理论为一级学科博士点,美术学列入Ⅲ类高峰学科建设项目并纳入高水平学科建设学科,设计学列入Ⅰ类高原学科建设项目。学院有中国画、绘画、雕塑、美术学、视觉传达设计、环境设计、艺术与科技、数字媒体艺术、建筑学、城乡规划10个本科专业。其中美术学、环境设计、雕塑、视觉传达设计4个专业获批国家级一流本科专业建设点,中国画和数字媒体艺术获批上海市一流本科专业建设点。学院下设8个教学系、1个"公共艺术技术实验教学中心"、1个首批市级协同创新中心(上海公共艺术协同创新中心)。"公共艺术技术实验教学中心"是国家级艺术类实验教学示范中心,设有陶瓷、玻璃、版画、数字艺术、综合材料、首饰、漆艺、织绣等工作室,承担美院的本科教学、研究生培养等工作。学院有在编在岗教师255人,其中专业教师202人、教授35人、副教授72人。有学生2400余人,其中本科生1541人,博士、硕士研究生765余人,留学生近150人。学院与英国格拉斯哥艺术学院、加拿大西安大略大学等国际一流艺术院校及专业开展1+1+1硕士联合培养,与英国皇家艺术学院等开展"在地留学""预科生培养"等深度合作,并接收法国南特艺术学院等国际院校学生的交换。上海大学国际部国际教育学院是上海大学国际学生的归口管理部门,同时也是从事国际学生语言教学和研究的教研部门,承担全校国际学生的招生、管理、服务等工作。年内,学院工作重点是在提升国际学历生规模同时,注重生源质量提高和结构合理性,开拓与发展生源基地,开发优质境外合作伙伴,支持境外办学,寻找新的国际学历生增长点。学院以培养"知华友华人士"为目标,打造以"课内外双联动,四位一体全覆盖"为特色的知华教育品牌。课内开设《今日中国》课程,与传统的《中国概况》课程互为补充,课外通过"知华讲堂""知华实践""知华导师""知华导生"4个项目,从不同层面帮助学生了解中国文化,融入中国社会,在全国树立知华教育典范。明确学科建设重点和学科梯队建设,吸引优秀人才。以传统中国文化推广为重点,筹划高水平项目。上海大学MBA教育管理中心(简称MBA中心)2020年QS全球MBA排名列中国大陆第4位,亚洲第24位,全球200强。上海大学上海温哥华电影学院开设有"电影制作、3D动画与视觉特效设计、视觉媒体声音设计、影视化妆设计、游戏设计、影视表演、影视编剧"等7个全日制专业,开设一年制高端培训和2+2中外合作本科教学。学院还根据市场需求,开设有影视制片与管理、影视长剧本编剧训练营等周末课程和短期课程。学院实行以英语为主的双语教学。学院教学人员有35名,其中讲师10名,高级讲师14名;助教11名。行政人员15名,外籍人士18名。2020年共有150名学员完成所有课程毕业,其中春季毕业生74人、秋季毕业生76人;受新冠肺炎疫情影响,取消春季招生,5月线上编剧班及秋季班新招收学员193人。中国社会科学院—上海市人民政府上海研究院(简称"上海研究院")是由中国社会科学院与上海市人民政府共同创建的新型智库,设10个研究中心;调查与数据研究中心、自由贸易区研究中心、世界考古研究中心、现代金融研究中心、城乡统筹发展研究中心、城市社会治理研究中心、文化发展研究中心、现代慈善研究中心、世界传媒研究中心和国际战略研究中心。聚焦核心研究议题,涵盖国际金融贸易、城市可持续发展、社会治理创新和核心价值观传播等重要研究领域。上海研究院招收和培养硕士、博士研究生,设有博士后联合培养工作站,吸引、培养和使用各类新型智库人才。同时,开展相关非学历培训,培养服务国家服务上海的新型专业人才。上海大学静安校区(新闸路1220号)有继续教育学院、巴黎国际时装艺术学院等单位。至年底,继续教育学院共有教职员工69人,其中高级专业技术人员5人、中级53人、其他人员11人,其中博士4人、硕士35人。全年学校高等学历继续教育以录播与直播形式开展在线教学,分别对学历教育教学管理平台和网上学习平台进行优化升级,开发在线考试系统,提升在线教学保障能力。在线教学资源涵盖所有专业课程。为加强对学校继续教育人才培养工作的指导与管理,年内,扩大教学督导队伍规模,成立教学指导委员会,以加强对学校继续教育教学工作的研究、指导、评估和质量监控;继续加强教材建设,启动"高等院校财经应用型系列教材"的编写。非学历教育培训依托上海大学综合性大学的学科优势和特色,拓展培训领域,开展党政机关领导干部、企事业单位人才、行业协会、专业技术人才、出国预科及证书辅导等各类培训,服务地方经济发展,满足产业结构升级对劳动者素质提升的需求。根据新冠肺炎疫情发展态势,做好疫情防控工作,第一时间制订工作预案,将ACCA证书培训、数字艺术高端技能培训、出国留学预科等高端培训的线下面授转为在线培训,推进教学模式创新,提升线上教学效果与教学质量,实现"停课不停学"目标,确保疫情期间人才培养不断线。开设机械设计制造及其自动化、金融等6个本专科专业。完成上海市第76次、77次高等教育自学考试,全年累计接受报考31561门(次),招收新生2454人,完善考试全过程监控。试点承担上海市教育考试院自考考籍库全流程校级初审、复审AB角配置工作。探索党建新载体,创新党建新模式,以党员学习驿站为抓手,完善工作机制。挖掘抗疫典型事迹,发挥模范引领作用。二名学生事迹被上海电视综合频道报道,一名学生编导录制的《爱的力量》MV被"学习强国"发布在文艺抗疫新闻。组织线上专题党课、开展党建好项目课题研究,加强理论研究;结合重大时间节点开展"四史"学习答题、抗疫微党课、校史学习等主题教育;依托区域化党建,加强实践育人,组织学生党员参加"举着党旗去旅行"定向活动、参与江宁路社区节海报设计等。入围上海市"2020年度网络学习空间应用优秀学校",获批参评教育部"2020年度网络学习空间应用优秀区域和学校"。

(王霖)

【除夕夜最美逆行者】 除夕夜,上大学生唐晓蒙和同事离开上视大厦前往机场。当晚随上海第一批医疗救援队奔赴武汉。到达武汉后仅2小时,第一时间发布来自武汉前方的报道,传回有关上海医疗队的最新信息、图片、音视频,记录上海医护人员在武汉抗击新冠肺炎一线的真实故事。其中视频《武汉市金银潭医院院长:现在是"战时状态"!》受到国家广电总局各平台全网推广,至1月27日单条全网浏览量突破2287.7万。

(王霖)

【学生到嘉定口罩厂做志愿者】 上大学生黄建华从2月3日起,组织一批又一批的志愿者奔赴位于嘉定区的口罩厂生产线上做义工。3月15日,新闻综合频道"新闻透视"栏目《这一夜,车间成了他们的舞台》报道了志愿者深夜走进口罩生产厂家的流水线车间,赶制紧缺防疫物资口罩的故事。

(王霖)

【打响文艺战"疫"】 4月2日,"学习强国"上海学习平台发布《爱的力量》音乐短片(MV),表达了中国人民众志成城、团结一心的民族精神,唱出人们战胜黑夜,走向光明的信心。《爱的力量》MV的导演胡一平系上大就读学生,他还携手越剧名家赵志刚拍摄"抗'疫'MV实录"。

(王霖)

(七)第二工业大学

【概况】 2020年,上海第二工业大学(简称"二工大")在校全日制学生共计13401人(其中普通本生10576人、专科生2300人、硕士生369人、留学生107人、预科生49人),夜大(业余)学生数7752人。共有教职工1109名,其中专任教师820名,副高级及以上专业技术职务的教师334名,具有博士学位326名。教师队伍中享受国务院政府特殊津贴者2人，入选教育部新世纪优秀人才支持计划1人，东方学者特聘教授2人，浦江计划入选者3人，曙光学者4人，上海高校教学名师4人。人才培养覆盖工学、管理学、经济学、文学、理学、艺术学6个学科门类、24个专业类别。学校有2个专业硕士研究生学位点（资源与环境服务行业特需项目、电子信息类专业学位）、46个本科专业、21个高职专业。有国家级特色专业3个，国家级一流本科专业建设点1个，教育部卓越工程师培养计划专业2个，教育部"本科教学工程"地方高校第一批本科专业综合改革试点1个，上海市属高校应用型本科试点专业10个，上海市本科教育高地建设项目8个，上海高校全英语规划专业备案项目2个。学校有中本贯通专业4个，中高贯通专业6个，高本贯通专业1个。计算机科学与技术、环境工程专业认证申请被中国工程教育专业认证协会受理。学校1个学科参与上海市Ⅳ类高峰学科建设，1个学科承担上海市Ⅱ类高原学科建设，获批上海市高校一流学科建设B类（培育）1个，第五期上海教委重点学科建设3个，上海市重点学科建设1个。"十三五"规划期间建设校级重点学科5个、培育学科11个。学科建设对硕士培育点的支撑覆盖率100%，对本科专业类别的支撑覆盖率100%。承担国家"863"项目2项，国家重点研发计划项目10项（其中7项参与），国家自然科学基金重大项目1项，国家自然科学基金项目81项（其中10项参与），国家哲学社会科学基金项目6项。100万元及以上企业横向项目33项（2009年以来）。2020年，学校作为第一单位获上海市科技进步二等奖1项、上海市技术发明奖二等奖1项、上海市自然科学三等奖1项。拥有上海市协同创新中心1个，上海工程技术研究中心1个。联合共建工信部重点实验室1个，联合共建上海市重点实验室1个。

学校已经与36个国家和地区，151个高校和机构建立稳定的合作关系。年内，二工大成立新冠肺炎疫情防控领导小组及各条线工作专班，建立疫情防控联防联控、群防群控机制，先后制订"一策、两案、十制"等管理文件。调整优化教育教学安排、确保在线教育质量，针对1800多门次课程设计"一课一案"，研究并制订就业工作方案；以60周年校庆为契机，通过校庆宣传片、校史馆改造、校庆画册、校史整理编写等为载体，深入挖掘二工大60年来的办学传统、精神文化，凝聚广大校友和师生力量。9月28日，举办以"传承、融合、创新"为主题建校60周年系列活动。全国政协常委周汉民、市政府副秘书长虞丽娟出席并在系列活动之一"未来应用型高等教育的变革与创新"论坛上讲话。4月，上海市学位办印发通知，确认学校正式为硕士学位授予单位，并获电子信息硕士专业学位授予权。6月，学校与上海计算技术研究所签署硕士研究生联合培养协议，加强校所双方在学科建设、基地建设、队伍建设、课程建设、人才培养质量评估等方面共建合作。10月，完成新一轮学位授权点申报工作，资源与环境、材料与化工、国际商务、艺术、翻译等5个专业学位点通过公示。7月28日，副市长陈群到校视察并宣布学校金海路校区拓展工程正式开工。二工大确定"以本科教育为主体，大力发展硕士研究生教育，做精国际化高职教育，构建高水平应用型人才培养体系"的学校发展路线图。坚持以高质量发展为主线，走产教融合的特色发展之路，以重点领域突破提升，带动学校整体发展。学校"十四五"规划分为1+8+N的三段式分层结构，即1个主规划、8个专项规划、N个二级教学科研单位规划。规划主要内容包括人才培养、学科建设、产学研合作、师资队伍建设、教育对外开放、校园基本建设、信息化、校园文化建设等方面。

全年二工大录取研究生150人,录取平均分高于国家线30.4分。录取本专科3504名学生,全国招生省市30个。首次面向港澳台招生。秋季二本批次招生录取人数793人,其中超过当地省一本控分线人数为603名,占比76.04%。通过秋季高考录取的212名非改革省、市专科生中,有158名超二本分数线,占比74.53%;"机械工程"专业获批国家级一流本科专业,"网络工程""物流管理""产品设计"3个专业获批为省部级一流本科专业。"产品设计B""电子商务系统分析与设计方法"2门课程获批省部级一流本科课程。其中"电子商务系统分析与设计方法"获首批国家级线上线下混合式一流本科课程;共开设本科全英语课程70门、全英语项目24项、高职全英语课程125门。"基于虚拟仿真教学平台的金属增材制造技术课程体系建设"等5个项目获教育部产学合作协同育人项目立项。2个项目入选上海市第二批新工科研究与实践项目,其中"对接浦东'硬核'产业建设培养应用型新工科人才的产业学院的探索与实践"项目获批第二批国家级新工科研究与实践项目;"智能制造工厂实训基地项目"被教育部学校规划建设发展中心授予"智能制造智慧学习工场(2020)"称号。年内,二工大研究生获第十五届中国研究生电子设计竞赛全国决赛二等奖1项、中国研究生数学建模竞赛全国二等奖1项。本专科学生获省部级以上各类奖项54项,其中国家级以上奖项24项。学生在首届全国职业技能大赛中获1金1铜。全年组织学生参加国家级创新创业项目42个。新签约29个校外实习实践基地。2个项目成为世界技能大赛上海选手培养基地。107名师生志愿者服务于第三届中国国际进口博览会工作。通过结构调整对成人高等学历教育规模进行控制,探索继续教育模式创新。坚持"同校同质",开拓非学历培训项目。就业工作通过"一生一策""重点帮扶""直播助推""云端招聘"等系列举措,以线上线下点面结合形式向毕业生送岗位、送政策、送指导。全年开展100余场各类企业专场宣讲会。学校毕业生总数3440人,其中研究生74人、本科生2563人,专科(高职)生804人。至8月28日,学校2020届毕业生就业率达92%以上,其中研究生就业率90.41%,本科生就业率90.64%,专科(高职)就业率96.64%。2020年,二工大获上海市科技进步二等奖1项、上海市技术发明奖二等奖1项、上海市自然科学三等奖1项。学校纵向项目立项33项,经费738.56万元。包括国家重点研发计划合作项目7项、国家自然基金面上项目1项、青年基金项目5项、国家社科基金项目3项。横向项目立项112项,经费2522.56万元。学校服务国家和上海重大发展战略,参与服务长三角区域经济一体化建设。学校在长三角地区共建有11个技术转移工作站。上海电子废弃物资源化协同创新中心参与编制3项标准,其中1项国家标准已发布。经科技部和教育部评审,9月21日,学校作为上海达标高校,赴京参加国家大学科技园认定答辩。学校科技成果转化创业孵化基地建设项目获上海市科委批准并基本建成。全年引进录用44人,新增31名双师型教师,入库兼职教师351人。772名教师进入教学团队,遴选确定20个校级教学团队、55个院级教学团队。36名教师获上海市"高校青年教师培养"计划资助,19名教师获"教师专业发展工程"计划资助;200余人(次)参加校外各类进修及学术会议。62人(次)获海外职业行业资格证书26项,52人(次)获海外机构资质认证。严格实行导师招生资格审核制度,研究生导师规模145人。共计11人(次)外籍专家到校执行教学科研任务,18名外籍专家进行线上教学。1人获"上海市先进工作者"荣誉称号,1人获"2020上海高校辅导员年度人物"荣誉称号。年内,与美国布劳沃德学院签署三期合作办学协议,优化昆士兰学院结构和布局,探索中德本科层次中外合作办学项目;在科研国际合作方面,1项欧盟伊拉斯谟+人员流动项目获批、1项欧盟伊拉斯谟+高等教育能力建设项目结项,另有4项在研欧盟项目,与国(境)外合作发表论文23篇;全年度学历留学生新生录取并报到25人,在册本科留学生107名。稳步推进独立法人中外合作办学机构筹建工作。年内,获评"上海市依法治校示范校"。发布学校新徽志。学校教育发展基金会获非营利组织免税资格、公益性社会团体捐赠税前扣除资格。以学校章程为核心的工作规范体系持续优化;加强预算管理与审计监督,资金使用效益得以提高。2020年全校事业支出6.3亿元,其中工资福利支出3.2亿元。全年完成各类审计项目59项;为在编在岗全体教职员工缴纳补充公积金,全年补充公积金缴纳金额约1050万元。对1790名教职员工和校内工作人员进行新冠疫苗接种排摸,组织教职工完成疫苗接种工作;学校稳步推进后勤社会化服务。改善师生工作、学习和生活环境。开展线上服务,无线网络实现全校室内全覆盖。设立学生自助服务"教务智屋",1000余人(次)使用。举办二工大校园书店开业、首届艺术周、实验室安全文化周、图书馆服务月等各类校园文化等活动。推进学校三期建设项目,年内完成应用艺术设计学院整体改造工程。全年有1427名师生奉献爱心、光荣献血,其中教师20名。 (宋偲蕾)

【纪念建校60周年系列活动】 9月28日,举办"二工大昨日、今朝与明天"微论坛和"未来应用型高等教育的变革与创新"主题论坛。微论坛围绕二工大的"昨日""今朝"与"明天"3个层面,回顾学校发展历程、借鉴兄弟高校发展经验,推动学校内涵式发展。主题论坛围绕未来应用型高等教育的变革与创新,为学校"十四五"规划期间改革与发展规划提供指引。市政府副秘书长虞丽娟出席并在微论坛上讲话。"改革先锋""最美奋斗者"、全国著名劳模、学校理事会理事长包起帆作为校友代表发言。上海飞机制造有限公司总经理余泽民作为校企合作单位代表发言。全国政协常委周汉民,中国工程院院士钱旭红,上海市计算技术研究所所长王珏明等应邀在主题论坛上作主旨发言。

(宋偲蕾)

【二工大正式成为硕士学位授予单位】 4月,上海市学位办印发通知(沪学位〔2020〕4号),确认上海第二工业大学为硕士学位授予单位,并获得电子信息硕士专业学位授予权。

(宋偲蕾)

【首届全国职业技能大赛斩获一金一铜】 12月10—13日,全国第一届职业技能大赛举行,二工大2名学生分别获一金一铜。 (宋偲蕾)

【3项科研成果获2019年上海市科学技术奖】 年内,二工大王景伟教授团队的《废电器电子产品中典型危险废物的无害化及资源化技术》获上海市技术发明奖二等奖,白跃伟教授团队的《精密几何检测理论、关键技术与工程应用》获上海市科技进步奖二等奖,谭文安教授团队《支持跨组织业务过程智能的可靠服务计算关键技术》获上海市自然科学奖三等奖。

(宋偲蕾)

【二工大科技成果转化助力"长三角"一体化发展】 二工大在"长三角"地区共建有11个技术转移工作站。年内,学校智能制造知识服务团队,为浙江省金华市武义县企业转型升级赋能。以为西林德机械制造有限公司研发的钢瓶自动包装码垛生产线项目为例的众多项目,成为高校科技成果转化落地和服务"长三角"经济的成功典型案例。学校聚焦对接"长三角"高端制造业,与地方联合共建"制造业创意设计引导的智能制造协同创新产业基地"。

(宋偲蕾)

【二工大校园书店开业】 11月13日,二工大校园书店正式开业。书店旨在打造集"阅读体验、党建引领、讲座沙龙、学术交流"于一体的文化平台,服务学校教学科研,丰富师生学习生活。书店通过举办以书换书活动、悦读分享会、茶文化体验、创新制作体验、退役军人服务站等活动,更好地将书店打造成师生喜爱的文化生活空间,富有人文情怀的文艺园地,周边居民的精神驿站,既根植于大学,又主动融入社区,共同推动全民阅读氛围的营造。

(宋偲蕾)

【首届劳动教育活动月活动】 4月30日,以"劳模心·劳动美·中国梦"为主题的学校劳动教育活动月启动仪式在包起帆创新之路展示馆举行。腾讯课堂同步进行网络直播,2100余名师生在线参与启动仪式。劳动教育活动月推出"5+1"系列活动,五大板块,线上线下,同学习,齐劳动。"5",即以劳树德,同上一堂劳动网课;以劳增智,做一次专业或实践小老师;以劳强体,鼓励学生参与一次劳动活动;以劳育美,倡导用生活中"美"的方式来记录劳动的美;以劳创新,参加一次创新创业线上讲座、课题研究等,系列"+1"劳动运动会。参与同学将通关打卡完成每一项劳动教育,表现突出者将有机会参评校内"劳动标兵"个人和"劳动先锋队"集体。活动月结束后,以制作一册"劳动掠影",编辑一本"劳动日记",创作一首"劳动歌曲",评选一批劳动标兵,评选一支劳动先锋队作为成果进行展示。

(宋偲蕾)

二十二、文化

编辑 顾瑞钧

（一）综述

2020年，区文化旅游局做好新冠肺炎疫情防控和有序推进文化旅游行业复工复产复市。面对疫情，迅速响应，第一时间成立防控工作领导小组并下设专项组，由领导班子带队，对区内全面开展联防联控检查，部署分工，明确职责。随着疫情得到全面控制，继续督促全区文博场馆、各街道（镇）社区文化活动中心等严格落实疫情防控措施，确保公共文化场馆逐步有序开放。

实施"美在静安"公共文化圈提升专项行动。开展"十百千万"文化配送工程，在全市首创将"区块链+"技术运用到公共文化配送中。推广"艺"起抗疫行动，首次"云上启动"市民文化节，举办"众说周知"——作家眼中的红色起点周周谈、"人类同心，共抗疫情"主题诗歌征集等众多线上活动，线上惠民文化服务活动全面开花。开展市民文化节各项赛事，举办2020市民文化节中外家庭戏剧大赛。深化静安文旅智慧服务平台建设，完成微网站改版、多个新栏目和小程序开发及上线。

深挖现有红色场馆教育内涵，首创"浸入式参观服务"品牌，实现6家红色场馆"情景党课"全覆盖。加强文物保护利用和文化遗产保护传承，首次举办线上"非遗日"系列活动，持续推进文物建筑"一点一测"项目。加快建设"静安博物馆"城区，完成长三角博物馆合作调研，打造博物馆、美术馆群落。举办纪念蔡元培先生诞辰152周年活动、国际博物馆日"7小时红色场馆直播接力"、直播导览"云游四行仓库抗战纪念馆"等活动，吸引百余万人次收看。

扶持文化企业发展，召开静安区影视文化企业座谈会，开展走访调研活动，深入推进"帮企业、解难题、送政策、送服务"工作。根据年度招商引资工作目标及任务要求，细化招商工作目标、优化企业服务方式，开展招商引资和稳商留商工作。配合市影视摄制服务机构，帮助影视企业协调取景拍摄工作。发挥产业政策引导带动作用，修订《静安区关于促进影视产业发展的实施办法》，提升区内影视产业发展能级和聚集度，加快打造"全球影视创制中心"核心区。

加强文化市场监管，突出执法办案主业主责，坚持"精细管理、精准执法"工作目标，落实"谁执法谁普法"责任，开展"互联网+"监管，推进文化市场监管，开展"扫黄打非"等专项整治

行动,确保监管市场平稳有序。　　（王玲）

（二）公共文化建设

【"美在静安"公共文化圈提升专项行动】　年内,区文化旅游局开展"十百千万"文化配送工程,在全市首创将"区块链+"技术运用到公共文化配送中,推出"静安文化公益配送"微信小程序,提高公共文化服务效能以及群众享受文化精准度,打造公共文化配送新模式。首批5个合作单位推出"戏剧""电影""线上培训"三大板块近200个配送项目。至年底,注册用户1.3万余名、发放公益券2万余张。优化公共文化服务设施布局,完成区图书馆(天目路馆)改建项目验收,推进巨富国潮展示馆建设,完成全区262个标准化居村综合文化活动室服务功能提升。新冠肺炎疫情期间开展线上公共文化服务配送,3月起恢复线下配送,完成市级配送演出(活动)181场,配送文艺指导员439人(次)、878课时。　　（王玲）

【"艺"起抗疫行动】　年内,区文化旅游局开展以抗疫为主题的群文创作,传播积极向上社会正能量。区文化馆创作越剧《守望相助抗疫曲》、书法《苔花》、钢笔速写《众志成城》等一批抗疫原创文艺作品。其中歌曲《希望》和舞蹈《我们在一起》分获2020年群文新人新作抗疫专场新作奖和优秀奖。收集整理全区在抗疫工作中"平凡"人们的"不平凡"事迹,在"静安文旅"微信公众号上开设专栏宣传,包括"民间画家"绘抗疫心声——芷江西社区92岁的蒋振国,居家创作为抗疫助威——临汾路街道同乐国画社曹恒才,循声而来为"防疫"贡献力量——上海评弹团故事等。　　（王玲）

【"云上市民文化节"】　3月28日,区文化旅游局首次"云上启动"市民文化节,利用各类数字平台将全区各文博场馆及街道(镇)的大量视频、直播内容,分区域精彩、云展厅、云剧场、云讲堂、"长三角"等56个板块内容呈现给市民。并组织动员各街镇参加上海市民文化节"美好生活""长三角"公共文化空间创新大赛、老建筑短视频大赛、市民游记大赛、"侬好!小康"创意设计大赛等线上赛事。　　（王玲）

【"人类同心,共抗疫情"主题诗歌征集活动】　第五届上海国际诗歌节期间,静安区图书馆与《上海文学》杂志社、静安区读书协会联合举办"人类同心,共抗疫情"主题诗歌征集活动。自6月启动以后,共收到来自全国31个省、市、自治区的稿件1139篇,邀请到赵丽宏、季振邦、张烨、缪克构、杨绣丽、张予佳等诗人、编辑担任顾问和评委。经过一个多月评审,评选出一等奖1名、二等奖2名、三等奖3名、佳作奖5名以及优秀奖50名。这些作品从不同角度、不同侧面表达时代的回响,用诗歌记录疫情考验中可歌可泣的感人事迹与人间大爱。
　　（王玲）

【众说周知——作家眼中的红色起点周周谈】　该节目于6月6日—7月11日,每周六下午通过腾讯平台进行直播。每一期邀请一位作家和多位专家学者以圆桌访谈形式,集结上海人民出版社最新出版的"红色起点"系列丛书的6名作者王萌萌、吴越、陈晨、杨绣丽、程小莹、吴海勇,走进一座座充满故事的红色场馆,聚焦中国共产党早期的实践,讲述一批年轻人探索真理、寻求救亡图存道路的故事,畅聊不能忘怀的红色历史。每一场直播如同一次隔代的"青春对话",吸引众多年轻人观看。6期节目直播观看人数突破271万人(次)。　　（王玲）

【2020上海书展暨"书香中国"上海周】 8月12—18日，2020上海书展在上海展览中心举办。区文化旅游局整合优质阅读资源，依托上海书展平台，打造"悦读静安"品牌。"悦读静安"共有五大板块，分别为开幕巡展、启动仪式、主旨论坛、静安理想书房和静安读书周，开设1个主会场和8个分会场，共开展67场静安专场活动，通过5G技术，实现主会场与分会场的双向互动。此外还发挥新媒体优势，开展互联网实时直播，创新宣传方式，扩大影响力。

（王玲）

【2020中外家庭戏剧大赛】 9月5日，2020上海市民文化节·静安现代戏剧谷"市民剧场"中外家庭戏剧大赛决赛暨颁奖典礼在大宁剧院举行。自3月面向全市公开征集参赛作品起，600余组家庭经过线上初赛、线下复赛和决赛，评选出10强中外家庭，还评选出"十大人气家庭""十大创意家庭""十大可爱宝贝"和"百个戏剧之家"等奖项。

（王玲）

【上海街艺节开幕式暨静安专场演出活动】 10月17日，由市文化和旅游局主办，静安区文化和旅游局、上海市演出行业协会承办的2020第六届上海街艺节开幕（静安）专场暨"街艺流动剧场"开场演出活动在大宁音乐广场举行。街艺节以"品味艺术之美，体验城市之魅"为主题，首次推出"流动剧场"，为街头艺人提供更广阔的演出平台，让街头艺术表演更有品质，市民观众共享文化盛宴。

（王玲）

【2020年静安区公共文旅成果展】 12月12日，"美在静安，文暖花开"——2020年度静安区公共文旅成果展在静安区文化馆举办，全面展示2020年静安公共文化旅游工作，并对2020年静安区"十大公共文化旅游事件"和"十大公共文化旅游人物"进行表彰。"秉初心、学四史、游静安"四史教育现场教学活动、"人类同心，共抗疫情"诗歌征集活动等10个事件获评年度公共文化旅游事件；骆新、肖英、王萌萌、张安朴等10人获评年度公共文化旅游人物。

（王玲）

【静安文旅智慧服务平台建设】 区文化旅游局探索"互联网+文化旅游服务"模式，年内完成微网站改版升级上线，推出静安抗疫"情"专栏、"文博非遗"专栏、"悦读静安"打卡小程序、"云游静安，红色印记——99处静安区革命遗址、旧址""静安文化公益配送"小程序等技术的开发及上线。实现"国家公共文化云"提出的"打通公共数字文化服务最后一公里""公共文化服务'政府端菜'与'群众点菜'相结合"要求，让市民"智"享个性服务，提升公共文化服务效能。

（王玲）

（三）历史文化保护

【全区6家红色场馆推出"情景党课"】 年内，区文化旅游局完成开发中国劳动组合书记部旧址陈列馆、中共淞浦特委机关旧址陈列馆两堂"情景党课"。至此，全区6家红色场馆全部推出"情景党课"，分别为：上海毛泽东旧居陈列馆《印迹·青色梦想》、中国劳动组合书记部旧址陈列馆《足迹·红色序曲》、中共三大后中央局机关历史纪念馆《足印·赤色黎明》、中共上海地下组织斗争史陈列馆暨刘长胜故居《印痕·红色使命》、中共淞浦特委机关旧址陈列馆《足履·血色青春》、上海蔡元培故居陈列馆《印象·金色启蒙》。全年服务560场，参与10210人（次）。

（王玲）

【纪念蔡元培先生诞辰 152 周年活动】 1 月 11 日,纪念蔡元培先生诞辰 152 周年"《记忆信笺》——诚邀您共赴一场世纪之约"活动在静安公园举行。纪念活动以浸入式环境戏剧《记忆信笺》为载体,以散文诗的艺术风格,演员片段式表演,结合科技手段将人物内心独白、音效及配乐等贯穿始终,致敬伟大教育家蔡元培先生。 (王玲)

【5·18 国际博物馆日活动】 5 月 18 日,是第 44 个国际博物馆日,主题为"致力于平等的博物馆:多元和包容"。静安区文史馆推出 7 小时不间断接力大直播,云集七大文博场馆,带观众重温红色历史,深度了解藏品背后故事。四行仓库抗战纪念馆举办"云游四行"直播活动,由纪念馆筹建亲历者、静安区文化和旅游局调研员张众担纲导览主播,为观众讲述全国重点文物保护单位四行仓库抗战旧址的修缮故事,深度解读"八一三"淞沪抗战的深刻历史背景,揭开"四行仓库保卫战"以及"八百壮士"英勇无畏的抗争历程。 (王玲)

【"文化和自然遗产日"静安区非遗主题活动】 6 月 13 日是 2020 年"文化和自然遗产日",静安区推出一系列活动,主要分三大板块:"非遗就在你身边"静安区非遗项目"云展示",通过微信公众号每天推送静安区非物质文化遗产代表性项目;"魅力非遗·健康生活——最'仙'地标非遗文化云体验"活动,包括香囊制作体验和凯司令蛋糕制作两场直播;"文'遗'静安·非'尝'之旅——主播带你玩转静安非遗"活动,将南京西路沿线的 10 个非遗项目串联起来,规划一条静安区非遗旅游路线,通过直播方式宣传静安区非遗项目。活动期间线上观看人数总计 570 万人(次)。 (王玲)

【上海毛泽东旧居全新亮相】 12 月 26 日,上海毛泽东旧居陈列馆完成展陈提升重新亮相,增补一批毛泽东、杨开慧、毛岸英珍贵史料、实物,并对展陈功能和参观路线进行优化,新增文创展示区。同天,一条名为"初心足迹:毛泽东在上海"的红色研学线路也正式首发。该路线由中共上海市委党史研究室、中共静安区委主办,中共锦江国际(集团)有限公司委员会、上海瑞金宾馆协办,静安区文化和旅游局承办。 (王玲)

(四)文化产业

【促进影视产业发展】 年内,区文化旅游局走访辖区内 115 家企业,深入推进"帮企业、解难题、送政策、送服务"工作。召开静安区影视文化企业座谈会,了解新冠肺炎疫情期间企业面临的困难及诉求,主动作为、精准施策。加快影视专项资金拨付,协助影视文化企业落实市、区各项惠企政策,帮助企业做好复工复产过程中场所、人员、防疫物资的落实保障。配合市影视摄制服务机构,协调《上海 1921》《传奇女特工》等剧组在静安区安义路毛居、贝轩大公馆、"76 号"旧址等多处进行勘景。重点做好《繁花》剧组在张园、三宝等地置景的协调和对接工作,帮助剧组落实各项拍摄需求,年内协调召开《繁花》摄制组静安区取景拍摄专题协调会近 10 次并协助举办开园开机仪式。修订《静安区关于促进影视产业发展的实施办法》,发挥产业政策引导带动作用,确保政府职能及相关文件政策延续性。 (毛玲)

【招商引资和稳商留商工作】 年内,区文化旅游局根据年度招商引资工作目标及任务要求,制订局招商引资和服务企业方案,成立招商引资工作领导小组及专班战队。细化分解任务,梳理文旅企业名录和区域内空间载体,强化头部企业、集团企业内在动力,鼓励引进产业链上下游企业或合作企业落户静安区。对意向企业实行全流程管家式服务,协助企业寻找办公场地、企业注册查名、工商登记、税务登记等。全年实施招商引资项目151个,在办63家,落地88家(税收登记企业45家)。 （王玲）

（五）文化市场

【执法监管工作】 年内,区文化旅游局执法大队共受理群众举报投诉1405件(其中单用途预付消费卡投诉1101件),立案41件、处罚36件、警告5件,办案领域覆盖12类。罚没款计204621.12元,因受新冠肺炎疫情影响与上年同期相比降幅明显。收缴非法出版物2054册(张)。信息化、预付费卡、旅游、演出、印刷市场监管工作得到市总队肯定并在全市进行交流。全年开展双随机检查9次,检查场所126家(次),发现存在问题的12家(次),经营状况发生变化或搬迁歇业31家(次),基本实现执法全覆盖。 （王玲）

【"扫黄打非"专项行动】 年内,区文化旅游局召开2020年静安区"扫黄打非"暨文化市场管理工作会议,推进"扫黄打非"进基层各项工作。针对市场监管短板和"扫黄打非"重点任务,开展非法出版物和网络文化市场专项整治,查办印刷、出版物发行违法经营活动7起,擅自安装境外卫星接收设施案件1起,含有违禁内容的艺术品案件1起,重点市场、重点领域内容监管掌控能力得到提升。 （王玲）

【"互联网+监管"】 年内,区文化旅游局围绕落实国务院"三项制度"(行政执法公示制度、执法全过程纪录制度、重大执法决定法制审核制度)要求,对指挥监管系统在智能化、自动化、资源互联互通等4个方面进行升级。结合商事制度改革,依托区大数据中心,畅通各部门之间涉及文旅许可场所的数据对接,夯实执法工作基础。将举报电话录音、现场检查视频、调查询问视频与相关记录进行关联,并定期抽查回放,从执法前端到末端的闭环管理,实现对执法人员执法行为的监督管理。建立以场所为中心的可视化系统,实现运用网络地图准确定位场所位置和按照分类监管要求自动给出巡查工作提示,提升执法监管效能。建立案卷智能辅助系统,提高执法人员案卷制作规范性。 （王玲）

二十三、卫生和健康

编辑 顾瑞钧

(一) 综述

2020年,静安区户籍人口平均期望寿命85.08岁(全市83.67岁),其中男性82.80岁,女性87.44岁。婴儿死亡率0.73‰,无孕产妇死亡。每10万常住人口甲乙类传染病总发病率为94.74。常住人口计划生育率98.63%;常住人口出生性别比109.23。户籍人口出生4308人,出生率4.74‰,流动人口出生1091人,出生率3.96‰。户籍人口自然增长率-4.80‰,仍处于负增长状态。年底,全区有医疗卫生机构365家;其中三级医院11家(综合性4家、中医医院2家、专科医院5家),二级医院11家(综合性医院6家、中医医院1家、专科医院4家),未评级医院20家,社区卫生服务中心15家,社区卫生服务站75家,公共卫生机构8家,其他卫生机构5家,各类门诊部、诊所、医务室、护理站220家。全区医疗机构实有床位数12450张,常住人口每千人口床位数12.76张、每千人口医生数7.59人、每千人口注册护士数10.51人。2020年度完成医疗机构校验审批306家,医疗机构设置审批16家,医疗机构变更审批127家,中医诊所变更3家。2020年度共完成各类卫生许可项目4645件,其中公共卫生许可824件、医疗执业许可3773件、备案或其他48项。其中公共卫生许可项目包括:公共场所卫生许可526件、建设项目预防性卫生审核43件、放射诊疗许可199件、放射诊疗人员56件,医疗执业许可包括:医务人员许可3773件,备案包括:病原微生物实验室备案36家、二次供水设施清洗消毒备案2家、管道分质供水10家。年度监督检查5346户(次)。年度查处卫生行政处罚案件327件,其中警告158件、罚款292件、听证案件11件。卫生行政处罚罚款金额总计77.21万元,没收违法所得8.54万元。接到举报投诉623件。献血量30716人(份),临床用血36718人(份),临床用血自给率100%。发放独生子女伤残或者死亡家庭一次性补助278人109.8万元;未参保及支内支边独生子女父母年老一次性259人134.98万元。特别扶助22515人(次),5544.77万元。

新冠肺炎疫情防控阻击战取得阶段性胜利。面对突发疫情,区卫生健康委迅速成立新冠疫情防控工作组,形成全面动员、全面部署、全面防控、科学精准施策工作局面。强化医疗救治,严格规范发热预检、发热门诊和隔离病房管理。做好流行病学调查、病例及密切接触者管理、重点人群集中或居家隔离、核酸检测等工作。条块联动，做好居家隔离、道口管控工作。开展爱国卫生运动，开展预防性消毒工作。加强监管，强化卫生监督执法。至12月31日24时，区域内累计发现并妥善处置确诊病例85例，累计排除疑似病例320例。累计管理密切接触者1901人，一般接触2979人。区域内累计管理居家隔离重点人员10011人，集中隔离点累计管理23547人。

初步完成"十四五"规划编制工作。区卫生健康委系统总结"十三五"规划期间卫生健康发展成效，从大健康、大卫生高度出发，以健康需求和解决问题为导向，以调整布局结构、提升服务能级，理顺卫生健康服务秩序为主线，坚持政府主导，强化公平与效率的统一，统筹预防、医疗和康复，统筹机构健康服务和居民自我健康管理，强化发挥医疗健康服务体系整体功能，推动卫生健康事业均衡发展。规划到2025年，基本建成与国际静安卓越城区功能定位相适应、体系完善、分工明确、功能互补、密切协作、管理高效、监管有序的整合性卫生健康服务体系。夯实网络，完善卫生健康服务体系。

加快构建全生命周期健康服务体系。区卫生健康委贯彻落实《"健康上海2030"规划纲要》《健康上海行动（2019—2030年）》，组织实施《健康静安行动计划》。开展健康上海行动区域化特色项目"健康街区"试点建设。静安区在上海市首届建设健康上海行动典型案例评选中，获示范案例3个，优秀案例4个。针对健康教育与促进服务体系的完善，市民健康素养和健康生活质量的提高和普及，全人群全生命周期健康服务体系的构建、健康环境问题治理等18类共100项工作提出具体工作目标和具体工作举措。

深入推进健康促进工作。区卫生健康委推进以"三减三健"为主题全民健康生活方式行动，定期开展市民健康素养监测和评估，加强重点人群和特殊人群建立健康行为和生活方式的指导和干预。深化健康细胞建设工程，坚持整体推进、个性发展原则，探索创新健康社区建设模式，探索"互联网+精准营养"干预项目。高标准推进国家卫生区复评审工作。探索健康市北园区创建工作。

完善医疗服务体系建设。区卫生健康委优化医疗资源结构，强化紧密合作的医联体建设。以区域性医疗中心为平台，向上依托三级医院及高校的优质资源支持，向下辐射周边社区卫生服务中心。强化区域性医疗中心核心地位，加快构建市级医学中心、区域性医疗中心、社区卫生服务中心服务体系。在扩大影像会诊中心、心电会诊中心、临床病理中心、超声会诊中心、临床检验中心、消毒供应中心作用基础上，强化胸痛中心建设，完成卒中中心、血透中心、COPD中心建设。

区卫生健康委依托上海中医药大学—静安中医药校区合作和区域中医联合体两个平台，强化人才培养、学科建设，推进中医药大学附属康复医院和附属社区卫生服务中心建设，健全完善静安区中医医疗服务体系。推广静安特色的"两基全程"中医药服务模式，推动中医药融入生命全周期管理。评选中医药流派和特色诊疗技术挖掘、传承和创新研究，整理流派中医优势病种临床诊疗经验。推广和应用中医药适宜技术，建设一批中医专病诊疗中心。

构建健康为老服务体系。区卫生健康委履行区老龄委牵头部门工作职责，强化老龄委各部门工作要求，健全完善老龄健康工作网络。开展2020年老年健康宣传周活动，开展形式多样敬老爱老助老活动，树立积极、科学、健康老龄观，提高老年人幸福感和获得感。协调推进医养结合工作。推进社区卫生服务中心构建契约式医养结合模式。做好长护险服务工作,促进长护险制度规范发展。强化家庭医生为老服务工作,改善老年人就医体验。

深化医药卫生体制改革。区卫生健康委以加快建立现代医院管理制度为引导,以深化区域医联体建设为重点,以项目建设为依托,深化公立医院运行机制改革,公立医院综合改革成效初显。2020年静安区获"国家级公立医院综合改革真抓实干成效明显单位"荣誉。社区卫生服务综合改革稳健有序。彭浦新村社区卫生服务中心、南京西路社区卫生服务中心和临汾社区卫生服务中心成为首批"全国百强社区卫生服务中心"。"十三五"规划期间,各项任务按照既定目标有序推进,主要指标基本完成。

推进现代医院管理制度试点。区卫生健康委推进闸中心和精卫中心开展现代医院管理制度市级试点。聚焦建立健全现代医院管理制度重点领域和关键环节,完善医院议事决策制度,理顺医院改革与发展运行机制,推进医院管理规范化、精细化、科学化,逐步建立权责清晰、管理科学、治理完善、运行高效、监督有力的现代医院管理制度。加强医疗费用监测,医药费用增长控制在8%以内。

强化区域性医疗中心建设。区卫生健康委按照上海市《区域医疗中心建设标准》,比照三级医院临床诊治能力建设要求,从学科发展规划、大型医疗设备配置更新、科研教学专项投入等方面,打造静安区区域性医疗中心。静安区中心医院作为静安区区域性医疗中心首批建设单位,晋级三级乙等医院。静安区闸北中心医院和市北医院对照区域性医疗中心服务能力标准及新一轮二级甲等医院复评审工作标准,加强医疗服务能力建设,完成胸痛中心建设评估,并纳入第二批上海市区域性医疗中心建设和考评认定。

推进互联网医院建设。彭浦新村街道社区卫生服务中心互联网医院4月正式获批并投入运行,成为全市首家实体社区互联网医院。"后疫情时代社区互联网医院建设"获评创新服务与管理模式优秀案例,社区卫生服务中心年底完成互联网医院建设。推动互联网医院"云药房"系统,承接互联网医院处方流转,实现线上处方前置审核,为慢性病长期用药病人提供线上续方配药。

深化社区卫生服务综合改革。区卫生健康委调整标化工作量的标化值,引入质量结果系数,完善薪酬制度。加强与区域性医疗中心分工协作,医联体内医疗机构加大对签约居民资源支持力度。以"上海健康云"和"健康静安"为载体,推进"互联网+家庭医生签约服务",探索符合静安区特色的"互联网+护理服务"管理制度、服务规范以及运行机制。促进家庭医生服务模式转变,改善群众签约服务感受。推进安宁疗护试点工作。年底,全区所有社区卫生服务中心均开展安宁疗护服务。全区15家社区卫生服务中心共完成家庭医生"1+1+1"签约352439人,签约率35.70%;重点人群签约227226人,签约率58.55%;开具"延伸处方"78085张,处方金额1927.336万千元。签约居民在"1+1+1"签约医疗机构组合内就诊占64.34%,签约居民在签约社区就诊占42.90%,签约居民社区就诊依从性73.6%。

加强疾病预防体系建设。区卫生健康委推进区域疾控体系现代化建设,制订《静安区加强疾病预防控制体系现代化建设的实施方案》及硬件建设、人才建设、信息化建设3个配套文件。拓宽传染病监测。加强流感样病例(ILI)、腹泻病综征、发热伴皮疹、出血等症候群监测。持续有效控制传染病疫情。全年无甲类传染病报告,报告乙类传染病9种1009例,每10万人发病率为95.39。推进免疫规划管理。共接种疫苗344130剂(次),其中免疫规划疫苗

120853剂（次），非免疫规划疫苗223277剂（次）。加强艾滋病与结核病防治。制订静安区艾滋病综合防治示范区工作计划，落实社区艾滋病感染者/病人关怀管理工作，全年下沉社区管理艾滋病感染者/病人821人。落实结核病分级诊疗和综合防治服务模式试点工作、患者规范诊疗和管理、健康教育等各项防控措施，全年社区肺结核病人规范管理率为100%（239/239），规则服药率为100%（270/270）。

做好慢性病综合防控。巩固高血压、糖尿病管理。2020工作年度（2019年10月—2020年9月），全区累计建卡管理高血压患者105485人，规范管理率86.09%。开展儿童青少年近视调查，共完成调查人数2729人，近视人数1756人，近视率64.4%。12月，通过现场采集方式开展儿童屈光建档现场初筛工作，累计完成儿童屈光发育建档72512人，去除因病缺课缺勤人数，建档覆盖率100%。

强化精神卫生管理和妇幼保健服务。区卫生健康委完善健全妇幼保健服务体系，以"安全和质量"为核心，落实母婴安全行动计划，确保危重孕产妇抢救工作有序开展。推进"出生一件事"。创新健康教育服务形式，转变传统线下授课模式，依托"好孕好育1000天"平台，开展线上微课直播和集中答疑。创建全国社会心理服务体系。通过"心静安"微信公众平台开展科普宣教。14个街道（镇）综治中心均建有心理咨询室，提供多元化心理健康服务。打造"小巷总理"服务品牌，通过"一个中心，覆盖全区"模式开展系列培育活动。新冠肺炎疫情发生后，组建15支心理重建工作小组，开展疫情受影响人群心理重建工作。做好隔离人员心理疏导。

深化行政审批制度改革。区卫生健康委优化办事流程，主动推行"全程网办"，网上可办率100%。巩固提升"一网通办、只跑一次"工作机制。实现审批材料"双减半"和部分材料"免提交"，通过网上预审+邮政快递模式，基本均可实现0跑动次数。牵头办理理发店、美容店、公共浴室、足浴店4个"一件事"。推进"互联网+监管"模式，实现跨部门联合监管闭环。加强对各医疗机构监督检查。结合新冠肺炎疫情，加强对医疗机构发热门诊、新冠肺炎防控和医疗救治、发热哨点等进行督导。开展"白玉兰"专项执法行动。强化对医疗服务监督执法，加强无证行医综合治理。做好第三届中国国际进口博览会卫生监督保障。开展重点行业乱象治理，贯彻落实《静安区扫黑除恶专项斗争重点行业专项整治组2020年工作方案》。加强医疗安全底线管理。加强重点部门、重点环节医疗安全管理。强化医院感染管理。做好医疗质量控制管理相关工作。有80%以上专业质控组实现全年上、下半年现场质控检查双覆盖。在全面开展面上质控检查基础上，注重发挥质控工作在医政管理中专业指导作用。开展联合督查、专项行动等20余场（次），配合卫监所和医疗事故、纠纷处理部门开展事件调查10余次。遵循"规范管理"原则，强化药政管理。规范区属医疗机构药品采购供应模式，形成《2020年下半年静安区区属公立医疗机构药品目录》。配合做好"4+7城市药品集中采购"工作，中选药品全部纳入静安区区属公立医疗机构药品目录。推进特殊管理药品监管监测工作。配合区禁毒办完成区内47家相关医疗机构完成信息采集设备及网络终端系统部署建设。扩大药品供应链延伸服务改革试点范围，9家试点单位完成供应商遴选方案及实施方案制订。

实施全面两孩，建设生育友好型环境。区卫生健康委推进公共场所母婴设施建设，完善公共场所母婴设施电子地图"点位信息"，全区公共场所设置母婴设施点位96个。推动多元共治,实现计生管理服务转型升级。推进计划生育基本公共服务均等化,深化"健康家庭"项目。利用微信平台开展线上生殖健康宣传,联手区教育局将优质早教服务配送到老百姓家门口。深化特殊家庭帮扶,落实计生特扶制度,全年按季发放特扶金22515人(次)5544.77万元。推进特殊家庭医疗服务,优先落实家庭医生签约服务,为失独老年家庭提供援助服务和辅助就医服务,有553户家庭完成安装呼叫设备。选择天目西路、大宁路街道开展"社区居家探访"和"代理服务"试点。深化"心扶"爱心服务,"心扶项目——关爱失独家庭心理咨询"获评2020年第二届全国社会心理服务优秀案例。

区卫生健康委年内完成新一轮区级后备人才评,完成2019年科技奖励申报、审核及奖励经费下达。2020年与区科委联合新立项各类区级科研课题59项,结题评审50个项目。静安区中标2020年度市卫生健康委课题5个面上项目、1个青年项目。加强对继续医学教育管理。开展立项课题负责人科研经费使用培训,提高经费使用规范和效率。

区卫生健康委完善及扩展"健康静安"系列便民应用建设,结合疫情防控形势及居民关切问题,推出新冠肺炎自我筛查、线上流调、核酸检测在线预约及报告查询等功能。全区推进医疗付费"一件事",9月初完成全区随申码与医保电子凭证合一功能、通过亲属码实现亲情付功能。静安区26家区属医疗机构全部接入市互连互通互认平台,接入率100%。推进市影像云工作,开展全区影像云正式数据上传,实现跨区调阅。深化公共卫生扩展项目建设,以静安区现有公共卫生信息化建设为基础,完成"基于医院电子病历直推的传染病报告信息系统""新慢性病一体化管理系统""眼病防治综合管理系统""糖尿病患者结核病筛查系统""公共卫生数据质控平台"等公共卫生系统建设。推进区域前置审方建设,以南部医联体为试点,启动区域内门急诊前置审方平台建设。

(陈平华)

(二)健康城区建设

【静安区实现消毒系列工作全覆盖】 年初,战"疫"打响后,区爱卫办会同区商务委、城发集团、开开集团等抓住春节期间"大隔离、大消毒"的最佳窗口期,对居民小区公共部位、临时疏导点、垃圾箱房、公厕等重点部位,规范适度开展预防性消毒。重点对集贸市场、社区、学校、家庭、公共交通、养老院等十类重点场所预防性消毒开展技术指导。要求场所落实以环境清洁和开窗通风为主卫生措施,推进关口前移,进行科学、必要、适度消毒处理,降低新冠肺炎病毒传播风险。对园区、商业广场、酒店等各类陆续复工的重点场所进行抽查,就预防性消毒药品使用、操作流程、消毒时间等问题进行现场指导。区爱卫办还通过微信、电话、发放资料、上门告知等方式开展防疫健康宣传,覆盖全区6.5万户家庭。

(陈平华)

【"全民营养周"营养健康宣传系列活动】 5月的第三周是"全民营养周",2020年的主题为"合理膳食、免疫基石"。区疾控中心制作海报、易拉宝、折页等宣传资料,于5月17—23日在微信公众号上开启为期一周的有奖竞答活动,既能学习营养知识,又有机会获得奖品,在避免人群聚集同时,调动居民参与活动积极性。

(陈平华)

【食品安全周健康大讲堂活动】 7月30日,区疾控中心承办主题为"食品安全,人人参与,人人共享"食品安全周健康大讲堂活动,利用社区健康教育网络,发挥各街镇健康教育专兼职人员和广大健康促进志愿者的积极性和作用,发动居民观看线上大讲堂直播和问卷评估调查。 （陈平华）

【全民健康生活方式宣传月活动】 9月,举办第十四个"全民健康生活方式"宣传月。开展"区全民健康生活方式抖音短视频大赛",配合推进《健康上海行动（2019—2030年）》"第一行动"——健康知识普及行动,加大健康科普工作力度。徐军、陈广进、刘德敏等3名市民代表静安区参加了市级大赛。 （陈平华）

三、医疗服务

【深化公立医院体制机制改革】 年内,区卫生健康委加快区域性医疗中心建设,提升基层服务能力。静安区中心医院获三级乙等医院和首批区域医疗中心认证。鼓励三、二级医院医师到基层多点执业,推动优质医疗资源和居民就医"双下沉",实现基层服务能力和医疗宏观效率"双提升"。"发挥区域康复优势,全面落实康复分级诊疗"项目入选第二届"上海医改十大创新举措"。国务院办公厅对2019年落实有关重大政策措施真抓实干成效明显地方予以督查激励,静安区位列公立医院综合改革成效较为明显的地方名单。 （陈平华）

【延伸"互联网+医疗健康"】 年内,区卫生健康委发挥"互联网+医疗健康"基础优势,深挖"健康静安"微信公众平台功能,推出新冠肺炎自我筛查、线上咨询、视频在线诊疗服务和新冠流行病调查功能,发挥"互联网+"在疫情防控中重要支撑作用。2月1日,"健康静安"微信公众号上线"新冠肺炎自诊"功能。自诊知识库依据国家卫生健康委员会发布的《新型冠状病毒感染的肺炎诊疗方案》,通过回答系统中关于自身情况、症状的提问,帮助居民线上自诊完成感染新冠肺炎的智能筛查并提供相关建议,对有需要者提供"上海设有发热门诊对医疗机构"引导,减少居民不必要的医院往返、逗留与交叉感染。 （陈平华）

【"健康演说天使"医学科普比赛】 5月27日,"青春心向党,建功新时代"——静安区中医医院第二届健康演说天使医学科普演讲比赛在5楼会议室举行,来自各科室8支队伍18名白衣天使参加比赛。医院党政工领导和全院职工在线上共迎这场医学科普盛宴。 （陈平华）

【市北医院开展夏令养生文化节活动】 6月10日,"冬病夏治,健康养生"——市北医院夏令养生文化节在区中医药健康服务文化基地开幕,是该基地举办的首场线下健康惠民活动。7月25日,活动结束,为期1个半月。
（陈平华）

【静安区中心医院"三级乙等医院""上海市区域性医疗中心"揭牌】 9月15日,静安区中心医院"三级乙等医院""区域性医疗中心"揭牌仪式暨医院管理高峰论坛在医院会议室举行。区委书记于勇,区委副书记、区长王华,复旦大学附属华山医院党委书记邹和建、院长毛颖,复旦大学上海医学院副院长汪志明,副区长龙婉丽,以及市卫生健康委、区卫生健康委主要负责人,区中心医院党政领导班子等出席揭牌仪式。于勇希望静安区中心医院以揭牌为新的起点,开拓进取、砥砺前行,推动医疗、教学、科研等各项工作再上新台阶。区中心医院院长徐文东做主题报告《十年磨一剑》,回顾医院近年发展历

9月15日,静安区中心医院"三级乙等医院""上海市区域性医疗中心"揭牌 (区卫生和健康委 供稿)

程及下阶段工作打算。医院将按照复旦大学附属三级医院建设标准,以"依托复旦、立足全市、服务静安"为建设理念,打造"大专科、小综合、精品化、智慧型"区域性医疗中心。 (陈平华)

【区域卫生信息互联互通互认工作获肯定】静安区作为互联互通互认工作第一批试点区,通过"信息化+医政管理"相结合模式共同推进,互认率大幅提高,完成市影像云首批试点区相关工作,拓展应用场景,实现与"健康静安"门户整合,很大程度上便捷了居民使用。10月15日,区域卫生信息互联互通互认工作现场推进会在区闸北中心医院召开。 (陈平华)

【区中医医院平型关路院区开工】 10月18日,举行区中医医院平型关路院区开工奠基仪式。该项目是区政府实事工程、区域民生重点工程,也是区内第一个特别国债建设项目,预计于2022年12月竣工。该医院将加快"一院二址"功能定位,发挥中医药特色优势,推进医院成为区域中医诊疗中心,满足区域居民对中医药服务需求。 (陈平华)

【医疗付费"一件事"工作】 10月23日,国家卫生健康委员会体改司一行调研静安区医疗付费"一件事"工作情况。医疗付费"一件事"是上海市"一网通办"重点推进项目。静安区作为医疗付费"一件事"扩大试点区,利用区内已有卫生信息化建设成果,通过多部门协调,整体推进项目在全区落实,率先完成医保五期切换、随申办医保支付对接、基于信用的无感支付、基于Hs接入"随申办"手机应用软件(APP)线上支付、随申码与医保电子凭证合一等工作,从而"减环节""减时间",拓展"健康静安"微信公众号惠民应用,让广大居民在静安区较早享有医疗付费"一件事"建设成果,体验安全、便捷、免排队的无感支付。 (陈平华)

【区两家医院通过中国胸痛中心认证】 11月16日,区内闸北中心医院、市北医院通过2020年度第二批次中国基层胸痛中心认证。至此,静安区南部、中部、北部3个区域医疗中心均通

10月18日,区中医医院开工　　　　　　　　　　（区卫生和健康委　供稿）

过中国胸痛中心认证。　　　　　（陈平华）

四、公共卫生

【3·24世界防治结核病日宣传活动】 3月24日是第25个世界防治结核病日,区卫生健康委开展宣传主题为"携手抗疫防痨、守护健康呼吸"的结核病防治系列宣传活动。联合市防痨协会,邀请华山医院感染科主任张文宏、市疾控中心艾结所副所长沈鑫,录制结核病宣传视频;组织微信公众号答题赢取宣传品活动。

（陈平华）

【"全国疟疾日"系列防治宣传活动】 4月26日是第13个"全国疟疾日",活动主题是"消除疟疾控新冠,同防输入再传播"。区卫生健康委以"全国疟疾日"为契机,开展系列疟疾防治宣传活动。各级医疗机构,尤其是有发热门诊的医疗机构做好医务人员疟疾诊治能力培训和就诊病人宣传,区疾控中心组织发动区内各医疗卫生机构35人参加由市疾控中心开展的线上消除疟疾技术培训班。　（陈平华）

【2020年静安区爱眼日主题活动】 6月6日,"视觉2020关注普遍的眼健康"爱眼日主题活动在区青少年活动中心举行,活动由区卫生健康委、区教育局、区残疾人联合会主办,区疾病预防控制中心、区青少年活动中心协办。活动内容包括举行静安区视觉健康中心(儿童青少年近视防治技术中心)揭牌仪式,发布全国第一个智慧明眸近视防控护眼基地落成信息。

（陈平华）

【静安区儿童早期发展基地工作研讨会】 8月10日,区妇幼所召开儿童早期发展基地建设工作研讨会。区卫生健康委公共卫生管理科、市妇幼保健中心儿保科有关负责人,以及3名区儿童早期发展基地专家组代表出席会议,区

儿童早期发展基地成员单位项目负责人参加研讨会。　　　　　　　　　（陈平华）

【第三十二届爱牙日主题宣传活动】 9月20日是第三十二届全国爱牙日,主题为"口腔健康,全身健康",副主题为"均衡饮食限糖减酸,洁白牙齿灿烂微笑"。爱牙日专家义诊咨询及健康促进活动分别在静安公园和大宁音乐广场举行,来自区内二、三级医院的口腔专家对前来咨询的市民提出的各类口腔问题给予作答,并针对不同的口腔健康状况和治疗特点提出个性化诊疗建议。　　　　　　　　（陈平华）

【突发公共卫生事件医疗救治队应急培训】年内,区卫生健康委组建2支各50人的突发公共卫生事件医疗救治战斗队。由上海市区域名医、静安工匠、区闸北中心医院感染科主任颜景华,从相关法律法规、突发公共卫生事件应急响应、新冠肺炎常态化防控、新冠肺炎诊疗方案等方面对队员们进行培训。　　　　（陈平华）

【区公共卫生工作联席会议精神卫生综合管理组会议】 于9月22日在区精神卫生中心召开。相关成员单位分管领导及联络员共60余人参加。会议简要介绍静安区精神卫生工作概况,对第三届中国国际进口博览会保障方案进行培训和部署,并就静安区"全国社会心理服务体系建设"进展情况和社区严重精神障碍患者长效治疗药物方案进行介绍。　（陈平华）

【生物安全应急事件处置演练】 9月23日,2020年上海市病原微生物实验室生物安全应急事件处置演练在区疾控中心举行。演练内容分为两部分:科目一为三级防护穿脱流程现场演示;科目二为检测人员长时间连续开展疑似新冠肺炎病毒标本检测操作时,出现身体不适并突然在实验室内意外滑倒,造成生物安全柜内样品少量溢洒,共同开展检测的同伴展开紧急救助、应急处置等过程的演练。（陈平华）

【区卫生健康系统"白衣天使"获评市抗疫先进】 9月29日,上海市举行抗击新冠肺炎疫情表彰大会。大会对上海市抗击新冠肺炎疫情先进个人、先进集体、上海市优秀共产党员、上海市先进基层党组织进行表彰。其中静安区卫生健康系统11名个人、4家集体榜上有名。
　　　　　　　　　　　　　　（陈平华）

【静安区慢性肾脏病全病程管理中心成立】 12月9日,静安区慢性肾脏病分级诊疗联盟暨慢性肾脏病全病程管理中心在区闸北中心医院揭牌成立。活动现场还授予区中心医院、区闸北中心医院、市北医院、邮电医院和北站医院"上海市静安区慢性肾脏病分级诊疗组长单位"铜牌;授予区内15家社区卫生服务中心"上海市静安区慢性肾脏病分级诊疗成员单位"铜牌;启动《健康静安》慢性肾病管理系统。　　（陈平华）

五、社区卫生

【社区卫生服务中心发热哨点诊室投入运行】 3月底,区内8家社区卫生服务中心发热哨点诊室完成建设。通过市卫生健康委督导检查,于4月1日起陆续投入运行。社区卫生服务中心发热哨点诊室承担对发热患者的筛查、信息登记、跟踪、治疗与转诊,依托区域医联体平台,建立患者转运与转诊的闭环管理路径。各社区卫生服务中心发热哨点诊室人员配备1名全科医生及1名护理人员,定期开展以传染病防治为主题的各类培训,包括传染病防治、转诊流

程、消毒隔离措施等。　　　　（陈平华）

【江宁路街道社区卫生服务中心"房颤联合门诊"揭牌】　7月22日,江宁路街道社区卫生服务中心与海军军医大学附属长征医院心内科合作的"房颤联合门诊"揭牌仪式在该中心门诊大厅举行。长征医院心内科主任梁春、副主任张家友等领导班子成员出席仪式。（陈平华）

【临汾名城站点改造后投入使用】　12月1日,临汾路街道社区卫生服务中心名城社区卫生服务站在经历为期2个月升级改造后,向居民开放。站点将中医、全科精准融合,集康复理疗、健康宣教、家庭病床、家医助理为一体。社区卫生服务中心选派中医师、西医师、临床康复师和家医助理下沉站点,为周边居民提供专业医疗卫生服务。　　　　　　（陈平华）

【"社区大健康——社区医院建设能力提升行动"启动】　12月16日,在彭浦新村街道社区卫生服务中心召开"社区大健康——社区医院建设能力提升行动"启动会。会上解读《社区医院基本标准(试行)》,梳理社区医院定位与基本功能,明确社区医院床位、科室、人员等设置要求,介绍全面推进社区医院建设工作实施方案。　　　　　　　　　　（陈平华）

六、老龄服务

【区老龄工作委员会全体(扩大)会议】　于5月12日在区政府机关709会议室举行。区委副书记黄红、区委常委、副区长、区老龄委副主任刘燮,区老龄委全体委员、区卫生健康委、民政局党政主要负责人出席会议。会议下发《静安区老龄工作委员会工作规则》等文件,明确相关单位职责任务,条块联动整体设计推进老龄工作,推动全区老龄事业发展。会上,区民政局、区卫生健康委分别从养老服务供给、医养结合工作等角度进行部门交流。静安寺街道、大宁路街道分别从居家养老服务、创建宜居宜养新社区等角度交流社区老龄工作情况。

（陈平华）

七、人口监测与家庭发展

【国际家庭日主题宣传活动】　5月15日是第27个国际家庭日,区卫生健康委开展以"守护全民健康从家庭开始"为主题宣传活动。发挥计划生育协会组织优势,利用社区宣传服务阵地,通过张贴主题宣传海报、图片展览、发放宣传品等多种形式,面向家庭,传播新型生育文化、提倡一对夫妻生育两个子女、优生优育、生殖健康以及防控新冠肺炎等科学知识,引导家庭树立健康生活理念、践行健康生活方式,促进"人人健康,家家幸福"。　　（陈平华）

【静安区计生协召开第一次会员代表大会】　于12月10日召开,来自相关区属部门、街道、社区、高校、社会组织等80名代表参加。会上审议通过原静安、闸北第六届理事会工作报告、财务工作报告,选举产生新一届理事会。在一届一次理事会上选举区卫生健康工作党委书记胡世斌任会长,王蔷、周公望、宋炜等3人为副会长,聘任任丽萍为秘书长。　（陈平华）

2020年静安区(辖区)公立医疗卫生机构情况表

机构名称	地址
华山医院	乌鲁木齐中路12号
华东医院	延安西路221号
上海市第十人民医院	延长中路301号
上海市第一妇婴保健院(西院)	长乐路536号
上海市儿童医院(北京西路)	北京西路1400弄24号
上海市眼病防治中心	康定路380号
上海市中医医院	芷江中路274号、石门一路67弄1号
上海市皮肤病医院	保德路1278号
同济大学附属口腔医院	延长中路399号
上海市民政第三精神卫生中心	闻喜路590号
静安区中心医院	西康路259号
静安区闸北中心医院	中华新路619号
静安区市北医院	共和新路4500号、共和新路4460号、闻喜路1152号
静安区北站医院	南星路29号、40号
上海市公惠医院	石门一路315弄6号
上海市第四康复医院	新闸路1739号、康定路828号 995号
静安区中医医院	延长中路288号
静安区精神卫生中心	康定路834号、平遥路80号
上海邮电医院	长乐路666号

(续表)

机构名称	地址
上海市第三康复医院	交城路 100 号
静安寺社区卫生服务中心	新闸路 1729 号
曹家渡社区卫生服务中心	万航渡路 858 弄 5 号
江宁社区卫生服务中心	淮安路 736 号
石门二路社区卫生服务中心	山海关路 456 号
南京西路社区卫生服务中心	成都北路 165 号
天目西路街道社区卫生服务中心	梅园路 111 号
北站街道社区卫生服务中心	大统路 168 号、188 号
宝山路街道社区卫生服务中心	天通庵路 51 号
芷江西街道社区卫生服务中心	芷江西路 335 号
共和新路街道社区卫生服务中心	洛川东路 151 号
大宁路街道社区卫生服务中心	广延路 101 号
彭浦新村街道社区卫生服务中心	平顺路 15 号
临汾路街道社区卫生服务中心	临汾路 385 号
彭浦镇社区卫生服务中心	平陆路 277 号
彭浦镇第二社区卫生服务中心	高平路 1011 号
静安区妇幼保健所	康定路 1297 号、共和新路 1873 弄 4 号
静安区牙病防治所	平型关路 15 号,愚园路 505 号 507 号,沪太路 909 弄 15 号甲 104,武宁南路 408 号 3 楼,江宁路 422 号甲 1 楼,场中路 1990 号

(陈平华)

二十四、体育

编辑 顾瑞钧

（一）综述

2020年，静安区加快区"十五分钟体育生活圈"设施建设。全年新建1条市民健身步道、1个市民球场、1个运动广场、1处共享健身房、25处社区益智健身点，翻建4条市民健身步道、2个市民球场。完成144处健身苑点、934件器材更整新工作。

年内，区体育局丰富体育公共服务供给方式。以"静安体育公益配送"服务项目为抓手，开展线上线下公益配送服务，吸引百姓市民参与健身消费。该项目全年服务市民15.8万人（次），实现市民健身消费760万元。区属公共体育场馆接待健身市民93.91万人（次），其中向市民公益开放18.91万人（次）。全区16个共享运动场、2个共享健身房全年共接待健身市民29.23万人（次）。提升科学健身指导服务品质。3月，引入梧炫体育线上健身教学平台角马私教APP，开发"静安体育公益配送"小程序"居家健身"配送服务功能，满足市民居家健身需要。1—4月，区国民体质监测中心及健康驿站因新冠肺炎疫情原因暂停开放。5月6日起，区健康指导中心、江宁路健康驿站及静安寺街道健康驿站恢复开放。全年共为1.58万名市民提供体质测试服务，"你点我送"公共体育配送服务人数近7000人（次）。

开展全民健身活动。完善国际国内专业赛事以及市、区级品牌赛事，街镇社区特色活动三级体育赛事活动体系。举办静安元旦10公里迎新跑、上海静安女子半程马拉松、"静安论剑""静安论棋""举着党旗去旅行·奋进静安新征程"静安白领庆祝中国共产党成立99周年主题活动、2020年上海市第三届市民运动会"寻访红色印迹"定向赛等28项区级赛事活动，参与人数4300人（次）。静安体育周周赛开展游泳、羽毛球、乒乓球项目等系列赛事18场，3000人（次）参与。全年开展各级各类群众体育赛事活动310场（次），市民参与超5.36万人（次）。推进体教融合发展。开展足球、篮球、排球、乒乓球、羽毛球、网球、武术、击剑、体操、棒球等20多个项目暑假集训，约1500名运动员参训。组队参加市青少年体育精英赛、锦标赛、冠军赛等赛事活动，获金牌97.1枚、银牌75枚、铜牌131.75枚，团体奖牌、团体总分均列全市第六名。举办"2020'静安论剑'五星运动汇I CAN I SHOW"系列活动。

全年全区完成运动员注册3022人,其中确认注册1820人、新增1181人、教练员注册131人。全区79所学校参与体育专项课程配送服务,开设25个项目体育专项课程教学,配送课时数4350.75小时。年底,静安区青少年体育公共服务信息化平台投入运营,通过"互联网+训练"模式,实现静安青少年体育训练管理智能化、科学化。

年内,贯彻落实全民健身国家战略,建设群众"身边的体育设施",保障公共体育设施"靠得近,用得上",完成大宁公园市民健身步道新建工程及太阳城广场、阳曲路570弄小区、三泉路517弄小区、雕塑公园4条市民健身步道翻新工程;完成天目西路公共运动广场新建工程——彭浦四季公园健身广场和广中路、静安区体育馆2个公共运动场翻新工程。

区体育产业稳步发展。全年增开10家"体彩爱心驿站",开展彩票促销活动5次、销售员培训4次,全区115家体育彩票点总销量2.37亿元,列至市第六位。年内,区体育局多次与区域电竞企业交流合作,协助举办电竞上海大师赛、英雄联盟S10全球总决赛等电竞活动。

(郑玉华)

(二)群众体育

【上海·静安元旦迎新跑】 1月1日上午7时,由市体育局、静安区政府主办,区区级机关党工委、区体育局、大宁资产经营(集团)有限公司、区体育总会承办的"2020上海·静安元旦迎新跑"在静安公园起跑。5公里跑终点为白玉兰广场,10公里跑终点为大宁公园。叶超以19分13秒获家庭跑5公里组冠军,刘洪亮和姚妙分别以29分15秒和34分47秒获男/女子竞速组10公里冠军。女子长跑奥运冠军王军霞和女子竞走奥运冠军刘虹为4800名跑者领跑,市体育局主要领导、区四套班子领导出席起跑仪式并参赛。该元旦迎新跑已连续举办5年。

(郑玉华)

【线上健身气功交流赛】 6月29日,由上海武术院(市健身气功管理中心)主办,市健身气功协会承办,区社会体育管理中心、华羽体育科技(上海)有限公司协办的上海市第三届市民运动会健身气功站点联赛·社会体育指导员线上交流赛(静安区分赛场)在区社会体育管理中心会议室举行。线上健身气功云比赛,各区参赛队伍自行设立分赛场,平台为参赛者提供规程及秩序册查看、线上互动、比赛视频直播和赛况即时通知等,组委会及裁判在主会场进行赛事安排和即时打分。

(郑玉华)

【"寻访红色印迹"定向赛】 7月5日,由市关工委各成员单位组建的35支队伍以老同志、青年干部、青少年学生结对重走红色之路的形式,从四行仓库抗战纪念馆晋元纪念广场出发,寻访中共二大会址纪念馆、中国劳动组合书记部旧址陈列馆、上海毛泽东旧居陈列馆,参观恒隆广场"白领驿家"党群服务站,通过完成打卡任务来追忆往昔、展望未来,坚定从"石库门再出发"的信心和决心。

(郑玉华)

【静安白领"四史"学习教育系列活动定向赛】 7月16日,由"白领驿家""两新"组织促进中心主办的"举着党旗去旅行,奋进静安新征程——静安白领'四史'学习教育系列活动暨静安白领庆祝中国共产党成立99周年主题活动"定向赛在大宁公园举行,140支队伍700人参加。比赛取消竞速要求,注重体验,设置3条线路五大挑战任务,有多项"又红又潮"的趣味任务，比如折叠找到隐藏的红星、帮助少年完成入团申请书、帮助普通群众完成工作等。此外还有"四史"谜盒矩阵、矩形"四史"拼图、微型投影解密、温感变色解密等不同类型的有趣任务。

（郑玉华）

【全民健身日活动暨上海市第三届市民运动会国际静安城区精英挑战赛开赛仪式】 8月7日，200余名健身爱好者在区体育馆参加第12个"全民健身日"暨上海市第三届市民运动会国际静安城区精英挑战赛开赛仪式，百余名啦啦操队员现场展示，区域内其他体育场馆举行啦啦操挑战赛、青少年篮球赛、周周赛乒乓球赛和线上健身气功比赛等比赛活动。"全民健身日"当天，开展25项赛事活动8项技能培训，免费开放29处体育场馆设施。国际静安城区精英挑战赛采取线上线下相结合办赛模式，共举办38项区级赛事。

（郑玉华）

【静安区围棋协会成立】 9月13日，上海市静安区围棋协会授牌成立仪式在静安寺街道社区文化活动中心举行。常昊为静安区围棋协会授牌，并为小棋友下指导棋。2009年起，静安区每年承办全国围棋甲级联赛等全国级赛事，多次主办上海市围棋锦标赛等市级赛事，结合赛事配套开展"静安论棋"群众体育活动，静安寺街道2018年1月被中国围棋协会授予"全国围棋之乡"称号，2018年、2019年、2020年连续3年取得"全国围棋之乡"比赛总冠军。 （郑玉华）

【市第三届市民运动会乒乓球项目乙级联赛团体赛】 9月20日，由市乒协承办的2020年上海市第三届市民运动会乒乓球项目"悦隆·蝴蝶"杯乙级联赛团体赛（静安赛区）在区体育馆举行。赛事方创新丙级、乙级、甲级三级赛制，以优胜者晋级的办法，为普通的乒乓球草根选手提供在市民运动会比赛机会。杨浦区老年乒乓球一队、上海盛欣乒乓球俱乐部队、TT无国界三队、浦东新区北蔡队获第三届市民运动会乒乓球项目甲级联赛总决赛参赛资格。（郑玉华）

【静安职工网球大赛】 9月20日，由区总工会、区体育局主办，区工人体育场、区社会体育管理中心、区网球协会承办的"2020静安职工体育健身四季大联赛——静安职工网球大赛"决赛在区体育馆举行。市、区有关领导出席活动。来自街道（镇）、机关事业单位、企业集团工会26支队伍参赛。最终男子组叶坚华、李虎获第一名，姚方敏、姚海波获第二名，陆前安、刘超、董敬杰、李应旺获第三名；女子组张烨林、汪雪瑜获第一名，刘焱、杨迎庆获第二名，陶文君、朱慧、邬维、陈慧君获第三名。 （郑玉华）

【"申慧城杯"上海市第四届业余射箭比赛暨上海市青年射箭挑战赛】 9月19日，由市第三届市民运动会组委会指导，区体育局、区体育总会主办，上海申慧城体育发展有限公司、静安区酷鲨体育健身俱乐部承办的上海市第三届市民运动会"申慧城杯"上海市第四届业余射箭比赛暨上海市青年射箭挑战赛在申慧城射箭馆静安区体育馆店举行。比赛设反曲弓10米、反曲弓30米两个项目，为个人排名赛，采用中国射箭协会审定的《射箭竞赛规则》和《2020年上海市第三届市民运动会竞赛规则总则》规定执行，约100名选手参赛。 （郑玉华）

【NBA3X三人篮球赛总决赛】 9月26日，由NBA中国主办的NBA3X三人篮球挑战赛总决赛在静安体育中心举行。NBA3X是一项免费的三人篮球挑战赛活动，球迷可以体验诸多NBA元素的娱乐内容。该届NBA3X三人篮球挑战赛在长沙、厦门、昆明、武汉、上海5个城市举办决出8支球队参加总决赛,每座城市的获胜球队和突出球员将获得、NBA体验,包括参加NBA中国原创节目录制及获取NBA篮球公园优惠券等。上海YM以21比17击败上实龙创,夺得NBA3X三人篮球挑战赛全国总冠军。

(郑玉华)

【国家体育锻炼标准达标赛静安区分站赛】 9月26日,"全民健身,活力中国"国家体育锻炼标准达标赛静安区分站赛在区工人体育场举行。来自区14个街镇15支参赛队近200名运动员参赛。达标赛分儿童、少年、青年、壮年和老年等7个组别,每个组别分男、女两类人群,通过绕杆跑、俯卧撑、30秒跳绳、坐位体前屈、1分钟仰卧起坐、3000米快走、曲线托球跑等项目对选手的力量、速度、耐力、灵敏和柔韧能力进行评测。评级标准分为优秀、良好、及格和不及格4个等级。参赛运动员可通过小程序查询自己的比赛成绩、积分和本场排名情况,每个组别的5个项目个人总分优胜者代表静安区参加全市总决赛。

(郑玉华)

【"上橄协"橄榄球业余联赛】 10月7日,由区体育局、区体育总会主办,市橄榄球协会、市龙骑兵橄榄球俱乐部承办的上海市第三届市民运动会国际静安城区精英挑战赛"上橄协"橄榄球业余联赛暨NFL PLAY60青少年橄榄球比赛在区工人体育场举行。活动包括美式全装备橄榄球(公开组)和青少年橄榄球校际联赛2项赛事,并邀请来自上海青浦平和双语学校、华东师范大学附属双语学校和华东康桥国际学校的学生参与到青少年橄榄球校际联赛国庆训练营。参加美式全装备橄榄球(公开组)比赛的是上海风暴和武汉巴萨卡2支国内顶尖业余美式橄榄球队。

(郑玉华)

【上海巴西柔术冠军赛】 10月24日,由区体育局、区体育总会主办的上海巴西柔术冠军赛在区体育馆举行。共有415人参赛,赛事通过网络直播频道进行现场解说。比赛有多国少儿选手参加,来自上海浦东陆家嘴的10岁参赛选手赫嘉诚获38公斤级少儿组铜牌。

(郑玉华)

10月7日,由区体育局主办的橄榄球业余联赛在区工人体育场举行 (区体育局 供稿)

【静安垂直马拉松】 10月25日,由区体育局、区体育总会、上海大宁资产经营(集团)有限公司主办,江苏苏奥体育科技有限公司承办的2020上海静安垂直马拉松赛从大宁商务中心出发,近600名选手参加。赛事主题为"宁要向上,跑出加速度"。选手分个人精英组与团队精英组,完成大宁区域内Queen Run跑步俱乐部、罗马广场、公园亲水平台、音乐广场、中心广场二期、中心广场三期打卡点,最后到达大宁商务中心,向上攀登17层。最终女子个人组郭颖佳以16分11秒获第一,Fun跑团消防队以1分21秒43的定向成绩、20分25的登高平均成绩获团体组第一。其他完赛选手均获得一枚"宁要向上"完赛奖牌。 （郑玉华）

【NBA2K ONLINE2 精英对抗赛】 10月17日下午,由市第三届市民运动会组委会主办,市电子竞技运动协会、市体育彩票管理中心、静安区商务委、静安区体育局、上海振竞体育发展有限公司以及大宁音乐广场联合承办的上海市第三届市民运动会2020上海全民锦标赛(静安赛区)NBA2K ONLINE2 精英对抗赛在大宁公园音乐广场B1中厅开赛,静安赛区采用NBA2K ONLINE2作为比赛项目,采取1对1王朝模式及3对3街头模式2个项目,将近200名选手参赛。最终1对1王朝模式项目朱鑫磊获冠军,余瑞麒获亚军、沈佚舟获季军、方聪荣获殿军;3对3街头模式项目GJB战队夺得团队赛冠军,Old power战队获亚军、神奇宝贝战队获季军、开元中学战队获殿军。 （郑玉华）

【砂板乒乓球赛】 10月17日,由市乒乓球协会主办,上海双喜体育发展有限公司承办,区体育总会协办的2020"上海恺策杯"砂板乒乓球世界杯直通赛在区体育馆乒乓球馆举行。国际乒联终身名誉主席徐寅生宣布比赛开幕,市乒球协会主席陈一平致词,上海籍乒乓球世界冠军郑敏之为比赛开球。比赛设男、女单打两个项目,来自长三角地区96名砂板乒乓球爱好者参赛。最终胡俊超和徐晓彤分获男、女单打冠军。砂板乒乓球赛事,获男子第一名和女子第一名的选手将有资格参加2021年举行的砂板世界杯比赛。 （郑玉华）

【国际静安城区乒乓球机器人挑战赛】 10月18日,由市第三届市民运动会组委会指导,区体育局、区体育总会主办,上海兆本实业有限公司承办的上海市第三届市民运动会·2020年上海市智能体育运动会·乒乓球机器人挑战赛在区体育馆举行。比赛分为乒乓球机器人单人打靶赛和乒乓球机器人双人挑战赛,一组20轮发球,需参赛者在成功接住机器人发球的同时,还要击中标靶目标,按标靶分值高低决出排名。该乒乓球机器人由上海体育学院中乒院牵头研发,可满足从业余爱好者到职业运动员不同层次人群的技能学习、健身锻炼或专业训练需要。 （郑玉华）

【青少年武术公开赛】 10月18日,由区体育局主办,上海狮搏体育俱乐部承办的静安区青少年武术公开赛在区体育馆举行。赛事设基本功、五步拳、十步拳、长拳、南拳、短器械和长器械等项目,分儿童组、少儿组和少年组3个年龄段,来自上师大经纬学校、一茗武术搏击俱乐部、一身正气武道馆、功夫传奇、七宝中心幼儿园和宏浩武道馆等单位的100多名小选手参赛。比赛现场由上师大经纬学校进行器械集体表演。 （郑玉华）

【市民运动会青年三人篮球决赛】 10月24日,由市社体中心、市青少年训练管理中心、区体育局、市青年体育联合会、上海青年文化活动中心、世冠联青少年体育发展中心、上海洛今投资管理有限公司等共同承办的上海市第三届市民运动会篮球联赛上海市青年三人篮球大赛（决赛）在市青少年活动中心团旗广场举行，16支队伍参赛。三人篮球决赛是"团一起上赛场"上海市智美体+体育赛事中的一项比赛活动，其他比赛还有五子棋、冰雪运动会、AI体育场景竞技挑战赛、数字玩模竞技公开赛等项目，共开展12场系列赛事，3258人直接参赛，辐射人群5万人以上。

（郑玉华）

【2020"静安论剑"】 10月24—11月15日，由静安区体育局联手五星体育电视栏目共同举办2020"静安论剑"——五星运动汇·I CAN I SHOW系列活动。其中击剑体验活动分别在静安公园、静安大悦城举行，活动围绕花剑、重剑、佩剑3个剑种展开击剑舞台秀、击剑运动体验等内容。击剑公益课在昌平路击剑馆举行3场，专业教练在专业的剑道上，为零基础的市民提供免费体验课程。精英挑战赛3个剑种决赛于11月15日在梅龙镇广场举行，共有48名晋级选手进行冠亚军角逐。

（郑玉华）

【静安共享运动场篮球联赛】 10月25日，由区体育局、区体育总会主办，区社会体育管理中心、上海洛今投资管理有限公司承办的上海市第三届市民运动会2020静安共享运动场篮球联赛总决赛在东茭泾市民篮球场举办。24支男队和8支女队进行3对3淘汰赛。活动还设置单挑赛和三分赛。最后决出年度总冠军。男子3对3冠军为特种兵队，女子3对3冠军为上南校霸队，年度三分王为万晴，年度单挑王为陈铁铮。2020年共享运动场篮球联赛增加了亲子嘉年华专场和线上比赛。"共享公共运动场"是一种"互联网+体育"管理模式，通过智能闸机、监控、语音广播等设备实行线上智能化远程管理、线下集约化维护。

（郑玉华）

【YONEX霸王花女子羽毛球倾城团体赛】 10月31日，由市第三届市民运动会组委会主办，市社会体育管理中心、区羽毛球协会、霸王花羽会、沃蛮体育承办的2020上海市第三届市民运动会国际静安城区精英挑战赛YONEX霸王花女子羽毛球倾城团体赛在区体育馆举行，31支队伍186人参加比赛。最终白相相体育队获冠军，嘉天软件队获亚军，金荣体育队获季军。

（郑玉华）

【"国际静安"乒乓球精英挑战赛】 11月7日，由市乒乓球协会、区体育总会主办，上海豪强体育有限公司承办的2020年上海市第三届市民运动会"国际静安"乒乓球精英挑战赛在区体育馆举行。比赛设混合组和大手牵小手组，来自全市32支混合精英团体组及12支大手牵小手团体组300余人参赛。

（郑玉华）

【国际静安城区精英网球挑战赛】 11月8日，由区体育局、区体育总会主办，区网球协会、区全民健身网球馆承办的上海市第三届市民运动会·市民网球节·国际静安城区精英网球挑战赛在区全民健身中心网球馆举行。来自市企业、街道楼宇、双语学校、商圈白领以及在沪外籍人士近百名网球爱好者参赛。比赛吸引华师大校友会、复旦EMBA网球会以及上海国际球中心俱乐部的球友参赛。赛事还设置小学组及初中组2个组别的团体赛。

（郑玉华）

【"爱在上海"残健融合电竞赛】 11月14日，由市残联、市体育局、市体育总会主办，市残疾人文化体育促进中心、市社会体育管理中心承办的第三届市民运动会2020年"爱在上海"残健融合运动会电竞赛在静安大融城举行。来自全市30支队伍参加两个组别比赛，最终浦东新区战队和嘉定区战队分别夺得听障残疾组、肢

体残疾组冠军,市残联领导为冠、亚军队伍颁奖。电竞赛在哔哩哔哩进行全程直播。 （郑玉华）

【上海马拉松比赛】 11月29日7时,2020上海马拉松比赛在外滩金牛广场鸣枪起跑。因新冠肺炎疫情防控需要,2020年"上马"只保留全程马拉松(42.195公里),取消终点为上海展览中心5公里健康跑,参赛人数限制在9000人,赛道沿线不设观赛席,不允许现场聚集围观、赛道私补。静安区涉及路段约3.1公里,沿途经过石门二路街道、南京西路街道、静安寺街道3个街道,区相关单位全力保障赛事。"上马"特邀运动员全部为中国籍,贾俄仁加和李芷萱分获男女组冠军。 （郑玉华）

【陆上划船挑战赛】 11月21日,由区体育局主办,静安区卡莱尔体育俱乐部承办的2020年静安陆上划船挑战赛在区运动健身中心广场举行。挑战赛不限性别,分个人竞速赛和接力赛。接力赛共有8支队伍参赛。最终男子500米竞速赛冠亚季军分别为姚兵兵、刘军、邵玉杰,女子300米竞速赛冠亚季军分别为崔雯芸、韩玉、倪世青;团体4×500米接力赛冠亚季军分别为火箭队、中电科机器人队、欢乐铁3队。 （郑玉华）

【上海静安女子半程马拉松比赛】 11月22日上午7时,由区政府主办,区体育局、区体育总会共同承办,上海大宁资产经营(集团)有限公司独家冠名的2020年第三届上海静安女子半程马拉松比赛在大宁公园开跑。来自国内4000名跑者参赛。女子台球世界冠军"九球天后"潘晓婷、雅加达亚运会中国电竞冠军代表队教练姬星为赛事领跑,市体育局和区委、区政府分管领导出席开幕式。赛事设女子个人半程组、10公里组、4.5公里情侣组3个组别。最终女子半程组,吴宣霞以1小时25分59秒成绩

获冠军,高云霞和李小丽分别以1小时30分51秒和1小时32分33秒成绩分获亚军和季军。女子10公里组张新艳以33分钟成绩获冠军,赵艳丽和龚缘圆分别以35分43秒和36分10秒成绩获亚军和季军。 （郑玉华）

【静安体育周周赛】 年内,由区体育局、区体育总会主办,区社会体育管理中心、上海皓跃体育科技有限公司、奇欢体育活动策划有限公司、美再晨体育管理咨询公司承办的静安体育周周赛,共举办游泳、羽毛球、乒乓球等系列赛事活动18场,覆盖老、中、青、少各个年龄层次,历时5个月,3000人(次)参与。 （郑玉华）

【上海科技体育嘉年华】 11月15日,上海市第三届市民运动会——上海科技体育嘉年华闭幕式在静安大悦城举行。闭幕式现场的市民体验了风洞飞行,还观看了格斗机器人、赛车电竞等多项新兴科技体育运动项目。上海科技体育嘉年华自2015年举办以来已连续举办6届。
 （郑玉华）

（三）学校体育

【"共康杯"校际足球邀请赛】 1月3日,由区内共康中学、久隆模范中学、岭南中学、保德中学、回民中学、青云中学和成功实验中学上百名学生参加的2019年"共康杯"校际足球邀请赛闭幕式在共康中学举行。该邀请赛于2019年11月10日开幕,采用单循环赛,进行21场比赛。最终久隆模范中学、青云中学和共康中学学生足球队分获冠、亚、季军。邀请赛还评出最具潜质奖、最佳球员和最佳射手,举行小达人赛。 （郑玉华）

【学生阳光体育大联赛棋类比赛】 10月11日，由区教育局、区体育局主办的2020年静安区学生阳光体育大联赛在上海棋院实验小学开赛，来自久隆模范中学、华东模范中学、风华初级中学等22所中小学近200名中小学生参加国际象棋、国际跳棋比赛。国际象棋团体赛由棋院实验小学囊括小学甲组男、女冠军，一师附小、闸北一中心小学分获小学乙组男、女冠军；风华初级中学、静教院附校分获初中组男、女冠军，上海大学市北附中包揽高中组男、女冠军。国际象棋各组别个人冠军分别由棋院实验小学、大宁国际小学、闸北一中心小学、华东模范中学、静教院附校、久隆模范中学的学生夺得。国际跳棋团体赛由棋院实验小学囊括小学甲乙组男、女4个冠军，市北初级中学、向东中学分获初中组男、女冠军，上海大学市北附中则获高中组女子冠军（男子空缺）。国际跳棋组别个人冠军，分别由棋院实验小学、向东中学和上海大学市北附中选手获得。 （郑玉华）

【学生阳光体育大联赛"回中杯"校园台球联赛】 10月11日，由区教育局、区体育局主办，区台球联盟盟主校——上海市回民中学承办的静安学生阳光体育大联赛"回中杯"校园台球联赛在回民中学台球馆举办。来自大宁国际小学、上海戏剧学院附属静安学校、静安区闸北第二中心小学、彭顺中学、民办扬波中学、市西中学和回民中学的60多名学生参赛。 （郑玉华）

【上海市中小学生台球锦标赛】 10月24日，由市教委主办，市中学生体育协会、区教育局、区体育局承办的2020年上海市中小学生台球锦标赛，在回民中学体育馆开杆，来自全市近百名青少年选手参赛。区内回民中学、上海市实验学校东校、格致中学、扬波中学、风华初级中学等13所初级中学30名选手参赛。

（郑玉华）

【学生阳光体育大联赛飞镖比赛】 10月31日，由区教育局、区体育局主办，区校园飞镖运动联盟盟主校上海戏剧学院附属静安学校承办的2020年静安区学生阳光体育大联赛飞镖比赛暨第二届静安区校园飞镖联盟在上戏附属静安学校及各联盟学校举行，来自11所学校的30支队伍，近110名运动员参加比赛。按新冠肺炎疫情防控总体要求，把飞镖机安排在各参赛学校比赛场地，通过飞镖机的网络竞赛系统进行线上比拼，这是静安区首个线上联盟体育赛事。最终万航渡路小学、上戏附属静安学校、逸夫职校二队分获小学、初中、高中组总积分第一名；上戏附属静安学校、塘沽学校、逸夫职校一队分获小学、初中、高中组团体赛冠军；万航渡路小学、保德中学、市西中学一队双人赛队分别摘得小学、初中、高中组桂冠；小学、初中、高中组个人赛冠军分别被万航渡路小学张子墨、上戏附属静安学校陈健雄、逸夫职校二队楼效佛获得。 （郑玉华）

【学生阳光体育大联赛篮球达人技能赛】 11月13日，由区教育局、区体育局联合举办的2020年静安区学生阳光体育大联赛篮球达人技能赛在彭浦中学举行，来自区内27所中小学近300名学生参加折返跑、运球上篮。比赛分小学、初中和高中3个组别，小学组为运球变距折返跑、罚球2项，初中组为运球上篮、三分篮2项，高中组为运球上篮+罚球+三分球、三分投篮2项。最终一师附小获小学组团体总分第一名，初中组、高中组团体总分第一名被同济大学附属七一中学囊括。单项团体赛中，一中心小学获小学组"运球变距折返跑"第一名，同济大学附属七一中学获初中组"运球上篮"第

一名,第六十中学获高中组"运球上篮+罚球+三分球团体赛"第一名。　　　　（郑玉华）

【"民立杯"市中小学生游泳冠军赛】 11月14—15日,由市教委、市体育局主办,区教育局、区体育局、市游泳协会、市中学生体协承办,民立中学等单位协办的第七届"民立杯"2020年上海市中小学生游泳冠军赛在区运动健身中心游泳馆举行,来自全市266所中小学1000余名中小学生运动员参加。静安区23所中小学、150名运动员参赛,其中民立中学派出3支队伍、82人参赛,参赛人数居全市之首。比赛分为高中组、初中组和小学组（四、五年级）3个组别,比赛项目包括自由泳、仰泳、蝶泳、蛙泳以及自由泳接力、混合泳接力等项目。　　　　　　　　　　　（郑玉华）

【"八中杯"引体向上达人赛】 11月13日,由区教育局、区体育局主办,闸北第八中学承办的2020年静安区学生阳光体育大联赛暨"八中杯"引体向上达人赛在闸北第八中学举行,来自区内19所学校的150名学生参加比赛。按新冠肺炎疫情防控要求,比赛采用线上预赛、线下决赛的形式开展。　　　　（郑玉华）

【区青少年业余训练基地揭牌】 12月9日,静安区青少年业余训练基地签约暨揭牌仪式在上海火车头体育场举行。当天,区体育局和上海欣铁锦物资有限公司就设立上海市静安区青少年业余训练基地进行签约并揭牌。签约后,火车头体育场将在空余时段,特别是寒暑假时,满足静安区青少年体育业余训练的需求。
　　　　　　　　　　　　　（郑玉华）

【中小学生3X3篮球迎新挑战赛】 12月13日,由区体育局主办,区篮球协会、区少体校承办2020年静安区中小学生3X3篮球迎新挑战赛在区少体校篮球馆举行。比赛采用小组循环赛和交叉淘汰赛赛制,来自区内高中、初中、小学的48支队伍、183名运动员参赛。最终小学组冠亚季军分别为超级勇士队、梦之队、卧龙队,初中组冠亚季军为市北初队、七个葫芦娃队、Show Time队,高中组冠亚季军为市西1队、市西2队、执法大队队。　　　（郑玉华）

（四）竞技体育

【2020"静安论剑"——五星运动汇·I CAN I SHOW击剑精英挑战赛】 11月15日,由市第三届市民运动会组委会指导,区体育局、五星体育承办,静安王磊体育俱乐部、梅龙镇广场有限公司协办的2020"静安论剑"——五星运动汇·I CAN I SHOW系列活动之击剑精英挑战赛在梅龙镇广场中庭举行,48名选手参加花剑、重剑、佩剑3个剑种的比拼。主办方设计了击剑游戏、击剑知识抢答等现场互动环节,市民通过观看直播评出"网络人气冠军"。 （郑玉华）

【2020电竞上海大师赛】 12月2—6日,由市体育总会、静安区政府主办,市电子竞技运动协会、静安区商务委、静安区体育局、哔哩哔哩电竞、上海大宁资产经营（集团）有限公司承办的"2020电竞上海大师赛"在静安体育中心体育馆拉开战幕,超过130名职业电竞选手参与"王者荣耀""第五人格""荒野乱斗""守望先锋"和"魔兽争霸Ⅲ"等5个项目比赛。因新冠肺炎疫情,部分无法来到比赛现场的参赛队伍,通过网络连线的方式完成比赛。赛事通过哔哩哔哩直播、斗鱼、虎牙、快手、PP体育和网易CC进行全程直播。副市长陈群宣布比赛开幕,市、区相关领

12月2日,由区政府主办的2020电竞大师赛在静安体育中心举行　　(区体育局　供稿)

导、行业协会负责人等出席开幕式。　(郑玉华)

(五)体育产业

【"跑百巷"空间落户静安区】　1月1日,"跑百巷"空间正式落户西康路99号。空间内有置物柜,供跑友寄放装备;展示书架上陈列世界各地的国际跑团以及上海跑团跑者的团服、跑鞋等;休闲区域则如同家里的客厅,供跑者们聊天、交流、分享。静安区白领和居民还能在"跑百巷"空间中得到专属福利——每周一次免费跑步健身讲座提供特约席位,以及相关健身体验设施无偿使用。市体育局领导、区主要领导出席揭幕仪式。

(郑玉华)

【布设10家"体彩爱心驿站"】　11月上旬,静安区完成"体彩爱心驿站"网点布设,有10家体彩门店变身"体彩爱心驿站",面向执勤警察、环卫工人、快递人员等户外工作者提供免费便民服务。

(郑玉华)

2020年静安区"体彩爱心驿站"网点情况表

网点编号	地址
3102002608	中山北路838号
3104004603	奉贤路188号
3104004617	余姚路110号

(续表)

网点编号	地址
3104004643	岭南路 690 号
3104004647	普善路 138 号
3104004658	晋城路 507 号
3104004667	安远路 709 号
3104004670	天通庵路 93 号
3104004677	北宝兴路 218 号
3104004678	临汾路 1208 号

(郑玉华)

(六)体育场地设施建设与管理

【彭浦四季公园健身广场启用】 11月20日，位于长临路380弄的2020年度区政府实事项目彭浦四季公园健身广场正式启用，场地面积532平方米，中间区域为一片羽毛球场、4个乒乓球桌，四周是腰部按摩器、上肢牵引器、太极揉推器、太空漫步机等12台健身器材，还有供居民下棋、休闲的桌椅设施。 （郑玉华）

【2家游泳场馆恢复开放】 4月20日，区运动健身中心游泳馆和区全民健身中心游泳馆正式恢复开放。新冠肺炎疫情期间，游泳馆管理方对泳客采取体温测量、出示绿色随申码、填写《健康信息承诺书》后才能进入场馆的措施。前往运健中心的市民需关注"上海市静安区运动健身中心"微信，每天中午12点前进行线上预约，工作日每天下午开放2场，每场限流100人。位于中华新路上的区全民健身中心游泳馆则需要市民通过电话提前1天预约。

（郑玉华）

【西康路共享市民健身房开放】 9月14日，位于静安体育馆西康路99号1楼的共享市民健身房正式开放。健身房总面积为500余平方米，分有氧训练区、力量训练区和动感单车区，设有健身器材40余套。健身房收费标准为7—10点2元/小时；10—18点5元/小时；18—22点8元/小时。共享健身房管理系统会将用户每天的运动数据进行统一规划与管理，取得合理化运动建议。 （郑玉华）

【大宁公园健身长廊开放】 10月初，由区体育局与大宁集团合作改造建设的大宁公园市民健身长廊投入使用。该项目总投资240余万元，其中区体育局投入约148万元进行步道建设和健身器材更新。大宁集团出资约100万元进行足球场、羽毛球场、儿童设施建设和地面铺设。

健身长廊占地4536平方米,场地外围环绕一条长425米的健身步道,安装健身器材54件。场地划分为儿童娱乐及足球训练区、青年不锈钢运动区、综合人群负重力量练习区、四代塑木健身区、羽毛球场区及智能健身驿站区6个主题活动区域,能够满足全年龄段市民多元化健身需求。健身活动长廊始建于2011年,升级改造增加许多设施、设备,满足市民、游客运动健身需求,实现自然生态与体育运动的对话,也是公园探索"体育+"运营模式的公益载体之一。

(郑玉华)

【区运健中心游泳馆获评2020年上海市游泳场所夏季开放服务先进】 该游泳馆位于康定路151号,建成于1997年。拥有建造在25米空中的50米×25米及25米×10米大、小泳池各一个,曾获大世界基尼斯纪录。泳池四季恒温,配有28名救生员,游泳馆每周一、三、五上午公益开放。新冠肺炎疫情发生以后,游泳馆每天定时对场馆进行全面消毒,泳池区始终保持安全、有序,定岗救生员与巡边救生员,为泳客安全保驾护航。

(郑玉华)

【最美市民益智健身苑点】 年内,由市体育局发起的"魔都最美市民益智健身苑点"评选结果出炉,静安区东茭泾绿地二期市民益智健身苑点、大宁公园市民益智健身苑点上榜。东茭泾绿地二期市民益智健身苑点位于临汾路1633号,11月正式投入使用,配置有太空漫步器、太极揉推器等12件健身器材,地面铺设彩色沥青。大宁公园市民益智健身苑点位于宜川路1068号,10月正式投入使用,配置有不锈钢、负重力量、传统健身等不同系列48件健身器材,地面铺设塑胶地垫。

(郑玉华)

2020年静安区新建翻建公共体育场地设施情况表

项目类别	项目内容	地址
市民健身步道	大宁郁金香公园内市民健身步道	广中西路288号
	阳曲路570弄小区市民健身步道	阳曲路570弄
	三泉路517弄小区市民健身步道	三泉路517弄
	太阳城广场市民健身步道	恒丰路汉中路口
	静安雕塑公园内市民健身步道	北京西路500号
市民公共运动场	静安区体育馆运动场	南阳路123号
	广中路公共运动场	广延路417号
	东茭泾二期健身广场	东茭泾二期绿地边
	天目西公共运动场	天目路光复路高架下

(续表)

项目类别	项目内容	地址
社区益智健身苑点	南京西路街道延中居委健身点	巨鹿路 568 弄
	曹家渡街道高荣居委健身点	万航渡路 661 弄 2 号
	曹家渡街道达安居委健身点	康定路 1588 号
	江宁路街道武匋容里居委健身点	海防路 228 号
	石门二路街道郑家巷居委健身点	北京西路 940 号
	天目西路街道卓悦居居委健身点	华康路 69 弄
	共和新路街道中山北路 899 弄居委健身点	中山北路 899 弄东区
	芷江西路街道交通公园健身点	新马路 262 号交通公园
	芷江西路街道洪南山居委健身点	南山路 151 弄
	芷江西路街道芷江新村居委健身点	共和新路 888 弄
	大宁路街道上工新村居委健身点	广延路 350 弄 5 号旁边
	大宁路街道虹屿居委会健身点	江场路 1099 弄
	大宁路街道慧芝湖花园居委健身点	平型关路 1083 弄 28 号楼旁
	大宁路街道和源企业广场健身点	共和新路 2993 号
	大宁路街道平型关路 2199 弄健身点	平型关路 2199 弄
	宝山路街道儒林居委健身点	会文路 48 号
	彭浦新村街道保德路 921 弄居委健身点	共和新路 4470 弄
	彭浦新村街道临汾路 1515 弄居委健身点	临汾路 1515 弄
	彭浦新村街道东芝泾绿地二期健身点	临汾路 1633 号
	临汾路街道汾西路 87 弄居委健身点	临汾路 80 弄 5 号
	临汾路街道临汾路 99 弄居委健身点	临汾路 99 弄 8 号
	彭浦镇广二居委健身点	沪太路 941 弄
	彭浦镇江场西路 1366 弄居委健身点	江场西路 1366 弄 1362 号
	彭浦镇龙潭居委益智健身点	平利路 208 号鸿泽苑物业旁
	大宁公园健身点	宜川路 1068 号

(郑玉华)

【静安区共享篮球场】 年内,静安区在全市首创"共享市民球场"管理模式,通过智能闸机、监控、语音广播等设备实现公共运动场的线上智能化远程管理,"共享市民球场"在全市推广建设,列入市政府年度体育实事项目。年底,全区有16个共享运动场。

(郑玉华)

2020年静安区共享运动场情况表

名称	地址	设施(篮球场)	备注
交通公园市民球场	新马路262号	1片	
东茭泾绿地市民球场	临汾路1640号	1片	
三泉路市民球场	三泉路604号甲(临汾路1244弄内)	1片	
灵石路市民球场	灵石路737弄内	2片、1片笼式足球场	
宝虹绿地市民球场	宝山路111号	1片	
闻喜路市民球场	闻喜路1202弄	1片	
天目西市民球场	共和新路25号	3片、1片足球场	
沪太支路市民球场	沪太路99弄甲	1片	
雕塑公园市民球场	山海关路成都北路路口	1片	暂停开放
平型关路市民球场	平型关路1501弄15号前	1片	
蝴蝶湾市民球场	康定东路13号对面	1片、1片笼式足球场	
大宁公园市民球场	大宁灵石公园(宜川路)	2片	
中兴绿地市民球场	"中兴路799号西藏北中兴路绿地"	1片	暂停开放
阳泉路市民球场	阳泉路50号	1片	
闸北公园市民球场	共和新路1555号	1片	
天目西蕃瓜弄市民球场	天目西路共和新路高架下	1片	

(郑玉华)

二十五、民政

编辑 叶供发

(一) 社会救助与社会福利

【概况】 至2020年底，全区最低生活保障对象1.02万人，全年救助最低生活保障对象12.54万人(次)，发放最低生活保障金1.43亿元；落实政策救助218.35万元；粮油帮困402.93万元，实物帮困1440人；临时救助1.7万人(次)，救助资金625.23万元；因病支出型贫困生活救助693人(次)，救助资金71.97万元。全年发放一次性价格临时补贴9次，覆盖9.57万人(次)，救助资金922.31万元。

(吕晴)

【救助帮困】 年内，各部门、街镇共发放元旦春节帮困送温暖慰问金5338.82万元，帮困人数9.2万人(次)。全年发放支援外地建设退休(职)回沪定居人员帮困补助15.67万人(次)，金额1.74亿元，12月底享受帮困补助对象39905人。全年共实施综合帮扶7824人(次)，使用资金439.98万元，其中个案帮扶258人(次)，资金143.63万元。全年发放困难残疾人生活补贴39825人(次)，补贴金额1269.63万元；重度残疾人护理补贴174445人(次)，补贴金额3680.81万元。

(吕晴)

【新冠疫情防控期间困难群众救助】 年内，区民政局对受疫情影响收入下降导致基本生活困难，符合相应条件的及时纳入救助。采取"先行救助，后补齐手续"方式实施，对已享受社会救助的困难家庭暂停定期复审。取消临时救助户籍限制，对因疫情滞留在沪的非上海市户籍人员在静安区临时居住且基本生活出现严重困难的实施临时救助。

(吕晴)

【救助所标准化建设】 年内，各街镇救助所统一机构标识，悬挂于办公场所，根据实际条件，设立相对独立的接待室、档案室等，实现必要的办公场所功能分区；社会救助工作制度、救助所职责、工作人员职责、业务申办流程和投诉举报电话等内容均上墙公开。

(吕晴)

【推进"社区救助顾问"工作】 年内，以"政策找人"为导向，出台《关于进一步推进"社会救助顾问"工作的实施方案》，打造"救助所骨干+居委救助干部+专业机构社工+志愿者"的救助顾问队伍。全区共有345名救助顾问，实现

267个居委会全覆盖。加强社会救助工作队伍建设,组织街镇及居委会救助干部460余人(次)参加分级分批业务培训。（吕晴）

【推进"桥计划"项目】 年内,推进"桥计划"项目全区实施,完成8414名救助对象梳理统计和分析,开展日常探访1900余次,个案服务1806人(次);小组活动119次,受益888人(次);社区倡导活动15次,受益721人(次);志愿者培训13次,受益480人(次)。召开"桥计划"项目年度工作展示会,总结探索实践经验。该项目于2014年在大宁路街道试点,2019年11月在全区推广实施。主要针对多重困境家庭开展社会援助专业服务,探索"物质+服务"的援助新模式。（吕晴）

【居民经济状况核对】 年内,区民政局完成12个项目14048户居民经济状况核对,其中共有产权房项目834户、廉租住房项目1042户、低保项目10404户、因病支出型贫困项目215户、医疗救助项目523户、临时救助项目442户、教育救助项目179户、老年照护项目55户、残疾人生活补贴项目223户、就业援助项目2户、特困供养项目109户、资助参保项目20户。（吕晴）

【流浪乞讨人员救助管理】 年内,区救助管理站救助各类城市生活无着流浪乞讨人员981人(次),其中站内救助367人(次),街面巡查引导614人(次)。开展"寒冬送温暖"和专项救助,加大街面巡查力度,开展劝离安置和寻亲服务,并发放防寒保暖、防暑降温用品和食品。6月开展救助管理主题宣传月活动,6月19日,开展机构开放日活动。10月10日,区救助站正式启用位于广延路25弄4号的新址。（吕晴）

【儿童关爱帮扶】 年内,区民政局落实社会散居孤儿、困境儿童等对象基本生活费,共覆盖45人,补贴54.93万元。实施"爱伴童行"——上海市困境儿童关爱帮扶项目,探索困境儿童关爱保护长效机制;开展困境儿童关爱保护政策宣讲进居委会活动;指导芷江西路街道完成市儿童福利院集中养育成年孤儿回归社会安置任务。（吕晴）

（二）养老服务

【概况】 截至2020年底,全区户籍总人口90.53万人,其中60岁及以上老年人口36.29万人,占全区户籍总人口40.1%;80岁及以上5.64万,占户籍老年人口15.5%,占总人口的6.23%。（吕晴）

【养老服务设施建设】 年内,养老机构方面,平型关路养老机构(三普基地)项目实现结构封顶;华兴新城养老项目改建方案取得土地划拨批复;推进久合科技园改建为养老项目;楔形绿地养老项目9号楼实现结构封顶;静安老年健康中心(养老项目)开工;实施城建养老院、老年公寓标准化改造提升。社区养老服务设施方面,新增2个社区综合为老服务中心、3个社区长者食堂、10个社区老年人助餐服务点。（吕晴）

【养老服务保障】 年内,区改建100张认知症障碍照护床位,评估护理型床位3103张。新冠疫情初期各街镇为有助餐需求的高龄、独居老人持续提供送餐服务,疫情形势好转后有序恢复助餐服务点堂吃、外送服务,86家助餐服务场所全年提供助餐服务2.34万人(次),供餐

286.19万宿。加强养老服务人员队伍建设,为235名养老护理员开展医疗照护和上岗证培训,为280名养老护理员开展继续教育培训。

(吕晴)

【养老服务创新】 年内,区民政局持续推进"乐龄顾问"养老咨询,开展线上线下养老顾问培训,推荐优秀顾问员参评市级金牌养老顾问,全区有18个街镇养老顾问服务点、76个居委会养老顾问点、3个专业机构养老顾问点、144名养老顾问员。在10个试点街道开展第三批、第四批"老吾老——家庭照护能力提升计划",为失能老人家庭提供支持性服务。在9个街镇开展第一批、第二批认知障碍友好社区试点,营造关爱认知障碍老年人的社会环境。在10个街镇开展第一批、第二批康复辅助器具社区试点工作。持续开展爬楼机服务,全区6个服务站、1个机动队全年共服务12612人(次)。

(吕晴)

【落实各项惠老政策】 年内,区民政局实施"乐龄有伴"独居关爱项目,1085名关爱员结对938名独居老人,提供关爱服务68.6万人(次)。开展"老伙伴"计划,3580名志愿者为17900名高龄独居老人提供上门、电话等关心关爱服务。全年发放居家养老补贴经费5146.17万元,年末享受居家养老服务人数3.3万人。全年发放老年综合津贴4.089亿元,年末享受老年综合津贴人数25.62万人。为全区60岁以上老人购买意外伤害险。为高龄和困难老人发放牛奶券15.37万张,涉及金额1431万元。

(吕晴)

【养老服务行业监管】 年内,区民政局聘请第三方机构开展养老服务督导,做到机构自查与区级"飞行检查"相结合、月度检查与季度合查相结合,全覆盖、常态化监督养老机构运营情况,通过养老服务机构质量建设专项行动及安全专项检查,提升养老机构服务质量。2020年市养老机构服务质量日常监测中,共有5家参评养老机构获"优秀"等级,10家获"良好"等级,平均分在全市各区位列第二。

(吕晴)

(三)基层政权建设和社会工作

【概况】 年内,区民政局按照市局部署开展"社区云"应用试点,深化居委会标准化建设,指导基层运用社区分析工具开展社区分类治理,深入开展社区自治,加强社区工作者队伍建设,促进专业社会工作发展。做好大宁路街道部分居委会行政区划调整工作。至年底,全区共有13个街道、1个镇、267个居委会和1个村委会。

(吕晴)

【社区居民口罩预约登记】 年内,因新冠肺炎疫情,口罩供应紧缺。区民政局制订全区口罩预约工作方案,为基层制作规范的公告内容、预约凭证、居住地址名册等样张模板,计算所有居委会配货数量,指导各街镇确定各居委会与53个定点药店的对应关系。社区口罩预约登记工作历时近3个月,历经6个轮次,共预约1495476户。同时完成7轮社区重点人群口罩免费发放工作,共发放10.4万只,保障重点服务群体需求。

(吕晴)

【"社区云"平台应用试点】 5月,区民政局选取6个街镇率先开展"社区云"应用试点,7月底所有居委会全部使用"社区云"平台。通过线上线下、分批开展系统操作使用培训,指导各街镇、各居委会做好本地居民库信息完善、日常办公功能使用、居民注册上云和居社互动平台功能使用等工作。

(吕晴)

【居委会标准化建设】 年内,区民政局强化制度建设,进一步规范首问接待、巡查走访等"十项制度"。推进居委会下设五大专业委员会实体化运作,出台《关于推动居委会下属五大委员会实体化项目化常态化运作的指导意见》,完善专业委员会组织架构、工作职责、功能定位和运作机制。优化社区综合治理服务平台,完善日常办公、社区分析和可视化统计分析等功能,结合"社区云"推进,进一步优化功能应用。完成标准化督查长效机制,全覆盖督查走访居委会。 (吕晴)

【社区工作者队伍建设】 年内,区民政局继续实施"能力提升"工程,开展社区参与式会议引导者、周末课堂、"约课"等培训,全年通过线上线下相结合的方式,共开展初任、专业、进修培训19463人(次)。配合区人力资源社会保障局开展社区工作者招聘工作,完成应届高校毕业生专项社区工作者招录。深化社区工作者职业能力培养体系研究,进一步细化社区工作者能力分析、测评、提升的有效路径,形成《静安区社区工作职业能力培养手册2.0版》。 (吕晴)

【社区分类治理】 年内,区民政局指导基层运用社区分析工具开展社区分类治理,分类排摸需求、分类治理施策、分类配置资源,形成不同类型小区的治理需求清单、资源清单和服务清单。加强精细化治理成果总结和经验提炼,形成259个小区层面的精准回应案例、14个街镇层面的综合施策回应案例。 (吕晴)

【社区居民自治】 年内,区民政局按照顶层设计、动员方法、氛围营造、治理路径等功能分类,编写《静安区居民区楼组建设指导手册》。深化居民自治"微平台""微组织""微项目"等载体建设,加强自治品牌培育。成功创建区级"自治家园"示范点14家。 (吕晴)

【专业社会工作发展】 年内,区民政局深化"三实基地"(实习基地、实训基地、实验基地)建设,优化"静安区社区治理与服务项目菜单"线上平台,新增40个服务项目。完成"静安社会工作实体性实验基地(实验室)"调研。开发社工"随身听"——微课平台,以"微视频"为核心,配备"微课件、微课辅、微习题、微反思"等内容,提高社工专业能力。举办优秀社会工作者、优秀社工案例和项目的评选活动及"静安社工周"宣传活动。 (吕晴)

(四)社会组织登记管理

【概况】 至2020年底,全区经民政部门核准登记的社会组织共有1048家。其中社会团体208个,民办非企业单位840个。年内,完成2019年度社会组织年检工作,应检994家,实检926家,参检率93%;年检结果合格890家、基本合格24家、不合格79家,合格率92%。深化社会组织信用管理,建立健全社会组织异常名录,推进落实区社会组织信用"双公示"体系录入。对11家名存实亡社会组织撤销登记,对51家社会组织开展日常监督检查。 (吕晴)

【社会组织内部治理】 年内,区社团局指导不同类型社会组织根据自身特点制定章程示范文本,建立配套完备的内部工作制度和工作规范体系,加强对社会组织党建、财务、按章程开展活动等事项的管理。对新成立社会组织法人代表开展规范自身运行建设、落实重大事项报告和信息公开制度的约谈。完成13家行业协会

商会与行政机关脱钩,落实15家行业协会商会规范收费工作。（吕晴）

【社会组织评估】 年内,区社会组织管理局调动社会组织参评积极性,延伸扩展社会组织评估覆盖面,委托区社会组织联合会对申报参评的社会组织开展评前指导。92家社会组织自愿申报等级评估,经资质审核把关,对41家社会组织开展评估,38家社会组织获得年度评估等级,其中5A级11家、4A级11家、3A级16家。（吕晴）

【社会组织预警网络建设】 年内,区社团局召开区社会组织预警网络建设工作会议,并对街镇预警网络联络员开展培训,完成市局预警网络建设工作抽查考评。完善区社会组织三级预警网络建设方案,健全预警网络工作职责和制度。通过信息员主动走访、预警网络平台等渠道获取线索,经劝说后2家社会组织主动注销。（吕晴）

【公益伙伴日活动】 9月19日,组织开展以"温暖这座城"为主题的2020年静安区"中华慈善日"暨"上海公益伙伴日"活动。该活动将公益与慈善相结合,聚焦疫情中的公益慈善力量,聚焦人民城市建设中的社会力量参与。区有关部门、各街镇及社会组织积极参与社区公益活动,近万名热心公益的专业人士和市民参与。（吕晴）

（五）婚姻管理

【概况】 2020年,全区依法办理结婚登记5882对、结婚补证1486份;离婚登记4064对、离婚补证313份;开具(无)婚姻登记记录证明69人(次)。（吕晴）

【新冠疫情防控】 年内,区婚姻(收养)登记中心实行登记预约制度,严格执行查验健康码、测量体温、登记信息等流程。在登记高峰日安排专人进行疏导,加快登记中心内人员流动,减少人群聚集扎堆。区婚姻(收养)登记中心被民政部授予"全国民政系统抗击新冠肺炎疫情先进集体"称号。（吕晴）

【婚姻家庭辅导】 年内,区婚姻(收养)登记中心持续开展"舒心驿站"婚姻家庭辅导室服务项目,通过线上线下进行婚前教育、心理辅导、离婚调适等服务。全年共接待婚前教育1898人(次),婚姻法律咨询71起,完成心理疏导86对,劝和71起,回访142起。（吕晴）

【婚姻分析与研究】 年内,区婚姻(收养)登记中心深化婚姻工作分析与研究内容,编写《2020年上半年静安区婚姻登记统计与情况分析》和《2020年度静安区婚姻登记统计与情况分析》。（吕晴）

（六）慈善事业

【概况】 2020年,上海市慈善基金会静安区代表处共接收捐款6248.37万元,其中日常捐赠和对口帮扶捐赠4231.64万元,抗疫捐赠2016.73万元;全年公益性资助支出7702.37万元,其中日常帮困和对口帮扶支出5685.64万元,抗疫支出2016.73万元。慈善帮困项目受益人数46.64万人,覆盖安老、扶幼、助学、济困、精准扶贫、抗击疫情等方面。（吕晴）

【新冠疫情防控入境人员接送转运】 3月6日起，根据全市统一部署，全面启动机场入境人员接送转运工作，局内部成立指挥组全天候对接市、区要求和政策口径，指挥协调面上工作，保障组负责物资保障、发放、车辆安排、工作人员住宿安排等后勤保障工作，另设机场工作组、接送组和信息组等工作小组。同时，根据"外防输入"形势要求的不断变化，及时跟进方案和流程调整，预案充分，推进平稳有序，形成机场入境人员到社区的无缝衔接、闭环管理，所有接回人员均按规定落实集中或居家健康管理措施。3月6日—12月31日累计转运入境人员11942人，形成常态化有效机制。民政干部全员参与，局领导分工负责，2名公务员和1名事业单位干部3月6日当天即赶赴虹桥机场一线，1名公务员和2名事业单位干部全程担任此项工作联络员，局机关和事业单位其他干部轮岗保障机场工作人员物资发放，为守好上海大门作出贡献。

（吕晴）

2020年静安区街镇社区事务受理服务中心情况表

街道镇	地址	办理时间	咨询电话
静安寺街道	常熟路115号	周一至周五 8：30—16：30 双休日及国定假日 8：30—11：30	54036120
曹家渡街道	万航渡路767弄56号		62112892
江宁路街道	常德路818号		62668866
石门二路街道	武定路139号		62675858
南京西路街道	延安中路955弄67号		62897060
天目西路街道	沪太路150号1楼		66283561-7111
北站街道	天目中路532号		63809258、32519807
宝山路街道	宝昌路519号		56301203
芷江西路街道	芷江西路151号		66583382
共和新路街道	平型关路487号		56331590
大宁路街道	彭江路188号1楼		56658320
彭浦新村街道	安泽路78号		56478800-8601
临汾路街道	临汾路335号1楼		36601696
彭浦镇	灵石路725号丙		66313084、56772537

（吕晴）

二十六、人力资源和社会保障·医疗保障

编辑　叶供发

（一）人力资源和社会保障

【概况】　2020年，全区新增就业岗位43192个；城镇登记失业人数8798人，在市下达控制线以内；帮助825名长期失业青年实现就业，完成市下达指标的139.8%；帮扶引领成功创业901人，完成市下达指标的112.6%；其中帮扶35岁以下青年创业645人，完成市下达指标的134.4%；新型学徒制完成981人，完成市下达指标的102.2%；建成5个人力资源服务线下体验站，各项目标任务全部提前超额完成。

（章蕾）

【落实援企稳岗政策】　年内，区人力资源社会保障局积极应对疫情影响，打好政策"组合拳"，稳企业、保就业。共受理企业组织职工开展线上职业培训申报备案405家，涉及培训项目1298个、培训人数14.35万人；受理稳就业岗位补贴企业377家，涉及企业职工45931人、补贴资金2238.4万元；受理失业保险稳岗返还补贴企业14640家，补贴资金约2.34亿元。主动调整区级政策，设立静安区人力资源服务企业服务高校毕业生就业补贴和创业组织创业担保贷款贴息补贴，制订疫情期间区级创业孵化示范基地房租补贴和就业困难人员就业补贴特殊操作办法，有效解决因社保缓缴、免缴等原因造成的补贴无法兑现、延迟兑现的问题。

（葛幸蒿）

【重点群体就业服务】　年内，区人力资源社会保障局聚焦高校毕业生就业，制订《静安区高校毕业生就业服务专项行动计划》，推出"三个百分百"服务举措，成立"静安区人力资源机构助力大学生就业联盟"，探索人力资源服务产业促进高校毕业生就业新模式，获得人社部主要领导肯定。3253名静安区户籍高校毕业生中，2336人实现就业；768名有就业服务需求的毕业生中，709人实现就业并办理用工手续。促进长期失业青年就业，推进周周求职专列服务项目，组织开展喜茶职业体验、造型师职业体验等有针对性的职业体验活动，鼓励失业青年参加就业见习，加大就业帮扶力度，关注就业困难人员就业，发挥街镇积极性，因人施策，目标管理，不断完善就业援助服务，共安置就业困难

人员 2343 人。 （葛幸蒻）

【促进创业带动就业】 年内,区人力资源社会保障局提升创业孵化示范基地服务能级,完善创业孵化示范基地评估体系,进一步明确基地入孵准入门槛,完善专家评估维度,从源头对创业项目建立跟踪帮扶机制,做好第四届"中国创翼"创业创新大赛·上海选拔赛承办工作,静安区参赛的"基于 AI 的晶圆良率管理与提升平台"项目获二等奖,代表上海参加全国比赛。按需提供政策上门、投融资对接等精准化服务,解决创业组织实际经营困难。针对创业企业资金链紧张、现金流短缺的经营难题,主动对接,与中国银行静安分行、闸北支行等金融机构建立沟通机制,开展"银企对接"等线上服务,畅通担保贷款政策申请渠道,助力企业打破资金壁垒,全力支持小微企业复工复产。

（朱蓓奕）

【提升各类职业技能培训水平】 年内,区人力资源社会保障局根据区域重点产业发展战略,坚持"实际、实用、实效"原则,更新区级培训目录,新增"大数据分析""消防设施操作员""电子竞技赛事内容制作"等 10 个项目。组织学员参加第 46 届世界技能大赛上海市选拔赛,开展各级各类高技能人才评选工作,逐步恢复企业新型学徒制培训工作,推进养老护理员培训工作,稳岗扩岗、以训稳岗,进一步拓宽技能人才培养渠道。

（王慧琴）

【培育人力资源产业新动能】 7 月 8 日,静安区举办人力资源产业重大项目推进暨招商推介活动,国际人才合作和服务中心、人力资源服务沪港合作中心、人力资源产业基金合作等重大项目签约;开展"全球服务商"系列活动:必博人力资源公司发起启动"全球人力资源促进中心",提升服务外资企业、服务本土企业出海的能级和规模,仕卿人力组织"数字化变革下的消费品与零售人才供需"研讨,探讨消费品与零售人才培养与人才资源供需协调的提升。开展人力资源服务产品创新推介,举办大咖谈创新——"高管团队的重塑"活动,探讨打造具有"战斗力"的组织。聚焦"全球人力资源服务共享中心",支持重点集聚区功能升级和环境优化,为集聚全球知名企业做好配套服务。12 月 4 日,举办中国人力资源服务产业园峰会暨中国上海人力资源服务产业园十周年系列活动。

（潘红云）

【加大人才引进力度】 年内,区人力资源社会保障局认真做好居住证积分管理、居转户、人才引进工作,办理上海市居住证积分 9769 人,居转户 1341 人,人才引进 264 人。有序推进特殊人才引进工作,制订符合静安区人才发展规划的人才引进专用落户额度自主审批工作方案,完成 4 批 67 人的申报工作,促进更多的优秀人才扎根静安,为静安的经济建设贡献才智。

（薛琦）

【推进选拔培养和服务保障】 年内,开展 2020 年享受政府特殊津贴人员评选,产生 3 名推荐人选,陈军、汤奇峰 2 人进入上海市拟推荐享受政府特殊津贴人员公示名单。开展 2020 年上海领军人才评选,推荐 5 人至相应市级平台审。做好 2020 年上海市人才发展资金评选工作。做好人才住房保障工作,2020 年拨付优秀人才住房综合保障 1142315.75 元,惠及人才 168 人,单位 63 家。继续做好冬夏两季慰问特殊津贴专家工作,做好专家信息申报。走访 2019 年入选上海领军人才的上海中铁通信号测试有限公司赵晓蓉,并拨付第一笔配套资助经费 50 万元。

（王玲）

【规范事业单位人事管理】 年内,组织全区事业单位公开招聘工作,共推出岗位295个,指导教育等主管部门做好专技人员招聘工作。做好退役士兵专项招聘工作,完成1名退役士兵招聘安置。及时做好调整事业单位岗位设置、人员交流和提任等工作;接收1名优秀退役运动员。多方协作,开通"绿色通道",帮助非公领域人才实现正高级工程师职称申报。完成社区工作者年度招聘工作。优化机关事业单位退休人员管理服务。

(王斌)

【完善社会保险工作】 年内,区人力资源社会保障局开展工伤保险政策宣传,走访市北高新技术服务业园区17-02地块研发用房项目工地开展以"工伤保险走进建设工地"为主题的工伤保险集中宣传活动。让建筑从业人员更全面、细致地了解政策,知晓权益。开展面向街道公益服务社工作人员的工伤保险普法宣传讲座。严格把控工伤认定案件审理质量,扎实做好行政案件应诉答辩工作。共受理工伤认定申请1094件,共作出认定决定1155件;劳动能力鉴定受理622件,作出鉴定结论607件。做好超龄贫困人员的政策告知和引导参保工作,依据月度审核台账,对街镇业务经办质量和权限管理落实情况加强考核,落实内控长效机制。全区城乡居保参保人员7699人,全区人均养老金发放水平为1164.62元。落实征地养老人员生活费调标和节日补助费发放工作。做好异地退休人员政策支持工作。

(李艳华)

【开展和谐劳动关系创建工作】 年内,区人力资源社会保障局建立健全静安区三方、相关部门、街镇、园区、企业"四级联创"机制,易居企业(中国)集团有限公司和铁路上海站被评为全国和谐劳动关系模范企业。10450家企业完成集体合同备案。与区企联、劳动协会联合组织"民法典里的劳动法热点问题"培训。

(罗乃风)

【落实"治欠保支"工作】 年内,区人力资源社会保障局开展用人单位守法诚信定期等级评价。实施动态管理,并根据等级采取差异化的监管措施。对行政处罚、恶意欠薪、拖欠农民工工资"黑名单"信息等失信单位按规定推送至市总队相关平台,列入"黑名单"单位2家。重点防范因拖欠农民工工资引发群体性劳资矛盾。落实好《农民工支付条例》,联手区建设管理委对辖区范围内在建重点工程项目实施联合检查,做到"三查两清零"。加强欠薪入罪案件司法对接,移送7起案件。共妥善处置10件群体性突发事件。

(蔡丽倩)

【提升调解仲裁能力】 年内,区人力资源社会保障局夯实街镇调解组织调解实体化建设,形成多元化、多层级调解网络,对重点突出、特色鲜明的调解组织进行宣传推广。充实仲裁力量,区仲裁院组织符合条件的书记员成立调解突击队,强化先行调解的力量。年内新聘来自区总工会、企业人力资源部门、专业律师等不同领域的16名兼职仲裁员开展独立仲裁工作,并引入专业调解组织参与劳动争议的调解。

(丁颖)

【助力优化营商环境】 年内,区人力资源社会保障局结合"互联网+人社"工作推进,积极推进就业"云招聘"、政策"云解读"、案件"云庭审"等,疫情防控期间在线服务新模式常态化运作。按照区统一部署,深入推进"两网工作",完成"一网通办"拓展公共服务领域,认领并更新市、区公共服务事项办事指南;实现区人力资源社会保障局所有行政审批项办理"最多跑一次"。创新大数据运用,开发数

据小程序,助力疫情防控和企业服务,持续优化营商环境。 (李旭旻)

(二) 社会保险

【概况】 上海市社会保险事业管理中心静安分中心(以下简称"静安分中心")是由上海市社会保险事业管理中心(以下简称"市社保中心")直接管理的、"参照公务员管理"的全额拨款事业单位,2020年在编工作人员编制105人。静安分中心的主要职责为负责城镇职工基本养老保险等社会保险的申报结算、待遇核定;稽核检查社会保险工作;协办行政诉讼、行政复议、投诉举报;负责参保人员个人账户变更管理、账户查询、权益记录以及基本养老保险关系跨省市转移接续;离退休人员养老保险个人账户管理、养老金社会化发放和资格认证;接待群众咨询、来信来电回复;征收社会保险费及规定代收的保障金以及强制征收社会保险费等工作。全年办理退休13615人,办理工伤保险业务2903人次,办理生育保险业务6106人次。

(刘铭翌)

2020年静安区参加养老保险情况表

参保户数(户)	参保职工人数(万人)	离退休人数(万人)
72048	73.32	55.2

(夏琼)

【静安分中心参与七分网"静安三点半·政策云解读"栏目直播】 6月5日,在区人力资源社会保障局、苏河湾投资控股有限公司及七分网邀请下,静安分中心派员在七分网"静安三点半·政策云解读"栏目进行一场以解读企业社会保险缴费操作为主题的线上直播。持续优化营商环境,进一步推进疫情防控期间社保政策宣传工作深入开展,扫除企业人力资源经理们的社保政策盲点。 (景熠)

【静安分中心进园区送政策】 年内,随着疫情防控态势总体向好,上海各行各业开始复工复产,不少中小微企业仍处于经营困难的状态,迫切需要准确了解政府出台的最新减免政策。静安分中心及时把握园区、企业需求,于7月14日主动联系区级示范性创业园区——智云 & 蓝朝,由基金征收科派员为企业全面解读上海市阶段性减免企业社会保险费的相关政策。 (傅炎杰)

【静安分中心开展工伤宣传】 7月15日,静安分中心与区人力资源社会保障局、区保障中心等部门在市北高新技术服务业园区建筑工地联合开展2020年"工伤保险走进建设工地"主题普法宣传活动。进一步宣传、普及工伤保险政策法规,增强建筑业用人单位及职工知法守法意识,预防和减少各类工伤和职业伤害,依法维护建筑业职工工伤保障权益。 (张晨)

【静安分中心参加"2020留学人才服务专项行动之线下招聘会"】 9月19日,静安分中心应上海市人才服务中心邀请,参加上海市人才服务中心主办的"2020留学人才服务专项行动之线下招聘会",针对求职者的各类需求,为海外人才开展面对面的政策宣讲。（夏琼）

【静安分中心王中华获评上海市抗击新冠肺炎疫情先进个人称号】 9月29日,上海市抗击新冠肺炎疫情表彰大会在世博中心举行。静安分中心职工王中华作为受表彰对象出席大会。（张晨）

【静安分中心人才大厦分部正式启用】 10月9日,静安分中心人才大厦分部正式启用,市社保中心党委书记卜缨、主任程征东、副主任陈元华到现场指导工作,市社保中心相关处室负责人、静安分中心党政主要负责人陪同。（曹晨伟）

【副区长刘燮到静安分中心调研】 11月17日,区委常委、副区长刘燮到静安分中心调研社保工作,区人力资源社会保障局局长王光荣以及相关工作人员陪同。静安分中心领导班子参加调研。在大厅,分中心主任朱敏汇报工作。刘燮肯定分中心长期以来在区内作出的努力和贡献,感谢分中心对区相关工作的支持与配合;分中心对上海市高端人才精准化的服务的设想非常契合当下新形势,希望分中心在静安区"全球化服务商"计划推进中更精准地为人才服务,更好地为企业和民生服务,进一步提升社会保障的公信力。（曹晨伟）

【社会保险费征收职责划转工作】 11月起,上海市企业、机关事业社会保险费的征收职责由人社部门划转至税务部门承担。静安分中心派出征收科业务骨干轮流驻守区税务局经办服务大厅,协助税务部门做好咨询接待工作。建立工作联系群,通过多种方式沟通,及时处理工作中遇到的突发情况和新问题,让群众少跑路,让数据多跑腿,做好对外接待服务工作。（邱建平）

（三）医疗保障

【概况】 2020年,静安区医疗保障工作按照十九大提出的"兜底线、织密网、建机制"方针,把握稳中求进的工作总基调,落实各项改革举措,完善待遇保障、提升医保服务、强化基金监管,推动静安医保实现更高质量发展。年内,区医保局提高区域医保服务的信息化、标准化水平,以"三赢双提升"为目标,推进"两张网"建设落地落实。区医保局牵头推动"静安区特殊群体医疗费用补助一件事",成为全市推广案例,惠及服务对象近3.5万人。推进长护险信息平台建设,做实数据互联互通;持续优化静安区公务员医疗补助系统。推动14个街镇社区事务受理中心全部配备医保自助机,实现街镇医保信息电子化互通。加强全区医保基金管理,推进"三医联动",全区纳入支付改革试点。以人民为中心,提升医保经办业务水平,打造"静安医保"优质服务品牌。实现窗口建设3.0版,静安区作为定点医疗机构门诊大病登记信息上传工作全市首批2个试点区之一,辖区内17家医院共完成门诊大病登记38150人（次）。落实医疗费报销"一件事",10月底前全部完成26家区属定点医疗机构及20家非区属定点医疗机构医保五期接口改造。指导督导34家定点医疗机构完成信息系统调整改造,开展医疗保障信息维护和病案首页上传工作。加快推进"互联网+"医疗服务。完成医保经办业务,年度城乡居民医疗保险登记缴费16.05万人,征缴医保基金3298.66万元;窗口现金报销68461人（次）,金额17988.43万元。提升长护险机构综合管理水平,释放养老护理机构新动能。探索建立长护险机构协议管理绩效考核机制,加强长护险政策管理和纳保管理。　　(杜景丽)

【"特殊群体医疗费用补助一件事"成为全市推广案例】　结合市审改办关于做好2020年度业务流程革命性再造工作的通知,区医保局牵头推动"静安区特殊群体医疗费用补助一件事"。通过与区民政局、退役军人局、总工会密切协作,将优抚对象、落政人员、公务员、教育系统职工等人群纳入平台管理,实现特殊人群医疗费用补助的"零申请、零材料、零跑动"的目标,惠及服务对象近35000人。自2020年二季度试运行起,全年补助平台完成特殊群体医疗费补助30232人(次),占2020年全市区级"一件事"办件总量的60%,累计补助金额1974.89万元,市审改办将静安区"特殊群体医疗费用补助一件事"列入2021年度全市"一件事"复制推广的案例。　　(杜景丽)

【推动医保电子凭证落地】　年内,按照市医保"一网通办"推进业务流程革命性再造的工作要求,区医保局与区卫生健康委、各医疗机构通力协作,实现医保电子凭证暨医保五期接口系统在区属医疗机构的落地上线。静安区随申办医保支付系统的开发进度在全市排在前列。10月底前全部完成26家区属定点医疗机构及20家非区属定点医疗机构医保五期接口改造,实现医保电子凭证落地上线。　　(杜景丽)

【拓展区内公共服务事项"一网通办"】　年内,区医保局落实区府"一网通办"公共服务应上尽上的工作要求,梳理涉及面向群众、企业的线上线下服务内容,年内新增区级公共服务46个项目,新增项目数在全市各区医保系统列第一位。完成与"一网通办"后台受理系统对接,所有项目均可在市"一网通办"平台上进行操作。推进区内定点医疗机构"江浙沪皖"4地门诊持卡就医实时结算系统改造,区域内55家医疗机构均实现异地门诊病人持卡结算医疗费用。
　　(杜景丽)

【医保基金监管】　年内,区医保局以打击欺诈骗保工作为抓手,加强全区医保基金管理。聘请区内医疗机构医保条线专家组建基金监管专家组,充实监管队伍力量。制订规范执法"三项制度"实施方案并组织实施,严格执行2人以上执法规定,为行政执法人员配备执法记录仪10台,对重大案件现场执法活动进行全程音像记录。继续优化金仕达监管平台建设,发挥平台数据筛选功能,提升监管针对性。加强与卫生健康、市场监管、公安、纪委监委等部门的监管信息互联互通,通过联席会议、信息报送、联合检查等监管长效机制建设,形成监管合力。年内协同区卫生健康委联合检查3次,协助区纪委监委调查案件2起。年内查处举报投诉案件8起,对举报人实施奖励,成为上海市首例长护险护理服务机构举报奖励。积极推进"三医联动",全区纳入支付改革试点。对接市医保局医保支付改革工作部署,静安区参与上海市职工医保住院费用按大数据病组分值付费试点工作。召开静安区大数据病组分值付费试点工作推进暨培训会,提高各定点医疗机构做好医保大数据病组分值付费试点工作的认识及实施方法。持续加强打击医保欺诈专项治理,自查自纠覆盖全区55家定点医疗机构,各定点医疗机构合计主动退回医保基金13466974.8元。推进医保定点机构现场监督检查全覆盖,累计追款300余万元。针对市监督所筛查出的"两个异常"参保人进行延伸审核,共面审144人,涉及违规129人,追款金额84028元。

　　(杜景丽)

【优化医疗保险服务】 年内,区医保局着力提升医保经办业务水平,努力打造"静安医保"优质服务品牌。实现窗口建设3.0版,以业务经办"一口受理、一窗办结"为标杆,全面实施"前台综合受理、后台分类办理、统一窗口出件"模式,依照无差别、分领域两种模式,综合窗口全覆盖,提升服务能级。陆续完成窗口硬件、软件升级改造,改进叫号排队系统,增加服务注意事项提醒、业务量统计等功能,完成双录系统安装调试,好差评接入和电子证照调用工作,开发电子发票二维码扫描识别程序,在异地委托报销业务中进行试点,有效杜绝电子发票重复报销。开展医保经办机构自查自纠。 (杜景丽)

【开展医疗保障信息维护和病案首页上传工作】 年内,区医保局指导督导34家定点医疗机构完成信息系统调整改造。所有病案上报率都达到95%以上,为推行支付方式改革做好数据支持。对未完成病案首页上报的申江医院,进行3次约谈,并下达暂停结算的整改通知书,责令其尽快完成数据上传工作。 (杜景丽)

【加快推进"互联网+"医疗服务】 年内,华山医院、儿童医院、第十人民医院、彭浦新村社区卫生服务中心、临汾路社区卫生服务中心5家医疗机构完成纳保,开展互联网医疗服务实现医保支付。共和新路社区卫生服务中心及南京西路社区卫生服务中心完成互联网医疗机构纳保流程。 (杜景丽)

【完成医保经办业务】 年内,全区城乡居民医疗保险登记缴费16.05万人,征缴医保基金3298.66万元;完成2020年度市民互助帮困计划登记缴费2.61万人,征缴金额为338.72万元。窗口现金报销68461人(次),金额17988.43万元,其中上海市报销32878人(次),金额6948.64万元,异地报销28933人(次),金额4301.74万元;民政对象报销91人(次),金额13.76万元;互助帮困报销1934人(次),413.24万元;减负4625人(次),6311.05万元。办理各类非现金业务48134人(次),各类接待、电话咨询36256人(次)。完成机构撤销进馆档案共807卷、3232件,完成医保业务档案整理及数字化验收共2000余卷、70万页。

(杜景丽)

【长护险试点工作】 年内,区医保局深入推进长护险试点工作,提升长护险机构综合管理水平,释放养老护理机构新动能。以长护险信息化平台为基础,依托日常质控、监管数据、医保协议管理考核、满意度测评等,开展长护险机构整体评价,向街镇、参保人实时发布。抓评估体制改革,推进源头治理。严格落实《上海市老年照护统一需求评估办理流程和协议管理实施细则(试行)》,与区卫生健康委多次协商,10月在全市首批推进"长护险评估全程摄录"工作,摄录数据上传区长护险信息平台,确保评估全流程可查可评。制订管理实施办法,规范服务质量。联合区民政局、区卫生健康委、区人力资源社会保障局下发《静安区长期护理保险行业管理工作实施办法》,将机构协议管理、服务质量控制列为核心工作。制订《静安区长期护理保险试点质控监管方案》,重点抓长期护理保险机构服务质量管理,探索以社区为目标的长期护理保险管理模式。年内完成28家长护险机构协议管理实地检查工作,发现超范围服务、缺少内容管理制度、未公布举报电话等9项问题。对批量代理超过10人(次)的12家机构负责人、站长及代理人员进行约谈,并落实相应处罚措施。系统梳理历年来涉及长护险的相关政策,形成《长期护理保险政策文件汇编》两册,为开展长护险工作提供可靠的政策依据。根据市医保两定及协议管理相关工作要求,结合前期纳保工作中存在的问题,重新梳理两定纳保相关申报、评估、上报和验收的规范,并形成完整书面材料向社会公布。

(杜景丽)

【区医保局疫情防控工作】 年内,面对年初突如其来的新冠肺炎疫情,区医保局及时制订《静安区医疗保障局关于新型冠状病毒的肺炎疫情防控工作提示》,成立局疫情防控工作领导小组,以窗口安全和长护险服务为重点,严格落实疫情防控各项要求。优化疫情防控期间医保经办服务流程,鼓励参保人员通过"网上办""掌上办"办理业务,减少群众跑动次数,避免人员聚集。配合区卫生健康等部门,做好涉及新冠费用的结算工作,指导区内8家医疗机构采集与校对人员信息。特殊时期,全力保障市北医院临时隔离观察点(灵石路789号)实现医保实时结算。牵头会同区卫生健康委、区民政局、各街镇及全体长护险机构,切实落实防控措施,重点保障8500名重度病残、2800名孤寡独居特殊群体的刚性需求。通过制订应急预案,开展疫情防控现场监督检查,压实机构主体责任。先后12批(次)累计向照护机构投放口罩3.1万个、手套4200副。区医保局先后组织3人支援彭浦镇抗疫工作,2人支援机场抗疫一线工作,1人支援隔离点抗疫工作,2人参加无偿献血。

(杜景丽)

二十七、街道·镇

编辑 叶供发

（一）社区建设与管理

【概况】 2020年,持续做好疫情防控工作。重点做好"内防扩散、外防输入"两大环节,落实落细社区各项防控措施,参与机场联防联控工作,加强值守,做好居家隔离、"7+7"隔离人员的街镇信息对接工作。注重统筹协调,不断推进创新社会治理加强基层建设工作。对接市委关于创新社会治理加强基层建设2020年工作思路,对标市委推进地区办年度工作要点,形成《2020年静安区创新社会治理加强基层建设工作要点》。召开区创新社会治理加强基层建设推进会;以专题调研、走访座谈等形式,围绕社区治理楼组、小区、街区3个层面重点推进具体项目,制订《关于静安区开展"基石工程",推进"共同家园"建设的实施方案》,明确总体要求、重点任务、工作要求和实施步骤,配套制订《开展"基石工程",推进"共同家园"建设工作项目一览表》,确保各项工作有效推进;牵头开展"深化构建具有静安特色的社会治理模式研究"课题,完成《具有静安特色的社会治理模式研究及"十四五"规划社会治理框架》和调研报告,召开社区治理专场座谈会,通报专项规划编制工作,邀请各界专家提出意见。加大扶持力度,不断激发社会组织参与社会治理活力。修订出台《〈静安区社会组织发展专项资金管理办法〉若干解释（2020年版）》,突出分类扶持,着重项目化、品牌化扶持,进一步提升社会组织发展专项资金扶持政策的科学性、针对性和有效性。完成两批专项资金审核拨付工作,修订出台《静安区政府购买社会组织服务实施办法（2020年版）》,明确购买社会组织服务正、负面清单,建立购买服务项目抽查机制,进一步规范政府购买社会组织服务流程,强化购买主体责任和绩效评价结果运用。做好2021年政府购买社会组织服务立项申报工作,下发"工作提示",严格明确购买服务立项标准和负面清单,对街镇2019年购买社会组织服务项目开展抽查再评估,对发现的问题及时反馈,督促整改落实。围绕"跨界合作,创新治理"主题,开展第二期社区治理创益工作坊活动。邀请区内外社会组织、专家学者就社区治理、城市更新中的热点议题进行专题研讨,开展2020年静安区公益创投项目征集活动。形成《静安区社会组织发展白皮书》;有序推进全区培育孵化网络构建,发挥区级孵化基地旗舰引领作用,打造集孵化基地于一体的街镇社服中心支持体系,全区有5个街道建成孵化基地。编写《静安区街镇社会组织服务中心实务手册》,明确街镇社服中心工作职责和工作要求,力求实现街镇社服中心运作实体化、工作标准化、服务专业化的目标。强化工作机制,不断夯实社区建设基层基础。推进3岁以下幼儿普惠性托育点建设,明确条块职责和工作流程,明确办托模式、补贴标准和补贴方式,明确各单位分管领导和联络员,建立月报制度,加强与区教育局、静工集团等单位的联络沟通,14个街镇均建成幼儿普惠性托育点。激发楼组自治活力,推进以"美丽楼组"建设为主题的居民区楼组建设,会同区文明办拟订《静安区"美丽楼组"抽样评估实施细则(试行)》《静安区"美丽楼组"建设评定标准(试行)》等配套文件,明确"美丽楼组"创建数,落实各街镇创建工作方案,推动各街镇开展"美丽楼组"创建和验收。推进和谐街区建设,起草《关于全面推进"和谐街区"建设,构建基层社会治理共同体的实施意见》,以创建街区联盟为抓手,围绕3个试点街道研究推动不同类型的街区更好地实现主体、要素、资源、空间的链接和融合,形成推进方案和调研报告,同时配合上述街道打造一批工作项目,开展名师讲堂+能力坊小班化培训,挖掘培育一批街区带头人。围绕条块重点工作,通过条块协商沟通会议制度,邀请区政府办公室、区政协社区建设专委会、区审计局、区政务数据中心、区城运中心、区委办、区财政局等部门和街镇主要领导进行沟通;做好居委会约请统计分析,进一步完善居委会约请制度,对2019年静安区居委会约请实施情况进行统计并形成分析报告。进一步完善居委会约请制度,制订《静安区社区居委会约请制度实施办法补充意见》及相关文件配套附件,强调规范流程,落实相关的考核评价制度;继续完善下沉准入把关制度,起草《静安区下沉社区工作管理办法补充意见》,明确要求部门事项下沉街镇必须先行协商沟通,事前申报审批,事后监督管理。强化工作流程,区地区办强化责任意识,要求全区各条线每月主动上报拟下沉街镇工作事项,街镇主动反映部门未经审批已经下沉的工作事项,切实堵住漏洞,根据相关规定要求,做好区文化旅游局、区委组织部、区文明办、区老龄委、区人大办、区退役军人局等部门下沉街镇社区工作事项、挂牌等情况审核等相关工作。

(崔兼明)

【区创新社会治理加强基层建设工作领导小组(扩大)会议】 于4月26日召开。区领导黄红、顾春源、刘燮出席会议。会议由区委常委、组织部部长顾春源主持。区房管局、天目西路街道、石门二路街道新福康里居民区党总支、彭浦新村街道银都一、二村业委会代表作交流发言。区委常委、副区长刘燮总结2019年静安区创新社会治理加强基层建设工作推进情况,部署2020年工作。区委副书记黄红讲话。会上印发《2020年静安区创新社会治理加强基层建设工作要点》《关于静安区开展"基石工程",推进"共同家园"建设的实施方案》。

(崔兼明)

【开展社区治理"十四五"专项规划编制】 年内,按照区发展规划领导小组工作要求,区地区办在前期《深化具有静安特色的社会治理模式课题调研报告》的基础上,开始编制社区治理"十四五"专项规划。在广泛多次征求各街镇、相关委办局、人大代表、政协委员的意见和建议基础上,形成《静安区社区治理"十四五"专项规划(讨论稿)》,并吸纳社区治理专题研讨会上与会专家、公众咨询团代表和各单位意见,在对照《静安区"十四五"规划纲要》的基础上,形成专项规划。

(崔兼明)

【开展社会治理专题培训】 8月开始,区地区办举办面向街镇各类骨干队伍的社会治理专题培训,至2021年4月共开展13期培训,覆盖街镇各类骨干队伍约400人(次)。同时,根据随堂问卷调查,形成基层骨干力量提升培训需求分析报告,为2021年创新社会治理加强基层建设培训奠定基础。 (崔兼明)

【完成基层治理指标体系研究并开展2019年度指标体系评估分析】 年内,探索建立适合静安区区情的社区治理综合评价体系,通过一系列的指标设定来监测、预警、评价社区治理状况。反复征询部门意见并通过2轮专家打分,完成指标筛选及赋权工作,形成《静安区社区治理指标体系的一览表(含赋权)》和《关于构建上海市静安区基层治理指标体系的研究报告》。根据已完成的基层治理指标体系及2019年的目标值及统计值等相关数据,采用定量评估的方法,对上一年度静安区基层治理状况进行评估分析。 (崔兼明)

【完善《静安区下沉社区工作管理办法》】 9—11月,区地区办强化工作流程,主动作为,制订《静安区下沉社区工作管理办法的若干补充说明》及《下沉准入工作流程图》《静安区部门拟下沉社区工作每月征询表(部门版)》《静安区部门未经审批已经下沉社区工作情况每月征询表(街镇版)》等5个附件并正式发文。同时正式实施事前问询环节,即每月由区地区办牵头,向各部委办局和街镇问询统计下沉社区工作情况,收集整理后进行协调沟通,确保下沉把关在条块协同下更好运行。 (崔兼明)

【完善居委约请制度】 7—10月,制订《静安区社区居委会约请制度实施办法补充意见》及相关文件配套附件《居委会约请流程图》和《社区居委会约请制度各部门联络员工作职责》,强调落实相关的考核评价制度,进一步规范和落实居委会约请制度。 (崔兼明)

【完成《静安区开展〈街道办事处条例〉执行情况的自查报告》】 6月,根据区人大常委会有关开展《街道办事处条例》(以下简称《条例》)执行情况自查的工作要求,对照《条例》内容及全区各街道相关执行情况,起草并完成静安区开展条例执行情况的自查报告。 (崔兼明)

【推进3岁以下幼儿普惠性托育点建设】 年内,依托条块例会平台,部署幼儿普惠性托育点工作,明确成员单位职责和工作流程,细化工作任务。通过明确办托模式、补贴标准和补贴方式,并提请区政府常务会议审议通过,进一步加大托育点推进力度。年内,14个街镇均建成1处幼儿普惠性托育点,完成年度区政府重点工作。 (崔兼明)

【开展"美丽楼组"建设】 年内,推进以"美丽楼组"建设为主题的居民区楼组建设,在制订《关于全面推进美丽楼组行动,进一步激发基层自治活力的实施意见》基础上,会同区文明办制订出台《静安区"美丽楼组"抽样评估实施细则(试行)》《静安区"美丽楼组"建设评定标准(试行)》等配套文件。明确2020年各街镇"美丽楼组"创建任务,落实各街镇创建工作方案,并就楼组示范点建设开展相应的工作指导,推动各街镇开展"美丽楼组"创建和验收,进一步激发基层自治活力。 (崔兼明)

【搭建条块沟通协商平台】 年内,聚焦条块重点工作,通过条块协商沟通会议制度,牵头区有关职能部门提出工作意见和工作指导,统一工作认识和基本思路,达成共识,因地制宜开展工作,切实发挥地区办协调条块的桥梁纽带作用。年内,分别就"共同家园"、政协社区建设工作、疫情防控审计、社区工作群众满意度调查、社区智能化建设、街镇体制改革、街镇预算等工作,邀请区政府办、区政协社区建设专委会、区审计局、区政务数据中心、区城运中心、区委编办、区财政局等部门和街镇主要领导进行面对面沟通。　　　　(崔兼明)

【清理街道所属企业】　年内,围绕街道所属企业的"关停并转",推动各街道开展自查清理工作,形成自查报告,及时落实相关补救整改措施。梳理汇总各街道所属企业面上基本情况、存在的问题和下一步打算,并形成专题报告。做好与区国资委的沟通协调,针对各街镇的问题进行"一对一"指导,推动形成"一街道一方案"。　　　　　　　　(崔兼明)

【梳理"一网通办"街镇公共服务事项】　年内,会同区政府办公室组织召开各街镇"一网通办"公共服务事项专题会,围绕为企业、群众办事提供各类便利,保障基本公共服务及特色服务等方面,研究部署街镇公共服务事项相关工作,推动街镇开展各类公共服务事项梳理工作。(崔兼明)

【2020年公益创投大赛】　5月,区地区办开展2020年静安区公益创投大赛,围绕"参与社会治理,创建共同家园"的主题及对新冠肺炎疫情的思考,遴选具有专业化、社会化、创新性的公益项目。同时,依据区委、区政府重点工作,首次引入重点议题项目。年内,共14个项目获选实施,助力治理型社会组织的发展和社区自治共治需求的满足。　　　(崔兼明)

【完善政府购买社会组织服务工作机制】　年内,区地区办进一步优化《静安区政府购买社会组织服务管理办法》,规范购买流程,强化绩效评价,对购买项目严格把关,使政府购买社会组织服务项目更精准地贴近民生需求。对全区共性项目开展梳理,明确立项标准,形成统一的立项口径。　　　　　　　　(崔兼明)

【推进街镇社会组织服务中心开展规范化建设】　年内,依据上海市民政局(社会组织管理局)关于街镇社会组织服务中心的建设要求开展分类指导,推进街镇社会组织服务中心参加规范化评估。截至年底,全区街镇社会组织服务中心共有4A级3家、3A级7家。(崔兼明)

(二)静安寺街道

【概况】　静安寺街道东起富民路、常德路,西至镇宁路,南迄长乐路,北至万航渡路、新闸路。面积1.57平方千米。辖区内有户籍户数1.2万余户,户籍人口3.73万人。下有11个居委会、357个居民小组。街道办事处位于万航渡路55弄7号。2020年,街道深入践行"人民城市人民建,人民城市为人民"重要理念,坚持稳中求进工作总基调,牢牢把握"中心城区新标杆、上海发展新亮点"定位要求和"实现新作为、开创新局面"使命担当,统筹做好疫情防控和经济社会发展,坚定不移推进全面从严治党,推动区域经济社会保持平稳健康发展,全力构筑共建、共治、共享的社会治理共同体。扎实推进"不忘初心、牢记使命"主题教育常态化、制度化,在各级党组织中深入开展"四史"学习教育,着力推进全面从严治党"四责协同"机制建设,聚力"党建引领全要素,网格治理全周期",以"大党建,强功能,优治理"为主线,推进"网格+"大党建创新探索。

完成机关党总支及下属6个机关党支部组建调优，深化完善"1+11+37+388"（1个党工委、11个居民区、37个细化的党建微网格、388个延伸覆盖的第四级楼组网格和党小组）全覆盖网格架构。在人大代表组党员和政协委员联络组党员中组建功能型党支部。落实"外防输入、内防反弹"和居家隔离有关防疫要求，深化看家护院工作机制，严格落实机场接应转运闭环，通过智能"门磁"等技术措施落实居家隔离，全力筑牢基层疫情防控的第一道防线。成立街道服务企业工作领导小组，打造党群服务、专业服务和综合政务等3支留商团队，形成"即知即办、平台协办、难题专办、特事特办"四级问题处置闭环，总计为企业解决事项总数220项，达到"企业问题解决率不低于95%"的目标。建成街道党群服务站暨企业服务中心，受理业务212人（次），举办各类学习教育活动27次。全年新增31家企业，其中千万级1家。存量重点企业税收全年新增约1亿元。在全区率先实行"城管通"和"政务微信"双系统上报案件，城运平台主动发现案件24081件，结案率88.54%；网格系统受理案件19570件，较上年总量增幅83%。"一网统管"平台开设14个应用场景模块，数量为全区第一。全年共受理1425件市民热线工单，回访结果为"满意"的工单占全部有效工单85.77%。完成2020年"美丽城区""美丽家园"建设项目和7个进口博览会外立面整治项目。通过无违建街镇复评。达到生活垃圾分类减量工作要求。成立"静安寺商圈食品安全自治联盟"，对辖区食品经营单位积极开展社会共治检查。发现并整改居民消防安全隐患116处、无主管小单位安全隐患123处。组织24次消防演练及培训活动，发放宣传资料35000余份。为各居民区更新1324支灭火器、135个灭火器存放箱。调处各类矛盾纠纷611起，"110"警务分流294起。成立街道法治建设委员会，"谁执法谁普法"普法责任制落实。全面使用"同心邻距离"社区服务平台，涵盖六大类50项服务项目，完成注册3000余人。组建26人社区养老顾问团队，实现居民区与为老服务站点全覆盖。帮助33名长期失业青年实现就业，为36名有就业意向的应届毕业生开展帮扶，其中32人实现就业，帮扶55人实现创业。为1871名退役军人建立一人一档，悬挂"光荣牌"1678户，各类活动受益人数3285人（次）。升级"商圈商学院"，线上课程惠及2000人（次），线下课程累计参与600人（次）。文化进社区，"5元公益电影"惠及近1.5万人（次）。完成首批28处不可移动文物建筑挂牌。推进全国第七次人口普查工作。建立街道统计站，推进企业名录库试点工作。推进"美丽楼组""幸福小区""和谐街区"建设，重点建设20个示范楼组。健全党建引领下的"一委四会"社区治理平台运作，全年共收集网格议题32个、网格项目32个。成立社区成长学院，共组织4个专题共34场培训，指导建立垃圾分类、家家睦客厅、平安巡逻等37支功能型团队。年内，街道获评全国文明单位、全国第三批智慧健康养老示范街道（镇）、全国最美志愿服务社区、2020"衢州有礼·运动柯城"中国围棋之乡联赛总决赛冠军、上海市爱国拥军模范街道（乡镇）、2019年度上海统战理论政策研究创新成果二等奖、2019年度上海市平安示范社区、2018—2019年度上海市文明社区等荣誉和奖项，继续蝉联市容环境卫生状况社会公众满意度测评全市第一。

（张唯佳）

【于勇到静安寺街道察看新冠肺炎疫情防控工作】1月27日，区委副书记、区长于勇到静安寺街道，听取党工委、办事处、派出所和社区卫生服务中心关于疫情防控工作的汇报,实地走访愚园路520弄等居民小区,察看小区出入口的管理措施。于勇强调,充分发挥社区管控、联防联控的作用,组织发动各方力量,切实做好重点人群的排查排摸和密切接触者的隔离观察工作,保障人民群众生命健康安全。于勇还就防护物资保障、隔离对象生活保障等具体问题进行回应。

(张唯佳)

【顾春源检查疫情防控工作】 2月6日,区委常委、组织部部长顾春源走访高和大厦,听取楼宇所在街道关于楼宇疫情防控的情况介绍。顾春源实地查看楼宇防控措施和企业复工准备情况,对楼宇的出入人员体温监测、防疫物资配备使用等防控措施以及街道对企业复工的服务工作表示肯定,指出要高度关注企业复工和人员返沪情况,楼宇要做好充分的准备和预案,依托党建服务站点咨询指导和微信小程序在线登记等途径,做好相关服务和保障工作,确保企业复工后疫情防控工作保持平稳有序。 (张唯佳)

【陆晓栋察看静安寺街道疫情防控工作】 2月13日,区委书记陆晓栋走访静安寺街道,听取党工委、办事处、派出所和社区卫生服务中心关于疫情防控工作的汇报,并实地察看美丽园居民区华怡园小区管控措施落实情况,慰问一线工作人员。

(张唯佳)

【丁宝定一行调研静安寺街道政协委员联络组工作】 4月29日,区政协主席丁宝定、副主席陈静薇一行到静安寺街道,调研街道政协委员联络组工作。街道党工委书记洪明铭,办事处主任、街道政协委员联络组组长张峰等陪同调研。丁宝定一行听取街道政协委员联络组2020年的工作安排、静安寺街道城市基层党建创新实践"网格+"大党建模式的汇报,并提出工作要求。

(张唯佳)

【静安寺街道第二届社区代表会议第一次会议】 于5月7日在城运中心以电视电话会议形式召开。128名社区各界代表分别在主会场和8个分会场参加会议。会议听取和审议街道办事处、静安寺派出所、市场监管所、社区卫生服务中心、静置物业等部门工作报告、2019年实事项目完成情况,表决确立街道2020年实事项目,表决通过街道第二届社区代表会议第一会议主席团和秘书长名单,表决产生第二届社区委员会主任、副主任、秘书长和委员。区民政局、区地区办等部门领导出席会议。 (张唯佳)

【静安寺街道庆祝"六一"儿童节活动暨儿童之家揭牌仪式】 于6月1日景华居委会举行。活动以"健康、快乐、友好"为主题。区妇联主席徐慧君,静安寺街道党工委书记洪明铭等领导出席活动。徐慧君、洪明铭、汝熙玲分别为嘉园居委会的"书香嘉园"、美丽园居委会的"童心乐园"和景华居委会的"科普华园"3个儿童之家揭牌,并为在2020年"好书童享,为爱悦读"亲子阅读微视频活动中获奖家庭颁发奖品和荣誉证书。

(张唯佳)

【2020年精神文明建设工作会议】 6月4日,静安寺街道召开2020年静安寺街道精神文明建设工作会议暨创建复评全国文明城区工作推进会。街道党政班子成员、各办公室、各部门、街道文明委成员单位、创全点位单位、各居民区代表、市民巡访团成员等共120余人参加会议。会议宣布《静安寺街道精神文明工作相关表彰名单》,静安寺街道新时代文明实践分中心揭牌。静安寺街道巨富长商圈文明实践志愿队和静安寺街道新时代文明实践分中心生活便民志愿服务队首次亮相。

(张唯佳)

【王华调研静安寺街道】 6月9日,区委副书记王华一行到静安寺街道调研,先后走访街道党群服务站暨企业服务中心,以及城市运行综合管理中心,并就楼宇党建和网格党建工作情况开展座谈。静安寺街道党工委书记洪明铭,办事处主任张峰,党工委副书记汝熙玲以及相关部门负责人陪同调研。调研组一行首先实地调研参观党群服务站暨企业服务中心,听取功能布局、服务项目等情况的介绍,提出优化完善的指导性意见。随后,调研组一行来到街道城市运行综合管理中心,通过即时案例、实时街景演示,调研组详细了解中心功能模块和运行情况,肯定中心特色亮点。 (张唯佳)

【于勇出席静安寺街道迎七一"企业服务日"区委书记面对面活动】 6月19日,区委书记、区长于勇出席静安寺街道迎七一"企业服务日"区委书记面对面活动,并为"静安寺街道党群服务站暨企业服务中心"揭幕。区委办公室主任潘国力、区投资促进办公室主任龙芳出席活动,为2家新完成注册的企业颁发营业执照。静安寺街道特邀世邦魏理仕(上海)管理咨询有限公司等5家专业服务机构成为首批"静安寺街道服务企业大使",街道党工委书记洪明铭颁发聘书。区委书记、区长于勇一行了解体验站点全新升级后的各项服务功能。在区委书记面对面座谈现场,于勇向卫材药业全球副总裁、中国总经理冯艳辉以及中国副总经理渡边真也就企业近期发展情况以及企业最紧迫的需求进行交流,对卫材药业在疫情期间积极履行社会责任表示肯定。 (张唯佳)

【丁宝定一行到静安寺街道指导调研工作】 6月23日,区政协主席丁宝定一行到静安寺街道指导调研工作,静安寺街道党工委书记洪明铭、上海青凤老年生活护理服务中心负责人方佩儿等陪同。丁宝定到愚园老年人日间服务中心看望日托老人,并向高温季节工作在为老服务第一线的工作者们表示敬意。 (张唯佳)

【静安寺街道党工委与融通地产上海公司党支部党建结对共建签约仪式暨第一次中心组联组学习扩大会议】 于6月24日在街道党群服务站暨企业服务中心举行。双方领导班子成员及中层干部共30余人参与活动,听取街道党建历程和服务企业情况的汇报。街道党工委书记洪明铭与融通地产(上海)有限责任公司党支部书记王玉东共同签署结对共建协议。双方围绕推进共筑组织基础、共优营商环境、共促队伍建设、共解群众急难、共办品牌活动、共谋双方发展6个方面,积极拓展基层党组织功能,深化合作,同心共治,共建社区。会议邀请上海市委党校经济学教研部教授、副主任李猛作《2020年全国"两会精神解读"》专题讲座。 (张唯佳)

【同心邻距离网格邻聚力——社区服务智慧平台启动、网格深耕四级项目发布仪式】 于6月30日在街道党群服务中心举行。区委常委、副区长刘燮出席活动,区民政局、区地区办、静安寺街道相关领导及下辖居民区党总支书记、居委会主任、居民区网格长代表以及街道部分为老服务机构、社区单位等参加活动。刘燮和区民政局局长贾先斌、地区办主任鲍晓丽、街道党工委书记洪明铭共同为同心邻距离社区服务平台揭幕。"为老服务网格增能提质行动"同步启动,街道办事处主任张峰发布行动倡议;正式发布同心邻距离《静安寺街道养老服务指南(市民版)》。仪式上为"同心邻距离"——社区养老(乐龄)顾问团队发放聘书。刘燮、洪明铭共同为静安寺街道"社区成长学院"揭牌。贾先斌、鲍晓丽为成长学院理事代表颁发聘书。仪式上还发布街道"四级网格深耕计划"。刘燮一行还参观调研街道党群服务中心及企业服务中心，并听取相关工作汇报。

（张唯佳）

【街道人大工委扩大会议、代表组功能型党支部成立会议暨专项工作评议座谈会】 于7月9日，在街道党群服务站暨企业服务中心召开。会上，街道人大工委副主任毕利君宣读《关于组建成立静安寺街道人大代表组功能型党支部的决定》，区人大代表、代表组功能型党支部书记、上海专利商标事务所党委书记兼副总经理黄岳嵘发言。街道党工委书记、人大工委主任洪明铭做上半年工作情况汇报，街道办事处副主任汇报垃圾分类工作情况，代表们就监督检查工作提出意见和建议。

（张唯佳）

【于勇到静安寺街道调研疫情防控、经济发展情况】 7月15日，区委书记、区长于勇到党支部工作联系点——静安寺街道百乐居民区党总支调研，区委办公室主任潘国力，静安寺街道党工委书记、人大工委主任洪明铭，静安寺街道党工委副书记、办事处主任张峰陪同调研。于勇对静安寺街道及百乐居民区的各项工作予以肯定，并表示要从以疫情防控为主转变到统筹兼顾疫情防控和经济社会发展上来，一手抓常态化疫情防控工作、一手抓经济社会发展，两手都要抓、两手都要硬、两手都要赢。

（张唯佳）

【第十届上海公益伙伴日公益健康市集】 9月4日，"同心益企，健康助力"静安寺街道社区＆商圈公益健康市集活动在静安寺街道党群服务站暨企业服务中心"开市"。活动以"公益同行，成就未来"为主题，以静安寺街道楼宇白领为主体，围绕"公益展台任你游""中医调理任你选""伙伴互动任你融""风味咖啡任你品"四大版块，通过社会组织和企业伙伴组团推动，携手助力，彰显公益功能，推动公益实践，展示国际静安公益形象。

（张唯佳）

【华怡园小区二号楼加装电梯开工典礼】 于8月28日在静安寺街道美丽园居民区举行。区委常委、副区长刘燮，静安寺街道党工委书记洪明铭，区政府办公室、区房管局相关领导，美丽园社区共建联合会会长以及相关区人大代表、区政协委员受邀参加活动。

（张唯佳）

【顾春源调研指导居民区"四史"教育工作】 9月9日，区委常委、组织部部长顾春源到静安寺街道华山居民区，专题走访了解结对的华山居民区党总支、上海幸福益站志愿服务中心党支部"四史"学习教育及党建工作开展情况。顾春源对静安寺街道、华山居民区党总支和幸福益站志愿服务中心党支部充分发挥党建引领作用、激发居民自治活力、用好共建资源服务社区的做法予以肯定。

（张唯佳）

【刘燮调研指导退役军人服务站建设工作】 10月15日，区委常委、副区长刘燮率区退役军人局局长于文等领导及相关工作人员到静安寺街道退役军人服务站，检查指导和调研退役军人服务站（点）建设及服务保障体系建设情况。

（张唯佳）

【"垃圾分类就是新时尚"主题公益集市】 于10月16日在静安寺街道静安公园外广场举行。市绿化与市容管理局副局长唐家富，区委常委、副区长刘燮，区人大常委会副主任宋震，奥运会跳水五金获得者吴敏霞，市绿化与市容管理局生活垃圾管理处副处长齐玉梅，区人大常委会城建环保工委主任陈溯宇，区绿化与市容管理局局长蒋凡涌，街道党工委书记洪明铭，办事处主任张峰出席活动。吴敏霞及华山

10月16日,静安寺街道在静安公园举行"垃圾分类就是新时尚"主题公益集市

(静安寺街道 供稿)

医院体检中心主任、华山医院援鄂国家紧急医学救援队副队长王兵,上海君伦律师事务所主任、区政协委员丁德应等作为白领代表,围绕"垃圾分类"发出倡议。唐家富、刘燮、宋震、吴敏霞、蒋凡涌和洪明铭共同启动公益集市。

(张唯佳)

【重阳主题定向徒步活动】 10月20日,静安寺街道在静安公园举办"同学'四史',共贺重阳"——2020年静安区"我们的节日·重阳"主题活动暨"弄堂里的红色秘密"定向徒步活动。活动参赛队伍通过线上线下招募,老年人、驻区单位白领、社区儿童等共150余人34组队伍参加。活动在街道辖区内16处相关建筑打卡,分别为弄堂时光线路、文化印记线路、社区风尚线路,34组队伍均完成打卡。 (张唯佳)

【静安寺街道法治建设委员会第一次会议】 于10月27日召开,区委依法治区办副主任、区司法局党委书记、局长吕忆农,街道党政领导班子,各办公室及下沉部门负责人,司法所所长及委员会组成人员参加会议。会上宣读《静安寺街道法治建设委员会组成人员名单》《法治建设工作组职能分工》及《静安寺街道普法责任清单》。

(张唯佳)

【2020年同心家园共建理事会理事成员单位联席会议】 于11月24日在美丽园大酒店召开。会议总结表彰同心抗击疫情的优秀单位,聚焦营商环境建设,共绘静安寺社区党建发展蓝图。区委书记于勇,区委常委、组织部部长顾春源出席会议,区委办公室、区委组织部、九百集团领导以及人大代表,政协委员以及全体共建理事会各成员单位的党组织负责人和联络员参加会议。会议共分为"同心共建"和"共谋发展"2个篇章。会上为"同心抗疫杰出贡献单位"和"同心抗疫优秀贡献单位"颁奖。于勇和越洋国际广场、会德丰国际广场、一七八八国际中心和晶品中心(商务楼)等4家重点企业代表负责人一起启动"新时代新奇迹新气象"鎏金沙盘。 (张唯佳)

2020 年静安寺街道居委会基本情况表

名称	地址	居民小组数(个)
愚谷村	愚园路 395 弄 11 号	50
四明	愚园路 520 弄 8 号	56
静安	北京西路 1585 号 107—108 室	17
三义坊	新闸路 1911 弄 5 号	23
百乐	乌鲁木齐北路 103 号	29
景华	华山路 303 弄 5 号	35
华山	长乐路 1236 弄 1 号	29
海园	华山路 343 号	46
美丽园	延安西路 376 弄 42 号	21
裕华	长乐路 774 弄 20 号	28
嘉园	万航渡路 458 弄 3 号	23
合　计		357

(张唯佳)

(三) 曹家渡街道

【概况】　曹家渡街道东起胶州路,西到长宁路、江苏路,南临武定西路、新闸路,北至长寿路、安远路,与长宁、普陀两区交界。辖区面积 1.49 平方千米,下设 14 个居委会,户籍人口 7.3 万人。有居民住宅小区 92 个。街道办事处设在武定路 1108 号。2020 年,曹家渡街道全面完成各项工作,其中重点项目 27 件,包括实事项目 12 件。年内,曹家渡街道获评上海市平安社区、2019—2020 年上海市工商联"四好"商会等荣誉。街道全力做好新冠肺炎疫情防控工作,实施"三人小组"(社区卫生服务中心人员、居委会干部、公安民警)工作机制,对居家隔离人员实行全覆盖、全天候、全方位管理。曹家渡辖区全年累计确诊新冠肺炎病例 3 人(正常出院 3 人),疑似 7 人(排除 7 人);密切接触者 38 户 57 人(解除 38 户 57 人),居家医学观察人数 656 户 1107 人(解除 652 户 1099 人);累计为 2090 户居家隔离人员提供购买食物、生活用品等服务,清理生活垃圾 3097 袋。排摸并反馈居家隔离人员 574 人,"7+7"(7 天酒店隔离加 7 天严格的社区健康管理)隔离人员 253 人。同时制作"五色作战图"(将所有人口按照重点地区隔离人员、自行居家隔离人员、重点地区未返沪人员、尚未返沪人员、从未离沪及解除隔离人员5个类型形成作战图)开展疫情监测、人员排查。开发防疫小程序，推进6轮口罩预约登记，共完成口罩登记68845户、发放口罩344225只。开展"四史"学习教育，制订《曹家街道关于开展党史、新中国史、改革开放史、社会主义发展史学习教育的实施方案》和《曹家渡街道2020年度党员教育培训方案》，全年开展中心组学习19次，"四史"学习教育精品讲座9场，主题党日活动1048次，情景党课参观学习29次。开展"双结对"工作机制，局级领导干部完成党支部工作联系点深入调研指导13次，处级领导干部完成党支部工作联系点深入调研指导94次。完成万航等7个居民区网格化党建标准化可视化建设，实现党建服务站点功能升级。新建金融街党群服务站点1个，改建升级律德大厦、悦达八八九广场等2个党群服务站。在14个居民区挂牌成立新时代文明实践站，组建新时代文明实践志愿服务分队，实施"曹家渡新时代文明实践·个十百千万"三年行动计划，设立发布首批28个项目近300个"新时代文明实践公益岗位"。举办"志愿同行，'疫'路有我"——2020年曹家渡街道3·5学雷锋、"志愿服务创全行动日""人人奉献·人人共享"等主题活动8场。召开2020年街道精神文明建设大会暨全国文明城区创建复评工作推进会及誓师大会，广泛发动辖区单位开展2019—2020年市区级文明单位预申报工作，做好复评迎检工作。深化基层民主建设。发布《曹家渡街道社区自治发展三年行动计划（2020—2022年）》，完成67项"睦邻微公益"项目，均泰居民区成功创建"静安区第三批社区治理创新实践基地"。完成41个"美丽楼组示范点"楼道装饰美化和161个美丽楼组创建点申报。试点业主大会电子投票系统，完成13家业委会换届改选。开展第七次全国人口普查，对286个普查小区全面开展摸底调查和短表登记，零差错通过2次市局的抽样测评。继续推进垃圾分类工作。对标示范街道新标准，召开街道垃圾分类减量工作推进会，做好垃圾分类示范街道考评复核。制订《曹家渡街道老旧小区零散大件垃圾集中处置运行方案》，在辖区老旧小区直管公房及系统房全面实施零散大件垃圾集中处置清运。对15个老旧小区垃圾厢房及分类投放点晚间无人保洁的问题，制订《曹家渡街道老旧小区垃圾分类延时巡回保洁工作方案》，解决老旧小区垃圾分类难题。在各垃圾分类收集点全面配备厢房"三件套"（除臭装置、破袋器、洗手池），建设卫生、无味的厢房环境。开展对920家门责单位定时上门收集工作。完成14个居民区垃圾分类宣传培训工作，并对餐饮从业人员集体培训。设置"两网融合"公示牌120块，辖区92个垃圾分类小区均设置"两网融合"服务点，康定路1201号设立街道"两网融合"中转站，每天可回收各类可回收物约1000公斤。所有沿街商铺做到干湿垃圾分类上门收集，覆盖率与纯净度达到100%。改善社区居住环境。完成2017年26个"美丽家园"项目的归档资料整改、补充，2018年6个项目的审计及复审，2019年安远路899弄等5个项目建设任务，2020年昌平路984弄综合整治工程招标工作以及2021年江苏路65弄2号、8号屋面和康定路949弄2个项目上报。推进"美丽城区"建设，实施6米以下外立面改造、人行道修复及亮点小景改造工程，完成2019年"美丽街区"10个建设项目竣工验收。完成51扇小区大门修缮更新。形成"党建引领—政府指导—居民自治—社会组织服务—专业代建单位建设"的既有多层住宅加梯工作曹家渡模式，完成辖区既有多层住宅门栋加装电梯前期调查及可行性评估报告，竣工启用电梯3台，立项开工电梯5台。余姚路331弄零星旧城区改建项目实现房屋征收补偿协议签约率100%，搬迁率100%。

推动城区综合治理。拆除辖区违法建筑面积1745.1平方米,完成率193.9%。开展防汛检查、整改工作,汛期内共组织专业培训2次,发现、排除各类防汛安全隐患35处,"黑格比"台风期间发现处置各类灾情事故19处。创建武定西路市容环境卫生责任区示范道路。完成食品科普站建设,成立环曹家渡商圈食品安全自治联盟。完善"区—街镇—街区工作站—居民区"四级管理体系,受理各类网格巡查案件79354件,结案率100%,受理"12345"市民服务热线工单2992件,实际解决率和市民满意率80%以上。确保社区安全生产。开展安全生产隐患大排查大整治,累计排查3092次,整治隐患534处,完成辖区63个单位安全生产和20幢高楼住宅消防专业检测。在辖区92个居民住宅小区设置消防(防空)紧急疏散路线示意图,居民区消防逃生演练全覆盖。制订"群租现象存量逐步清除、增量有效控制、回潮基本杜绝"三年目标,对辖区229个群租单元开展群租整治25次,劝离租客1554人,群租举报数量与2019年相比下降20%,居民满意率上升50%。建设"3分钟非机动车安全充电圈",累计建成105个充电设施非机动车棚,覆盖小区84.8%,提供1519个充电车位。成立街道法治建设委员会,下设民主法治、行政执法、守法普法3个协调小组。完善公共服务体系。街道组建志愿者队伍,依托"情暖空巢"关爱项目,为老人提供上门关爱服务93652人(次),生日慰问619人(次),"你点我送"菜单式服务606人(次)。自突发疫情以来,街道乐龄站点将社区老人集中就餐改为上门送餐,累计送餐61179客。受理劳动争议171件,累计办结169件,成功调解110件,调解成功率65%。发放各类救助金1757.96万元,发放临时救助金27.32万元,共救助927人(次)。推进残疾人文化建设,举办活动14场,参与1034人(次),满意度95.8%。

新建曹家渡街道小福熊托育园,满足适龄幼儿入园需求。启用新社区事务受理服务中心,实现医保、社保、住建等多部门业务信息"大协同",全年受理192个事项业务10万余件(次)。完成社区生活服务中心布局优化,升级原有"大篷车"活动为"便民直通车"活动,开展活动107场,服务28983人(次)。以新建街道红十字会总站为阵地,举办"我的微校··'救'在身边"系列云课程6期,开展红十字相关救护培训及活动21场,累计1300余人参与。做好企业服务。成立街道企业服务中心,为属地办公企业提供各项服务。排摸梳理对口联络220家重点企业,实现全覆盖走访。建立企业服务"一企一档"信息库,提高服务企业水平和质量。在人脉精英科创中心、汇智园区召开招商座谈会,做好安商、留商工作,工商注册落地21家,成功留商企业3家。疫情期间,为多家企业提供防疫物资,指导楼宇复工企业通过"一网通办"完成网上复工备案,做到楼宇园区疫情防控全覆盖、对接无缝隙、监测全方位。街道沿街商户复工率100%,餐饮行业单位复工率100%,楼宇企业复工率98.3%。优化社区人文环境。启用新社区文化活动中心,接待社区居民2903人(次),开展各类公益体验课53场,开展市级、区级文化配送活动42场。以"致心、致信、致敬、致远"为主题,开展"致爱同行,书香致远""书香社区,签动书心"等活动12场。为辖区内9处文物保护建筑安装监测系统终端。成立街道科学技术协会。

(崇雷)

【曹家渡街道全方位开展新冠肺炎疫情防控工作】1月,新冠肺炎疫情突发,街道迅速成立疫情防控工作领导小组,党政主要领导任双组长,下设领导小组办公室和综合协调、平安稳定、居民区工作、环境卫生、信息宣传、后勤保障6个工作组,相关分管领导担任办公室主任和各组组长,确保街道各项防控工作措施有序落实到位。居民区党组织纷纷组建社区党员志愿者突击队,参与社区防控管理工作。街道志愿服务中心、青艾健康促进中心、易欣老年服务中心主动参与到社区居家隔离和观察的居民服务工作中。小区物业公司配合居委会做好居民楼公共部位的消毒和流动人员的管理。区委书记陆晓栋、区委副书记、区长于勇、区委政法委书记赵汝青、区委常委、副区长刘燮先后到街道调研指导检查防疫工作。 (崇雷)

【市委政法委支援街道防疫第一线】 2月11日,根据市委、市政府关于打赢疫情防控阻击战的总体要求,市委政法委副书记章华、陆民,政治部主任陈奇忠带队的13名机关干部到曹家渡街道支援疫情防控工作。13名干部全部下沉到叶庆、武西、万航、四和花园、达安花园5个居民区,在"五色作战图"、实有人口登记管理、群防群控和综合治理等方面直接参与、帮助基层开展工作。 (崇雷)

【市侨联领导走访曹家渡街道新侨驿站】 3月18日,上海市侨联基层工作部副部长黄立群到位于曹家渡街道恒森广场人脉精英科创中心新侨驿站,了解所在楼宇企业的防疫和复工复产情况,听取企业困境与需求。重点了解了楼内涉侨、涉外企业境外回沪人员情况及复工复产情况。黄立群和上海人脉实业(投资)有限公司总经理胡明亮、上海知耆乐管理有限公司总经理王凯座谈,具体了解疫情期间租金、税收、社保减免情况以及企业经营状况。两家企业对静安区帮扶政策予以肯定,同时也提出进一步延长房租减免时间等建议。 (崇雷)

【2020年社区自治工作推进会】 4月1日,曹家渡街道以"建设睦邻家园,打造家人社区"为主题,召开"2020年社区自治工作推进会暨《曹家渡街道社区自治发展三年行动计划(2020—2022年)》发布会"。会议围绕"基石再造,服务再造,氛围再造"的12个大项33个重点项目以及67项居民区"睦邻微公益"项目,提出2020—2022新三年的社区自治发展计划。会议还下发《关于统筹做好疫情防控和社区自治重点工作的通知》"光荣册"和"居民区及个人优秀奖状"。 (崇雷)

【曹家渡街道第二届社区代表会议第一次会议】 于4月28日下午—4月29日上午召开。由于疫情影响,会议依托信息化平台和大数据集成在"云端"完成。会议听取并审议曹家渡街道办事处工作报告,评议街道辖区各职能部门派出机构的工作报告。会议通过线上投票表决方式,确立2020年曹家渡街道12项实事项目,选举产生曹家渡街道第二届社区委员会主任、常务副主任、副主任、秘书长、委员和5个社区专业委员会人员。 (崇雷)

【2020年楼组长精品班开班暨"美丽楼组示范点"建设启动仪式】 于5月29日举办。街道办事处副主任、各居委会主任、项目负责社工以及40名楼组长学员参加。在开班仪式上,三和花园居委会荷韵阁楼组的寿月琴老师分享楼组自治的案例故事,康定居委会主任孙赟介绍街道首幢加装电梯楼宇的美丽楼组建设经验。上海延泽社会工作发展中心陆晴开展关于"楼组建设方法与路径"专题培训。街道相关领导致辞并回顾三年来"美丽楼组示范点"建设所取得的成效并对2020年"美丽楼组示范点"建设提出新要求。该次精品班共安排4次课程,与"美丽楼组示范点"建设同步进行,并引入陪伴式督导服务,帮助楼组长学员们通过以岗代训、实战练兵、专家带教的方式从硬件(包括彩绘、

楼道粉刷和装饰美化)和软件(楼管会、楼组公约、楼组活动、楼组自治金和睦邻点)2个方面实现提升。 （崇雷）

【扶贫助农专场直播】 7月10日，由曹家渡街道组织筹划，善淘Buy42承办，以"为爱下单，援建助农"为主题的扶贫助农专场直播在曹家渡街道慈善超市举行。90分钟的直播吸引近3000人观看，直播间下单成交70单，销售金额近6000元。该次网络直播是消费助农扶贫的新尝试，产品均来自曹家渡街道对口扶贫县(巴楚县、麻栗坡县)的农产品。 （崇雷）

【安全生产和消防安全隐患专项整治行动】 8月6日，曹家渡街道联合公安派出所、区消防救援支队开展"安全生产月"安全生产和消防安全隐患专项整治行动。街道平安办、信访办、城管中队、房管办、市场所及相关居民区参加行动，联合对飞线充电、沿街商铺"三合一"、快递外卖群租返潮等安全隐患问题进行集中整治。联合整治队伍对明月新村、晋元里、中行小区开展集中整治，采取拆除私装插座、剪除"飞线"等措施，消除飞线充电安全隐患38处。针对部分沿街商铺存在的"三合一"现象，街道责令商户限期落实整改，同时进一步加强用火、用电、用气消防安全管理。针对辖区内快递外卖人员群居及群租"返潮"问题，联合整治队伍开展集中整治行动，现场拆除2处违规分隔和20余张多余床铺，清除违规私拉电线等隐患，并在现场对房东及租客进行法制教育。属地居委会和物业公司后续加强回访，开展长效管理。 （崇雷）

【曹家渡街道科学技术协会成立】 8月24日，曹家渡街道科学技术协会成立暨第一次代表大会在新落成的社区文化活动中心召开。上海市科学技术协会科普部部长刘健，上海市科学技术协会科普部副部长龙琳，静安区科协党组书记金伟，曹家渡街道党工委书记唐凌峰，曹家渡街道党工委副书记、办事处主任李颖婷出席大会。会议审议并通过《上海市静安区曹家渡街道科学技术协会实施〈中国科学技术协会章程〉细则》，选举产生第一届委员会。上海市静安区业余大学校长蒋中华当选为主席。刘健、龙琳、金伟为曹家渡街道"社区书院""家门口的科学社""科学咖啡馆"揭牌。 （崇雷）

【云南省麻栗坡县党政代表团考察曹家渡街道社区工作】 9月22日，云南省文山州麻栗坡县党政代表团一行在县委书记刘扬带领下，到曹家渡街道考察。街道党工委副书记、办事处主任李颖婷，街道党工委副书记、街道办事处副主任等相关领导陪同接待。麻栗坡县党政代表团一行首先实地考察街道社区事务受理服务中心。街道新改建的社区事务受理服务中心于2020年7月正式启用，为居民提供12个条线共计191个受理事项，且通过"一网通办"自助终端实现多条线业务整合，上线66个网办事项。代表团一行考察社区文化活动中心和社区党群服务中心。新建的社区文化活动中心面积4540多平方米，内设多功能厅、阶梯影剧院、社区教育室、展厅、少儿图书馆、科技创新屋、东方信息苑等，为居民提供便捷的公共文化服务。社区党群服务中心致力于打造"开放式、集约式、共享性"的党群服务阵地，功能涵盖党员接待、组织生活室、老书记工作室、社区党校、党员远程教育室、志愿者工作站、社工之家等，为辖区内党组织、党员和居民群众、楼宇白领等提供设施更完备、服务更优质、氛围更浓郁的党建群团综合服务。实地考察结束后，双方在社区党群服务中心会议室召开"曹家渡街道—麻栗坡县东西部扶贫协作联席会议"，麻栗坡县党政代

9月22日,云南省麻栗坡县党政代表团考察曹家渡街道社区工作　　（曹家渡街道　供稿）

表团代表麻栗坡县委、县政府向曹家渡街道赠送"麻栗坡壮锦"。　　　　　　　　（崇雷）

【曹家渡街道第四次归侨侨眷代表大会】 于9月27日在社区党群服务中心举行。区侨联、街道党工委相关领导出席会议。辖区各居民区、社区单位推荐的正式代表,以及社区各人民团体代表、各居民区党总支书记、统战干部等参加会议。会议由曹家渡街道侨联副主席汤芷诺主持,街道侨联第三届委员会主席王稼真作工作报告。大会审议并通过选举办法、新一届委员会委员候选人名单,选举产生曹家渡街道侨联第四届委员会委员。第四届委员会召开第一次会议选举产生街道侨联第四届委员会主席、副主席,提名通过秘书长人选,讨论通过聘请街道侨联名誉副主席、顾问的决定。大会结束后,街道侨联组织开展以"遗嘱继承"为主题的民法典宣讲活动。　　　　　　　　（崇雷）

【湖北省宜昌市夷陵区考察团到曹家渡街道考察创新社区治理工作】 10月13日,湖北省宜昌市夷陵区考察团一行在夷陵区服务三峡旅游新区办公室主任、小溪塔街道党工委书记周玉春带领下到曹家渡街道考察。街道党工委书记唐凌峰,街道党工委副书记、办事处主任李颖婷等领导参与接待。考察团一行先后到康定路1299弄汇众康定小区21号和街道社区党群服务中心,实地考察曹家渡街道老旧小区既有多层住宅加装电梯工作,参观社区党群服务中心并座谈,就进一步做好曹家渡街道和小溪塔街道结对共建进行交流探讨。　　（崇雷）

【曹家渡街道居民袁锡东获区"见义勇为先进个人"称号】 10月26日,静安区见义勇为评审委员会授予曹家渡街道中行居民区居民袁锡东"静安区见义勇为先进个人"称号。2020年9月22日,袁锡东从火场中救出楼内单身独居90多岁老伯,并使用灭火器有效压制火势蔓延,为居民紧急疏散撤离现场赢得宝贵时间。　（崇雷）

【《军魂故事集》新书发布仪式】 于12月31日在社区文化活动中心举办。街道通过走访、采编辖区内21位重点优抚对象的从军故事和感人事迹,展现优秀优抚对象风采,营造崇尚英雄、学习英雄、弘扬英雄氛围。辖区共建部队上海警备区办公室和武警上海市总队执勤第四支队十一中队部分官兵、社区重点优抚对象代表、社区机关退役军人代表、社区爱心企业代表等应邀参加新书发布仪式。区退役军人局、曹家渡街道办事处、区人民武装部、区军队离休退休干部服务管理中心相关领导出席活动。活动在抗日战争胜利75周年和抗美援朝出国作战70周年为主题的微电影《曹家渡街道75·70主题街头采访》中拉开序幕。活动邀请参战老兵秦祖康和蔡德欣为大家讲述那个战火纷飞时代的故事。共建部队代表和机关退役军人代表表演诗歌朗诵《永远的军魂》并和优抚对象代表合唱《把一切献给党》。

(崇雷)

【曹家渡街道劳动人事争议调解室成立】 年内,曹家渡街道劳动人事争议调解中心在万航渡路684号曹家渡街道社区生活服务中心2楼设立专门的调解工作室,为劳动者提供社区劳动争议调解服务。全年共受理劳动争议171件(其中自受理案件为53件),涉及辖区企业85家,累计办结169件,成功调解110件,调解成功率为65.08%,累计签约补偿金超过213万元。

(崇雷)

2020年曹家渡街道居委会基本情况表

名称	地址	居民小组数(个)
长春	康定路980弄1号302室	71
玉兰村	安远路669号	82
姚西	余姚路487弄46号1楼	78
均泰	武宁南路418弄4号101室	79
四和花园	新闸路1910弄7号107室	63
三和花园	延平路123弄4号104室	52
叶庆	延平路223弄4号205室	65
武南	万春街63弄33支弄3号	29
中行别业	万航渡路623弄64号底楼	51
高荣	万航渡路661弄23号2楼	42
康定	康定路1299弄21号103室	40
万航	万航渡路858弄18号101室	62
武西	万航渡路676弄50号105室	59

(续表)

名称	地址	居民小组数(个)
达安花园	长寿路999弄11号楼1C	52
合计		825

(崇雷)

(四)江宁路街道

【概况】 江宁路街道东起泰兴路、西苏州路，西沿胶州路、常德路，南迄新闸路、北京西路，北至安远路。辖区面积1.84平方千米。居民24553户，常住人口77310人，户籍人口7.08万人。下设16个居委会、714个居民小组。街道办事处设在江宁路838号4楼。2020年，街道坚持以党建为引领，全面推进实事项目和重点工作，共同建设"美丽江宁、共同家园"。聚焦联勤联动，做好疫情防控工作。第一时间成立疫情防控领导小组，迅速组建队伍、明确流程、制订预案、建立机制，推动与相关部门对接联动，坚决落实住宅小区、楼宇园区、街面商铺的防控措施。及时根据形势变化做好工作提示，统筹推进疫情防控和经济社会发展工作。聚焦民生保障，持续提升服务水平，新建淮安路771号街道综合为老服务中心、陕西北路849弄社区老年人助餐服务点。完成41户"扶一把"适老化改造。社区事务受理中心实现66项业务的"一网通办"，全年业务受理量总计155386件(次)。开展综合帮扶309人(次)，共发放医疗救助金108.71万元。慈善超市服务1958人(次)，义卖资金157710元。做好阳光家园学员康复工作，支持学员通过萤火虫合唱团表演、阳光艺术坊等形式融入社会。聚焦精细治理，按照"一网统管"要求，实现综治、管理及房办、市容、城管各支队伍集合办公、一口受理。年内"12345"市民服务热线工单受理2715件，及时结案率100%。对街面及小区120个垃圾厢房进行改造更新，开展一体化延时服务、二次垃圾收运等，实现垃圾分类工作在住宅小区和沿街商铺的100%全覆盖。对18处点位13个项目开展"美丽街区"综合整治。深入推进无违建村(居)建设，拆除违建点位18处，合计面积3967.64平方米。聚焦服务企业，全力优化营商环境，建立278家重点企业联系服务机制和"楼管联盟"物业联动平台，对楼宇、园区租赁情况及落税情况进行动态排摸。成功留商多家企业，涉及税收5000万元。联动WeCan、冠生园等园区，落实虚拟注册地址，促成6个项目落地。年内报送有效招商信息51条，完成项目落地28家。实体化运作街道企业服务中心，加强法律服务和产业政策对楼宇、园区的配送服务，联手银行等金融机构，"组团式"开展融资和资金对接服务，促成多个企业融资需求成功对接。聚焦安全稳定，着力加强平安建设，在小区车棚、充电桩、停车场等重点位增配2960个灭火器，完成5处电动自行车集中充电桩安装，试点安装厢式电梯电瓶车阻隔感应装置。整治群租现象125处。检查"六小"单位4787家(次)，整改隐患312处。共接待信访群众296人(次)，办结信访件449件。社区各人民调解委员会共受理各类矛盾纠纷577起，成功率

100%；排查纠纷388次；预防纠纷150件。完成基干民兵整组任务,提前完成适龄青年兵役登记工作。完成基层武装工作规范化建设试点任务,正式启用地下民防宣教室。聚焦提升软实力,深入激发基层活力创建美丽楼组184栋。形成"坊间微社力""社区居商共建""通安靓丽志愿橙"等16个自治微项目。与市文联合作"艺术半径"专业院团进社区项目。以"2020我们在一起"为主题,开展"记录多彩生活"江宁人的线上生活市集、"一家一本书""阅读越好运"线上读书及线下文创市集等活动36场。完成"智慧健康驿站"标准化建设工作；升级改造百姓健身房为市民健身房；启动"青少年运动关爱计划——儿童脊柱侧弯的认知和预防"项目；设立江宁路街道普惠性幼托点,满足辖区内市民群众对婴幼儿照护和早期教育服务需求。开展第七次全国人口普查工作,以零差错通过市阶段性工作检查。发动53家文明单位及918人(次)党员志愿者共同参与"清洁家园""助力创全"等文明实践活动；推进"乐宁一家亲"困难职工帮扶项目；开展"冬日暖阳"社区青少年帮困送温暖工作；推进灵活就业群体入会和会员保障服务,为172名灵活就业会员定制体检服务。建成学生社会实践指导站,组织开展"宁好,少年创变者""宁家便利店"等学生社会实践活动；举办第三届"江宁治造"创新设计大赛。切实推进基层依法治理,在中心城区率先试点推进"社区党群服务综合体"建设,推进基层党建网格融合、阵地覆盖和区域统筹。成立法治建设委员会,推进行政执法三项制度。依托街道基层立法联系点,参与市、区人大立法调研18次,召开座谈会30余场,收集立法建议200余条。全年市人大8部法规的21个条款吸纳街道基层立法联系点提出的意见、建议。用好"各界人士议事厅"平台,开展民盟区委"一网统管"民主专享监督活动；以"探索社区公共卫生专业志愿者队伍组建和服务模式"等为主题,开展政协委员联络组专题协商议事活动。

(吴燕玲)

【江宁路街道全面落实疫情防控工作措施】疫情防控期间,增设22个点位流动门岗,守住86个小区311道门,保障好各类特殊群体的管理和服务工作,确保社区安定有序。疫情趋于平稳后,街道坚持"外防输入、内防反弹",抓紧、抓实、抓细各类防控措施。年内累计排查重点地区(国家)到沪4193人(次)。对重点地区(国家)人员进行隔离管控累计757户,1288人。对居家隔离人员进行上门垃圾收运累计约8785次,上门消毒面积累计约70600平方米。成立街道专项工作组,落实班子成员分片包干,配备21名联络指导员,组成7支队伍,全覆盖做好辖区28幢楼宇、7个园区、1082家企业和沿街985家商户的对接联系和服务保障,有序推动辖区企业复工复产,恢复生产生活秩序。

(吴燕玲)

【加快推进"一网统管"】 年内,街道按照"一网统管"要求,以"城市运行综合管理服务中心"启用为契机,实现综治、管理及房办、市容、城管各支队伍集合办公、一口受理。梳理明确原有管理盲点和职能交叉的332项事类责任主体、处置流程,实现各支力量的深度融合。围绕12345投诉焦点,探索开发工地扰民、酒吧管理、垃圾分类、地下空间、门责管理等10个信息化应用场景,提升问题处置效能。年内"12345"市民服务热线工单受理2715件,及时结案率100%。

(吴燕玲)

【率先试点推进社区党群服务综合体建设】年内,街道在中心城区率先试点推进党群服务中心、文化活动中心、新时代文明实践分中心

年内，江宁路街道在中心城区率先试点社区党群服务综合体建设　　（江宁路街道　供稿）

基层立法联系点四位一体建设的"社区党群服务综合体"建设，整合各类服务党员群众的功能和资源，设有综合服务窗口，办理党建、党群、文化、精神文明等相关事项，居民可以在这里体验到一门服务、一口受理，以及公共服务事项咨询受理等综合业务。同时以"社区党群服务综合体"为枢纽，以16个"静·邻一家"居民区党群服务站为延伸，拓展"X"个党群服务触角，打造"昌平路15分钟党群服务带"，构建"1+16+X"党群工作阵地格局，形成党群服务阵线联盟。

（吴燕玲）

【既有多层住宅加装电梯】　年内，街道邀请专业单位对辖区432个无电梯设备的既有多层住宅门洞进行全覆盖排摸和可行性评估，在其中6个条件成熟的小区进行业主大会意见征询，年内完成海防路559号、常德路545弄149号两台电梯的安装。

（吴燕玲）

【江宁路街道企业服务中心揭牌】　5月21日，江宁路街道企业服务中心揭牌。企业服务中心"一门式"受理企业服务事宜，成为辖区企业"家门口"的"宁小二"；整合各方资源，开出企业服务菜单，组团式进楼宇、园区，开展企业服务日活动；引进律师、融资、金融服务等方面专业化团队，提供预约式、个性化服务；为重点服务企业提供商务洽谈等共享空间。

（吴燕玲）

【"记'疫'江宁"红五月云端分享会】　于4月29日举行。活动由街道总工会、团工委联合举办。辖区不同岗位、不同职业的9名战"疫"主人公做客直播间，分享抗"疫"故事。活动吸引3600余名观众在线观看，不少观众留言表达对一线工作者的慰问和感谢。

（吴燕玲）

【第三届"江宁治造"创新设计大赛】　于4月26日举行。该比赛以"创美江宁，文明同行"为主题，围绕精神文明宣传及文明城区创建需求，通过文创产品设计和社区宣传栏设计两个比赛项目，多方动员楼宇、园区白领，社区联盟成员单位等相关行业从业人员参与，200余人报名参赛,提交参赛作品33件,2888人参与在线人气作品投票,6件作品获"匠心设计"奖,其中"江宁的四史文化""心灵的果实"等文创作品投入生产,泰府名邸宣传栏展出,实现社区精神文明宣传更新提升。

(吴燕玲)

【江宁社区节创设线上生活市集】 8月初至9月下旬,江宁路街道以"2020我们在一起"为主题举办社区节,活动地点包括社区文化中心、同乐坊线下实体和互联网线上空间,活动内容涵盖五大主题:"他们"江宁年度专题片首映、"记录多彩生活"江宁人的线上生活市集、"遇见缤纷生活"江宁人的线下文创市集、"营造美好生活"文化活动中心周年庆。其中"记录多彩生活"线上生活市集项目获"静安区年度十大公共文化事件"称号。

(吴燕玲)

【江宁路街道基层立法联系点向市、区人大提供立法建议】 年内,街道基层立法联系点参与市、区人大立法调研18次,召开座谈会30余场,收集立法建议200余条。全年市人大8部法规的21个条款吸纳街道基层立法联系点提出的意见、建议。年内新冠肺炎疫情成为全社会最为关注的重点,疫情防控的各项举措是所有人最关心的事情。在11月1日正式实施的《上海市公共卫生应急管理条例》中,明确规定市民在公共场所佩戴口罩是法定遵守的义务。作为市人大常委会设在静安区的一个基层立法联系点,该部草案征求意见过程中,江宁路街道基层立法联系点就提出过"戴口罩"写入法规的问题,最终该提议被采纳。

(吴燕玲)

2020年江宁路街道居委会基本情况表

名称	地址	居民小组数(个)
恒德里	常德路633弄10号	57
又一村	常德路545弄52号	41
景苑	武定路650弄4号102室	62
北京	新闸路1335弄8号104室	46
武定坊	西康路446号2楼	45
众乐里	陕西北路661号	41
三星坊	江宁路575号2楼	47
联宝里	昌平路556弄2号301室	31
通安里	泰兴路627号	25
三乐里	淮安路687弄115号	40
句容里	昌化路512号	71

（续表）

名称	地址	居民小组数(个)
天河	西苏州路65弄7号1楼	33
蒋家巷	昌平路428弄10号101—102室	37
海防村	海防路410弄21—23号101室	27
新安	新丰路548号	73
永乐	常德路977弄6号楼1楼	38
合　计		714

（吴燕玲）

（五）石门二路街道

【概况】 石门二路街道东起成都北路，西至江宁路折武定路接泰兴路，南临南京西路，北迄南苏州路。辖区面积1.09平方千米。下设11个居委会，285个居民小组。2020年底有居民1.28万户，户籍人口3.54万人。街道办事处设在武定路139号。2020年，街道加强城区现代化治理。推动政务服务"一网通办"，全部办事项目实现网上预审，办事证件全面实行电子化；试点集中受理全市范围(崇明区除外)所有通过"一网通办"平台线上申请的就医记录册申领、更换、补发业务，全年完成8218件。制订社区事务受理服务中心工作人员行为规范正面及负面评价清单，提高窗口服务水平。发挥街道城市运行综合管理中心平台枢纽作用，建设城市运行"一网统管"，城运平台及政务微信受理案件35217件，承接非警务案件1165件，处置率98%。优化"12345"市民服务热线工单流转办理处置机制，工单实际解决率94.3%，市民满意率92.6%。改善城区环境面貌。推进光明小区房屋征收，签约326证，占居民户总数93.41%。推进既有多层住宅加装电梯，4台电梯投入使用。改善51处垃圾箱房硬件设施，在29处重点点位安装77套满溢报警装置15套监控系统，完成全区域垃圾分类覆盖。完成北京西路等8条道路及沿线环境整修提升工程，开展石门二路新闸路小广场等改造项目，协调推进德义大楼外墙立面综合整治。拆除违法建筑1371平方米，无新增违法建筑。保障区域安全稳定。开展电瓶车违规充电、楼道堆物等安全隐患排查整治，维护更新消防器具1500具，为老旧小区加装电表箱安全防护装置230套，开展居民区消防安全培训演练12场，取缔经营乱象等19处，清退群租客190人。完善受理指挥、执法联动机制，对火灾、电梯故障、公用电表箱电量过载等公共安全事项监测预警，对垃圾分类、门责管理、非机动车停放、历史保护建筑装修等公共管理事件动态监管。健全社区心理服务体系，开展大型心理讲座、团体心理辅导、"一对一"心理咨询，建成仲益大厦楼宇心理健康服务工作室。推动法治政府建设，开展法治系列讲座和法治专题培训,实施居民区"法治带头人""法律明白人"培养工程。加强社会保障服务。开展帮创政策宣讲会、高校毕业生专场大型招聘咨询会、职业技能培训等活动,拓宽就业渠道。全年安置就业困难人员102人,帮扶引领创业55人。扩容增能综合为老服务中心,新建社区康护服务站,新增"乐龄家园"助老服务站,开展上海市首批老年认知障碍友好社区建设试点任务。新建街道红十字服务总站,组建红十字志愿者队。落实市、区各项救济助困政策,为19770人(次)发放各类救助金1619万元。完善公共服务体系。组建社区生活服务中心"商家联盟",在新冠肺炎疫情期间直供商户开展生鲜食品套餐配送进社区及楼宇服务;每月逢"9"日举办直供便民集市活动,每周8次开展便民菜点进小区服务。丰富社区文化内涵,推出2条红色文化微旅游路线,提升"邻居节""我们的节日"等文化品牌活动影响力。完成社区文化活动中心修缮工程。新建智慧健康小屋,新设仲益大厦"健康驿站",完成康乐大楼益智健身苑点建设,开展健康干预进居民区、进楼宇活动。成立街道科学技术协会,发布"科普微讲堂"课程15项。与南京西路街道联合挂牌,在华业托儿所设立3岁以下普惠性幼儿托育点。升级"邻里石二"微信公众号为融媒体平台,实现新闻、政务、服务一体化融合。开展新冠肺炎疫情防控和企业服务保障。协调做好644人居家医学观察,配合转运确诊病例密切接触者53人,完成居民口罩预约发放、"从舱门到家门"闭环管理等工作;组建复市工作专班,做好464家市场主体复工复产备案登记;助力32个楼宇(园区)、1386家企业有序复工。开发"邻里通"企业服务线上平台,实现企业服务分析与资源精准投放,持续推进招商留商,205家重点企业联系走访工作实现全覆盖。完善基层治理格局。开展居委会标准化建设评估督导,培育优质社区工作者队伍,实施新老书记拜师带教、基层党组织书记任职培训、党员社工主题沙龙等能力提升项目。开展党员亮身份、亮承诺、亮作为"三亮"行动,推进微网格成员进楼组。完善党建引领业委会工作机制,在业委会中成立28个党的工作小组。开展业委会培训、住宅物业达标考核。建立新福康里居民区"幸福邻里"管家联盟,探索实践党建引领"三驾马车"合署办公。完成自治项目27项、实事项目22项、维修与补充项目4项。完善61个微网格问题发现、处置与上报机制,协商解决小区问题234个。推动和谐街区建设。开发中共中央军委机关旧址为社区党校第三分校,打造"红色基因""四史"学习教育长廊,推出红色场馆情景党课、"行走中的党课"等精品课程。持续创新楼宇党建,新建党组织10家,新建F659大厦"白领驿家"党群服务站,建成仲益大厦"石二分之一新空间",通过"党建+群建、志愿"等形式,推动党务、政务、社务进楼宇。丰富"楼楼联动"内涵,楼宇党组织与居民区党组织双向打造30个服务项目。与九百集团、"白领驿家"联合打造"街区+企业+商圈"党建新模式,推进南京西路功能区党建共同体、治理共同体建设。创建4个"石二分之一"街区联盟;与52家区域化单位共同制定资源、需求、党建项目"三张清单"22个大类172项。建成社区党群服务中心,打造11个居民区"静·邻一家"党群服务站;建成新时代文明实践分中心,设立3个居民区新时代文明实践站。发挥"职工书屋""新侨驿站""妇女之家"等平台作用,开辟新福康里居民区青春社区、仲益大厦青年中心等新阵地。年内,街道石门二路社区(街道)完成12件实事。街道获全国侨联系统抗击新冠肺炎疫情先进集体、上海市社会治安综合治理先进集体、上海市健康镇(街道)试点单位、

上海市侨联系统先进组织、上海市街镇示范侨联、上海市民文化节优秀组织奖等国家级、市级和区级荣誉称号17项。（包蕾）

【新冠肺炎疫情防控先进评选活动】 4月17日，街道启动新冠肺炎疫情防控"最美奋战工作者""最美奋战志愿者""最美奋战团队"评选活动。经网络投票、专家评审等环节，评选产生3项荣誉各12名（支）获奖者。并在7月30日举行的"扬帆起航新征程，筑梦奋进新时代"石门二路街道社区党群服务中心、新时代文明实践分中心启用仪式暨精神文明建设大会上给予表彰。 （包蕾）

【2020年高校毕业生线下专场招聘会】 2020年街道户籍高校毕业生122人。5月下旬，街道启动2020年高校毕业生就业综合服务，深化石门二路街道特色的"十个一"（即做好一支就业服务团队、一次全面调查排摸、一次面对面交流、一本热门职场书籍、一份政策宣传折页、一次职业指导、一次个人推荐、一系列政策宣讲活动、一场大型招聘咨询、一次后续跟踪服务）精细化就业服务模式。6月23日，街道在新闸路945号街面举办"石二就业，为梦想护航"2020年石门二路街道高校毕业生线下专场招聘会。现场26家公司设摊招聘，提供岗位69个；另设专家职业指导、创业指导、就业援助、劳动争议调解等7个咨询摊位。56人与用人单位达成录用意向，其中应届生8人。 （包蕾）

【"石二分之一"党建活动】 年内，石门二路街道推出"石二分之一"系列党课，包括专家学者"四史"专题党课、党员干部口述历史党课、"邻里石二·行走中的党课"、"邻里故事汇"党课、"四史"音乐党课、"赏邮学'四史'"邮票党课、"四史"主题电影党课、石二"四史"情景党课等。其中"邻里石二·行走中的党课"是2020年重点打造的项目，街道整合辖区内的中国劳动组合书记部旧址等14处红色资源，推出3条"邻里石二·行走中的党课"精品路线；同时在大田路、新闸路、山海关路沿线打造总长700余米的"红色基因""四史"学习教育长廊（环形文化长廊）。街道先后在中国劳动组合书记部旧址、淞浦特委办公地点旧址、彭湃在沪革命活动地3处设立社区党校分校。7月30日，街道社区党群服务中心揭牌。年内，街道建成"1+22+N"的党群服务阵地格局，即1个社区党群服务中心、22个党群服务站（含11个居民区"静·邻一家"、11个楼宇园区"白领驿家"党群服务站）和N个分布在辖区各处的党群服务点。通过将红色印记点位、党群服务阵地等"硬件"和系列党课等"软件"的整合，"石二分之一"党建活动促使"四史"学习教育更多元、内容更"有味"、品牌更响亮。 （包蕾）

【"全岗通"应知应会云竞赛】 9月10日，街道"全岗通"应知应会云竞赛在"邻里石二"公众号上线。"全岗通"工作制度是"创新社会治理，加强基层建设"制度的探索，要求社区干部"一专多能、全岗都通""一人在岗、事项通办"，提高居委会的办事效率和服务水平。40道竞赛题目涵盖社区党建、居民自治、环境物业、民生服务、群团工作、平安调解等社区日常工作内容。9月28日，街道社工工会为获奖者举行颁奖仪式。 （包蕾）

【"关爱骑士"新时代文明实践系列主题项目】 9月10日，街道与静安区交警支队车宣大队、阿里巴巴本地生活饿了么、阿里巴巴盒马鲜生共同举办"争当文明骑士，助力创建复评"新时代文明实践活动，为"关爱骑士"新时代文明实践系列主题项目揭牌。该主题项目主要对接上海

9月10日,"关爱骑士"新时代文明实践系列主题项目在新时代文明实践分中心开展现场活动

(石门二路街道 供稿)

链家"城市补给站"项目、上海电信集团客服运营支撑中心"关爱城市建设者"项目、上海雅圣口腔门诊部有限公司"关爱口腔健康"项目、街道总工会"关爱灵活就业群体"项目以及新时代文明实践分中心、居民区新时代文明实践站"爱心传递"项目,为快递"小哥"们提供免费服务。活动还进行静安区交警支队文明交通宣讲和饿了么、盒马鲜生单位代表宣读倡议书等环节。

(包蕾)

【2020年区域化党建联席会议】 11月12日,街道召开2020年区域化党建联席会议。会上首播"石二月·抗疫情"视频短片,举行街区联盟签约仪式和仲益大厦"石二分之一"新空间揭牌仪式。仲益大厦"石二分之一"新空间整合商务楼宇服务资源,结合阵地建设和组织建设,为企业白领打造身边的服务点和汇聚地。街区党建是区域化党建和网格化党建在街区层面的聚焦和落实,实现党建网格和管理网格的融合互动,增强条块协作和楼楼联动。会后开展面向区域化党建成员单位的党建主题演讲和"初心使命"主题展演。

(包蕾)

【石门二路街道第十七届邻居节活动】 11月28日,举办"邻里共话幸福路,社区凝聚石二情"石门二路街道第十七届邻居节活动。因处于新冠肺炎疫情常态化防控时期,活动分为线上、线下2个平台,并设置1个主会场和2个分会场,避免人员聚集隐患。主会场设于社区党群服务中心,分会场设于太和坊和壹街区。活动现场播放纪录片《最美奋战者》——一部记录石门二路街道干部、群众携手防疫一线看家护院的故事;表彰一批获"海上最美家庭"、静安区新冠肺炎疫情防控优秀志愿者、志愿服务先进集体等荣誉称号的居民个人和集体。活动还设置公益集市、医疗咨询、儿童游艺等板块。数百人参与活动。

(包蕾)

【石门二路街道智慧健康驿站对外开放】 11月底,位于武定路169号的石门二路街道智慧健康驿站通过验收并向居民免费开放。智慧健康驿站(也称"智慧健康小屋")是利用社区健康相关机构的为民公共服务场所。居民可通过智能化设备,自主选择获得健康自助检测(如血压、血糖、血氧、尿酸、肺活量等项目)、健康自我评估(如脑卒中等风险评估)、健康指导干预(如云端数据查询、健康宣教、家庭医生签约等)三大类服务。 (包蕾)

【融媒体服务平台"邻里石二"上线试运行】
12月18日,静安区首家街镇级融媒体服务平台"邻里石二"上线试运行。石门二路街道融媒体服务平台依托东方网推出,对原"邻里石二"公众号和"邻里通"小程序进行融媒改造,分成"看新闻""办政务""享服务"三大主要板块。同时,进一步加强"邻里石二"的预约服务功能,居民可一键预约街道党群服务中心、社区文化活动中心、西王花园弄堂博物馆、心理咨询室等社区资源。针对中老年人群体,整合东方网的沪语资源,打造数字广播,形成石二红色文化特色资源视听库。 (包蕾)

【西王花园弄堂博物馆、元利当铺旧址博物馆获奖】 在12月18日举办的2020"美好生活"长三角公共文化空间创新设计大赛中,西王花园弄堂博物馆、元利当铺旧址博物馆获"百佳公共文化空间奖"。12月28日,上海市文化和旅游局发布首批50个上海市民"家门口的好去处",西王花园弄堂博物馆入选其中。西王花园弄堂博物馆位于1911年建造的西王花园公寓内,是一处兼具文化展示、文化保护与文化传承的社区公共文化空间,分为文化展示区、文化传承区和公共活动空间。作为上海第一家弄堂博物馆,它承载着上海居民对弄堂的记忆。西王花园弄堂博物馆定期举办具有传统文化特色的文化主题展览和互动活动,来唤醒互动者的城市记忆。元利当铺旧址博物馆位于武定路203—211号。该建筑建于1932年,是一幢集徽派建筑特色和欧式装饰风格的3层砖木结构建筑,曾被誉为"海上第一当"。元利当铺旧址是迄今上海仅存的规模最大和保存最完好的当铺建筑,2017年6月被列为静安区文物保护点。修缮后的元利当铺旧址博物馆于2019年11月对外开放。博物馆将营业厅场景复原,重现当铺当时的建筑结构,同时运用实物史料、全息投影、互动游戏等手段展示丰富的当铺历史与行业文化。

(包蕾)

2020年石门二路街道居委会基本情况表

名称	地址	居民小组数(个)
奉贤	北京西路779号	42
新德	北京西路511号4楼	30
东王	北京西路605弄8号	27
郑家巷	泰兴路391号	30
张家宅	石门二路199弄2号104室	27
斯文里	成都北路951弄16号	10
达安城	慈溪路191号	10
新福康里	新闸路888弄116号	35

(续表)

名称	地址	居民小组数(个)
恒丰	石门二路485号2楼	44
华沁	武定路169号	26
祥福	大田路354弄360号	4
合　计		285

(包蕾)

(六)南京西路街道

【概况】 南京西路街道东起江宁路、成都北路、陕西南路，西至常德路、富民路，南起长乐路、延安中路，北至北京西路、南京西路。辖区面积1.62平方千米。街道下设13个居委会，444个居民小组。2020年底有户籍居民16673户，户籍人口46102人。街道办事处设在延安中路929号。2020年，街道成立新冠肺炎疫情防控工作领导小组，共安排工作人员8277人(次)投入到各项疫情防控工作中。实现辖区170个居民小区出入口和14909户常住居民排查全覆盖，配备安装200余个智能门磁设备，整治违规民宿199间，群租24处，拆除床位141张。设立疫情防控专项资金，指导楼宇物业制订"一楼一预案"。发布8份商务楼宇企业复工复产工作提示，受理1990家、3634次企业复工申请，审批通过复工企业1975家，复工员工60880人。组建企业服务联络员队伍，组织39个楼宇招商部门和24家联合办公体管理方组建招商信息员队伍。街道城运中心督促商户落实防疫举措，向复工餐饮单位推出"四步十六字"工作指南。成功创建2018—2019年市文明社区，第十三次连续创成市文明社区；做好创建复评第六届全国文明城区迎检工作，通过开展创全工作培训、发动社区群众、定期巡回督查、制作创全入户宣传品等方式，提升居民群众对该项工作的知晓率。推进第七次全国人口普查工作，以项目管理形式统筹227名"两员"人员，分为180个普查员，47个指导员，提前摸清底数，开展登记普查业务知识实战培训。制作《南京西路街道市域社会治理现代化试点工作任务分配表》，所有工作任务汇总为提升市域社会治理"系统化""社会化""精细化""法治化""智能化"5项主要工作中。开展"四史"学习教育工作。推出南西红色革命遗址实践地图，街道各级各类党组织开展"四史"宣讲活动40场，听众人数2853人(次)。举行街道党和精神文明建设大会，完善街道组团式联系服务居民区制度；新成立非公企业党支部2个，整建制转入党组织14个，完成7个"两新"党组织换届。新建企业工会5个，覆盖单位165家，新增会员1340人，指导基层换届工会企业22家，恒隆广场工会联合会案例入选2019年上海市非公企业工会改革创新案例。重大节日和季节性帮扶慰问，走访企业112家，筹集慰问款2.64万元，慰问职工170人(次)，慰问患病职工38人，13人(次)困难职工获市、区级津贴；新建妈咪小屋4家，1家升级为五星级妈咪小屋，2家升级为四星级妈咪小屋。召开区域化党建理事会，发布街道"1+4+X"(1：南京西路街道区域化党建联席会议、4：4个地域性商圈党建联会议、X:X个领域性区域化党建联盟)福民"共同家园"党建版图,召开南京西路街道第一届社区委员会第八次(扩大)会议、各居民区居民代表会议、5个专业委员会会议和一届六次社区委员会会议;成立南京西路街道民主协商咨询委员会。制订《关于进一步完善和落实南京西路街道"双报到""双报告"工作的实施方案》,动员97家"两新"组织党组织和区域单位党组织、7508名在职党员到所属居民区报到;依托兴业太古汇商圈党建联席会议组织开展"护航进博会、党员先锋行"活动。成立"爱的旋律"社区发展基金。制订《南京西路街道推进"美丽楼组"建设的实施方案》,推广《南京西路街道星级美丽楼组自治导则》,开展33项"我为文明小区出份力·爱我美丽家园"居民自治项目,受益14000人(次),自治众筹18500元支持自治项目。落实住宅小区业主委员会规范化运作评价,完成3个业委会组改建,开展4场业委会主任沙龙和4场业委会增能培训,200人(次)参与;推动大沽路、丰盛里—吴江路、陕西北路—铜仁路、巨富长4个商圈商户自治委员会实体化运作,制订《南京西路商圈商户自治公约》。实现"一网统管"基础信息全要素纳管,新增88类市政设施、法人库、道路管线等基础信息,涵盖感知设备550个,新增无线烟感温感、消火栓水压等点位布设;处理"12345"市民服务热线工单2858件,结案率100%;网格案件20610件,结案率95%;医学人员管控类案件5959件,结案率100%。梳理形成跨门营业"红黄牌"制、非机动车待清运制等经验做法。推进四明邨、模范村综合改造项目和"爱我美丽家园"居民自治实事项目,完成320个雨篷、36个信报箱、8个晾衣设施建设翻新,推进55平方米绿化更新及255米围墙翻新工程,完成吴江路休闲街升级改造施工招标等前期工作,推动北京西路、成都北路、陕西北路、延中绿地周边等道路区域综合整治。辖区115个垃圾箱房均备齐"破袋神器"和除臭装置,加装水表、安装43个水池、60余套照明设施;发放垃圾分类宣传海报、折页15000份,开展各类培训25场,2000人参与。日均清运整治违停非机动车700余辆;日均清运无主垃圾5—6吨。辖区刑事案件比上年下降55.3%,盗窃类案件比上年下降100%。与720家社区单位签署安全生产、消防安全责任书,出动检查人员1382人(次),排查居民区及社区单位997次1303家,发现并整改隐患490处,开展安全宣传306次,发放宣传资料7409份;街道信访总量484件,初信初访问题办结率100%。做好张园旧改征收地块收尾工作;福民法律服务中心及3个商务楼宇公共法律服务工作站开展法律咨询868人(次),指导居委会调解纠纷332起,调解疑难复杂矛盾19起,制作书面人民调解协议书57份,开展人民法院司法确认1次。街道获评2018—2019年上海市禁毒工作先进集体和2018—2019年上海市防范和处理邪教工作先进个人等称号。落实刑释人员一次性帮困43人(次),特殊人员未成年子女爱助学活动6次、中秋国庆帮扶活动10人(次)。开展社会救助13194人(次),街道慈善工作站募集善款251581元,用于各类社区帮困,服务推荐社区失业者470人;开展3次招聘会,参展企业95家,600多名求职者参加,150人现场意向录用;成功调解劳动人事争议案件147件,成功申报和谐劳动企业13家,超指标62.5%完成该工作。完成新成社区为老食堂项目硬装,泰兴居民区乐龄站点整体搬迁至升平居民区,组织298名志愿者与909名高龄独居老人结对,解决突发事件9起;为39名家庭条件困难的老人和30名家庭照护者落实静安区为失能、半失能老人提供辅助用具及"扶一把"项目;长照之家入住12人,日托签约15人,家庭照护能力提升辅导培训2000人

(次),家庭入户指导服务600人(次),照护实训80人(次);向2264名社区老人提供居家养老服务,乐龄家园"十助"受益达21余万人(次),向670名孤老发放春节大礼包。残联"一门式"业务受理量为15079人(次),发放各项业务金额332.2万元。完成年度调查底册1913名残疾人数据采集工作,落实35户残疾人家庭无障碍设施改造实事项目,受理残疾人保险2596件,完成社区500多名残疾人换证申请工作,对受疫情影响生活的11名困难残疾人发放补助17400元;成功推荐3名残障人士走上工作岗位;组织62名残疾人体检,为33名视力残疾人适配助视器;优待抚恤2058人(次),易地、无军籍、企业复员725人(次)。成立街道新时代文明实践分中心,"NANCY群团新干线"品牌从线上课程延续到线下5个党群服务站及青年中心,受众白领600余人(次);成立街道"西"剧社,结合"四史"学习,排演"毛泽东初心故事"音乐剧;开设二期"白领学苑"品牌建设,涉及钢琴、古筝、瑜伽和中国舞,受益800人(次);开展"科普日"主题设摊活动,惠及白领和老年群体100余人;完成30个健身苑点更新,开展"居家健身小课堂"、尊巴舞等系列活动,受众550人(次);开展楼宇商圈体育公益配送12场、"跃动南西"市民体育科学大讲堂3场、区健身器材大比拼1场,参与440人(次)。

(许丽萍)

【南京西路街道新冠状肺炎疫情防控工作】新冠肺炎疫情暴发后,街道成立新冠肺炎疫情防控工作领导小组,共安排工作人员8277人(次)投入到各项疫情防控工作中。实现辖区170个居民小区出入口和14909户常住居民排查全覆盖,落实外来返沪人员排摸登记工作,走访居民26638户,微信联系20943人,电话联系42021人。三方联动812人,居家隔离749人,集中隔离36人。配备安装200余个智能门磁设备,抢修完善42个门禁系统。落实封闭式管理,开展160余次门岗履职情况巡查,奖惩7人(次)。对排查中发现的"群租""日租"等防疫隐患,整治违规民宿199间,群租24处,拆除床位141张。为老旧小区门岗保安和志愿者搭建7座临时"彩条屋",用注水塑料板墙等材料为部分开放式小区搭建临时墙体。设立疫情防控专项资金,向辖区一线工作人员和社区防疫志愿者发放防疫慰问品,向他们及家属送上慰问信。在茂名北路148号新建街道企业服务中心,对辖区37栋商务楼宇1787户企业全覆盖排摸;对398家三级对口服务企业,指导楼宇物业制订"一楼一预案"。发布8份商务楼宇企业复工复产工作提示,受理1990家、3634次企业复工申请,审批通过复工企业1975家,复工员工60880人。组建企业服务联络员队伍,组织39栋楼宇招商部门和24家联合办公体管理方组建招商信息员队伍。有187家企业注册落地,其中预估30万以上税收企业21家。街道城运中心开展视频巡查、网格巡查,对辖区宾旅馆、菜场、药房、餐饮等重点单位、重点路段和商业区域不间断巡查,通过划设"一米点"、明确"六清经营规范"措施,督促商户落实防疫举措,向复工餐饮单位推出"四步十六字"工作指南。对辖区30余家酒吧开展联合疫情防控专项整治行动20余次,制作发放《防疫要求告知书》和《酒吧疫情防控工作指南》,做好164处备案登记小型建筑工地防疫检查。

(许丽萍)

【发掘保护红色文化资源开展"四史"教育】年内,街道结合"四史"教育,把辖区内21处重要革命遗址设计为3条"南西红·四史党课"红色线路。开展2020年南京西路街道"福民西·爱的旋律"音乐会,以"爱家乡、爱党、爱祖国"为脉络,以学"四史"、秉初心、传承红色基因为核心,以音乐党课的形式奏响"爱的旋律",重温"红色之旅"。打造"回眸初心——溯历史、看未来"红色主题党课品牌,组织楼宇党建服务站和辖区内外的红色博物馆结对共建,开展"听党课、看展览、诵经典"系列活动,激发楼宇白领、社区居民的爱国热情。依托上海市作家协会专业作家力量,开展《城市阅读与书写——红色经典》作家系列讲坛,邀请知名作家讲述辖区内的红色故事,创作《南西印记——南京西路名人、名宅、名路辑录》系列丛书,挖掘和传播辖区共同的红色文化记忆。

（许丽萍）

【南京西路街道连续第十三次创城市文明社区】 年内,南京西路街道做好创建复评第六届全国文明城区迎检工作每个环节,严格落实材料审报、实地考察和问卷调查等相关工作要求,确保南西街道创全工作有序推进。召开2020年街道精神文明大会,成功创建2018—2019年市文明社区,连续第十三次创成市文明社区。完成南西街道第六届全国文明单位创建工作,完成新一轮居民区宣传栏更新工作。挖掘社区好人好事、最美志愿者的优秀典型事迹,尤其是抗疫期间涌现的好人好事,评选街道精神文明好人好事"金钥匙奖"和"金钥匙"提名奖,开展"社区之星"推荐评选工作。（许丽萍）

【南京西路街道打造四维空间楼组】 年内,街道制订《南京西路街道推进"美丽楼组"建设的实施方案》,落实《南京西路街道星级美丽楼组自治导则》内容,打造"乐享共治+民主议事+公共空间+人文荟萃"的四维空间楼组,居民对楼组创建的基本标准"一目了然",对创建有特色文化、个性化爱好的特色楼组"心中有数",居民成为楼组建设的"建筑师、设计师和工程师"。 （许丽萍）

【南京西路街道综合活动中心建成】 7月,位于茂名北路148号6楼的街道综合活动中心正式开放。街道综合活动中心面积499平方米,设有舞蹈教室、钢琴教室、古筝教室、少儿活动室及公共活动等区域,重点面向周边商务楼宇白领开展文化体验、学习教育、艺术提升、亲子互动等多项服务功能。 （许丽萍）

【南京西路街道一届社区代表会议五次会议】 于3月27日在福民会馆等8个会场举行。街道领导班子成员以及辖区内各部门、居民区、社区单位代表在主会场、各分会场参加,会议以视频形式举行。179名代表在各分会场围绕如何做好年度工作进行民主恳谈,提出真知灼见;就街道工作报告、实事项目和社区公共事务等酝酿形成具体意见和建议。 （许丽萍）

【南京西路商圈商户自治委员会揭牌】 4月25日,南京西路商圈商户自治委员会在丰盛里广场揭牌,并开展商圈商户展示活动。南西商户探索"自我协商、自我管理、自我服务、自我监督"的自治委员会管理模式,丰盛里—吴江路、陕西北路—铜仁路、巨富长3家商圈商户自治委员会通过"自治+活动"的双轮驱动,强化商户自治、社会共治,共同促进经济提质扩容。

（许丽萍）

【We课V讲专场活动】 5月14日,南京西路街道党工委牵手SMG融媒体中心党委,在恒隆广场"白领驿家"党群服务站举办"坚守初心,大爱逆行"We课V讲恒隆广场专场活动。活动中,5名南西战"疫"人——复旦大学附属华山医院普外科主治医生、华山医院第四批援鄂医疗队队员朱磊,华山医院门诊部执行副主任、华山医院第四批援鄂医疗队副队长邱智渊,华山医院援鄂护士周与瑾,市第一人民医院援鄂

医疗队队员章晓淼和街道社区卫生服务中心分管主任、党支部委员陈雪飞到现场,分享奋战在疫情一线的动人故事。 （许丽萍）

【南西白领"学习月"活动】 7月1日,南京西路街道在恒隆广场党群服务站举行2020年"两新"白领"学习月"暨社区党校"送学进楼宇"系列活动启动仪式。市委第二巡视组副组长田霞,区委常委、组织部部长顾春源,区委组织部副部长、区社工委书记孙明丽,复旦大学管理学院院长陆雄文,街道党工委书记周惠珍等参加活动。活动在街道社区党群服务中心、静安嘉里商务中心党群服务站和上海国际集团大厦党群服务站设置分会场,白领党员就近参加站点现场连线学习。街道与复旦大学管理学院继续开展结对共建,联合打造"南西商圈云课堂",为商圈白领们带来许多高品质的学习课程,满足白领成长发展所需,提升服务企业能级,推动南西商圈优质营商环境的打造。 （许丽萍）

【"福民指数"指标体系发布】 8月21日,街道尝试提出一个度量社区治理进展与水平的指标体系,整合现有市、区各类评测结果以及街道自身的数据资源,形成"福民南西"指标体系和测算相应的"福民南西指数",为南西人践行"福民南西,魅力都心"、建设"共同家园"提供科学有效的定量测度工具。"福民指数"指标体系包含党建引领、自治共治、公共服务、公共管理和公共安全5个指标。 （许丽萍）

【第七次全国人口普查工作】 9月8日,南京西路街道开展第七次全国人口普查动员大会暨工作培训会议。街道4月成立第七次全国人口普查领导小组,各居民区相应设立普查工作组。第一阶段为建筑物清查以及普查小区划分工作,普查员和普查指导员入户摸底及正式登记工作阶段。区统计普查中心副主任胡海榕围绕人口普查的工作方案、指标、登记方法、质量控制细则等方面进行专题培训,并设置案例实操、小测试等环节,让参训人员明确普查的目的意义,掌握普查的范围、内容、方法、步骤、时间安排和具体操作要求。第七次全国人口普查时间为2020年11月1日零时。 （许丽萍）

【南京西路街道"爱的旋律"社区发展基金揭牌】 10月24日,南京西路街道"爱的旋律"社区发展基金揭牌。"爱的旋律"社区发展基金列为静安区慈善基金会专项基金,通过街道帮扶、企业认捐、白领参与等形式打造爱心互助平台,为社区帮困扶贫、助老助学、公共治理、社区发展等事业的发展助力,推动社区自治共治。活动中,6家企业的爱心善款连同恒隆广场党群服务站公益咖啡的善款近3万元,成为"爱的旋律"社区发展基金的部分启动资金。

（许丽萍）

【南京西路商圈党建联盟和企业服务主题活动】 12月8日,区商务委党委和南京西路街道党工委共同举办"共建和谐静安,共谋共赢发展"南京西路商圈党建联盟主题党日暨商圈企业服务日活动在静安嘉里商务中心举行,以党建为引领,加大服务企业力度,打造良好营商环境。现场对获得2020静安南京西路商业零售行业(含餐饮)的18名服务明星进行命名表彰。在企业服务日圆桌论坛上,南京西路辖区内的18家企业和商场代表,分享企业经营发展过程中遇到的问题,各相关职能部门与企业代表进行答疑交流互动。 （许丽萍）

【南西街道消安联防志愿队伍成立】 12月10日,南京西路街道举行消安联防志愿队伍成立启动仪式。区应急管理局、区消防救援支队、街道党工委相关领导、区消防救援中队、南京西路派出所、各居民区、各社区单位、沿街店铺代表等参加。街道消安联防志愿队伍由38家单位、12个居民区组成。采用"十户联防"方式,开展常态化消防安全检查和经常性消防宣传教育,推进社区微型消防站实战化建设。通过加强和创新社会消防管理,全面提升消防安全网格化、社会化参与力度。　　　　　　　(许丽萍)

【新成"社区食屋"开业】 12月26日,南京西路街道新成"社区食屋"正式开业,"社区食屋"的启用,实现助餐服务覆盖"白发"也能兼顾"白领",实现套餐可以自选搭配,实现除提供中餐、晚餐还能提供早餐。是南京西路街道民生服务能级提升的一次飞跃。区委副书记、区长王华,区委常委、副区长刘燮,区民政局局长焦志勇,街道党工委书记周惠珍,街道办事处主任王颉鸣等参加开业仪式。 　　(许丽萍)

【于勇调研南京西路街道】 12月28日,区委书记于勇一行调研南京西路街道。会上,街道党工委书记周惠珍从"集中力量攻坚克难,完成重点工作任务""坚持党建引领,用'福民三力'深化社区治理""聚焦'一力、两基、三化',提升福民南西建设质效"等方面,汇报街道工作。于勇肯定南京西路街道坚持疫情防控和经济社会发展工作"两手抓、两手硬、两手赢",有力、有序、有效推动各项工作。　(许丽萍)

【华业居民区"流浪猫自治"项目入选中国(上海)社会治理创新实践十佳案例】 12月30日,第三届中国(上海)社会治理创新实践案例征集活动研讨会在中共上海市委党校举办。静安区南京西路街道党工委、办事处申报的"用好居民'自治金',管好社区流浪猫"入选"十佳案例"。不少社区里都有爱猫人士"投喂"的"喵星人",面对流浪猫为社区带来的治理新问题,南京西路街道用"自治金"鼓励居民、第三方专业团队等形成合力,为流浪猫进行救治、登录领养平台,再由居民科学喂养,实现可持续的自治自理良性循环。该经验在帮

12月26日,南京西路街道新成"社区食屋"正式开业　　　　　(南京西路街道　供稿)

困扶贫、助老助学、公共治理、社区发展等工作中有借鉴价值。　　　　　　　　　（许丽萍）

【茂名北路112弄8号楼加装电梯竣工运行】12月31日,茂名北路112弄8号楼加装电梯正式竣工运行。该项目是街道辖区首个既有多层住宅电梯加装项目,该项目围绕老旧小区"居民出行"需求,解决电梯加装这一民生热点问题,各环节充分体现居民自治、社区协商,"居民的事商量着办",为26户居民圆上"电梯梦"。　（许丽萍）

2020年南京西路街道居委会基本情况表

名称	地址	居民小组数(个)
陕北	江宁路83弄4号104—107室	31
华业	陕西北路173号中部102室	41
联华	南阳路209弄9号2楼	36
延中	延安中路877弄69号	72
古柏	巨鹿路787号	57
陕南	巨鹿路693号乙	16
威海	延安中路740弄18号	30
升平	升平街79弄5号	29
新成	南京西路591弄129号	35
中凯	大沽路346号208—210室	33
泰兴	威海路590弄72支弄21号	1
茂北	南京西路1025弄138号	30
重华	南京西路1081弄65号	33
合计		444

（许丽萍）

（七）天目西路街道

【概况】　天目西路街道东起南北高架、大统路、普善路;西、南沿苏州河,与普陀区接壤;北接中山北路,辖区总面积1.94平方千米。街道办事处地址位于天目中路749弄53号。共有12个居民区,28个住宅小区,28条道路。2020年底,实有人口3.85万人,户籍人口2.91万人,其中老年人户籍数11464人,占人口总数34.8%。辖区内有楼宇52幢、1个工业园区、6

个不同类型的大型专业市场,入驻企业近3200家。2020年,天目西路党工委、办事处统筹推进新冠肺炎疫情防控和经济社会发展,街道全面建设稳步前行。获评2018—2019年上海市文明社区、2019年无违建创建先进街镇、2019年河长制标准化建设街镇、2017—2019年社区事务受理服务中心标准化建设全市第一等称号和奖项。年内,街道聚焦党建引领,组织开展"四史"教育活动,建立"十五分钟党建服务圈",做实政务、养老、托幼、健康、文体、法律、心理、社区食堂等功能。向辖区内25家业委会100%外派党的工作小组,走出一条党建+自治+专业的"红色物业"新路。聚焦企业服务,建立专窗、预警、台账制度,定期进行分析研判。全年引进企业31家,走访联系对口的273家三级服务企业。聚焦精细管理,抓好"一网统管",强化网格力量联勤协作,开发垃圾分类小程序、河长智能管理平台、"添睦视警"模块,推进应用场景建设。抓好"一网通办",落实"最多跑一次"理念,将80%的一次办成率提升至97%。完成12个民心工程项目,加快普善小区"美丽家园"建设和中华新路817弄旧住房综合改造,推进中华新路1007弄、普善路毛家弄的零星旧区改造工作。聚焦民生主线,完成街道"1+3+4+12+X"的精准化社区养老布局("1"院即1家社区敬老院,"3"中心即1家综合为老服务中心及南北2家睦邻中心,"4"站即4家"耆"字系列乐龄家园助老服务站,"12"室即12家老年活动室,X为街道党群中心、文化中心等其他类场所),推出"添睦宝"综合为老服务平台,推送"医"脉相承项目。累计投入各类资金1972.93万元用于帮困救助,受益群众约2.89万人(次)。为失业、无业人员匹配工作岗位,帮扶引领成功创业80人。聚焦社区治理,创建"美丽楼组",辖区共有楼组271个,达标居民区楼组54个。建设"幸福小区",完成14个居民区自治金项目。建设"和谐街区",整合12个居民区、52幢商务楼宇形成3个街区:静安国际中心苏河街区、人力资源产业街区、天目北片居住街区。全力做好疫情防控,完善好联防联控工作机制,重点加强居家隔离工作。协调解决北横通道、昌平路桥、安远路桥、金融街项目、苏河洲际3期等重大市政在建工程矛盾,全力维护社会稳定。完成4个老旧小区电动自行车安全隐患整治。开展"一张证"工作,通过采取"27项全岗通应知应会+X项天目西特色科目"的培训考核模式,努力打造全科型的"居小二"队伍。

(沈羚)

【广州市白云区代表团到天目西路街道考察生活垃圾分类工作】 6月16日,由区委书记赵军明率领的广州市白云区代表团一行到天目西路街道,考察交流生活垃圾分类精细化管理工作经验。静安区副区长李震等陪同。代表团一行到汉中小区察看体验的垃圾分类投放智能化设施,了解小区垃圾分类志愿参与情况;到嘉里企业中心考察楼宇垃圾就地无害化处置、两网融合中转站运行情况。

(沈羚)

【天目西路街道第二届社区代表会议第一次会议】 于4月8日采用"线上+线下"方式召开。辖区内各界代表共146人在线上审议《天目西路街道2019年工作报告及2020年工作安排》等4个文件,并在一天会期内完成对街道各职能部门派出机构和各项工作的评议。代表们还围绕街道在党建引领、公共管理、公共服务、公共安全等方面工作,在4个交流群中踊跃建言献策,街道共收到各方代表意见建议百余条。从4月10日开始,街道在线下陆续召开企业、楼宇物业、居民区等共4场座谈会,邀请一部分代表为统筹推进疫情防控和社区发展集思广益,为创新社区治理、优化营商环境、提升城区

管理群策群力。　　　　　　　　（沈羚）

【天目西路街道"四史"学习教育推进会】　于5月25日在社区党建服务中心召开。街道党工委副书记、纪工委书记张丽珍传达市委、区委"四史"学习教育工作有关会议精神，并就街道"四史"学习教育作部署。街道领导班子成员、各办公室主任、各事业单位负责人、各机关支部书记、居民区党总支书记、社区党群中心各网格网格长参加会议。　　　　　（沈羚）

【天目西路街道区域化党建推进会暨街区治理联盟成立大会】　于7月8日在静安国际中心召开。区委副书记王华、区委组织部副部长孙明丽、区地区办主任鲍晓丽、上海市委党校教授何海兵出席会议，天目西路街道党政班子成员等共150人参加大会。王华对天目西路街道3个街区治理联盟的成立表示祝贺，并提出聚焦"共同家园"，凝聚更多力量；聚焦"实用实效"，推动机制落地；聚焦"品质天目"，推动全面发展等三点希望。　　　　　　　（沈羚）

【2020年天目西路街道高校毕业生专场招聘会】　于8月11日在街道睦邻中心（北）举办。24家用人单位参加，提供招聘岗位约100个。招聘会现场，街道特邀"乐业上海"就业服务专家蔡永军、王翔为现场求职的高校毕业生提供就业、创业方面的指导。就业促进中心老师现场为参加招聘会的应届毕业生提供职业指导。招聘会上初步达成就业意向41人。　（沈羚）

【"护蕾行动"进社区活动】　7月28日，天目西路街道与团区委、上海瀛东律师事务所在社区睦邻中心联合开展"护蕾行动"进社区活动。天目西路街道党工委副书记张丽珍、街道人大工委副主任徐世栋、市二中院少年庭婚姻案件审判团队原负责人岑华春、上海瀛东律师事务所创始合伙人董冬冬、添睦律师行业党建联盟顾问顾伟强、上海市青少年活动中心手拉手艺术团团长陆燕卿、团区委学工部副部长邵旸等

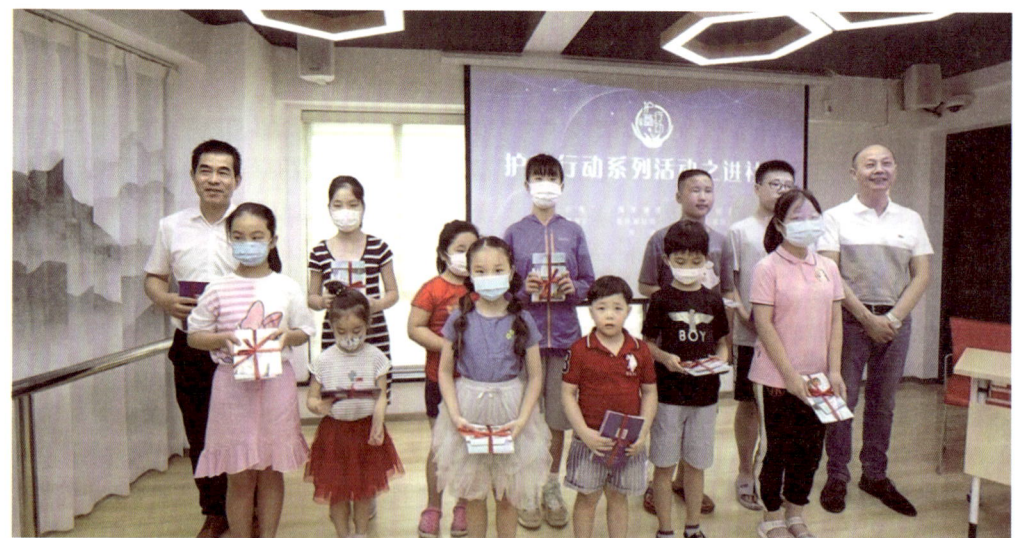

7月28日，街道与团区委、上海瀛东律师事务所联合开展"护蕾行动"进社区活动

（天目西路街道　供稿）

参加。会上，上海瀛东律师事务所党总支与河滨融景居民区党总支签署党建共建协议。根据协议，瀛东所律师团队组建"瀛法帮"和"护蕾行动"法律志愿者队伍，成立"护蕾民星宣讲团"，在河滨融景居民区设立"护蕾行动实践基地"。区人大代表董冬冬、陆燕卿为志愿者队伍授旗，张丽珍、邵旸为"护蕾行动实践基地""护蕾民星宣讲团"授牌，岑华春、徐世栋、顾伟强向河滨融景、新桥和安源居民区的未成年人代表赠送"护蕾"宣传册。　　(沈羚)

【天目西街区服务站成立】　　静安国际中心苏河街区不仅包含多个居民区，更是天目西路街道商务楼宇密度最高的区域。为打造品质营商环境，提供多元政务服务，12月20日，街道在裕通路100号宝矿洲际商务中心大堂里增加一个崭新的功能区——天目西街区服务站。在服务站里有2台办理个人事务和办理企业事务的"一网通办"智能自助终端。不仅能为附近的居民和商务楼白领们提供就医记录册更换、社保卡开通、"三金"查询、个人信用报告查询、居住证积分查询等在内的66项个人政务服务事项，还能为苏河街区商务楼宇内的企业提供营业执照调取打印、税收完税证明、打印申报材料等67项企业政务服务事项。通过该服务站点，政务服务可辐射1个街区、3个居委、16幢商务楼宇、1200多家企业和数万名辖区内居民，实现"有事"随时办、受理"不打烊"、创新"不间断"的天目服务新模式。　　(沈羚)

【静安区—台北市中正区社区养老养生视频交流活动】　　于11月12日在静安区天目西路街道社区党群服务中心和台北市中正区中正老人服务中心同步在线举行。市台办副主任王立新、静安区委常委凌惠康、区台办主任王立萍、天目西路街道党工委书记华洁蓉、天目西路街道办事处主任董启蒙，市台办政党处、区台办、天目西路街道等单位相关人员以及参加过两岸交流的社区居委干部等30余人出席上海会场。中国国民党台北市中正区委员会主委蔡秀玲及党部成员、中正区各里里长等30余人出席台北会场。双方就社区养老养生及社区防疫开展交流和讨论。　　(沈羚)

【中华新路1007弄零星旧改项目首日签约率达100%】　　12月19日，天目西路街道中华新路1007弄零星旧改造项目的第二轮签约征询工作正式启动。1007弄地块房屋类型复杂，东侧为1957年建造的新工房，西侧为1953年建造的"两万户"，沿街是上海解放前后建造的私房，属于二级旧里。该地块三分之二住房原始设计无卫生设施，仅有灶间，且居住比较困难，违法搭建多、安全隐患多，是静安区首批零星旧改项目之一。该地块在全球新冠疫情防控大背景下启动，一开始就面临着防疫压力大、居民需求多等诸多挑战。街道班子把切实提升居民群众的获得感作为征收工作的出发点和落脚点，带领街道上下按计划按要求，全力以赴做好旧改工作。签约首日，71证居民全部签约，签约率100%。　　(沈羚)

【强化区域化党建】　　年内，天目西路街道聚焦人才、金融、法律行业相对集聚的特点，探索"党建+统战""党建+司法""党建+志愿"的行业党建运作模式，共开展46项行业特色行动。面对疫情的影响，金融行业开展"融资我来帮"项目，纷纷推出中小企业融资方案；法律行业推出"法律帮女郎""易和课堂"免费提供合同纠纷和用工矛盾法律咨询"云课堂"，"易和在线调解"免费为辖区企业在线调解400多起在疫情期间的劳动合同纠纷；人力资源行业推出"职业领航"项目，为企业共享员工、云招聘助力,为社区就业困难人员、大学生就业加油,抱团取暖、共渡难关。通过近年来的布局,形成1个党群服务中心+7个"白领驿家"+8个添睦+楼宇党群服务站的全覆盖工作阵地。年内以疫情防控为契机,组建"添睦+楼管家"联盟,并建立街道党政领导+楼宇党群工作者+"添睦+楼管家"物业经理组团式服务模式,全面推进52幢楼宇、3600余家的疫情防控、复工复产,并在服务企业、摸排楼宇空置情况、企业资源信息等方面发挥着积极的"第一窗口"作用。 (沈羚)

【提升为老服务】 年内,街道建成"添睦·家"睦邻中心(北)并正式运行,自7月试运行后,开展各类便民服务活动约280场,服务约2万人(次);社区食堂累计用餐7万余客,销售总额约116万元,办理老人卡1145张。落实为老服务的"三个一"措施:建好一个平台,即"添睦宝"综合为老服务平台,上线以来注册人数4286人,可提供65项政策信息和服务信息查询,发布相关资讯约2595篇,为近2000人(次)的老人提供线上申请服务的平台,让老人足不出户就能享受"十助"服务;组建一支队伍,组成以家庭医生、街道科室、社会组织、志愿力量的服务团队;覆盖一类人群,向社区高龄、独居等社区养老愿望强烈的老人。推送"医"脉相承项目,联合上海龙华医院开展线上讲座,实施"乐龄有伴"独居关爱项目,全年共关爱独居老人2493人(次)。 (沈羚)

【天目西路街道"一网统管"建设】 年内,街道围绕"一屏观天下、一网管全程",将街道应急值班、防汛防台、市民热线、河长制等统一纳入城运中心指挥,继续发挥1+8联动联勤机制,各方力量下沉网格,并统一启用"政务微信"处置网格工单,全年共巡查发现并处理各类风格案件近5万件。在部署和应用市、区统一场景的基础上,街道主动探索建设应用场景,开发垃圾分类"添睦E览通"小程序,及时、有效、精准解决垃圾分类相关问题,切实提高时效和实效。开发"河睦"河长智能管理平台,成为全市中心城区第一个对辖区实时水位、河道水质、视频监视、日常养护、巡查派单、处置跟踪、结案管理的街镇,并成功创建第一批上海市河长制标准化建设街镇,并获评上海市"碧水保卫战优秀集体"称号。开发"添睦视警"模块,街道集成自建视频资源和接入公安探头,以及自建智能感应设备,建成"添睦视警"模块,提升隐患发现处置的主动性和敏感度。 (沈羚)

【天目西路街道"一网通办"建设】 年内,街道率先做好"一窗办成"工作,打造"一窗通"工作团队的基础上,实现全业务任一窗口首问接待、"一窗通办",并率先在全市实现综合窗口100%通办率,重点解决窗口周转时间变长、居民等待时间变多、工作人员对政策掌握精准度不够等问题。同时,着力优化办理流程,落实"至多跑一次"理念,将80%的一次办成率提升至95%。率先实现"在线服务",探索远程视频客服"零"距离,通过远程对话实现中心工作人员与群众面对面的咨询。探索在线办理群众"零"跑动,实现8项业务和144项预审材料在线办理。率先做实"自助下沉",推动事务受理中心"一网通办"190项的政务服务自助智慧站点落地静安国际中心苏河街区,实现综合自助服务在街区实现。 (沈羚)

【推进"共同家园"建设】 年内,街道推进楼组建设,创建"美丽楼组"。制订《天目西路街道美丽楼组建设标准3.0》的评分制度,建立"居委会—专业委员会—楼组三级自治网络。2020年,街道共有楼组271个,达标居民区楼组54个,创建"特色品牌示范"楼组20个以上。推动小区自治,建设"幸福小区"。以提升"三驾马车"(居委会、业委会、物业)运行机制为着力点,以"123"工作模式推进幸福小区建设。"1"是在每个小区打造一个"添睦家议事厅",做实居民区"1+5+X"共治平台;"2"是加强组织覆盖,增强党组织对业委会的领导力;加强联系走访,全面落实"零距离"走访机制。"3"是持续推进居委会建设标准化、业委会运行规范化、物业管理精细化的"三化"工作。年内完成14个居民区自治金项目,主要对楼道、公共健身跑道等方面进行"微更新",使居委会"小问题快速解决""小需求快速回应"。探索街区治理,建设"和谐街区",根据天目西路街道辖区特点和发展特点,对12个居民区、52幢商务楼宇进行整合,以铁路、恒丰路为界,形成3个各具特色的街区:静安国际中心苏河街区,人力资源产业街区、天目北片居住街区。创设"1+3+N"组织架构("1"为1个平台,即以街道党工委为核心的"添睦党建联盟";"3"为3个街区治理联盟;"N"是N个街区贤达人士),共挖掘"两代表一委员"、规模企业带头人、行业领军人才等共154人加入治理联盟,通过选强召集人、设立专业组、设立秘书处,打破传统的条线限制,共建区域治理"共同体"。完善"六有标准",做到有街区共识、有能人召集、有场所议事、有平台协商、有渠道提议、有典型选树。

(沈羚)

2020年天目西路街道居委会基本情况表

名 称	地 址	居民小组数(个)
蕃瓜弄	天目中路749弄68号1楼	25
华康	长安路308号	31
新桥	长安路500号	34
华新	中华新路950号102室	15
地梨港	恒丰北路108弄2号104室	20
华丰	沪太路315弄1号204室	26
普善	中华新路893弄24号103室	44
铁路新村	普善路铁路新村副27号甲临	41
和泰花园	沪太路555弄8号2楼	12
安源	长安路1001号长安大厦4号楼旁边	28
河滨融景	长安路768号1楼	14
卓悦居	华康路69弄2号202室	27
合 计		317

(沈羚)

（八）北站街道

【概况】 北站街道东起河南北路、罗浮路，西至南北高架路，南临北苏州路、光复路，北到铁路。辖区陆地面积1.74平方千米，下设居委会15个，户籍人口4.56万人，常住人口37147人，外来人口14203人，办事处设在国庆路43号。2020年，新冠肺炎疫情暴发后，街道第一时间成立疫情防控领导小组，配置人力资源，形成"小区、楼宇、市场、旧改基地、工地、街区"的管控格局。截至12月31日，排查各类到沪人员上万人（次），累计居家隔离医学观察442人，无确诊病例和疑似病例。面对因疫情产生的企业经营困难、商圈店铺流失严重、写字楼招商困难等情况，街道发挥楼宇社工与企业信息互通的渠道优势，排摸招商载体、就业信息，通过区域化党建平台、百佳新青年平台、楼宇指南等途径，为企业的良性发展服务。组建3支专业服务队伍，健全企业服务三级网络机制，领导班子走访对接重点企业，帮助企业解决困难和问题。截至12月31日，北站街道完成注册企业共41家，比指标数多11家。引进上海话剧艺术中心、上海民族乐团、上海海派生活推进会在北站设立实践基地。作为北站剧场特色化IP项目，截至年底，"北站剧有戏"共演出50场，线上线下辐射约万人。街道启动"艺咖公教"公共文化系列公益课程，共开通微信社群8个，社群会员5000余人，开展各类艺术线上及线下课堂共73场，参与活动2500多人（次）。北站艺术中心获2020美好生活长三角公共文化空间创新设计大赛"百佳公共文化空间奖"和首批50个上海市民"家门口的好去处"称号。北站街道继续推进主题教育常态化工作，健全社区治理各项机制。与区委组织部一起策划、举办"鉴往知来，静听苏河"配音大赛，得到各级媒体的关注和报道。街道新建东部片区党群服务站，依托社区党校平台、区域化党建平台以及新时代文明实践分中心平台，开展多场线上直播课堂及线下论坛讲座。街道建设大悦城商场为基层立法信息采集点，做好《上海市促进中小企业发展条例（修正案）》征求辖区企业意见工作。街道组织区人大代表对辖区范围内16个点位医院、宾馆、商务楼宇、居民区等公共场所垃圾分类情况进行暗访检查，了解基层群众反映的问题、建议和呼声，梳理、修订完善现有各类规章制度，加强各类制度建设。大统路107弄、159弄，新民大楼，北市场小区实施厨卫、二次供水等改造，涉及建筑面积5.14万平方米，惠及居民1014户。街道以"一网统管"为契机，通过扩大物联、智联应用覆盖面，线上提高运用大数据发现问题、分析问题的能力，线下用好各类专业力量、协管力量、志愿力量，提高问题处置能力，推进城区管理更加精细。在上海市市容环境质量监测中心发布的《2020年上半年上海市市容环境整洁卫生状况检查情况报告》中位列全市中心城区街镇日常检查得分第一名。街道帮扶"就业困难人员"就业，完成失业人员调查455人（次），无业人员调查6974人（次）。获"上海市特色创业型社区"称号。街道做好退役军人信息采集工作，并对高龄退役军人提供上门采集服务，获"上海市爱国拥军模范街道（乡镇）"称号。街道推进高寿里老年助餐点、天目中路"乐龄家园"、圣和圣"乐龄家园"、综合为老服务中心南楼的建设和开放，基本形成15分钟养老服务圈。街道成立"扫黑除恶"专项工作领导小组，在动员部署、宣传推广、线索排摸、案件查访、督促整改、回查巩固、"六清"攻坚等方面开展工作，整治一批市场乱象，建立长效巩固机制。街道在居民小区、商务楼宇、商市场等单位、场所开展电动自行车充电安全宣传活动，覆盖居民近2万人。街道结合2020年居委会标准化推进工作要求,指导各居委实施居委会"全岗通"、硬件建设、制度建设、组织建设、民主自治、错时工作制度、联系群众制度、居委会信息化建设等工作,发挥居委会专业委员会的作用,提升硬件配置的合理性,落实居务公开和"三会"制度。

(陈燕)

【北站街道新冠疫情防控工作】 1月,北站街道成立新冠肺炎疫情防控工作领导小组,下设工作小组,各工作组按照"五到位"(组织领导到位、疫情防控到位、巡查管控到位、宣传保障到位、管理措施到位)要求,做好摸排、宣传和应急处置等相关工作。街道处级领导靠前指挥,各司其职,简短高效布置好各项任务;对口联系各居民区,分别带领机关工作小组深入第一线,慰问居委干部,帮助解决物资供应等工作。居民区党组织的党员干部每天轮流值班驻守,做好排摸登记工作,发现疑似情况及时上报。党员志愿者们带头作表率,做好防护工作。街道以"防控全覆盖、宣传全动员"为目标,相关科室及相关场所联合对辖区商场、酒店等公共场所,开展检查防控工作。综合协调组协调街道工作力量,平安稳定组做好辖区稳控工作,协调警力确保街道平稳有序,重点维护好口罩预约登记销售等现场社会秩序。疫情防控组对28个小区开展每日巡查。对120个沿街废物箱进行大清洁及日常巡查;对辖区各类市场、在建工地等开展巡查;对"三乱"问题加强日常整治。基层联系组调动机关干部、居民区工作人员、"两新"单位党员志愿者等参与疫情防控工作,对辖区人员信息进行地毯式排查。建立楼宇社工走访机制和各部门联合督查机制。七浦街区组严格落实市场管控、安防措施,保持每日高强度巡查。宣传督查组做好宣传报道,通过张贴海报、发放知识手册、LED屏幕等多种形式,帮助居民学习防疫知识。运用"爱北站"微信公众号开展线上氛围营造,加大优秀人物事迹宣传力度。建立临时青年突击队,机关青年干部、社工成为基层力量主力队员。后勤保障组做好筹措、储备防疫物资,为防疫工作开展提供坚强保障。北站城管中队对辖区疏导点开展检查,经营户按要求佩戴口罩,并加强消毒频次。街道房办设置临时回收口罩垃圾桶,要求物业统一消毒处理,避免交叉感染。物业公司同步做好回沪人员的宣传告知和信息登记,落实体温测量、消毒防护等措施,并加强对生活垃圾分类投放点管理,及时清洗消毒。对居家隔离人员做好相关服务保障工作,派工作人员每天两次测量体温,对有需求的隔离人员提供送餐服务,并对居家隔离者的生活垃圾先消毒后回收。居委干部通过张贴宣传资料、发放告知书引导居民做好卫生防控。利用小区电子屏、公告栏等媒介进行卫生防疫知识和健康宣传。街道及居民区各政务微信公众号及时发布信息进行正面引导,澄清谣言。

(陈燕)

【北站街道举办北站"国潮"戏曲节】 6月12日,北站国潮戏曲节开幕。开幕式上,北站街道与巨量引擎举行战略合作签约仪式。北站街道是上海市戏曲非物质文化遗产传承基地,京、昆、沪、越、淮等传统戏曲渊源深厚,少儿京剧全国闻名。1993年起,北站街道致力于少儿京剧的普及和提高,北站社区百乐京剧班也是上海市首个少儿京剧社。年内,街道挖掘戏曲文化资源,创新打造"国潮"戏曲文化节,举办"我看你有戏"戏曲体验周——换装请就位、北站天台"国潮"戏曲文化节、北站戏曲素人训练营、素人训练成果汇报展演等多个戏曲主题活动,探索戏曲文化多样展现形式,通过沉浸式的戏曲体验,鼓励年轻群体走近戏曲、喜欢戏曲。

(陈燕)

【北站街道开展"四史"学习教育活动】 6月23日,"溯游苏河,鉴往知来"2020年北站街道"四史"学习教育活动月暨庆祝中国共产党成立99周年主题活动举行。北站街道挖掘辖区内红色历史建筑和历史文化地标资源,推出一条可学、可游、可思、可悟的学"四史"红色线路地图,并辅以红色建筑定向打卡、情景微党课、知识竞答等形式,将"四史"学习教育与寻访红色足迹、参观红色景点、聆听红色历史相融合,展现百年北站文化的辉煌和步履传承的印记,打造北站特色的"四史"学习教育品牌。

(陈燕)

【七浦路服饰商业街区举办第三届服装设计大赛】 9月24日,七浦路服饰商业街区举办第三届服装设计大赛。街区10个市场各自推荐优秀商户参赛。比赛重点鼓励街区商家拓展创新、多元的经营发展道路。参赛的42套服装按照时尚休闲、职业正装、大衣皮草、中华特色、高级定制等5种款式类别依编号顺序通过模特走秀进行展示。由台上嘉宾评委和场下各市场代表共同对每件服装进行评分。该次比赛也首次引入线上直播模式,由文娱新媒体"独角秀"App作为对外直播平台,参赛服装都能在直播链接中找到同款,使比赛同时成为大型"直播带货"现场,契合后疫情时代的新商业模式。根据总分从5个款式类别中决出单项第一,分别获得时尚先锋、职场靓影、北国风光、东方经典和高雅之韵等奖项,总分第一的同时获得该比赛的最具人气奖。

(陈燕)

【北站街道举行静安白领经典影视剧配音大赛决赛】 10月16日,北站街道在北站剧场举行2020年"鉴往知来,静听苏河"静安白领经典影视剧配音大赛决赛。大赛共分为前期预热、海选初选、培训选拔、决赛展演4个阶段,共50名选手进入培训选拔阶段并接受专业的理论和实践培训。国家一级演员黄莺,上海戏剧学院语言台词教授、国家一级演员杨明教授,动感101明星主持人阚晓君为参赛选手作指导。最终

7月11日,北站街道党工委、办事处与上海海派生活推进会共同主办的《海上繁花·石库门风情摄影、绘画展》开幕式暨"海派名家讲堂"开讲在北站艺术中心举行　　(北站街道 供稿)

20名选手进入决赛展演。　　　　（陈燕）

【北站街道举办立法民意征询网络开通仪式】
10月29日，北站街道立法民意征询网络开通仪式在静安大悦城购物中心"青年引力场"空间举行。该网络是以静安大悦城购物中心基层立法信息采集点为"连结点"，将街道辖区人大"家、站、点"代表履职平台、"白领驿家"、社区"六中心"等民意汇集渠道，以及社区信息平台和网络系统整合起来的工作载体。通过该网络，将立法信息采集工作嵌入到街道社区建设和社区治理整体工作格局中，延伸工作"触角"，拓宽工作视线，把立法民意征询的范围进一步扩展。北站街道向基层立法信息采集点顾问、信息员颁发聘书，志愿者团队代表与静安大悦城购物中心基层立法信息采集点签署共建协议。

（陈燕）

2020年北站街道居委会基本情况表

名称	地址	居民小组数(个)
新泰安里	山西北路108弄13号	8
顺庆里	七浦路219弄25号	26
文安	浙江北路191号	6
高寿里	康乐路203弄4号	7
吉庆里	康乐路203弄2号	9
颐福里	东新民路100号101室	0
来安里	东新民路100号101室	0
晋元	蒙古路28弄7号	48
三生里	西藏北路225弄2号101室	29
永顺里	晋元路228弄10号201室	23
南星路	南星路70弄4号106室	46
海昌	共和新路111弄12号	25
南林里	浙江北路411号	0
华安坊	浙江北路411号	0
天保里	浙江北路411号	0
合　计		227

（陈燕）

(九)宝山路街道

【概况】 宝山路街道东起东宝兴路与虹口区接壤,西迄西藏北路,南至轨道交通三号线,北接中山北路。辖区面积1.62平方千米。下设居委会19个,居民小组819个,户籍人口6.47万人,街道办事处设于青云路600号。2020年,宝山路街道中兴城8、9、10地块和宝丰苑基地完成征收工作。电影技术厂周边(161、262街坊)旧改征收基地居民签约率100%。宝山路街道31、149、150、152街坊旧改征收基地于2020年4月18、19、20日3天集中签约,"二次征询"签约率99.61%,提前8个月完成"十三五"旧改目标。全年共整治清理、终止低保家庭813户,迁出、死亡、退出340户,新增180户。街道为老服务中心全年共开展活动961次,服务10710人(次)。大力整治规模性租赁场所、居民区群租、沿街商铺"三合一",关停规模性租赁场所11家,整治居民区群租135处。修建非机动车棚9处、加装智能充电设备430个,安装智能烟感770个,为6个保障化小区、开放式小区安装消防水喉147处。新冠肺炎疫情期间,街道共开展6轮口罩预约登记和售卖工作,从2月2日起共预约登记购买17994户。以"四史"教育为契机,设计编排街道首部红色文化微剧《天亮了》,并于7月首演。文化中心举办文化活动26场,其中"非遗"传承活动7场,特色手工活动5场,传统文化活动3场,文艺演出6场,讲座1场,展览2场,全年共接待居民14038人(次)。年内,宝山路街道城管执法中队创建为"城管示范化中队","一平方米的幸福"项目在首届上海城市治理最佳实践案例评选中被评为城市治理最佳实践案例。"12345"市民服务热线工单综合考核在全区街镇排名中连续4年名列第一。"天吉小区改造设计方案"获上海市首届旧住房改造设计方案征集评选活动优胜奖,全年拆违完成率全区排名第一。

(严亲)

【宝山路街道新冠肺炎疫情防控工作】 年内,宝山路街道各部门迅速落实行动,开展新冠肺炎防治知识的全面宣传和有关排查工作,组织各方力量,深入居民住宅小区、公共设施配套空间、菜市场、沿街商户等场所全面实施联防联控。加强宣传引导,应急值守制度及督查落实工作全面铺开。街道爱卫办组织除害站检查菜场及疏导点的病媒生物防制设施。住宅小区物业对出入门禁、主次通道、垃圾厢房、电梯轿厢等公共区域喷洒消毒剂。居委会增强值班力量,严格落实重点人员排摸、信息跟踪、健康宣教、环境整治等工作。加强对党员、楼组长、业主代表等的宣传,确保工作精神传达到位,及时掌握社区动态。宝山路街道商会14名会员伸出援手,向上海市慈善基金会捐赠27000元、向武汉市慈善总会捐赠1000元、向上海民建帮扶公益基金会捐赠3000元,全部用于援助武汉、抗击疫情。

(严亲)

【天吉小区9号楼加装电梯竣工】 2月3日,宝山路街道永兴路37弄天吉小区9号楼加装电梯竣工。宝山路街道相关领导、三宝居民区书记、主任、居委干部等出席竣工仪式。

(严亲)

【宝山路街道31、149、150、152街坊旧改征签约生效】 4月28日,宝山路街道的31、149、150、152街坊旧改征收基地现场,举行签约生效仪式暨首批居民搬迁仪式。静安区成片二级以下旧里全部得以改造,静安区提前8个月完成"十三五"旧改目标。31、149、150、152街坊旧改征收基地东至公兴路,南至轨道交通三号线,西至西藏北路,北至中兴路。总建筑面积约4.1万平方米,涉及1275证1549户居民。　（严亲）

【商务印书馆主题We课】　6月23日晚,上海电视台融媒体中心主持人臧熹带领社区党员、白领、志愿者在商务印书馆第五印刷所旧址上一堂以"不同年代的他们,秉持初心的我们"为主题的We课。此次We课,臧熹以党支部的由来与发展为主线,从商务印书馆的历史前身开讲,以张元济、沈雁冰、陈云3名与之息息相关的历史代表人物为引线,生动讲解党支部定位职责的历史变迁、党支部功能作用和历史沿革,并以宝山路街道基层党支部在旧区改造、民生保障服务、"两张网"建设中的战斗堡垒作用为例,诠释新时代党支部建设的基本遵循和使命担当。　（严亲）

【宝山路街道首部红色文化微剧正式上线】　7月14日,在宝山路街道社区文化活动中心,原创情景式党课《天亮了》正式上线。宝山路街道是具有光荣革命传统的地区之一,街道辖区范围内共有24处红色遗址遗迹,街道以"四史"教育为契机,创新求变,《天亮了》采用情景剧和朗诵相交形式,情景再现《公理日报》创办历史故事。　（严亲）

【宝山路街道开展邻里家启动仪式】　8月26日,宝山路街道邻里家启动仪式在青云路318号举行,区委常委、副区长刘燮等领导出席启动仪式。邻里家的所有运营团队以社区居民需求为出发点,以邻里家这一优质社区公共空间为平台,链接优质服务资源,培养专业服务人才,为居民朋友们提供家门口的专业公共服务,为宝山社区营造"里仁为美·邻里是家"的美好氛围。　（严亲）

【宝山路街道张龙飞、周鹤林家庭获评2020年"海上最美家庭"】　10月9日,市妇联揭晓2020年"海上最美家庭"名单,共有448户家庭获此荣誉,宝山路街道张龙飞、周鹤林家庭上榜。　（严亲）

8月7日,永兴路37弄9号加装电梯启动仪式　　　　（宝山路街道　供稿）

【2020年上海国际科技艺术展演巡演专场(静安区)】 10月28日,由上海市科学技术委员会、上海市文化和旅游局、上海市静安区人民政府主办,静安区宝山路街道办事处承办的2020年上海国际科技艺术展演巡演专场(静安区)在宝山路街道社区文化活动中心8楼多功能厅举行,近80名社区居民出席并观看演出。 (严亲)

【宝山路街道"一平方米的幸福"改造计划获评"上海城市治理最佳实践案例"】 11月1日,"2020全球城市论坛"在上海交通大学举办,论坛举行首届"上海城市治理最佳实践案例"评选活动的颁奖仪式。宝山路街道报送的《一平方米的幸福——宝山路街道701户告别"手拎马桶"》获评"上海城市治理最佳实践案例"。 (严亲)

【宝山路街道企业服务中心揭牌】 11月26日,宝山路街道企业服务中心在芷江中路43—55号"宝创空间"正式揭牌,市科委总工程师陆敏、副区长张军和市科委创新服务处、市科技创业中心、区科委、区投促办、区金融办等多名市、区领导到现场指导,街道企业服务领导小组成员、企业服务专员、党群工作者、企业代表、商会代表、中小微企业互助联盟、楼宇园区服务联盟和金融服务联盟成员等30余人参加。中心通过"一口受理、一网通办、一站式平台"打造企业事务受理实体专窗,专人接待、专员服务、专项落实,为企业提供政策发布、办证办照、政策申请、涉税事务、金融贷款、党建服务、一对一管家等一系列服务。

(严亲)

2020年宝山路街道居委会基本情况表

名称	地址	居民小组数(个)
新汉兴里	东宝兴路812号	32
新华德里	宝昌路500号	41
止园新村	芷江中路529号1楼	82
邮电新村	会文路302弄48号101室	0
会铁	中兴路748号	31
新宝通	宝昌路399弄7号2楼	25
陆丰	东宝兴路560号	26
宝昌路600弄	芷江中路345弄12号	64
宝华里	宝昌路552号	20
宝山路499弄	宝山路499弄3号106室	43
三宝	宝山路450弄15号	55
王家宅	虹江路1150号局西村2号102室	58
存仁里	鸿兴路45号	15

(续表)

名称	地址	居民小组数(个)
象山里	临山路203弄3号101室	34
芷江中路294弄	芷江中路660弄1号101室	51
通源	宝源路209弄16号甲	66
儒林里	宝山路268弄4号	90
通阁新村	通阁路200弄3号106室	57
青云路435弄	中山北路280弄4号103室	29
合 计		819

(严亲)

(十)芷江西路街道

【概况】芷江西路街道毗邻铁路上海站。东临西藏北路,西至大统路、普善路,南靠铁路沿线,北至中山北路。辖区面积1.64平方千米,辖区有18个居民委员会。户籍人口6.37万人,实有人口总数85012人,来沪人员数33933人,来沪人员占实有人口比重39.9%,街道办事处设在芷江西路155号。2020年,街道先后获"全国推动厂务公开民主管理工作先进单位""上海市文明社区""上海市社保服务优秀社区"等国家级、市级荣誉34项。中央电视台、新华网、人民网和《解放日报》《文汇报》等中央和市级媒体对街道疫情防控、社区治理、城区建设、民生保障、垃圾分类等方面工作报道文章224篇。

(罗怡薇)

【芷江西路街道疫情防控工作】1月24日全市启动重大突发公共卫生事件一级响应后,芷江西路街道第一时间成立街道疫情防控工作领导小组,指挥领导疫情防控工作。辖区158个基层党组织、26支党员突击队、57名机关干部、137名社区干部、565名社区党员、近3000名社区志愿者主动"请战"。党员自发捐款和缴纳特殊党费65万余元。街道9名年轻干部自愿支援机场防疫,累计参加工作达230余天。辖区71个自然小区实行封闭式管理,关闭小区出入口30个。在不封闭小区增设临时固定管理岗14个,组织第三方力量共28人加强管理。18个居民区对辖区32896户居民开展全覆盖、地毯式信息排查,完成市区下达的161批1917人(次)重点信息排查。社区干部与社区医生、社区民警共同转移密切接触者98人,完成267户519人的居家医学观察,对4668人进行社区健康管理。开展6轮口罩预约登记,帮助社区居民购买口罩58.4万余只。新华网、人民网、《解放日报》等中央、市级媒体刊登报道街道防疫信息百余篇。交通居民区书记张伟获评"上海市抗击新冠肺炎疫情先进个人"称号。

(罗怡薇)

【第五届"芷江民星"颁奖仪式】1月6日,芷江西路街道在邻里中心举行"崇德向善新时代·见贤思齐新芷江"——第五届"芷江民星"颁奖仪式,表彰20名辖区各居民区、企事业单位的"新时尚民星"。区委宣传部副部长、区文明办主任马嘉槟,芷江西路街道党工委书记柯琪,芷江西路街道党工委副书记、办事处主任马士威等领导出席颁奖仪式。芷江西路街道党政领导班子成员、各科室及职能部门、辖区内上海市和静安区文明单位、静安区志愿者基地、市民巡访队等近150名嘉宾参加。

(罗怡薇)

【第二届社区代表会议第二次会议】 于4月21日在街道邻里中心举行。区民政局、区地区办相关领导出席会议。街道党工委书记柯琪主持会议。街道党工委副书记、办事处主任马士威向大会报告2019年工作。到会的140名正式代表共同听取审议街道办事处、对应设置部门工作报告和街道2019年实事项目完成情况及代表书面意见办理情况。部分芷江西路街道人大代表组代表、政协社区联络组委员、各居委会主任列席会议。

(罗怡薇)

【开展第七次全国人口普查工作】 6—7月,芷江西路街道作为第七次全国人口普查综合试点,完成4个试点居民区、8个试点普查小区的前期宣传、培训、入户摸底与短表登记等工作,通过试点工作完善问题清单,记录典型案例,形成有效的人普工作经验与总结。按照时间节点,全力推进第七次全国人口普查工作。成立街道第七次全国人口普查领导小组与居民区第七次全国人口普查领导小组,完成建筑物清查培训、街道边界线核实、居民区边界线核实等工作。选聘两员合计351名(普查员283名,指导员68名)并进行针对性培训。10—12月,全面完成辖区37307户入户摸底、短表登记数据核验和质量验收等工作,实现零拒报、零漏报。

(罗怡薇)

【芷江西路街道招商稳商工作】 年内,街道进一步优化招商稳商工作机制,设立街道经济发展服务中心,夯实街道属地服务企业责任。对区下达的104家对口服务企业进行底数分析和排摸核对,完成一年2次全覆盖走访联系,对口

复元坊——虬江路1431弄1号美食楼

(芷江西路街道 供稿)

服务企业稳定率97.12%。坚持"固巢留商""筑巢招商",认真梳理街道辖区内现有的27幢楼宇(园区)资源,将楼宇(园区)空置面积、租金等信息汇编成册,主动加强与区投资办、苏河湾功能区的协调联动,做好业务对接、进度对接和信息对接,做细做实招商稳商工作。年内,广泛利用各方面资源,通过精准招商、以商招商等多种途径,提供有效信息40条,引进企业20家,注册资金6.8亿元。

(罗怡薇)

【加强法治政府建设】 年内,围绕基层法治建设的目标和任务,建立街道法治建设委员会,统筹各方力量推进法治建设。深入推进全民守法普法,加强法治保障和支撑,全面推行行政执法三项制度(执法公示、全过程记录、重大执法决定法制审核制度),切实提升行政执法效能。配备法律顾问和居民区社区法律顾问,解决公共法律服务"最后一公里"的问题,全年接待居民法律咨询685次。2020年,街道城上城居民区以全市第四名的成绩获评"全国法治示范社区"称号。

(罗怡薇)

【探索"三驾马车"社区治理模式】 年内,探索"党建引领、法治先行、三驾马车协调运作"社区治理模式。在城上城居民区试点居委会、业委会和物业合署办公,整合党建、行政、社会等各方资源,民主、高效、协调解决社区问题,形成可复制可推广的经验做法。同时,以基层党建为引领,围绕"人情味道、芷江基石"全面推进"共同家园·基石工程",按"五有五好"创建标准,指导195个楼组积极创建区级"美丽楼组"、2个楼组积极创建区级特色示范楼组,成功创建36个街道特色楼组、3个街道楼组示范点。三兴大楼居民区以楼组工作特色成功创建静安区第三批社区治理创新实践基地。

(罗怡薇)

【探索"定时定点+"误时投放+就地消纳+智能监管"垃圾分类模式】 年内,街道全面完成71个小区和33家单位基础设施标准化升级改造,建立街道垃圾分类精细化管理平台,打造街道环保科博展示中心。探索"定时定点+误时投放+就地消纳+智能监管"模式。辖区内干垃圾量由原每天80吨减少到每天58吨,湿垃圾量(含餐厨垃圾)由原每天30吨增长到每天48吨,可回收物量增长到每天25吨以上。2020年9月份垃圾分类实效测评中得分位列全区第一名。

(罗怡薇)

【安全隐患排查整治】 年内,街道全面开展安全隐患大排查、大整治,严查小区、建筑施工、消防、特种设备、危险化学品等重点行业和领域,查处各类安全隐患483处,整改468处。深化"扫黑除恶"专项斗争,开展涉非、涉稳风险巡查整治,集中整治群租乱象49次、274户。开展电动自行车源头治理,严厉查处打击电动自行车违法违规经营、改装等情况,查处3家涉嫌存在违规改装电瓶情况的商户,依法拘留11人,罚款16.75万元。引导物业、企业等在老旧小区、沿街商铺、小区进出口等地因地制宜设置智能停车棚、充电桩、充电柜等共118处,新增充电口6012个,并发布"芷江西路街道电动车充电点位地图"。开展化解信访积案专项工作,完成全国"两会"、第三届中国国际进口博览会等重要时间节点期间社会面防控保障工作。2020年,街道公众安全感达到98.27%,上升至全区第三名。

(罗怡薇)

【改善公共服务和民生保障】 年内,街道全面落实"一网通办",按照政务服务更高效、更便捷、更精准的要求,从"办成事"向"办好事"转变。事务中心办理途径扩充至移动端手机应用软件APP和小程序,44项业务实现全程网办,

15项纳入"无人干预自动办理"试点。克服疫情影响,采取积极有效措施稳就业、保就业。帮助48名长期失业青年就业,提前完成全年目标。认定114名"4050"就业困难群体并给予就业帮助。对264名辖区应届毕业生进行就业情况调查和就业指导。调处劳动争议和纠纷23起。以保基本、广覆盖、有梯次、可持续为目标,开展社会救助相关工作,1—10月,低保救助443户695人,救助资金772.6余万元。发放各类帮困救助金及物资超过2994余万元,覆盖对象41959人(次)。完成残疾居民一人一档建设,发放残疾人两项补贴15739人(次)、360万余元。开展150户廉租房补贴复审,受理22户廉租房申请。开展25户困难失独家庭帮困慰问工作。持续在提高为老服务质量上下功夫。落实居家养老相关政策,开展第33个敬老节相关活动,开展银发无忧保险、"车轮助餐""老年乐园""乐龄有伴""长护险""老伙伴""失能帮帮团"等服务项目。依托专业化社会组织,持续提高综合为老服务专业化、信息化服务水平,综合为老服务中心、长者照护之家上半年服务老人24.1万人(次),发放各类助老物资221套,各类助老资金10.8万余元,为610名老人提供居家养老服务。

(罗怡薇)

2020年芷江西路街道居委会基本情况表

名称	地址	居民小组数(个)
交通公园	虬江路1352弄2楼	55
复元坊	虬江路1431弄4号	39
光华坊	永兴路595弄2号101室	53
城上城	虬江路1488弄19号M1	46
永太	太阳山路157号	31
三兴大楼	中兴路1258弄5号201室	35
中兴路1233弄	中兴路1275号	68
共和新路	共和新路555弄5号107室	35
南山路	南山路18—20号	51
洪南山宅	南山路99-1号	38
芷江西路123弄	芷江西路123弄36号	96
新赵家宅	青云路751号	58
灵光	共和新路710弄38号106室	97
大统路	大统路933弄6号甲	22
普善路	普善路139号203室	54

(续表)

名称	地址	居民小组数(个)
芷江新村	芷江西路285弄22号104室	74
苏家巷	芷江西路393弄7号102室	90
协和	中山北路814弄6号102室	21
合计		963

(罗怡薇)

(十一) 共和新路街道

【概况】 共和新路街道东起西宝兴路,西至老沪太路,南起中山北路,北至延长路和老沪太路。街道总面积约2.72平方千米,下设25个居委会,户籍人口7.64万人。有80个住宅小区,23条中小道路,街道办事处驻平型关路489号。年内,完成中国国际进口博览会建设项目3个:中山北路235号、中山北路237号、中山北路普善路(南京银行前)等高架沿线。完成"美丽家园"项目5个:涉及柳营路319弄、柳营路309弄、铁程小区、永乐苑、富甸公寓等4个小区,总建筑面积约25万平方米。年内,街道共处理"12345"市民服务热线工单3411件,结案3194,结案率93.6%,及时接单率100%。截至年底,街道低保家庭301户、439人,重残无业人员177人,支内回沪退休人员3249人,特困供养人员3人。认定低收入家庭10户、19人,因病支出型贫困家庭6户、7人。共发放低保、医疗救助、临时救助等各类帮困金共4524户人(次),612.22万元。累计受理廉租房申请29户。全街道失业登记控制在700人,发放失业保险金1013人(次);帮助成功创业36人,其中青年大学生22人;累积认定就业困难人员173人,推动97名应届毕业生就业。完成53名启航人员就业。完成37名启航人员和社区35岁以下青年的一对一职业指导工作。共有从业人员250人,全年新增就业岗位36人(次)(不含组织内从业人员岗位调整),其中刑释矫正人员9人。新增9名百岁老人,截至年底街道共有17名百岁老人。共发放2654张90岁高龄老人牛奶券,906人受益。街道两家综合为老服务中心运营有序,月均接待1.2万名老人。街道社区事务受理服务中心开设16个受理窗口,中心全年业务受理量近6.4万人(次),列全区第三。完善社区矛盾纠纷排查机制,受理矛盾纠纷381起,调解成功381起,调解成功率100%;对辖区矫正安帮对象开展情况排摸21次;为社区居民提供法律咨询300余人(次),参加大型法治宣传咨询服务活动10余人(次),参与矛盾纠纷调处9起,化解8起。开展"扫黑除恶"专项斗争,宣传活动8次,摆放宣传展板18块,发放宣传材料6000余份。街道范围内的65个封闭式小区与16个非封闭式小区建成智能安防两件套,65个封闭式小区完成48个小区的智能门禁建设。在群租房整治工作中,街道加强日常动态巡查,截至年底,共整治群租144套,拆除分隔170间,劝离人数494人。

(於霏)

【医生折哲夫妇到武汉雷神山医院抗疫】 2月15日中午,上海第四批国家中医援鄂医疗队整装完毕,奔赴武汉雷神山医院开展救治工作。居住在共和新路街道的中医医院肺病科(呼吸科)主治医师折哲和岳阳医院肿瘤科的龚亚斌医师夫妇到武汉雷神山医院并肩战斗,救治病患。

(於霏)

【共和新路街道第二届社区代表会议】 于5月9日在社区文化中心6楼会议室召开。区委常委、区人武部政委蔡啸峰等领导应邀出席会议。在第一次全体会议上,街道办事处主任李卿作办事处工作报告。街道办事处副主任祝友元报告2019年度实事项目完成情况及社区代表意见处理情况。区职能部门派出机构、下沉单位和街道"三中心"作书面工作汇报。在分组讨论阶段,社区代表们认真评议街道办事处、区职能部门派出机构、下沉单位和街道"三中心"的工作报告。在第二次全体会议上,社区代表表决通过街道2020年实事项目和会议决议。会议最后,街道党工委书记李永波对街道年度各项工作提出意见。

(於霏)

【北宝兴路旧区改造实现"三个百分百"】 北宝兴路基地旧城区改建项目2019年9月启动后,9月28日第一轮意愿征询137证174户以100%全票通过;同年12月20日,北宝兴路基地集中签约第一天,居民签约率在6个半小时内到达100%,刷新上海旧改地块征收签约的纪录。2020年1月,旧改项目生效2周内,搬迁率100%。在短短4个月实现"三个百分百"。

(於霏)

【共和新路街道2020年食品安全工作会议暨启动"108广场食品安全示范街区"创建仪式】 于6月17日举行。街道办事处领导、区市场监管局相关领导出席会议并讲话。区市场监管局食品协调科负责人,属地社管办、派出所、市场监管所、城管中队、绿化市容所、房管办、卫生服务中心食品条线负责人,社区居委会代表及"一站三员",辖区大型餐饮单位代表共同参与会议。会议播放街道食药安办2019年工作回

4月26日,共和新路街道基层青年干部社区战"疫"情主题学习交流活动 (共和新路街道 供稿)

顾视频及"食安封签"宣传片。传达区食品安全工作会议精神,部署街道2020年食品安全工作。街道办事处与街道食药安委各成员单位、辖区各居委会签订2020年食品安全工作责任书。会议宣读"108广场食品安全示范街区"创建活动倡议书,动员108街区所有餐饮业单位严格遵守食品安全法律法规,积极履行食品安全第一责任人的责任和义务,对所经营的食品安全负责。 （於霏）

【认知障碍友好社区试点工作推进会】 于7月14日召开。街道办事处、区民政局相关领导,街道老年认知障碍友好机构代表,居民区书记主任和老龄干部参加会议。2019年,共和新路街道被列为"上海市首批老年认知障碍友好社区建设试点"单位之一。会议宣读《共和新路街道老年认知障碍友好社区试点工作方案》。参与试点的上海依享健康管理有限公司代表作情况介绍。永乐居民区党总支书记代表居民区交流老年认知障碍群体的社区现状。区民政局相关领导、街道办事处主任提出工作要求。会后,同济大学附属第十人民医院认知障碍专病门诊的主治医师龚骊博士作专题讲座——"牢牢把握最佳窗口期:早期认知障碍"。 （於霏）

【共和新路街道高校毕业生线下专场招聘会】7月21日,"职"在民企,"就"有未来——2020年共和新路街道高校毕业生线下专场招聘活动在街道社区文化活动中心举行。年内,街道领导班子在带队走访企业的过程中,不仅把上海抗疫惠企政策带到企业,而且把鼓励吸纳大学生就业,招用应届毕业生可申请社保补贴等优惠政策进行宣传和推广。同时,街道依托人大工委、街道商会、"两新"党组织、区域化党建等平台,通过举办"新时代新商业"论坛、街区"智慧风暴会议室"等形式,争取到多家街道辖区内的优质企事业单位参加招聘会,为辖区应届高校毕业生提供更多的就业机会。该次招聘会街道在辖区范围内为应届毕业生挖掘12家企业、36个岗位。区就促中心为应届毕业生共提供26家优质民企单位,招聘信息102条,招聘岗位约235个。岗位包括技术研发、平面设计、数据分析员、猎头、工程造价、BIM技术、法务管理等。招聘会当天共吸引160人应聘,企业现场收到简历118人(次),初步达成录用意向54人(次)。招聘会设立"专家咨询服务"区,特邀"乐业上海"就业服务专家蔡永军和郑友男为高校毕业生提供各类就业指导和求职咨询服务,同时也设立法律咨询及创业政策咨询区,为相关应聘人员提供用工及劳动人事争议等咨询服务。 （於霏）

【共和新路街道2020年食品安全宣传周】 于8月5日在柳营路盛源生活广场1楼中庭启动。活动以"尚德守法,食品安全人人有责"为主题,街道办事处、区市场监管局相关领导出席活动。街道社管办、食药安办、市场监管所、城管中队、市容所、房管办、派出所、社区卫生服务中心及社区居民约100人与会。启动仪式现场,区民政局相关领导为共和新路街道市级食品药品科普站、区级食品药品科普角进行授牌。街道办事处相关领导为积极参与食品安全诚信经营的5家餐饮单位颁奖。街道社管办负责人与108广场食品安全商家代表签订自治共治协议。区市场监管局食品协调科负责人为街道食品安全示范街区创建工作小组秘书处授牌。启动仪式结束后,街道在盛源生活广场开展食品安全设摊宣传,提供咨询服务。 （於霏）

【共和新青年"红色时空之旅"定向赛】 于9月19日在闸北公园举行。活动以"学'四史'、汲力量、勇担当"为主题,引领辖区企事业单位青年通过"沉浸式"体验,在行走中"阅读"历史、感悟发展、凝聚力量。区委组织部、共青团区委、共和新路街道、区党建服务中心等单位相关领导,以及共和新路街道辖区内企事业单位的党团组织参加活动。社区内中铁四局集团上海工程有限公司、上海市机械施工集团有限公司、中国银行上海市洛川东路支行、上海大宁国际茶城市场经营管理有限公司以及上海静安区东曙社区公益事务所等区域化党建单位、"两新"单位、团建联建单位、辖区青年中心及其他企事业单位的青年报名参加活动。 (於霖)

【**不忘初心,为爱前行——街道"七彩公益集市月"首次活动**】 9月3日,静安区"第十届上海公益伙伴月"暨2020年"中华慈善日"主题活动在柳一居民区启动。围绕"让公益成为一种生活方式,让公益温暖这座城市"的理念,共和新路社区社会组织联合会、共和新路街道社会组织服务中心联合柳一居民区党总支和齐力社区公益服务社,共同举办"七彩公益集市月"主题活动暨"匠人匠心"志愿服务日。活动共有来自街道党群办、匠人匠心志愿者团队、长新社区为老服务中心、瑞福养老服务中心等10余家各领域社会组织,以及光明乳业、洛平菜场、慈善超市等5家爱心企业共同参加,齐力社区公益服务社志心动车项目志愿者代表也纷纷加入,助力公益伙伴日活动。活动吸引约500名社区居民参加。9月3—21日每天上午,该届"七彩公益集市月"活动在街道19个居民区广场、街区绿地等地举行。共有7家社区企业、22家社会组织、19个居民区,约200名"匠人匠心"志愿者参与,受益居民约3500人。 (於霖)

2020年共和新路街道居委会基本情况表

名称	地址	居民小组数(个)
柳一	柳营路309弄11号102室	35
柳二	柳营路319弄29号102室	83
洛川	洛川东路400弄3号104室	45
洛平	洛川东路320弄11号101室	82
锦灏	延长路152弄25号1楼	46
延新	共和新路1725弄22号	41
嘉利	平型关路377弄8号102室	44
三阳	黄山路198号	70
和乐	俞泾港路15弄19号102室	73
申地	和田路256号	89
唐家沙	洛川东路200弄11号102室	103

(续表)

名称	地址	居民小组数(个)
柳营桥	共和新路1302号105室	95
中山北路805弄	中山北路805弄6号103室	44
新理想	洛川中路600弄19号101室	60
谈家桥路80弄	谈家桥路85弄16号102室	82
谈家桥	谈家桥路163弄9号甲	49
家豪城	柳营路669弄21号	52
中山北路899弄	中山北路899弄43号	36
洛川中路1100弄	洛川中路1100弄31号103室	118
沪北	沪太路655弄1号1楼	94
谈家宅	洛川中路901弄2号103室	49
锦佳苑	延长中路600弄31号102室	132
永乐	延长中路800弄64号102室	127
洛善	洛川中路777弄6号102室	36
延长中路727弄	延长中路727弄29号2楼	29
合　计		1714

(於霏)

(十二)大宁路街道

【概况】 大宁路街道东起北宝兴路、粤秀北路,西至普善路、万荣路,南临延长路、老沪太路,北抵走马塘河、北郊铁路。辖区面积6.24平方千米,街道办事处设于彭江路188号。街道下设24个居委会,共有51个居民小区。截至年底,户籍人口7.45万人,60岁以上户籍老年人2万人,老龄化比率26.4%,其中90岁以上老人539人(95岁以上老人123人,百岁老人8人)。低保老人28人;低保家庭132户、183人;持证残疾人2145人;重点优抚对象157人。元旦春节帮困送温暖4853人(次),帮困金额259.37万元。对享受低保、重残无业、特困供养救助2888人(次),发放救助金额360.13万元;对享受低保、重残无业、特困供养、因病支出型贫困对象发放物价补贴2343人(次)、金额20.77万元;医疗救助200人(次),金额42.41万元;市、区临时补助共47人(次),金额1.65万元;因病支出型帮困补助31人(次),金额3.63万元;高龄纳保老人困难生活补贴139人(次),金额2.78万元;个案帮扶4户,发放救助金额4.34万元；支内回沪人员帮困6292人（次），帮困金额696.32万元。发放各类优抚补助569.5万余元，按时准确地完成补助对象的调标及补发工作。1—10月发放残疾人生活补贴1328人（次），金额42.426万元，护理补贴6959人（次），金额150.465万元，保险理赔受理2059人（次），交通补贴2529人，金额34.677万元。发放残疾人生活补贴1328人（次），金额42.426万元，护理补贴6955人（次），金额150.465万元；交通补贴3388人（次），金额46.7505万元；残疾人意健险理赔受理2059人（次）。街道党工委下属共有基层党组织199个，其中1个社区党委、机关党组织7家、"两新"党组织72家、居民区党组织119家。在册党员5217人。累计受理"12345"市民服务热线工单3178件（涉及新冠疫情766件），按时结办率100%。拆除重点类型违法建筑8832.19平方米，完成年初市级计划任务量的139%。重点拆除静安福邸和静安华邸违法搭建，拆除114户，立案70户。2020年，街道获"上海市爱国拥军模范街道""第二批上海市特色创业型社区""上海市儿童友好社区示范点""上海市民族团结进步先进集体"等称号。　　（丁佳楠）

【大宁路街道全面开展新冠肺炎疫情防控工作】　全年，累计确诊病例2人，均为外地染病；密接109人；居家隔离913人，无失管事故。落实属地责任，制订街道防控方案和分工流程，动员3000余名志愿者、楼组长和党员干部参与看家护院，严格执行居民区24小时接人和三方小组2小时上门制度，先后安排干部18人（次）到机场一线执勤。加强滚动排摸，采用分色+挂图作战，动态掌握人员情况，常态化开展返沪人员信息登记、爱国卫生运动、门磁监控管理等工作，守住居民"安全门"。有序开展6轮口罩预约登记工作，多个居委会采用"代买代发"模式，累计预约登记167713户，购买口罩160813户。为有助餐需求的老人送餐上门10309份，为大重病人及孕产妇发放口罩4611人（次），持续跟踪特殊对象身体状况，线上关心老年人72312人（次）、持证残疾人2031人。为隔离家庭提供登记口罩、代取快递、代购生活必需品、垃圾收集等服务，让隔离家庭感受到社区温暖。

　　（丁佳楠）

【大宁路街道第七次全国人口普查工作】　年内，街道成立第七次全国人口普查工作领导小组，下设24个居民区普查小组，419个普查小区，共有681名普查"两员"，其中140名普查指导员、541名普查员。11月1日零时起普查登记工作正式开始，截至11月30日，辖区内登记总人数126474人，常住总人口数97743人，其中户籍人口数75722人，上报率100%，自主申报率57.38%。

　　（丁佳楠）

【治安综合治理】　年内，街道坚持边扫、边治、边建，确保"扫黑除恶"专项斗争顺利收官。整治群租296户，拆除违法分割1480间，清退4440人（次），群租投诉量比上年下降30%。配合公安开展金融放贷整治行动，排查类金融机构73家。推进扫黄打非进基层，完成24个居民区基层站点规范化、标准化建设，巡查文化娱乐场所400家次。

　　（丁佳楠）

【大宁宏慧党群服务站揭牌仪式】　于10月10日举行。区委组织部副部长、社会工作党委书记孙明丽，区委宣传部副部长、区文明办主任马嘉槟为站点揭牌。启动仪式上播放"白领驿家"大宁宏慧党群服务站、大宁宏慧新时代文明实践站建设发展历程短片。宏慧·视界BOX园区位于中环两翼集聚带重要节点位置，以大宁宏慧党群服务站为起点，15分钟内，可到达位于辖区北部的社区党群服务中心、中部的白领驿家·大宁珠江党群服务站等中部"四园"党建阵地,也可至社区事务受理服务中心、大宁社区文化活动中心等享受便捷公共服务,更可在静安体育中心、大宁剧院、上海马戏城等文娱休闲场所找到自己的兴趣所在。

(丁佳楠)

【打造"宁的餐厅"为老助餐联盟】 年内,为满足辖区老年人日益增长的助餐需求,大宁路街道在年度实事项目中新增"打造'宁的餐厅'为老助餐联盟,进一步满足老年人高品质助餐服务需求"这一项目,通过合作共建等方式,利用公共餐饮单位的优质资源为辖区老年人提供助餐服务,年底前新增5处老年助餐服务场所。

(丁佳楠)

【开展东西部扶贫协作】 10月26—30日,大宁路街道办事处副主任周轶一行6人到云南省文山州麻栗坡县董干镇开展东西部扶贫协作工作,实地考察2019和2020年援建项目落实情况,研究下阶段帮扶工作计划,切实巩固脱贫成果。

(丁佳楠)

【提升养老服务品质】 年内,街道完成慧芝湖、八方老年活动室标准化建设,打造实景型康复辅助器具展示点,上线辅具租赁小程序。建设街道社区顾问平台,开通养老服务热线,聘请养老顾问提供个性化养老方案定制服务。新增5处老年助餐服务点,打造"宁的餐厅"为老助餐联盟。敬老节期间,开展"初心汇融践使命,敬老先行在大宁"系列活动,弘扬养老、孝老、敬老传统。

(丁佳楠)

【居民区扩容更名揭牌仪式】 5月18日,大宁路街道永和南、永和北居民区扩容更名揭牌仪式在大宁325街坊公共绿地举行。街道党工委书记宋大杰,党工委副书记、办事处主任司静等街道领导,永和南及永和北居民区两委班子、业委会成员、物业公司代表、居民代表等出

5月18日,大宁路街道永和南、永和北居民区扩容更名揭牌仪式在大宁325街坊公共绿地举行

(大宁路街道 供稿)

席仪式。大宁路街道共和新路2999弄居委会更名为永和南居委会,管辖范围调整为:东临平型关路,西临共和新路,南临蚂蚁浜,北临永和东路。广延路1188弄居委会更名为永和北居委会,管辖范围调整为:东临平型关路,西临共和新路,南临永和东路,北临汶水路。

(丁佳楠)

【大宁路街道世界读书日主题活动】 4月23日是第25个"世界读书日",大宁路街道通过在线直播的方式,在大宁国际商业广场"宁的书房"举办"与'宁'相聚,畅享'悦'读""世界读书日"主题活动,由大宁社区图书馆"宁的书房"发起"阅读同伴计划"倡议,号召大家以阅读代替脚步,在大宁让灵魂同行。 (丁佳楠)

【电竞新联会在大宁路街道成立】 11月3日,上海市静安区电竞新联会在灵石路大宁珠江创意中心成立,这是全市首家电竞行业的新阶层人士新联会。市委统战部二级巡视员、市欧美同学会党组书记李霞,区委常委、统战部部长凌惠康,区委统战部副部长季军,大宁路街道党工委书记宋大杰、大宁路街道党工委副书记杨蓉、市委统战部新阶层工作处相关领导出席成立仪式。出席启动仪式还有来自超竞互娱集团、英雄体育VSPN、NeoTV、华丽达视听科技、Gen.G战队、EDG战队等电竞行业的新阶层代表人士30余人。

(丁佳楠)

2020年大宁路街道居委会基本情况表

名称	地址	居民小组数(个)
延长新村	共和新路1700弄62号101室	67
延铁新村	老沪太路199弄5号2楼	72
平型关路801弄	延长路99弄7号101室	126
广延路	共和新路1873弄2号甲	51
延长中路451弄	延长中路451弄14号104室	36
延峰	延长中路561弄1号108室	52
上工新村	广延路350弄33号103室	72
大宁路540弄	大宁路540弄29号1楼	90
八方花苑	大宁路660弄18号	36
大宁新村第二(大二)	大宁路181弄5号甲	34
大宁新村第一(大一)	共和新路2203弄19号103室	31
大宁505弄	大宁路505弄13号101室	37
大宁路667弄	大宁路667弄36号102室	68

(续表)

名称	地址	居民小组数(个)
慧芝湖花园	平型关路1115号1楼	92
宝华现代城	共和新路2399弄9号101室	38
新梅共和城	广中西路99弄5号3楼	101
粤秀新村	粤秀路318弄17号甲101室	70
金茂雅苑居委会	彭江路399弄1号1层	12
共和新路2999弄(明园)	共和新路2999弄1号202室	69
广延路1188弄(明园三期)	广延路1188弄5号1楼	24
虹屿居委会	平型关路1899弄2号1层	19
平型关路2199弄(粤秀名邸)	粤秀路1402号	103
云平居委会	平陆路999弄212号25号楼3楼	32
云荣居委会	万荣路1199弄42号楼3楼	37
合计		1369

(丁佳楠)

(十三)彭浦新村街道

【概况】 彭浦新村街道东起岭南路,西到东茭泾河,南临场中路、走马塘,北接共康路和高压线走廊。辖区面积3.81平方千米。下设33个居委会,有67个自然小区。实有人口15.3万人,户籍人口12.2万人,流动人口3.2万人。彭浦新村街道办事处设在曲沃路450号。2020年,街道统筹推进疫情防控和社会经济发展,从严把好小区出入口、街区防控、楼宇(园区)防控"三道关口",坚决筑牢疫情防控社区防线。先后对29例疑似病例和171个密切接触者实施转移和隔离管理。对国内外重点地区到(返)沪人员进行排摸,并做好居家医学观察或社区健康管理等工作。至12月31日,共实施居家隔离医学观察1118人,安装门磁864个,确保零失管;逐个排摸市、区级下发清单中的13930人,累计上报33个居民区重点人员信息及管控情况近8.5万条。坚持做服务企业"暖心人""贴心人",采用"线上+线下"服务模式,扎实推进企业走访工作,全面了解企业的"痛点"和"堵点",切实解决企业发展难题。同时,充分运用党建、工会、商会等工作平台关心企业发展。年内,街道党工委成立"四史"学习教育领导小组,街道党工委书记任组长,办事处主任任常务副组长,负责全程抓好街道"四史"学习教育的开展。组建专门队伍，对各基层党组织开展"四史"学习教育进行督促指导，保证学习教育效果，把学习教育开展情况作为年度基层党建工作述职评议考核的重要内容。建立党支部工作联系点制度，街道处级领导班子共联系22个党组织，加强对所联系党组织的工作指导。街道党工委组织233个基层党组织召开彭浦新村街道"四史"学习教育部署会，全面启动"街道总网格—33个居民区网格—174个居民区党支部微网格"三级党建网格，统一部署"四史"学习教育工作。年内，各基层党组织围绕"四史"学习教育开展主题党日活动1866次，围绕学习《习近平谈治国理政（第三卷）》开展主题党日688次，围绕学习中共十九届五中全会精神404次，围绕习近平总书记在浦东开发开放30周年庆祝大会上重要讲话精神380次，围绕学习十一届市委十次全会精神213次，各级党组织开展党课开讲啦活动896次，基层党组织书记围绕"四史"学习教育内容讲专题党课924次。街道处级领导班子联系12个党支部，以面对面座谈、参加组织生活、讲专题党课等形式深入调研指导128次。街道稳步推进"两美"建设，临汾路1515弄、临汾路1565弄、临汾路1564弄、平顺路825弄等4个"美丽家园"建设项目和8个"美丽街区"建设完成验收。街道在无违建先进街镇复评中以满分的成绩并列全区第一、全市第一。成功创建全市首批河长制标准化街镇。通过制度的建立以及各部门的合力，热线工作年度考核升至全区第二，垃圾分类实效综合排名升至全区第二名、全市第51名。以全国文明城区创建复评为契机，深化街区及楼道整治，不断优化物业达标考核，进一步提升城区管理水平。街道住宅小区综合治理群众满意度升至全区第三，市容环境满意度排名稳步跃升，2020年下半年在全市中心城区排名第34名。街道有序推动社区老年活动室硬件升级改造，完成救助所、红十字服务总站搬迁升级及阳光之家、阳光基地的搬迁和慈善超市的开业，完成退役军人事务服务站建设并正式运行。积极推进街道社区事务受理服务中心、救助所及社区食堂标准化建设。积极探索延伸服务新模式，在街道城市综合管理服务中心内设立事务受理服务中心首个分站点，覆盖10个条线21项快速、高频业务，事务受理服务中心业务量累计受理182321件（次），位列全区第一、全市前三，其中"全市通办"37504件、"一网通办"1873件。完成4268户退役军人的信息登记、采集和"光荣之家"牌匾的发放或悬挂。帮扶130名长期失业青年就业创业，完成全年指标数的188%。创设居委会工作标准作业流程（SOP）模式，进入首届上海社会建设与基层社会治理创新项目30强，连续3届开展居委会全岗通技能比武。进一步完善业委会换届改选、资格审查、日常运作SOP，形成《业委会日常运作SOP》和《议事规则督导指引（业委会记）》。有序推进18家业委会的换届改选，完成共康前进公寓和三泉前进公寓两个农民小区的业委会组建工作。建立"五有""五好"星级评定楼组制度，推进582个楼组"美丽楼组"的申报、评估、验收等工作，成功创建"银都一村"区级"美丽楼组"示范点和区社会治理创新实践基地。开展闻喜路935弄居民区和康泉小区整小区"美丽楼组"打造工作。有序推进加装电梯与人口普查工作，对街道既有多层住宅2879个楼幢开展加装电梯可行性评估，引导居民形成筹建和管理公约，形成加装电梯标准作业（SOP）和《议事规则督导指引（加梯记）》。在紫金兰花苑共和新路4618弄4号完成辖区第一部电梯加装工作，年内启动彭新小区闻喜路1000弄30号和岭南小区岭南路559弄8号电梯加装工程。积极开展"扫黑除恶"专项斗争工作，形成常态机制，全年累计处理上级转办线索4件,未发现黑恶势力。深入开展平安建设,推进公安部门"智能安防三件套"安装全覆盖,基本建成辖区内居民小区全封闭门禁系统,对偷盗类治安案件多发地段进行联合整治,偷盗案件立案数比上年下降67.8%。联合居民区"三位一体"打通67个自然小区消防安全救援通道,开辟高层消防登高面,在6个高层小区安装43套电梯电瓶车阻车系统防范火灾。通过安装烟感探测、信号传导、声光报警在曲沃路430弄小区试点实施智慧消防工程及时预警、及早干预火灾事故。对老旧非机动车库进行升级改造和增设小型简易车棚、流动充电桩等不同形式充电设备,增加845个充电端口。通过项目化运作、专业化服务方式开展相关工作。共受理各类调解纠纷2436件,制作调解协议书951份,成功调处社区首起诉调对接案件。累计调处成功劳资纠纷投诉25起,为28名劳动者追回拖欠薪18.14万元。年内,街道获"2019年度上海市征兵工作先进单位""2018—2019年度上海市司法行政先进集体""上海市离退休干部先进集体""上海市民族团结进步工作先进集体""2019年上海市红十字'博爱申城'志愿服务项目优秀项目""上海市爱国拥军模范街道(乡镇)""2020年度上海市社保服务优秀社区"等称号,街道商会获"上海市非公经济人士理想信念教育示范点"称号。

(顾晨晨)

【彭浦新村街道新冠疫情防控工作】 年内,彭浦新村街道全面动员、全面部署,采取切实有效措施,做好社区"看家护院"各项防控工作。深化责任落实,街道及时成立新冠肺炎疫情防控工作领导小组,由党工委书记担任组长,街道办事处主任担任第一副组长,街道其他党政领导担任副组长,下设综合协调组、重点场所保障组、宣传和人员保障组、社区服务保障组、企业服务保障组和机动组,明确分工和协作机制,形成联防联控体系。落实指挥调度机制,街道主要领导牵头定期召开街道视频会议,通报上级重要精神,部署具体工作任务,解决各类问题和难题。落实任务包干机制,街道实行各办公室分片包干居民区疫情防控工作责任制,全体班子领导带领机关干部、事业干部和其他科室工作人员坚持每日到居民区和园区蹲点协助一线工作人员做好看家护院及各项服务保障工作。落实信息报送和舆情应对机制,在24小时内及时响应、解决回复舆情和热线所反映的各类问题。强化党建引领、全面发动、积极引导,切实发挥基层党支部战斗堡垒和党员的先锋模范作用,着力激发广大党员关键时刻挺身而出、甘于奉献。党员领导干部坚持深入一线,以对群众高度负责的态度,抓好每一个细节、把控每一个环节。疫情期间,战斗在疫情防控一线的党组织共计216个,党员干部1438人,参与疫情防控工作的党员志愿者1717人。成立党员突击队74支,覆盖党员1156名。共收到来自防疫第一线的28份入党申请书;在防控的后方,626名党员缴纳99760元"特殊党费",7013名党员自愿捐款698195元。临汾路894弄居民区党总支被评为上海市抗击新冠肺炎疫情先进集体与上海市先进基层党组织。做好各类服务保障。持续为78名身患残疾、生活难以自理的独居老人提供家政服务和日常生活照料,为其他居家养老服务对象按需提供代购物、代配药、代买菜等服务,并以无接触的方式将生活物资放在老人家门口。联合辖区全部4家公共卫生医疗机构和多家专业社会组织力量,组建街道心理援助危机干预小组,为求助者释疑解惑。共处理心理援助事件260件,进行心理疏导和干预38次,对接专业医疗信息85条,询问社区生活需求信息133条,开展疫情防控知识主题宣传4次。

(顾晨晨)

【街道第三综合为老服务中心建成并运营】 1月12日，街道举行第三综合为老服务中心揭牌仪式。区委常委、副区长刘燮，区民政局局长贾先斌，街道党工委书记任伟、办事处主任李彦平共同为彭浦新村第三综合为老服务中心揭牌。该为老中心位于闻喜路935弄22号，是一栋日式风格建筑，共分为上下2层。一楼设有便民服务区、社区卫生服务站以及闻喜社区长者食堂，二楼设有党建服务站、多功能室、阅览室、练歌房等，是集助餐、助医、助乐及便民服务等功能于一体的一站式为老综合服务体。

（顾晨晨）

【街道第二届社区代表会议第一次会议】 于4月16日以视频会议形式召开。共152名代表参加。会议听取和审议街道办事处、市场监管所和社区卫生服务中心等辖区职能部门工作报告、2019年实事项目完成情况，并表决确定街道2020年实事项目、表决通过静安区彭浦新村街道第二届社区委员会主任、副主任、秘书长、委员名单。

（顾晨晨）

【彭浦四季公园开园】 9月29日，坐落在上海中心城居民区内最大的公园彭浦四季公园正式开园。该公园位于静安区临汾路1568号，在共康三村、四村和临汾路1564弄居住区内的高压线走廊下，北临共康路，南至临汾路，南北长约1.1千米，东西宽约70—80米，规划占地面积9.32公顷。该公园是彭浦新村地区第一座大型综合性公园，绿化覆盖率70%以上，公园内建设有广场步道、湖泊小岛、休憩亭廊、假山瀑布、萌宠乐园、服务中心和体育健身设施，并打造四季景观的植物特色片区。

（顾晨晨）

【彭一小区旧改项目生效】 10月1日，全市规模最大、户数最多、情况最复杂、改造最难的彭浦新村最后一个非成套旧住房小区——彭一小区成套改造项目正式启动签约，于10月7日正式签约一周内达到产权房99.14%和租赁房99.08%，双达到99%的生效要求，创造签约首周内项目生效的新速度，从而兑现"十三五"期间彻底消除彭浦新村地区非成套旧住房的承诺。

（顾晨晨）

1月12日，街道第三综合为老服务中心启用　　　　　　　　　　（彭浦新村街道　供稿）

【全力推进法治建设】 11月11日，街道法治建设委员会第一次会议暨彭五居民区创建全国民主法治示范社区工作推进会召开。区司法局领导、街道党政领导班子及有关科室（部门）负责人参加会议。会上全面解读《彭浦新村街道全面推行行政执法公示制度执法全过程记录制度重大执法决定法制审核制度实施方案》《彭浦新村街道关于全面加强和改进法治建设的实施意见（试行）》《彭浦新村街道普法责任清单》等文件。12月25日，静安区首个宪法宣传月"宪法进社区"主题活动暨彭浦新村街道法治文化阵地揭牌仪式在彭五老年活动室举行，区委常委、副区长、区宣联席会议召集人刘燮，街道党工委书记任伟，街道办事处主任李彦平等领导出席活动。在仪式过程中，为社区"法治带头人""法律明白人"代表颁发证书并进行宪法宣誓。

（顾晨晨）

【社区指导师（园艺师）培育】 年内，街道入围市绿委办试点单位，实施社区园艺指导师养成计划。5月20日，成立38名社区园艺爱好者组成的"社区园艺师养成计划——绿色先锋队"，截至年底，其中2人获评上海市首批"社区园艺师"称号，5人获评街道首批"社区园艺师"称号。"社区园艺师养成计划"通过为期半年的培训实践，培育一支在地化、领袖化的自治团队，通过"一居一景"的社区花园打造，逐步打造彭浦新村的花园部落。在有序运作平顺路180弄"阿拉花房"的基础上，推广"社区绿化自治"，新增共康四村、闻喜小区、三泉路770弄、银都一村、场中路2471弄、闻喜路1110弄等社区绿化点位。

（顾晨晨）

【鼎捷软件股份有限公司党委成立】 9月18日，在区委组织部和街道党工委的指导下，鼎捷软件股份有限公司在江场路1377弄1号楼鼎捷总部的党群活动室召开党员大会暨党委成立大会，经过严格的组织程序，新一届党委选举大会落幕，选举产生中共鼎捷软件股份有限公司委员会委员5名。

（顾晨晨）

【打造"友彭云课堂"文明实践项目】 年内，街道在全力组织抗疫工作的同时，积极探索在精神文化层面进行创新服务和宣传，让久居在家的居民排解生活的单调。在街道党工委、办事处的支持下，由新时代文明实践分中心牵头，社区志愿服务中心提供专业的项目开发设计服务，联合打造"友彭云课堂"文化服务项目，并于3月5日正式上线。在疫情防控期间，联合市北医院党委、团委，组织各科室主任医师开设"健康驿站"系列健康直播讲座，统筹大学生志愿者、专业老师等力量开设疫情下的心理调适、云上课程问答等教育辅助等课程。在疫情防控常态化下，项目聚焦老年人、青年人、未成年人三类群体的文化需求，结合时事热点，以线上直播和线下活动相结合的方式，向社区配送菜单式的文化教育服务。组织线下书友会、"儿童英语阅读"、"非遗大观园"手工DIY、"小小的世界，大大的梦想"社会行业实践系列，并增设直播间手语翻译。"友彭云课堂"项目开展线上直播和线下文化活动共20次，受众人数达3万多人（次）。

（顾晨晨）

【创新开展微型消防站技能轮训比武】 年内，为进一步发挥微型消防站在社区安全工作中的功能，切实提高社区安全管理人员消防安全工作"四个能力"，街道制订《社区微型消防站岗位技能轮训、比武竞赛活动方案》，2020年9—11月，组织33个居委会132名社区兼职消防员参加社区微型消防站技能轮训及比武活动。培训在上海远见职业技术培训中心举行，项目包含消防员个人防护、多种灭火器材使用、逃生技巧、引导疏散人员、医护等5个大项、34个小项,从微型消防站消防器材的使用、社区安全隐患排查、初起火灾扑救、应急疏散、日常防火巡查和消防理论知识学习等方面开展培训,帮助微型消防站兼职消防员进一步掌握消防装备器材的性能和使用操作方法,熟悉社区消防工作要点。为检验业务培训成果,11月17日在三泉路运动场举行"2020年彭浦新村街道社区微型消防站技能比武竞赛",来自辖区33个居民区微型消防站的共42名队员参赛。比赛最终评选出单个科目前6名和团体总分前4名。

(顾晨晨)

2020年彭浦新村街道居委会基本情况表

名称	地址	居民小组数(个)
第一	彭浦新村65号甲底楼	29
第三	闻喜路806弄15号101室	77
第五	彭浦新村328号106室	104
第七	彭浦新村248号103室	101
平顺路180弄	汾西路661号103—104室	76
岭南路539弄	保德路681弄12号101—102室	117
彭新	临汾路971弄12号101室	112
临汾路1244弄	曲沃路321弄35号101室	157
闻喜路1110弄	闻喜路1110弄7号101室	60
临汾路1564弄	临汾路1564弄38号甲	39
场中路2471弄	闻喜路1223弄33号103室	75
共和新路4555弄	平顺路721弄6号底层门面	137
平顺路790弄	平顺路790弄5号101室	135
临汾路894弄	汾西路815弄8号101室	70
场中路2401弄	场中路2401弄15号101室	67
闻喜路935弄	闻喜路935弄18号103、104室	68
三泉路424弄	三泉路424弄11号101室	64
保平	平顺路371号	56
三泉路770弄	三泉路764号	53

(续表)

名称	地址	居民小组数(个)
三泉路517弄	三泉路517弄26号102—104室	120
三泉路821弄	三泉路821弄46号	87
三泉路601弄	三泉路601弄车棚顶	81
三泉路1015弄	三泉路1015弄29号车棚顶	108
临汾路1515弄	临汾路1515弄7号103室	75
共康三村	共康三村55号甲	121
共康四村第一	共康四村69号甲	99
共康四村第二	长临路380弄146号甲	82
保德路1316弄	保德路1316弄76号甲(保德公寓内)	133
曲沃路430弄	曲沃路430弄19号101、102室	30
保德路921弄	共和新路4470弄5号101室、102室	42
场中路2601弄	场中路2601弄11号102室	92
艺康苑	保德路1238弄3号	110
三泉家园	三泉路999弄会所2楼	104
合 计		2881

(顾晨晨)

(十四)临汾路街道

【概况】 临汾路街道东起江杨南路,西至岭南路,南临北郊站,北到北长浜。辖区面积2.12平方千米,实有户数33779户,常住人口74645人,户籍人口6.06万人,街道办事处位于临汾路335号,下设居委会20个。2020年,街道坚持"人民城市人民建,人民城市为人民"重要理念,牢牢抓住"实干"主基调,围绕"继续走在前列,当好先进和标杆"的定位,坚持把人民生命安全和身体健康放在第一位,奋力实现疫情防控和经济发展两手抓、两手硬、两手赢,按照"坚持党建引领、坚持创新治理、坚持改善民生"的总部署,统筹推进、探索创新,各项工作都取得一定进展。2020年街道办事处经复查合格,被评为"全国文明单位"。街道被评为

2018—2019年上海市文明社区、爱国拥军模范街道(乡镇),获"老房装电梯,品质好生活(一马当先)"奖项,《以"人民城市人民建、人民城市为人民"为重要指引深化推进"组织力工程"的具体实践》获"落实'人民城市人民建、人民城市为人民'重要理念,推进党建引领城市治理现代化"征文二等奖。街道疫情防控特色做法、数字化建设、为老服务等一系列工作被中央电视台、新华社、《解放日报》等主流媒体报道379次。9月,临汾作为全国全面建成小康社会"百城千县万村调研行"宣传专题首批采访对象,中央、市级媒体进行密集型报道35次。9月22日,《人民日报》刊登《上海静安区临汾路街道破解加装电梯的难题——从4年装1部到1年60部》一文。9月23日,中央电视台"新闻联播"报道街道加装电梯工作。 (钟水花)

【"智慧临小二"线上服务系统上线】 2月2日,临汾路街道在疫情防控紧要关头开发的"智慧临小二"线上服务系统上线,实现线上口罩预约功能,切实方便居民预约口罩,减少因排队造成的人员聚集,降低新冠病毒交叉感染风险,此后6轮口罩预约均在线上完成。
(钟水花)

【龙婉丽调研临汾路街道】 2月7日,副区长龙婉丽调研临汾路街道,实地视察临汾小区、星城花苑小区,重点查看社区在疫情防控方面的情况,了解街道在既有住宅加装电梯工作以及社区治理信息化工作的探索与实践,考察街道依托"红色家园"建设,提升小区综合治理的情况。
(钟水花)

【于勇调研临汾路街道】 2月10日,区长于勇一行到临汾路街道开展调研。于勇视察临汾路375弄、汾西路261弄2个居民区,实地察看两个小区在疫情防控方面的情况,了解街道"防疫工作"的信息化平台——"智慧临小二"线上服务系统,并指出信息化的方式让老百姓方便登记,也让居委会一线人员解放了劳动力,可以在全区推广。
(钟水花)

【顾春源调研临汾路街道】 2月13日,区委常委、组织部部长顾春源调研临汾路街道,实地察看社区卫生服务中心、保德菜市场的疫情防控情况,慰问抗疫一线的工作人员,考察菜场防疫管理。并强调菜场供应是基本民生保障,既要方便居民也要加强管理。同时,街道要调动各类组织的责任心,让社区实现精细管理无缝衔接,严密防控滴水不漏。顾春源又于2月20日、2月28日、3月6日调研临汾路街道疫情防控工作,分别指导临汾小区和恒安小区、临汾路99弄和汾西路87弄、闻喜路251弄和闻喜路555弄居民区的疫情防控工作,详细了解居区封闭式管理、外来回沪人员的排摸、口罩发放等情况以及街道"智慧临小二"疫情防控线上服务系统,慰问门岗保安、党员志愿者、社区干部等一线工作人员。
(钟水花)

【陆晓栋调研临汾路街道】 2月19日,区委书记陆晓栋调研街道疫情防控工作开展情况,街道党工委书记厉蕾汇报关于疫情防控的基本情况,派出所和社区卫生服务中心作专项汇报。陆晓栋指出,疫情防控是基层党建和社会治理的一次"大考",临汾取得了不错的成绩,要越战越勇,增强短板意识,在更高层次上对标更高要求。要统筹好疫情防控和社区服务,既要安全有序防控也要保障居民生产生活需求和便利;要提升信息化手段,不断完善疫情防控平台的更多功能,让平台既实用又管用;要精细化社区治理,打造更加布局合理、管理有序、和谐融洽的社区良性生态。陆晓栋还实地视察临汾小

区、星城花苑2个小区封闭式管理和外来人员登记情况。　　　　　　　　　　（钟水花）

【姜鸣调研临汾路街道】　5月8日，区委常委、宣传部长姜鸣就临汾路街道年内如何做好宣传思想文化工作，聚焦聚力高质量推进"5-2-1"目标，开展专题调研座谈。区委宣传部副部长、区委网信办主任、区新闻办主任周晴华，区委宣传部副部长姚掌宏，区委宣传部副部长、区文明办主任马嘉槟，街道党工委书记、人大工委主任厉蕾、街道办事处主任徐健等参加调研。座谈会上，厉蕾汇报街道宣传思想文化工作部署。姜鸣对街道总体情况表示肯定，并希望在意识形态、创城工作、文明实践分中心建设上、文化建设上多出亮点。姜鸣一行视察街道城运中心，了解街道新时代文明实践分中心、文明实践站、文明实践点的推进情况以及街道以大数据在文明创建中的积极应用。　　（钟水花）

【市人大静安区代表组调研临汾路街道】　5月20日，市人大静安区代表组调研临汾路街道，市人大代表、区人大常委会主任顾云豪，区人大常委会副主任冯璐、崔丽萍、阮忠良等30余名市人大代表参与活动，视察街道"民情日志"数据应用中心，并在街道4楼开展座谈，党工委书记厉蕾汇报临汾路街道运用大数据支撑城市精细化管理，应对公共突发事件的做法。　（钟水花）

【王华调研临汾路街道】　6月8日，区委副书记王华到临汾路街道开展调研，实地视察街道社区党群服务中心、临汾小区、街道城运中心等，全面细致了解街道基层党的建设情况、街道推进老公房加装电梯工作的历程和现状、街道利用智能化手段提升社区治理水平的具体实践。王华与街道党政班子进行座谈，对临汾各项工作的开展情况表示肯定。并强调临汾要始终坚持党建引领，提升各级党组织战斗力；要坚持推进社会治理创新，多出"临汾经验"；要潜心思考、创新手段，提升民生服务水平。　　（钟水花）

【临汾路街道与中共上海市静安区消防救援支队委员会开展结对共建】　6月28日，中共上海市静安区消防救援支队委员会与静安区临汾路街道开展结对共建，静安区消防救援支队党委书记、政治委员骆玖，临汾路街道党工委书记厉蕾，办事处主任徐健等参与活动。静安区消防救援支队队员实地参观街道"不忘初心、牢记使命"主题教育基地和社区大脑指挥中心。双方领导班子开展座谈交流。会上，签订结对共建协议书，双方就开展党建联建、助力基层治理、转变干部作风等方面达成协议，开展深度交流互助。　　　　　　　　　　　　　　　（钟水花）

【2020年区域化党建推进会暨"共学'四史'，共谋发展"共建签约仪式】　于7月2日举行。街道领导班子、区域化党建成员单位代表、"两新"组织党组织代表及"初心讲师团"讲师代表等60人参加会议。会上发布临汾路街道2020年区域化党建工作"三清单"，进行2020年区域化党建项目认领仪式，街道社区党委与区域化党建各行业单位代表签订2020年"共学'四史'，共谋发展"结对共建协议。　（钟水花）

【于勇出席"老房装电梯品质好'升'活"大型媒体行动启动仪式】　7月14日，上海"老房装电梯品质好'升'活"大型媒体行动首场活动在街道社区党群服务中心拉开帷幕，活动由市住建委、市房管局、市民政局、上海广播电视台共同主办，区委书记、区长于勇和上海广播电视台台长、上海文化广播影视集团有限公司总裁宋炯明参与活动并致辞，与市房管局、市民政局相关领导一起为活动按下启动键。　（钟水花）

【刘燮调研临汾路街道】 7月14日,区委常委、副区长刘燮一行到临汾路街道,围绕社区治理智能化工作开展调研,实地调研临汾路380弄居民区以及临汾路街道"民情日志"大数据应用中心,详细了解基层在数据采集、数据分析、应用场景、数据安全等方面情况。在街道4楼会议室开展座谈,刘燮指出要大胆探索,创新运用新技术、新理念,为静安打下扎实数据基础;要大胆应用,不断拓展智能应用场景,发挥数据效能;要勇于超越,从大局出发,推动基层减负增能,提升社区治理精细化水平。区科委、区民政局、区地区办、区城运中心、区政务数据中心等部门及"社区云"试点街镇人员参加调研。 （钟水花）

【2020年静安区婚姻家庭纠纷预防化解项目提升暨临汾社区法治服务中心示范点揭牌仪式】于7月20日在临汾党群服务中心举行。活动由区妇联主办,临汾路街道承办。来自区妇联、区法院及各街镇的妇女维权工作代表50余人参与活动。区妇联主席徐慧君、区法院副院长丁德宏、临汾路街道办事处主任徐健共同发布"静安区婚调服务站点体系的工作流程"。 （钟水花）

【王华调研临汾路街道】 7月23日,静安区代理区长王华在临汾路375弄居民区参与"区长一诺"活动,实地察看临汾小区,详细询问老公房加装电梯的推进进度,与居民进行深入交谈,了解群众在加梯项目中的获得感、满意度。活动结束后,王华到临汾路街道"民情日志"数据应用中心,调研街道大数据信息化建设情况,详细了解"民情日志"信息库以及利用数字驾驶舱进行数据场景应用和分析决策的情况。王华指出,智能化信息化是静安实现精细化管理的重要支撑,要挖掘数据价值,在决策参考和工作推动上发挥作用,要坚持"管用爱用"的原则,提升居民参与度,提升服务群众工作水平。 （钟水花）

【临汾路街道团工委书记、社区少工委主任陈央当选第八届全国少工委副主任】 7月24日

临汾路街道"民情日志"数据应用中心　　　　（临汾路街道　供稿）

上午,全国少工委八届一次全会在北京召开,临汾路街道团工委书记、社区少工委主任陈央当选为第八届全国少工委副主任。（钟水花）

【加装电梯项目获评首届上海社会建设和基层社会治理十佳创新展示项目】 9月,临汾路街道"心系悬空老人,助力加装电梯"项目从16个区152个街镇226家单位申报的271个项目中脱颖而出,获评首届上海社会建设和基层社会治理创新项目征集与推广活动十佳创新展示项目。（钟水花）

【于勇调研临汾路街道】 9月27日,区委书记于勇调研临汾路街道,实地视察闻喜路251弄小区和"民情日志"数据应用中心,全面了解街道安全生产、加装电梯以及智能化信息应用等工作。于勇与街道党政班子进行座谈,对临汾各项工作的开展情况表示肯定。并指出,临汾虽然先天条件不足,但工作扎实,党建工作有特色,在做实组织力工程、网格化党建工作,发挥党建引领、服务作用方面进行了探索创新;社会治理有亮点,"民情日志"系统精准、精细,做到了全过程、全天候、全覆盖;民生改善有力度,加装电梯从4年1台到1年60台,增强了群众的获得感、幸福感。于勇强调要继续把工作做实做深,持续探索创新,继续保持先进,走在前列。（钟水花）

【临汾路街道法治建设委员会第一次会议】 于10月29日召开。街道党政领导班子、各办公室及下沉部门负责人及委员会其他组成人员参加会议。会议对《临汾路街道关于全面加强和改进法治建设的实施意见》的总体目标、体制机制、机构设置和职责任务等事项进行解读。（钟水花）

【临汾路街道老公房加装电梯全面破零】 11月26日,阳曲路470弄某号楼居民签订老公房加装电梯协议,标志着临汾路街道17个有加梯需求的居民区全面破零,均实现有电梯在批、在建、在用。至2020年底,全街道在批、在建、在用的电梯达到95台,4个居民区实现10台以上的规模化加装。（钟水花）

【共青团中央少年部部长曾锐一行调研社区少工委工作】 12月3日,共青团中央少年部部长曾锐一行调研社区少工委工作,视察街道社会化争章基地,了解社区党群服务中心作为"童心协力"实践点的工作推进情况。（钟水花）

【防范非法金融志愿服务进村居活动】 12月18日,在上海市金融工会、上海市金融团工委的指导下,中国建设银行上海"心联馨"志愿服务队与临汾路街道共同开展"党建引领,防范非法金融,志愿服务进村居"活动,联合区检察院,通过防非宣传讲解,进一步梳理防骗知识,告诫居民远离非法金融,形成向上向善、孝亲敬老、与邻为善、守望互助的良好社区氛围。市金融工作党委委员、市地方金融监管局副局长赵万兵,中国建设银行股份有限公司上海市分行党委委员、副行长周捷等出席活动。（钟水花）

【临汾路街道科学技术协会第一次代表大会】 于12月29日在临汾路街道党群服务中心小剧场召开。来自社区各单位及居民区的48名代表参加。大会审议并通过《上海市静安区临汾路科学技术协会实施〈中国科学技术协会章程〉细则（草案）》,以举手表决的方式选举产生上海市静安区临汾路街道科学技术协会第一届委员会成员。（钟水花）

2020年临汾路街道居委会基本情况表

名称	地址	居民小组数(个)
汾西路87弄	汾西路87弄36号102室	55
汾西路88弄	汾西路88弄31号后门2楼	6
临汾路99弄	临汾路99弄17号2楼	59
岭南路100弄	岭南路100弄4号2楼	82
闻喜路251弄	闻喜路251弄15号101室	71
汾西路260弄	保德路241弄58号101室	151
汾西路261弄	阳泉路345弄10号101室	118
岭南路270弄	岭南路270弄8号101室	55
临汾路299弄	闻喜路28号101室	105
临汾路375弄	临汾路375弄20号甲	46
临汾路380弄	临汾路380弄10号	67
保德路425弄	安业路300弄8号1楼	130
阳曲路470弄	阳曲路570弄1号甲	58
景凤路520弄	景凤路522号2楼	93
闻喜路555弄	闻喜路555弄49号1楼	98
阳曲路570弄	阳曲路570弄86号102室	132
岭南路700弄	岭南路698号	142
阳曲路760弄	阳曲路760弄10号102室	131*
场中路1011弄	场中路1011弄22号101室	172
和源名城	江杨南路466弄19号	84
合 计		1817

说明:*号的为楼组数。

(钟水花)

(十五) 彭浦镇

【概况】 彭浦镇东临共和新路,西接沪太路,南至老沪太路,北到场中路。辖区面积7.89平方千米。辖区内有36个居委会,3120个居民小组。原有7个行政村,其中4个完成撤村改制,1个完成撤村及产权制度改革,1个已撤村但资产未量化,1个村保留建制,另有4家镇属企业。常住人口15.69万人,户籍人口10.63万人。镇政府设在灵石路725号。2020年,彭浦镇疫情防控工作有力有序,全力推动全镇经济社会持续健康稳定发展。疫情发生后,在镇党委领导下,第一时间成立新冠肺炎疫情防控工作领导小组,搭建"1+14"防控体系,形成协调配合、快速反应、高效处置的联防联控工作格局。制订下发《彭浦镇关于进一步加强看家护院,开展"群防群控、分片包干",全覆盖做好疫情防控工作的通知》,重点守住三道门(小区门、沿街门、园区门),牢牢织密疫情管控网,层层压实疫情防控责任。根据不同时间节点的要求,排摸国内外重点地区、重点关注地区来(返)沪人员2.76万人(次)。截至12月底,共实施医学观察1956人(次)。经济发展精准发力,完善招商体系,成立彭浦镇经济发展服务中心。建立"1个中心12个招商服务平台"镇村两级招商服务工作体系,全面统筹镇域招商引资和企业服务工作。截至12月底,全镇各村公司、镇属企业累计新引进企业273户,其中外区迁入企业55户,注册资金1000万元以上至5000万元以下企业50户,注册资金5000万元及以上企业12户,合计引进注册资金19.89亿元。建立镇党政领导干部结对联系企业制度,秉承"有求必应、无事不扰"原则,有担当、有质量、有效率地服务企业,营造安商、稳商、营商、富商环境。在功能区层面与大宁、市北两大功能区在招商引资和企业服务工作方面全方位对接,推动载体资源、项目信息及企业服务对接,提升投资促进工作效率,激发镇村两级集体企业所属园区、大规模商圈等市场潜力,推动区域经济发展。集体经济产权制度改革稳妥推进。全面开展集体资产清查盘点,加大力度健全集体企业审计监督管理机制,有效维护集体经济组织成员合法权益。结合现行改革政策,兼顾各方利益,有序推进彭浦村集体经济产权制度改革。健全工作沟通、研判机制,持续推进原白遗桥村分房工作。引入律师事务所、会计师事务所等专业机构,积极探索研究4个已改制村深化改革路径。城区治理精准施策。依托镇城运中心平台,大力推进"一网统管",加快物联网感知系统建设,全面实施常态化运行管理和监测。进一步推进党建网格、管理网格、服务网格由街区向小区、楼组延伸,在所有居民区实现"微网格"巡查全覆盖。"12345"市民服务热线全年受理各类工单14.9万件,先行联系率、及时接单率、及时处置率、及时结案率100%。持续巩固"无违建先进街镇"创建成果,截至12月底,拆除违法建筑1.66万平方米。坚持"严格考核、以奖代补、奖惩结合"的原则,加强小区物业管理,共归并调整7个小区的物业服务企业。城区面貌持续提升。全面实施生活垃圾分类新标准,提升居住区生活垃圾分类实效。年内,新建24处两网融合回收点,对所有居住区内两网融合回收点实行全覆盖管理。完成绿苑公寓、世纪花苑等18个小区的封闭式建筑垃圾分类箱房改造,规范小区建筑垃圾堆放、清运工作。完成第二轮中央生态环境保护督察迎检工作,做好大气污染防治工作。克服疫情影响,完成3个"美丽家园"结转工程建设。增加17处"美丽街区"点位。全力推进既有多层住宅加装电梯工作。至12月底,全镇共签约加装电梯20台,竣工8台。落实"双总河长制",建立"河段长制",保持"水清、岸绿、河畅、景美"的河道生态环境。城区运行安全有序。持续开展"扫黑除恶"专项工作,对各类违法犯罪行为保持严打高压态势。加快社会治安防控智慧化建设,实现小区智能安防布控全覆盖,歌林春天小区的经验得到全区推广。巩固提升群租整治"百日行动"成效,坚决杜绝群租"回潮"。全年开展群租整治46次,整治群租392户,整治面积近2.35万平方米,清退租客1653人(次)。着力消除居住区安全隐患,打通镇域内小区"生命通道"。加大各类安全隐患排查力度,开展安全生产大检查13次,检查企业单位1034次。持续加强保健食品、农贸市场监管,严防各类风险发生。继续做实"案清事明促案结事了",加强矛盾风险的排查化解,确保全国"两会"、中共十九届五中全会和第三届中国国际进口博览会等重要节点期间的社会面稳定。民生底线兜牢兜实。严格落实各项社会救助政策,全年共实施各类救助帮困项目覆盖近4万人(次),救助金额共计3416.79万元。精准施策开展就业指导工作,帮助58名长期失业青年就业,帮助321名就业困难人员就业,社区登记失业人员控制在4.5%以下。开展残疾人家庭全覆盖排查工作,共有3048名残疾人享受生活补贴。开展第八批次上海户籍和第二批次非沪籍共有产权保障住房咨询受理申请工作,接待居民504人(次),受理86户,受理廉租住房家庭申请257户。公共服务便捷均衡。完善镇层面养老阵地布局,彭浦镇第二社区综合为老服务中心建成并投入试运行。完成长护险上门评估5228人(次),新增90周岁重度照护补贴对象210人。继续实施"老伙伴""乐龄有伴"结对项目,为1667名高龄老年人提供日常关爱和服务,实现80周岁以上独居老人结对全覆盖。持续深化镇综合为老服务平台功能,以"互联网+医护联盟+为老服务顾问团"的形式,为社区老年人提供精准个性的"宜居安养"服务。组织实施第十轮"老年乐园"项目,覆盖全镇36个居民区,受益老人近19万人(次)。持续深化社区事务受理服务中心标准化建设,推进政务服务"一网通办",全年累计受(办)理事项近14.8万件,逐步实现社区事务线上"一网通办"、线下"一窗受理、一次办成、全市通办、全年无休"。社会事业协调发展。支持引导群众文化团队,编排情景剧、戏曲唱段文艺作品。举办"人民至上——彭浦镇抗击新冠疫情行动摄影展"和"追求新梦想,夺取双胜利"庆祝中国共产党成立99周年主题定向赛,助力疫情防控,展示全镇干部群众昂扬的精神风貌和闪亮的健康风采。借力网络平台开展云上资源配送,通过线上平台播放、推送经典剧目、文化课程、摄影作品、科普知识。促进居民身心健康,组织开展上海市市民运动会、全民健身日等多项群众体育赛事活动。完善全民健康健身设施布局,新建1个健康智慧小屋、2个健身益智苑。推进社区教育、科普工作,成立彭浦镇科学技术协会,与社会力量合作开设1个普惠性托育点。提升档案工作法治化、规范化、科学化水平,镇政府档案室成功创建市级"样板档案室"。认真组织开展第七次全国人口普查,全力做好国防动员、妇女儿童、青年、民族、宗教等工作。基层治理能力稳步提升。高起点推进居委会标准化建设,将居委会活动空间上墙宣传版面内容纳入规范管理范畴。继续居民区减负增能,精简工作台账,最大程度缩减会议,释放基层活力。关注自治能力建设,开展彭浦镇"治惠彭程"社区自治项目建设。出台《关于深入推进"美丽楼组"建设,全力打造彭浦小镇"邻聚力"工程的实施意见》，推出《彭邻志》自治工具书，成立楼组自治研究会，推动楼组建设规范优质、内涵丰富、常态长效。至年底，"美丽楼组"创建数量达到670个（占全镇楼组总量的20%），居全区首位，成功创成一个全区首批示范性"美丽楼组"。楼群微网格发挥党建引领作用，通过"妇女微家""青春社区""智理汇"自治小组、"网上e客厅"等项目，汇聚小镇"邻聚力"。研究推进党建引领业委会健康发展，着力推进党组织把好人选关、业委会向党组织定期汇报工作等制度，促进社区和谐。按时完成4个小区业委会组建工作、18个小区业委会换届工作。 （厉成珏）

【老小区加装电梯工程全面启动】 3月30日，随着沪太路883弄绿园小区6号楼加装电梯工程的正式开工，2020年彭浦镇老旧小区多层住宅加装电梯工程宣告全面启动。为加快解决老旧小区多层住宅居民下楼难的问题，彭浦镇政府委托第三方专业机构对全镇65个有多层住宅的老旧小区进行全面调查、评估，发现其中2500多个门洞具备加装电梯的条件。镇政府积极指导居民加装电梯意愿强烈、加装条件较成熟的小区进行先行先试。 （厉成珏）

【召开新冠疫情防控工作领导小组会议】 4月14日，彭浦镇召开新冠肺炎疫情防控工作领导小组会议。镇机关处级领导出席，镇派出所、机关各科室、驻镇站所、社区卫生中心及第二社区卫生中心负责人参加。强调要立足社区为主做好疫情防控常态化，针对武汉来沪人员明确管控措施，优化社区防控措施，社区管理要日趋稳定。统筹安排好全镇防控工作，对小区来沪返沪人员要再确定梳理，对企业精准防控要有总体考虑，对学校防控做好物资、交通等全方位的保障。 （厉成珏）

【庆祝中国共产党成立99周年主题定向赛】 7月1日，彭浦镇党委、政府为庆祝中国共产党成立99周年举办"追求新梦想，夺取双胜利"主题定向赛。彭浦镇258个基层党支部选送的340名队员组成68支队伍，从静安大融城

11月4日，区委书记于勇（前排中）到彭浦镇调研 （彭浦镇 供稿）

出发,途经镇域内涉及党的建设、改革、发展、城区建设、民生等领域6个地标点位。

(厉成珏)

【彭浦镇科学技术协会第一次代表大会】 于7月17日在彭浦镇社区文化活动中心影视厅内召开。静安区科学技术协会党组书记金伟,彭浦镇党委书记辛毅,彭浦镇党委副书记、镇长章钧,副镇长丁晓青等领导出席会议。大会审议通过《上海市静安区彭浦镇科学技术协会实施〈中国科学技术协会章程〉细则(草案)》《上海市静安区彭浦镇科学技术协会第一次代表大会选举办法(草案)》。大会选举产生上海市静安区彭浦镇科学技术协会第一届委员会成员并召开第一届委员会第一次会议。

(厉成珏)

【彭浦镇第十九届人民代表大会第八次会议】 于8月3—4日在镇文化活动中心召开。镇人大代表近180人与会。代表们认真听取和书面审议,并表决通过镇政府2020年上半年工作情况和下半年工作安排报告、2019年财政决算和2020年上半年预算执行情况报告和关于调整2020年财政预算的报告。

(厉成珏)

【食品安全宣传进社区】 8月7日,彭浦镇食药安办牵头镇市场监管所在沪太路1170弄居委会举办夏季食品安全、保健食品安全知识讲座。1170弄居委会近50名社区群众参加讲座,镇市场监督管理所工作人员通过讲座让社区居民们了解到夏季食品的选购、食物储藏、厨房的卫生、剩菜的正确处理方法等相关食品安全知识。

(厉成珏)

【"四史"教育专题讲座】 9月25日,彭浦镇总工会在镇社区党群服务中心举办"激励职工——传承革命精神"的"四史"学习教育专题讲座。镇属基层工会干部60余人聆听讲座。讲座邀请《俞秀松画传》主编、上海大学社科学部副教授李瑊主讲。李瑊以中国共产党的创始人之一俞秀松的生平经历为主线,详细讲述中国共产党创建过程中的重要人物和重大事件,重点介绍俞秀松、李大钊、陈独秀等革命先驱在推进中国共产党的早期发展过程中所作的重要贡献。

(厉成珏)

【"红色印记"巡展活动】 10月22日,"红色印记"——中共中央早期机关在静安(1921—1933)暨彭浦镇新时代文明实践分中心巡展活动举行。"红色印记"巡展由区委组织部、区委宣传部主办,是静安区开展"四史"教育工作,推进红色文化的主打项目。区委宣传部副部长、区文明办主任马嘉槟,彭浦镇党委副书记、镇长章钧,彭浦镇党委副书记黄亚芳,大宁路街道党工委副书记杨蓉,静安区党建服务中心负责人袁文珺,以及兄弟街镇的分管领导等出席活动。彭浦镇各居民区书记、"两新"党组织书记等参加活动。

(厉成珏)

【于勇到彭浦镇调研】 11月4日,区委书记于勇到彭浦镇调研。于勇先后实地察看绿园居民区和彭浦镇社区党群服务中心,了解彭浦镇开展第七次全国人口普查、既有老旧小区加装电梯、基层党建、志愿者服务以及社会组织培育发展等工作。于勇对彭浦镇的工作给予肯定。

(厉成珏)

【鲍英菁带队视察彭浦镇】 12月4日,区政协副主席鲍英菁带领38名政协委员到彭浦镇开展"美丽家园""美丽城区"建设专题政协委员年末视察,实地视察绿园小区的屋面工程(坡改坡)、绿化提升、垃圾箱房改造,特别是既有多层加装电梯,停车场增建充电桩等改造项目;

永和公园的"美丽街区"项目改造。（厉成珏）

【退役军人主题招聘会】 12月15日,"乐业彭浦镇,筑梦新时代"2020年彭浦镇冬季专场招聘会暨退役军人主题招聘会举办。招聘会整合多方优质资源,发挥集聚效应,旨在满足社区居民、应届高校毕业生、退役军人的就业需求。现场共组织24家企业参加,涉及人力资源、金融、酒店、食品、咨询、机械、物流、物业服务等行业,涵盖基础类、技术类、管理类等多元化岗位,参加的招聘单位囊括上海广播电视信息网络、艾艾精密、百事可乐、尚道企业管理、立丰食品等公司,提供就业岗位160余个,吸引220多人前来参加,达成录用意向58人。 （厉成珏）

2020年彭浦镇居委会基本情况表

名称	地址	居民小组数(个)
运城	大宁路883弄43号101室	125
望景苑	宜川路733弄19号2楼	49
绿园	沪太路883弄13号106室	81
沪太路935弄	沪太路935弄29号甲	93
广中西路999弄	广中西路999弄47号-1临	157
沪太路1051弄	灵石路999弄32号202室	111
沪太路1170弄	沪太路1170弄18号甲	91
龙潭	灵石路1123弄2号甲	120
灵石路963弄	灵石路981号2楼	100
万荣东怡	灵石路735弄6号甲	117
万荣新苑	灵石路739弄59号甲	138
万荣佳苑	万荣路970弄19号甲	93
丽园	原平路383弄5号甲	74
阳城	阳城路283弄10号甲	128
美景雅园	高平路598弄14号101室	108
晋城	晋城路663弄18号101室	68
永和北一	高平路774弄30号	137

(续表)

名称	地址	居民小组数(个)
永和北二	原平路917弄5号102室	85
永和北三	原平路758弄31号102室	89
江场西路1366弄	江场西路1366弄5号	105
永和家园	高平路809弄29号102室	105
白遗桥	原平路289弄13号甲	149
塘南	汶水路649弄31号甲	75
阳城贵都	阳城路280弄19号102室	79
成亿花园	原平路1029弄17号102室	48
共和新路3650弄	共和新路3650弄38号甲	63
场中路2800弄	场中路2800弄28号甲	89
洪泉	场中路2600弄90号甲	53
幸福一村	场中路2600弄11号2楼	63
幸福二村	场中路2950弄28号甲2楼	78
海鹰	场中路3300弄1号	50
场中路801弄	场中路3123弄21号104室	65
翔前	场中路3332弄19号103室	48
白玉兰	少年村路479弄61号101室	65
龙馨嘉园	场中路3386弄7号201室	86
龙盛雅苑	万荣路166弄9号105室	26
合计		3211

(厉成珏)

二十八、人物·先进集体

编辑 李佳丽

(一)静安区主要领导人简介

陆晓栋 男,1960年4月生。上海市人。中共党员。1982年7月参加工作,在职研究生,法学硕士,高级政工师。2015年7月任中共上海市静安区委副书记,区人民政府区长、党组书记。2018年9月起任中共上海市静安区委书记,区人民政府区长、党组书记。2019年3月任中共上海市静安区委书记。2020年5月免去静安区委书记、常委、委员职务。曾任南市区豫园街道党工委书记,区政府外事办主任,区协作办、招商服务中心主任,黄浦区人大常委会副主任(不驻会)、区协作办(招商中心)党组书记,黄浦区副区长。

于勇 男,1965年1月生。汉族,江苏泰兴人。中共党员。1989年5月参加工作,全日制研究生,工学硕士,高级工程师。2019年2月任中共静安区委副书记、区人民政府代区长、党组书记;同年5月任中共静安区委副书记、区人民政府区长。2020年5月起任中共静安区委书记。曾任浦东新区建设局副局长,区建设和交通委员会副主任,川沙功能区域党工委副书记,管委会副主任,川沙新镇党委副书记、镇长;闵行区委常委、副区长、区政府党组副书记,区委副书记。

顾云豪 男,1965年10月生。汉族,江苏启东人。中共党员。1988年7月参加工作,在职研究生,经济学硕士,经济师。2018年12月任静安区人大常委会党组书记。2019年1月任静安区人大常委会主任。曾任浦东新区潍坊新村街道党工委副书记、办事处主任,区政府办公室副主任,区委办公室副主任、地区工作办公室(人口办)主任,区发展和改革委员会副主任、区经济体制改革办公室主任,区民政局局长,区机构编制委员会办公室主任,区委组织部副部长,虹口区委常委、组织部部长,静安区委常委、组织部部长,区委副书记等职。

王华 男,1974年1月生。汉族,江苏靖江人。中共党员。1998年5月参加工作,全日制研究生,工学硕士、工商管理硕士。2020年6月起任中共静安区委副书记,9月在静安区第一届人民代表大会第十次会议上当选静安区人民政府区长。曾任浦东新区金杨社区(街道)党工委副书记、办事处主任,陆家嘴金融贸易区管委会(筹)副主任、党组副书记、常务副主任,陆家嘴金融贸易区管委会党组副书记、常务副主任,中国(上海)自贸试验区管委会陆家嘴管理局局长,浦东新区副区长,中国(上海)自贸试验区管委会副主任等职。

丁宝定 男,1963年9月生,汉族,江苏南通人。中共党员。1987年7月参加工作,工学学士。2019年7月起任静安区政协党组书记、政协主席。曾任市委组织部宣教科技干部处调研员(其中:2004年6月—2007年6月援藏任日喀则地区组织部副部长)、党政干部处副处长(正处级)、党政干部处处长、区县干部处处长,黄浦区委常委、组织部部长,黄浦区委副书记。

(二)先进个人名录

2020年全国劳动模范

朱贤麟	上海北方企业(集团)有限公司党委书记、董事长

2020年全国先进工作者

毛琦敏(女)	国家税务总局上海市静安区税务局第一税务所四级高级主办

2020年度上海市青年五四奖章个人

(共青团上海市委员会、上海市人力资源和社会保障局 2021年4月)

王轩	北京嘀嘀无限科技发展有限公司副总裁、滴滴迅驰科技(上海)有限公司总裁
白云	上海市静安区人民法院民事审判庭涉老审判团队法官
徐昌琛	上海市静安区市场监督管理局共和新路市场监督管理所四级主办
苏红	国家税务总局上海市静安区税务局党建工作科一级行政执法员
倪娜	中共二大会址纪念馆馆员、研究室负责人
王中佳	上海市静安区天目西路街道房管办事处主任

第十二届全国五好家庭

(中华全国妇女联合会 2020年12月)

曹鹏	上海交响乐团退休
赵卿峰	上海勤丰文化传播有限公司总经理

赵亦沁（女）　退休

全国抗疫最美家庭
（中华全国妇女联合会　2020 年 5 月）
朱正敏　　上海市公安局静安分局江宁路派
　　　　　出所执法办案队副队长

2020 年全国最美家庭
（中华全国妇女联合会　2020 年 12 月）
方嘉列　　静安区疾病预防控制中心副主任

从事妇女工作 20 周年
（上海市妇女联合会　2020 年 8 月）
方学丽（女）　上工新村居民区党总支书记兼妇
　　　　　联主席
许贵芳（女）　蒋家巷居民区党总支书记兼妇联
　　　　　主席

2021 年全国五一劳动奖章
（中华全国总工会　2021 年 5 月）
吴德昇　　上海申一百货公司艺术总监

（三）先进集体名录

2020 年度上海市青年五四奖章集体
（共青团上海市委员会、上海市人力资源
和社会保障局　2021 年 4 月）
上海市机械施工集团有限公司昌平路—恒通路
　跨苏州河桥新建工程青年团队
上海市静安区疾病预防控制中心青年突击队
共青团上海市公安局静安分局委员会

（四）静安区党政机关、民主党派、人民团体领导名录

中共静安区委
中共静安区第一届委员会
书　记　陆晓栋（—2020.05）
　　　　于　勇（2020.05—）
副书记　于　勇（—2020.05）
　　　　黄　红（女，—2020.05）
　　　　王　华（2020.05—）
常　委　顾春源　何以琴（女）　赵汝青
　　　　凌惠康　姜　鸣　刘　燮（女）
　　　　蔡啸峰　周海鹰（—2020.01）
　　　　梅广清（2020.07—）
委　员（按姓氏笔画为序）
　　　　于　勇　马士威
　　　　王　华（2020.05—）
　　　　王光荣　王希佳　叶坚华
　　　　叶智坚　任　伟　任少南
　　　　华洁蓉（女）　刘　燮（女）
　　　　孙培江　孙惠明　李　震（回族）
　　　　杨恒进　何以琴（女）
　　　　宋大杰　张　瑾
　　　　陆晓栋（—2020.05）　陈宇卿
　　　　林晓珏（女）
　　　　周海鹰（—2020.01）
　　　　周惠珍（女）　赵汝青
　　　　赵剑峰　胡世斌　姜　鸣
　　　　姜伟成　洪海明　胥燕红（女）
　　　　桂新平　顾云豪　顾春源
　　　　徐慧君（女）　凌惠康
　　　　黄　红（女，—2020.05）
　　　　梅广清（2020.07—）　董海明
　　　　蔡啸峰　潘子罕　戴　俊

候补委员(按得票多少为序)
  唐其艳(女)

区委办公室(挂区委机要局牌子,区委研究室、
 区委保密委员会办公室归口管理)
主 任 潘国力
副主任 王宗辉 黄媛媛(女)
区委研究室
主 任 张梁峰
副主任 俞荫侠
区委机要局
局 长 潘国力
副局长 徐雅君(女)

区委组织部(区委机构编制委员会办公室、区社
 会工作党委与其合署,挂区公务员局牌子)
部 长 顾春源
副部长 孙明丽(女) 李华忠 施冬云(女)
    吕 平(—2020.10) 胡慧芬(女)
区委机构编制委员会办公室
主 任 施冬云(女)
副主任 黄 萍(女)
    严布衣(—2020.05)
区社会工作党委
书 记 孙明丽(女)
区公务员局
局 长 吕 平(—2020.10)
    施冬云(女,2020.10—)

区委宣传部(挂区委网络安全和信息化委员会
 办公室、区政府新闻办公室、区精神文明建设
 委员会办公室牌子)
部 长 姜鸣
副部长 周晴华(女) 姚掌宏
    马嘉槟(满族) 陈 宏(女)
    李永波(—2020.05)

区精神文明建设委员会办公室
主 任 马嘉槟(满族)
区委网络安全和信息化委员会办公室
主 任 周晴华(女)
区政府新闻办公室
主 任 周晴华(女)
副主任 柴春羚(女)

区委统一战线工作部(区民族和宗教事务办公
 室、区委台湾工作办公室与其合署,挂区政府
 侨务办公室牌子)
部 长 凌惠康
副部长 季 军(女)
    张 蓓(女,—2020.03)
    王立萍(女)
    徐宝安(女,—2020.07)
    周玉鸿
区民族和宗教事务办公室
主 任 周玉鸿
区委台湾工作办公室(挂区政府台湾事务办公
 室牌子)
主 任 王立萍(女)
副主任 任 箴(女)
区政府侨务办公室
主 任 张 蓓(女,—2020.03)
    周玉鸿(2020.03—)
区社会主义学院
院 长 凌惠康
副院长 殷瑞兰(女)

区委政法委员会
书 记 赵汝青
副书记 潘子罕 陈瑜栋 胡长春
    陈 琪
区级机关工作委员会
书 记 程蓓蕾(女)

副书记 李　琳(女,—2020.09)
　　　　陈　畅 (2020.05—)

区委老干部局
局　长　胡慧芬(女)
副局长　茆训文　杨　虹(女)　毕卫红(女)
区离退休干部党工委
书　记　胡慧芬(女)
副书记　茆训文

区委区政府信访办公室
主　任　郜　杰
副主任　陆　怡　俞铁铭　周寅峻

区档案局(与区档案馆两块牌子、一个机构,区委党史研究室、区地方志办公室与区档案馆合署)
局　长　林　捷
副局长　王　赪(女)
区档案馆
馆　长　林　捷
副馆长　康德山
区委党史研究室
主　任　林　捷
副主任　郭晓静
区地方志办公室
主　任　林　捷
副主任　叶供发

区人民武装部
部　长　于清祥
政　委　蔡啸峰

区委党校(挂区行政学院牌子,属两块牌子,一套班子)
校　长　顾春源

常务副校长　徐　刚
副校长　　　倪　辉　董　捷(女)
区行政学院
常务副院长　徐　刚
副院长　　　倪　辉　董　捷(女)

区级机关、街道、人民团体党组织
区人大常委会党组
书　记　顾云豪
副书记　叶坚华(—2020.12)
　　　　宋　震(2020.12—)

区人民政府党组
书　记　于　勇(—2020.07)
　　　　王　华(2020.07—)
副书记　刘　燮(女)

区人民政协党组
书　记　丁宝定
副书记　凌惠康　陈静薇(女)

区人民法院党组
书　记　孙培江

区人民检察院党组
书　记　杨恒进(—2020.10)
　　　　董学华(2020.10—)

区发展和改革委员会党组
书　记　赵剑峰

区商务委员会党委(2020年12月变更为区商务委员会党组)
书　记　林晓珏(女)
副书记　赵　坚

区教育工作党委
书　记　胥燕红(女)
副书记　陈宇卿　顾　炜

区科学技术委员会党组
书　记　周　隽(女)
副书记　钱厚德

公安静安分局党委
书　记　潘子罕
副书记　汤　岚(女,—2020.04)
　　　　王　奇(2020.04—)
　　　　钱国庆

安全静安分局党委
书　记　张　军

区民政局党组
书　记　贾先斌(—2020.01)
　　　　焦志勇(2020.10—)

区司法局党委
书　记　吕忆农
副书记　凌淑蓉(女,—2020.09)

区财政局党组
书　记　任少南(—2020.10)
　　　　张　瑾(2020.10—)

区人力资源和社会保障局党委(2020年12月变更为区人力资源和社会保障局党组)
书　记　王　成
副书记　王光荣

区规划和自然资源局党组
书　记　董　瑜

区生态环境局党组
书　记　袁鹏彬

区建设和管理工作党委
书　记　叶智坚
副书记　洪海明

区文化和旅游局党委(2020年12月变更为区文化和旅游局党组)
书　记　陈　宏(女)
副书记　周　英(女)

区卫生健康工作党委
书　记　胡世斌
副书记　凌　云

区退役军人事务局党委(2020年12月变更为区退役军人事务局党组)
书　记　于　文(—2020.02)
　　　　吕　平(2020.10—)

区应急管理局党组(2020年12月变更为区应急管理局党委)
书　记　顾耀亮(—2020.04)
　　　　张　瑾(2020.04—2020.10)
　　　　李　卿(2020.10—)

区审计局党组
书　记　陈士林(—2020.11)

区市场监督管理局党委(2020年12月变更为区市场监督管理局党组)
书　记　陈　平
副书记　黄剑平

区国有资产监督管理委员会党委

书　记　戴　俊
副书记　王　为(女)

区体育局党组
书　记　俞　彪
副书记　邓铭一

区统计局党组
书　记　许　俊(女,—2020.10)

区医疗保障局党组
书　记　徐　立

区绿化和市容管理局党组
书　记　蒋凡湧
副书记　齐士勇(—2020.06)

区住房保障和房屋管理局党组
书　记　姜伟成(—2020.10)
　　　　马士威(2020.10—)
副书记　聂军民

区城市管理行政执法局党组
书　记　王月庆
副书记　董　剑(—2020.09)

区民防办公室党组
书　记　汝亚新(—2020.11)

区投资促进办公室党组
书　记　龙　芳(女)
副书记　李立文(女)

区地区工作办公室党组
书　记　鲍晓丽(女)

铁路上海站地区管理委员会办公室党组
书　记　黄　翔

区机关事务管理局党组(2020年10月撤销)
书　记　施鸿华(—2020.10)

区税务局党委
书　记　　　赵明富
纪检组组长　曹　荃

区总工会党组
书　记　郑志勇(—2020.10)
　　　　许　俊(女,2020.10—)

区妇女联合会党组
书　记　徐慧君(女)

区科学技术协会党组
书　记　金　伟(女,—2020.12)

区归国华侨联合会党组
书　记　李　敏(女,2020.05—)

区残疾人联合会党组
书　记　吕立祥
副书记　郁　霆

区红十字会党组
书　记　王　震

区工商业联合会党组
书　记　徐宝安(女,—2020.07)
　　　　李　帆(2020.10—)

静安寺街道党工委
书　记　洪明铭

副书记　张　峰　李林波　洪　波
　　　　汝熙玲(女,2020.05—)

曹家渡街道党工委
书　记　唐凌峰
副书记　李颖婷(女,—2020.12)
　　　　李晟晖　姚　嬿(女)

江宁路街道党工委
书　记　沈　虹(女)
副书记　可晓林(—2020.09)
　　　　刘尚宝(2020.12—)
　　　　朱　凤(女)　潘红眉

石门二路街道党工委
书　记　马颖慧(女,—2020.09)
　　　　可晓林(2020.09—)
副书记　镇　杨　苏玉锋　张　毅

南京西路街道党工委
书　记　周惠珍(女)
副书记　王颉鸣　陆　颖(女)
　　　　严布衣(2020.05—)

天目西路街道党工委
书　记　华洁蓉(女)
副书记　董启蒙　张丽珍(女)
　　　　施　齐

北站街道党工委
书　记　程　凯
副书记　何　涛　谢　霖　张　拓

宝山路街道党工委
书　记　马建超(—2020.08)
　　　　胡建文(2020.08—)
副书记　胡建文(—2020.08)
　　　　孙中峰(2020.08—)
　　　　俞宙冬(女)
　　　　张　宇(2020.05—)

芷江西路街道党工委
书　记　柯　琪
副书记　马士威(—2020.10)
　　　　邢　光　李　斌

共和新路街道党工委
书　记　李永波(2020.05—)
副书记　李　卿(—2020.10)
　　　　吴静霞(2020.10—)
　　　　朱　瑾(女,—2020.05)
　　　　陈　捷

大宁路街道党工委
书　记　宋大杰
副书记　司　静(女)　杨　蓉(女)
　　　　蒋晓军

彭浦新村街道党工委
书　记　任　伟
副书记　李彦平　张西飞　李　艳(女)

临汾路街道党工委
书　记　厉　蕾(女)
副书记　徐　健(女)
　　　　吴静霞(女,—2020.10)
　　　　宋　杰

彭浦镇党委
书　记　辛　毅
副书记　章　钧
　　　　杨前卫(—2020.08)

黄亚芳(女)

区政府
静安区第一届人民政府
区　　长　于　勇(—2020.07)
　　　　　王　华(2020.09—)
副区长　刘　燮(女)
　　　　鲍英菁(女,民进,—2020.01)
　　　　周海鹰(—2020.01)
　　　　梅广清(2020.07—)
　　　　潘子苧
　　　　龙婉丽(女,民盟,2020.01—)
　　　　李　震(回族)　张　军

区政府办公室(区机关事务管理局与其合署,
　挂区政府研究室、区政府外事办公室、区政府
　合作交流办公室、区政务服务办公室牌子)
主　任　董海明
副主任　焦志勇(—2020.10)
　　　　李　帆(—2020.10)
　　　　施鸿华　曾纪忠　陈　敏(女)
　　　　陈　华　徐忠柱　顾文虎
区政府研究室
主　任　焦志勇(—2020.10)
区政府外事办公室
主　任　陈　敏(女)
区政府合作交流办公室
主　任　李　帆(—2020.10)
副主任　周　伟
区政务服务办公室
主　任　顾文虎
区机关事务管理局
局　长　施鸿华
副局长　王延军　徐振宇(2020.05—)
区委、区政府总值班室
主　任　曾纪忠

区发展和改革委员会
主　任　赵剑峰
副主任　严　真　徐　姣(女)
　　　　鲁慧玲(女)

区商务委员会(挂区经济委员会、区粮食和物
　资储备局牌子)
主　任　林晓珏(女)
副主任　虞红梅(女)　高　能
　　　　王　艳(女)
区经济委员会
主　任　林晓珏(女)
区粮食和物资储备局
局　长　林晓珏(女)

区教育局
局　长　陈宇卿
副局长　刘新宇(—2020.05)
　　　　徐剑宏　孙　忠(女)
　　　　邱中宁(2020.05—)
区科学技术委员会(挂区信息化委员牌子)
主　任　周　隽(女)
副主任　钱厚德　江　蕾(女,民进)
　　　　吴启南
区信息化委员会
主　任　周　隽(女)
副主任　钱厚德　吴启南

公安静安分局
局　长　潘子苧
政　委　汤　岚(女,—2020.04)
　　　　王　奇(2020.04—)
副局长　钱国庆　何陈男(女)
　　　　孙伟国　陈　勇　纪　敏
　　　　沈建勋

国安静安分局
局　长　张　军

区民政局(挂区社会组织管理局牌子)
局　长　贾先斌(—2020.11)
　　　　焦志勇(2020.11—)
副局长　黄蓓华(女)　　沈连心
　　　　张海翔

区社会组织管理局
局　长　贾先斌(—2020.10)
　　　　焦志勇(2020.10—)

区司法局
局　长　凌淑蓉(女,—2020.09)
　　　　吕忆农(2020.09—)
副局长　吕忆农(—2020.09)
　　　　李　敏(女,—2020.05)
　　　　李成梅(女,致公党)

区财政局
局　长　任少南(—2020.11)
　　　　张　瑾(2020.11—)
副局长　陈　洁(女,无党派)
　　　　章敏浩　彭海鹰(女)

区人力资源和社会保障局
局　长　王光荣
副局长　汤　虹　徐礼根　瞿　熙(女)
　　　　顾新斌

区劳动保障监察大队
大队长　王红(女)

区劳动人事争议仲裁院
院　长　姚必文(女)

区规划和自然资源局
局　长　董　瑜

副局长　吴炳怀　黄立勋(女)
　　　　施　煜(女)

区生态环境局
局　长　吴　月(女,致公党)
副局长　艾福龙　唐明翔
　　　　王　桢(女,—2020.05)

区生态环境局执法大队
大队长　林涌泉

区建设和管理委员会(挂区交通委员会、区水
　务局牌子)
主　任　洪海明
副主任　凌　斌　郁震飞(2020.05—)
工会主任　李　焰(女)

区交通委员会
主　任　洪海明

区水务局
局　长　洪海明

区文化和旅游局
局　长　陈　宏(女)
副局长　尤晓军　华祥义

区文化旅游局执法大队
大队长　吴芳艺(女)

区卫生健康委员会(挂区中医药发展办公室牌
　子)
主　任　叶　强(农工党,2019.02—)
副主任　张少觊　祝友元(2020.12—)
　　　　钟　岭(女,农工党)

区中医药发展办公室
主　任　叶　强(农工党)

区卫生和计划生育委员会监督所
所　长　向　承(土家族)

区退役军人事务局
局　长　于　文(—2020.11)
　　　　吕　平(2020.12—)
副局长　兰富奇　秦永亮

区应急管理局
局　长　张　瑾(—2020.11)
　　　　李　卿(2020.11—)
副局长　王志平　胡奇敏(致公党)
　　　　王　姝(女)　　王家奇

区审计局
局　长　陈士林
副局长　张雪云(女,民建)
　　　　刘　靖

区市场监管局(挂区食品药品安全委员会办公
　　室、区知识产权局牌子)
局　长　陈　平
副局长　王　政　钱金龙
　　　　孙剑波(—2020.12)
　　　　张轶萌(女)
区食品药品安全委员会办公室
主　任　陈　平
区知识产权局
局　长　陈　平
区市场监管局执法大队
大队长　毛　峰

区国有资产监督管理委员会(挂区集体资产监
　　督管理委员会牌子)
主　任　戴　俊
副主任　毛霆钧　郝成城(女)
　　　　刘明明(九三学社)
区集体资产监督管理委员会
主　任　戴　俊

区体育局
局　长　俞　彪
副局长　黄京滨　陆前安

区统计局
局　长　许兴莉(女,农工党)
副局长　蒋　俊(女)

区医疗保障局
局　长　徐　立
副局长　田国栋　丁文淑(2020.05—)

区绿化和市容管理局
局　长　蒋凡湧
副局长　占泉水　尤文坚(—2020.10)
　　　　桑健全

区住房保障和房屋管理局
局　长　姜伟成(—2020.10)
　　　　马士威(2020.11—)
副局长　韩　灏　姜　鹤

区城市管理行政执法局
局　长　王月庆
副局长　王立南(民盟)　翁文杰
区城市管理行政执法局执法大队
大队长　王月庆
政　委　王月庆
副大队长　王立南(民盟)　翁文杰

区民防办公室(挂区人民防空办公室牌子)
主　任　汝亚新
副主任　吴　皑　刘晓军
区人民防空办公室
主　任　汝亚新

区投资促进办公室
主　　任　龙　芳(女)
副主任　汝熙玲(女,—2020.05)
　　　　　谢　玮(女,—2020.05)
　　　　　黄永前
　　　　　潘冰清(女,2020.05—)
　　　　　韩　益(女,2020.05—)
　　　　　宗　敏(女,2020.05—)
　　　　　赵清元(2020.08—)

区金融服务办公室
主　　任　李立文(女)
副主任　姚　平

区地区工作办公室
主　　任　鲍晓丽(女)
副主任　王小芳(女)　　潘文波
　　　　　许云仙(女)

铁路上海站地区管理委员会办公室
常务副主任　黄　翔
副主任　　　贾振宇(满族)
　　　　　　周文军(2020.08—)
　　　　　　殷时代(—2020.08)
　　　　　　余建清

区税务局
局　　长　赵明富
副局长　蒋薇虹(女,—2020.10)
　　　　　衣爱国(2020.10—)
　　　　　张亮(2020.10—)
　　　　　张彤(女,2020.10—)
　　　　　刘善雨
总经济师　衣爱国(—2020.10)
　　　　　陈　龙(2020.10—)

总会计师　陆志炜

静安寺街道
办事处主任　　张　峰
办事处副主任　洪雪钢　于振荣(女)
　　　　　　　李　芸(女)
　　　　　　　顾海斌(2020.05—)
人武部部长　　马　涛

曹家渡街道
办事处主任　　李颖婷(女,—2020.12)
办事处副主任　季伟娟(女)
　　　　　　　王燕锋　张善琴(女)
　　　　　　　赵清元(—2020.08)
人武部部长　　孙建明

江宁路街道
办事处主任　　可晓林(—2020.09)
　　　　　　　刘尚宝(2020.12—)
办事处副主任　林昱炜　姚磊
　　　　　　　韩　益(女,—2020.05)
　　　　　　　尹　洁(女)
　　　　　　　李　颙(2020.05—)
　　　　　　　张纬臣(2020.05—)
人武部部长　　李德成

石门二路街道
办事处主任　　镇　杨
办事处副主任　滕　毅　陈宇韬
　　　　　　　周彬慧(女)
　　　　　　　宗　敏(女,—2020.05)
　　　　　　　陈　功(女,2020.05—)
人武部部长　　严　钧(—2020.03)

南京西路街道
办事处主任　　王颉鸣

办事处副主任	张梅娟(女) 沈 伟(民盟) 顾 瑜 邵 皑(女) 程 畅(2020.05—)		人武部部长	叶坚平

大宁路街道
办事处主任　　司　静(女)
办事处副主任　黄建华　朱　慧(女)
　　　　　　　刘　青
　　　　　　　潘冰清(女，—2020.05)
　　　　　　　周　铁(2020.05—)
人武部部长　　王晓军

人武部部长　　陆阳红

天目西路街道
办事处主任　　董启蒙
办事处副主任　林　峰　沈红芳(女)
　　　　　　　吴晓斌

北站街道
办事处主任　　何　涛
办事处副主任　王桢宇　王　勇
　　　　　　　余　萍(女)　简　军
人武部部长　　张建军

彭浦新村街道
办事处主任　　李彦平
办事处副主任　刘　胜(—2020.05)
　　　　　　　刘少军(女)
　　　　　　　周海波　胡志雄
　　　　　　　黄　燕(2020.05—)
人武部部长　　张克忠

宝山路街道
办事处主任　　胡建文(—2020.08)
　　　　　　　孙中峰(2020.08—)
办事处副主任　张　宇(—2020.05)
　　　　　　　屈蔡翔　朱民珏(女)
　　　　　　　蒋　泽　沈　柳(2020.05—)
人武部部长　　韩　春

临汾路街道
办事处主任　　徐　健(女)
办事处副主任　陈　勇　贺　洁(女)　刘兴军
人武部部长　　吴亦飞(—2020.07)

芷江西路街道
办事处主任　　马士威(—2020.10)
办事处副主任　谭洁群(女,九三学社)
　　　　　　　陈　列　胡晓虹(女)
　　　　　　　陈培祺(2020.05—)
人武部部长　　刘跃俊(—2020.11)

彭浦镇
镇　长　　　　章　钧
人大主席　　　朱泉荣
副镇长　　　　周新钢(民建)　徐建峰
　　　　　　　丁晓青(女,2020.01—)
人大副主席　　张　英(女)
武装部部长　　向英华

共和新路街道
办事处主任　　李　卿(—2020.10)
　　　　　　　吴静霞(2020.11—)
办事处副主任　谢　杰　祝友元(—2020.12)
　　　　　　　张跃兵　蒋丽丽(女)

区人大常委会
静安区第一届人大常委会
主　任　　　　顾云豪
副主任　　　　叶坚华(—2020.12)

宋　震　冯　璐(女)
吴丽萍(女,—2020.12)
杨志健(女)　　江天熙(女,民革)
严俊瑛(女,九三学社)
曾晓颖(女,农工党)

委　员(按姓氏笔画为序)
王　敏(女)　　成伟艳(女)
朱　健(2020.01—2020.10)
朱晓东
朱晓俊(—2020.10)
刘　庆　刘新宇(2020.05—)
许　骅
许美芳(女,—2020.02)
李华忠　杨景明　吴　成
邹振辉(2020.01—)
应天元　汪皓俊(女,民盟)
陆林华(女,民建,民盟)
陈　磊　陈溯宇(无党派)
定　慈　聂　丹(女,民进)
徐文东
徐宝安(女,—2020.11)
徐慧君(女)　　陶　澐
谢　军　谢华平　魏　勇(女)

办公室
主　任　王　敏(女)
副主任　谢华平　黄　磊
　　　　徐晓燕(女,2020.05—)

研究室
主　任　谢华平
副主任　吕　曦(女,2020.05—)
　　　　杨步君(—2020.05)

代表工作室
主　任　成伟艳(女)
副主任　盛正良(—2020.05)
　　　　陶　欣(2020.05—)

法制委员会

主任委员　朱晓俊(—2020.10)
副主任委员　盛正良(2020.05—)　李举东
财政经济委员会
主任委员　陶　澐
副主任委员　魏　勇(女)　陈　磊
(2020.02—)
监察和司法委员会
主任委员　谢　军
副主任委员　陆嘉惠(女)
社会建设委员会
主任委员　杨景明
副主任委员　应天元(2020.05—)　王　成
代表资格审查委员会
主任委员　李华忠
副主任委员　成伟艳(女)
人事工作委员会
主　任　李华忠
副主任　成伟艳(女)
预算工作委员会
主　任　魏　勇(女)
副主任　朱　忞(2020.05—)
　　　　叶素鸣(女)
城市建设环境保护工作委员会
主　任　陈溯宇(无党派)
副主任　应天元(—2020.05)
　　　　杨步君(2020.05—)
　　　　朱建华(女)
教育科学文化卫生工作委员会
主　任　刘新宇(2020.05—)
副主任　黄　泓(女)　　黄岳嵘(女)
华侨民族宗教工作委员会
主　任　刘新宇(2020.05—)
副主任　黄　泓(女)
　　　　许美芳(女,—2020.02)
静安寺街道工作委员会
主　任　洪明铭

副主任　毕利君(女)　　高　文
曹家渡街道工作委员会
主　任　唐凌峰
副主任　张建光
江宁路街道工作委员
主　任　沈　虹(女)
副主任　薛　羽(—2020.10)　王　成
石门二路街道工作委员会
主　任　马颖慧(女,—2020.10)
　　　　可晓林(2020.10—)
副主任　章　伟
南京西路街道工作委员会
主　任　周惠珍(女)
副主任　李　桦(—2020.12)
　　　　朱一平
天目西路街道工作委员会
主　任　华洁蓉(女)
副主任　徐世栋(2020.05—)
　　　　王秀丽(女)
北站街道工作委员会
主　任　程　凯
副主任　张　红(女)
宝山路街道工作委员会
主　任　马建超(—2020.10)
　　　　胡建文(2020.10—)
副主任　朱民铎(—2020.10)
　　　　丁家阁
芷江西路街道工作委员会
主　任　柯　琪
副主任　王加坤
共和新路街道工作委员会
主　任　李永波(2020.05—)
副主任　汤剑平(—2020.03)
　　　　朱　瑾(女,2020.05—)
大宁路街道工作委员会
主　任　宋大杰

副主任　刘明刚　钱晓文
彭浦新村街道工作委员会
主　任　任　伟
副主任　杨　文(女,—2020.10)
　　　　董　剑(2020.10—)
　　　　张　鹊(女)
临汾路街道工作委员会
主　任　厉　蕾(女)
副主任　倪伟明(群众)

区政协

政协静安区第一届委员会
主　席　丁宝定
副主席　陈静薇(女)
　　　　鲍英菁(女,民进,2020.01—)
　　　　沃伟东(农工党)　王　钢(民盟)
　　　　沈　刚(无党派)　叶　强(农工党)
秘书长　刘尚宝
常务委员(按姓氏笔画为序)
　　　　王　波(女,民盟)
　　　　王　剑(农工党、中共)
　　　　王　蔷(民革)　王乐晨(民建)
　　　　王学伟(九三学社)
　　　　龙　毅　　　　叶　纲(民盟)
　　　　乐　理(女,民革)
　　　　永　觉(群众)　亚　蕴(群众)
　　　　朱忠达(民建)　江　泓(无党派)
　　　　江海雄(民进)　池晓彬(民建)
　　　　许兴莉(女,农工党)
　　　　许遵鸣(民革)
　　　　杜国英(女,民进)
　　　　孙　忠(女,2020.01—)
　　　　孙明丽(女)　孙洪林(民革)
　　　　李建林(无党派)
　　　　杨金志(2020.01—)
　　　　肖　震(九三学社)

吴　月(女,致公党)
何万篷　张雪云(女,民建)
陆　迪(女,2020.01—)
林万隆　　　季　军(女)
陈俊峰(九三学社、中共)
周新钢(民建)　庞沐兰(女)
郑志勇(—2020.12)
郑健灵(群众)　赵　宏
钟　岭(女,农工党)
洪　璐(女,民进)祝跃光
顾小萍(女,—2020.12)
阎　华(女,回族,群众)
曹惠芳(女,农工党)
崇　林(群众)　董敏华(致公党)
蒋　林(民进)　蒋　青(女,民进)
景　菊(女)　　程　峰
蔡　峥(民革)

副秘书长(按姓氏笔画为序)
王学伟(九三学社)
朱祖光(无党派)　刘学建
江海雄(民进)
许兴莉(女,农工党)
张　骏(民盟)
张雪云(女,民建)
陈卫慧(女)
俞海华　胡奇敏(致公党)
姚建伟
龚晓鸣(民建)　蔡　峥(民革)
刘　胜(2020.05—)

办公室
主　任　刘尚宝
副主任　俞海华　陈卫慧(女)
委员联络工作室
主　任　刘尚宝(—2020.03)
　　　　刘　胜(2020.05—)
副主任　姚建伟

专门委员会办公室
主　任　刘学建
副主任　孙玉蓉(女,2020.06—)
提案委员会
主　任　陈静薇(女)
副主任　孙明丽(女)
　　　　洪　璐(女,民进)
　　　　徐忠柱　肖　震(九三学社)
　　　　叶　纲(民盟)　钱　进(民建)
　　　　黄媛媛(女)
经济委员会
主　任　龙　芳(女)
副主任　张　瑾　许兴莉(女,农工党)
　　　　马文胜(民革)　夏柳伟(群众)
　　　　何万篷　丁德应　任新建
　　　　庞言良(群众)
　　　　严　真(2020.02—)
人口资源环境建设委员会
主　任　周伟良(—2020.06)
　　　　王　赪(女,2020.06—)
副主任　朱忠达(民建)　焦俊祥
　　　　杨文恺　徐国理　王建峰(无党派)
　　　　汪兴国
　　　　吴　月(女,致公党,2020.02—)
　　　　谢志彬(2020.02—)
教科卫体委员会
主　任　刘新宇(—2020.03)
　　　　孙　忠(女,2020.03—)
副主任　江海雄(民进)　孙云立(群众)
　　　　张　敏(女)　陈　军
　　　　陈爱国(群众)
　　　　陈俊峰(九三学社、中共)
　　　　顾小萍(女,—2020.12)
　　　　钟　岭(女,农工党,2020.02—)
社会和法制委员会
主　任　郑志勇

副主任　龙　毅　　　　孙　琳(女)
　　　　王　翔(女)　　谢庆甫
　　　　祝跃光　　　　邵开俊(民建)

文化文史和学习委员会
主　任　季　军(女,2020.03—)
副主任　周　英(女)　　杨金志
　　　　石裕雄(民盟)　王诗富(无党派)
　　　　李红梅(女,民建)
　　　　何小青　　　　张　洁(女)
　　　　阎　华(女,回族,群众,2020.02—)

民族和宗教委员会
主　任　周玉鸿
副主任　永　觉(群众)　亚　蕴(群众)
　　　　阎　华(女,回族,群众,—2020.02)
　　　　张　彪(满族,群众)
　　　　穆杰泉(回族,群众)

港澳台侨委员会
主　任　张　蓓(女,—2020.07)
　　　　王立萍(女,2020.07—)
副主任　王立萍(女,—2020.07)
　　　　季淑惠(女)　　陈　峰(无党派)
　　　　林万隆　　汪学之(女,群众)
　　　　郑鸿河(群众)

社区建设委员会
主　任　鲍晓丽(女)
副主任　沈　伟(民盟,—2020.02)
　　　　胡建文　马士威　李　卿
　　　　李彦平
　　　　吴　月(女,致公党,—2020.02)
　　　　周新钢(民建,—2020.02)
　　　　姚建伟　李颖婷(女)
　　　　镇　杨　董启蒙　司　静(女)
　　　　张　峰(2020.02—)
　　　　王颉鸣(2020.02—)
　　　　可晓林(2020.02—)
　　　　何　涛(2020.02—)

　　　　徐　健(女,2020.02—)
　　　　章　钧(2020.02—)

区纪委、监委

中共静安区第一届纪律检查委员会
书　记　何以琴(女)
副书记　应　妹(女)　　茅建宏
常　委　李向英(女)　　顾　莹(女)
　　　　杨　伟　　　　许昌文
委　员(按姓氏笔画为序)
　　　　丁　权　丁有为　丁德宏
　　　　王　为(女)　　仇玉洁(女)
　　　　司　静(女)　　朱　凤(女)
　　　　朱　彤　　　　朱娴华(女)
　　　　朱　瑾(女)
　　　　汤　岚(女,—2020.04)
　　　　许昌文　李华忠　李向英(女)
　　　　李林波　　　　李　琳(女)
　　　　李颖婷(女)　　杨　伟
　　　　杨景明　　　　何以琴(女)
　　　　余文君(女)　　应　妹(女)
　　　　汪建民　陈士林　茅建宏
　　　　胡长春　　　　顾　莹(女)
　　　　徐　浩　　　　黄亚芳(女)
　　　　董　军(—2020.03)
　　　　蒋春海　程效领　镇　杨

静安区监察委员会
主　任　何以琴(女)
副主任　应　妹(女)　　茅建宏
委　员　李向英(女)　　杨　伟
　　　　沈　昭　　　　陈靖宇(女)

区纪委、监委内设机构
办公室
主　任　陈静洁(2020.05—)
组织部
部　长　王宏南(—2020.02)

宣传部
部　长　顾　莹(女)
党风政风监督室
主　任　许昌文
信访室
主　任　王　茜(女)
案件监督管理室
主　任　杨　伟
第一监督检查室
主　任　李向英(女)
第二监督检查室
主　任　丁　权
第三监督检查室
主　任　邱永春(2020.05—)
第四审查调查室
主　任　沈　昭
第五审查调查室
主　任　王国富(2020.05—)
第六审查调查室
主　任　杨　烨(2020.05—)
案件审理室
主　任　陈靖宇(女)
区纪委、监委派驻纪检监察组
第一派驻纪检监察组
组　长　朱娴华(女)
第二派驻纪检监察组
组　长　丁　巍
第三派驻纪检监察组
组　长　朱　彤
第四派驻纪检监察组
组　长　余文君(女)
第五派驻纪检监察组
组　长　丁有为
第六派驻纪检监察组
组　长　徐　浩
静安区委巡察工作领导小组办公室

主　任　陶丙宪(女,回族)
副主任　张　峰　李　向(2020.05—)

区法院
院　长　孙培江
副院长　王　翔(女)　　刘　毅
　　　　丁德宏　闵金国(—2020.07)
　　　　朱建国

区检察院
检察长　杨恒进(—2020.11)
副检察长、代理检察长
　　　　董学华(2020.11—)
副检察长　管　巍　孙　琳(女)　吕　颖
　　　　曹　坚

民主党派
民革静安区第一届委员会
主任委员　　江天熙(女,民革)
副主任委员　蔡　峥(民革)
　　　　　　乐　理(女,民革)
　　　　　　孙洪林(民革)　王　蔷(民革)
　　　　　　史燕君(女,民革)
　　　　　　何国富(民革)

民盟静安区第一届委员会
主任委员　　王　钢(民盟)
副主任委员　汪皓俊(女,民盟,—2020.11)
　　　　　　叶　纲(民盟)
　　　　　　王　波(女,民盟)
　　　　　　袁宏燕(女,民盟,—2020.11)
　　　　　　张　骏(民盟)
　　　　　　张　芸(女,民盟,2020.11—)
　　　　　　时筼仑(民盟,2020.11—)

民建静安区第一届委员会

主任委员　　周新钢(民建)
副主任委员　朱忠达(民建)
　　　　　　陆林华(女,民建、民盟)
　　　　　　池晓彬(民建)
　　　　　　张雪云(女,民建)
　　　　　　陆晓明(民建)

民进静安区第一届委员会
主任委员　　洪　璐(女,民进)
副主任委员　曾　云(民进)
　　　　　　袁　园(女,民进)
　　　　　　蒋　青(女,民进)
　　　　　　江海雄(民进)
　　　　　　聂　丹(女,民进)
　　　　　　黄　溪(女,民进)
　　　　　　杜国英(女,民进)

农工党静安区第一届委员会
主任委员　　叶　强(农工党)
副主任委员　曾晓颖(女,农工党)
　　　　　　曹惠芳(女,农工党)
　　　　　　钟　岭(女,农工党)
　　　　　　许兴莉(女,农工党)
　　　　　　邬碧波(女,农工党)

致公党静安区第一届委员会
主任委员　　董敏华(致公党)
副主任委员　李成梅(女,致公党)
　　　　　　吴　月(女,致公党)
　　　　　　胡奇敏(致公党)
　　　　　　胡国辉(致公党)
　　　　　　顾宏伟(致公党)

九三学社静安区第一届委员会
主任委员　　严俊瑛(女,九三学社)
副主任委员　王志麟(九三学社)
　　　　　　王学伟(九三学社)
　　　　　　肖　震(九三学社)
　　　　　　王寒梅(女,九三学社,2020.11—)

人民团体
区总工会第一届委员会
主　席　　叶坚华
党组书记　许　俊(女,2020.10—)
　　　　　郑志勇(—2020.10)
副主席　　许　俊(女,2020.11—)
　　　　　郑志勇(—2020.10)　谭振勇
　　　　　李晅(女,挂职)
　　　　　徐　晔(女,兼职)
　　　　　安从真(兼职)
经费审查委员会主任　张　伟(民进)

共青团区第一届委员会
书　记　吴佳妮(女,2020.05—)
副书记(主持工作)
　　　　吴佳妮(女,—2020.05)
副书记　陆　迪(女)　　东　铭(兼职)
　　　　姜晓庆(女,兼职)
区青年联合会第一届委员会(2020年10月换
　届后自然撤销)
副主席(按姓氏笔画为序)
　　　　丁祖昱　丁德应　卫　华
　　　　方振强　王其明　许涛芳(女)
　　　　吴佳妮(女)　　张　宁
　　　　张　晶(女)　　张　韬
　　　　徐正标　　　　谈　燕(女)
　　　　康正宁　　　　翟惟清(女)
　　　　蔡　骏
区青年联合会第二届委员会(2020年10月换
　届后成立)
主　席　吴佳妮(女,2020.10—)
副主席(按姓氏笔画为序)

丁德应(2020.10—)
许涛芳(女,2020.10—)
吴　昊(女,2020.10—)
陆　迪(女,2020.10—)
谈　燕(女,2020.10—)
康正宁(2020.10—)
翟惟清(女,2020.10—)

区妇女联合会第一届执委会
主　席　徐慧君(女)
副主席　景　菊(女)　　汤晓蓉(女)
　　　　张轶萌(女,挂职,—2020.12)
　　　　顾小萍(女,兼职)
　　　　陈宝莲(女,兼职)

区科学技术协会第一届委员会
主　席　洪　璐(女,民进,—2020.04)
副主席(主持工作)
　　　　聂　丹(女,民进,2020.09—)
副主席　孙　勇
兼职副主席(按姓氏笔画为序)
　　　　马伟叁　陆伟根　周晓芳(女)
　　　　保志军　姜坚华　顾洁燕(女)
　　　　曾凡一(女)　　潘志浩

区归国华侨联合会第一届委员会
主　席　许美芳(女,—2020.03)
　　　　李　敏(女,2020.03—)
副主席　郑　艳(女)
兼职副主席(按姓氏笔画为序)
　　　　丁　宁　冯丹龙(女,九三学社)
　　　　汤芷诺(女,致公党)
　　　　吴　悦(女,满族,民盟)
　　　　汪学之(女)　　宋怀强(民盟)
　　　　陈　峰(无党派)
　　　　林万隆　　　　徐晓唯(女)

区残疾人联合会第一届执行理事会
理事长　郁　霆
副理事长　周公望　王　森(肢残,不驻会)

区红十字会第一届理事会
会　长　鲍英菁(女,民进,—2020.06)
　　　　龙婉丽(女,民盟,2020.06—)
常务副会长　江天熙(女,民革)
副会长　徐红光
兼职副会长　马　昕　李举东　沈连心(—2020.06)
　　　　　　蔡林芳(2020.06—)　张少觏
　　　　　　徐剑宏
秘书长　　　卢　刚

区第一届工商业联合会(区总商会)
主席(会长)　　沃伟东(农工党)
专职副主席(副会长)
　　　　　　徐宝安(女,—2020.07)
　　　　　　李　帆(2020.12—)
副主席(副会长)　史海云(女)
　　　　　　龚晓鸣(民建)
兼职副主席
　　　　　　沈　刚(无党派)　车建兴(无党派)
　　　　　　卢宗俊　阮兴祥　余国潮(民建)
　　　　　　张　瑾　郝　青　姚　平
　　　　　　徐　鲸　徐海蕾(女,民建)
　　　　　　高建强(无党派)
　　　　　　凌菲菲(女,无党派)
　　　　　　黄　谦(民盟)　黄书映(无党派)
　　　　　　虞晓东(女)
兼职副会长
　　　　　　马文胜(民革)　王　忠(无党派)
　　　　　　汤奇峰　许汉章　孙勇坚(无党派)
　　　　　　杨宗浩(无党派)　李　晖(无党派)

李寿祥	何　旗(无党派)
张曙华(无党派)	陆　鹭(女)
陈　磊	武剑华(民建)
郁卫江(无党派)	季宝红(民建)
贺　炜　徐可则	郭康玺
雷　梅(女)	龚伟礼(民盟)

(五)逝世人物

【项伟民】 男,1938年8月生,上海人。1957年4月加入中国共产党。1957年8月—1961年7月在华东师范大学教育系学习。1961年7月—1985年4月在宁夏回族自治区工作。1985年11月—1990年1月任上海市川沙县副书记。1990年1月—1992年6月任上海市政协办公厅副主任。1992年6月—1998年2月任上海市闸北区副区长。1998年2月任上海市闸北区副局级巡视员。1999年6月退休。2020年5月13日因病医治无效去世。

【张致中】 男,1929年3月生,1950年11月加入中国共产党。1946年1月—1946年2月为上海新纪元出版社学徒。上海解放后在闸北区委办公室、劳动部门等工作。1971年9月—1982年1月任上海市闸北区人民防空办公室主任、党组书记。1982年2月—1983年2月任中共上海市闸北区委党风调查组组长。1983年3月—1983年8月任中共上海市委党风调查组副组长。1983年9月—1983年12月为中共上海市闸北区委干部考察办公室工作人员。1984年1月—1987年4月任中共上海市闸北区委组织部部长。1987年4月起任上海市闸北区人大常委会副主任。1990年7月退休。2020年10月25日因病医治无效去世。

二十九、统 计 资 料

编辑 李佳丽

2020年静安区经济社会主要指标

指 标	单 位	2020年数据
常住人口	万人	97.57
其中:外来常住人口	万人	25.64
年末户籍人口	万人	90.53
户籍人口自然增长率	‰	-4.8
平均期望寿命	岁	85.08
城镇登记失业人数	人	8796
新增就业岗位	个	46560
静安区生产总值	亿元	2323.08
其中:第二产业	亿元	62.71
第三产业	亿元	2260.16
一般公共预算收入	亿元	716.05
其中:区级一般公共预算收入	亿元	250.14
一般公共预算支出	亿元	295.70
重点产业区级税收	亿元	134.13
固定资产投资额(含市直管项目)	亿元	308.06
其中:房地产开发投资	亿元	260.77

(续表)

指　　标	单　位	2020年数据
住宅新开工面积	万平方米	29.52
住宅竣工面积	万平方米	22.53
商品房销售面积	万平方米	30.56
规模以上工业总产值	亿元	59.83
社会消费品零售额	亿元	1367.46
商品销售总额	亿元	9417.01
外商直接投资合同金额	亿美元	15.95
海关进出口总额	亿人民币	390.61
财政科学技术支出	万元	17771
专利申请数	件	5558
技术合同成交金额	亿元	9.89
普通中学在校学生人数	人	36256
普通小学在校学生人数	人	37136
各类医院	个	42
医院年末病床数	张	11245
卫生技术人员数	人	21632
其中:执业医师	人	7277
户籍人口家庭总户数	万户	33.41
平均每户(户籍)家庭人口	人	2.71
环境空气质量优良率	%	89.3
全区绿地面积	公顷	813.14
人均公园绿地面积	平方米	3.01
绿化覆盖率	%	24.63
火灾发生数	起	114
交通事故发生数	起	18

(金丽娜)

2020年静安区区域面积和行政区划情况表

地　　区	区域面积 （平方千米）	陆地面积 （平方千米）	水域面积 （平方千米）	居(村)民委员会 （个）
全　区	36.77	36.22	0.55	268
静安寺街道	1.57	1.57	0	11
曹家渡街道	1.48	1.48	0	14
江宁路街道	1.84	1.82	0.02	16
石门二路街道	1.07	1.05	0.02	11
南京西路街道	1.62	1.62	0	13
天目西路街道	1.95	1.87	0.08	12
北站街道	1.78	1.73	0.05	15
宝山路街道	1.60	1.60	0	19
芷江西路街道	1.56	1.56	0	18
共和新路街道	2.74	2.70	0.03	25
大宁路街道	6.26	6.19	0.07	24
彭浦新村街道	3.96	3.91	0.04	33
临汾路街道	1.98	1.94	0.04	20
彭浦镇	7.35	7.16	0.19	37

（金丽娜）

2020年静安区各街道、镇户籍人口和户数情况表

地　　区	年末户籍人口 （人）	总户数 （户）
全　区	905281	334080
静安寺街道	37258	13020
曹家渡街道	73024	25451
江宁路街道	70796	24630
石门二路街道	35435	12982

(续表)

地 区	年末户籍人口（人）	总户数（户）
南京西路街道	46102	16685
天目西路街道	29124	10564
北站街道	45633	18672
宝山路街道	64733	23409
芷江西路街道	63745	23271
共和新路街道	76433	28081
大宁路街道	74463	25896
彭浦新村街道	121654	47573
临汾路街道	60562	24037
彭浦镇	106319	39809

（金丽娜）

2020年静安区各街道、镇户籍人口性别结构情况表

地 区	合 计（人）	男性（人）	女性（人）	性别比（女性为100）
全 区	905281	441765	463516	95.31
静安寺街道	37258	17532	19726	88.88
曹家渡街道	73024	35037	37987	92.23
江宁路街道	70796	34125	36671	93.06
石门二路街道	35435	16881	18554	90.98
南京西路街道	46102	21946	24156	90.85
天目西路街道	29124	14173	14951	94.80
北站街道	45633	22988	22645	101.51
宝山路街道	64733	31937	32796	97.38
芷江西路街道	63745	31185	32560	95.78

(续表)

地 区	合 计 （人）	男性 （人）	女性 （人）	性别比 （女性为100）
共和新路街道	76433	37460	38973	96.12
大宁路街道	74463	36263	38200	94.93
彭浦新村街道	121654	59926	61728	97.08
临汾路街道	60562	29790	30772	96.81
彭浦镇	106319	52522	53797	97.63

(金丽娜)

2020年静安区一般公共预算收入情况表

	2020年 （万元）	比上年增长 （％）
一般公共预算收入	7160495	-0.4
其中：区级一般公共预算收入	2501366	1.0
增值税	739053	-5.0
企业所得税	469884	-2.0
个人所得税	265358	5.6
城市维护建设税	109179	-2.2
房产税	129275	-20.4
城镇土地使用税	2635	-9.0
印花税	44543	-4.3
土地增值税	220910	1.4
车船税	8851	0.0
契税	197120	2.8

(金丽娜)

2020年静安区一般公共预算支出情况表

	2020年 (万元)	比上年增长 (%)
财政支出	2956987	-0.6
其中:一般公共服务	149323	7.2
公共安全	200544	5.9
教育	466866	1.2
科学技术	17771	2.3
文化旅游体育与传媒	36794	-19.9
社会保障和就业	299381	0.6
卫生健康支出	168143	9.8
节能环保	11665	117.6
城乡社区	426879	-19.5
商业服务业等	596807	3.8
住房保障支出	389835	-10.0
其他	192979	50.9

(金丽娜)

2020年静安区地区生产总值情况表

行业	2020年 (亿元)	比上年增长 (%)
合计	2323.08	1.1
按产业分		
第一产业	0.21	-8.7
第二产业	62.71	-12.1
第三产业	2260.16	1.5
按行业分		
农林牧渔业	0.23	-8.8

(续表)

行　业	2020年（亿元）	比上年增长（％）
农林牧渔服务业	0.02	0.0
工业	26.36	-13.9
金属制品、机械和设备修理业	3.63	-13.9
建筑业	39.98	-10.9
批发和零售业	454.28	4.5
交通运输、仓储和邮政业	174.29	-9.6
住宿和餐饮业	27.03	-18.6
金融业	535.81	8.1
房地产业	237.35	8.7
其他服务业	827.75	-2.0

（金丽娜）

2020年静安区商品销售情况表

指　标	2020年（亿元）	比上年增长（％）
商品销售总额	9417.01	5.6
社会消费品零售额	1367.46	21.1

（金丽娜）

2020年静安区外商直接投资合同项目和金额情况表

指　标	2020年
合同项目（个）	181
其中：区批项目	181
独资项目	142
协议引进外资金额（万美元）	265056
外商直接投资合同金额（万美元）	159524

(续表)

指　标	2020年
其中:区批项目	159524
增资金额	36967

(金丽娜)

2020年静安区外贸进出口商品总额情况表

指　标	2020年
外贸进出口商品总额(亿元)	390.61
其中:进口	123.81
出口	266.80

(金丽娜)

2020年静安区四上企业从业人员情况表

指　标	2020年 (人)
合计	488749
按行业分	
采矿业	163
制造业	4751
建筑业	51696
批发和零售业	119951
交通运输、仓储及邮政业	35340
住宿和餐饮业	16361
信息传输、软件和信息技术服务业	50347
房地产业	61686
租赁和商务服务业	90940
科学研究和技术服务业	26383

(续表)

指　　标	2020年(人)
水利、环境公共设施管理业	7830
居民服务、修理和其他服务业	10405
教育	786
卫生和社会工作	4262
文化体育和娱乐业	7848

统计范围：辖区内规模以上工业、有资质的建筑业、限额以上批发和零售业、限额以上住宿和餐饮业、有开发经营活动房地产开发经营业、规模以上服务业法人单位。

(金丽娜)

2020年静安区劳动就业情况表

指　　标	2020年(人)
城镇登记失业人数	8796
新增就业岗位	46560
扶持创业人数	905
其中：35岁以下青年	649
帮助长期失业青年就业	837

(金丽娜)

2020年静安区动迁及房屋拆除情况表

	2020年	比上年增长(%)
动迁居民户数(户)	2803	-49.0
拆除成片二级及以下旧里(平方米)	14100	-80.0

(金丽娜)

2020年静安区固定资产投资情况表

指　标	2020年（万元）	比上年(±%)
全社会固定资产投资总额(含市直管项目)	3080593	30.9
固定资产投资总额(区级)	2999912	32.6
其中:基建与技术改造	392221	244.4
商品房	2607691	21.4

（金丽娜）

2020年静安区住宅项目开、竣工情况表

指　标	2020年（万平方米）	比上年增长（%）
新开工面积	29.52	3.5
施工面积	110.55	-1.5
竣工面积	22.53	-26.8

（金丽娜）

2020年静安区房产交易情况表

指　标	单位	2020年	比上年增长（%）
商品房销售			
套数	套	2666	9.8
面积	万平方米	30.56	-6.9
金额	亿元	245.16	1.3
存量房交易			
套数	套	13333	13.3
面积	万平方米	105.89	31.3
金额	亿元	481.48	22.9

（金丽娜）

2020年静安区城市环境质量情况表

指　　标	单位	2020年
AQI达到优良天数	天	327
区域环境质量优良率	%	89.3
可吸入颗粒物(PM10)年平均浓度	毫克/立方米	40
细颗粒物(PM2.5)年平均浓度	毫克/立方米	31

(金丽娜)

2020年静安区城市园林绿化情况表

指　　标	单位	2020年
城市绿地面积	公顷	813.14
公园绿地	公顷	318.78
公园面积	公顷	126.51
街道绿地	公顷	168.92
单位附属绿地	公顷	201.44
居住地绿地	公顷	292.92
公园数	个	18
全区新增绿地面积	公顷	7.03
绿化覆盖率	%	24.63
人均公园绿地面积	平方米/人	3.01

(金丽娜)

2020年静安区科技活动基本情况表

指　　标	单位	2020年
财政科学技术支出	万元	17771
上海市高新技术成果转换项目(当年认定数)	项	20
上海科技小巨人(培育)企业(当年认定数)	项	6

(续表)

指　标	单位	2020年
专利申请情况	件	5558
科技合同成交金额	万元	98856
期末高新技术企业认定数	个	385

(金丽娜)

2020年静安区教育事业基本情况表

指　标	单位	2020年
学校数	所	102
其中:大专院校	所	2
普通中学	所	51
小　学	所	44
职业学校	所	2
特殊教育学校	所	3
专任教师数	人	7345
其中:大专院校	人	248
普通中学	人	3906
小　学	人	2866
职业学校	人	225
特殊教育学校	人	100
在校学生数	人	80374
其中:大专院校	人	5161
普通中学	人	36256

（续表）

指　　标	单位	2020年
小　学	人	37136
职业学校	人	1592
特殊教育学校	人	229
幼儿园	所	90
在园幼儿数	人	21874
教职员工数	人	2967
其中:专任教师	人	1974

（金丽娜）

2020年静安区体育事业基本情况表

指　　标	单位	2020年
体育事业经费	万元	18130
体育场馆建筑面积	万平方米	72.76
人均体育场地面积	平方米	0.69
体育机构数(体育系统)	个	9
其中:体育场馆数	个	4
体育运动学校	个	2
社会体育指导员	人	3024
社区健身设施	个	749
健身苑	个	684
健身步道	个	38
社区公共运动场	个	27
社区健身器材数	件	5805

(续表)

指 标	单位	2020年
社区健身场地面积	万平方米	9.0

(金丽娜)

2020年静安区卫生机构基本情况表

	机构数（个）	床位数（张）	从业人员（人）	卫生技术人员（人）
总　计	365	12450	26411	21632
医院	42	11245	19471	16651
其中：三级医院	11	4977	12828	11242
二级医院	11	4695	4971	4316
社区卫生服务机构	90	577	1900	1661
门诊部（诊所、医务室、卫生室）	201	0	2765	2402
妇幼保健院	1	0	46	45
专科疾病防治院	2	34	288	211
疾病预防控制中心	2	0	196	163
卫生监督所	1	0	65	60
医学教育机构	1	0	19	7
健康教育所（站）	1	0	147	59
其他卫生机构	24	594	1514	373

(金丽娜)

2020年静安区前10位疾病死亡原因和构成情况表

顺序	死亡原因	死亡率（每10万人）	占死亡总数（％）
1	循环系统	426.30	44.66
2	肿瘤	279.55	29.29

(续表)

顺 序	死亡原因	死亡率（每10万人）	占死亡总数（%）
3	内分泌营养代谢性疾病	72.99	7.65
4	呼吸系统疾病	63.43	6.65
5	损伤中毒	35.07	3.67
6	消化系统疾病	20.89	2.19
7	神经系统疾病	13.85	1.45
8	精神系统疾病	10.55	1.11
9	传染病及寄生虫病	7.04	0.74
10	泌尿生殖系统疾病	4.73	0.50

(金丽娜)

2020年静安区养老服务情况表

指标	单位	2020年
居家养老服务人数	人	39044
其中:政府补贴人数	人	33015
服务社服务人数	人	0
其他渠道服务人数	人	6029
居家养老服务人次	人次	3039622
其中:政府补贴人次	人次	2980551
服务社服务人次	人次	0
其他渠道服务人次	人次	59071
养老政府补贴资金	万元	5146.17
其中:市财政补贴	万元	269.24
区财政补贴	万元	4876.93
社区综合为老服务中心	个	22
长者照护之家	个	16
老年人日间护理机构	个	28

(续表)

指标	单位	2020年
老年人助餐点	个	86
老年活动室	个	227
机构养老床位数	张	5369

(金丽娜)

2020年静安区社会救济基本情况表

指标	累计救济人次(万人次)	年内累计救济金额(万元)
优待抚恤	2.90	4049.62
社会救济	44.80	35742.83
其中:最低生活保障对象	12.54	14265.96
粮油帮困	2.12	402.93
其他救济	30.14	21073.94

(金丽娜)

上海市静安区人民政府办公室文件

静府办发〔2019〕4号

上海市静安区人民政府办公室关于印发《上海市静安区人民政府机构简称》的通知

区政府各委、办、局,各街道办事处、彭浦镇政府:

《上海市静安区人民政府机构简称》已经区政府第115次常务会议通过,现印发给你们,请按照此规范使用机构简称。

上海市静安区人民政府办公室
2019年2月25日

上海市静安区人民政府机构简称

上海市静安区人民政府办公室	区政府办公室
上海市静安区发展和改革委员会	区发展改革委
上海市静安区商务委员会	区商务委
上海市静安区教育局	区教育局
上海市静安区科学技术委员会	区科委
上海市公安局静安分局	区公安分局
上海市静安区民政局	区民政局
上海市静安区司法局	区司法局
上海市静安区财政局	区财政局
上海市静安区人力资源和社会保障局	区人力资源社会保障局
上海市静安区规划和自然资源局	区规划资源局
上海市静安区生态环境局	区生态环境局
上海市静安区建设和管理委员会	区建设管理委
上海市静安区文化和旅游局	区文化旅游局
上海市静安区卫生健康委员会	区卫生健康委
上海市静安区退役军人事务局	区退役军人局
上海市静安区应急管理局	区应急局
上海市静安区审计局	区审计局
上海市静安区市场监督管理局	区市场监管局
上海市静安区国有资产监督管理委员会	区国资委
上海市静安区体育局	区体育局
上海市静安区统计局	区统计局
上海市静安区医疗保障局	区医保局
上海市静安区绿化和市容管理局	区绿化市容局
上海市静安区住房保障和房屋管理局	区房管局
上海市静安区城市管理行政执法局	区城管执法局
上海市静安区民防办公室	区民防办
上海市静安区投资促进办公室	区投资办
上海市静安区金融服务办公室	区金融办
上海市静安区地区工作办公室	区地区办

上海市静安区人民政府研究室	区政府研究室
上海市静安区人民政府外事办公室	区政府外办
上海市静安区人民政府合作交流办公室	区政府合作交流办
上海市静安区政务服务办公室	区政务办
上海市静安区机关事务管理局	区机管局
上海市静安区经济委员会	区经委
上海市静安区粮食和物资储备局	区粮食物资储备局
上海市静安区信息化委员会	区信息委
上海市静安区社会组织管理局	区社会组织管理局
上海市静安区交通委员会	区交通委
上海市静安区水务局	区水务局
上海市静安区中医药发展办公室	区中医药办
上海市静安区知识产权局	区知识产权局
上海市静安区集体资产监督管理委员会	区集体资产委
上海市静安区人民防空办公室	区人防办
铁路上海站地区管理委员会办公室	上海站管委办
国家税务总局上海市静安区税务局	区税务局

工作常用缩略语注释

撤二建一： 撤销闸北区、静安区建制，建立新的静安区。

"双减半"： 行政审批事项办理时限减少一半、提交材料减少一半。

"两个延伸"： 即"美丽家园"建设从小区向街区延伸、向楼组延伸。

"两会"： 人民代表大会和中国人民政治协商会议

"两新"组织： 新经济组织、新社会组织。

两网融合： 城市环卫生活垃圾分类收运体系与生活源再生资源系统2个网络有效衔接，融合发展。

"进博会"： 中国国际进口博览会。

市委"1+6"文件： 中共上海市委2015年"一号课题"。"1"是《中共上海市委上海市政府关于进一步创新社会治理加强基层建设的意见》；"6"是涉及街道体制改革、居民区治理体系完善、网格化管理、社会力量参与、社区工作者6个配套文件。

五违四必： 违法用地、违法建筑、违法经营、违法排污、违法居住"五违"必治，安全隐患必消除、违法无证建筑必拆除、脏乱现象必须整治、违法经营必须取缔"四必"现行。

"五类车"： 电动车、三轮车、残疾人机动轮椅车、改装（拼装、报废）车。

"一轴三带"发展战略： "一轴"就是打造一条贯通南北、共享互融的复合发展轴，"三带"就是打造3个空间上相互呼应、功能上相互补充、形态上各具特色，协调联动、互促互进的发展带，即南京西路两侧高端商务商业集聚带、苏州河两岸人文休闲创业集聚带和中环两翼产城融合发展集聚带。

区委"2+11"重点课题调研： "2"即"加强干部队伍建设"和"'十三五'经济社会发展总体思路和路径举措"2个重点课题调研，"11"即"深化为老服务体系建设、完善综合交通体系、深化'双试联动'、深度对接上海科技创新中心建设、做好招商引资和服务企业工作、建设'美丽城区'、深化文化建设、深化物业管理、深化基层社会治理、加强党风廉政建设、深化平安建设"11个专项课题调研。

"1+3"重点整治区域： "1"即市级重点整治区域彭浦镇塘南科技园区工业街坊地块，"3"即场中路汽配城、少年村路415弄、临汾路两头高压线下集聚违章点3个区级重点整治区域。

"62+5+X"道路街区和重点区域:"62"即"美丽城区"建设涉及的62条重点道路,"5"即5个重点区域、"X"即各街镇自选的中小道路和背街小巷。

"1+1+1"签约服务:即居民在自愿选择社区卫生服务中心家庭医生签约的基础上,再选择一家区级医疗机构、一家市级医疗机构进行签约。

"5+X"产业:"5"即商贸服务业、专业服务业、金融服务业、文化创意服务业、信息服务业五大重点产业,"X"即节能环保、物联网等新兴产业。

"三个经济":楼宇经济、总部经济和涉外经济。

"3371":第一个"3"即企业主体责任、政府部门监管责任和街镇属地责任,第二个"3"即忧患意识、风险意识和责任意识;"7"即7个领域的专项整治;"1"即一个标准化建设。

"1+14+32+85+275":网格化组织管理体制:"1"即1个区网格化综合管理中心;"14"即14个街镇网格化综合管理中心;"32"即32个街区网格化管理工作站;"85"即85个责任网格;"275"即275个居民区网格。

"8+4+3"网格化管理运行机制:即8种问题发现监督渠道、4项问题响应处置机制、3项协调机制。

"1+3+X"招商体制:即由区投资服务办牵头统筹全区招商资源,3个国有企业分别负责南、中、北三大功能区所属范围的招商工作,若干个产业园区和企业共同参与招商的模式。

"1+7+14"区域化党建体系:即1个区级"共同行动"区域化党建联席会议、7个"共同行动"区域化党建专业委员会和14个"共同行动"区域化党建街镇分会。

居民区党建"1+5+X"模式:"1"即居民区党组织书记,"5"即党员社区民警、居委会主任、业委会主任、物业公司负责人、群众团队和相关社会组织骨干,"X"即市区在职党员、驻区单位负责人、对口联系社区的各级机关干部等其他力量。

廉政教育月"六个一"活动:即召开一次全区性大会、观看一部警示教育片、通报一批相关问题情况、举办一场党规党纪知识竞赛、"一把手"上一次党课、下发一批规章制度。

双试联动:复制上海自贸区改革试点、深化国家服务业综合改革试点2项工作联动。

双随机:随机抽取被检查对象、随机选派检查人员。

双告知:在办理登记注册时,工商部门要根据省级人民政府公布的工商登记后置审批事目录告知申请人需要申请审批的经营项目和相应的审批部门,并由申请人书面承诺在取得审批前不擅自从事相关经营活动。在办理登记注册后,工商部门要运用信息化手段,对经营项目的审批部门明确的,将市场主体登记注册信息及时告知同级相关审批部门;对经营项目的审批部门不明确或不涉及审批的,将市场主体登记注册信息及时在企业信息共享平台上发布,相关审批部门或行业主管部门应及时查询,根据职责做好后续监管工作。

三证合一：法人登记证、组织机构代码证、税务登记证三证合一。

"金三角"商圈：地方俗称，又称"梅泰恒"商圈；指南京西路梅龙镇广场、中信泰富广场、恒隆广场形成的核心商圈。

"金五星"商圈：地方俗称，指南京西路静安嘉里商务中心、会德丰国际广场、一七八八国际大厦、久光百货（2010年前为东海广场）形成的核心商圈。

四史教育：党史、新中国史、改革开放史、社会主义发展史教育。

新冠肺炎疫情：新型冠状病毒感染的肺炎疫情。

六小单位：小加工、小餐饮、小旅馆、小仓储、小娱乐、小商店等6类单位。

城运中心：城市运行综合管理中心。

索 引

说明：

1. 本索引采用主题分析索引法，按主题词和重要人名首字汉语拼音顺序排列。
2. 彩页、附录内容不作索引，专文只作标题索引。
3. 索引名称后的数字表示页码，数字后的字母(a、b)表示该页从左至右的栏别。
4. 索引名称一般采用主题词、中心词或简称。

10岁男童骑ofo车祸身亡索赔案　282a
"129"急救站点　173a
《2003年防治"非典"工作档案资料摘编》　114b
2020年静安区抗击新型冠状病毒肺炎疫情工作　53
3岁以下普惠性幼儿托育点　495b,514a
"4·22"伪造、变造、买卖国家机关公文案　273b
"7·15"系列抢劫卖淫女案　274a
ART021上海廿一当代艺术博览会　354b
Gem.G中国总部　327a
NBA2K ONLINE2精英对抗赛　469a
P2P网贷机构　330a
We课V讲专场活动　521b

A

阿拉伯国家驻华使节团　175a
阿斯利康全球研发中国中心　198b
"爱的黄丝带"十周年宣传巡展活动　287b
"爱的旋律"社区发展基金　522b
"爱咖啡"公益课　192a
爱情有YOUNG静安新青年七夕特别活动　255a
爱牙日　461a
爱眼日　460b
"爱在上海"残健融合电竞赛　470b
安全工作　65b,70b,72a,147,149a,292b,297a,298a,320a,363b,422a,423b,504a,506a,519b
安义夜巷　146a,272b,301b
案件　278b

索引

"案清事明"促"案结事了"专项工作 185a
"澳中国际青少年世界看上海研学团" 263a

B

白领"学习月"活动 522a
"白领驿家" 81a,191b
百乐门大都会 359b
百乐门大酒店 357a,359b
"百企结百村"精准扶贫 198a
办公用房 201b
办事指南 186b
帮扶 91a,147b,173a,175b,256b,302b,457a,479a,480b,485a,485b,509a,514a,518b,525a,530b,545b,547b
帮困 263a,479a,483b,510a,519b,525a,540a,541a,545b,562a
帮困送温暖 150b
帮困助学 256b
宝山顾村配套商品房 374a
宝山路街道 534a
宝山路街道居委会基本情况 536
宝尊电商 325a
北盛菜市场 23a
北站"国潮"戏曲节 531b
北站街道 530a
北站街道居委会基本情况 533
"北站剧有戏" 530a
北站艺术中心 530a
便民应用 457a
标准化建设 378a
标准化试点项目 314b
"秉初心、学四史、游静安"四史教育现场教学活动 351b
"博爱家园" 269a
"博爱接力箱——新时代文明实践N次方"项目 269a

不动产登记联席制度 387a
不规范地名排查 385b
"不忘初心,同圆梦想"主题教育 190a,262a
"不忘初心、牢记使命" 69a,92a,110a,148a,496b
"不忘合作初心,继续携手前进"主题教育 93b,242a
不正之风 220a
部门预决算公开 309a

C

财务管理 260b
财政存量资金 307b
财政管理 307a
财政预算调整 139a
财政预算执行审计 316a
菜场 173a
蔡威 36b
参政议政 95b,223a,225a,227a,229b,230a,232b,236b,239b
残疾人 264b,265a,504a,520a,540a,545b,546a,562a
残疾人保障金 311a
残疾人工作 67b,264b
残疾人救助保障 266a
残疾人康复服务 266b
残疾人文体活动 266b
残疾人综合保险 265a
曹家渡街道 502a
曹家渡街道居委会基本情况 508
拆违 408b,534b
长护险 491b,562a
昌平路—恒通路跨苏州河桥 395a
昌平路桥 373a,374a
场中路 372a
场中路东段(共和新路—阳泉路) 395a

611

车站迁移　427b
陈捷　193b
陈某林扰乱公共场所秩序案　274b
陈群　27a,29b,30b,37a,444b
陈通　34b,35a
陈央　558b
陈寅　22b,27b
成套改造项目　361a
诚信计量体系　314b
城区安全风险管控　297b
城区建设　382
城市道路精品示范路　396a
城市管理行政执法　408a
城市环境质量情况　598
城市建设　60a,302a
城市精细化管理　72a
城市社区离退休干部党建试点工作　107b
城市"一网通管"　405a
城市园林绿化情况　598
城镇登记失业人数　302b,485a
重阳主题定向徒步活动　501a
"重走红军长征路,贵州红色考察活动"　231b
持证大数据技能人才　356a
充换电设施　388b
崇明城桥新城海上壹街区　374a
崇明"助学助农"活动　368a
出入境管理　272b
出庭、旁听、讲评"三合一"活动　286b
出租汽车候客站　389a
"初心讲堂"云党课　120b
"初心之地,红色之城"——上海・党的诞生地巡展　121b
初中　432a
"初中再加强"工程　140a
"传承红色基因,缅怀革命先烈"——暑期夏令营活动　122b

窗口服务　187b
床位　453a
创业孵化示范基地　486a
创优工程情况　400
春运　418b,425a
慈善事业　483b
"从石库门再出发"主题活动　108a
从事妇女工作20周年　569a

D

打造静安文化旅游品牌　139b
"大力发展新型楼宇经济,助力静安高质量发展"　215a
大宁公园　475b
大宁宏慧党群服务　546b
大宁路街道　545a
大宁路街道居委会基本情况　548
大宁商圈　366a
大事记　39
大数据　64b,407a,428a,429a
"大数据与城市管理工程"　431a
大数据重点企业　147a
大田路小德肋撒天主堂　190a
逮捕　270a,274b
代表工作　141a
代表集中联系社区活动　30a
代表建议　126b
代表建议督办　142b
代表履职平台建设　142a
代表议案办理情况　136a
代建项目　378b
代理经租房　347b
调研　23b,26a,28a,29a,29b,30a,30b,31a,32a,32b,33a,33b,34a,34b,35a,35b,36a,36b,37a,37b,38a,38b,63b,66a,74,77,85b,90b,92a,93b,94b,95b,96a,98a,101a,103b,

107a,110b,115a,125a,125b,126a,126b,
127a,129a,129b,133,135a,135b,136b,137a,
138a,139a,139a,140a,140b,141b,142a,165,
167,197b,202b,207,216b,221b,222a,223a,
224a,224b,225b,227a,227b,228a,230a,
231b,232a,235a,235b,236a,236b,239b,
240a,241a,242a,244a,245b,246a,249b,
255b,258b,260a,263a,275a,275b,282a,
291a,291b,292a,323b,324a,331b,358a,
363b,366b,372b,378b,406b,448b,489a,
493a,494a,494b,498a,499a,500a,500b,
503a,510a,512b,523a,550a,556a,556b,
557a,558a,558b,559a,564b,579b
调研工作　214a
单元规划（草案）公示　386a
蛋壳长租公寓经营困难资金链断裂事件　349a
档案工作　113b
档案馆　114a,115b,116a
档案管理　115a
"党的诞生地"发掘宣传工程　66b,84a,350b
党的建设　68a,70b,73b,109b,111b
党风廉政建设　68b,216b
党风廉政教育月　217b
党规党纪教育　72b
党纪政务处分　216b,219b
"党课开讲啦"国资专场党课　318b
党盟恳谈会　228b
党群服务站　503a
党史工作　116b
党外人士座谈会　69b,73b,91a,92a
党外中青年干部　91b
党委"前置程序"清单　318b
党校工作　103a
党员　80a,110a,110b,222b,519a
党员负责干部会议　73b
党组织书记述职评议会　113b

道德模范　89a
道路病害维修　396a
道路交通安全管理　271a
道路交通设施　396a
道路运输　426a
登记失业人数　146a
低温寒潮天气应对　420a
地表水环境质量　410a
地表水市考断面水质类别评价情况　416
地方志工作　196b
地理位置　58a
地区生产总值　146a
地区生产总值情况　593
地下车库　340
第二工业大学　443b
第七次全国人口普查　306a,503a,510a,518b,
522a,538a,546a,562b
第三次全国国土调查基础数据库　384b
电竞产业　322b
电竞企业　365b
电竞上海大师赛　37a,473b
电竞新联会　548b
电竞选手健康管理项目　238b
电信网络诈骗案件　270b
丁宝定　26a,32a,33a,34a,34b,36a,36b,37a,
70b,71a,86b,89a,106b,178b,179a,179b,
205b,207,498a,499a,568
鼎捷软件股份有限公司　553a
东西部扶贫协作　71a,547a
董监事管理中心　320a
董学华　32a,33a,35a,36a,205b,278b
动迁及房屋拆除情况　596
对口帮扶　176a,179a,233a,238b,290b,483b
对口扶贫　506a
对口合作　177b
对口交流　177b

对口支援　67b,71a,72b,175a,179b,180a
对口支援地区干部教育培训　182
对台工作　71a
"多彩呈祥——贵州少数民族摄影精品展"　188b

E

儿童关爱帮扶　480b
儿童早期发展基地工作研讨会　460b
儿童之家　498b

F

"发现静安之美"系列活动　195b
法律服务　331b
法律监督　282a
法律援助　283b
法律咨询　91a,228b,283b,519b,541b
法院工作　278b
法制建设　312b
法制讲座　188a
法制审核案件　299b
"法治带头人""法律明白人"1+3培养工程　288b
法治副校长　435b
法治公安建设　273a
法治建设　101b,501a,553a,559a
法治讲座　286b
法治政府建设　101b,125b
法治政府建设　539a
反恐怖工作　99a
方惠萍　26a,33b,34a,34b,179a
"防范安全风险,加强法治思维"主题活动　435a
防范处置义务教育阶段涉稳风险专题会议　99b
防范非法金融志愿服务进村居活动　579b

防控新冠肺炎疫情档案　114b
防台防汛　343a
防汛　299a,398b,504a
防疫抗疫　226a
房产交易情况　597
房产中介人员使用"软暴力"恐吓他人构成寻衅滋事罪案　282b
"房颤联合门诊"　462a
房地产经纪机构　334b
房地产开发和管理　334
房地产开发企业　334a
房地产市场　335b
房屋交易情况　341
房屋征收　344b,392a
访问　174a,175a
"放管服"改革　323a
非法客运整治　419b
非机动车安全充电　504a
非警务类"110"分流试点　407b
风险管理体系　312b
封浜高级中学　235b
扶贫　177a,178b,179b,198a,256b
扶贫帮困　220a
扶贫助农　506a
服装设计大赛　532a
福布斯·静安南京西路论坛　326a
福建泉州项目　360b
"福民指数"指标体系　522a
抚恤　294b,295a
辅德里金秋诵读会暨纪念李达诞辰130周年主题活动　123b
妇女之家　256b
妇幼保健服务　456a
附录　604
复工　504b
复工复产　197b,307b,321b,322b,330b,331a,

357b,363b,369b,380b,419a,514a,518a,520b
复工复产复市　63a,69b,97a,243a,285a,324a,
　　353b,448a

G

改革创新　59b,301b
改选　230a
概貌　58
橄榄球业余联赛　468b
干部监督　80b
干部教育　62a,80b
干部教育培训　104a
干部人才队伍建设　68b
干部选拔　80a
干部责任承诺书　219a
港澳工作　192b
高小玫　29a,31a
高新技术企业　147a,428b
高中　432a
隔离观察人员　271a
个人所得税综合所得年度汇算清缴　311a
个体工商户　313a
各街道、镇户籍人口和户数情况　590
各街道、镇户籍人口性别结构情况　591
工程安全质量监督　399a
工程项目审批　399a
工程消防审验　399b
工会　110b
工会会员　247a
工伤保险　488b
工伤宣传　488b
公安工作　270a
公办初中强校工程　435a
公共机构节能管理　201b
公共交通　427a
公共绿地　403a

公共卫生　71b,460a
公共文化建设　449a
公共文旅成果展　450a
公共运动场　173a
公立医疗卫生机构情况　463
公立医院体制机制改革　458a
公诉　274b
公务接待　177b
公务员　82a
公益创投大赛　496a
公益伙伴日　483a
公益诉讼　275a,277b
公证　284a,332a,332b
公证执业专项检查　332b
公众满意度调查　344a
公租房　347b,381b
功能区声环境质量评价情况　416
龚正　28a,28b,32a,117a,325b
共和新路街道　541a
共和新路街道居委会基本情况　544
"共康杯"校际足球邀请赛　471b
共青团静安区第一届委员会第六次全体(扩
　　大)会议　253a
共青团区委　252a
"共同行动"区域化党建　81a
"共同家园"　528b
"共同家园·基石工程"　539a
共享篮球场　478a
共享运动场情况　478
共有产权保障房　349a
古巴驻华大使　175a
股权收购　358b
固定资产投资情况　597
顾云豪　26a,29a,30b,31a,34a,34b,35b,36b,
　　37a,70b,71a,86b,106b,127a,127b,128a,
　　128b,129a,129b,133,178b,179a,179b,180a,

341b,372a,567
挂职锻炼　91b,177b
"关爱骑士"新时代文明实践系列主题项目　515b
关心下一代组织　106a
"关于加快区域性医疗中心发展的建议"　214b
"关于静安区学校教育持续强化民族团结进步教育的建议"　215a
"关于静安区在'双循环'新发展格局中定位与作为的思考"　214a
光复路(天目西路—普济路)　395a
光明小区　373b
广富林项目　360a
归侨侨眷　507a
归侨侨眷代表大会代表　262a
归侨侨眷法律援助工作站　263b
规范进驻窗口工作　187b
规划和土地管理　382a
规划执法制度　386a
轨道交通　425a
轨道交通客流情况　425
国防动员　290b
国际博物馆日　451a
国际家庭日　462b
"国际静安、法治先行——推进基层治理法治化"　129b
"国际静安"乒乓球精英挑战赛　470b
国际静安城区精英网球挑战赛　470b
国际静安城区乒乓球机器人挑战赛　469b
国际消费城市示范区　64a,321b
"国际志愿者日"活动　113a
国家安全　97a
国家安全委员会　69b
国家机关工作人员　124a,142b,143
国家级生态工业示范园区　356b
国家体育锻炼标准达标赛　468a

国家统计督察工作　306a
国家文化和旅游消费试点城市　147b,351b,353b
国家新冠肺炎疫情督导组　417a
国民经济和社会发展计划调整　139a
国内合作交流与对口支援　175a
国企领域案件　220b
国企退休人员人事档案　115a
国铁上海局集团公司运输经营主要指标完成情况　420
国有企业　317b
国有企业工资决定机制改革　319a
国有资本及权益总额　317b
国有资本投资平台　379b
国有资产管理　125b,309a,317b
国资国企综合改革　64a,147a
国资委出资企业　318b

H

海关进出口总额　321a
海归白领交友活动　192a
"海归职通车"人才招聘会　192a
"海上最美家庭"　256a,535b
海峡两岸新媒体产业发展研讨会　195b
韩国地方政府公务员代表团　174a
行业协会商会　483a
合同外资　321a
合作交流情况　180
合作制公证机构　332a
何塞·马蒂诞辰纪念仪式　174b
"和谐街区"　494a,497b,525b
和谐劳动关系创建　487a
和谐劳动关系创建活动　249b
河道专项整治　397b
河道综合治理　397a
河湖面积　397b

河长制　71a,147b,396b,397a,525a,550a,562a
盒马鲜生大宁店　23a
"黑格比"台风　399a
恒隆广场　324a
恒通东路(共和新路—晋元路)　403a
红色场馆　448b,450b
红色革命旧址(遗址)　82b
红色革命旧址(遗址)复核工作　118b
红色革命遗址　28b,32a
红色文化"双十佳"颁奖活动　88b
红色文化微剧　535a
"红色印记"巡展活动　564b
《红色印记》系列微视频　119a
"红色印记——中共中央早期机关在静安(1921—1933)"固定展　118a
"红色印记——中共中央早期机关在静安(1921—1933)"展览　87a
红色印记——中共中央早期机关在静安(1921—1933)暨新时代文明实践巡展　122a
红色印记——中共中央早期机关在静安(1921—1933)展览　121b
红十字会第一届理事会第五次会议　268b
红星美凯龙　245a
湖北省宜昌市夷陵区　175b,507a
"互联网+监管"　452b,456b
"互联网+"医疗服务　491a
"互联网+监管"两张清单认领添加工作　187a
"互联网+医疗健康"　458a
互联网医院　455a
户外设施　404b
"护蕾行动"进社区活动　526b
《护士日记》　439b
"沪港两地法律人才交流项目"　333a
"沪港两地法律人才交流项目"线上研讨会　193b
沪铁长途客运有限责任公司　426b

华为上海区块链生态创新中心　430b
华怡园小区二号楼　500b
化解矛盾　184b
环保督察　411b
环保三年行动计划　411b
环境安全风险防控　413a
环境保护　126a,410,411a,413b
环境管理与监察　411a
环境监测　414b
环境空气质量　410a
环境空气质量综合评价情况　415
环境卫生　404a
环卫车辆　376b
换届　91a,95a,226a,226b,233a,237b,239a,241b,242b,252b,263a,264a,503a,518b,550b,563a
换届选举　109b
黄昌勇　439a,440a,440b
黄埔军校同学会静安区工委会　269b
回民中学　188b
会展业　354a
惠老政策　481a
慧明　23b
婚姻分析与研究　483b
婚姻管理　483a
婚姻家庭辅导　483b
婚姻家庭纠纷预防化解　256a,257b,558a
混合所有制改革　64a,319a

J

机场二线　389a
机动车污染监督监测　415b
机构编制　80a,82a
机构编制工作　70b
机构改革　349b
机关慈善"一日捐"　111a

机关党建设工作　109a
机关事务标准化建设　200b
机关事务信息化建设　200b
机关团组织建设　110b
积水点改善　395b
基层党建　69a,74b,81b,320b
基层法治建设　286b
基层工会　110b
基层基础建设　273a
基层建设　409b,493a,494b
基层理论宣讲　83a
基层立法信息采集点　128b
基层统计站　307a
基层政权建设和社会工作　481b
基层治理　495a,514a
基层组织建设　269b
基础教育　433b
即买即退集中退付点　322a
疾病预防体系　455b
集访　184b
集体经济产权制度改革　561b
集中隔离点　249a
集中视察　129b,204b
计划和预算监督　137b
计划投资管理　300a
"记'疫'江宁"红五月云端分享会　511b
纪检监察　31a,216
纪检监察工作会议　217a
纪检监察建议书　220b
纪检监察体制改革　218a
纪念蔡元培先生诞辰152周年　451a
纪念五四运动101周年　253a
纪念熊佛西诞辰120周年　440a
技术转移工作站　446b
既有多层住宅电梯加装　524b
既有多层住宅电梯加装评估　344b

既有多层住宅加装电梯　302a,341a,503b,511a,513b,550b,562a
绩效考核　71b
加装电梯项目　559a
家事审判方式改革　136a
家庭教育宣传周　258a
家庭文化　258a
家庭文明建设"十三五"终期评估　259a
价格监测　305a,305b
价格信息发布　305a
架空线入地和合杆整治　396a
监督工作　135a
监督执纪执法　219b
检察　274b
检察监督　277a
减税降费　309b
见沪港青年会　193a
见义勇为先进个人　103,507b
建设和交通管理　387b
建设项目竣工档案管理　385b
建设新时代文明实践中心试点　69a
建设新时代文明实践中心试点工作　85a
建言献策　96a
建筑建材业管理　399a
"建筑可阅读"文创市集活动　352a
建筑市场稽查　399b
健康城区建设　457b
"健康静安"系列　457a
健康码　419a
"健康演说天使"医学科普比赛　458b
江宁路街道　509a
江宁路街道居委会基本情况　512
江宁社区节　512a
"江宁治造"创新设计大赛　511b
江苏省泰州市　177b,178b
江西省宜春市　237b

僵尸企业　279a,318a,319b
"讲好军史故事,唱响英雄赞歌"主题活动
　　　122a
蒋卓庆　27b,31a,34a,36b,127b,128b
交通事故　271b
交运巴士客运(集团)有限公司　427a
教练员　466a
教师　432a,442a,443b
教师节　433b
教学科研　105a
教育　432,67b
教育行政　433a
教育事业基本情况　599
教育综合改革　147b，432a
街道·镇　493
街道办事处条例　128b,137a,495b
街道基层立法联系点　512b
街道科学技术协会　506a
街道企业服务中心　504b,511a,536b
街道人大工委　500a
街道所属企业　496a
街道综合活动中心　521b
街镇救助所　479b
街镇老干部工作　109a
街镇人大工作　142b
街镇"三转"　218a
街镇社会组织服务中心　496b
街镇社区事务受理服务中心情况　484
街镇书记座谈会　71a
街镇统战工作　93b
节能扶持资金审核　304a
节能减排管理　303b
节能减排金点子征集活动　250a
节能考核　304b
节能责任追究　304a
结对帮扶　223b

结对共建　68a,224a,233a,358a,499b,557b
结对医院　176b
结婚登记　483a
届中调整　228a
《巾帼的黎明——中共首所平民女校始末》红
　　色起点新书诵读专场演出　122b
金融犯罪　276a
金融服务　330b
金融服务实体经济洽谈会　329a
金融服务业　146b,197a,328a
金融行业窗口劳动竞赛　329a
金融监督管理　329b
金融企业　328a
"金融巡讲进社区"活动　330a
金融业·专业服务业　328
金兴明　32a,37a
晋升　80b,82a,103a
禁毒　97b
禁止机动车通行　427b
经济安全分析　301a
经济犯罪案件　270b
经济工作推进会议　150a
经济社会发展综合数据平台　306b
经济社会主要指标　588
经济统计分析监测　306b
经济运行分析　72a,74a
经济责任审计　316a
精神卫生　456a,461a
精神文明建设　82b,85b,498b,503b
景观灯光　404a
景宁畲族自治县　115b
警卫安保　272a
警务保障力度　273a
净化政治生态　221a
竞技体育　473b
"静·界"读书会　205b

静安·夷陵对口支援工作联席会议　178a
静安白领经典影视剧配音大赛　532b
静安垂直马拉松　469a
《静安的责任》　118b
静安雕塑公园　261a
静安父子阅读联盟　434a
静安共享运动场篮球联赛　470a
静安国际设计节　367b
静安海外联谊会　193a,194a
《静安红色日课》　119a
"静安机关党建"微信公众号　110a
静安嘉里商务中心　352a
"静安教育学术季·第四季"活动　433a
静安金秋都市游——《春江花月夜》主题音乐会　352b
静安康鑫家园　374a
静安老年健康中心　375a,384a
"静安论剑"　470a,473b
静安律师电竞赛　333a
《静安年鉴(2020)》　196b
静安青春快闪集市　358a
《静安区(居村)社区双顾问绩效评审细则(试行)》　287b
静安区党政机关、民主党派、人民团体领导名录　569b
静安区第七次全国人口普查主要数据公报　56
静安区法学会　102b
"静安区妇联家庭教育云课堂"　257b
静安区公民科学素质工作领导小组会议　260b
静安区监察委员会　583b
静安区科技节　261a
静安区人民代表大会　124
静安区人民政府　146
《静安区涉疫矛盾纠纷排查分析》　284b
静安区"四史"学习教育　55
静安区—台北市中正区社区养老养生视频交流活动　527a
静安区围棋协会　467a
静安区中医药健康服务文化基地　363b
静安区—中正区社区养老养生视频交流活动　195a
静安区主要领导人简介　567
静安市北国际科创社区人工智能产业中心　355b
静安寺　23b,246a
静安寺城市航站楼　389a
静安寺街道　496b
静安寺街道居委会基本情况　502
"静安体育公益配送"　465a
静安体育周周赛　471b
"静安统战"微信公众号　96b
静安文旅智慧服务平台　450b
"静安—文山号"扶贫旅游专列　179a,352a
静安香港联会　193a
静安新业坊　372a
静安形象短视频　86b
静安职工网球大赛　467b
静彩新媒体联盟　88a
静工学堂　248b
静教附校　374b
九百股份　359a
九百集团　358a
九百家居破产、限产清算　359a
九百世纪食品商城　359a
九年一贯制学校　432a
九三学社区委　241a
旧改征收基地　534a,534b
旧区改造　67a,126a,129a,136b,147b,302a,360b,373b,377b,379a,381b,392a,525a,542b
旧住房成套改造　67a,147b,342b
旧住房改造　344b
旧住房综合改造　126a,129a,136b

救助 147b,266a,268a,479a,479b,504a,509a,
　514a,519b,525a,540a,545b,562a
救助帮困 479a
就业 29a,63a,124b,135b,136a,147b,173a,
　176b,177a,203a,205a,266a,302b,445a,
　485a,485b,497b,515a,526b,528a,540a,
　541b,543a,550b,562a,565a
居民经济状况 480a
居民区扩容更名 547b
居委会 494a
居委会标准化建设 482a
居委会约请制度 495a
"聚焦大数据、赋能展新风"大数据主题专项劳
　动竞赛 250a
捐款 91a,109b,111a,190b,231a,231b,233a,
　235b,238a,239b,241b,242a,244b,245a,
　256b,263a,264b,267b,284b,318a,326b,
　436b,483b,537b
捐赠 175b,177a,223b,224a,226a,233a,235b,
　242a,243a,243b,256b,264b,267b,440a,
　483b,534b
《军魂故事集》 507b
"军人退役一件事"改革 295b
军休管理服务 295b
竣工验收、不动产登记合一制度 382b

K

开展调研工作 221b
抗疫防控宣传 83b
考察 95a,165,167,178b,179b,180b,192b,
　231b,246b,259b,506b,507b
考察交流 191a
科技创新 423a,430a
科技活动基本情况 598
科技类企业 147a
科技小巨人 301b

科普 228a,259b,260a
科协一届四次常委会 261b
科协组织 260b
科学技术·信息化 428
客运服务 424b
课题 105b,236b
空气、地表水、噪声监测 414b
空气污染防治 412b
"空转工业用地转让" 366b
口罩 321b,328a,443b,481b,534b,537b
跨国公司地区总部 146b,197a,301a,321a,
　323b
"跨界便利店"食品经营许可证 313b
会计监督 309a

L

垃圾分类 500b,509b,513b,525a,525b,539b,
　561b
垃圾分类全程体系建设 404a
劳动教育活动月 447b
劳动竞赛表彰大会 248b
劳动就业情况 596
劳动人事争议 508b,519b
劳动争议 504a
劳模创新工作室 311b
"老房装电梯,品质好'升'活" 344a
老干部工作 68b,106a,107a
老干部活动中心 108a
老干部座谈会 108b
老公房加装电梯 579b
老旧公用民防工程综合治理 292b
老龄服务 462a
老龄工作委员会全体(扩大)会议 462a
老上海弄堂工业展 353a
老小区加装电梯 563a
"老字号"企业档案 115a

"乐游移动驿站"　353a
离婚登记　483a
离境退税　322a
离境退税即买即退集中退付点　324a
离境退税集中退付点　310a
离境退税试点　64a
离退休干部喜迎小康暨庆重阳文艺演出　108b
离退休干部"云课堂"教学　108b
离休干部　106a
李强　22a,24b,28b,31a,96a,117a
李逸　37a
历史文化保护　450b
立法民意征询网络　533a
廉租房　302a,347a,348a,540b,541a,562a
"两个免于提交"改革　185b
两公律师　332a
"两新"组织党建　81a
"两新"组织党组织　519a
辽宁省大连市中山区　177b
廖国勋　29b,30b,117a
烈士　295a
邻居节　516b
邻里家　535b
"邻里石二"　517a
临汾路街道　555a
临汾路街道居委会基本情况　560
临汾路街道科学技术协会　579b
凌希　30b,35a,291a,292a
"聆听时空对话——中共二大会址纪念馆云诵读"　121a
零星旧区改造项目　392a
领导视察和调研　22
刘杰　292a
刘晓云　36a,282a
刘学新　31a,33a,216b
留学人员及家属联谊会　190b

"流浪猫自治"项目　523b
流浪乞讨人员救助　480b
"六稳""六保"工作　63a
楼继伟　73a,328b
楼盘成交情况　338
楼宇党建　81a,105a
楼宇属地工作　197b
弄堂风情游活动　352b
陆上划船挑战赛　471a
陆晓栋　22a,29a,29b,69a,69b,70a,70b,74,85a,92a,93a,106b,127b,128b,178a,192b,203b,245b,285b,498a,556b,567
陆域景观　397b
落实市优化社区口罩供应政策专题会议　148b
旅行社　350a
旅客发送　424a
旅游饭店　350a
旅游饭店行业工会迎进博劳动竞赛　250b
旅游管理　353b
旅游活动　351b
旅游景区　350a
旅游市场　354a
旅游宣传与市场开发　353a
旅游业·会展业　350
履职报告　142a
律师　275a,284a,331b,333b
律师事务所　284a,331b
绿地　403a
绿化　403a
绿化和市容管理　403a
绿色建筑　389b

M

"满意消费在静安"行动　314a
慢性病综合防控　456a
慢性肾脏病全病程管理中心　461b

毛琦敏　568a
毛泽东旧居陈列馆　451b
矛盾化解　100b
茂名北路112弄8号楼　524a
梅龙镇广场　473b
"美丽城区"　497a,503b
"美丽家园"　67a,147a,172a,214a,302a,343,
　　343,377b,497a,503b,525a,541a,550a,561b
"美丽街区"　65a,147a,172a,403a,403b,
　　503b,509b,550a,561b,565a
美丽楼组　494a,495b,497b,503b,505b,510a,
　　519a,521b,525a,528b,539a,550b,562b
"美在静安"公共文化圈　449a
门户网　82b
门前责任区管理　404a
民(商)事审判　280b
民兵　290b,291a,291b,510a
《民法典》　129a,240b,283b,287a,288a
民防　292a
民防工程安全管理　293b
民革区委　222a
民间纠纷　284a
民建区委　229a
民进区委　232a
民进区委一届七次会员代表(扩大)会议
　　233b
民盟区委　225b
民盟区委一届十一次(扩大)会议　227b
"民商事协调"协作机制　244a
民生保障　61a,302a,308a,323a,539b
民生实事项目　377b
民事、商事案件　278b
民营经济　276a
民营企业　245b,246a,246b
民营企业家座谈会　73b
民营企业座谈会　245b

民政　479
民主党派　93a,95a,584b
民主党派·工商联　222
民主监督　73b,93a,94a,223b,227b,230b,
　　235a,236b,240a,244b
民主评议　110a
民主生活会　73a
民主政治建设　65b
民族联合会　188b
民族宗教工作　187b
民族宗教事务　66a
民族宗教事务管理平台　189a
莫负春　29a,35b,36a
母婴设施　456b

N

纳税人权益保护　312a
南京西路党建联建新空间　358a
南京西路街道　518a
南京西路街道居委会基本情况　524
南京西路商圈　64a,86a
南京西路商圈党建联盟和企业服务主题活动
　　522b
南京西路商圈商户自治委员会　521b
南京西路商业街城运分中心　406b
内资企业　313a
"宁的餐厅"为老助餐联盟　547a
宁夏回族自治区吴忠市　246b
农村建房专题调查　383b
农工党区委　235b
女性赋能培训　258b

P

排水设施　396a
派驻监督　218b
潘敏　85b,89b

"跑百巷"空间　474a
培训　62a,80b,81b,82a,83a,88a,88b,90b,
　　91b,92a,93b,103a,104,109a,110a,112a,
　　113a,126b,128a,177a,177b,185b,189b,
　　198b,203b,222b,225a,226b,228a,228b,
　　229a,233b,234a,236a,239a,242b,244a,
　　246b,258b,259b,260b,261b,266a,268a,
　　280a,283b,284a,293b,298b,369b,388a,
　　398b,423a,429a,431b,445a,461a,461b,
　　482a,483a,485a,486a,494a,495a,503b,
　　504a,504b,513b,514b,518b,519b,525b,
　　538b,553b
培训市场涉稳风险防范处置工作　100a
彭沉雷　22a,23b,24a,32b
彭浦四季公园　404b,475a,552b
彭浦新村街道居委会基本情况　554
彭浦镇　561a
彭浦镇第十九届人民代表大会　564a
彭浦镇居委会基本情况　565
彭浦镇科学技术协会　564a
彭一小区　552b
平安静安建设　72b,97a,102a
平均期望寿命　453a
濮存昕　439a

Q

"七彩公益集市月"活动　544b
七浦路(西藏北路—浙江北路)　395b
七浦路服饰商业街区　532a
"七五"普法　288a
企业大调研　197b
"企业服务日"　499a
企业经营情况核查　306b
企业名录库　306a
企业内控制度　368b
企业社保费　311a
企业审计　316a
企业刑事合规　277a
企业预算管理　369b
起诉　274b
前10位疾病死亡原因和构成情况　601
强司法公开　279b
强制拆违案件　283b
侨法宣传月　263a
"侨海驿站"　191a
"侨海驿站"　192a
侨联一届五次全委会议　263a
侨务　190a
"侨之家"　263a
桥东项目　360a
"桥计划"项目　480a
桥梁设施　396b
亲子鉴定业务专项检查　333b
青年"红色时空之旅"定向赛　543b
青年联合会第二届委员会第一次全体会议
　　254b
青年企业家红色教育培训班　246b
青少年近视防控　434b
青少年武术公开赛　469b
青少年业余训练基地　473a
"清清"护河志愿者服务队　398a
"情景党课"　450b
庆祝九三学社创建75周年活动　242b
庆祝少先队建队71周年　254a
庆祝中国共产党成立99周年　87a,112b,
　　364a,563b
区残联　264a
区法院　584b
区妇联　255b
区工商联　243a
区红十字会　267a
区级国有资本经营收入　307b

区级国有资本经营支出　307b
区级机关后勤工作　199a
区级一般公共预算收入　146a,301a,307a
区级一般公共预算支出　307b
区级政府性基金收入　307b
区级政府性基金支出　307b
区级政务服务事项　187b
区纪委、监委　583b
区检察院　584b
区科协　259a
区侨联　261b
区情通报会　108a
区人大常委　579b
区人大代表　136a
区人民政府常务会议情况　150
区委十三次全会　73b
区委十一次全会　71b
区一届人大九次会议　127a
区一届人大十次会议　129a
区域公共卫生体系　147b
区域化党建　516a,526a,527b,557b
区域经济　59a,301a
区域面积和行政区划情况　590
区域卫生信息互联互通互认　459a
区域性医疗中心　455a
区政府第十八次全体(扩大)会议　149b
区政府第十六次全体(扩大)会议　148a
区政府第十七次全体(扩大)会议　149a
区政府与区总工会联席会议(扩大会议)　251b
区总工会　247a
区总工会一届十二次全委(扩大)会议　249a
区总工会一届十三次全委会议　251b
区总工会一届十一次全委(扩大)会议　247b
曲青山　33b,117a
曲沃路(保德路—闻喜路)　403a

"全岗通"应知应会云竞赛　515b
全国城市民族工作研讨班　189a
全国第七次人口普查　497b
全国方志工作先进集体　196b
全国关心下一代工作先进工作者　106b
全国关心下一代工作先进集体　106b
"全国关心下一代工作先进集体"　67a
全国教育科学"十三五"规划教育部重点课题　434a
全国抗击新冠肺炎疫情表彰大会　193a
全国抗疫最美家庭　569a
"全国抗疫最美家庭"　256a
全国劳动模范　568a
"全国民族团结进步教育基地"　188b
"全国疟疾日"　460a
全国少工委副主任　558b
全国文明城区　66b,70b,72b,86b,89a,146a,376a,419b
全国五好家庭　568b
"全国五好家庭"　256a
全国五一劳动奖章　569a
全国先进工作者　568a
全国知识产权宣传周　286a
全国职业技能大赛　446b
全国最美家庭　256a,569a
全过程民主　126a
全面从严治党"四责协同"机制　71b
全面深化改革　70a
全面预算管理　319a
全民国防教育日　291b
全民国家安全日主题宣传　286a
全民健康生活方式宣传月　458a
全民健身　465b,562b
全民健身日　467a
"全民营养周"营养健康宣传　457b
全民终身学习活动周　436a

全球财富管理论坛　73a,328b
"全球财富论坛上海峰会·苏河湾"　370a
全球服务商计划　64a,69a,82b,125a,146b,301b,326a,365a,486a
全球技术转移大会　372b
全区领导干部会议　70a
全社会固定资产投资额　146b,301a
确权登记事务中心　387b
确诊病例　454a
群众体育　466a
群租　504a,506a,509b,513b,518a,520b,534a,539b,541b,546b,562a

R

燃气安全　389b
人才大厦　489a
人才队伍建设　320b
人才工作　81b
人才公寓　366b
人才培养　409b
人才梯队建设　278a
人才引进　486b
人大常委会会议情况　130
人大代表　124a,126a,128a,129b,141a,141b,142a,142b,530b,557a
人大代表建议　173a
人大代表开放日　141b
人大代表联络站　142a
人大代表联系点　142a
人大代表之家　142a
人大工作　72b
人防指挥能力建设　293a
人口监测与家庭发展　462b
人口结构　59a
人口调控与管理　302b
人口自然增长率　453a

"人类同心,共抗疫情"主题诗歌征集活动　449b
人力资源和社会保障　485a
人力资源和社会保障·医疗保障　485
人民建议征集工作平台　184b
人民陪审员　287a
人民调解　284b,509b,519b
人民调解员　287a
人民团体　585b
人民武装　290a
人民武装·民防·退役军人管理·应急管理和安全生产监督管理　290
人事任免　142b
人物·先进集体　567
认知障碍友好社区试点工作推进会　543a
融媒体中心　82b,84a,84b,85a,87b,87b
"融无限,创未来"静安区企业资本对接路演活动　331a
融资融券"绕标"交易纠纷案　282b

S

"洒向人间都是爱"疫情常态防控暨红十字健康服务活动　205a
"三驾马车"社区治理模式　539a
三人篮球赛　467b,469b
"三网合一"　407b
"扫黑除恶"　65b,97a,99b,100b,101a,220a,270a,276a,280b,350b,456b,530b,539b,541b,546b,550b,562b
"扫黄打非"专项行动　452b
沙海林　31a,32b,35b
砂板乒乓球赛　469a
陕西北路老字号专业街　364a
陕西西安和润项目　360b
陕西西安"静安荟奥莱公园"　360b
商办市场　336a

商旅文涉外活动　173b
商贸服务业　146b,321
商贸流通业　197a
商品销售情况　594
商品销售总额　321a
商品住房　338,339
商品住房网签情况　336
商品住宅　334a,335b,337
商务合作交流　325b
商务印书馆主题We课　535a
商业活动　323b
上海·静安元旦迎新跑　466a
上海巴西柔术冠军赛　468b
上海北方企业(集团)有限公司　360a
上海必博人力资源服务有限公司　259b
"上海城市治理最佳实践案例"　536a
上海大宁资产经营(集团)有限公司　365a
上海大学　441a
上海大学静安校区　442b
上海高校国际青年学者论坛戏剧影视专场　439a
上海公益伙伴日　500a
上海国际科技艺术展演巡演　536a
上海机场城市航站楼　358b
上海街艺节　450a
上海景煌企业管理有限公司　358b
"上海静安"客户端　82b,84b
上海静安城市发展(集团)有限公司　375a
上海静安国际大数据论坛　430b
上海静安女子半程马拉松比赛　471a
上海静安投资(集团)有限公司　379b
上海静安置业(集团)有限公司　376b
上海静工(集团)有限公司　367a
上海九百(集团)有限公司　356b
上海开开(集团)有限公司　362a
上海凯成控股有限公司　378b

上海科技体育嘉年华　471b
上海丽景针织制衣有限公司诉合玺(上海)服装有限公司等买卖合同纠纷系列案　283a
上海马拉松比赛　471a
上海全球新品首发季暨上海国际美妆节　149a,324a
上海设计之都活动周　354b
上海社会建设和基层社会治理十佳创新展示项目　559a
上海申一百货公司　358b
上海市白玉兰纪念奖　173b
上海市白玉兰荣誉奖　173b
上海市北部片区党校(行政学院)协作体　105b
上海市北高新(集团)有限公司　355a
上海市北区块链生态谷　355b
"上海市归侨侨眷先进个人"　190b
上海市抗击新冠肺炎疫情先进个人　489a
上海市科学技术奖　446b
上海市劳动模范(先进工作者)　251b
上海市模范集体　251b
上海市青年五四奖章个人　568a
上海市青年五四奖章集体　569a
上海市区人大常委会主任例会　127b
"上海市区域性医疗中心"　458b
上海市—新加坡经贸合作圆桌座谈会　371a
《上海市优秀历史建筑相关文献资料摘录汇编——静安篇》　344a
上海书展　88a,450a
上海数字经济创新实践基地　430b
上海苏河湾投资控股有限公司　369a
上海戏剧学院　436b,439a
上海戏剧学院电影学院　440b
上海戏剧学院教育教学大会　440a
上海新静安(集团)有限公司　373a
上海优选特色伴手礼　364b

上戏实验剧院　440a
少数民族　187b,188b,189b
少先队改革　252b,253a
社保基金　319b
社会保险　487a,488a,489a
社会保障　67a
社会发展运行分析　303a
社会服务　223b,230b,233a,239b
社会工作　482b
社会救济基本情况　603
社会救助　67b
社会救助与社会福利　479a
社会面安全防控　101a
社会事业　61b,302b
社会稳定　99a,100a
社会消费品零售额　362a
社会消费品零售总额　146b,301a,321a
社会信用体系　303a
社会治理　60b,74b,81a,103a,493b,494b,495a
社会组织　68a,482b,483a,493b
社情民意　202b,222a,223b,224a,227a,230a,230b,232b,234a,236a,236b,238a,239a,239b,241b,244b
"社区大健康——社区医院建设能力提升行动"　462a
社区代表会议　498b,505b,521b,525b,538a,542a,552a
社区党群服务综合体　510b
社区分类治理　482a
社区服务智慧平台　499b
社区工作　72a
社区工作者　482a
社区规划　385a
社区建设与管理　493a
社区矫正　285a

"社区救助顾问"　479b
社区居民自治　482a
"社区离退休干部之家"　106a
社区民防宣传教育　293a
社区普惠性托育点　173a
社区商业　325a
社区事务受理服务中心　562b
社区统战工作　95b
社区卫生　461b
社区卫生服务站　462a
社区卫生服务中心发热哨点诊室　461b
社区卫生服务综合改革　455b
"社区云"平台　481b
社区指导师(园艺师)　553a
社区治理　493b,494b
社区自治工作推进会　505b
社院讲坛　228b,232a,234b
射箭挑战赛　467b
涉案金额2000万元侵犯著作权案　274a
涉案金额40亿元非法吸收公众存款案　273b
涉老检察　275b
涉企职务犯罪刑事检察　277a,278a
涉税举报投诉　313a
涉外经济　326b
涉外经济服务　174b
"申城之光·龙凤SHOW"　364b
"深化'美丽家园'建设,推进住宅小区微更新"　214a
"深化养老服务体系建设,让静安老年人实现高品质养老"　214b
深圳市罗湖区委统战部　191a
审计　315b
审计整改　140b,317b
生活垃圾分类　65b,172b
生活垃圾管理　127b,138b
生命周期健康服务体系　454a

生态环境保护　65a,74b,411b
生物安全应急事件处置演练　461a
生物医药产业精准推介会　198b
生育保险　488b
省目标2020-005毒品专案　273b
"'十四五'静安区基础教育资源配置问题与对策研究"　214a
"十四五"产业发展专题研讨　72a
《"十四五"城区功能和土地利用专项规划(送审稿)》　386a
"十四五"规划　63b,70a,73a,125a,129b,135b,150a,150b,202b,265b,300a,325a,368b,370a,433a,437a,454a,493a,494b
"十五分钟体育生活圈"　465a
"石二分之一"党建活动　515a
"石库门里过大年,红色圣地迎新春"暨中共二大会址纪念馆上海中医药大学"岐黄育人实践基地"主题活动　121a
石门二路街道　513a
石门二路街道居委会基本情况　517
《时光里的家园》(英文版)　197a
实事项目　21
实事项目和办理工作　172a
食品安全　35a,315a,432b,457b,504b,542b,543b,564a
世界读书日　436a,548a
世界防治结核病日　460a
市北高新N070501单元01-06地块办公项目　383a
市北啤酒节　352b
市北医院　458b
市场监督管理　313a
市场监管　66b
市场主体　313a
市级新闻奖　84b
市民服务热线　406a,509b,510b,513a,519a,534a,541a,546a,561b
市民运动会　467a
市人大静安区代表　557a
市容环境　403
市政道路建设和配套管理　394a
市政道路养护维修　395b
市政设施建设　65a
事业单位　82a
事业单位清理规范　294a
事业单位人事管理　487b
事中事后监管　319a
视察　74,77,133,203a,205b,207,275a,28a,564b
逝世人物　587a
收购　359a
"首发经济引领性本土品牌"新品集中发布周　150a
"首席来了——白领迷你音乐会"　191b,192a
"书香·朗读季"线上系列活动　111b
"书香中国"上海周　450a
舒庆　37b,38b
"双结对"共建　110a
"谁执法谁普法"履职工作评议会　288b
水环境保护　398a
水利设施　397b
水污染防治　412b
水务管理　396b
水质提升　397a
税金　355a,356b,369b
税收　146b,197a,198a,301a,309b,321a,328,331b
税收超亿元楼宇　197b
税收数据分析　310b
税务管理　309b
税务咨询热线　312a
税种管理　311b

硕士学位授予单位　446b
司法改革　281b
司法工作监督　125b
司法行政　283b
司法建议　279b
司法所长列席办公会议制度　288b
私营企业　313a
思政课一体化建设　434a
"四行仓库"抗战纪念地　101b
四行仓库抗战纪念馆　224b,235a,272b
"四好商会"　244b
四上企业从业人员情况　595
"四史"学习教育　240b
"四史"和"盟史"宣传教育　226b
"四史"和民革党史学习教育活动　224b
"四史"和社史宣传教育　242b
"四史"教育　520b
"四史"教育活动　525a
"四史"学习教育　32a,34a,34b,68a,70a,91b,
　95a,103b,106a,108b,109a,109b,112a,112b,
　119a,123b,126b,148a,202a,204a,231b,
　235a,237a,240b,247b,255b,262a,290a,
　432b,433b,466b,496b,500b,503a,518b,
　526a,532a,549b,564a
"四项监督"　219a
"四责协同"机制建设　219a
"四责协同"机制建设推进会　216b
送春联活动　248a
"送问候、送服务、送鼓励"活动　257a
苏河湾　73a,224b,301b,328b
苏州高新区妇联　259a
苏州河驳岸及挡墙　383a
苏州河静安段　372b
苏州河两岸公共空间贯通提升综合整治工程
　388b
苏州河慢行空间网络规划　386b

苏州河南岸全线步道　374a
随物生心——芬兰艺术家组合中国首展　354a
孙培江　127a,282a
缩线经营　427b

T

台北市中正区　195a
"台青基地"项目线上研讨会　194b
台商台企　196a
"台湾青年法律人才"　332a
"台湾青年法律人才实践基地"　332b
台湾事务　194a
台协工委会　196a
泰州文化旅游产品(上海)推介会　353a
"探寻野趣科味、玩转美丽静安"生态践行活动
　261a
汤志平　24a
特殊群体医疗费用补助一件事　489b,490a
特载　01
特种设备信息化监管　315a
提案　203a,204a,210b,222a,223a,227a,230a,
　232a,232b,236a,236b,239b,241a,244b
提案工作　209a
"体彩爱心驿站"　466a,474b
"体彩爱心驿站"网点情况　474
体育　465
体育彩票　466a
体育产业　466a,474a
体育场地设施建设与管理　475a
体育事业基本情况　600
天吉小区9号楼　534b
天目西街区服务站　527a
天目西路街道　524a
天目西路街道居委会基本情况　529
条块沟通协商平台　495b
调解仲裁　487b

铁路建设　422b
铁路上海站　291a,417b,423a
铁路上海站地区建设与管理　417a
铁路上海站南北广场　383b
铁路运输　420b
停车场(库)　388a
"停车共享"项目　389a
同心家园共建理事会　501b
统计管理　305b
统计资料　588
统一战线工作　66a,69b,93a
统战工作　90a,90b,93a,95b
投融资　380a
投诉工单　408b
投资促进大会　72b
投资促进工作　197a
投资促进工作专题培训　149b,198b
投资管理　303b
突出矛盾化解　98a
突发公共卫生事件医疗救治队　461a
土地出让　382a,384a
土地收储　386b
土壤污染防治　413a
土壤污染防治及修复　387a
团员　111a
退休　488b
退役军人　294b,297a,565a
退役军人服务站　500b,550b
退役军人服务中心(站)　296a
退役军人管理　294b
"脱贫攻坚一线建设者"研修班静安区主题日
　活动　250b

W

外部董事　318a,320a
外贸进出口商品总额情况　595
外商投资企业　313a
外商直接投资合同项目和金额情况　594
外事工作　173b
外资企业　326b
"玩转电商直播新趋势"主题分享活动　193a
王华　32b,33a,34b,35b,37a,37b,71a,87b,
　129a,149b,150a,150b,167,178b,179a,179b,
　195a,198b,217b,251a,289a,325b,326a,
　329a,358a,366b,370b,380b,458b,499a,
　526a,557a,558b,568
网格化　405b
网络安全　82b,86b
网络安全宣传周　88b
网络基础设施　431b
网络交易监管　314a
网信工作　70b,86b
危险化学品安全综合治理　297b
微党课　112b
微型消防站　553b
为老服务　67a,173a,251a,302b,454b,480b,
　497b,509a,514a,525a,528a,530b,534a,
　540b,541b,552b,556a,562a
违规经营责任　319b
卫生　67b
卫生和健康　453
卫生机构基本情况　601
卫生许可　453b
未成年人保护　276b
慰问　22a,26a,34a,106b,110a,110b,177a,
　178a,179b,241b,249a,249b,256b,257a,
　263a,269b,294a,295a,368a,438a,479a,
　504a,518b,540b
文创扶持资金　322b
文创市　325a
文化　448
文化产业　451b

文化创意服务业　197a
"文化和自然遗产日"　451a
文化品牌建设　66b
文化市场　452a
文明工地情况　400
文明社区　521a
稳商安商　198a
稳商留商　451b
"我的空间,我的生活"青少年主题绘画活动　194a
污染源排放监督监测　415a
无党派人士　91b,95b
"无人干预自动办理"试点工作　186a
无障碍改造　265a
无证无照治理　314a
吴清　73a,328b,370b
"五五购物节"　86a
武汉雷神山医院　542a
武装工作　72b
武装工作会议　291b
物价管理　304b
物业管理　344a

X

西藏盐湖矿业　361b
西康路共享市民健身房　475b
西王花园弄堂博物馆　517a
"席地可坐"高标准保洁区域　376a
下沉社区　494b,495a
"夏令热线·区长访谈"连线直播　87b
夏令养生文化节　458b
先进个人名录　568a
先进集体名录　569a
现代服务业　64a
现代交通　417
现代医院管理制度试点　455a

线上健身气功交流赛　466b
"宪法进机关"主题日活动　289b
宪法宣传月　289b
"向英雄致敬"烈士纪念日敬献花篮仪式　123a
肖贵玉　26a,34b,341a
消毒　457b
消防　271b,419a,497a,504a,506a,513b,519b,522b,534a,551a,553b
消费扶贫　176a,179a,223b,238b
小学　432a
校园书店　447a
协商　203a,204a
协商议事厅　203a,205a
谢巍　439a,440a
新成"社区食屋"　523a
新的社会阶层人士　91b
新丰路(陕西北路—昌化路)　374b
"新冠肺炎疫情对静安区民营企业的影响及对策建议"　215a
新湖郁金香花博会"公益派送活动　351b
新建翻建公共体育场地设施情况　476
新建且在监在建项目绿色建筑项目情况　390
新建且在监在建项目装配式建筑项目情况　389
新疆维吾尔自治区喀什地区巴楚县　176a,179b,180a,238b
新阶层代表人士　91b,92a
新阶层人士　95a
新媒体KOL静安先锋训练营　254a
新能源利用　304b
"新侨驿站"　263a,263b,505a
"新青年×老字号,从遇见到爱上"安义夜巷静安青年特别店　255a
新审判大楼　282a
新时代文明实践中心全国试点工作　90b

新闻发布会　87b
新增租赁住房项目情况　348
行政案件集中管辖　136a
行政处罚　453b
行政处罚案件　408b
行政服务　398a
行政复议　335a
行政复议案件　283b
行政复议委员会　150a,288b
行政区划　58a
行政审判　281a,354a
行政审批改革　294a
行政审批制度改革　185a,456a
行政事业性国有资产管理情况监督　138a
行政诉讼案件　283b
行政应诉　335a
行政执法　288a,398a
行政执法"三项制度"协调机制　285b
信访　71b,100b,184a,185a,216a,335a
信访复查　185a
信访工作　184a
信访件监测　415b
信访稳定例会　184b
信息服务业　197a
信息化建设　431a
信用监管　313b
"星火百年,静守初心"四史学习红色经典诵读会　253b
刑事案件　270a,278b
刑事拘留　270a
刑事审判　280b
兴业太古汇　149a
"幸福小区"　497b,525a,529a
胸痛中心　459b
徐某等人寻衅滋事案　274a
徐逸波　28a

徐泽州　30a,34a,36a,36b,127b,128b
许昆林　23a,25b,26b,149a,325b,371a
宣传工作·精神文明建设　82a
学雷锋　85b,88a
学生　432a,443b
学生联合会第二次代表大会第一次全体会议　255a
学生阳光体育大联赛　472a,472b
学"四史"、学理论、学经典系列活动　112a
学"四史"专题讲座　108a
学习交流活动　237b
"学习强国"　82b,83b,110a,259b,443b
学校体育　471b
"寻访红色印迹"定向赛　466b
巡察　103b,216a,219a,220b,221a
巡视　63b,70b,72b,73a,82b,220b,221a
巡视巡察工作　220b
汛情监测　398b

Y

杨恒进　127a
杨小波　35b
养老保险　488b
养老保险情况　488
养老服务　147b,480b,481a,547b
养老服务情况　602
养老机构　480b
养老院　379b
"样板档案室"　114a
业余大学　432a
一般公共预算收入情况　592
一般公共预算支出情况　593
一般性支出　307b
"一带一路高端经贸法律人才实践基地"　332a
"一件事"改革　185b,348a,350b

"一平方米的幸福"改造计划 536a
一网通办 64b,97b,146b,186a,187b,227a,235b,241b,265a,272a,301b,311b,349a,350b,413b,430a,456a,490a,496a,509a,513a,525a,527a,528b,539b,550b,562b
一网统管 65a,97b,147a,149a,189a,210b,223b,227b,230b,235b,236a,236b,240a,241b,272a,302a,405b,406a,406b,413b,497a,509b,510b,513a,519a,528b,530b,561b
医保电子凭证 490a
医保基金 489b,490b,491a
医疗保险 491a
医疗保障 489b
医疗保障信息维护 491a
医疗付费"一件事" 459b
医疗卫生机构 453a
医药卫生体制改革 455a
依法管理宗教事务情况 137a
依法行政 125b,150b
依法履行教育责任综合督政 433a
依法治区 66a,70a,100a,285a,285b
宜家静安城市店 325b
疑似病例 454a
义务植树 404b
"艺"起抗疫行动 449a
疫情防控 62b,69a,73b,74b,85a,90b,91a,92a,97b,98b,99a,100a,109b,113b,115a,124b,141b,146b,148a,148b,174a,176b,189b,194b,197a,200a,202a,204b,215b,219b,224a,229b,238b,239b,241a,242a,243a,247a,252a,253a,257a,259a,264a,266a,267b,270b,275b,280a,284b,285a,286a,291a,293b,296b,300b,307a,308a,315b,317a,317b,318a,321a,342a,350a,355b,357a,358a,362a,362b,365a,369a,373b,375b,377a,388a,403b,408a,408b,410a,411a,414b,417a,417b,422a,430a,436b,444a,448a,453a,457a,479b,483b,484a,488a,492a,493a,497a,497b,498a,500a,502a,504b,505a,509a,510b,515a,518a,520a,525a,528a,530a,531a,534b,537a,546a,549a,551a,556a,556b,561a,563b
"疫情防控视角下的我区基层社会治理现状与建议" 215b
疫情联防 353b
疫情专题档案巡回展览 116a
意识形态工作 82b,83b
因公出访 173b
音花园 405a
引体向上达人赛 473a
隐患 271b,293b,297b,302a,399a,497a,504a,506a,509b,513b,519a,525b,539b,562a
迎春团拜会 106b
影视产业 451b
应急管理 65b
应急管理工作体系 298b
应急管理和安全生产监督管理 297a
应急监测 415b
应勇 22a,23a,365b
应用场景 406b,408a
拥军优属 294b
用药用械安全 315a
优化营商环境 128a,139a,221b,272b,487b,488a
优秀成果推广应用计划 435b
优质工程(静安杯)工地情况 401
优质结构工地情况 401
"友彭云课堂"文明实践项目 553b
幼儿园 432a
于绍良 22b,23a,23b,24a,24b,25a,25b,26a,26b,28a,28b,31a,31b,32a,35a,37b,70b
于勇 22a,29a,30a,30b,31a,31b,32a,32b,33a,

34a,34b,35a,35b,36b,37a,38a,38b,70b,
71a,71b,72a,72b,73a,73b,74a,74b,77,85a,
86b,87b,89a,92b,94a,103a,104a,106b,
111b,127a,128b,148a,148b,149a,165,178a,
178a,178b,179a,179b,194b,205b,216b,
217b,245b,251a,251b,291b,323b,326a,
328b,366b,370b,372a,418a,433b,458b,
497b,499a,500a,505a,523a,556a,557b,
559a,564b,567
余姚路331弄　373b
余姚路幼儿园　374b
舆情监测　84a
预算编制暨三年政府财力建设储备库项目编制
　　会议　149b
预算绩效管理　140a,148a
预算绩效管理改革　308b
元利当铺旧址博物馆　517a
袁锡东　507b
援外(驻外)干部及家属联谊活动　178a
"月亿楼"　301a
"阅美静安"最美家庭诵读活动　257a
"云"毕业典礼　439b
云南省麻栗坡县党政代表团　506b
云南省文山州　175b,178b,179b,352a
云南省文山州广南县　220a
云南省文山州麻栗坡　223b,547a
"云签约"　286b
"云上市民文化节"　449b
云招聘　203a,205a,245a,252a,430a
运动员　466a

Z

"在线支援团"静安区直播活动　260a
张本才　35b
张文宏　439b,460a
张园保护性开发　74a

张园城市更新项目　378a
招聘　81b,103a,482a,487a,488b,514a,515a,
　　519b,526b,543a,565a
招商推介　198a
招商稳商　538b
招商引资　64b,147a,148b,150a,198a,310b,
　　322a,377b,380b,451b,561a
招投标备案　399b
赵卫星　127a,127b
赵勇　38a
赵祝平　363b,370b
浙江省景宁畲族自治县　86b
"着力'一网统管',提升城区高标准治理效能"
　　重点提案　210b
"着力改革创新、推动疫情考验背景下经济高
　　质量发展"重点提案　210a
"着力共建共治共享,实现基层社区高水平治
　　理"重点提案　209b
"着力民生保障,创造居民高品质生活"重点提
　　案督办　209a
征收地块情况　345
征收基地　375b
征文　188a,229b,232a,237a
整改　72b,73a,82b,101b,220a,221a,271b,
　　333b,411b
整治　65a,65b,102a,220a,271b,292b,305b,
　　312a,343b,397a,397b,403b,404a,408b,
　　409a,419a,422a,448b,456b,503b,504a,
　　506a,509b,513b,518a,520b,525a,534a,
　　539b,541b,546b,550b,562a
"证照分离"改革　186b
郑钢淼　23b,33b,37a,128b
政策法规宣传　286a
政党协商　91a
政法工作　70a,96b,99a
政府定价事项管理　305b

政府工作报告　10
政府购买第三方服务　219b
政府购买社会组织服务　493b,496a
政府上半年工作情况监督　137b
政府实事项目　172a,264b,265a
政府特殊津贴　486b
政府投资项目跟踪审计　316b
政府信息公开　303b
政府信息依申请公开　114b
政府重点项目　377b
政府组成人员　142b
"政会银企"四方合作机制　64a,244a
政务公开　385a
政务新媒体运营管理　88a
政协常务委员会会议情况　206
政协港澳委员　193b
政协静安区委员会　202
政协提案　173a
政协委员　564b
政协一届六次会议　203b
政协优秀提案情况　210
政协重点提案情况　212
政治建设　124a
政治生态分析　221a,221b
支部党员之家　225a
知识产权多元化纠纷解决机制　314a
知识产权犯罪　276b
执法监管　452a
执法检查　127b,128b,129a,138b
执行案件　278b
直管公房　361a
职工保障互助会　249b
职工技能竞赛　249b
"职工书屋"　250b
职务犯罪案件　219a
职校　432a

职业技能培训　486a
职业经理人　319a,369a
"芷江民星"颁奖仪式　537b
芷江西路街道　537b
芷江西路街道居委会基本情况　540
志愿服务　67a
志愿者　83a,83b,85b,88a,89a,90a,97a,98a,
　　102,107a,109b,110b,113b,120a,122b,
　　249a,252a,253a,254a,255a,268a,302b,
　　357b,398a,418a,443b,445a,504a,510a,
　　514,519b,527a,533b,538a,544b,546a,551b
制止餐饮浪费　200a
"制止餐饮浪费行为,培养节约习惯"专项行动
　　88b
质量强区　314b
治理重复信访、化解信访积案专项工作　185a
"治欠保支"　487b
致公党区委　238b
致敬红色工运先烈活动　249a
"智慧城管"　409a
《智慧档案馆建设方案研究——以静安区档案
　　馆新馆信息化建设为例》　115b
智慧公安建设　272b
智慧健康驿站　516b
"智慧临小二"线上服务系统　556a
中共二大会址纪念馆　119b,120,123b,253b
中共静安区第一届纪律检查委员会　583b
中共静安区委员会　62
中共上海市静安区委常委会2020年工作报告
　　01
中共十九届五中全会精神　113a
"中共中央军委机关旧址纪念馆"　118a
中共中央秘书处机关旧址纪念馆　117a
中共中央特科机关旧址　89b
中共中央特科机关旧址纪念馆　117b
中国·上海静安国际雕塑展　404b

中国妇女社会地位调查　255b
中国共产党上海九百(集团)有限公司第一次党员大会　358b
中国国际进口博览会　64a,72a,180b,193b,195a,255a,262b,292b,298a,327a,403b,415b,424b,445a,456b,461a,539b,541a
中国劳动组合书记部旧址陈列馆　249a
中国人力资源服务产业园峰会　370b
《中华人民共和国档案法》宣传活动　116a
《中华人民共和国社区矫正法》微信知识竞赛　287a
中华新路1007弄零星旧改项目　527b
中环北翼产业用地　383a
中环两翼创新创意集聚区(市北西片区)规划　386b
中青年干部座谈会　74a
中外家庭戏剧大赛　450a
中小企业租金减免　318a
中小微企业　307b,323b
中小学教材选用管理委员会　433b
中小学生3X3篮球迎新挑战赛　473a
中小学生台球锦标赛　472a
中小学生游泳冠军赛　473a
中心组理论学习　83a
中学生共产主义学校　253b
中央八项规定精神　219b
中央统战部侨务综合局　192b
中医医院平型关路院区　459a
终身教育　436a
众说周知——作家眼中的红色起点周周谈　449b
重大工程房建项目竣工情况　393
重大工程房建项目开工情况　393
重大工程实事立功竞赛　70a
重大事故隐患挂牌督办　297b
重大事项报告制度　140b

重大外资项目集中签约　326b
重大项目建设　71b,187a
重大项目推进　74a,392b
重点工程　366a
重点工程项目管理　201a
重点用能单位监管　304a
重要会议和活动　69a,127a,148a,216b
周汉民　38b,71a
周慧琳　27a,29a,33a,34a,117a
朱贤麟　568a
诸葛宇杰　22b,25a,29a,30a,31a,31b,117a
主题教育　224a
主题学习教育　237a
"助力创全"工作　112b
住房保障　347a
住房保障和房屋管理　341a
住房配套道路建设情况　347
住宅项目开、竣工情况　597
注册企业　147a
注册资本　313a
专记　53
专利　313a
专项监督　135a,137a
专项民主监督专题协商　73b
专项资金绩效审计　317a
专业服务业　197a,331b
"啄木鸟行动"　204b
资源环境建设项目审计　316b
自然灾害综合管理体系　299a
宗教活动场所　188b
崇明　36b,37b,150a,199a,326a
综合经济管理　300
总部经济　64a
总工会　247a
走访　32a,32b,33a,33b,34a,34b,35a,36a,36b,37a,37b,38b,101a,194b,197b,255b,

258b,26b,27a,28a,31b,323b
走进政协暨共青团与人大代表、政协委员面对面活动 253b
租金减免 362a
租赁住房 334a
组织工作 80a
祖国和平统一促进委员会 224a

"祖国万岁——2020年静安区迎进博文明实践"国庆主题活动 123a
最低生活保障对象 479a
最美市民益智健身苑点 476b
最美退役军人 296a
座谈会 73a,90b,107a,110b,112b,136b,137a,139a,148b,150b,221b,252b,255b